हिन्द स्वराज :
नव सभ्यता-विमर्श

हिन्द स्वराज
नव सभ्यता-विमर्श

वीरेन्द्र कुमार बरनवाल

राजकमल प्रकाशन
नयी दिल्ली पटना इलाहाबाद

ISBN : 978-81-267-2084-2

मूल्य : ₹ 450

पहला संस्करण : 2011
दूसरा संशोधित संस्करण : 2012

प्रकाशक : राजकमल प्रकाशन प्रा. लि.
1-बी, नेताजी सुभाष मार्ग
नई दिल्ली-110 002

शाखाएँ : अशोक राजपथ, साइंस कॉलेज के सामने, पटना-800 006
पहली मंजिल, दरबारी बिल्डिंग, महात्मा गांधी मार्ग, इलाहाबाद-211 001

वेबसाइट : www.rajkamalprakashan.com
ई-मेल : info@rajkamalprakashan.com

आवरण : महेश्वर

मुद्रक : बी.के. ऑफसेट
नवीन शाहदरा, दिल्ली-110 032

HIND SWARAJ : NAV SABHYATA-VIMARSH
by Virendra Kumar Baranwal

स्वतंत्रता सेनानी
वीतराग पिता दयाराम बरनवाल
की स्मृति में

विशेष

पुस्तक का पहला संस्करण छपने के कुछ ही महीनों में समाप्त हो गया। सुधीजनों ने इसे जिस आत्मीयता से सराहा वह अभिभूतकारी रहा। बड़ौदा के स्नेही गांधीविद् मित्र श्री अशोक भार्गव और उनकी धर्मपत्नी श्रीमती लता शाह ने पहले संस्करण में 'हिन्द स्वराज' के गुजराती मूल पाठ के देवनागरी लिप्यान्तरण में अनेक ऐसी ग़लतियों की ओर ध्यान दिलाया जिनकी अनदेखी अक्षम्य होती। उन्होंने त्रुटिमार्जन के साथ उसके प्रूफ़ तक देखने का दायित्व सहर्ष स्वयं वहन किया। इस प्रीतिकर श्रम के लिए उनके प्रति विनम्र हार्दिक आभार। अब पुस्तक का संशोधित-परिवर्द्धित संस्करण आपके हाथों में है। पेपरबैक के जरिए इसे और भी सर्वसुलभ बनाने के लिए राजकमल प्रकाशन के निदेशक श्री अशोक महेश्वरी को भी अनेक धन्यवाद।

गांधी जयन्ती
2 अक्तूबर, 2012

—वीरेन्द्र कुमार बरनवाल

पुरोवाक्

"भरत महा महिमा जलरासी।
मुनि मति ठाढ़ि तीर अबला सी॥"

—तुलसीदास

'हिन्द स्वराज' का मतलब गांधी। इसलिए उस पर लिखने की बात मन में आते ही अशक्यता का 'मानस' में तुलसीदास विरचित विराट बिम्ब कौंधने लगता। कालिदास का 'कवि यशःप्रार्थी' बौना कुछ कम याद नहीं आता। हिम्मत पस्त पड़ना स्वाभाविक था। ऐसे में लगभग डेढ़ साल पहले जब 'तद्भव' सम्पादक कथाकार अखिलेश के आग्रह उसकी शती के अवसर पर लेख के लिए आने लगे तो आनाकानी स्वाभाविक थी। पर शीघ्र ही अपनी टालू बेशर्मी अपने आपको भी बर्दाश्त नहीं हुई। पढ़ना और लिखना शुरू किया। सोचा एक छोटा-सा आलेख लिखकर लगातार तकाजे से मुक्त हो जाऊँगा। पर यह क्या! लगभग पचास पृष्ठ हाथ से लिखने के बाद ओर-छोर नहीं मिल रहा था। बात से बात पैदा होने लगी। बचपन में पढ़ा 'अकबर' इलाहाबादी का एक शेर बार-बार याद आने लगा—

'मैं चाहता हूँ महज एक ही ख़्याल रहे,
मगर ख़्याल से पैदा ख़्याल होता है।'

सम्पादक कितनी ही मोटी त्वचा का हो उसके भी धैर्य की एक सीमा तो निश्चित है। अन्ततः अखिलेश ने आजिज़ आकर कहा जितना लिखा है उतना ही भेज दीजिए। बहरहाल वह अधूरा आलेख ही भेजना पड़ा। जब उसका पहला प्रूफ आ गया तो उसका अटपटा अधूरापन सह्य बनाने के लिए 'मोबाइल' पर बोलकर एक पैराग्राफ जोड़ना पड़ा। 'तद्भव' के बीसवें अंक में वह लेख इक्कीस पृष्ठों में छपा। मन में गहरी आशंका थी। इतना लम्बा लेख वह भी गांधी पर, पढ़ने की किसे फ़ुरसत थी। महीने-बीस दिन में 'तद्भव' के अंक विभिन्न शहरों और

क़स्बों में पहुँचने लगे। उस पर पहली प्रतिक्रिया कविवर पंकज सिंह की मिली। इसके बाद लगातार ज्ञात-अज्ञात सुधी पाठक मित्रों की प्रतिक्रियाएँ देश के विभिन्न भागों से समय-असमय महीनों मिलती रहीं। हौसला बढ़ने के साथ 'हिन्द स्वराज' पर एक पूरी पुस्तक का संकल्प मन में जगा। अपने दीर्घ सूत्री स्वभाव के बावजूद यदि पुस्तक लगभग डेढ़ वर्षों में पूरी कर सका तो इसका श्रेय निश्चय ही मुख्यतः अखिलेश, भाई पंकज सिंह और 'तद्भव' के सुधी पाठकों को ही है।

'हिन्द स्वराज' के सम्बन्ध में कुछ स्पष्टीकरण आवश्यक लगता है। उसका गुजराती मूल, गांधी द्वारा स्वयं किया गया उसका अंग्रेजी अनुवाद और अमृतलाल ठाकोरदास नाणावटी द्वारा किया गया उसका हिन्दी अनुवाद सामने उपलब्ध है। तीनों नवजीवन प्रकाशन मन्दिर अहमदाबाद द्वारा प्रकाशित हैं। गुजराती मूल के पृष्ठ 21-22 पर स्वयं गांधी की लिखी प्रस्तावना है। नीचे उनका पूरा नाम, किलडोनन कैसल (पानी के जहाज का नाम) और 22.11.1909 की तारीख दर्ज है। पृष्ठ 18, 19, 20 पर 'हिन्द स्वराज विशे' ('हिन्द स्वराज' के बारे में) शीर्षक के अन्तर्गत जनवरी 1921 के 'यंग इंडिया' में प्रकाशित गांधी के ही गुजराती लेख की पुनर्प्रस्तुति है। इस लेख के पृष्ठ 18 की चौथी पंक्ति में गांधी के लन्दन से दक्षिण अफ्रीका लौटने का वर्ष सन् 1908 मुद्रित है। इसी लेख का अंग्रेजी अनुवाद 'ए वर्ड ऑफ एक्सप्लॉनेशन' शीर्षक के अन्तर्गत 'हिन्द स्वराज' के अंग्रेजी संस्करण (इंडियन होम रूल) में भी छपा है। इसमें भी पृष्ठ 15 पर गांधी के लन्दन से दक्षिण अफ्रीका की यात्रा का वर्ष सन् 1908 ही मुद्रित है। सौभाग्य (संयोग?) वश यह ग़लती 'हिन्द स्वराज' के हिन्दी संस्करण में नहीं है। पर उसमें और दूसरी ग़लतियाँ हैं।

दरअसल इस भूल की शुरुआत 'हिन्द स्वराज' के 1921 के संस्करण की गांधी द्वारा लिखी गई प्रस्तावना से होती है। इसमें इसके लिखने का साल 1908 छप गया है। यह आगे भी जारी रही। मुद्रण की भूल मानकर इसे नजरअंदाज करना खास दिक्कत तलब नहीं होना चाहिए। पर यदि इसे गांधी की भूल समझा जाता है तो इसको सुधारने में धर्म संकट का अनुभव सम्भव है। ऐसी स्थिति में अब से आगे के संस्करणों में फुटनोट के जरिये इसका निराकरण विचारणीय है।

सौभाग्य से 'हिन्द स्वराज' के स्वयं गांधी कृत अंग्रेजी अनुवाद के पहले संस्करण की एक दुर्लभ प्रति दक्षिण अफ्रीका में ही बस गये गांधी के दूसरे बेटे मणिलाल गांधी (1892-1956) की नतिनी डॉ. उमा

धुपेलिया मेस्त्री और वहाँ की एक अन्य गांधीविद् विदुषी इज़ा वेला हॉफ़ मेयर के पास उपलब्ध है। इनके सौजन्य से उक्त प्रति अब 'विकी-पीडिया कामन' पर डाल दी गई है। उमा युनिवर्सिटी ऑफ वेस्टर्न केप, केप टाउन, दक्षिण अफ्रीका के इतिहास विभाग में असोशिएट प्रोफेसर हैं। यह एक दिलचस्प जानकारी होगी कि इस नायाब प्रति के मुखपृष्ठ पर ही स्पष्ट शब्दों में मुद्रित है—'नो राइट्स रिज़र्ब्ड' (कोई अधिकार सुरक्षित नहीं)। ज्ञातव्य है कि जब 'हिन्द स्वराज' सहित गांधी की अन्य कृतियाँ साबरमती आश्रम से जुड़े नवजीवन प्रकाशन मंदिर से छपने लगीं तो इसका प्रकाशन-अधिकार भी सबके साथ उसे ही दे दिया।

यह सामान्यतया सर्वविदित है कि 'हिन्द स्वराज' 'किलडोनन कैसल' नामक पानी के जहाज पर लन्दन से दक्षिण अफ्रीका-यात्रा के दौरान 13 से 22 नवम्बर 1909 की अवधि में हाथ से गुजराती में लिखा गया था। 'इंडियन ओपीनियन' के गुजराती संस्करण में यह दो किश्तों में 11 और 18 दिसम्बर 1909 के अंकों में 'हिन्द स्वराज्य' शीर्षक के अन्तर्गत प्रकाशित हुआ। जनवरी सन् 1910 में इसे एक पुस्तिका के रूप में प्रकाशित किया गया। 'स्वराज्य' को 'स्वराज' क्यों किया गया इसका अनुमान ही लगाया जा सकता है।

इसके हिन्दी संस्करण के अन्दर भी 'हिन्द स्वराज्य' ही छपा है। देवनागरी में गांधी ने स्वयं भी अपने हाथ से 'हिन्द स्वराज्य' ही लिखा था। इस कृति के पचास वर्ष पूरे होने पर काका कालेलकर की 1 अगस्त सन् 1959 की भूमिका के साथ इसका एक नया अनूदित हिन्दी संस्करण प्रकाशित हुआ। इस भूमिका में भी 'स्वराज' की जगह 'स्वराज्य' शब्द ही प्रयुक्त है। इसको अंग्रेजी अनुवाद की भूमिका के नीचे गांधी ने अपने हस्ताक्षर के साथ 20 मार्च 1910 की तारीख दिया है। पुस्तिका का नाम अंग्रेजी में 'इंडियन होमरूल' रखा गया है। इसके उपशीर्षक में 'हिन्द स्वराज' का उल्लेख है। एक अर्से तक 'स्वराज' और 'स्वराज्य' दोनों शब्द चलते रहे। अभी भी चल रहे हैं।

'स्वराज' शब्द का सम्भवतः सर्वप्रथम राजनीतिक प्रयोग दिसम्बर सन् 1906 के कांग्रेस के कलकत्ता अधिवेशन के अध्यक्ष दादा भाई नौरोजी के भाषण में हुआ था जिसे वह अस्वस्थता और वार्धक्यजन्य दुर्बलतावश स्वयं पढ़ नहीं सके थे। यह अधिवेशन बंग-भंग से उपजे गहरे आक्रोश और आहत भावनाओं की गम्भीर छाया में हुआ था। दादा भाई का अध्यक्षीय भाषण गोपालकृष्ण गोखले ने पढ़ा था। 'स्वराज'

शब्द के दूसरी बार प्रयोग का संकेत श्री अरविंद द्वारा 24 जनवरी सन् 1908 को नासिक में 'मीनिंग ऑफ स्वराज' (स्वराज का अर्थ) विषय पर दिए गए भाषण में मिलता है। इस भाषण की अंग्रेजी अखबारों ने पूरी तरह उपेक्षा की थी। पर मराठी के एक स्थानीय राष्ट्रवादी अखबार 'नासिक वृत्त' ने इसे लगभग पूरा छापा था। बाद में इसका मराठी से अंग्रेजी में अनुवाद किया गया। दोनों के 'स्वराज' के अर्थ और तात्पर्य में उनकी राजनीतिक नरमदलीय और गरमदलीय विचारधाराओं के अनुसार भारी अन्तर था।

दादा भाई की स्वराज की माँग का लक्ष्य था ब्रिटिश राजमुकुट के अधीन कनाडा और आस्ट्रेलिया की तरह देश की जनता द्वारा देश के कल्याण के लिए स्वशासन का अधिकार और सुविधा। अरविन्द की स्वराज की परिभाषा में काव्यात्मक विदग्धता थी। उनके अनुसार– "स्वराज अमृत था, जीवन था, मुक्ति था और राष्ट्र के जीवन की साँस तथा उसके हृदय की धड़कन था।" साथ ही उन्होंने स्वराज प्राप्ति के मार्ग के विभिन्न विकल्पों पर भी विचार किया था। 'हिन्द स्वराज' के पहले अध्याय में दादा भाई का नाम बड़े सम्मान से लिया गया है। गांधी दक्षिण अफ्रीका की राजनीतिक गतिविधियों में अपनी बढ़ती व्यस्तताओं के बावजूद हिन्दुस्तान की राजनीतिक गतिविधियों से पूरी तरह जुड़े रहते थे। कांग्रेस के बढ़ते प्रभाव और बदलते तेवर से वह अच्छी तरह परिचित थे।

दादा भाई का सन् 1906 का अध्यक्षीय भाषण गांधी ने निश्चय ही पढ़ा था। उसमें प्रयुक्त 'स्वराज' उन्हें 'स्वराज्य' से अधिक सम्प्रेष्य लगा होगा। सामान्य अर्धशिक्षित और अशिक्षित लोगों की उच्चारण की सुविधा की दृष्टि से भी 'स्वराज' अपेक्षाकृत अधिक सहज और स्वीकार्य प्रतीत होता है। सम्भवतः इन्हीं कारणों से आगे के गुजराती संस्करणों में पुस्तिका का नाम 'हिन्द स्वराज' ही रखना अधिक समीचीन समझा गया। इसके अलावा पुस्तिका के गुजराती और अंग्रेजी दोनों संस्करणों के विभिन्न अध्यायों में 'स्वराज' शब्द ही प्रयुक्त हुआ है।

10 मार्च, 1910 को गुजराती 'हिन्द स्वराज' बम्बई पहुँचा। उसके साथ प्लेटो के 'डिफेन्स ऑफ साक्रेटीज' रस्किन के 'अनूटू दिस लास्ट' और मुस्तफ़ा कमाल पाशा के एक भाषण के गुजराती अनुवाद की पुस्तिकाएँ भी थीं। 24 मार्च, 1910 को 'हिन्द स्वराज' के साथ इन तीनों को भी 'राजद्रोहात्मक' सामग्री घोषित कर बम्बई प्रेसीडेन्सी की सरकार ने जब्ती के आदेश जारी कर दिए थे। उनका प्रकाशन, वितरण

और पठन-पाठन कानूनी दृष्टि से दंडनीय अपराध बना दिया गया था। 'हिन्द स्वराज' और कमाल पाशा के भाषणों में राजनीतिक संस्पर्श और बदलाव के स्वर की दूरागत आहटें सुनी जा सकती थीं पर उनके साथ प्लेटो और रस्किन की कृतियों पर रोक से साफ़ संकेत था कि प्रतिबंधित कृतियों के विरुद्ध निषेधात्मक कार्यवाही उन्हें पढ़े-समझे बिना की गई थी। किसी रचना को बिना पढ़े और समझे उसके आधार पर राजनीतिक उठापटक और हिंसात्मक तोड़-फोड़ उसी बद्‌दिमाग औपनिवेशिक मानसिकता का विकृत विकास और विस्तार है। इस दायित्व का निर्वाह अनपढ़ छुटभैये स्वघोषित सांस्कृतिक संगठन बखूबी कर रहे हैं। उनके प्रत्यक्ष-परोक्ष राजनीतिक संरक्षक दलों और सरकारों का कर्तव्य अब सिर्फ आँख बन्द कर मुँह फेर लेना भर रह गया है। इसके फलस्वरूप मकबूल फ़िदा हुसैन जैसे महान कलाकार को देश तक छोड़ना पड़ा।

किसी बड़े सार्वजनिक उद्‌देश्य के लिए सामूहिक, सस्टेंड (दीर्घकालिक) और अहिंसक प्रतिरोध की हमारी क्षमता कब की समाप्त हो चुकी है। केवल संकुचित धार्मिक, जातीय, भाषाई और क्षेत्रीय विषयों से जुड़े और अक्सर जबरन गढ़े विस्फोटक मुद्‌दों को लेकर निहित स्वार्थ वर्ग के विध्वंसक आन्दोलन ही चल पा रहे हैं। किसी ऊँचे आदर्श और विवेकशील निःस्वार्थ नेतृत्व के अभाव में वह भी अल्पायु ही सिद्ध होते हैं। हमारी अन्तर्रात्मा पर संवेदनशून्यता की जड़ परतें दर परतें निरन्तर चढ़ती जा रही हैं। ऐसे में 'हिन्द स्वराज' की शती हममें से किसी नितान्त छोटे टुकड़े को भी क्या जरा भी विचलित कर पाएगी? किसी हल्की-सी उम्मीद के भी कोई आसार दूर-दूर तक नजर नहीं आते। पर कृशकाय 'हिन्द स्वराज' का मतलब है अपूर्व जीवट का कृशकाय चीमड़ गांधी-क़यामत की बलाओं के दौर में भी उम्मीद ने जिसका दामन कभी नहीं छोड़ा, जो हारा नहीं, थका नहीं, डरा नहीं और शायद इसी वजह से ध्वस्त-धराशायी किए जाने के लगातार प्रयासों के बावजूद निर्वेदमय मुखाकृति और सीधे-सबल मेरुदंड के साथ अभी भी अड़ा है।

हक़-नाहक की लड़ाई में हक़ के पक्ष में गांधी सत्याग्रह के हथियार से लैस तनकर हमेशा खड़े मिलते हैं। नेल्सन मंडेला के साथ वह लम्बी जेल यातना का वरण करते हैं। मार्टिन लूथर किंग जूनियर के साथ मनुष्य की समता का स्वप्न सँजोये वह एक बार फिर सीने पर गोलियाँ झेलते हैं। सेज़ार शावेज के साथ अंगूर के खेतिहर मजदूरों के हित के

लिए इतिहास का सबसे लम्बा अनशन करते हैं। पवित्र पर्यावरण-योद्धा केन सारो वीवा और उनके साथियों के साथ फाँसी का फन्दा चूमते हैं। और हतभाग्य फ़िलिस्तीन की दीवारों पर अपनी अनगढ़ तस्वीर से झाँककर हताश दिलों के अँधेरे में उम्मीद की किरण बनकर फूटते हैं। आज फिर एक नया आर्थिक उपनिवेशवाद पश्चिम की विकट भोगवादी सभ्यता से हमें लगभग पूरी तरह आक्रान्त कर चुका है। 'हिन्द स्वराज' अपने सौवें साल में उससे जूझने का संकल्प जगाने के लिए संवेदनशील दिलों पर अविकल दस्तक दे रहा है। यह दस्तक गांधी की आत्मवान वाणी की है। उसे अनसुना करने का भयावह जोखिम हमारा अपना है।

'हिन्द स्वराज' की 22.11.1909 की प्रस्तावना में गांधी बताते हैं कि उनकी आत्मा में गढ़े-जड़े उसमें व्यक्त विचार उनके हैं और नहीं भी हैं। गांधी को यह दुविधा रही। पर मुझे कोई दुविधा नहीं है। इस पुस्तक में जो भी है उसमें अपना जैसा कुछ नहीं है। एक लम्बे अर्से से गांधी को पढ़ने-सोचने और समझने के विनम्र प्रयासों के दौरान याद और याद न रह गए अनेक स्रोतों की सामग्री का उपयोग इसमें हुआ है। गांधी के प्रिय कवि तुलसीदास के सहारे कहें तो इसमें 'क्वचिदन्यतोऽपि' जैसा भी कुछ अपना नहीं है। पुस्तक लिखने में एंथोनी जे. परेल के 'हिन्द स्वराज एंड अदर राइटिंग्ज', 'गांधीज़' फिलॉसफी एंड दि क्वेस्ट फॉर हॉरमोनी', राघवन एन. अय्यर की 'मॉरल एंड पोलिटिकल थॉट ऑफ महात्मा गांधी', लॉयड आई. रूडॉल्फ और (श्रीमती) सुसान होबर रूडॉल्फ की 'पोस्ट माडर्न गांधी एंड अदर एसेज', ए. रघुराम राजू की 'डिबेटिंग गांधी' (ए.एल. बाशम, आशीष नंदी, पार्थ चटर्जी तथा मिक्खु पारेख आदि के लेखों के संकलन), राज मोहन गांधी के 'दि गुड बोट्समन', 'मोहन दास'—ए ट्रू स्टोरी ऑफ ए मैन, हिज़ पीपुल एंड ऐन इम्पॉयर, मार्टिन ग्रीन की 'टॉलस्टॉय एंड गांधी-मेन ऑफ पीस' और जैनेन्द्र कुमार की 'अकाल पुरुष गांधी' से मूल्यवान सहायता प्राप्त हुई। डी.जी. तेन्दुलकर की 'महात्मा' (आठ खंड), आनन्द हिंगोरानी की 'गांधी-फार ट्वेन्टिएथ सेंचुरी' (24 खंड) और नारायण भाई देसाई की गांधी की गुजराती जीवनी (4 खंड)—'मारू जीवन एज मारी वाणी' (मेरा जीवन ही मेरा सन्देश है) के अंग्रेजी अनुवाद 'माई लाइफ इज़ माई मेसेज' बहुमूल्य सन्दर्भ ग्रन्थ के रूप उपयोग में आए।

गांधी पर बहुत लोगों ने लिखा, आज भी लिख रहे हैं और भविष्य में भी लिखते रहेंगे। पर गांधी पर स्वयं गांधी ही सर्वश्रेष्ठ हैं। उनसे बेहतर निश्चय ही कोई नहीं है। अतः उनके समग्र का अवगाहन एक

अत्यन्त प्रीतिकर श्रम सिद्ध हुआ। पत्र-पत्रिकाओं के अनेक लेख भी काम आए। इन सभी गांधीविदों और गांधी-प्रेमियों के प्रति मेरा हृदय से आभार।

नारायण भाई देसाई की गांधी की जीवनी के अंग्रेजी अनुवाद सुप्रसिद्ध पर्यावरण-विद, 'गांधी-मार्ग' (हिन्दी) के सम्पादक और अद्भुत गद्यकार भाई अनुपम मिश्र ने बड़े समय से उपलब्ध कराए। नोबेल पुरस्कार से सम्मानित पहले अश्वेत रचनाकार प्रो. वोले शोयिका की आत्मीयता मुझे सन् 1988 से ही प्राप्त है। जनवरी 2010 के अन्तिम सप्ताह में जयपुर साहित्य-उत्सव के उद्घाटन के लिए जब वह भारत आए तो लगभग बाईस वर्ष बाद उनसे फिर भेंट हुई। दिल्ली के इन्दिरा गांधी अन्तर्राष्ट्रीय हवाई अड्डे के अति विशिष्ट अतिथि लाउंज में अपने बेटे चि. आशुतोष के साथ लगभग डेढ़ घंटे उनसे बड़ी ही आत्मीय भेंट हुई। लास एंजेलेस रुककर जैसे ही वह स्वदेश नाइजीरिया पहुँचे, उन्होंने अपने संस्मरण की कृति 'यू मस्ट सेट ऐट डॉन' मुझे उपहारस्वरूप भेजी। गांधी के पर्यावरण विषयक चिन्ता पर लिखते समय मुझे केनसारो वीवा और उनके साथ शहीद उनके आठ साथियों का जिक्र अत्यन्त आवश्यक लगा।

'यू मस्ट सेट ऐट डॉन' में एक मार्मिक अध्याय 'इकोवैरियर' (पर्यावरण-योद्धा) नाम से केन सारो वीवा के ऊपर भी है। इस रोमांचक अध्याय से तीसरी दुनिया के प्राकृतिक संसाधनों पर सर्वशक्तिमान बहुराष्ट्रीय कम्पनियों की गिद्ध-दृष्टि और उनके चतुर मानव-द्रोही कपटजाल को समझने में मूल्यवान सहायता मिली। अश्वेत अफ्रीका की अन्तर्रात्मा के रूप में समादृत प्रो. शोयिका को मेरी कृतज्ञता-विनत प्रणति।

पर्यावरण-रक्षा के वेदी पर केन सारो वीवा के साथ शहीद उनके आठ साथी सैटरडे डॉवी, नॉर्डू ईबो, डैनियल ग्बूको, पॉल लेवेश, फेलिक्स नॉटे, बारिबॉर बेरा, बारिनाम किओबेल तथा जॉन कप्युने पूरे आदर के साथ स्मरणीय हैं। और उन्हीं के साथ गहरी स्मृति जुड़ी हुई है जवाहरलाल नेहरू विश्वविद्यालय के वामपंथी विचारों से प्रतिबद्ध प्रखर छात्र नेता चन्द्रशेखर की जिन्हें अपराधी राजनीति भरी तरुणाई में भयावह ढंग से निगल गई। 10 नवम्बर सन् 1995 को नाइजीरिया की सैनिक तानाशाही ने केन सारो वीवा और उनके साथियों को एक बहुराष्ट्रीय तेल कम्पनी के साथ साजिश कर फाँसी दे दी थी। दूसरे दिन यह त्रासद समाचार पूरे विश्व के अखबारों के प्रथम पृष्ठ पर प्रकाशित

हुआ। उसके दो-तीन दिन बाद 'पहल' के तत्वाधान में ज्ञानरंजन जी ने दिल्ली के त्रिवेणी कला-संगम के हाल में मार्क्सवादी चिन्तक एजाज़ अहमद का भाषण आयोजित कर रखा था। लोग पहुँच ही रहे थे कि मैंने ज्ञानरंजन जी को सारो वीवा और उनके साथियों को श्रद्धांजलिस्वरूप एक शोक प्रस्ताव पास करने का सुझाव दिया।

ज्ञानरंजन जी और हमारी बात चन्द्रशेखर और उनके कुछ तरुण साथियों ने सुन ली थी। उन्होंने सुझाव का समर्थन किया था। कुछ क्षण पहले ही मेरे बेटे के मित्र और वामपन्थी साहित्यचेता मेरे स्नेह-भाजन प्रणय कृष्ण ने उनसे मेरा परिचय कराया था। मैंने उनसे कहा थोड़ा जल्दी है प्रस्ताव बनाने में उनका सहयोग जरूरी होगा। उनके सहयोग से शोक-प्रस्ताव बना और सर्वसम्मति से पारित हुआ। गांधीवादी चिन्तक और अनूठे पत्रकार मेरे परम स्नेही प्रभाष जोशी ने इस पुस्तक के 'तद्भव' में प्रकाशित अंश पढ़ रखे थे। जब मिलते पुस्तक को पूरी करने का तकाजा करते। इस समय वह भी शिद्दत से याद आ रहे हैं। इन सभी का पुण्य स्मरण और उन्हें विनम्र श्रद्धांजलि।

'हिन्द स्वराज' पर जब काम करने का मन बना तो इच्छा हुई कि उसका मूल गुजराती पाठ देवनागरी लिपि में हिन्दी पाठकों के लिए उपलब्ध कराया जाए। यह समस्या तुरन्त हल हो गई। मुम्बई-नियुक्ति के दौरान एक तरुणी वकील सुश्री हिना गांधी सम्पर्क में आई थीं। भीड़ से अलग, सरल, संवेदनशील और साहित्य-प्रेमी। उन्होंने टेलीफोन पर बात चलते ही यह जिम्मेदारी स्वीकार कर ली। और थोड़े ही समय में लिप्यान्तरण का त्रुटिरहित काम पूरा कराकर सी.डी. के साथ भेज दिया। विनोबा जी अन्य भाषाओं की लिपि के रूप में प्रयोग की संस्तुति करते हुए देवनागरी को विश्वनागरी कहते थे। इस विश्वनागरी में 'हिन्द स्वराज' का गुजराती मूल उपलब्ध कराने के लिए बेटी-सी स्नेहभाजन सौ. हिना गांधी को अनेक धन्यवाद।

डॉ. नामवर सिंह, गांधीविद प्रतिष्ठित वकील भाई कनक तिवारी, डॉ. विजय बहादुर सिंह, कविवर गिरधर राठी, डॉ. प्रभाकर श्रोत्रिय, मेरे समधी डॉ. सत्यप्रकाश जैन, मीडियाकर्मी-चिन्तक-कथाकार और चित्रकार प्रभु जोशी, चिन्तनशील पत्रकार अरुण कुमार त्रिपाठी और मेरे पूर्व सहयोगी श्रीकृष्ण (आनन्द) की अभिरुचि इस कछुआ-चाल काम में किसी-न-किसी रूप में लगातार बनी रही। 'हिन्द स्वराज' की शती पर 'गांधी और उत्तर आधुनिक बोध' शीर्षक से 'कथादेश' में उसके सम्पादक हरिनारायण जी ने पाँच लेख छापे थे। कविवर विष्णु खरे,

कथाकार अशोक अग्रवाल और गांधी में नई अभिरुचि रखने वाले कुछ जिज्ञासु तरुणों खासकर सुधी डॉ. विभास वर्मा और डॉ. बलवन्त कौर की राय थी कि इन लेखों को पुस्तक के अन्त में अलग परिशिष्ट में देना उपयोगी होगा। ज्ञातव्य है कि जब पुस्तक की पृष्ठ संख्या इसे देने से बढ़ रही थी तो मैंने सुझाव दिया था कि इसे निकाल दिया जाए, पर राजकमल प्रकाशन के प्रमुख अशोक महेश्वरी ने इसे देने पर विशेष जोर दिया। अन्ततः इस आलेख को परिशिष्ट में दिया जा रहा है। हाँ, अशोक महेश्वरी का धैर्य अतुलनीय है। लगातार विलम्ब के बावजूद उन्होंने विश्वास बनाए रखा। पुस्तक की पांडुलिपि तैयार करने में मेरे छोटे बेटे चि. अमिताभ का सहयोग विशेष उल्लेखनीय है। एक बार फिर भाई अनुपम मिश्र, कविवर पंकज सिंह और कथाकार-सम्पादक अखिलेश को स्मरण करते हुए उनके साथ ऊपर के सभी सुधी शुभाकांक्षियों को कृतज्ञ हार्दिक धन्यवाद।

अपनी अन्तर्रात्मा में गढ़े-जड़े 'हिन्द स्वराज्य' का अक्षर-अक्षर गांधी ने अपने हृदय के खून से लिखा है। इसके बावजूद उसे पवित्र पाठ मानना उचित नहीं होगा। पर उसे छिद्रान्वेषण और ध्वस्त करने के पूर्वाग्रह के साथ पढ़ना भी एक अत्यन्त अस्वस्थ दृष्टि का परिचायक होगा। पिछले सौ सालों में हम उल्टी दिशा में इतना आगे निकल गए हैं कि हमें उनका रास्ता प्रतिगामी और नितान्त अव्यावहारिक लगता है। उसे हम उनकी निगाह से न भी पढ़ें पर सजग सम्यक् विवेक के साथ उसे आलोचनात्मक दृष्टि से पढ़ना निश्चय ही आवश्यक है। आपके हाथ में जा रही इस पुस्तक में जो कुछ भी आपको अच्छा लगे वह निस्सन्देह गांधी के विचारों की दीप्ति है। जो कुछ भी नागवार गुजरे वह मेरी समझ का अन्धकार है। आशा है, पुस्तक की गम्भीर त्रुटियाँ और उसकी भयावह सीमाएँ 'हिन्द स्वराज' और गांधी की बेहतर समझ के लिए बेहतर लोगों को प्रेरित करेंगी।

रक्षाबन्धन
24.8.2010

—वीरेन्द्र कुमार बरनवाल

अनुक्रम

हिन्द स्वराज : नव सभ्यता-विमर्श

'बुझी जाती थी शम्मा मशरिक़ी मग़रिब की आँधी से।
उम्मीदे रोशनी क़ायम है लेकिन भाई गांधी से।'

—'अकबर' इलाहाबादी

लगभग अस्सी पृष्ठों का 'हिन्द स्वराज' महात्मा गांधी के चिन्तन का बीज है। आगे यही बीज उनके विचारों के अक्षयवट के रूप में विकसित हुआ। बीसवीं सदी के पहले दशक के लगभग अन्त में मूलतः गुजराती में तीस हजार शब्दों में लिखी गई और स्वयं उन्हीं द्वारा अंग्रेजी में अनूदित इस पुस्तिका की तुलना मार्क्स-एन्जिल्स द्वारा संयुक्त रूप से लिखित 'कम्युनिस्ट मेनिफेस्टो', जॉन स्टुअर्ट मिल के 'ऑन लिबर्टी', रूसो के 'सोशल कांट्रैक्ट', सेंट इग्नैटियस लोयोला के 'स्प्रिचुअल एक्सरसाइसेज' और 'बाइबिल' में सेंट मैथ्यू अथवा सेंट ल्यूक के अध्याय चार के प्रवचनों से की गई है। जैसे 'न्यू टेस्टामेंट' के इस अध्याय में प्रभु ईसा मसीह ने अपने जीवन के ईश्वरीय उद्‌देश्य की घोषणा की थी उसी तरह गांधी ने अपने आगामी सार्वजनिक जीवन के लक्ष्य और उसके प्राप्ति के मार्ग-निदर्शक सिद्धान्त 'हिन्द स्वराज' में निर्दिष्ट कर दिए थे। यह पुस्तिका उन्होंने समुद्री यात्रा के दौरान इंग्लैंड से दक्षिण अफ्रीका लौटते हुए दस दिनों में (13 नवम्बर से 22 नवम्बर 1909 के बीच) लिखी थी।

'हिन्द स्वराज' एक स्वतःस्फूर्त-अन्तःप्रेरित रचना है। इसमें व्यक्त विचार प्रौढ़ गांधी के अन्तर्मन को लम्बे समय से मथते रहे। 14 अक्तूबर 1909 को अपने तरुण अध्ययनशील सहयोगी हेनरी पोलक (1882-1959) को उन्होंने लिखा था कि चीज़े उनके दिमाग में खदबदा तो रही थी, पर कोई साफ रोशनी नज़र नहीं आ रही थी। इसी बीच दक्षिण अफ्रीका के लिये रवाना होने से पहले उन्हें लंदन के एक प्रतिष्ठित शांतिवादी संगठन—'पीस एंड ऑर्बिट्रेशन सोसाइटी' (शांति और मध्यस्थता संघ) का 'ईस्ट एंड वेस्ट' (पूरब और पश्चिम) विषय पर भाषण का निमंत्रण मिला। इसका जिक्र करते हुए वह 27 वर्षीय विचारशील पोलक को बताते हैं कि "उक्त निमंत्रण स्वीकार करते ही उनके मनोमस्तिष्क में और भी हलचल मच गई। अंततः पिछली रात को ही विचारों

का निर्वन्ध प्रवाह सम्भव हो सका।'' यह है नवम्वर 1909 में समुद्री यात्रा के दौरान लिखे गये 'हिन्द स्वराज' के संरचना की तात्कालिक पृष्ठभूमि।

'महाभारत' में दोनों हाथों से बाण चलाने की दक्षता के कारण अर्जुन को सव्यसांची कहा गया है। गांधी भी दोनों हाथों से लिखने में सक्षम थे। अपने विचारों से अभिभूत उन्होंने 'हिन्द स्वराज' दोनों हाथों से लिखा था। उसकी गुजराती पांडुलिपि में 5 पृष्ठ प्रस्तावना के और 271 पृष्ठ पुस्तक के पाठ के है। लगातार देर तक लिखने से जब दाहिना हाथ रुक जाता तब वह बायें हाथ से लिखने लगते थे। पांडुलिपि के 40 पृष्ठ पूरी तरह बायें हाथ से लिखे गये हैं। 9 पृष्ठ थोड़े-थोड़े दोनों हाथों से लिखे मिलते हैं। पांडुलिपि में केवल 250 छोटे-मोटे सुधार किये गये हैं और मात्र 16 पंक्तियों को ही काटा गया है। यह जानकारी दिलचस्प होगी कि गांधी के बायें हाथ से लिखे अक्षर दाहिने हाथ के अक्षरों से अधिक स्पष्ट और सुडौल हैं।

'हिन्द स्वराज' का अनूठापन अपने वैचारिक महत्त्व के साथ दो विशिष्ट कारणों से और भी उल्लेखनीय है। पहला यह गांधी की प्रथम पुस्तकाकार रचना है। इसका गुजराती मूल पुस्तक के रूप में जनवरी 1910 में छपा था। दूसरा यह गांधी की अकेली कृति है जिसका उन्होंने खुद अंग्रेजी अनुवाद किया था। फुरसत के क्षणों में अपने जर्मन-यहूदी मित्र और स्नेहभाजन हरमन कैलेनबेक (1871-1945) को उनके आग्रह पर गुजराती मूल सामने रखकर गांधी शीघ्रता से अंग्रेजी अनुवाद बोलते गये और वह (कैलेनबेक) उसे लिखते गये। गांधी महाभारतकार वेदव्यास की भूमिका में थे और उनके परम आत्मीय कैलेनबेक गणेश की भूमिका में। स्वयं गांधी के अनुसार यह शाब्दिक अनुवाद नहीं था। गुजराती के आक्रामक आड़े-तिरछे चुभ सकने वाले कोने एक हद तक इसमें तराश दिये गये थे। इसे उन्होंने गुजराती न जानने वाले कैलेन बेक तथा अपने एक-दूसरे युवतर चिन्तनशील अंग्रेज-यहूदी मित्र हेनरी पोलक सहित पश्चिमी और हिन्दुस्तानी जिज्ञासु पाठकों के लिये किया था। उन्होंने बताया है कि 'हिन्द स्वराज' अगर वह मूलतः अंग्रेजी पाठकों के लिये अंग्रेजी में लिखते तो वही विचार वह इस ढंग से रखते जो उनके (अंग्रेजी पाठकों के) कानों को अपेक्षाकृत अधिक स्वीकार्य होता। अंग्रेजी अनुवाद गांधी के 20 मार्च सन् 1910 को किये उनके हस्ताक्षर वाली प्रस्तावना के साथ मार्च 1910 में ही प्रकाशित हुआ। उसकी एक प्रति टॉलस्टॉय को तुरन्त भेज दी गई थी।

चालीसवर्षीय गांधी ने तब तक जो कुछ देखा-पढ़ा था और जो कुछ सुना-गुना था वह एक अर्से से उनके मनोमस्तिष्क में उथल-पुथल मचा रहा था। समुद्री यात्रा के दौरान एक स्थिति ऐसी आई कि उनके विचारों ने मानो उन्हें आविष्ट कर लिया था और उनसे रहा नहीं गया था। एक नैसर्गिक अन्तःप्रेरणा के तहत जहाज के कागज पर ही उन्होंने गुजराती में उन्हें लिपिबद्ध करना प्रारम्भ कर दिया था और परिणाम था–हिन्द स्वराज। इसके अंग्रेजी अनुवाद को पढ़कर टॉलस्टॉय ने अपनी डायरी में लिखा था–'अद्भुत'। पर गांधी के स्नेही-प्रशंसक और राजनीतिक गुरु गोपाल कृष्ण गोखले

की निगाह में यह एक मूर्ख व्यक्ति की रचना थी। यह गांधी ने स्वयं 'आर्यन पॉथ' के सितम्बर सन् 1938 के 'हिन्द स्वराज' अंक के लिए भेजे गए अपने सन्देश (दिनांकित 14.7.1938) में बताया है। उनके राजनीतिक गुरु की ही तरह उनके सर्वाधिक महत्त्वपूर्ण राजनीतिक शिष्य जवाहरलाल नेहरू ने भी उसे यथार्थ से परे (अनरियल) पाया था। यह बात नेहरू ने गांधी को सम्बोधित अपने पत्र (दिनांकित 9.10.1945) में कही थी। गोखले और नेहरू के इन विचारों के बावजूद 'हिन्द स्वराज' अपनी रचना के सौ साल बाद आज भी प्रासंगिक बना हुआ है। जब साम्यवादी और पूँजीवादी सिद्धान्तों पर निर्मित व्यवस्थाएँ चरमराकर बैठ गई हैं, एक वैकल्पिक सोच के पुरोधा के रूप में गांधी और उनके चिन्तन की ओर विश्व के सुधीजन निगाह उठाकर एक बार फिर देख रहे हैं।

गांधी दक्षिण अफ्रीका के हिन्दुस्तानियों के अल्पतम नागरिक अधिकारों की रक्षा के लिए सत्याग्रह के दौरान कई बार जेलयात्रा के बाद अपना पक्ष इंग्लैंड के राजनेताओं और वरिष्ठ अधिकारियों के समक्ष प्रस्तुत करने के लिए ट्रांसवाल के एक समृद्ध व्यापारी शेठ हाजी हबीब के साथ 10 जुलाई सन् 1909 को लन्दन पहुँचे थे। गांधी के पहले ही दक्षिण अफ्रीका से जनरल स्मट्स और जनरल बोथा वहाँ पहुँच चुके थे। गांधी के वहाँ पहुँचने के कुछ ही दिन पूर्व पहली जुलाई को तरुण तेजस्वी मदन लाल धींगरा ने सर कर्जन वायली की हत्या कर दी थी। लार्ड चीफ जस्टिस के सामने उन्होंने निर्भीकता से अपने विनम्र प्रतिशोध की जिम्मेदारी स्वीकार कर ली थी। उनका बयान राष्ट्रभक्ति का एक अत्यन्त प्रेरक दस्तावेज था। चर्चिल, जो उस समय ब्रिटेन के उपनिवेश के अपर सचिव थे मदन लाल धींगरा के बयान से गहरे प्रभावित हुए थे। उनके अनुसार उक्त बयान देशभक्ति पर उनकी जानकारी में सर्वश्रेष्ठ बयान था। मदन लाल धींगरा के आत्मोत्सर्ग प्रेरित साहसिक कार्य से इंग्लैंड और हिन्दुस्तान में तरुणों की नसों में बिजली दौड़ गई थी। गांधी अब तक अपने संघर्ष का मुहावरा तय कर चुके थे। उन्होंने ग का मार्ग अपने गंतव्य के लिए खोज लिया था। हिन्दुस्तानी तरुणों में देश की स्वतंत्रता के लिए हिंसा के मार्ग के प्रति बढ़ते आकर्षण ने उन्हें गहरी चिन्ता में डाल दिया था। गांधी ने धींगरा की देशभक्ति की प्रशंसा करते हुए कहा था कि उन्होंने अपना बलिदान गलत ढंग से दिया। इसके परिणाम अनिष्टकारी हो सकते हैं।

इसी लन्दन प्रवास के दौरान गांधी ने पहली बार टॉलस्टॉय को पत्र लिखा। उस समय लन्दन में हिन्दुस्तानी नवयुवकों के आकर्षण और प्रेरणा के दो महत्त्वपूर्ण केन्द्र थे। दादा भाई नौरोजी (1825-1917) और श्याम जी कृष्ण वर्मा (1857-1930)। दोनों भारतीय राष्ट्रवाद के दो ध्रुवों के प्रतिनिधि थे। दोनों गांधी की तरह मूलतः गुजराती थे। दादा भाई बम्बई के एक अत्यन्त सम्मानित पारसी पुरोहित के परिवार में पैदा हुए थे। वहाँ के एलफिंस्टन कॉलेज में शिक्षा प्राप्त कर वह वहीं पर गणित और दर्शनशास्त्र के प्राध्यापक हो गए थे। उन्होंने बम्बई में राजनीतिक, सामाजिक गतिविधियों के लिए 'इंडियन एसोसिएशन' नाम से एक संस्था बना रखी थी। सन् 1855 में तीस वर्ष की

आयु में वह लन्दन और पेरिस में कार्यरत एक व्यावसायिक फर्म के भागीदार बन गए थे। अतः अध्यापन कार्य से इस्तीफा देकर वह स्थायी रूप से बसने लन्दन आ गए थे। फर्गूसन कॉलेज पूना में गोपाल कृष्ण गोखले के साथ प्राध्यापक रहे आर.पी. परांजपे (1876-1966) ने दादा भाई को इंग्लैंड के 'हिन्दुस्तानियों का स्वाभाविक नेता' कहा था। दादा भाई हिन्दुस्तान के उस प्रबुद्ध वर्ग के अग्रणी थे जो हिन्दुस्तान की प्रगति के लिए अंग्रेजों में उसके प्रति कर्तव्यबोध पैदा कर उनकी अन्तरात्मा को जगाना चाहते थे। साथ ही उनके आदृत प्रजातांत्रिक और उदार सामाजिक, राजनीतिक मूल्यों का वास्ता देकर औपनिवेशिक शासन व्यवस्था में अधिकाधिक सुधार और उसमें हिन्दुस्तानियों की समुचित भागीदारी सुनिश्चित करना चाहते थे।

समय-समय पर तर्कसंगत ढंग से दादाभाई अपने भाषणों और लेखों द्वारा औपनिवेशिक शासन की कमियाँ रेखांकित करते हुए उसे दूर करने के लिए सुझाव भी देते रहते थे। इंग्लैंड में हिन्दुस्तानियों का पक्ष प्रभावशाली ढंग से रखने के लिए 'डेली न्यूज' नामक दैनिक के उन्होंने भारी शेयर खरीद लिए थे। 'इंडियन एसोसिएशन' की शाखा उन्होंने लन्दन में भी स्थापित कर ली थी। यह संस्था मध्यमार्गी थी और हिन्दुस्तानियों के साथ अच्छी संख्या में अंग्रेज भी इसके सदस्य थे। हिन्दुस्तानी विद्यार्थी इसकी बैठकों में बड़ी संख्या में शामिल होते थे। हिन्दुस्तानी लोग न केवल आपस में बल्कि अंग्रेजों से भी अपनी स्थानीय और देश की समस्याओं पर विचार-विमर्श करते रहते थे। दादा भाई लिबरल पार्टी की ओर से हाउस ऑफ कामन्स के सदस्य भी रहे।

श्याम जी कृष्ण वर्मा भारतीय राष्ट्रवाद के विपरीत ध्रुवांत पर थे। उनकी विचारधारा लोकमान्य तिलक के नजदीक थी। वह एक गरीब ब्राह्मण परिवार में पैदा हुए थे। उनकी संस्कृत और अंग्रेजी शिक्षा कुछ सम्पन्न गुजराती सेठों की सहायता से सम्भव हो सकी थी। उनका संस्कृत ज्ञान अद्‌भुत था। आर्यसमाज के संस्थापक स्वामी दयानन्द सरस्वती और ऑक्सफोर्ड में संस्कृत के प्रोफेसर सर मोनियर विलियम्स उनके संस्कृत के पांडित्य से गहरे प्रभावित थे। ऑक्सफोर्ड से बी.ए., एम.ए. और कानून की डिग्री लेकर वह हिन्दुस्तान लौटे थे। वह बला के अध्यवसायी थे। जब सन् 1878 में वह इंग्लैंड पहुँचे थे तो उनके पास छदाम नहीं था। पर जब पढ़ाई पूरी कर चार साल बाद वह हिन्दुस्तान सन् 1882 में लौटे तो उनके पास दो हजार पाउंड थे। अपनी पढ़ाई और लन्दन में प्रवास का खर्च चलाने के लिए ट्यूशन के सहारे उन्होंने यह राशि बचाई थी। उनकी इस उपलब्धि को गांधी ने अनूठी कहा है। हिन्दुस्तान लौटकर वह कई रियासतों की सेवा में रहे। पर रियासतों में नियुक्त अंग्रेज अधिकारियों से उनका लगातार टकराव होता रहा। फलस्वरूप वह तिलक और उनकी विचारधारा की ओर उन्मुख हुए।

इसी बीच पूने में प्लेग कमिश्नर वाल्टर चार्ल्स रैंड की ज्यादतियों से क्षुब्ध चाफेकर बन्धुओं ने उसकी हत्या कर दी। फलस्वरूप उन्हें फाँसी की सजा हुई। उनके साथियों को देश से निकाल दिया गया। श्याम जी कृष्ण वर्मा पर भी हत्या के षड्‌यंत्र में शामिल

होने का संदेह था। पर किसी ठोस सबूत के अभाव में उन पर कोई कार्यवाही नहीं हो सकी। उन्होंने हमेशा के लिए सन् 1897 में देश छोड़ दिया और लन्दन में बस गए। वहाँ उन्होंने एक आलीशान मकान खरीदकर उसका नाम 'इंडिया हाउस' रख दिया। उन्होंने 'इंडिया होम रूल सोसाइटी' की स्थापना कर 'इंडियन सोशियोलाज़िस्ट' नामक एक पत्र का प्रकाशन भी प्रारम्भ कर दिया। उनके घर का द्वार हिन्दुस्तानी नवयुवकों और छात्रों के लिए सदैव खुला रहता था। वह क्रान्ति और हिंसा के मार्ग में विश्वास रखते थे। उनकी माँग पूर्ण स्वराज की थी। अक्तूबर सन् 1906 में जब गांधी एक प्रतिनिधिमंडल में एच.ओ. अली के साथ ट्रांसवाल के 'काले कानून' के खिलाफ़ जनमत तैयार करने लन्दन गए थे, तो उनकी भेंट श्याम जी कृष्ण वर्मा से हुई थी। वह 'इंडिया हाउस' में कुछ दिन रुके भी। वहाँ के आतिथ्य की उन्होंने प्रशंसा की है। इसी बीच सन् 1906 में गांधी के लन्दन पहुँचने के पहले दामोदर विनायक सावरकर (1883-1966) और लाला हरदयाल (1884-1939) भी लन्दन पहुँच गए थे। दोनों लोकमान्य की विचारधारा से प्रभावित थे। वस्तुतः सावरकर तो तिलक की सिफारिश पर छात्रवृत्ति के सहारे वहाँ पहुँचे थे। जब गांधी एक छात्र के रूप में लन्दन पहुँचे थे तो वहाँ दादा भाई की स्थिति हिन्दुस्तानियों खासकर छात्रों के बीच अद्वितीय थी। पर अब उन्नीसवीं सदी के अन्त में और बीसवीं सदी के प्रारम्भ में स्थिति एकदम बदल चुकी थी।

हिन्दुस्तानी छात्र इंग्लैंड में ज्यादातर इतिहास, अंग्रेजी साहित्य, दर्शन, राजनीति, अर्थशास्त्र और कानून की पढ़ाई करने के लिए आ रहे थे। फ्रांस की क्रान्ति, अमेरिका का स्वतंत्रता संघर्ष, आयरलैण्ड की स्वायत्तता की माँग में आती उग्रता, गैरीबाल्डी, बिस्मार्क और मैज़िनी के राष्ट्रवादी विचारों और उनके प्रेरक कार्यों से हिन्दुस्तानी तरुण समाज भलीभांति परिचित हो चला था। इसके अतिरिक्त कई छात्र इंग्लैंड के अलावा फ्रांस, अमेरिका, कनाडा, जर्मनी और जापान इंजीनियरिंग, चिकित्सा, कृषि, वाणिज्य और विज्ञान के भी अध्ययन के लिए पहुँच रहे थे। हिन्दी के प्रसिद्ध निबंधकार अध्यापक पूर्णसिंह ने जापान और पं. जवाहरलाल नेहरू ने कैम्ब्रिज में विज्ञान की पढ़ाई की थी। मदन लाल धींगरा लन्दन में इंजीनियरिंग के विद्यार्थी थे।

मैडम भीखा जी कामा (1861-1936) भी लन्दन और बाद में फ्रांस में विद्यार्थियों के आकर्षण केन्द्र में रहीं। पहले उन्होंने दादा भाई के सम्पर्क में रहकर भारतीय राष्ट्रीय कांग्रेस के लिए काम किया था। पर कुछ समय बाद वह श्याम जी कृष्ण वर्मा, सावरकर, लाला हरदयाल और लेनिन के सम्पर्क में आईं। इसके बाद उनका राजनीतिक मुहावरा बदल गया। सन् 1909 में वह पेरिस चली गईं। वह आयरलैण्ड, जर्मनी, रूस, फ्रांस तथा मिस्र के क्रान्तिकारी विचारधारा के लोगों के सम्पर्क में लगातार बनी रहीं। हिंसक क्रान्ति की श्याम जी कृष्ण वर्मा की विचारधारा तरुणों को चुम्बक की तरह अपनी ओर खींच रही थी। सन् 1907 में कांग्रेस के नरम और गरम दल में विभाजन के समय श्याम जी कृष्ण वर्मा और उनके अनुयायियों की सहानुभूति निश्चय ही गरम दल खासकर

लोकमान्य तिलक के साथ थी। पर गरम दल के नेताओं लाल-बाल-पाल (लाला लाजपत राय, बाल गांगाधर तिलक, विपिन चन्द्रपाल) तथा उनके समर्थकों का विश्वास कम से कम प्रत्यक्षतः हिंसक क्रान्ति के मार्ग में नहीं था। अरविन्द घोष (1872-1950) इसके एकमात्र अपवाद थे।

हिन्दुस्तान के दो जागृत प्रान्तों बम्बई प्रेसीडेन्सी के महाराष्ट्र और कलकत्ता प्रेसीडेन्सी के बंगाल में क्रमशः दो क्रान्तिकारी संगठन 'अभिनव भारत' और 'अनुशीलन समिति' का गठन हो चुका था। अभिनव भारत की शाखा लन्दन में भी सक्रिय थी। पर उसमें असली जान मैडम कामा के उससे जुड़ने के बाद ही आई। दरअसल उन्हें हिन्दुस्तानी 'क्रान्ति की जननी' के रूप में याद किया जाता रहा है। उन्हें उनके अनुयायिओं और प्रशंसकों का एक बड़ा वर्ग 'काली का अवतार' मानता था। वह पेरिस से 'वंदे मातरम्' नाम से एक पत्र निकालती थीं। पेरिस में उनके पहले गुजरात की एक रियासत लिम्बडी के राजकुमार सरदार सिंह रेवा भाई राना (एस.आर. राना) राष्ट्रवादी गतिविधियों में सक्रिय थे। उनकी राजनीतिक सक्रियता के फलस्वरूप अंग्रेजों ने उनकी रियासत जब्त कर ली थी। वह पेरिस में मोतियों के व्यवसाय में लगी एक फर्म से जुड़े थे और उन्होंने फ्रांस की नागरिकता हासिल कर ली थी। वह एक समृद्ध व्यक्ति थे। उन्होंने इंग्लैंड और योरोप में शिक्षा प्राप्त करने के लिए हिन्दुस्तानी नवयुवकों के लिए कई छात्रवृत्तियाँ चला रखी थीं। उनके रूस के क्रान्तिकारियों के साथ गहरे सम्बन्ध थे। दरअसल वह हिन्दुस्तानी और रूसी क्रान्तिकारियों के बीच एक सशक्त सेतु थे। जून 1907 में श्याम जी कृष्ण वर्मा भी पेरिस पहुँच गए थे।

लन्दन में श्याम जी कृष्ण वर्मा का 'इंडिया हाउस' क्रान्तिकारी गतिविधियों का केन्द्र बना हुआ था। वहाँ पर अंग्रेज अधिकारियों की हत्या तथा राजनीतिक हिंसा की योजनाएँ गोपनीय रूप से बनती रहती थीं। हिन्दुस्तान से गए अच्छी खासी संख्या में तरुण छात्रों का शरणस्थल होने के कारण उन पर 'इंडिया हाउस' का प्रभाव पड़ना स्वाभाविक था। कलकत्ता के 'मॉडर्न रिव्यू' ने इस प्रभाव को अनिष्टकारी बताया था। उसने अपने एक सम्पादकीय में लिखा था कि इंग्लैंड में पढ़ने गए युवकों के आवास आदि की कुछ ऐसी व्यवस्था होनी चाहिए जिससे वह इस प्रकार की हिंसक राजनीतिक गतिविधियों के दुष्प्रभाव से बचे रह सकें और अपनी पढ़ाई के साथ राजनीतिक प्रगति के फलस्वरूप पूर्ण नागरिक गुणों का अपने व्यक्तित्व में विकास कर सकें।

यह था हिन्दुस्तानी तरुणों के लिए इंग्लैंड और योरोप का राजनीतिक वातावरण जब गांधी जुलाई सन् 1909 में लन्दन पहुँचे थे। कुछ ही माह बाद 'हिन्द स्वराज' में उतरने वाले विचारों की उथल-पुथल से उनका मानस विकल था। गांधी ने विश्व-इतिहास के मंच पर अपने देश हिन्दुस्तान से नहीं बल्कि सात समुंदर पार एक अज्ञात कुलशील देश दक्षिण अफ्रीका से प्रवेश किया था। पर वह हिन्दुस्तान की समग्र राजनीतिक गतिविधियों से पूर्णतः परिचित थे। सन् 1905 में बंगाल के विभाजन के प्रतिरोध में

देशव्यापी बंग-भंग विरोधी आन्दोलन पूरे उफान पर था। सन् 1906 में नरम और गरम दलों में कांग्रेस के विभाजन से राजनीतिक दिग्भ्रम की स्थिति बनी हुई थी। दादा भाई नौरोजी और गोपाल कृष्ण गोखले के नेतृत्व में नरम दल के विपरीत यद्यपि श्याम जी कृष्ण वर्मा, मैडम कामा, भाई परमानन्द, एस.आर. राना, सावरकर और हरदयाल जैसे क्रान्तिमार्गियों की सहानुभूति कांग्रेस के गरम दल के नेताओं खासकर लोकमान्य तिलक और लाला लाजपत राय के साथ थी, पर वो कांग्रेस की विचारसरणि और कार्यपद्धति से सहमत नहीं थे। अतः उनका समवेत प्रभाव हिन्दुस्तान से पश्चिम गए तरुणों में हिंसक क्रान्ति के प्रति एक प्रबल आकर्षण पैदा कर रहा था।

कांग्रेस और उससे जुड़े नरम दल के नेताओं—सुरेन्द्र नाथ बनर्जी, दादा भाई नौरोजी, बदरुद्दीन तैय्यब जी और गोपाल कृष्ण गोखले को पश्चिम में पढ़ने गए अधीर युवक संदेह की दृष्टि से देखने लगे थे। कांग्रेस के संस्थापक सर ए.ओ. ह्यूम और सर विलियम वेडरवर्न के लिए भी उनके मन में गहरे अविश्वास का भाव था। संवेदनशील, उदार और प्रबुद्ध अंग्रेजों के सहयोग और सद्भावना से स्वराज पाने के विकल्प की बात उनके गले नहीं उतरती थी। लन्दन पहुँचकर गांधी अपने मिशन के सिलसिले में लगभग चार माह के प्रवास के दौरान बड़ी संख्या में महत्त्वपूर्ण अंग्रेजों और हिन्दुस्तानियों से मिले। वहाँ पढ़ाई के लिए आए राजनीतिक रूप से सजग सक्रिय क्रान्तिकामी तरुणों से उन्होंने विस्तृत-विचार विनिमय किया। उनके मनोभावों को उन्होंने गहराई से समझने की कोशिशें कीं। गांधी ने पाया कि क्रान्तिमार्गियों के पास स्वराज की एक अराजक समझ है। साध्य की प्राप्ति के लिए साधन की पवित्रता में उनकी आस्था नहीं है। हिन्दुस्तान पर औपनिवेशिक शासन जिस आधुनिक सभ्यता की देन है उसका आलोचनात्मक विवेक उनमें विकसित नहीं हो सका है। आधुनिक सभ्यता जिसे वह पश्चिमी सभ्यता भी कहते हैं, का जो वैकल्पिक साँचा और सोच वहाँ उन्नीसवीं सदी के उत्तरार्ध में विकसित हुआ था उससे क्रान्तिमार्गी या तो लगभग अपरिचित थे या उसके प्रति उदासीन।

'हिन्द स्वराज' पाठक और सम्पादक के बीच बातचीत की शैली में लिखा गया है। गांधी लन्दन-प्रवास के दौरान जिन क्रान्तिमार्गी अराजकतावादियों से मिले थे उसमें दामोदर विनायक सावरकर, टी.एस.एस. राजन, वीरेन्द्र नाथ चट्टोपाध्याय, वी.वी.एस. अय्यर और डॉ. प्राणजीवन मेहता प्रमुख थे। वस्तुतः 'हिन्द स्वराज' स्वयं गांधी के शब्दों में डॉ. प्राणजीवन मेहता से हुई बातचीत की लगभग जस की तस प्रस्तुति है। इस रहस्य का उद्घाटन उन्होंने 21 फरवरी सन् 1940 को बंगाल की मलिकंदा की बैठक में किया था। डॉ. प्राणजीवन दास जगजीवन दास मेहता (1864-1932) का जन्म मोरवी (गुजरात) में एक जैन परिवार में हुआ था। वह बम्बई के ग्रांट मेडिकल कॉलेज के स्नातक थे। ब्रूसेल्स से एम.डी. और लन्दन से बैरिस्टरी की उपाधियाँ अर्जित करने के बाद सन् 1889 में हिन्दुस्तान लौट आए थे। यहाँ गुजरात के ईडर रियासत के मुख्य चिकित्सा अधिकारी और बाद में दीवान के पद पर रहने के बाद वह रंगून (वर्मा) चले गए थे।

गांधी जब एक विद्यार्थी के रूप में लन्दन पहुँचे थे तो उस समय वहाँ गुजरात के काठियावाड़ क्षेत्र के प्राणजीवन मेहता, दलपत राम शुक्ल और रणजीत सिंह पहले से मौजूद थे। गांधी के लन्दन प्रवास में इनका सहयोग उल्लेखनीय था। जब सन् 1909 में गांधी लन्दन पहुँचे थे तो डॉ. मेहता संयोग से वहीं थे। एक महीने दोनों साथ एक होटल में रहे थे। गांधी से डॉ. मेहता लगभग पाँच साल बड़े थे और उनके प्रति गहरा स्नेह भाव रखते थे। स्वयं गांधी के शब्दों में वह उन्हें (गांधी को) मूर्ख और भावुक मानते थे। अपने समय की चिकित्सा और कानून की उच्चतम उपाधियों से लैस डॉ. मेहता एक प्रबल बुद्धिवादी तार्किक थे। गांधी उन्हें क्रान्तिकामी अराजकतावादियों में प्रमुख मानते थे। जो विचार बिन्दु 'हिन्द स्वराज' के विषय बने उन पर दोनों के बीच लगभग एक माह तक विचार-विमर्श चलता रहा। अन्ततः डॉ. मेहता गांधी के विचारों से सहमत हो गए। कुछ समय बाद अय्यर और राजन भी गांधी के अनुयायी बन गए। गांधी को पहले मूर्ख और भावुक समझने वाले उन्हीं डॉ. प्राणजीवन मेहता ने 28 अगस्त सन् 1912 को रंगून के लिए पोर्ट सईद पर जहाज की प्रतीक्षा करते हुए हिन्दुस्तान में गोपाल कृष्ण गोखले को लिखा कि मनुष्यता और मातृभूमि के उत्थान के लिए गांधी जैसे विरल व्यक्तित्व इस पृथ्वी पर यदा-कदा ही अवतरित होते हैं।

डॉ. मेहता अवढरदानी और प्रखर बुद्धिजीवी थे। जैसे-जैसे गांधी अपरिग्रह के मार्ग पर अग्रसर होते गए उनकी और उनके परिवार की आर्थिक जरूरतों को पूरा करने का उन्होंने पूरा ध्यान रखा। गांधी के बड़े भाई लक्ष्मीचन्द गांधी के देहावसान के बाद पोरबन्दर के गांधी निवास पर पाँच विधवाएँ बची थीं। डॉ. मेहता ने उनके भरण-पोषण का भार आजीवन उठाया। गांधी परिवार के एक सदस्य को लन्दन में पढ़ने का खर्च देने के उनके प्रस्ताव पर जब गांधी ने कस्तूरबा के सुझाव की अवहेलना कर अपने भतीजे को लन्दन भेजा था तो उनके बड़े बेटे हरीलाल विद्रोही हो गए थे। वह आजीवन गांधी के लिए चिन्ता और दुख के कारण रहे। गांधी ने जब साबरमती आश्रम की स्थापना का संकल्प लिया तो पता चलते ही डॉ. मेहता ने बिना माँगे डेढ़ लाख रुपए उन्हें भेज दिए थे। सन् 1921 में यह बहुत बड़ी राशि थी। चम्पारन के आन्दोलन के दौरान गांधी ने बिहार के लोगों से आर्थिक सहायता लेने के बजाय डॉ. मेहता से सहायता लेना ज्यादा मुनासिब समझा था। इन्हीं डॉ. प्राणजीवन दास जगजीवन दास मेहता से हुई मोहन दास करमचंद गांधी की बातचीत 'हिन्द स्वराज' है।

2

'हिन्द स्वराज' का शिल्प आश्चर्यजनक रूप से आधुनिक है। वह सम्पादक और पाठक के बीच एक जीवन्त संवाद है। गांधी एक उच्चकोटि के पत्रकार और सम्पादक थे। एक सजग सम्पादक और एक प्रबुद्ध पाठक के बौद्धिक स्तर में अक्सर बहुत अन्तर

नहीं होता। अतः सम्पादक की भूमिका में स्वयं को रखकर गांधी किसी बौद्धिक श्रेष्ठता अथवा दम्भ को प्रश्रय देते नहीं लगते। सम्पादक और पाठक अपने- अपने तर्कों से लैस लगभग समान स्तर पर बातें करते हैं। उनकी जगह यदि गुरु और शिष्य या अध्यापक और विद्यार्थी होते तो बराबरी के धरातल पर तर्क-वितर्क और विचार-विमर्श निस्बतन मुश्किल होता। पत्रकारिता विचार-प्रसार और सम्प्रेषण की आधुनिक विधा है जिसके सम्पादक और पाठक दो सर्वाधिक महत्त्वपूर्ण आधारस्तम्भ हैं। अतः पाठक सम्पादक के संवाद के शिल्प का वरण गांधी के काफी हद तक नए किस्म के आधुनिकताबोध का ही परिचायक है। दरअसल गांधी एक सर्वथा नव्य उत्तर आधुनिकबोध के भी प्रस्थान बिन्दु माने जा रहे हैं।

आचार्य विनोबा भावे (सन् 1895-1982) ने 'हिन्द स्वराज' की भाषा को अनगढ़ (क्रूड) बताया है। उनके अनुसार यदि वर्षों बाद गांधी इसे लिखते तो उसकी भाषा दूसरी होती। धर्म के गहन अध्येता और गांधीविद विनोबा ने 'हिन्द स्वराज' की भाषा के लिए अनगढ़ शब्द किसी नकारात्मक अर्थ में प्रयोग नहीं किया है। उनके अनुसार उपनिषदों की भाषा भी कानों को अटपटी और अनगढ़ लगती है–

''पर (इसके बावजूद) उपनिषदों की भाषा में ऐसी जीवन्तता है जो तर्कसंगत और वैज्ञानिक भाषाओं में दुर्लभ है।...उसी तरह 'हिन्द स्वराज' गांधी जी के पवित्र हृदय को व्यक्त करता है।''

तेलगू के कवि-चिन्तक शेषेन्द्र शर्मा ने संस्कृत काव्य को आश्रम-काव्य और आश्रमोत्तर-काव्य में विभाजित किया है। आश्रम-काव्य में संस्कृत की वह रचनाएँ आती हैं जिन्हें आर्ष माना जाता है–जिनका सृजन ऋषियों द्वारा आश्रमों में किया गया था। आश्रमोत्तर-काव्य में वह रचनाएँ आती हैं जिनका सृजन आश्रम-संस्कृति के धीरे-धीरे अवसान के उपरान्त उसके बाहर हुआ। वेद, आरण्यक, उपनिषद, रामायण, महाभारत कुछ हद तक पुराण आश्रम काव्य की कोटि में आते हैं। कालिदास, अश्वघोष, भारवि, माघ, भास, वाण और दंडी जैसे कवियों की रचनाएँ आश्रमोत्तर-काव्य की श्रेणी में आती हैं। 'रामायण' और 'महाभारत' को छोड़कर आश्रम काव्यों में–वेदों, उपनिषदों आरण्यकों और पुराणों की भाषा में भी एक तरह का सहज अनगढ़पन है जो उसकी सीमा नहीं शक्ति है। उनके बरअक्स आश्रमोत्तर काव्यों की भाषा में अलंकारों की छवि, परिष्कृति, रस-निष्पत्ति, ध्वन्यात्मकता और लालित्य का आत्मसजग आग्रह है। पर इससे आश्रमोत्तर काव्य आश्रम-काव्य से श्रेष्ठतर नहीं सिद्ध होते। अपनी अनगढ़ सरल-सहज सधुक्कड़ी भाषा के बावजूद कबीर का रचना-संसार तुलसीदास की तीनों शब्द-शक्तियों से लैस संस्कृतनिष्ठ और रससिक्त भाषा में रचे काव्य-जगत से रंचमात्र भी कम महिमावान नहीं है। तुलसीदास के सहारे कहें तो 'हिन्द स्वराज' के 'प्रेम-लपेटे अटपटे बैन' जिसमें वह मूलतः अवतरित हुआ उसकी प्रभावोत्पादकता में बाधा नहीं बनते बल्कि उसकी अभिवृद्धि करते हैं।

दरअसल गांधी ने 'हिन्द स्वराज' के आगे के संस्करणों में स्वयं कहा है कि यदि इसे वह आज लिखते तो उसकी भाषा अलग होती। महादेव भाई देसाई के पुत्र और गांधी के यशस्वी जीवनीकार नारायण भाई देसाई का कहना है कि गांधी की भाषा खासकर उनकी गुजराती सतत विकासशील थी। उन्होंने 'हिन्द स्वराज' की भाषा बोलचाल की साधारण गुजराती रखी जो अनपढ़ और अर्धशिक्षित गुजरातीभाषी भी समझ लें। वह रोजमर्रा के जीवन से उठाई हुई भाषा है। उस पर उनके वकालत के पेशे की भाषा का भी असर है। उनके मुवक्किल दक्षिण अफ्रीका में ज्यादातर गुजरात से जाकर वहाँ बसे मुसलमान बोहरा और मेमन व्यापारी थे। उनके यहाँ बड़ी संख्या में हिन्दू गुजराती भी काम करते थे। गांधी अपने परिवार और दक्षिण अफ्रीकी गुजरातियों से जिस बोलचाल की भाषा में बातें करते और जो सुनते थे वही उन्होंने 'हिन्द स्वराज' के लिए भी चुना। उन्हें पता था उसके पहले पाठक दक्षिण अफ्रीका के गुजराती ही होंगे।

उन्होंने 'हिन्द स्वराज' की भूमिका में साफ लिखा है कि पश्चिमी सभ्यता की नकल के कारण जो सड़न दक्षिण अफ्रीका गए हिन्दुस्तानियों में दाखिल हो रही थी 'हिन्द स्वराज' की वजह से उस पर काफी हद तक नियंत्रण सम्भव हो सका। नारायण भाई देसाई के अनुसार दक्षिण अफ्रीका में गांधी के लिए गुजराती या किसी अन्य हिन्दुस्तानी भाषा के साहित्यिक से सम्पर्क और विचार-विनिमय दुर्लभ था। अतः जो संस्कृतनिष्ठ-परिष्कृत गुजराती गद्य उस समय गुजरात में विकसित हो रहा था उसके सम्पर्क में उनका दक्षिण अफ्रीका में आ पाना दुष्कर था। हिन्दुस्तान लौटने पर उनके आश्रम में केवल गुजराती के ही नहीं बल्कि अन्य हिन्दुस्तानी भाषाओं के रचनाकारों का उनसे मिलने के लिए ताँता लगा रहता था। उनसे विचार-विमर्श के दौरान उनकी गुजराती दिन-ब-दिन परिनिष्ठित और परिमार्जित होती जा रही थी।

नारायण भाई बताते हैं कि यदि गांधी ने 'हिन्द-स्वराज' बाद में लिखा होता तो उसमें अनेक शब्द वह नहीं होते जो उसमें मूलतः प्रयुक्त हुए। उदाहरण के लिए 'सिविलिजेशन' के लिए 'सुधारो' शब्द की जगह सम्भवतः उन्होंने 'सभ्यता' या 'संस्कृति' जैसे शब्द प्रयोग किए होते। गांधी का, दरअसल, यह विश्वास था कि लिखित भाषा बोलचाल की भाषा के अधिक-से-अधिक नजदीक होनी चाहिए। गांधी ने लगभग सभी धर्मों के आधार ग्रन्थों को निष्ठापूर्वक पढ़ा था। किन्तु 'गीता' और 'बाइबिल' का अनुशीलन उन्होंने विशेष मनोयोग से किया था। 'बाइबिल' की सहज-सम्प्रेष्य भाषा से वह गहरे प्रभावित थे। इसका असर उनकी अपनी भाषा पर भी दिखाई पड़ता है। गांधी के गुजराती लेखन के मर्मज्ञ सी.एन. पटेल ने बताया है कि उनके (गांधी के) रचनात्मक गद्य की दृष्टि से सन् 1924 से 1930 तक के छह वर्ष विशेष उल्लेखनीय हैं। इन्हीं वर्षों में उन्होंने 'दक्षिण अफ्रीका में सत्याग्रह का इतिहास', अपनी आत्मकथा–'सत्य के प्रयोग', 'गीता' पर अपना भाष्य 'अनासक्ति योग' और 'मंगल प्रभात' लिखा। गांधी का निरन्तर सक्रिय, सजग और भावप्रवण मनस्तल सदैव निर्वेदमय रहता था।

उसके स्पष्ट विचारों और गहन अनुभूतियों के शान्त सरोवर से निकली इन कृतियों की प्रांजल भाषा गुजराती गद्य में बेजोड़ है।

'हिन्द स्वराज' के संवाद कई जगहों पर नाटकीय हो उठे हैं। इस नाटकीयता से पहला साबका पहले ही अध्याय 'कांग्रेस और उसके कर्ताधर्ता' में पड़ता है : *'ठहरिए, ठहरिए आप तो बहुत आगे बढ़ गए हैं, आप अधीर हो गए हैं, मैं अधीरता बरदाश्त नहीं कर सकता'* और *'गोल-मोल बातें बनाकर आप मेरे सवाल का जवाब उड़ा देना चाहते हैं'* जैसे नाटकीय वाक्य संवाद को निहायत दिलचस्प बनाते हैं। वाद-विवाद और संवाद की परम्परा शास्त्रार्थ के रूप में भारतीय धर्म और दर्शन के क्षेत्र में युगों पुरानी है। आश्रम-साहित्य खासकर उपनिषदों और गांधी के प्रिय धर्म ग्रन्थ 'श्रीमद्भगवद्गीता' तथा प्रिय काव्य 'रामचरितमानस' में संवाद शैली का बड़ा ही रचनात्मक प्रयोग है। महात्मा ज्योतिबा फुले (1827-1890) के कई रैडिकल सामाजिक सुधारों के परिवर्तनकामी पैंफ्लेट भी संवाद और प्रश्नोत्तर की ही शैली में हैं। गांधी निश्चय ही इनसे परिचित थे। 'हिन्द स्वराज' के लिए संवाद-शैली का चुनाव करते समय सम्भवतः दो और चीजें गांधी के दिमाग में थीं—प्लेटो के 'डायलॉग' और थियोसाफिकल सोसाइटी की संस्थापिका मैडम एच.पी. ब्लावत्सकी (1831-1891) की विक्टोरियायुगीन नैतिक पाखंड और आधुनिक योरोपीयन सभ्यता की कड़ी भर्त्सना जिसे उन्होंने एक 'क्रिश्चियन' के साथ काल्पनिक संवाद के रूप में लिखा था।

जोसेफ़ लेलीवेल्ड की सद्यः प्रकाशित एवं विश्वस्तर पर चर्चित पुस्तक 'ग्रेट सोल—महात्मा गांधी एंड हिज़ स्ट्रगल विद इंडिया' से एक उल्लेखनीय नई बात सामने आई है। इसके अनुसार, 'हिन्द स्वराज' की तात्कालिक प्रेरणा रस्किन या टॉलस्टॉय से नहीं बल्कि उस समय के प्रख्यात ऐंग्लो कैथालिक साहित्यकार जी.के. चेस्टरटन के 'दि इलस्ट्रेटेड लन्दन न्यूज़' में छपे एक दिलचस्प कॉलम से मिली थी। इसे गांधी ने अपने असफल उद्देश्य लन्दन प्रवास के दौरान पढ़ा था। इसमें चेस्टरटन ने नाटकीय वाग्मिता के साथ पूछा था कि एक असली हिन्दुस्तानी राष्ट्रवादी—या यों कहें एक सच्चा हिन्दुस्तानी अंग्रेजों के राज में अंग्रेजी शैली की संस्थाओं और विचारों की स्थापना के साम्राज्यवादी प्रयासों के बारे में क्या कहेगा? चेस्टरटन के 'सच्चे हिन्दुस्तानी' का कॉलम में जवाब था, "जिन्दगी बहुत छोटी है। आदमी को जैसे हो जी लेना चाहिए और कहीं भी मृत्यु के वरण के लिए तैयार रहना चाहिए। जो शारीरिक सुख किसान को आपके जनतंत्र में प्राप्त है वह किसी भी तरह हमारे से बेहतर नहीं है। अगर हमारे जैसा आत्मिक सुख आपको पसन्द नहीं है, तो न हो। हमने तो कभी आपसे ऐसा चाहा भी नहीं। आप तो जाएँ। हमें हमारे हाल पर छोड़ दें।"

चेस्टरटन के कॉलम का भी 'हिन्द स्वराज' के शिल्प पर प्रभाव सम्भव है। 'हिन्द स्वराज' का 'सम्पादक' (गुजराती का अधिपति और अंग्रेजी का 'एडीटर') एक हद तक चेस्टरटन के कॉलम का 'सच्चा हिन्दुस्तानी' ही है। पर इस नई खोज से यह तथ्य गौण

नहीं हो जाता कि 'हिन्द स्वराज' में रस्किन और टॉलस्टॉय सहित इन सभी विचारकों के सोच की खाद है जिनके पुस्तकों की संस्तुति उसके परिशिष्ट में की गई है।

हिन्दुस्तानी मूल के अमेरिकी गांधी-प्रेमी हरिदास टी. मजूमदार द्वारा सम्पादित 'हिन्द स्वराज' का अमेरिकी संस्करण 'सरमन ऑन दि सी बाई महात्मा गांधी' (महात्मा गांधी द्वारा समुद्र पर उपदेश) नाम से सन् 1924 में छपा। इसकी भूमिका गांधी के अनन्य प्रशंसक तथा उनके पहले अमेरिकी जीवनीकार न्यूयार्क के प्रतिष्ठित पादरी रेवरेन्ड जॉन हेनेस होम्स ने लिखी थी। इस अमेरिकी संस्करण में मजूमदार ने कुछ शैलीगत परिवर्तन किये थे। 'हिन्द स्वराज' के अट्ठारहवें अध्याय 'शिक्षा' में हिन्दुस्तानियों की ग़लत अंग्रेजी के बारे में उन्होंने गांधी के निम्नलिखित विचार का संदर्भ दिया है–

''हम एक-दूसरे को पत्र लिखते हैं तो ग़लत अंग्रेजी में लिखते हैं। एक सामान्य एम.ए. पास आदमी भी ग़लत अंग्रेजी से बचा नहीं होता।''

इसे आधार बना कर मजूमदार ने शुरू में 'हिन्द स्वराज' की गांधी की अंग्रेजी में संकोच के साथ जहाँ-तहाँ सुधार की कोशिशें की। उन्होंने कई प्रयुक्त शब्दों और मुहावरों की जगह अपने एक अमेरिकी मित्र के सहयोग से कुछ अपेक्षाकृत अधिक व्यंजक और सटीक शब्दों और मुहावरों के प्रयोग के प्रयास किये। पर शीघ्र ही उन्हें यह एहसास हो गया कि गांधी की हिन्दुस्तानी अंग्रेजी का अपना एक विशिष्ट आस्वाद है। फलस्वरूप उन्होंने उसमें आगे और सुधार के प्रयास छोड़ दिये।

सन् 1926 में साबरमती आश्रम की महिला आश्रमवासियों से बात करते हुए उन्होंने कहा था कि 'हिन्द स्वराज' एक राजनीतिक पुस्तक मात्र नहीं है। राजनीति की भाषा उसमें जरूर इस्तेमाल हुई है। दरअसल उसमें धर्म की झलक देने का प्रयास है। उनके अनुसार 'हिन्द स्वराज' का अर्थ है धर्म का राज अथवा 'राम-राज्य'। वह बताते हैं कि पुस्तक की सरलता के पीछे उनका मंतव्य अपनी बात निरक्षर जनता तक पहुँचाने का रहा है। वह आगे स्पष्ट करते हैं कि हम 'गीता' या 'रामायण' या 'हिन्द स्वराज' जो भी पढ़ें, उससे दूसरों के कल्याण की ही सीख लेनी चाहिए।

3

'कांग्रेस के कर्ताधर्ता' अध्याय में देश से पश्चिम पहुँचे लोगों खासकर तरुणों में तेजी से उभरती उस अधीरता की झाँकी है जो उनमें कांग्रेस की अंग्रेजों के प्रति संविधानमार्गी नरम नीतियों के प्रति व्याप्त थी और दिनोंदिन बढ़ती जा रही थी। दादा भाई नौरोजी, फिरोज शाह मेहता, महादेव गोविन्द रानाडे, गोपाल कृष्ण गोखले, सुरेन्द्र नाथ बनर्जी, बदरुद्दीन तैयब जी और मदन मोहन मालवीय कांग्रेस के संविधानमार्गी नरम दलीय नेताओं में प्रमुख थे। इनमें भी सबसे अधिक शिकायत तरुणों को दादा भाई नौरोजी और गोपाल कृष्ण गोखले से थी। जहाँ दादा भाई इंग्लैंड के हाउस ऑफ कामन्स के

सदस्य रह चुके थे, गोखले केन्द्रीय विधायिका (सेंट्रल लेजिस्लेटिव असेम्बली) के सदस्य थे। इसके अलावा उनके मन में कांग्रेस के जनक सर ए.ओ. ह्यूम (1829-1912) और सर विलियम वेडरवर्न (1838-1918) के प्रति भी गहरे अविश्वास का भाव था।

सर ह्यूम दरअसल चिकित्सा और शल्य विज्ञान के स्नातक थे। सन् 1850 में उनका चयन बंगाल की सिविल सर्विस के लिए हो गया था। उन्होंने हिन्दुस्तान में अपना पहला प्रशासनिक कार्यभार इटावा (उ.प्र.) में ग्रहण किया था। शीघ्र ही वह इंडियन सिविल सर्विस में प्रोन्नत हो गए थे और वहाँ के जिलाधिकारी बना दिए गए थे। वहाँ उन्होंने शिक्षा, प्रशासनिक सुधार और कृषि क्षेत्र में दूरगामी परिणामों वाले काम किए थे। नाबालिग अपराधियों के लिए उन्होंने एक अलग सुधारगृह और विद्यालय कायम किया था। निःशुल्क प्रारम्भिक शिक्षा की व्यवस्था कर उन्होंने इटावा जिले में सन् 1857 तक 181 विद्यालय स्थापित कर दिए थे जिनमें लगभग पाँच हजार से अधिक विद्यार्थी पढ़ रहे थे। इनमें लड़कियाँ भी थीं। इसके बाद वह सीमाशुल्क आयुक्त, महानिदेशक कृषि और कृषि सचिव के पदों पर भी रहे। इटावा में उन्होंने 'लोकमित्र' नाम से हिन्दी पत्र भी प्रारम्भ किया था। सर विलियम वेडरवर्न इंग्लैंड के एक पुराने कुलीन परिवार से थे। सन् 1859 में उनका चयन इंडियन सिविल सर्विस में हो गया था। अगले वर्ष वह धारवाड़ में सहायक कलेक्टर के पद पर नियुक्त हो गए थे। इसके बाद वह बाम्बे प्रेसीडेन्सी (जिसमें सिंध, गुजरात और वर्तमान महाराष्ट्र का अधिकांश हिस्सा आता था) के विभिन्न प्रशासनिक और न्यायिक पदों पर कार्य करने के पश्चात् प्रान्त के मुख्य सचिव के रूप में सेवानिवृत्त हुए थे। हिन्दुस्तान के किसानों की गरीबी, ऋणग्रस्तता, अकाल तथा खेती के पिछड़ेपन का उन्होंने गहरा और व्यापक अध्ययन किया था। हिन्दुस्तान की पुरानी ग्राम-व्यवस्था के प्रति उनके मन में गहरा प्रशंसा-भाव था। सर ह्यूम के साथ वह भी कांग्रेस के महत्त्वपूर्ण संस्थापकों में से एक थे।

सन् 1893 में सर वेडरवर्न भी दादा भाई नौरोजी के साथ लिबरल पार्टी के टिकट पर चुनाव जीतकर इंग्लैंड के 'हाउस ऑफ कामन्स' के सदस्य बने थे। हिन्दुस्तान की समस्याओं को सदन में पहुँचाने के लिए उन्होंने संवेदनशील और उदार सांसदों का एक प्रभावशाली दल गठित किया था। वह दो बार कांग्रेस के अध्यक्ष रहे थे। एक बार सन् 1889 में और दूसरी बार सन् 1910 में। 'हाउस ऑफ कामन्स' और उसके बाहर भी वह हिन्दुस्तान के स्वशासन, जिसे 'स्वराज' कहा जाने लगा था, के अत्यन्त प्रबल और मुखर समर्थक और प्रवक्ता रहे। हिन्दुस्तान की संवेदनाहीन अंग्रेज नौकरशाही की उनकी लगातार आलोचना तथा वहाँ की जनसमस्याओं के निराकरण और किसानों के हित में उनकी सक्रियता अनुदार सांसदों के एक बड़े वर्ग को रास नहीं आती थी। फलस्वरूप उन्होंने उन्हें (सर वेडरवर्न को) अपने देश के प्रति गैर वफादार घोषित कर दिया था। उन्हें गद्दार तक कहने में भी संकोच नहीं बरता गया था।

पश्चिम गए हिन्दुस्तानियों खासकर तरुणों का अविश्वास केवल सर ह्यूम, सर

वेडरवर्न और कांग्रेस के नरमदलीय नेताओं तक ही सीमित नहीं था। उनके संदेह के घेरे में बंग-भंग आन्दोलन में पूर्णतः सक्रिय कविवर रवीन्द्रनाथ ठाकुर भी आते थे। इसी के फलस्वरूप आगे यह भ्रांति फैलाई गई कि 'जन गण मन' प्रिंस ऑफ वेल्स के सम्मान में रचा गया था। यहाँ तक कि हिन्दुस्तान के राजनीतिक, सामाजिक, शैक्षणिक और सांस्कृतिक उत्थान के लिए तन, मन, धन से समर्पित श्रीमती एनी बेसेंट (1849-1933) को कुछ उद्धत संशयात्मा 'पूतना' कहने लगे थे जिसे अंग्रेज कंस ने विष लगा स्तनपान कराकर 'स्वराज' के बाल कृष्ण की हत्या के लिए भेजा था। इस परिस्थिति में गांधी को हिंसा प्रेरित क्रान्तिकारिता के पक्षधरों की शंका, आशंका और गलतफहमियों का निराकरण करना था। दादा भाई और गोखले दोनों को वह व्यक्तिगत और वैचारिक स्तर पर भलीभाँति जानते और समझते थे।

राजा राम मोहन राय के बाद दादा भाई नौरोजी देश के सबसे महत्त्वपूर्ण सार्वजनिक व्यक्तित्व थे। उन्होंने देश और समाज के हित तथा विभिन्न क्षेत्रों में उसकी समस्याओं के निराकरण के लिए हिन्दुस्तान और इंग्लैंड में तीस संस्थाएँ चला रखी थीं। उन्हें विदेश में अपने समय के हिन्दुस्तान का गैर सरकारी राजदूत कहा जा सकता है। उन्होंने अपने भाषणों, लेखों और पुस्तकों के जरिए देश और विदेश में हिन्दुस्तान की औपनिवेशिक शासन के अन्तर्गत दिन ब दिन बढ़ती समस्याओं पर सहानुभूतिपूर्वक विचार करने वाला एक महत्त्वपूर्ण वर्ग तैयार कर दिया था। 'पॉवर्टी एंड अनब्रिटिश रूल इन इंडिया' उनकी एक अत्यन्त महत्त्वपूर्ण पुस्तक है जिसे पढ़ने की संस्तुति गांधी ने 'हिन्द स्वराज' के अन्त में की है। वह तीन बार कांग्रेस के अध्यक्ष रहे। सन् 1904 में उन्होंने ऐम्स्टरडम में आयोजित इंटरनेशनल सोशलिस्ट कांग्रेस में हिन्दुस्तान की जनता के प्रतिनिधि के रूप में भाग लिया था। अन्तर्राष्ट्रीय जगत में उनकी यह प्रतिष्ठा थी कि जब उक्त सम्मेलन में वह पहुँचे तो सभी प्रतिनिधियों ने खड़े होकर अपने हैट उतारकर उनका सम्मान किया था। उन्हें सुनने के बाद सर्वसम्मति से एक प्रस्ताव पास किया गया था जिसमें कहा गया था कि सम्मेलन, हिन्दुस्तान में किए जा रहे भयावह व्यवहारों के लिए ग्रेट ब्रिटेन को शर्म की सलाखों से दागता है।

गांधी जी ने अधीर क्रान्तिकामियों को समझाया था कि किस तरह दादा भाई ने 'स्वराज' के लिए अपने अनवरत कर्म और सोच से वह जमीन तैयार की थी जिसकी पीठिका पर खड़े होकर तरुण स्वतंत्रता की बातें कर रहे थे। उन्होंने सर ह्यूम के उद्‌बोधनात्मक भाषणों और लेखों का स्मरण दिलाया जिसके जरिए वह हिन्दुस्तान के पढ़े-लिखे लोगों खासकर नौजवानों को तन्द्रा त्यागकर जागृत और सक्रिय होने का सन्देश दे रहे थे। सर वेडरवर्न तन, मन, धन से किस तरह कांग्रेस के उद्‌देश्यों की प्राप्ति के लिए देश-विदेश में लगातार क्रियाशील थे, इसकी भी याद उन्होंने दिलाई। गोखले ने किस तरह जीवन की सब सुख-सुविधाओं को तिलांजलि दे अपने परिवार के सुख-दुख से निर्लिप्त रहकर—गरीबी का वरण कर—देश की सेवा में अपने को होम कर दिया था,

गांधी ने इसे भी बताया। स्वर्गीय तैयब जी तथा बंगाल, मद्रास और पंजाब के अनेक हिन्दुस्तानी और अंग्रेज किस तरह हिन्दुस्तान का हित-चिन्तन कर रहे थे, इसे भी उन्होंने रेखांकित किया।

यहाँ 'हिन्द स्वराज' लिखे जाने तक कांग्रेस की इतिहास यात्रा पर एक विहंगम दृष्टि उपयोगी होगी। उसके संस्थापक सर ह्यूम ने सन् 1857 के विद्रोह और उसमें हुए भीषण रक्तपात को स्वयं देखा था। उनका मानना था कि अगर जनभावनाओं और जनसमस्याओं को ईस्ट इंडिया कम्पनी के उच्च अधिकारियों तक पहुँचाने का कोई कारगर जरिया होता तो सम्भवतः, दोनों ओर हुए भयावह नरसंहार को टाला जा सकता था। उनकी सोच थी कि जिस तरह इंग्लैंड में सत्ता का एक मुखर प्रतिपक्ष विद्यमान रहा है कुछ इसी तरह की एक संस्था हिन्दुस्तान में भी होनी चाहिए जो जनता की भावनाएँ और समस्याएँ कारगर ढंग से अंग्रेज शासकों तक पहुँचा सके और उनके आदर और निराकरण की माँग कर सके। स्थापना के समय निश्चय ही देश के लिए स्वतंत्रता प्राप्ति कांग्रेस के उद्देश्यों में नहीं था।

सर ह्यूम के जीवनीकार और उनके साथ कांग्रेस के अग्रणी सह-संस्थापक सर वेडरवर्न और कांग्रेस के वरिष्ठ नेता लाला लाजपत राय दोनों का मानना था कि कांग्रेस की स्थापना हिन्दुस्तान में ब्रिटिश शासन को विद्रोह और अराजकता से सुरक्षित रखने के लिए हुई थी। सर ह्यूम ने पहले सन् 1884 में इंडियन नेशनल यूनियन नामक संस्था की स्थापना की थी। इसके बाद इंग्लैंड के प्रगतिशील विचारों के प्रबुद्ध नेताओं से अपनी योजना पर विस्तारपूर्वक विचार-विमर्श के बाद उन्होंने इंडियन नेशनल कांग्रेस की स्थापना की पहल की। सर ह्यूम का विचार था कि यह संगठन ब्रिटिश राज के लिए सेफ्टी वाल्व का काम करे। डॉ. आर.सी. मजूमदार का भी कमोबेश यही विचार रहा है।

कांग्रेस की स्थापना की योजना को तत्कालीन वायसराय लार्ड डफ़रिन का भी आशीर्वाद प्राप्त था। इस पृष्ठभूमि में 28 दिसम्बर सन् 1885 को इंडियन नेशनल कांग्रेस की स्थापना देश के विभिन्न हिस्सों से आए 72 प्रतिनिधियों द्वारा बम्बई के गोवालिया टैंक स्थित गोकुलदास तेजपाल संस्कृत कॉलेज के हाल में की गई। इसकी पहली अध्यक्षता कलकत्ता के व्योमेश चन्द्र बनर्जी ने की जो एक बंगाली ईसाई थे। इंडियन नेशनल कांग्रेस की स्थापना के पहले मद्रास, पूना, बम्बई, कलकत्ता और लन्दन में क्रमशः मद्रास महाजन सभा, पूना सार्वजनिक सभा, बाम्बे असोसिएशन/बाम्बे प्रेसीडेन्सी असोसिएशन, इंडियन असोसिएशन और लन्दन इंडियन असोसिएशन जैसी कमोबेश स्थानीय संस्थाएँ क्रियाशील थीं। गांधी ने 'हिन्द स्वराज' के पहले अध्याय के पहले पृष्ठ पर ही 'इंडियन नेशनल कांग्रेस' में प्रयुक्त 'नेशनल' शब्द को खासतौर से रेखांकित किया है। 'स्वराज' के भाव को गांधी ने 'नेशनल' शब्द से जोड़ दिया है। ऐसा पहली बार हुआ था जब देश में किसी संगठन के साथ 'नेशनल' शब्द का प्रयोग हुआ था। उस समय 'नेशन' शब्द

के समानार्थक कई शब्द हिन्दुस्तान की भाषाओं में चलने लगे थे। प्रजा, जाति, राष्ट्र और क़ौम ऐसे कुछ शब्द हैं जो 'नेशन' के लिए हमारी भाषाओं में प्रयुक्त हो रहे थे। आज 'राष्ट्र' शब्द 'नेशन' के पर्याय के रूप में हिन्दी समेत कई भाषाओं में रूढ़ हो गया है। वैदिक संस्कृत में राष्ट्र जनपद को भी कहा जाता था।

राष्ट्र की आधुनिक अवधारणा 'राष्ट्र राज्य' (नेशन स्टेट) के रूप में पश्चिम से आई थी। गांधी इससे भलीभाँति परिचित थे। वह दक्षिण अफ्रीका में विभिन्न भाषा, धर्म, जाति और क्षेत्र के हिन्दुस्तानियों को एक समावेशी राष्ट्र की अवधारणा के तहत एकता के सूत्र में पिरोने में लगे थे। वह कांग्रेस के धर्मनिरपेक्ष चरित्र से परिचित थे। कांग्रेस के संस्थापक सदस्यों में अधिसंख्य हिन्दू ही थे। पर उसके पहले अध्यक्ष व्योमेश चन्द्र बनर्जी ईसाई, दूसरे और छठे अध्यक्ष दादा भाई नौरोजी और सर फिरोजशाह मेहता पारसी, तीसरे अध्यक्ष बदरुद्दीन तैयब जी मुसलमान और चौथे और पाँचवें अध्यक्ष जार्ज यूल और सर विलियम वेडेनवर्न अंग्रेज थे। स्वयं सर ह्यूम सन् 1908 तक उसके सेक्रेटरी रहे। सुरेन्द्र नाथ बनर्जी जो एक हिन्दू थे, सन् 1891 में उसके सातवें अध्यक्ष बने थे।

जैसे-जैसे कांग्रेस से अधिक से अधिक लोग जुड़ते गए उसके चरित्र और तेवर में बदलाव स्वाभाविक था। उसकी माँगें व्यापक और माँगों की भाषा लगातार धारदार होती चली गई। इससे अंग्रेज नौकरशाही के कान खड़े होने लगे। दादा भाई नौरोजी की अध्यक्षता में सन् 1886 में हुए कांग्रेस के दूसरे अधिवेशन के समापन पर वायसराय लॉर्ड डफ़रिन ने उसके प्रतिनिधियों के स्वागत में अपने लॉन में एक शानदार पार्टी दी थी। बदरुद्दीन तैयब जी की अध्यक्षता में सन् 1887 में मद्रास में हुए तीसरे अधिवेशन की समाप्ति पर वहाँ के गवर्नर ने भी अपने आवास पर प्रतिनिधियों का भव्य स्वागत किया था। पर धीरे-धीरे कांग्रेस की राष्ट्रवादी गतिविधियों में बढ़ोत्तरी के साथ अंग्रेज शासकों के तेवर कड़े पड़ते गए। उसे संदेह की निगाह से देखा जाने लगा। स्थिति यहाँ तक पहुँच गई कि जब कांग्रेस अध्यक्ष सर हेनरी कॉटन अपने प्रतिनिधियों के साथ वायसराय लॉर्ड कर्जन से 1904 में मिलने पहुँचे तो उन्हें मिलने नहीं दिया गया। लॉर्ड कर्जन के अनुसार कांग्रेस महज दिल की भड़ास निकालने वालों की जमात थी। उन्नीसवीं सदी के अन्त में पहले बाम्बे प्रेसीडेन्सी और बाद में पूरे देश में पड़े भीषण अकाल और उससे निपटने के लिए सरकारी राहत के काम निहायत नाकाफी सिद्ध हुए।

इसी बीच बाम्बे प्रेसीडेन्सी में ताऊन (प्लेग) के प्रकोप के फलस्वरूप हजारों जानें चली गईं। स्थिति के मुकाबले के लिए नियुक्त 'प्लेग' कमिश्नर रैंड और उनके अधीनस्थ लेफ्टिनेंट अयेरस्ट के काम करने के ढंग के प्रति जनता में व्यापक असंतोष फैलने लगा। नतीजतन दोनों की हत्या कर दी गई। बाल गंगाधर तिलक 'केसरी' में सरकार के कामों की तीखी आलोचना कर रहे थे। उन्हें राजद्रोह के आरोप में गिरफ्तार कर 18 माह की कठोर जेल की सजा दे दी गई। इसका पूरे देश में व्यापक विरोध हुआ। अब कांग्रेस के सदस्यों का एक बड़ा वर्ग और उसके नेता अपनी समस्याओं के निराकरण के लिए

मात्र अर्जी देने तक सीमित नहीं रहना चाहते थे। वह जनांदोलन का रास्ता अख्तियार करना चाहते थे। उनके कार्यक्रम में स्वराज, स्वदेशी, बहिष्कार और राष्ट्रीय शिक्षा जैसे ज्वलंत मुद्दे शामिल हो गए थे। कर्ज़न की अदूरदर्शिता और ज़िद के फलस्वरूप सन् 1905 में बंगाल के विभाजन ने रही-सही कसर पूरी कर दी। इसके प्रतिरोध में पूरा देश एकजुट खड़ा हो गया। बंगाल का प्रश्न अब देश की स्वतंत्रता से जुड़ गया था।

उन्नीसवीं सदी के अन्त के साथ कांग्रेस का मिज़ाज बदलने लगा था। बीसवीं सदी के प्रारम्भ में उसमें मध्यमार्गी (मॉडरेट्स) और चरमपंथी (एक्स्ट्रीमिस्ट) गुटों की उपस्थिति साफ झलकने लगी थी। सुविधा के लिए हिन्दी में उन्हें लोग नरम और गरम दल कहने लगे थे। दोनों दलों के बीच मतभेद इतने बढ़े कि सन् 1907 में सूरत अधिवेशन के दौरान अरविन्द घोष की पहल पर गरमदलीय नेता जिनमें लोकमान्य तिलक, विपिन चन्द्र पाल, लाला लाजपत राय और सरदार अजीत सिंह प्रमुख थे, उससे अलग हो गए। उन्होंने लालटेन के टिमटिमाते प्रकाश में वहीं पर अपना अधिवेशन अलग किया। गरमदलीय नेताओं के निकल जाने से कांग्रेस निस्तेज हो गई थी। उसके एक महत्त्वपूर्ण वर्ग के निरंतर धारदार होते जा रहे तेवरों से सरकार चिन्तित और शंकित रहने लगी थी। इस टूट से उसने राहत की साँस ली और गरम दल के नेताओं के खिलाफ़ एक अभूतपूर्व दमनचक्र प्रारम्भ कर दिया। सन् 1907 में लाला लाजपत राय और सरदार अजीत सिंह को देशनिकाला दे दिया गया। अरविन्द घोष को कलकत्ता के अलीपुर जेल में बन्द कर दिया गया। बाल गंगाधर तिलक को राजद्रोह के आरोप में छह साल की सजा देकर बर्मा की मांडले जेल भेज दिया गया। तिलक सन् 1908 से सन् 1914 तक देश की राजनीति के बाहर रहे।

दिलचस्प बात है कि 'हिन्द स्वराज' में गांधी ने जहाँ सर ह्यूम, सर वेडरवर्न, दादा भाई, बदरुद्दीन तैयब जी, गोखले और महादेव गोविन्द रानाडे की अपेक्षाकृत विस्तार से चर्चा की है वहीं गरम दल के किसी नेता का जरा-सा जिक्र भी नहीं आया है। बंगाल के विभाजन और कांग्रेस की फूट से गांधी भी अनगिनत संवेदनशील हिन्दुस्तानियों की तरह आहत और विचलित थे। उन्होंने भविष्यवाणी कर दी थी कि दोनों का देर-सबेर अन्त होगा। अन्ततः सन् 1911 में सम्राट जार्ज पंचम के हिन्दुस्तान के दौरे के दौरान बंगाल के विभाजन को निरस्त करने की घोषणा की गई। सन् 1916 में लखनऊ अधिवेशन के दौरान गरम दल के नेताओं की कांग्रेस में ससम्मान वापसी हुई। गांधी भी इस सम्मेलन में एक दर्शक के रूप में उपस्थित थे। सर ह्यूम और गोखले की धुँधली-सी याद आज महज कांग्रेस के संस्थापक और नरम दल के एक नेता के रूप में ही शेष है।

ह्यूम ने न केवल हिन्दुस्तानी जनता खासकर नवयुवकों को अपने देश और समाज के प्रति कर्तव्यभाव का बोध कराने के लिए जगह-जगह भाषण दिए बल्कि वह समय-समय पर इसके लिए पैम्फलेट और कविताएँ भी लिखते रहते थे। कलकत्ता विश्वविद्यालय के स्नातकों को लिखे एक पत्र में उन्होंने कहा था कि किसी भी देश को शासन उसकी

योग्यता और पात्रता के अनुसार ही मिलता है। उन्होंने बताया था कि क्षुद्र व्यक्तिगत स्वार्थों का परित्याग और आत्मबलिदान के लिए तत्परता का मार्ग ही स्वतंत्रता के लक्ष्य तक पहुँचाएगा। उनका मानना था कि किसानों की ऋणग्रस्तता और भू-राजस्व का निर्धारण और उसकी वसूली की समस्याओं का निराकरण जब तक हिन्दुस्तान की जमीनी हकीकत के मुताबिक नहीं होता, उनके अनुसार देश में विद्रोह और अराजकता का खतरा तब तक बना रहेगा।

देश की जनता के पक्ष में समय-समय पर सर ह्यूम का तर्कसंगत ढंग से लिखना और बोलना सरकार को लगातार नागवार गुजरता रहा। उसका परिणाम यह हुआ कि सन् 1879 में कृषि सचिव के पद से उन्हें हटा दिया गया। उन्नीसवीं सदी के अन्त में कांग्रेस के मंच से वह कई सुधारों की पहल करना चाहते थे, जिनमें एक था हिन्दुस्तान की लड़कियों के विवाह की आयु बढ़ाने का प्रयास। किसानों में पनपते व्यापक असंतोष से वह परिचित थे, जो कभी भी विस्फोट कर सकता था। ये प्रश्न वह कांग्रेस के मंच से उठाना चाहते थे। पर भद्रलोकीय कांग्रेसजन इस तरह के प्रश्न उठाकर अंग्रेज शासकों का कोपभाजन नहीं बनना चाहते थे। आरामकुर्सी की राजनीति में विश्वास करने वाले तत्कालीन कांग्रेस नेताओं के एक बड़े वर्ग की कार्यशैली से हताश-निराश सर ह्यूम सन् 1894 में ब्रिटेन लौट गए थे। पर सन् 1890 तक वह उसके सचिव बने रहे।

गांधी और जिन्ना दोनों द्वारा गुरुवत् समादृत गोखले स्वयं को महामति (न्यायमूर्ति) महादेव गोविन्द रानाडे का बौद्धिक पुत्र और दादा भाई नौरोजी का बौद्धिक पौत्र मानते थे। कांग्रेस की पहली पीढ़ी के नेताओं में उम्र के लिहाज से सबसे छोटे गोखले को नियति ने विलक्षण कर्ममय जीवन के उन्चास वर्ष से भी कम समय दिया था। जवाहरलाल नेहरू के अनुसार मात्र पैंतीस वर्ष की आयु में गोखले को देश की राजनीति में 'वेटरन' (अनुभवी वरिष्ठ) माना जाने लगा था। उन्तालिस वर्ष की आयु में सन् 1905 में वह कांग्रेस के बनारस अधिवेशन के अध्यक्ष बने थे। अब तक कांग्रेस के बीस साल के इतिहास में वह सबसे कम उम्र के अध्यक्ष थे। पूना के फर्गुसन कॉलेज में अंग्रेजी साहित्य और गणित के प्राध्यापक गोखले वहाँ की डेकन एजुकेशन सोसाइटी से भी अत्यन्त सक्रिय रूप से जुड़े थे। शिक्षा के व्यापक प्रसार को वह लोकतंत्रीय संस्थाओं के विकास और इसमें जनता की भागीदारी की पहली शर्त मानते थे। वह पूना नगरपालिका के अध्यक्ष, बाम्बे विधान परिषद, इम्पीरियल लेजिस्लेटिव काउंसिल और रॉयल कमीशन ऑन पब्लिक सर्विसेस के सदस्य रहे। वह इम्पीरियल काउंसिल में प्रतिपक्ष के नेता भी रहे। हिन्दुस्तान की समस्याओं के निराकरण और शासन में हिन्दुस्तानियों की भागीदारी के लिए वह एकाधिक प्रतिनिधिमंडलों में लन्दन गए। गांधी के दक्षिण अफ्रीकी संघर्ष का जायजा लेने और वहाँ की समस्याओं को समझने के लिए कांग्रेस ने उन्हें दक्षिण अफ्रीका भेजा था। किसी भी पद को वह देशसेवा के एक अवसर के रूप में स्वीकार करते थे। उन्होंने सरकार द्वारा 'सर' की उपाधि की पेशकश को ठुकरा दिया था।

कलकत्ता के ब्रह्म-समाज की तरह गोखले ने महामति रानाडे के साथ बम्बई और पूना में 'प्रार्थना-समाज' की स्थापना की थी। हिन्दू-धर्म की उनकी समझ और व्याख्या उसकी परम्परागत अवधारणा से अलग थी। यह अकारण नहीं था कि लाला लाजपत राय रानाडे, गोखले और गांधी को हिन्दू तक मानने को तैयार नहीं थे। देशसेवा के विभिन्न क्षेत्रों में काम करने के लिए उनके द्वारा स्थापित 'सर्वेंट ऑफ इंडिया सोसाइटी' की शाखाएँ एक अर्से तक पूरे देश में सक्रिय रहीं। उनका जीवन एक अपरिग्रही कर्मयोगी का जीवन था। बाल्यावस्था में विवाहित उनकी पहली पत्नी को कुष्ठ हो गया था। पर वह दूसरा विवाह करने को तैयार नहीं थे। पहली पत्नी द्वारा बहुत समझाने के बाद ही उन्होंने दूसरी शादी की। दो बेटियों को जन्म देकर दूसरी पत्नी दिवंगत हो गईं। छोटी बेटी को उन्होंने बेलगाँव में रह रही अपनी विधवा बहन के पास छोड़ दिया था। बड़ी बेटी हॉस्टल में थी। एक बहन महर्षि कर्वे द्वारा स्थापित विधवा आश्रम में रह रही थीं। दिवंगत बड़े भाई के चार छोटे-छोटे बच्चों के भरण-पोषण का दायित्व भी उन्हीं पर था। अपने व्यक्तिगत जीवन के दुख से उन्होंने अपने सार्वजनिक जीवन को कभी भी प्रभावित नहीं होने दिया। उनकी बहुविध विशेषताओं, त्याग और अपरिग्रह वृत्ति को ध्यान में रखकर ही जिन्ना ने उनकी पहली बरसी पर उन्हें आधुनिक ऋषि कहा था। ऐसे गोखले से बेहतर मार्गदर्शक हिन्दुस्तान की राजनीति में गांधी को दूसरा कौन मिलता।

यह मध्यमार्गी नरम दल के नेताओं द्वारा निर्मित मानवीय, धर्मनिरपेक्ष, संसदीय संस्थाओं के प्रति समर्पित तथा समावेशी राष्ट्रीयता की भावना से ओतप्रोत कांग्रेस थी जिसे गांधी ने जनवरी सन् 1915 में हिन्दुस्तान लौटने पर स्वराज के लिए अपने अहिंसक संघर्ष का धारदार हथियार बनाया। 'हिन्द स्वराज' में गरम दल के चरमपंथी नेताओं के नामों की चर्चा का अभाव थोड़ा आश्चर्यजनक लगता है। इसके पीछे गांधी के मन में क्या था, इसका अनुमान ही लगाया जा सकता है। पहला कारण लगता है उग्र अतिवाद के प्रति उनका गहरा विकर्षण भाव और दूसरा समावेशी राष्ट्रीयता के प्रति चरमपंथियों में उस प्रतिबद्धता की अपेक्षाकृत कमी, जो गांधी मध्यममार्गी नरमदलीय नेताओं में पूरी तरह पाते थे। अगले बत्तीस सालों में यही संगठन उनके सत्य और अहिंसा के राजनीतिक, सामाजिक और एक हद तक आध्यात्मिक प्रयोगों का मंच बना। उनके छूते ही कांग्रेस भद्रलोकीयता से मुक्त हो गई। उसकी आवाज एक-एक गाँव, एक-एक झोंपड़ी तक पहुँचने लगी और मनुष्यता के इतिहास के अनूठे संग्राम का सूत्रपात हुआ।

4

'हिन्द स्वराज' मूलतः सभ्यता का विमर्श है। जानकारों का एक वर्ग इसके ऐतिहासिक महत्त्व को स्वीकार करते हुए इसकी प्रासंगिकता इसके समय तक ही सीमित मानता है। एक दूसरा वर्ग मानता है कि यह सरल-सी पतली-सी अब सौ साल पुरानी पुस्तिका

मनुष्य की सभ्यता के व्यापकतर और वृहत्तर जटिल प्रश्नों से जो आज भी ज्वलंत हैं, हमें रूबरू कराती है। इसमें दो राय नहीं कि इसमें कई ऐसे स्थल हैं जहाँ अतिरंजना और अतिसरलीकरण की प्रवृत्ति नजरअन्दाज नहीं की जा सकती। एक जगह तो ऐसा लगता है कि भाषा भी अमर्यादित हो उठी है, जो गांधी की प्रकृति के अनुरूप नहीं है। एक सदाशय दलित चिन्तक इस पुस्तिका को पाषाणयुग में ले जाने वाली मानते हैं। एक महत्त्वपूर्ण साहित्यिक पत्रिका के सम्पादक को इस पर शताब्दी वर्ष में हो रहे अति लेखन से अजीर्ण हो गया है। इस सबके बावजूद गांधी जब एक बार फिर घर लौटते से लग रहे हैं तो उनके विचारों की इस बीज पुस्तिका की केन्द्रीयता का रेखांकित होना अपरिहार्य हो गया है। और विडम्बना यह है कि पश्चिम की सभ्यता के घोर आलोचक गांधी आज हमारे बुद्धिजीवियों के मक्का उसी पश्चिम का कवच पहने लौट रहे हैं। अतः उनके हमलावरों को थोड़ी कठिनाई जरूर हो रही होगी। उम्मीद करनी चाहिए उनकी हिम्मत और हौसले में कमी नहीं आएगी।

'हिन्द स्वराज' के बीस छोटे-छोटे अध्यायों में गांधी आधुनिक सभ्यता की सामाजिक और राजनीतिक संस्थाओं के एक अत्यन्त हठीले और दुर्दम्य आलोचक के रूप में उभरते हैं। इंग्लैंड और दक्षिण अफ्रीका के लम्बे प्रवास के दौरान चालीस वर्षीय प्रौढ़ और संवेदनशील गांधी ने यह गहराई से अनुभव किया था कि आधुनिक सभ्यता (जिसे वह पश्चिमी सभ्यता भी कहते थे) की ऊँची दुकान के पकवान निहायत फीके थे। उनके ये विचार साल दो साल में नहीं बने थे। दक्षिण अफ्रीका पहुँचने के साल भर के अन्दर ही पच्चीस वर्षीय तरुण गांधी ने 3 दिसम्बर 1894 को 'नेटाल मर्करी' में लिखा था : *"चमकीली सतह, भौतिक आकर्षण और पागलों सी उत्तेजना भरी भागदौड़ के बावजूद आधुनिक सभ्यता मनुष्य की आत्मा की जरूरतों और बेहतर जीवन की कामना के मार्ग में सहायक सिद्ध होने के बजाय बाधक ही थी।"* इसके लगभग दो माह बाद पहली फरवरी 1895 को 'नेटाल एडवर्टाइज़र' में उन्होंने भौतिकवाद और उस पर आश्रित आधुनिक सभ्यता की अपर्याप्तता और खोखलेपन को रेखांकित करते हुए बताया था कि उसकी सबसे बड़ी उपलब्धि थी सर्वनाश के भीषणतम हथियारों का अन्वेषण।

सन् 1903 में जब पेरिस मेट्रो में आग लगने से भयानक दुर्घटना के दौरान लोग भारी संख्या में हताहत हुए तो गांधी ने उस पर अपनी दुख-भरी प्रतिक्रिया व्यक्त करते हुए कहा था कि आधुनिक सभ्यता के भव्य चमक-दमक की पीछे एक भयावह त्रासदी हमेशा छिपी और घटने के इंतजार में रहती है। जीने की त्वरा और भोग की लिप्सा ने हमारे पास सोचने का ज़रा भी अवकाश नहीं रहने दिया है। उनका मानना था कि इस दारुण दुर्घटना में मरे लोग जल्द ही भुला दिए जाएँगे। उन्हें इसमें ज़रा भी शक नहीं था कि विज्ञान के चमत्कार, सभ्यता के दावे और प्रगति की शुभ सूचनाओं के पास जीवन की विकट समस्याओं से जूझती मनुष्यता को देने के लिए ठोस और सारवान कुछ भी नहीं था।

गांधी की पेरिस त्रासदी पर प्रतिक्रिया लिस्बन में भूकम्प के दौरान विनाश पर वाल्टेयर की प्रतिक्रिया की याद दिलाती है जिसमें एक अध्यात्मिक पुट देते हुए उन्होंने सुझाव दिया था कि मनुष्य को इस तरह की दारुण स्थितियों का सामना करने के लिए स्वयं को इस पृथ्वी का एक अस्थायी प्रवासी मानकर थोथे सिद्धान्तों से नहीं बल्कि भावी जीवन और ईश्वर में आस्था से शक्ति संचय करना चाहिए। सामाजिक और राजनीतिक यथार्थ के धरातल पर सतत सक्रिय गांधी और साहित्य तथा दर्शन के जगत में रमे वाल्टेयर की प्रतिक्रियाओं का अन्तर साफ है। वाल्टेयर की प्रतिक्रिया में रहस्यवादिता (मिस्टिसिज्म) की झलक स्पष्ट है। वहीं पर प्रकृति से अध्यात्म-जगत के जीव गांधी की प्रतिक्रिया किसी भी तरह की रहस्यपरक वायवीयता से मुक्त है। बेलौस और दो टूक ढंग से विचार और प्रतिक्रिया व्यक्त करने में गांधी का कोई सानी नहीं है।

सन् 1891 में मैडम एच.पी. ब्लॉवत्सकी ने 'सभ्यता : कला और सौन्दर्य की मृत्यु' (सिविलिजेशन : दि डेथ ऑफ आर्ट एंड ब्यूटी) शीर्षक से एक विचारोत्तेजक लेख अपनी मृत्यु के कुछ समय पूर्व ही लिखा था। इसमें उन्होंने एशियाई समाज को योरोपीय सभ्यता के चमकते छलावे से अभिभूत हो उसकी नकल की प्रवृत्ति के विरुद्ध सख्त चेतावनी दी थी। उन्होंने प्रभावी शब्दों में कहा कि *"घिनौने कोढ़ की तरह हमारी योरोपीय सभ्यता पूरे संसार को चारों ओर से खाती चली जा रही है। उसने मनुष्य के हृदय को पत्थर बना दिया है। वह शब्दों से परे स्वार्थी, लोलुप और पाशविक हो चुकी है।"*

उन्नीसवीं सदी के अंतिम दशक में योरोपीय सभ्यता की यह निश्चय ही घोर भर्त्सना थी। मैथ्यू ऑर्नाल्ड के सहारे कहें तो 'रुग्ण त्वरा और खंडित उद्देश्यों' ('सिक हरी एंड डिवाइडेड एम्स') से अभिशप्त आधुनिक सभ्यता ने गांधी के अनुसार मनुष्य को बधिया बना दिया है। निश्चेष्टता और अकर्मण्यता के लिए बधिया का बिम्ब गांधी के यहाँ कई बार आया है। आधुनिक सभ्यता को वह निश्चय ही एक रोग मानते हैं, पर एक ऐसा रोग जो लाइलाज नहीं है। आधुनिक सभ्यता और उसकी संस्थाओं पार्लमेंट, अदालत, स्कूल, अस्पताल, यातायात और संचार के त्वरित साधन रेल, डाक तार, मशीन और अखबार की उन्होंने अत्यन्त आवेगपूर्ण आलोचना की है। उनके विमर्श में कोई भी तटस्थ व्यक्ति तर्कसंगत विश्लेषण और जिसे वैज्ञानिक दृष्टि माना जाता है, उसका अभाव साफ देख सकता है। दरअसल एक नैतिक धरातल से वह अपने चुने हुए विषयों पर अपनी स्थिति स्पष्ट करते हुए अपने विचारों का एलान करते चलते हैं।

'हिन्द स्वराज' की तुलना अक्सर 'कम्युनिस्ट मेनीफेस्टो' से की गई है जिसमें विचारों की प्रस्तुति और विश्लेषण निहायत तर्कसंगत और वैज्ञानिक है। उसकी बौद्धिकता लाजवाब है। सम्भवतः वैज्ञानिक विश्लेषण और तार्किकता की कमी को 'हिन्द स्वराज' में वह आवेग पूरा कर देता है जिसने विमर्शकर्ता को समुद्री यात्रा के दौरान कुछ इस तरह आविष्ट कर लिया था कि मन में उथल-पुथल मचाते विचारों को जब तक उन्होंने

कागज पर उतार नहीं लिया तब तक उन्हें चैन नहीं आया। वस्तुतः तर्कसंगत वैज्ञानिक विश्लेषण उनका उद्देश्य भी नहीं था। उन्हें अपना विमर्श इतना सरल, सीधा और निर्दोष रखना था कि वह एक बच्चे की भी समझ में आ जाए। और इसमें वह बिना शक पूरी तरह कामयाब रहे। अकारण गांधी को विश्व के इतिहास का सबसे सबल और सफल संवादी नहीं माना जाता।

'हिन्द स्वराज' का विचार-आवेग दरअसल कवियों का-सा आवेग है जिसमें न तो वैज्ञानिक विश्लेषण और तार्किकता की गुंजाइश रहती है और न ही जरूरत। वह अपनी शिद्दत से मर्म को वेध देता है। वह एक उदात्त कविता की तरह अन्तर्प्रेरित है, कविता के शिल्प में न होने के बावजूद। सम्भवतः अनेक कारणों में यह भी एक कारण है जिसके फलस्वरूप अपने समकालीनों में कवि-रचनाकारों को जितना गांधी ने आकर्षित किया उतना किसी दूसरे ने नहीं। टॉलस्टॉय, 'अकबर' इलाहाबादी, रवीन्द्रनाथ ठाकुर, सुब्रह्मण्यम भारती, रोमाँ रोलाँ, जार्ज बर्नार्ड शॉ, जी.के. चेस्टरटन, एलडस हक्सले, पर्ल एस. बक, आर.के. नारायन, राजाराव, मुल्क राज आनन्द, साने गुरुजी, मैथिलीशरण गुप्त और प्रेमचन्द कुछ ऐसे बड़े नाम हैं जो गांधी से प्रभावित और प्रेरित रहे। 'हिन्द स्वराज' की बातें दिल से निकली थीं। इसलिए लाखों संवेदनशील दिलों पर उसका स्वाभाविक असर रहा। पश्चिम की आधुनिक सभ्यता की भर्त्सना में गांधी अकेले नहीं थे। स्वयं पश्चिम में बुद्धिजीवियों का एक संवेदनशील वर्ग उसकी तीखी और गहरी आलोचना कर रहा था।

हिन्दुस्तान में गांधी से लगभग चार साल छोटे और लगभग दस साल पहले दिवंगत कवि दार्शनिक अल्लामा इक़बाल ने भी उस सभ्यता के अधूरेपन और खोखलेपन को अनेक काव्य-पंक्तियों में अत्यन्त धारदार शब्दों में रेखांकित किया है। वैज्ञानिक प्रगति और बढ़ते औद्योगीकरण की चमक-दमक के बावजूद अधिसंख्य लोगों के जीवन में गहरा अन्धकार ही था। कविर्मनीषी इक़बाल ने मन की आँखों से देखकर लिखा था–

जिसने सूरज की शुआओं को गिरफ्तार किया
ज़िन्दगी की शबे तारीक सेहर कर न सके।

(जिन्होंने सूरज की किरनों को बन्दी बना लिया है, वे जीवन की अँधेरी रात को सवेरा नहीं दे सके।)

गांधी की तरह इक़बाल भी पश्चिमी सभ्यता को ईश्वरविहीन मानते थे। वह मैडम ब्लॉवत्सकी के इस कथन से सोलह आने सहमत थे कि हृदयहीन योरोपीय सभ्यता ने लोगों के हृदय को पत्थर बना दिया है। एक फारसी शेर में वह कहते हैं–

दिले बेदार न दादन्द न दानए फरंग।
ई कदर हस्त कि चश्में निगराने दारन्द।

(ईश्वर ने पश्चिम के वैज्ञानिकों को जागृत हृदय नहीं दिया। उन्हें केवल देखने वाली आँख ही मिली।)

गांधी की तरह इक़बाल भी पश्चिमी सभ्यता को भयावह रूप से आत्मघाती मानते हैं। सन् 1907 में कही गई अपनी एक चर्चित ग़ज़ल में वह पश्चिम को दो टूक ढंग से सावधान करते हैं–

तुम्हारी तहज़ीब अपने खंजर से आप ही खुदकशी करेगी
जो शाखे नाज़ुक पे आशियाना बनेगा नापायेदार होगा।

पर गांधी और इक़बाल के पश्चिमी सभ्यता के विमर्श में एक मूलभूत अन्तर है। स्वयं अपने ही शब्दों में इक़बाल खुद को 'गुफ्तार का ग़ाजी' (वाक्शूर) मानते थे 'किरदार का ग़ाजी' (कर्मशूर) नहीं। इक़बाल की पश्चिमी सभ्यता की भर्त्सना उनके काव्य और दर्शन तक ही सीमित रही। उन्होंने जीवन में उसका कोई सीधा विरोध नहीं किया। पश्चिमी उपनिवेशवाद के खिलाफ़ भी उनके प्रतिरोध का स्वर कभी प्रखरता से मुखर नहीं हुआ। वहीं गांधी आजीवन इससे जूझते रहे। उनके विलक्षण कर्ममय जीवन का प्रत्येक पल इसका साक्षी था। गांधी ने 'हिन्द स्वराज' के 'सच्ची सभ्यता कौन सी?' अध्याय में हिन्दुस्तान की सभ्यता के अनादिकाल से आज तक अजस्र और अबाध प्रवाह को रेखांकित करते हुए लिखा है–*"...रोम मिट्टी में मिल गया, ग्रीस का सिर्फ नाम ही रह गया, मिस्र की बादशाही चली गई, जापान पश्चिम के शिकंजे में फँस गया और चीन का कुछ भी नहीं कहा जा सकता। लेकिन गिरा टूटा जैसा भी हो हिन्दुस्तान आज भी अपनी बुनियाद में मजबूत है।...हिन्दुस्तान पर आरोप लगाया जाता है कि वह ऐसा जंगली, ऐसा अज्ञान है कि उसके जीवन में कुछ फेरबदल कराए ही नहीं जा सकते। यह आरोप हमारा गुण है, दोष नहीं। अनुभव से जो हमें ठीक लगा उसे हम क्यों बदलेंगे? बहुत से अकल देने वाले आते-जाते रहते हैं, पर हिन्दुस्तान अडिग रहता है। यह उसकी खूबी है, यह उसका लंगर है।"*

पश्चिम की प्राचीन सभ्यताओं के रथचक्र शताब्दियों पहले चरमराकर ध्वस्त हो गए थे। वे मात्र संग्रहालयों और खँडहरों में ही शेष रह गईं। बाहर के विजयकामी हमलावरों और उनकी सभ्यताओं के समय-समय पर होते रहे क्रूर आक्रमणों और आघातों के बावजूद हिन्दुस्तान की सभ्यता का मूल स्वरूप और उसकी आत्मा सुरक्षित रही। इसे इक़बाल ने भी लक्षित किया था। सन् 1904 में लिखे 'तरानये हिन्दी'–'सारे जहाँ से अच्छा हिन्दोस्ताँ हमारा' में उन्होंने गांधी-सी सरलता के साथ लिखा था–

यूनानो मिस्रो रोमा सब मिट गए जहाँ से
अब तक मगर है बाकी नामो निशाँ हमारा।
कुछ बात है कि हस्ती मिटती नहीं हमारी
सदियों रहा है दुश्मन दौरे जमाँ हमारा।

हिन्दुस्तान की सभ्यता के अजस्र अनवरत प्रवाह को रेखांकित करती गांधी और इक़बाल की ये पंक्तियाँ तरह-तरह से आज तक इतनी बार दोहराई गई हैं कि अब उनकी चमक निहायत फीकी-सी पड़ती प्रतीत होती है। वह एक पिष्टोक्ति (क्लीशे)

बन गई है। दरअसल एक पीढ़ी की नव्यता के लिए आगे की पीढ़ियों की पिष्टोक्ति बनने का जोखिम हमेशा रहता है। इसके बावजूद उसका महत्त्व कम नहीं होता। उसी अध्याय के अन्त में गांधी कहते हैं– *"हिन्दुस्तान की सभ्यता का झुकाव नीति को मजबूत करने की ओर है; पश्चिम की सभ्यता का झुकाव अनीति को मजबूत करने की ओर... पश्चिम की सभ्यता निरीश्वरवादी है और हिन्दुस्तान की सभ्यता ईश्वर को मानने वाली।"*

इस सलाह के साथ यह अध्याय समाप्त होता है कि *"हिन्दुस्तान को अपनी सभ्यता के साथ वैसे ही चिपटा रहना चाहिए जैसे बच्चा माँ से चिपटा रहता है।"* जिस शिद्दत के साथ गांधी हिन्दुस्तान की सभ्यता में गहरी आस्था का इजहार करते हैं उससे इस भ्रम की गुंजाइश स्वाभाविक है कि उनका सभ्यता-विमर्श भारत-केन्द्रित और कुछ हद तक हिन्दू धर्म-केन्द्रित है। पर विमर्श की सतह से तह में उतरने के प्रयास से यह धारणा निर्मूल हो जाती है। गांधी अगर बार-बार हिन्दुस्तान की सभ्यता की श्रेष्ठता का राग अलापते लगते हैं तो महज इसलिए कि कुछ बड़े शहरों के मुट्ठी भर अंग्रेजी पढ़े-लिखे अभिजात वर्ग को छोड़कर यहाँ का समाज अब भी पश्चिम को मानवविरोधी मशीनों और उससे सतत प्रेरित संचालित दानवी औद्योगीकरण की दिन-ब-दिन विकराल होती विकृतियों से अछूता था।

पश्चिम की भोग-प्रेरित आधुनिक सभ्यता को गांधी ईसाई सभ्यता नहीं मानते थे। भोग-विरोधी ईसाई-धर्म उनके अनुसार पश्चिम जाकर विकृत हो गया था। रही-सही कमी उसके मिशनरियों के एक बड़े वर्ग की उपनिवेशवादी पश्चिमी देशों के साथ दुरभिसंधि ने पूरी कर दी थी। इस दुखद हकीकत को पोप जॉन पॉल द्वितीय ने भी स्वीकार किया है। धन और सत्तालोलुप उपनिवेशवादी पश्चिमी देशों के सम्प्रभुओं को एन्जिल्स ने 'सभ्यता का सौदागर' कहा है। इन्हीं की छत्रछाया में पिछली ढाई शताब्दियों में एशिया और अफ्रीका के देशों में ईसाई मिशनरियों ने अपना धर्म-प्रचार किया। जब इस्लाम की तलवार से फैलाई जाने की बातें पश्चिम के इतिहासकार बढ़-चढ़कर करने लगे तो गांधी के प्रशंसक 'अकबर' इलाहाबादी ने बड़े धारदार शब्दों में सवाल किया था–

ये तो कहते हैं तलवार से फैला इस्लाम,
ये न इरशाद हुआ तोप से फैला क्या है?

जिस उपनिवेशवादी मनोवृत्ति और उससे उपजे नस्लवाद से गांधी दक्षिण अफ्रीका में लड़ रहे थे और आगे हिन्दुस्तान में जिससे जूझने की अहिंसक रणनीति उनके मन में रूपाकार ग्रहण कर रही थी, उसके साथ ईसाई धर्म के नाम पर मिशनरियों की दुरभिसंधि से गांधी का मोहभंग स्वाभाविक था। पोप जान पॉल द्वितीय ने अपनी पुस्तक 'क्रासिंग दि थ्रेश होल्ड ऑफ होप' में गांधी के इस मोहभंग को सर्वथा उचित ठहराया है। इस सबके बावजूद प्रभु ईसा मसीह द्वारा प्रवर्तित करुणा और अपरिग्रह के धर्म ईसाई धर्म के मर्म को उन्होंने अत्यन्त गहराई से समझा और आत्मसात किया था। अतः सभी महान धर्मों की तरह पूरब में जन्मे ईसाई धर्म के पश्चिम में पहुँच कर वहाँ की विकराल

भोगवादी आधुनिक सभ्यता के सम्पर्क से विकृत होने पर उनका दुख स्वाभाविक था। साधारण हिन्दुस्तानियों की समझ के लिए अगर उन्होंने हिन्दू धर्म के मुहावरे में आधुनिक सभ्यता को 'कलियुगी' कहा था तो इस्लाम की शब्दावली में उसे पैग़म्बर मुहम्मद साहब के हवाले से 'शैतानी'। ज्ञातव्य है ईश्वर के प्रतिपक्ष के रूप में शैतान की अवधारणा ईसाई धर्म में भी है।

'हिन्द स्वराज' के परिशिष्ट में जिन बीस पुस्तकों को पढ़ने की संस्तुति की गई है उसमें मात्र दो ही हिन्दुस्तानियों द्वारा लिखित हैं। शेष पश्चिम के ही दार्शनिकों और विचारकों की कृतियाँ हैं। उथली नजर को 'हिन्द स्वराज' का सभ्यता-विमर्श भले ही कुछ क्षण के लिए हिन्दुस्तान-केन्द्रित लगे पर सच्चाई तो ये है कि उसके विश्वव्यापी और सार्वभौम आयाम हैं जो देशकाल की सीमाओं का अतिक्रमण करते हैं। अकारण ही उसके सन् 1924 में शिकागो से प्रकाशित पहले अमेरिकी संस्करण का नाम पवित्र 'बाइबिल' के 'सरमन ऑन माउंट' की तर्ज पर 'सरमन ऑन सी' नहीं रखा गया था।

5

'हिन्द स्वराज' के परिशिष्ट में संस्तुत बीस पुस्तकों में पहली छह टॉलस्टाय की हैं, शेष में दो-दो जॉन रस्किन और थोरो की। इन तीनों का गहरा प्रभाव गांधी की सोच और जीवन पर पड़ा जो अन्त तक बना रहा। उपनिवेशों के नृशंस आर्थिक दोहन से अर्जित समृद्धि ने जो प्रचुर संसाधन योरोप और इंग्लैंड के व्यापार-जगत को उपलब्ध कराए उससे अट्ठारहवीं सदी में ऐसी मशीनों के आविष्कार को बल मिला जो कम से कम मानव श्रम में अधिक से अधिक उत्पादन कम से कम समय में कर सकें। इनके आविष्कृत होते ही पूँजी से सम्पन्न वर्ग उन पर काबिज होने लगा। चूँकि विश्व के खासकर एशिया और अफ्रीका के अधिसंख्य देश इंग्लैंड के ही उपनिवेश थे, इसलिए यह प्रक्रिया सबसे पहले और सबसे ज्यादा इंग्लैंड में ही प्रारम्भ हुई।

'हिन्द स्वराज' में गांधी ने बताया है कि नेपोलियन ने अंग्रेजों को व्यापारियों की क़ौम कहा था जो पूरी दुनिया को अपने बाजार में तब्दील किए दे रहे थे। उनका व्यापार गणित बहुत जटिल नहीं था। वह उपनिवेशों से कच्चा माल जबरन मिट्टी के मोल खरीदते थे और उत्पादन के बाद उसे वहीं के बाजारों में ऊँची से ऊँची कीमतों में बेच देते थे। इसके पहले वहाँ के स्थानीय उद्योगों को छल-बल से चौपट करना वह कतई नहीं भूलते थे। इस होड़ में अंग्रेज सबसे आगे रहने में कामयाब साबित हुए। उनकी इसी कामयाबी से अट्ठारहवीं सदी के उत्तरार्ध में इंग्लैंड के बड़े शहरों में औद्योगीकरण की प्रक्रिया काफी तेजी से आगे बढ़ी। इसे फ्रांस की राज्यक्रान्ति की तर्ज पर औद्योगिक क्रान्ति कहा गया। धीरे-धीरे इसका विस्तार योरोप और अमेरिका के देशों में भी हुआ। उन्नीसवीं सदी में यह प्रक्रिया पूरे वेग से आगे बढ़ी। इस सदी के उत्तरार्ध में सम्राज्ञी विक्टोरिया

के प्रतापी शासनकाल के दौरान इंग्लैंड की औपनिवेशिक उपलब्धियाँ चरमोत्कर्ष पर पहुँचीं। फलस्वरूप यही काल वहाँ के औद्योगिक विकास के चरमोत्कर्ष का भी काल है।

इंग्लैंड के शहरों और उसके आसपास के इलाकों में औद्योगीकरण की तेज प्रक्रिया के दौरान कल-कारखानों के विकराल विस्तार के फलस्वरूप कृषि-भूमि का क्षेत्रफल लगातार कम होता गया। नतीजतन आजीविका की तलाश में शहरों की ओर लोगों का भयावह पलायन शुरू हुआ। मर्द, औरतें और छोटे-छोटे बच्चे तक इन कल-कारखानों की घोर अमानवीय स्थितियों में खटने-खपने के लिए विवश थे। उस समय तक श्रम के घंटों और वेतन मजदूरी के नियमन के क़ानून-क़ायदे नहीं बन पाए थे। अतः कामगारों का भीषण अमानवीय शोषण पूरी निर्लज्जता से जारी था। उनके साथ गुलामों से भी बदतर व्यवहार किया जाता था।

टॉलस्टॉय ने 'स्लेवरी ऑफ आवर टाइम्स' और राबर्ट हॉरबरो शेराड ने 'व्हाइट स्लेव्स ऑफ इंग्लैंड' में अमानुषिक औद्योगीकरण के दौरान निरंतर फैलते कल-कारखानों में कामगारों की दारुण नियति पर मार्मिक ढंग से लिखा है। एक ऐंग्लिकन पादरी के बेटे शेराड महान रोमांटिक कवि विलियम वर्डस्वर्थ के प्रपौत्र थे। उन्होंने आस्कर वाइल्ड की जीवनी भी लिखी थी। शेराड ने खतरनाक तेजाब, अलकाली (क्षार), कील, सफेदा, सीसा और तरह-तरह के रासायनिक पदार्थों के उत्पादन में लगे कल-कारखानों में खटने को अभिशप्त कामगारों, दर्जी, मोची, शीशागर और बढ़ई जैसे कारीगरों, कोयले की खानों और कपड़े की मिलों में कार्यरत मजदूरों के भयावह जीवन की जो तस्वीरें पेश की है वह रोंगटे खड़े कर देने वाली हैं। निहायत छोटे कमउम्र बच्चों को दैत्याकार चिमनियों में जमे रासायनिक चीकट और कालिख साफ करने के लिए विवश किया जाता था। बच्चा जितना ही छोटा और दुबला होता था, उतनी आसानी से वह ऊपर तक चिमनी में घुस सकता था। चार्ल्सलैम्ब ने अपने प्रसिद्ध निबंध 'चिमनी स्वीपर्स' में इसका बेधक चित्र खींचा है।

इस पृष्ठभूमि में अधिक से अधिक काम, कम से कम मजदूरी और न के बराबर सेहत और सफाई की सुविधाएँ ऐसी कठोर सच्चाइयाँ थीं जिन्हें झुठलाना नामुमकिन था। गांधी ने इसके बारे में सिर्फ पढ़ा-सुना ही नहीं था। सन् 1906 में जब वह इंग्लैंड गए थे तो ये सब उन्होंने नंगी आँखों स्वयं देखा था और गहरे विचलित हुए थे। इसी नृशंस औद्योगीकरण की विकराल संतान थी पश्चिम की आत्महीन विकट आधुनिक सभ्यता। इसके स्वागत में आत्मवान गांधी पलक-पाँवड़े कैसे बिछा सकते थे।

इस 'बिगाड़ करने वाली' आधुनिक सभ्यता से, गांधी ने पाया था कि धर्म विलुप्त हो गया था। गांधी का धर्म अपने सारतत्व में अहिंसा, सदाचार, करुणा, सच्चाई तथा आत्मसंयम पर आश्रित मानव धर्म था। यह सभी धर्मों का निचोड़ था। औपनिवेशिक और घरेलू शोषण से जनित समृद्धि से पुष्ट-पृथुल वर्ग रविवार को सज-धजकर चर्च

जरूर जाता था पर ईसाई धर्म का मर्म उससे कब का छूट गया था। कार्लाइल ने इस पर दिलचस्प टिप्पणी की थी–*"हममें अब क्रिश्चियनिटी नहीं चर्चियनिटी बची रह गई है (वी डोंट हैव नाऊ क्रिश्चियनिटी बट चर्चियनिटी)।"*

मार्क्स ने भले ही धर्म को अफीम कहा हो पर इसमें दो राय नहीं कि अपने उद्‌भव काल से धर्म सभ्यता का मेरुदंड रहा है। वहीं यह भी सच्चाई है कि उसके विजयकामी अनुयायियों के कारण धर्म के नाम पर सभ्यता का इतिहास निर्दोषों के खून से अक्सर दागदार होता रहा है। वर्तमान इसका अपवाद नहीं है। सम्भवतः निहित स्वार्थ और दिग्भ्रांत वर्ग जब अपने क्षुद्र निजी हितों के लिए सभ्यता की अन्तरात्मा धर्म को हाइजैक करने पर आमादा होता है तो उसी सभ्यता के एक कोने से उसके प्रतिरोध में विवेक की एक अदम्य आवाज उभरती है। अक्सर यह एक अल्पसंख्यक आवाज होती है जो प्रारम्भिक उपेक्षा और उदासीनता के बावजूद सुनी जाने लगती है। कुछ ऐसा ही उन्नीसवीं सदी के उत्तरार्ध में औपनिवेशिकताप्रेरित विकराल औद्योगीकरण के घटाटोप में पश्चिम में भी हुआ।

भोगकेन्द्रित भौतिकतावादी आधुनिक सभ्यता के प्रतिरोध में रूस से काउंट लियो टॉलस्टॉय (1828-1905) इंग्लैंड से रूसी मूल की ही मैडम हेलेना पेत्रोवना ब्लॉवत्स्की, जॉन रस्किन, (1819-1900) एवं थॉमस कार्लाइल (1795-1881) और अमेरिका से आर. डब्ल्यू. एमर्सन (1803-1882) तथा हेनरी डेविड थोरो (1817-1862) जैसे विचारकों, रचनाकारों की आवाजें जड़ता के गुरुत्वाकर्षण को वेधकर उठने लगीं और शीघ्र ही संवेदनशील दिलों पर धीरे-धीरे ही सही उसकी दस्तक सुनाई पड़ने लगी। ये आवाजें पश्चिम में उभरते एक 'दूसरे पश्चिम' की थीं जो पहली बार अस्तंगत होती उन्नीसवीं सदी में लन्दन पढ़ने पहुँचे तरुण गांधी के कानों में जरूर पड़ी होंगी। उस समय देश पर शासन कर रहे अंग्रेज आचार-व्यवहार में हिन्दुस्तानी नवयुवकों के आदर्श सिद्ध हो रहे थे। उनके जैसे स्वस्थ सबल शरीर की ललक में बड़ी संख्या में शाकाहारी युवा भी मांसाहार की ओर प्रवृत्त हो रहे थे। मांसाहार न करने के लिए माँ से वचनबद्ध तरुण गांधी लन्दन में दलपत राम शुक्ल और प्राणजीवन दास मेहता जैसे उम्र में बड़े और पहले से वहाँ रह रहे मित्रों के लाख समझाने-बुझाने पर भी अपने शाकाहारी ही बने रहने पर अडिग रहे। यह तरुण गांधी द्वारा आधुनिक सभ्यता के प्रतिरोध का पहला उदाहरण था।

'हिन्द स्वराज' में गांधी का सभ्यता-विमर्श जिसका मूल स्वर पश्चिम की आधुनिक सभ्यता का प्रतिरोध और उसकी तीखी आलोचना है, अपनी आत्मा में ठेठ हिन्दुस्तानी होते हुए भी, पश्चिम में उभरे 'दूसरे पश्चिम' से गहरे प्रभावित और प्रेरित था। इस 'दूसरे पश्चिम' से ही गांधी ने इस 'शैतानी सभ्यता' की आलोचना और उसके आजीवन प्रतिरोध के औजार ग्रहण किए थे। शाकाहार के विरुद्ध मित्रों, शुभचिन्तकों के लाख तर्क के बावजूद उन्नीस वर्षीय गांधी का उस पर अडिग रहना दरअसल एक रूपक

है जो अगले छह दशकों के दौरान उनके अनूठे कर्ममय जीवन के मुहावरे का अकाट्य हिस्सा रहा। उन्नीसवीं सदी के उत्तरार्ध में इस सजग संवेदनशील 'दूसरे पश्चिम' में शाकाहार के पक्ष और मांसाहार के विरोध में एक विनम्र आन्दोलन चल रहा था। शहरों में शाकाहारियों के संगठन और उनकी निगरानी में शुद्ध शाकाहारी रेस्तराँ और होटल चल रहे थे। उनकी पत्रिकाएँ और पैम्फलेट्स नियमित रूप से निकल रहे थे। गांधी ने शाकाहार पर पश्चिम के विशेषज्ञों और समर्थकों का साहित्य मनोयोग से पढ़ा था। अतः शाकाहार के पक्ष में उनका निर्णय मात्र माँ को दिए गए वचन के कारण ही नहीं था। उसके गुण-दोष की वैज्ञानिक समझ के बाद ही उन्होंने उसके पक्ष में सजग सचेत मन से निर्णय लिया था।

गांधी पर गहरी अन्तर्दृष्टि से लिखी गई कई महत्त्वपूर्ण किताबों के लेखक मार्टिन ग्रीन के अनुसार पश्चिम के शाकाहारियों ने मांसाहार को अस्वीकार कर दरअसल अंग्रेजों के हिंसक, आक्रामक और अमानवीय सत्ता के औपनिवेशिक खेल का हिस्सा बनने से इन्कार कर दिया था। शाकाहार मात्र खानपान में एक विकल्प के वरण तक ही सीमित नहीं था बल्कि वह विचार और कर्म के एक विशिष्ट बौद्धिक और राजनीतिक आन्दोलन का केन्द्र था। सात्विक खानपान में गांधी की वैष्णव आस्था इस 'दूसरे पश्चिम' के सम्पर्क से ही दृढ़ हुई थी। हिंस्र आधुनिक सभ्यता की भर्त्सना और ईसाई धर्म की एक नव्य समझ और व्याख्या से पश्चिम की आध्यात्मिक जड़ता को तोड़ने के लिए अनवरत प्रयासरत, गांधी के गुरु टॉलस्टॉय भी इसी कारण अपने जीवन के उत्तरार्ध में विशुद्ध शाकाहारी हो गए थे। उन्होंने समृद्धि और विलास को तिलांजलि दे आत्मसंयम और अपरिग्रह के सात्विक जीवन का वरण कर लिया था।

'हिन्द स्वराज' के सभ्यता-विमर्श पर टॉलस्टॉय के चिन्तन लेखन का गहरा और व्यापक प्रभाव जरा-सा भी अतिशयोक्ति का मुँहताज नहीं है। विश्वप्रसिद्ध 'वार एंड पीस' और 'अन्ना करेनिना' जैसी कृतियों के रचनाकार टॉलस्टॉय के अध्यात्म और सभ्यता चिन्तन के सम्पर्क में गांधी सन् 1894 में पहली बार आए जब उन्हें सन् 1893 में रूसी में प्रकाशित और अगले वर्ष अंग्रेजी में अनूदित 'दि किंगडम ऑफ गॉड इज विदिन यू' (ईश्वर का राज्य तुम्हारे अन्तर में है) पढ़ने का अवसर मिला। इसके बाद वह टॉलस्टॉय की अन्य रचनाओं–'व्हॉट इज आर्ट' ('कला क्या है'?) : 'दि स्लेवरी ऑफ आवर टाइम्स' ('हमारे वक्त की गुलामी') 'दि फर्स्ट स्टेप' ('पहला कदम') और 'हाउ शैल वी इस्केप' ('हम कैसे बचेंगे?') के सम्पर्क में आए।

'दि किंगडम ऑफ गॉड इज विदिन यू' का उपशीर्षक है–'क्रिश्चियनिटी नॉट ए मिस्टिकल टीचिंग बट एज ए न्यू कांसेप्ट ऑफ लाइफ' (ईसाई धर्म रहस्यवादी उपदेश नहीं बल्कि जीवन का नया विचार)। यह उपशीर्षक ही गांधी समेत पश्चिम में उभरे 'दूसरे पश्चिम' को ईसाई धर्म की अवधारणा को एक सर्वथा नई दृष्टि से देखने और समझने के लिए गहराई से उत्प्रेरित करने लगा। गांधी ने अपनी आत्मकथा में लिखा

है कि इस पुस्तक ने उन्हें अभिभूत कर लिया था। टॉलस्टॉय ने इस पुस्तक में सत्रहवीं शताब्दी के उत्तरार्ध में योरोप और अमेरिका में विकसित ईसाई धर्म की रूढ़ियों से मुक्त एक आध्यात्मिक सम्प्रदाय–'सोसाइटी ऑफ फ्रेंड्स' के सदस्यों और अनुयायियों–'क्वेकर्स' को अपना पूर्वज माना है। इस सम्प्रदाय के सदस्य प्रभु ईसा की वाणी सुनकर आत्मविस्मृत हो झूमने और काँपने लगते थे। 'क्वेक' शब्द का अर्थ ही काँपना और झूमना होता है। चैतन्य महाप्रभु और सूफी मत के अनुयायी भी कीर्तन और कव्वाली के दौरान आनन्द के अतिरेक में आत्मविस्मृत हो इसी तरह की शारीरिक क्रिया करते आज भी देखे जा सकते हैं।

टॉलस्टॉय के अनुसार ईसाई धर्म एक रूढ़िवादी ईश्वरीय धर्म नहीं है। वस्तुतः वह उदात्त नैतिक मूल्यों की एक आदर्श किन्तु व्यावहारिक आचार-संहिता है। उसकी शिक्षा की आत्मा 'सरमन ऑन माउंट' (पर्वत पर उपदेश) में है। टॉलस्टॉय के अनुसार अन्तरात्मा की सर्वोच्चता और अहिंसा का सिद्धान्त इसका सारतत्व है। ईसाई मत के इस सरलीकरण से असन्तुष्ट और असहमत धर्माचार्यों के एक वर्ग का मानना था कि टॉलस्टॉय ने इस पुस्तक में 'न्यू टेस्टामेंट' के गूढ़ प्रश्नों की उपेक्षा की है। पर टॉलस्टॉय का मानना था कि उन्होंने 'सरमन ऑन माउंट' की अपनी व्याख्या और समझने के प्रयास के दौरान कम से कम आज के संसार के सबसे विकट प्रश्न हिंसा का उत्तर ढूँढ़ लिया है। अच्छाई और बुराई की सर्वमान्य कसौटी तय करना असम्भव है। एक के लिए जो बुराई और अच्छाई है वही क्रमशः दूसरे के लिए अच्छाई और बुराई है।

अतीत में हिंसा से बुराई के प्रतिरोध के अनेक प्रयास हुए पर वे असफल सिद्ध हुए। ऐसी स्थिति में ईसा के बताए अहिंसा के रास्ते से उसके प्रतिरोध का विकल्प ही अब व्यवहार योग्य है। पर इस रास्ते में दो बाधाएँ हैं–पहला संगठित ईसाई धर्म जो राज्य की संस्था को मान्यता देता है और उसके द्वारा न्यायोचित मान लिए गए युद्ध को सही ठहराता है। दूसरा है सामाजिक विज्ञान जो अन्तरात्मा के महत्त्व को स्वीकार ही नहीं करता। जितने भी सामाजिक विज्ञान हैं सभी वाह्य और भौतिक उन्नति और सुधार की बातें करते हैं। पर जब तक आंतरिक विकास और सुधार नहीं होता तब तक मनुष्य को सच्चा सुख मिलना असम्भव है।

'दि किंगडम ऑफ गॉड इज विदिन यू' के अनुसार एक सच्चे ईसाई को राज्य की सरकार पर फैसलाकुन होने के बजाय उसके समर्थन से इंकार कर देना चाहिए। ईसाई धर्म अपने सही अर्थ में राज्य का विनाश चाहता है। यही कारण है कि ईसा को सूली पर चढ़ाया गया। पुस्तक में स्पष्ट संकेत है कि टॉलस्टॉय की अभिरुचि धर्म की अलौकिकता और मृत्यु के बाद के जीवन में नहीं थी। उनके अनुसार सम्पूर्ण मानवता को प्यार करने की बात कोरी भावुकता और अत्यन्त रोमानी विचार है। यह हमारे समाज और स्वयं अपने प्रति प्यार को क्षीण करता है। वह एक अमूर्त और वायवीय धारणा है। ईसाई प्रेम वस्तुतः आत्मप्रेम है–स्वयं से प्यार–अपने अन्तर में विराजमान ईश्वर

से प्यार। पर यह सामान्य अर्थ में स्वार्थ-प्रेरित न होकर अहम से मुक्त है। एक ईसाई को अपने अहम का निषेध कर भौतिक सुखों से लगातार विरक्ति की दिशा में अग्रसर होते रहना चाहिए। और इस तरह जीवन पूर्णतः बदल देने के लिए सतत प्रयत्नशील रहना चाहिए।

टॉलस्टॉय के अनुसार ईसा ने जो सबसे उल्लेखनीय परिवर्तन का मार्ग बताया है वह है सम्भवतः अप्रतिरोध (नॉन रेजिस्टेंस) का। एक सच्चे ईसाई को स्वयं में भौतिक बल की जगह आत्मबल का विकास करना चाहिए। इसके साथ उसे चाहिए स्वयं को विनम्र और निरीह बनाए रखे। ये बात यदि गुरुनानक देव के सहारे कहें तो उसे 'नन्हीं दूब' सा नम्र बन जाना चाहिए। तो ये था 'दि किंगडम ऑफ गॉड इज विदिन यू' का सन्देश जिसे गांधी ने गहराई से आत्मसात किया था। उसका नित्य पाठ अंग्रेजी और गुजराती में (अनुवाद के बाद) दक्षिण अफ्रीका के उनके द्वारा स्थापित दोनों आश्रमों में अनिवार्य-सा था।

सामान्य धारणा के विपरीत वीतराग गांधी के पास सौन्दर्य और कला की गहरी समझ थी। उन्होंने पूरे मनोयोग से टॉलस्टॉय के 'व्हॉट इज आर्ट?' (कला क्या है?) को न केवल स्वयं पढ़ा था बल्कि उसका गुजराती में अनुवाद भी कराया था। उनके पास सौन्दर्यशास्त्र, प्रतीकों, बिम्बों, नीतिशास्त्र और राजनीतिक कर्म के अन्तर्सम्बन्धों का गहन बोध था। उनके सौन्दर्यशास्त्रीय विचारों का स्रोत 'व्हॉट इज आर्ट?' के अलावा जॉन रस्किन की 'ए ज्वॉय फार एवर' (आनन्द सदा के लिए) पुस्तक भी थी जिसे पढ़ने की संस्तुति उन्होंने 'हिन्द स्वराज' के पाठकों के लिए कर रखी है। यह दरअसल सन् 1857 में मैनचेस्टर में आयोजित कला प्रदर्शनी के दौरान दिए गए रस्किन के दो भाषणों का संकलन है। पुस्तक का नाम विख्यात रोमांटिक कवि जॉन कीट्स की प्रसिद्ध कविता 'ओड टू ग्रेशियन अर्न' के अंतिम चरण से प्रेरित है। यह पुस्तक औद्योगिक सभ्यता की रस्किन द्वारा की गई समीक्षा का प्रस्थान बिन्दु है। उनके अनुसार राष्ट्रीय श्रम का समुचित प्रबन्ध-कौशल सही राजनीतिक अर्थव्यवस्था का सबसे महत्त्वपूर्ण अंग है। इसका उद्देश्य उपयोगिता और भव्यता दोनों होना चाहिए। इसे सर्वप्रथम सामान्य जन—मजदूरों और किसानों की मूलभूत आवश्यकताओं और सुविधाओं की ओर ध्यान देना चाहिए। उसकी सन्तुष्टि के बाद ही भव्यता पर विचार करना चाहिए। दुर्भाग्यवश इसका ठीक उल्टा हो रहा था।

समूची राजनीतिक अर्थव्यवस्था का ध्यान मुट्ठी-भर श्रीमंत वर्ग को सुख, सुविधा और विलासिता के अधिक से अधिक संसाधन उपलब्ध कराने पर केन्द्रित था और बहुसंख्यक श्रमजीवी वर्ग अपनी अल्पतम जरूरतों की सन्तुष्टि और रंचमात्र सुविधा के संसाधनों से भी वंचित था। जब तक लोगों के तन पर कपड़े और ओढ़ने के लिए कम्बल जैसी जरूरतें पूरी नहीं हो जातीं तब तक समृद्ध समाज के लिए भव्य परिधान और विलास के उपकरण का ख्याल भी अपराध था।

रस्किन के बरअक्स टॉलस्टॉय का कला और सौन्दर्यबोध अपेक्षाकृत अधिक गहरा और सूक्ष्म था। टॉलस्टॉय का विश्वास कला की स्वायत्तता कला कला के लिए की विचारधारा में नहीं था। उन्होंने प्लेटो के 'दि ट्रुथ', 'दि ब्यूटी' और 'दि गुड' की अवधारणा पर काफी गहराई से विचार किया था। ज्ञातव्य है कि इन तीनों बीज शब्दों का अनुवाद महर्षि देवेन्द्रनाथ ठाकुर ने उन्नीसवीं सदी में अद्‌भुत रचनात्मकता के साथ सत्यम्, शिवम्, सुन्दरम् किया था। टॉलस्टॉय के अनुसार इन तीनों खासकर शिवम् (दि गुड) और सुन्दरम् (दि ब्यूटी) के बीच फांक नीत्शे, फ्रांस के पतनोन्मुख (डिकेडेंट) कलावादियों और पूर्ववर्ती ऑस्कर वाइल्ड की वजह से पैदा हुई थी। शिवम् से विलग सुन्दरम् उन्हें स्वीकार नहीं था। उनका मत था कि सच्ची कला का स्रोत अन्तर का धार्मिक भाव था। आंतरिक रूप से कला को मनुष्य के हृदय की अनुभूति क्षमता और संवेदनशीलता का विकास करना चाहिए और वाह्य रूप से उसे मनुष्य के बन्धुत्व और पास-पड़ोस के प्रति व्यापक आत्मीय भाव के प्रसार में सहायक सिद्ध होना चाहिए। उनके अनुसार कला का एक अपरिहार्य उद्‌देश्य आधुनिक सभ्यता की लगातार बढ़ती भोगवादी प्रवृत्ति का प्रतिरोध है।

गांधी न केवल 'हिन्द स्वराज' में बल्कि आगे भी विचार और व्यवहार के अन्य क्षेत्रों की तरह कला में भी टॉलस्टॉय से पूर्णतः सहमत और प्रभावित रहे। गांधी को ऑस्कर वाइल्ड के कलाविषयक विचार पता थे जिसके अनुसार कला अनैतिकता और अश्लीलता समेत किसी भी चीज को सुन्दर, रम्य और आकर्षक बनाने में सक्षम है। गांधी ने 13 नवम्बर सन् 1924 के 'यंग इंडिया' के अपने एक लेख में वाइल्ड के कलाविषयक इन विचारों का विरोध किया था। वह एक ओर मीरा के गहन भक्ति और प्रेमपरक पदों के भावों की सच्चाई और ऊँचाई के अनन्य प्रशंसक थे दूसरी ओर आरोपित अध्यात्मपरक व्याख्या के प्रयासों के बावजूद जयदेव के 'गीत गोविन्दम्' को कामोद्‌दीपक और कुरुचिपूर्ण मानते थे। इसकी पुष्टि उनके साथी काका कालेलकर और गुजराती लेखक चन्द्र शंकर शुक्ल ने की है।

गांधी के सरल सहज और अत्यन्त परिष्कृत सौन्दर्य तथा कलाबोध का जिक्र महान कलाकार नन्दलाल बोस ने सेवाग्राम आश्रम स्थित उनके कमरे के सात्विक रखरखाव के सूक्ष्म निरीक्षण के उपरांत अपने एक आत्मीय संस्मरण में भी किया है। उन्होंने बड़ी ही दिलचस्प चर्चा कमरे में रखे स्वच्छ चमाचम फूल के लोटे और उस पर धरे हुए पीपल के आकार के चमकते लोहे के ढक्कन का किया है जिसे एक स्थानीय लोहार ने अपने हाथों से बनाकर उन्हें प्रेमपूर्वक भेंट किया था। बाद में उन्होंने वह पूरा मनोरम सात्विक दृश्य अपनी एक पेंटिंग में अद्‌भुत रचनात्मकता के साथ सँजो दिया था।

कला के उदात्त भाव जागृत करने की व्यापक क्षमता, स्थूलता का अतिक्रमण कर असीम सूक्ष्म अन्तर्शक्ति में विस्तार की उसकी अनंत सम्भावना और सत्य से अन्तःप्रेरित 'शिव' की सेवा में लोकमंगल हेतु सुन्दर के नियोजन की कामना गांधी के सौन्दर्य और कलाबोध के ऐसे आयाम हैं जिससे पूरा स्वतंत्रता आन्दोलन अनुप्राणित रहा। देश के

लोकजीवन में युगों से व्याप्त चर्खे का पुनर्अनुसंधान उन्होंने आर्थिक पराधीनता से जूझने के लिए स्वावलम्बन के एक सबल हथियार के रूप में तो किया ही था पर वह शीघ्र ही निरंकुश साम्राज्यवाद से लड़ने का एक ऐसा चमत्कारिक कला-प्रतीक बन गया कि राष्ट्रीय झंडे की अहिंसक श्वेत सात्विक पट्टी पर अंकित हो वह लाखों को आत्मत्याग और आत्मबलिदान की अपूर्व प्रेरणा देने लगा। लोकमन उसकी तुलना शीघ्र ही लोकमंगल के देवता विष्णु के सुदर्शन चक्र से करने लगा जो पापशमन और दुष्टदलन के लिए सदैव तत्पर रहता है।

टॉलस्टॉय की दो अन्य पुस्तकें 'हाऊ शैल वी इस्केप?' (हम कैसे बचेंगे?) और 'दि फर्स्ट स्टेप' (पहला कदम) भी औद्योगीकरण की कोख से जन्मी आधुनिक सभ्यता की आलोचना ही है। आधुनिक सभ्यता ने भोग की जिस अतिवादी प्रवृत्ति को जन्म दिया था उसमें मध्यम मार्ग के लिए जगह नहीं रह गई थी। मुट्ठी-भर समृद्ध वर्ग के लिए भौतिक सुख और विलासिता के साधन जुटाने के लिए मजदूरों, कारीगरों और किसानों के दोहन-शोषण की इसमें भी भर्त्सना है। टॉलस्टॉय की जिन छह पुस्तकों की संस्तुति गांधी ने 'हिन्द स्वराज' के परिशिष्ट में की है उसके अलावा भी उन्होंने उनकी अनेक किताबें पढ़ी थीं। इनमें 'ऑन लाइफ, माई कनफेशन' (जीवन के विषय में मेरी पाप-स्वीकृति) और 'व्हॉट देन मस्ट वी डू' (तब हम क्या करें?) खास उल्लेखनीय हैं। दूसरी पुस्तक पढ़कर गांधी ने लिखा था कि 'क्रॉस पर ईसा ने प्राण क्यों त्यागे? सम्भवतः इसलिए कि दुख और आत्मबलिदान में संवेदनशून्य दिलों को भी जीतने और उन्हें कोमल बनाने की अद्भुत क्षमता होती है।'

'लेटर टू ए हिन्दू' (एक हिन्दू के नाम पत्र) 'हिन्द स्वराज' के परिशिष्ट में संस्तुत छठी किताब है। इंग्लैंड और योरोप की ही तरह काफी संख्या में हिन्दुस्तानी तरुण उन्नीसवीं सदी के अंतिम दशकों और बीसवीं सदी के प्रारम्भ में कनाडा, अमेरिका और यहाँ तक कि जापान में भी शिक्षा के लिए पहुँचने लगे थे। वहाँ सिख किसानों की अच्छी खासी उपस्थिति पहले से ही थी। इन तरुणों में सन् 1857 के विद्रोह की स्मृति ताजा थी। वे हिन्दुस्तान को अंग्रेजों की दासता के चुंगल से मुक्त कराने के लिए हिंसक क्रान्ति में विश्वास रखते थे। उसके लिए बौद्धिक, आर्थिक और अन्य आवश्यक संसाधन जुटाने के प्रयास के साथ वे स्थानीय बुद्धिजीवियों तथा राजनीतिक और सामाजिक क्षेत्र में सक्रिय संवेदनशील लोगों में हिन्दुस्तान की आजादी के आन्दोलनों के पक्ष में जनमत बनाने और सहानुभूति जगाने की दिशा में भी पूरी लगन से प्रयत्नशील थे। इनमें मौलवी बरकतुल्लाह, सरदार तेजा सिंह, सरदार ज्वाला सिंह, लाला हरदयाल, पांडुरंग सदाशिव खानखोजे, चम्पक रमन पिल्लै, तारकनाथ दास, भूपेन्द्र नाथ दत्त (स्वामी विवेकानन्द के भाई) और वीरेन्द्र नाथ चट्टोपाध्याय (श्रीमती सरोजिनी नायडू के भाई) प्रमुख थे।

सरदार तेजा सिंह और सरदार ज्वाला सिंह के साथ तारकनाथ दास उत्तरी अमेरिका के हिन्दुस्तानियों को बम बनाने की शिक्षा देने के लिए उनके बीच बम मैन्युअल भी

वितरित किया करते थे। कलकत्ता से उत्तरी अमेरिका गए तरुण क्रान्तिकामी तारकनाथ दास (सन् 1884-1958) वैन्कूवर, कनाडा से अंग्रेजी में एक मासिक पत्रिका 'फ्री हिन्दुस्तान' निकालते थे। इसके ऊपर नारा लिखा होता था– *'अत्याचार का प्रतिरोध ईश्वर की आज्ञा का पालन है।'* उस दौर में श्याम जी कृष्ण वर्मा, मैडम कामा और तारकनाथ दास समेत लगभग सभी क्रान्तिकामी तरुणों और प्रौढ़ों के बौद्धिक नायक राजनीतिक दार्शनिक हरबर्ट स्पेन्सर (1820-1903) हुआ करते थे। उनके उद्धरण श्याम जी कृष्ण वर्मा की पत्रिका 'इंडियन सोशिओलॉजिस्ट' के ऊपर छपे होते थे। 'फ्री हिन्दुस्तान' के आवरण पर भी स्पेन्सर के उद्धरण मुद्रित रहते थे। स्पेन्सर के सभ्यता और राजनीति विषयक विचार टॉलस्टॉय की सोच के लगभग विलोम थे।

तारकनाथ दास और उनके साथियों को दक्षिण अफ्रीका में गांधी के अहिंसक आन्दोलन और सत्याग्रह का पता था। उनका दृढ़ विश्वास था कि अन्ततः इस रास्ते पर चलकर गांधी के हाथ त्रासद नाकामयाबी ही लगेगी। इस पृष्ठभूमि में तारकनाथ दास ने 'फ्री हिन्दुस्तान' के दो अंक टॉलस्टॉय के पास एक पत्र के साथ उनसे उसमें लिखने का आग्रह करते हुए सन् 1908 के पूर्वार्ध में भेजा था। पत्र में उन्होंने अहिंसा के सिद्धान्त को स्वार्थ और परोपकार दोनों की दृष्टि से सर्वथा अव्यावहारिक बताया था। टॉलस्टॉय को यह पत्र 07 जून को मिला था और वह उसी दिन उसका उत्तर लिखने बैठ गए थे। इसे लिखने में उन्हें छह महीने लगे थे। उसकी 413 पृष्ठों की पांडुलिपि को अंतिम रूप उसके अट्ठाईस प्रारूपों को एक के बाद एक स्वयं लेखक द्वारा नामंजूर किए जाने के बाद मिला था। इससे स्पष्ट है कि क्रान्तिमार्गी युवक तारकनाथ दास की अहिंसा के सिद्धान्त से असहमति को उन्होंने कितनी गम्भीरता से लिया था।

टॉलस्टॉय का वही पत्रनुमा लम्बा आलेख 'लेटर टू ए हिन्दू' है जिसे अपनी और अपनी पत्रिका की विचारधारा के अनुरूप न पाकर दास ने प्रकाशित करना उचित नहीं समझा था। पर इसकी अनेक प्रतिलिपियाँ अमेरिका, योरोप, इंग्लैंड, जापान और एशिया के बुद्धिजीवियों के बीच सन् 1909 के प्रारम्भ से ही गश्त कर रही थीं। रंगून में यह डॉ. प्राणजीवन दास मेहता के हाथ लगा और उन्होंने इसे गांधी को सन् 1909 के ही लन्दन के सहप्रवास के दौरान उपलब्ध कराया। गांधी ने इसे पढ़ने के बाद पहली अक्तूबर को टॉलस्टॉय को यह जानने के लिए पत्र लिखा कि क्या वह उन्हीं का लिखा हुआ था और यदि वह उन्हीं का लिखा था तो उन्होंने (गांधी ने) उसे छापने की अनुमति माँगी थी। पत्र पाते ही टॉलस्टॉय ने सात अक्तूबर को गांधी को लिखे अपने पत्र में आलेख के अपने ही द्वारा लिखे जाने की पुष्टि की और बिना किसी रॉयल्टी के उसे प्रकाशित करने की अनुमति दे दी।

टॉलस्टॉय की पुष्टि और अनुमति के बाद गांधी ने इंग्लैंड के कुछ टॉलस्टॉय-प्रशंसकों के साथ 'लेटर टू ए हिन्दू' के 'डेली न्यूज' और 'मैनचेस्टर गार्जियन' में प्रकाशन के प्रयास किए। पर सफलता न मिलने पर डॉ. मेहता के आर्थिक सहयोग से उन्होंने पैम्फलेट

के रूप में उसकी बीस हजार प्रतियाँ छपाकर लन्दन से ही वितरित कर दी थीं। नवम्बर 1909 में समुद्री यात्रा के दौरान 'हिन्द स्वराज' के विचार कागज पर उतारने के साथ ही गांधी ने 'लेटर टू ए हिन्दू' का गुजराती अनुवाद भी कर दिया था। दक्षिण अफ्रीका पहुँचकर उन्होंने उसे अंग्रेजी और गुजराती दोनों में 'इंडियन ओपीनियन' में धारावाहिक रूप से प्रकाशित किया था। यहाँ यह विशेष उल्लेखनीय है कि जैसे-जैसे गांधी को अहिंसा मार्ग पर चलते हुए अपने आन्दोलनों में सफलता मिलने लगी, तारकनाथ दास उनसे सहमत होते गए। बीसवीं सदी के दूसरे दशक में वह स्वयं को उत्तरी अमेरिका में गांधी का प्रतिनिधि मानने लगे थे।

यह ध्यान देने योग्य है कि 'लेटर टू ए हिन्दू' में टॉलस्टॉय ने कहा था कि हिन्दुओं को इंग्लैंड का प्रतिरोध हिंसा से नहीं बल्कि अहिंसा से करना चाहिए। 'हिन्दू' से टॉलस्टॉय का तात्पर्य सम्भवतः मात्र हिन्दू धर्म के अनुयायियों से ही नहीं था। हिन्दू से उनका मन्तव्य समस्त हिन्दुस्तानियों से था। यदि उन्होंने हिन्दू शब्द का पत्र में प्रयोग किया है तो ऐसा लगता है कि उन्हें पता था कि जितने हिन्दुस्तानी पश्चिम में हिन्दुस्तान को अंग्रेजों की सत्ता से हिंसा के सहारे मुक्त कराने के लिए सक्रिय थे उसमें मैडम कामा, मौलवी बरकतुल्लाह और मोहम्मद मंसूर रहमान के अलावा सभी हिन्दू थे। पहले 'हिन्दू' शब्द समस्त हिन्दुस्तानवासियों के लिए प्रयुक्त होता था। मुसलमानों में 'हिन्दू बेग' जैसे नाम हुआ करते थे। टॉलस्टॉय के समकालीन शिक्षाविद्, सुधारक और विचारक सर सय्यद अहमद खाँ (सन् 1817-1898) ने लाहौर के अपने एक भाषण में इस पर सख्त अफसोस जताया था कि 'हिन्दू' शब्द अब उसके व्यापक अर्थ में प्रयुक्त न होकर एक धर्म विशेष के अनुयायियों के लिए रूढ़ हो गया था। मौलाना अबुल कलाम आजाद ने भी सन् 1949 के अलीगढ़ मुस्लिम विश्वविद्यालय के अपने दीक्षांत भाषण में इसकी पुष्टि की है।

टॉलस्टॉय के अनुसार हिंसा के रास्ते अंग्रेजी शासन के प्रतिरोध का अर्थ होगा उनकी पश्चिमी सभ्यता के गर्हित मूल्यों की स्वीकृति। अहिंसा मार्ग से ही यह देश अपनी खोई अखंडता, स्वायत्तता और मूल्य-निष्ठा पुनः वापस पा सकता था। उन्होंने धारदार शब्दों में लिखा था– *"एक व्यावसायिक कम्पनी ने बीस करोड़ लोगों के राष्ट्र को गुलाम बना लिया। इसका क्या यह अर्थ नहीं निकलता कि महज तीस हजार लोगों ने जो कतई मजबूत और कसरती नहीं थे बल्कि कमजोर और बीमार से दिखते थे, एक जीवन्त चतुर और सबल बीस करोड़ लोगों के स्वतंत्रताप्रेमी राष्ट्र को गुलाम बना लिया? क्या इस संख्या से यह साफ नहीं हो जाता कि अंग्रेजों ने नहीं बल्कि खुद हिन्दुस्तानियों ने खुद को गुलाम बनने दिया?"*

टॉलस्टॉय के अनुसार अगर हिन्दुओं ने अंग्रेजों की सभ्यता के मूल्य, उनकी दृष्टि और उनके सम्भावनाओं के अर्थ न अपना लिए होते तो यह अनहोनी सम्भव न होती। उन्हें अपनी अहिंसा की विरासत से अंग्रेजों और उनके जरिए पश्चिम की सभ्यता की

समाज-व्यवस्था के अनैतिक मूल्यों और पश्चिमी राष्ट्रों की छद्म ईसाई संस्कृति की नैतिक विकृतियों को पराजित करना होगा। मनुष्य जाति को चेतना के एक नए धरातल की ओर अग्रसर होना होगा। हिंसा के नियमों को प्रेम के नियमों के लिए जगह बनानी होगी। धर्म की पारम्परिक और रूढ़िगत जड़ता तथा उसके वाह्य आडम्बरों से मुक्त हो उसके मर्म–करुणा, सच्चाई, सादगी, प्रेम और अहिंसा जैसे गुणों को, जो सभी धर्मों के सार हैं, आत्मसात करना मनुष्यता के हित में है।

पुराने संगठित धर्मों की प्रासंगिकता पर सवाल उठाते हुए टॉलस्टॉय ने पत्र में कहा था कि स्मृति और मस्तिष्क के निरर्थक कवायद विज्ञान की तरह (जिसमें वह इतिहास, कानून और नृतत्वशास्त्र को भी शामिल करते थे) ये सभी (धर्म) प्रेम के सहज, सरल और स्वच्छ नियम के प्रति हमारी दृष्टि धुँधली कर देते हैं। उनकी चिन्ता थी कि हिन्दुओं द्वारा हिन्दू धर्म की अपनी अब तक की समझ को बदले बिना हिन्दुस्तान का कल्याण सम्भव नहीं था। उनके अनुसार हिन्दुस्तानियों द्वारा अंग्रेजों की की जा रही शिकायतें वैसी ही थीं जैसी एक शराबी द्वारा की गई शराब बेचने वालों की शिकायतें। उन्होंने अपने पत्रनुमा आलेख का उपसंहार करते हुए लिखा था कि यदि हिन्दुस्तान अहिंसा के सिद्धान्त पर अडिग रहता है तो कुछ हजार लोगों द्वारा करोड़ों को गुलाम बनाने की बात तो दरकिनार, करोड़ों एक व्यक्ति को भी गुलाम नहीं बना सकते।

सन् 1921 में रवीन्द्रनाथ ठाकुर अपनी योरोप यात्रा के दौरान योरोप की अन्तर्रात्मा के रूप में समादृत उस समय के विश्व के मूर्धन्य रचनाकार और मानवतावादी रोमाँ रोलाँ से फ्रांस में मिले थे। तब रोमाँ रोलाँ गांधी की जीवनी 'महात्मा गांधी' पूरी कर रहे थे। दोनों ने देर तक आपस में गांधी और टॉलस्टॉय पर विस्तारपूर्वक चर्चा की थी। दोनों का निष्कर्ष था टॉलस्टॉय की अपेक्षा गांधी की अन्तर्रात्मा कहीं अधिक दीप्त (रैडियेंट) और आलोकमंडित (क्लोद्ड इन लाइट) थी। गांधी के यहाँ सभी कुछ स्वाभाविक, सरल, विनम्र और पवित्र था। उनके सभी संघर्ष धार्मिक शान्ति से भास्वर थे। इसके बरअक्स टॉलस्टॉय में सभी कुछ घृणा के विरुद्ध घृणा का, वासना के विरुद्ध वासना का और अहं के विरुद्ध अहं का दर्पस्फीत विद्रोह था। टॉलस्टॉय के यहाँ अहिंसा के सिद्धान्त सहित सब कुछ हिंस्र था। गांधी निश्चय ही अपने गुरुस्थानीय टॉलस्टाय के सम्बन्ध में पूरब और पश्चिम के अपने दो उदार और महान प्रशंसकों के इन अनुदार विचारों से कभी भी सहमत नहीं होते।

ग्यारह अक्टूबर, 1909 को गांधी ने टॉलस्टॉय को लिखे अपने पत्र के जरिए उन्हें दक्षिण अफ्रीका में अब तक किए गए अपने काम के बारे में बताया और नवम्बर में उन्होंने जोसेफ डोके द्वारा लिखी गई अपनी पहली सद्यःप्रकाशित जीवनी उनके पास भेजी। टॉलस्टॉय ने इसे पूरे मनोयोग से पढ़ा और इसके हाशिये पर अपनी संक्षिप्त टिप्पणियाँ अंकित कीं। 20 अप्रैल, 1910 को टॉलस्टॉय ने अपनी डायरी में लिखा, "गांधी के बारे में पढ़ा। अत्यन्त महत्त्वपूर्ण। उन्हें जरूर लिखना है।" सम्भवतः टॉलस्टाय ने

यह अन्तिम पूरी पुस्तक पढ़ी थी। 15 अगस्त को गांधी ने अपने 'टॉलस्टॉय आश्रम' के कार्यों के सम्बन्ध में उन्हें अपने पत्र द्वारा विस्तारपूर्वक बताया।

सात सितम्बर को टॉलस्टॉय ने गांधी को एक विस्तृत पत्र अपना हृदय उड़ेलते हुए लिखा था। पत्र में उन्होंने कहा कि अब जब कि वह मृत्यु के समीप पहुँच रहे हैं, उनका यह विचार और भी दृढ़ हुआ है कि प्रेम और हिंसा में जन्मजात बैर है। इनमें सामंजस्य असम्भव है। बाहर से चमक-दमक वाली आज की ईसाई सभ्यता इस गहरे अन्तर्विरोध और ग़लतफहमी में जी रही है कि इनके बीच संगति और साहचर्य सम्भव है। पत्र में उन्होंने इस पर आश्वस्ति जताई थी कि कम से कम गांधी ने इस भयावह झूठ की हकीकत और उसके खतरे को अच्छी तरह समझ लिया था। इसका ज्वलन्त प्रमाण था उनका (गांधी का) ट्रांसवाल का काम जो प्रेम और अहिंसा में उनकी गहरी आस्था के लिए मूलभूत और महत्त्वपूर्ण था। गांधी को उन्होंने अपने हृदय के अत्यन्त निकट पाया था। ये तथ्य गांधी को समझने की कोशिश करने वालों के मर्म को छू लेता है कि अन्तिम पूरी किताब जो टॉलस्टॉय ने पढ़ी थी वह सम्भवतः गांधीं पर थी और अपना अन्तिम विस्तृत पत्र जो उन्होंने लिखा था वह गांधी को सम्बोधित था।

गांधी और टॉलस्टॉय एक-दूसरे से अभिभूत होने के बावजूद परस्पर अन्ध प्रशंसक नहीं थे। टॉलस्टॉय ने राष्ट्रवाद के नाम पर जो विवेकहीन युद्ध और भीषण रक्तपात देखा था उससे उनके मन में राष्ट्रीयता की अवधारणा मात्र के प्रति वितृष्णा पैदा हो गई थी। इसलिए वह गांधी की राष्ट्रीयता की भावना से गम्भीर रूप से असहमत थे। उनका मानना था कि "गांधी का हिन्दू राष्ट्रवाद सब कुछ खराब किए दे रहा था।" सत्रहवीं, अट्ठारहवीं और उन्नीसवीं सदी के जो ब्रिटिश, योरोपीय और अमेरिकी राष्ट्रवाद के नायक थे उनके प्रति गांधी का प्रारम्भिक आकर्षण और प्रशंसा भाव टॉलस्टॉय को गहराई से विचलित करता था। गैरीबाल्डी, कावूर और मैज़िनी की अपने देश इटली के स्वतंत्रता-संग्राम में भूमिका पर गांधी ने 'हिन्द स्वराज' में अपने विचार व्यक्त किए हैं।

गांधी योरोपीय-अमेरिकी शैली के राष्ट्रवाद के खतरों से परिचित थे। पर एक लम्बे समय से पराधीन देश की यथास्थितिवादी जड़ता तोड़कर उसमें विदेशी शासन से मुक्ति की ललक जगाने के लिए जाति, धर्म, क्षेत्र, भाषा और नस्ल से मुक्त राष्ट्रीयता की भावना का प्रसार फिलहाल वह आवश्यक मानते थे। उनकी राष्ट्रीयता, दरअसल, विश्वबन्धुत्व की ओर उनकी यात्रा के मार्ग में पड़ाव मात्र थी। दूसरी ओर गांधी परम्परागत धर्मों के प्रति टॉलस्टॉय की अति तर्कवादी दृष्टि से असहमत थे। गांधी के अनुसार धर्म तर्क से परे आस्था का विषय था। इसके बावजूद दोनों परस्पर एक सर्वथा अनूठे आध्यात्म-रसायन से जुड़े हुए थे। इसमें कोई शक नहीं कि जितना टॉलस्टॉय ने गांधी को दिया और जितना गांधी ने उनसे पाया उतना न तो कोई दूसरा दे सकता था और ना ही कोई दूसरा पा सकता था।

6

इंग्लैंड में टॉलस्टॉय के अनन्य प्रशंसक उन्नीसवीं सदी के महान कलाविद्, समीक्षक, निबन्धकार, प्रगतिशील मानवतावादी चिन्तक जॉन रस्किन (1819-1900) की 'अनूटू दिस लॉस्ट' एक अत्यन्त महत्त्वपूर्ण पुस्तक है जिसकी संस्तुति 'हिन्द स्वराज' के परिशिष्ट में है। गांधी से अपने खर्च से 'इंडियन ओपीनियन' नाम से एक साप्ताहिक अंग्रेजी, गुजराती, हिन्दी और तमिल में निकालते थे जो घाटे में चल रहा था। उसे बेहतर ढंग से चलाने की योजना के साथ पहली अक्टूबर सन् 1904 को वह चौबीस घंटे की यात्रा पर शाम को जोहान्सबर्ग से ट्रेन से डरबन के लिए रवाना हुए। स्टेशन पर उन्हें छोड़ने उनके आत्मीय सहयोगी और तरुण मित्र हेनरी पोलक आए थे। घुंघराले वालों वाले, सुन्दर-सौम्य व्यक्तित्व के धनी अध्ययनशील पोलक गांधी से गहरे प्रभावित थे। वह इंग्लैंड के यहूदी थे। अक्सर वह गांधी को अच्छी पुस्तकें पढ़ने के लिए देते रहते थे। उन्होंने गांधी को यात्रा के दौरान पढ़ने के लिए 'अनूटू दिस लॉस्ट' की प्रति देते हुए कहा था कि यह किताब उन्हें जरूर पसन्द आएगी। गांधी बिना पूरी किए वह किताब रख नहीं सके। उनकी आत्मकथा के अनुसार रस्किन की इस पुस्तक ने उन पर गजब का सम्मोहन कर दिया था। उसके विचारों से अभिभूत गांधी रात भर सो नहीं पाए। मंत्रमुग्ध गांधी ने उसी समय अपना जीवन पुस्तक के आदर्शों के अनुरूप ढालने का प्रण कर लिया था। अब से वह एक समृद्ध वकील के सुख-सुविधामय जीवन का परित्याग कर एक साधारण किसान का जीवन जीने के लिए कृतसंकल्प थे। यात्रा से लौटकर उन्होंने 'अनूटू दिस लॉस्ट' का गुजराती में 'सर्वोदय' के नाम से अनुवाद किया। दरअसल यह अनुवाद न होकर भावानुवाद था। गांधी ने अपनी 'आत्मकथा' में इस विस्मयकारी असर डालने वाली रचना का सार नीचे दिए गए तीन सूत्रों में बताया है–

1. सबके हित में ही व्यक्ति का हित है।
2. एक वकील के काम का मूल्य वही है जो एक नाई के काम का; सभी को अपने काम से अपनी जीविका कमाने का एक-सा अधिकार है।
3. मेहनत का जीवन; उदाहरण के लिए खेत जोतने वाले किसान और अपने हाथ से काम करने वाले कारीगर का जीवन जीने योग्य है।

गांधी ने आगे लिखा है कि ''पहला मैं जानता था, दूसरे का मुझे धुँधला-सा ख्याल था। तीसरा मेरे ध्यान में कभी आया ही नहीं था। 'अनूटू दिस लॉस्ट' ने दिन की रोशनी की तरह मेरे लिए यह साफ कर दिया कि दूसरा और तीसरा दोनों पहले में ही सन्निहित थे। पौ फटने के साथ जब मैं जगा तो इन सूत्रों को अमल में लाने के लिए तैयार था।''

पहली अक्टूबर सन् 1904 को ट्रेन में गांधी ने 'अनूटू दिस लॉस्ट' पढ़ना शुरू किया था और दूसरे दिन दो अक्टूबर को अपने पैंतीसवें जन्मदिन पर संकल्पदीप्त जब वह

डरबन पहुँचे तो वह 'वह' नहीं रह गए थे। उनमें आत्म-परिवर्तन-विकल एक नया गांधी पैदा हो चुका था। उन्होंने शीघ्र ही रस्किन के आदर्शों के अनुरूप जीवन के लिए डरबन से चौदह मील और फ़ीनिक्स रेलवे स्टेशन से ढाई मील दूरी पर फलदार वृक्षों से हरी-भरी पर्याप्त भूमि मित्रों की राय और सहयोग से खरीद ली। इसमें एक सुन्दर-सा मीठे पानी का झरना और बड़ी संख्या में साँप भी थे। इसी भूमि पर गांधी ने मित्रों की सहायता से 'फीनिक्स आश्रम' की स्थापना की और वर्ष समाप्त होने के पहले 'इंडियन ओपीनियन' उसके परिसर से छपकर वितरित होने लगा। बाइस वर्षीय चिन्तशील युवा पोलक फ़ीनिक्स आश्रम की स्थापना और 'इंडियन ओपीनीयन' के सम्पादन-प्रकाशन में मूल्यवान योगदान था। गांधी के अपने परिवार समेत कई परिवार शीघ्र ही उसमें रहने लगे। ऐसे एक आश्रम की जरूरत गांधी पहले से अनुभव कर रहे थे। जिन परिवारों की जीविका अर्जित करने वाले पुरुष सदस्य सत्याग्रह के दौरान जेल चले जाते थे उनकी देख-रेख के लिए इस तरह की सामुदायिक संस्था अब अपरिहार्य हो गई थी। आश्रम उनके लिए वरदान सिद्ध हुआ। सभी वहाँ शारीरिक श्रम करते थे और आश्रम की व्यवस्था में पूरा योगदान देते थे। विविध क्षेत्र, नस्ल, जाति, धर्म और भाषा के लोगों के सहज सहजीवन का यह आश्रम अनूठा केन्द्र था। एक पुस्तक ने किसी का जीवन आमूल-चूल रातोंरात इस तरह बदल दिया हो, इसका दूसरा उदाहरण दुर्लभ है।

'अनूटू दिस लॉस्ट' से प्रेरित शारीरिक श्रम की गरिमा के साथ आध्यात्मिक मूल्यों के सामंजस्य पर आश्रित यह आश्रम आगे चलकर गांधी द्वारा स्थापित चार और आश्रमों-टॉलस्टॉय आश्रम, कोचरब आश्रम, साबरमती आश्रम और सेवाग्राम आश्रम का मॉडल साबित हुआ। 'अनूटू दिस लॉस्ट' का शीर्षक 'बाइबिल' के सेंट मैथ्यू से जुड़े अध्याय (20:14) की एक पंक्ति से प्रेरित था। पश्चिम के हृदयहीन औद्योगीकृत वर्ग के दिन दूना रात चौगुना बढ़ते भौतिक सुखों की होड़ में शारीरिक श्रम से जीविका कमाने वाले विशाल असहाय समाज की सभ्य नागरिक जीवन की अल्पतम जरूरतों के बारे में भी सोचने की किसी को फुरसत नहीं थी। भोगवाद के तुमुल कोलाहल को चीरकर एक अर्से से दबी संवेदनशील समाज की अन्तर्रात्मा की आवाज रस्किन की वाणी में नव्यता और ताज़गी लिए एक बार फिर मुखर हुई। जिस गहरी संवेदना से समाज के उपेक्षित और वंचित वर्ग के पक्ष में उन्नीसवीं सदी के डरावने भोगवादी अरण्य में रस्किन ने आवाज लगाई थी उससे गांधी का मर्म छू गया था। अभिभूत गांधी ने कहा था कि 'अनूटू दिस लास्ट' की रचना 'रक्त और आँसुओं' से हुई है।

रस्किन का मानना था कि हल के सेनानी तलवार के सेनानियों से किसी भी अर्थ में कम नहीं थे। जिस तरह ऊँचे ओहदेदारों को पेन्शन का अधिकार है उसी तरह श्रमिक और किसान को भी पेन्शन का अधिकार होना चाहिए। जिस तरह यह बहुत पहले से लोगों को एलानिया पता है समृद्ध वर्ग की सम्पदा पर ग़रीबों का कोई अधिकार नहीं है उसी तरह यह भी एलानिया बता देना चाहिए कि गरीबों की सम्पत्ति

पर समृद्ध समाज का भी कोई हक नहीं है। उस समय यह सर्वथा नई आवाज थी। कार्ल मार्क्स (1818-83) और रस्किन समकालीन थे। मार्क्स जहाँ पूँजीवाद को उखाड़ फेंकना चाहते थे, वहीं रस्किन का उद्देश्य था उसे मानवीय बनाना। मार्क्स के हिंसामूलक वर्ग-संघर्ष के सिद्धान्त से असहमत रस्किन टॉलस्टॉय के अहिंसक परिवर्तन के पक्ष में थे। वह तत्कालीन आधुनिक राजनीतिक अर्थशास्त्र के 'निजी हित' (सेल्फ इंटरेस्ट) और स्पर्धा (कम्पटीशन) के सिद्धान्त के विपरीत मानवीय अर्थशास्त्र के सामाजिक लगाव और प्रेम (सोशल अफेक्शन) की अवधारणा के मुखर समर्थक थे। वह पूछते थे, अगर सैनिक और पादरी मान-प्रतिष्ठा के लिए काम कर सकते हैं तो व्यवसायी और उद्योगपति क्यों नहीं? वह मानते थे कि मनुष्य नैतिक नियमों का अनुसरण कर ही सुखी रह सकता है।

रस्किन की प्रतिष्ठा पूरे पश्चिमी जगत में कला और स्थापत्य के मूर्धन्य ज्ञाता और समीक्षक के रूप में थी। पर धीरे-धीरे उन्होंने अपनी पूरी शक्ति सामाजिक न्याय से जुड़े मुद्दों पर केन्द्रित कर दी थी। उन्होंने व्यापक सामाजिक हितों के लिए व्यक्तिगत स्वार्थों के त्याग की भावना के विकास पर जोर दिया था। उन्नीसवीं सदी के महान विचारक और रस्किन के समकालीन जॉन स्टुअर्ट मिल (1807-1873) ने 'धन' (वेल्थ) की व्याख्या ऐसे सहमतिसक्षम (एग्रीएबिल) और उपयोगी (यूज़फुल) वस्तुओं के स्वामित्व (पोज़ेस्सन) के रूप में की है जिसके मूल्य विनिमययोग्य (एक्सचेन्जेविल) हों। रस्किन के अनुसार किसी वस्तु की आर्थिक दृष्टि से सार्थकता को समझने के लिए मानवीय क्षमताओं को ध्यान में रखना आवश्यक है। और मूलभूत मानवीय क्षमता स्वयं जीवन है। इसी विचार के आधार पर रस्किन का विख्यात निष्कर्ष था कि जीवन के अतिरिक्त कोई दूसरा धन नहीं है–('देयर इज़ नो वेल्थ बट लाइफ')।

रस्किन के अनुसार मनुष्य शरीर और आत्मा का समाहार था। किन्तु आधुनिक राजनीतिक अर्थशास्त्र उसे मात्र शरीर ही मानता था। आत्मा से अलग शरीर एक मशीन था–धन अर्जित करने की मशीन। पर सच्चाई यह थी कि शरीर आत्मा से संचालित था। रस्किन और गांधी दोनों के अनुसार आत्मा सद् और असद् के विवेक का केन्द्र था। व्यक्तिगत स्वार्थ और लोभ मनुष्य के स्थायी भाव हैं। ये सामाजिक सरोकार और प्यार के अपवाद होने के बावजूद आत्मा की शक्ति सहित मनुष्य के आर्थिक सम्बन्धों को अपनी सक्रियता से प्रभावित करने से बाज नहीं आते। पर आत्मा में सामाजिक लगाव और प्यार (सोशल अफेक्शन) और प्राकृतिक न्याय (नेचुरल जस्टिस) के भाव की केन्द्रीयता विपरीत परिस्थितियों में भी बनी रहती है। फलस्वरूप मनुष्यों के आर्थिक कार्यकलाप और उनके राजनीतिक आर्थिक सम्बन्ध उसकी सक्रियता से प्रत्यक्ष-परोक्ष प्रभावित होते रहते हैं। आवश्यकता थी ऐसे सजग-सचेत निःस्वार्थ प्रयास की जिससे सामाजिक सरोकार और प्यार तथा प्राकृतिक न्याय की शक्तियाँ बाजार को संचालित करनेवाली माँग और आपूर्ति की ताकतों और उसे जन्म देने वाली निरंकुश अनैतिक

स्पर्धा को नियमित और संयत कर सकें। तभी जीवन का, जिसके अलावा और जिससे श्रेष्ठतर कोई दूसरा धन नहीं है, उसकी समस्त क्षमताओं सहित स्वस्थ और समग्र विकास सम्भव हो सकेगा।

रस्किन के साथ धन का अर्थ बदलने लगा था। उनके अनुसार असली धन चीजों के स्वामित्व में नहीं बल्कि समुचित क्षमताओं और मनोवृत्तियों (एप्रोप्रिएट 'कैपासिटीज़' एंड 'डिस्पोज़ीशन्स') से समृद्ध लोगों (पीपुल) में सन्निहित था। गांधी ने इसके अर्थ को विस्तार देते हुए कहा कि स्वस्थ अर्थव्यवस्था वह है जो समाज के सबसे छोटे और अन्तिम पंक्ति के अन्तिम व्यक्ति को सबल बनाने में सक्षम हो और उनमें आवश्यक 'क्षमताओं' और नैतिक 'मनोवृत्तियों' के विकास में सहायक सिद्ध हो सके। यही बात मानवतावादी अर्थशास्त्री अमर्त्य सेन ने भी आगे कहा। उनके अनुसार लोगों में सम्यक् क्षमता और स्वतंत्रता के भावों के विकास का विचार अच्छी अर्थव्यवस्था के शुभ लक्षण हैं।

रस्किन के 'जीवन ही धन है' के विचार की अनुगूँज गांधी में लगातार सुनाई पड़ती रही। गांधी के अनुसार भी किसी देश का धन उसका सोना-चाँदी नहीं था बल्कि उसके लोग थे। देश के धन की खोज धरती के गर्भ में नहीं बल्कि उसके लोगों के हृदयों में करनी होगी। अच्छी और सच्ची अर्थव्यवस्था का फर्ज था कि वह लोगों को पूरे सम्मान के साथ तन-मन के स्वास्थ्य की हरसम्भव सुविधा प्रदान करे। यह तभी सम्भव होगा जब अर्थव्यवस्था न्यायबुद्धि से संचालित हो। प्राकृतिक न्याय (नेचुरल जस्टिस) के लिए न्याय-बुद्धि शब्द का प्रयोग उनके गुजराती-हिन्दी लेखन में अपेक्षाकृत अधिक प्रभावी और व्यंजक साबित हुआ। एक अर्से से आधुनिक उदार अर्थव्यवस्था के नाम से प्रचारित अर्थविज्ञान के छद्म को वह भली-भाँति समझते थे। इस अर्थव्यवस्था के इंग्लैंड और योरोप के साम्राज्यवाद के साथ गठजोड़ की भयावह सच्चाई उनकी दूरंदेश आँखों से छिपी नहीं थी। पश्चिम की आर्थिक उदारता, औद्योगीकरण और उपनिवेशवादी होड़ में गहरा सम्बन्ध था। इसीलिए गांधी को हिन्दुस्तान के पश्चिमी ढंग के औद्योगीकरण से सख्त एतराज था। उन्होंने कहा था ईश्वर न करे हिन्दुस्तान औद्योगीकरण की पश्चिम की राह अख्तियार करे। अगर दुर्भाग्य से ऐसा हुआ तो वह पूरे विश्व को टिड्डी दल की तरह चाटकर साफ कर देगा। उनके बद्‌दिमाग औद्योगीकरण और भौतिक विकास की अन्धी दौड़ की बेलौस भर्त्सना को उनके कई आलोचकों ने देश में व्याप्त भयावह गरीबी की समस्या के आधुनिक हल की ओर उनकी उदासीनता के रूप में निरूपित किया है। पर इसमें जरा भी सच्चाई नहीं है।

गांधी जानते थे कि देश के नब्बे फीसदी से अधिक ग़रीब गाँवों में थे। और गाँवों के विकास की उनके पास बड़ी ही रचनात्मक योजनाएँ थीं। पर उनके देहावसान और स्वतंत्रता के बाद वह सभी संविधान के नीति-निदेशक सिद्धान्तों में जड़ीभूत होकर रह गईं। उन्होंने बताया था कि ग़रीब के लिए आर्थिक ही आध्यात्मिक था। उन्होंने बड़े

ही मार्मिक शब्दों में कहा था कि ईश्वर में भी साहस नहीं है कि वह किसी भूखे के सामने रोटी के अलावा किसी दूसरी शक्ल में प्रकट हो सके।

रस्किन 'अनूटू दिस लॉस्ट' को अपनी सबसे महत्त्वपूर्ण कृति मानते थे। धीरे-धीरे उन्होंने उसमें सन्निहित आदर्शों और मूल्यों को अपने जीवन में उतारने के प्रयास किए। उन्होंने अपनी पैतृक सम्पदा का परित्याग कर दिया। और सरल-सहज जीवन जीने की चेष्टा करने लगे। उन्होंने सामाजिक हितों के लिए व्यक्तिगत हितों के बलिदान की सीख दी। ललाट के पसीने से कमाई गई रोटी को पवित्र बताया। वृद्धावस्था की पेन्शन, सर्वसुलभ निःशुल्क शिक्षा, समाज के कमजोर वर्ग के लिए साफ-सुथरे मकान और श्रमजीवी लोगों के हितों की सुरक्षा के लिए कारगर कदम उठाने की वकालत की। अपने द्वारा संस्तुत आदर्शों और मूल्यों को जीवन में उतारने की ईमानदार कोशिशों के बावजूद वह स्वयं को अपनी ही कसौटी पर खरा नहीं पाते थे।

सम्भवतः इसी को ध्यान में रखकर सन् 1932 में गांधी ने कहा था कि रस्किन जहाँ अपने मस्तिष्क में क्रान्तिकारी परिवर्तन से सन्तुष्ट थे वहीं वह अपना जीवन बदल पाने में असफल रहे। ऐसा कोई अन्तर गांधी के सोच और आचरण में कभी नहीं रहा। जीवन के अन्तिम दिनों में सोच और आचरण के बीच इसी तनाव के फलस्वरूप रह-रहकर उनका मानसिक सन्तुलन बिगड़ जाता था। निश्चय ही यह उनका अपने आदर्शों के प्रति गहरे लगाव का परिचायक भी था। पर अपने समय के एक बड़े मानवतावादी चिन्तक और औद्योगिक सभ्यता की भयावह विकृतियों को उजागर करने वाले 'क्रूसेडर' के रूप में उनका योगदान और महत्त्व सदैव स्मरणीय रहेगा।

गांधी ने 'अनूटू दिस लॉस्ट' का जो भावानुवाद गुजराती में 'सर्वोदय' के नाम से किया था उसका अंग्रेजी में पुनर्अनुवाद उनके एक साथी बाल जी गोविन्द देसाई ने कुछ ही समय बाद सन् 1906 में कर दिया था। यह पुनर्अनुवाद गांधी द्वारा लिखित भूमिका के साथ छपा। इस भूमिका के अन्तिम पैराग्राफ में उन्होंने कहा कि "हमें भी उद्योग चाहिए पर वह सही तरीके का हो। हिन्दुस्तान को लोग कभी सोने की धरती मानते थे क्योंकि तब हिन्दुस्तानी सच्चे सोने से खरे थे। धरती तो वही है पर लोग बदल गए। नतीजा वह बंजर हो गई। इसे फिर सोने की बनाने के लिए हमें सद्गुणों का जीवन जीते हुए स्वयं को सोने में बदल देना होगा।" गांधी के अनुसार पश्चिम भौतिक और आर्थिक भलाई की तलाश में नैतिकता को ताक पर रख दे रहा था। यह ईश्वरीय नियम के सर्वथा विरुद्ध था। सत्य को राष्ट्र निर्माण की धुरी बताते हुए उन्होंने लिखा था कि अगर हर हिदुस्तानी सत्य की राह चलता है तो 'स्वराज' आने में देर नहीं लगेगी। यह भूमिका दरअसल 'हिन्द स्वराज' का पूर्वाभास थी।

सन् 1900 में रस्किन का देहावसान हुआ और इसी साल श्रमजीवी वर्ग के हितों से जुड़े श्रमिक संगठनों ने मिलकर इंग्लैंड की लेबर पार्टी की स्थापना की। पहली बार सन् 1906 में बड़ी संख्या में लेबर पार्टी के सांसद 'हाउस ऑफ कामन्स' पहुँचे। लेबर

पार्टी के बड़े नेता और द्वितीय महायुद्ध के बाद इंग्लैंड के प्रधानमंत्री बने अर्ल क्लेमेंट एटली (1883-1967) ने बताया है कि ये सभी सांसद रस्किन के विचारों से गहरे प्रभावित थे। बीसवीं सदी में इग्लैंड में श्रमजीवी वर्ग और सामान्य जनता के हित में जितने भी कानून बने निश्चय ही उसके मूल में रस्किन की प्रेरणा थी।

हिन्दुस्तान की स्वतंत्रता के पक्ष में रस्किन के विचारों से प्रेरित लेबर पार्टी के नेताओं का स्वर सबसे मुखर था। यह मात्र संयोग नहीं था कि 17 जून, 1947 को एटली के प्रधानमंत्रित्व में हिन्दुस्तान की स्वतंत्रता का विधेयक इंग्लैंड की संसद में पास हुआ। हिन्दुस्तान में औपनिवेशिक राज के अन्त से विश्व के अनेक परतंत्र देशों के स्वतंत्रता आन्दोलनों को बल मिला जिसमें रस्किन और टॉलस्टॉय का प्रभाव गांधी के कर्म और सोच में छनकर अत्यन्त प्रेरक सिद्ध हुआ।

गांधी के युग-चिन्तन में रिस कर इन दोनों के विचारों ने भारत के संविधान में भी दस्तक दी। अस्पृश्यता, जन्म, जाति, धर्म, लिंग, क्षेत्र, भाषा और नस्ल से जुड़े दुराग्रहों और पूर्वाग्रहों के विरुद्ध यदि संविधान इतना मुखर और सचेत है तो इसके मूल में गांधी ही रहे हैं। समाज के दुर्बल, वंचित, अल्पसंख्यक और पिछड़े वर्गों के हित-संरक्षण और विकास के प्रावधानों को अगर संविधान में इतना महत्त्वपूर्ण स्थान मिल सका तो इसका एक अत्यन्त उल्लेखनीय कारण था भारी संख्या में संविधान सभा में गांधी के नेतृत्व में स्वतंत्रता संघर्ष में भाग लेने वाले उनके निष्ठावान अनुयायियों की उपस्थिति। व्यक्ति की गरिमा की प्रतिष्ठा के प्रति ऐसा सजग-संवेदनशील दूसरा संविधान बीसवीं सदी में सम्भव नहीं हो सका। 'हिन्द स्वराज' में और आगे चलकर विकसित गांधी के आर्थिक दर्शन पर रस्किन का प्रभाव निर्विवाद है।

7

'हिन्द स्वराज' के अंग्रेजी अनुवाद की भूमिका और उसके परिशिष्ट में गांधी ने अमेरिका के दो विचारकों क्रमशः आर.डब्लू. एमर्सन (1803-1882) और हेनरी डेविड थोरो (1817-1862) का सन्दर्भ दिया है। उन्होंने परिशिष्ट में थोरो की दो पुस्तकों 'ऑन 'दि ड्यूटी ऑफ सिविल डिसओबिडियेन्स' (सविनय अवज्ञा के कर्तव्य के बारे में) और 'लाइफ विदाउट प्रिंसपुल्स' (सिद्धान्तविहीन जीवन) की संस्तुति की है। कवि, चिन्तक और निबन्धकार थोरो को मात्र पैंतालीस वर्ष का जीवन नियति ने दिया था। वह जहाँ एक ओर अमेरिका में व्याप्त अश्वेतों को दास बनाए जाने की अमानवीय प्रथा के घोर विरोधी थे वहीं दूसरी ओर अमेरिकियों द्वारा चर्च, राज्य, परम्परा और सम्पत्ति के समक्ष सद्-असद् के विवेक से शून्य आत्म-समर्पण के प्रबल आलोचक भी थे। उन्होंने अपने जन्म स्थान कानकॉर्ड के बाहर वाल्डेन पांड नामक बड़े से ताल के किनारे स्वयं एक कुटिया बनाई थी। वहाँ प्रकृति के सीधे सान्निध्य में रहकर अपनी जरूरत भर का अन्न

और साग-सब्जियाँ वह खुद पैदा करते थे। दो साल के इस सात्विक और ऐकान्तिक स्वावलम्बी प्रवास ने उनमें अपनी अन्तर्शक्ति और साहसिकता के प्रति गहरा आत्मविश्वास जागृत कर दिया था।

यह परखने के लिए कि क्या तन की सुख-सुविधाओं से अनासक्त, स्वावलम्बी और सात्विक जीवन समुदाय में रहकर भी जिया जा सकता था, एक बार फिर थोरो कानकोर्ड लौट आए थे। वहाँ रहते हुए उन्होंने संकल्प कर लिया था कि वह ऐसा कोई आचरण नहीं करेंगे जिससे राज्य और समाज के ऐसे नियम, कानून और परम्परा से उनकी सहमति का संकेत मिले जिनकी वह अब तक निन्दा करते आए थे। एक बार उन्होंने एक ऐसा टैक्स अदा करने से मना कर दिया था जिसे वह न्यायसम्मत नहीं मानते थे। फलस्वरूप उन्हें जेल जाना पड़ा था। पता चलने पर उनके एक दोस्त ने सम्बन्धित कर-राशि जमा कर दी थी। छूटकर आने पर वह अपने विचारों पर और दृढ़ हो गए थे। उनका मानना था कि एक ऐसे शासन में जहाँ एक भी व्यक्ति अन्यायपूर्ण ढंग से जेल में बन्द कर दिया जाता है, सभी न्यायप्रिय लोगों के लिए सही जगह जेल ही है।

'ऑन दि ड्यूटी ऑफ सिविल डिसओबिडियेन्स' का प्रकाशन 'कम्युनिस्ट मेनीफेस्टो' के एक साल बाद सन् 1849 में हुआ था। पर उसके विचार कम्युनिस्टों और अनुदार विचारधारा के अनुयायियों दोनों को अमान्य थे। थोरो से पहले एक अंग्रेज विचारक विलियम पैले (1743-1805) ने एक निबन्ध 'ड्यूटी ऑफ सबमिशन टू ए सिविल गवर्नमेंट' (नागरिक सरकार के प्रति समर्पण के कर्तव्य) लिखा था। इसमें उनका कहना था कि सभी नागरिक दायित्व औचित्य (एक्सपेडिएंसी) में समाहित हो जाते हैं। हर नागरिक शिकायत की गम्भीरता उसके निवारण की सम्भाव्यता और उस पर आने वाले व्यय पर आश्रित होती है। पैले से पूरी तरह असहमत थोरो औचित्य की जगह अन्तरात्मा को वरीयता देते हुए मानते थे कि उससे प्रेरित व्यक्ति और समाज को न्याय हर मूल्य पर मिलना चाहिए चाहे उस पर जो भी व्यय आए।

थोरो के अनुसार एक व्यक्ति के लिए यह असम्भव है कि वह प्राचीन यूनानी मिथकीय चरित्र एटलस की तरह पूरा ब्रह्मांड अपनी पीठ पर लादे घूमे। एक व्यक्ति पूरी निष्ठा से चाहकर भी समाज और सरकार में व्याप्त बुराइयों का उन्मूलन नहीं कर सकता। पर वह उनके समर्थन से बच सकता है और अपनी अन्तर्रात्मा की आवाज़ पर अन्यायपूर्ण नियमों और कानूनों को मानने से इन्कार कर सकता है। बुराई के प्रतिरोध में एक भी व्यक्ति की सक्रियता का मूल्य उस हजारों की निष्क्रिय भीड़ से अनगिनत गुना ज्यादा है जो बुराई को बुराई मानकर भी हाथ पर हाथ धरे बैठी रहती है। सन् 1849 में थोरो ने अश्वेत दासता (ब्लैक स्लेवरी) और मेक्सिको पर अमेरिकी आक्रमण के खिलाफ़ आवाज उठाई थी। उनसे सहमत लोगों की संख्या बहुत कम नहीं थी। पर वो आगे आने को तैयार नहीं थे। उन्होंने घोषणा की थी कि वह ऐसे पाप में लिप्त

सरकार के आज्ञापालक नहीं हो सकते। उनका दृढ़ मत था सक्रिय अवज्ञा के बिना बुराई से असहमति वस्तुतः सहमति ही थी। इसलिए वह आपराधिक थी।

थोरो का मत था कि सद्-असद् का विवेक प्रायः बहुसंख्यक भीड़ में सम्भव नहीं होता। वह अक्सर अल्पमत की अन्तर्रात्मा में स्पन्दित होता है। उनकी आर्त पुकार थी 'सरकारें कब विवेकवान अल्पमत का सम्मान करना सीखेंगी? ईसा कब तक सूली पर चढ़ाए जाते रहेंगे?' मन, वाचा, और कर्म के बीच फाँक के थोरो प्रबल आलोचक थे। 'लाइफ विदाउट प्रिंसिपुल्स' में थोरो का मत है कि सभ्य और शिष्ट आचरण नागरिक नैतिकता का पर्याय नहीं हो सकता। नैतिक मूल्यों के बिना राजनीति घास-फूस से अधिक कुछ नहीं है। आधुनिक राजनीति की सर्वोच्च आवश्यकता है उदात्त सुनिष्ठ उद्देश्य। कला और संस्कृति की समझ कम से कम आलू के मूल्य से तो अधिक है ही।

यह विचित्र विडम्बना है कि थोरो जैसा कर्मवीर विचारक जिसने अमेरिका में व्याप्त अश्वेत दासता और उसके द्वारा मेक्सिको पर किए गए आक्रमण के विरुद्ध इतिहास प्रसिद्ध आवाज उठाई वो वहाँ के भोले-भाले मूल निवासियों (रेड इंडियन्स) के प्रति किए जा रहे पशुओं से भी बदतर अमानवीय व्यवहार का मूक दर्शक बना रहा। पन्द्रहवीं सदी के अन्त में कोलम्बस द्वारा नई दुनिया की खोज के साथ ही वहाँ योरोप और इंग्लैंड के श्वेतों के रेले अपनी किस्मतें आजमाने पहुँचने लगे थे। यहीं से उनके बसने की प्रक्रिया के प्रारम्भ होने के साथ अनादि काल से अपनी प्यारी धरती पर बसे वहाँ के मूल निवासियों की बर्बरतापूर्वक उजाड़े जाने की लगभग चार सदियों की दारुण व्यथा-कथा शुरू होती है। वहाँ जमीन तथा अन्य प्राकृतिक संसाधनों की कमी नहीं थी। पर श्वेतों की कुदृष्टि मूल निवासियों की उपजाऊ जमीनों पर थी। अतः उन्होंने कँटीले तारों और बन्दूकों के जरिए न केवल उनकी जमीनें छीन लीं बल्कि उनकी स्त्रियों और बच्चों के साथ बलात्कार और उनकी नृशंस हत्याएँ भी कीं। उनके बीच व्यक्तिगत सम्पत्ति की अवधारणा कभी नहीं थी। अतः धोखे से अनेक श्वेतों ने उनसे उनकी जमीनें अपने नामों में करा लीं और उन पर बन्दूक की नोक पर काबिज हो गए। थोरो की अमेरिका के इन मूल निवासियों की कला, संस्कृति और प्रकृति के साथ समरस जीवन में गहरी रुचि थी। इसके बावजूद उनके प्रति अनवरत अमानुषिक व्यवहार और निरन्तर अत्याचार के प्रति उनकी उदासीनता खलने वाली है। उनके अपने ही सिद्धान्त के अनुसार अन्याय के सक्रिय प्रतिरोध का अभाव उससे सहमति का द्योतक था। गांधी द्वारा ऐसी नृशंस अनीति की पक्षधरता स्वप्न में भी अकल्पनीय थी।

17 जनवरी, 1931 को गांधी ने प्रेमाबेन कंटक को अपने एक पत्र में लिखा था कि टॉलस्टॉय, रस्किन, थोरो और बम्बई के हीरों के प्रतिष्ठित व्यवसायी तथा आध्यात्म-चिन्तक राजचन्द भाई राव जी भाई मेहता (सन् 1868-1901) का उनके जीवन और विचारों पर गहरा प्रभाव रहा। पर उसी पत्र में आगे उन्होंने कहा था कि

थोरो को वह इस सूची से निकाल देना चाहेंगे। गोखले द्वारा स्थापित 'सर्वेंट ऑफ इंडिया सोसाइटी' के पी. कोदंड राव को 10 सितम्बर, 1935 को लिखे अपने एक पत्र में गांधी ने बताया था कि यह कहना गलत था कि उन्होंने सविनय अवज्ञा का विचार थोरो से ग्रहण किया था। जब वह थोरो के लेखन के सम्पर्क में आए उसके बहुत पहले सत्ता के अन्याय के विरुद्ध सविनय अवज्ञा आन्दोलन दक्षिण अफ्रीका में बहुत आगे बढ़ चुका था।

सन् 1907 के उत्तरार्ध में गांधी ने अनुभव किया कि जिस पवित्र आध्यात्मिक संकल्प से लोग इस अहिंसक आन्दोलन में हिस्सा ले रहे थे उसके लिए सविनय अवज्ञा (सिविल डिसओबिडिएंस) और निष्क्रिय प्रतिरोध (पैस्सिव रेसिस्टेंस) जैसी अभिव्यक्तियाँ नितान्त अपर्याप्त थीं। इसके लिए उनके भतीजे मगन लाल ने 'सदाग्रह' शब्द सुझाया था। गांधी ने उसका परिमार्जन कर अपने अहिंसक प्रतिरोध को एक अनूठा नाम 'सत्याग्रह' दिया था। अहिंसक राजनीतिक प्रतिरोध के लिए जैसे ही 'सत्याग्रह' शब्द प्रयुक्त होना शुरू हुआ उसके आयाम दिक्कालातीत हो गए। प्लेटो (429-347 ई. पू.) के 'डिफेन्स एंड डेथ ऑफ साक्रेटीज़' (सुकरात की मृत्यु और उनका बचाव) को पढ़कर गांधी ने सुकरात को महान सत्याग्रही घोषित किया था। महाप्रभु ईसा मसीह का विलक्षण आत्म-बलिदान और हजरत इमाम हुसेन और उनके आत्मीय जनों द्वारा अपनी अन्तर्रात्मा के विरुद्ध यज़ीद के सामने समर्पण न कर कर्बला के मैदान में शहादत का वरण जैसी सदियों पुरानी अनुपम प्रेरक घटनाएँ सत्याग्रह का ज्वलन्त उदाहरण सिद्ध हुईं। समाजवादी चिन्तक और भारतीय मिथकों के नव्य व्याख्याकार डॉ. राममनोहर लोहिया भी गांधी की ही तरह ध्रुव और प्रह्लाद को भी सत्याग्रही मानते थे।

20 अगस्त, 1906 को दक्षिण अफ्रीका के ट्रांसवाल प्रान्त की सरकार ने एक असाधारण गजट द्वारा एक अध्यादेश जारी किया था जिसके अनुसार वहाँ बसे हिन्दुस्तानियों सहित सभी एशियाई लोगों के काम करने के पुराने परमिट रद्द कर दिए गए थे। ट्रांसवाल में रह रहे सभी हिन्दुस्तानी और चीनी औरत, मर्द और आठ से अधिक उम्र के बच्चों को एक आवेदन के जरिए अपने पूरे विवरण, जिनमें शरीर पर शिनाख्त के निशान भी शामिल थे, देकर नए रजिस्ट्रेशन कराने थे। यहाँ तक तो ग़नीमत थी। इसके अलावा एक अत्यन्त अपमानजनक प्रावधान और था। आवेदन के साथ सबको रजिस्ट्रार ऑफिस में अपनी सभी अँगुलियों के निशान भी देने थे। यह एक ऐसा प्रावधान था जो समूचे विश्व में केवल अपराधियों पर लागू होता था। बहरहाल इन प्रक्रियाओं से गुजरकर प्राप्त सर्टिफिकेट हरदम साथ रखना था। किसी भी अधिकारी के माँगने पर उसे दिखाना था। न दिखाने पर जेल की सजा थी। इसकी जाँच के लिए किसी भी समय बिना पूर्व सूचना के घरों में घुसकर तलाशी ली जा सकती थी। इस कानून का पालन न करने पर जुर्माने, और जेल के अलावा

देश-निकाले तक की सजा दी जा सकती थी। शीघ्र ही ट्रांसवाल की विधानसभा ने इस अध्यादेश को सर्वसम्मति से पास कर दिया।

उक्त अध्यादेश के विरोध में जोहान्सबर्ग के पुराने इम्पॉयर थियेटर में ट्रांसवाल के हिन्दुस्तानी प्रवासियों की एक विचारोत्तेजक सभा 11 सितम्बर, 1906 को आयोजित की गई। इसमें गांधी के अलावा जिन कई लोगों ने भाषण दिए उनमें एक शेठ हाजी हबीब नामक प्रतिष्ठित गुजराती व्यवसायी सज्जन भी थे। सभा में तीन हजार लोगों ने भाग लिया। ट्रांसवाल प्रान्त में हिन्दुस्तानियों की संख्या लगभग तेरह हजार थी। अतः सभा में तीन हजार की उपस्थिति काफी उत्साहवर्धक थी। शेठ हाजी हबीब का सुझाव था कि सभी उपस्थित हिन्दुस्तानी ईश्वर के नाम पर शपथ लेकर इस काले कानून के तन-मन-धन से विरोध का संकल्प लें। गांधी इस सुझाव से स्तब्ध थे। उन्होंने ईश्वर के नाम से शपथ लेकर किए गए संकल्प की गम्भीरता और पवित्रता के बारे में अपने भाषण में विस्तारपूर्वक चर्चा की और उम्मीद जताई कि एक बार ऐसी प्रतिज्ञा करने के बाद उस पर अडिग रहना होगा। गांधी के भाषण के बाद लगभग सभी लोगों ने हाथ उठाकर ईश्वर के नाम से शपथ लेते हुए इस घोर अपमानजनक काले कानून के विरुद्ध संघर्ष की प्रतिज्ञा की। गांधी ने अपनी पुस्तक 'दक्षिण अफ्रीका में सत्याग्रह' के अन्तर्गत इस सभा का जो रोमांचक विवरण और उसमें अपने भाषण का जो सारांश दिया है, उससे स्पष्ट है कि सत्याग्रह की अवधारणा 11 सितम्बर 1906 को ही जन्म ले चुकी थी। उस समय तक वह थोरो के चिन्तन और उनकी रचना 'आन दि ड्यूटी ऑफ सिविल डिसओबिडिएंस' के सीधे सम्पर्क में नहीं आए थे। उनके नाम भले ही सुने हों।

इम्पायर थियेटर की सभा के साल भर बाद 7 और 14 सितम्बर, 1907 के 'इंडियन-ओपीनियन' में गांधी ने थोरो के 'सिविल डिसओबिडिएंस' के महत्त्वपूर्ण अंश प्रकाशित किए और उसके एक सप्ताह बाद उन अंशों को एक पैम्फलेट के रूप में छापकर वितरित किया गया। थोरो के अनुशीलन ने निश्चय ही बहिष्कार, असहयोग और करों के भुगतान न करने की रणनीति की अनन्त सम्भावनाओं के द्वार खोले। थोरो ने राजनीतिक प्रतिरोध के एक अभूतपूर्व अस्त्र के रूप में 'सत्याग्रह' में गांधी की आस्था को और भी मजबूत किया। यद्यपि हिन्दुस्तान की राजनीति में गांधी के प्रवेश के पहले ही बंग-भंग आन्दोलन के दौरान असहयोग और बहिष्कार की आजमाइश शुरू हो गई थी पर गांधी ने उन्हें एक वृहत्तर आयाम दिया। नेटाल में 'गिरमिट' (एग्रीमेंट-इकरारनामा) की अवधि पूरी कर लेने वाले हिन्दुस्तानियों और उनके परिवार के सदस्यों पर लगाए गए नाजायज पोल टैक्स तथा खान मजदूरों पर लगे तीन पौण्ड के कर के प्रतिरोध, ट्रांसवाल प्रान्त में अन्यायपूर्ण रजिस्ट्रेशन सर्टिफिकेट के दहन और हड़ताली खान मजदूरों की ट्रांसवाल की ओर साहसिक लम्बी कूच सभी को गांधी के सत्याग्रह ने एक व्यापक महाकाव्यात्मक आयाम दे दिया था।

हिन्दुस्तान में शराब और विदेशी माल की दुकानों पर देशव्यापी धरने, जगह-जगह विलायती कपड़ों की होली, सरकारी शिक्षण संस्थाओं और कचहरियों के बहिष्कार, सरकारी पदों और खिताबों के परित्याग और इन सबके चरम बिन्दु दांडी-यात्रा ने एक प्रबल राजनीतिक प्रतिरोध के अभूतपूर्व अस्त्र के रूप में सत्याग्रह की ओर समूचे विश्व का ध्यान आकर्षित किया। शीघ्र ही अमेरिका में मार्टिन लूथर किंग जूनियर, दक्षिण अफ्रीका में नेल्सन मंडेला; घाना में क्वामे न्क्रूमा, सिसिली में डैनिलो डोलसी और ज़ाम्बिया में केनेथ कौंडा जैसे विश्व-स्तर के जन-नायकों ने गांधी के सत्याग्रह के अहिंसक अस्त्र के जरिए अपने-अपने आदर्शों और मूल्यों की लड़ाइयाँ लड़ीं और यातनाओं के अनेक अग्निवृत्तों से गुजरते हुए अन्ततः कामयाब रहे। निश्चय ही टॉलस्टॉय और रस्किन से थोड़ा कम पर थोरो भी गांधी में सूक्ष्म रूप में सदैव स्पंदित रहे।

एमर्सन को गांधी ने सन् 1909 के प्रारम्भ में प्रिटोरिया की जेल में पढ़ा था। एन्थोनी जे. परेल के अनुसार उस समय एमर्सन के 'एसेज़' (निबन्धों) का सन् 1903 का ही संस्करण दक्षिण अफ्रीका में उपलब्ध था। इसमें 'हिस्ट्री' (इतिहास) 'सेल्फ रिलायन्स' (आत्म-निर्भरता), 'स्प्रिचुअल लॉज' (आध्यात्मिक नियम) 'हीरोइज़्म' (नायकत्व (2)' 'ओवरसोल (परम-आत्मा) और 'आर्ट' (कला) शीर्षक निबन्ध थे। एमर्सन और थोरो दोनों ने भारत के प्राचीन आध्यात्मिक साहित्य—विशेष रूप से कई उपनिषदों और 'श्रीमद्‌भगवदगीता' का न केवल अनुशीलन किया था बल्कि उन्हें आत्मसात भी किया था। एमर्सन को तो एक बुद्धिवादी ब्राह्मण तक कहा गया है। गांधी ने इन निबन्धों को पढ़कर माना था कि उनमें भारत की प्रज्ञा पश्चिम के आवरण में दीप्त है। एमर्सन ने 'ओवर-सोल' में कहा था कि "सत्ता पर आश्रित आस्था आस्था नहीं है।" 'सेल्फ रिलायन्स' में वह पूछते हैं, 'क्या गलत समझा जाना इतना बुरा है?' फिर कहते हैं, पैथागोरस, सुकरात, ईसा, लूथर, कोपरनिकस, गेलेलियो और न्यूटन समेत सभी पवित्र और प्रज्ञावान आत्माओं को ग़लत समझा गया था। दरअसल महान होना ग़लत समझा जाना है। उन्होंने नौजवानों को सलाह दी थी कि हमेशा वह काम करो जिसे करने से तुम डरते हो। उनके अनुसार वर्तमान राजनीतिक दल परिस्थितियों की उपज हैं सिद्धान्तों के नहीं। बल-प्रयोग पर खड़ी सरकार को हम अनिच्छा से सहयोग देते हैं। हमारे 'बर्बर समाज' में ऐसे लोग बहुत कम हैं जिनका विश्वास सदाचार की शक्ति में हो और जो प्रेम और सच्चाई के सिद्धान्तों पर राज्य को पुनर्नवा करने की एक व्यापक योजना को प्रेरित कर सकें।

एमर्सन ने 'पॉलिटिक्स' (राजनीति) शीर्षक निबन्ध में लिखा कि सभी सामाजिक संस्थाएँ अभेद्य और स्थायी नहीं हैं। वे अपनी स्थिति में ऊपर से सुदृढ़ और अचल भले ही प्रतीत होती हों पर वो उससे कहीं अधिक तरल और अस्थिर हैं जितना सामान्यतया लोग समझते हैं। उसका कोई भी कण अचानक उसकी पूरी व्यवस्था को अपने चारों

तरफ नचा सकता है–जैसा कुछ ही समय के लिए सही पिसिस्ट्रेटस और क्राम्वेल ने किया और सत्य को समर्पित प्लेटो और पॉल जैसे प्रत्येक व्यक्ति सदैव करते आए हैं। एमर्सन के अनुसार राजनीति का एक नैतिक आधार होना चाहिए जिसे हल्केपन के साथ न लिया जाए। वह मानते थे कि प्रत्येक राज्य सामान्यतया भ्रष्ट होता है। उस पर व्यक्तिगत प्रभाव की हद तै करना असम्भव है खासकर उनका जो शाश्वत सत्य को समर्पित होते हैं और अलौकिक शक्ति के अंश बन जाते हैं। निश्चय ही गांधी अपने जीवन काल में ही स्वयं भी लोकमानस में ऐसी ही एक अलौकिक शक्ति के अंश बन गए थे। गांधी ने अपने भतीजे मगन लाल को निर्देश दिया था कि वह एमर्सन को महत्त्वपूर्ण अंशों पर निशान लगाकर पढ़ें और फिर उन्हें नोटबुक में उतार लें। इससे उनके मन में एमर्सन के विचारों के महत्त्व और उनकी निगाह में इनकी (एमर्सन की) सामयिक प्रासंगिकता के स्पष्ट संकेत मिलते हैं।

8

'हिन्द स्वराज' का पन्द्रहवाँ अध्याय 'इटली और हिन्दुस्तान' है जिसमें उन्नीसवीं सदी के इटली के स्वतंत्रता-संघर्ष और उसके महत्त्वपूर्ण नायकों गैरीबाल्डी (1807-1882), मैज़िनी (1805-1872), इमैन्युअल और कावूर का जिक्र है। गैरीबाल्डी को गांधी ने जहाँ एक योद्धा बताया है वहीं मैज़िनी को मूल गुजराती में महात्मा। 'हिन्द स्वराज' के स्वतः किए गए अंग्रेजी अनुवाद में उन्होंने मैज़िनी के लिए 'महान'(ग्रेट) और 'भला' (गुड) विशेषण प्रयोग किया है। पुस्तक के परिशिष्ट में लेखक ने मैज़िनी की सम्मानित कृति–'ड्यूटीज़ ऑफ मैन' (मनुष्य के कर्तव्य) की संस्तुति की है। मैज़िनी के लिए 'महात्मा' शब्द का प्रयोग खास ध्यान देने योग्य है। ये विशेषण गांधी ने बहुत कम लोगों के लिए प्रयोग किए हैं। दरअसल मैज़िनी एक तेजस्वी मुक्ति-योद्धा के साथ एक गम्भीर मानवतावादी चिन्तक भी थे। उन्हें 'इटली की आत्मा' कहा गया है। उनका व्यक्तित्व और अवदान सन्त-सिपाही गुरु गोविन्द सिंह की याद दिलाता है। मैज़िनी को बंगाल और महाराष्ट्र के तरुणों ने उन्नीसवीं सदी के अन्तिम दशकों में पढ़ना शुरू कर दिया था। गांधी ने उन्हें सन् 1909 के अपनी तीसरी जेल यात्रा (22 फरवरी से 25 मई) के दौरान पढ़ा था। उन्होंने उनके (मैज़िनी के) ऊपर एक निबन्ध भी लिखा था। सावरकर ने मैज़िनी का मराठी में अनुवाद किया था और उनकी अपने क्रान्तिकामी राजनीतिक विचारधारा के अनुरूप व्याख्या की थी। गांधी ने जिस ढंग से मैज़िनी के विचारों और इटली के स्वतंत्रता-संघर्ष और उसके एकीकरण में उनके योगदान का ज़िक्र किया है उससे साफ है कि वह सावरकर की व्याख्या से सहमत नहीं थे।

गांधी मानते थे कि मनन-चिन्तन के बिना सद्-असद् का विवेक सम्भव नहीं है।

किन्तु वह एमर्सन की मात्र वैचारिकता की अपेक्षा मैज़िनी के उदात्त चिन्तन के साथ अनुरूप कर्म के उदाहरण से कहीं अधिक प्रभावित थे। मैज़िनी के अनुसार जीवन एक व्रत है–एक मिशन। उसे व्यर्थ नहीं गँवाना चाहिए। मनुष्य का पहला कर्तव्य मानवता के प्रति है। हम अपने परिवार और समुदाय के सदस्य या राष्ट्र के नागरिक होने के पहले मनुष्य हैं। मानव-परिवार की एकता ईश्वर की एकता के समान है। मनुष्य संसार में जहाँ कहीं भी दमित और उत्पीड़ित है, उसकी गरिमा जहाँ भी असत्य या अन्याय से आहत है, यदि उससे हम विचलित नहीं होते और यदि सक्षम होते हुए उसे उस दारुण स्थिति से उबारने के लिए आगे नहीं बढ़ते तो हमारा समस्त बौद्धिक विमर्श और उदात्त चिन्तन निरर्थक और बंजर ही पड़ा रहेगा। मनुष्य को अपनी वैयक्तिकता के सोच में ही मग्न नहीं रहना चाहिए। मस्तिष्क द्वारा हृदय को गुमराह किया जाना उचित नहीं है। हम मानवता के सुधार और उत्थान के लिए निरी बातें करने की जगह किसी ऐसे सन्तप्त मानव-बन्धु को जो हमारे देश और समाज का न हो, उदारतापूर्वक दान भी दे सकते हैं। पर यह उदार दान भविष्य की आस्था का जागरण-मंत्र नहीं सिद्ध हो सकता।

भविष्य के जागरण-मंत्र मैजिनी के अनुसार मनुष्यता के हित के लिए समान लक्ष्य की प्राप्ति हेतु संगठन (एसोसिएशन) और भ्रातृत्वपूर्ण सहयोग ही हो सकते हैं। ये निश्चय ही दान की उदारता से हर माने में कहीं अधिक श्रेष्ठ सिद्ध होंगे। ईश्वर ने मानवता को अपने इस प्यारे धरातल पर अलग-अलग वर्गों और समुदायों में विभाजित कर रखा है। ठीक वैसे ही जैसे एक कार्यकुशल ओवरसीयर अपने कामगारों को उनकी अलग-अलग योग्यताओं और क्षमताओं के आधार पर बाँटकर उनसे अच्छे से अच्छे परिणामों की उम्मीद करता है। और इस तरह उसने राष्ट्रीयता के बीज बो दिए हैं। पर दुष्ट शासकों के लोभ, ईर्ष्या और विजय की पैशाचिक भूख ने इस ईश्वरीय परिकल्पना को भयावह रूप से विकृत कर दिया है। हमें अपने ईश्वरप्रदत्त देश से निश्चय ही प्यार करना चाहिए पर उसे साथ ही एक ऐसी सामूहिक कार्यशाला माननी चाहिए जिसके उत्पाद सम्पूर्ण विश्व और समूची मानवता के हित के लिए सम्प्रेषित किए जा सकें।

उदार राष्ट्रवाद के अग्रदूत महात्मा मैज़िनी का संलिष्ट चिन्तन उदात्त राजनीतिक, सामाजिक और नैतिक सोच का विलक्षण समाहार है। गांधी की राष्ट्रीयता की अवधारणा पर मैज़िनी के उदार राष्ट्रवाद का गहरा प्रभाव रहा। जिस तरह मैज़िनी ने इटली को एक राष्ट्रीय इकाई के रूप में संगठित किया था निश्चय ही गांधी के लिए वह प्रेरक था। मैज़िनी मानते थे कि राष्ट्रीय पहचान के बिना व्यक्ति 'मानवता की जारज सन्तान' सरीखा ही रहेगा। 'ड्यूटीज़ ऑफ मैन' में व्यक्ति को राष्ट्र की मूल इकाई माना गया है जिस पर राष्ट्रीयता आश्रित है। एक नागरिक संस्था के रूप में राष्ट्र की संरचना व्यक्ति की रक्षा और विकास के लिए है। गांधी जहाँ मैज़िनी की उदार राष्ट्रीयता के प्रशंसक थे वहीं वह इटली के स्वतंत्रता-संघर्ष और उसके बाद के परिणामों के एक समझदार

आलोचक भी। इटली की भूमि से आस्ट्रिया के चले जाने से वहाँ की जनता की नियति नहीं बदली। जिन सुधारों के लिए युद्ध हुए वो दिवास्वप्न ही सिद्ध हुए। सत्ता-संघर्ष के खेल में शतरंज की मोहरों की तरह इस्तेमाल किए गए किसानों-मजदूरों की समस्याओं के निराकरणों की किसी को फुरसत नहीं थी। नतीजतन हताश, निराश और ठगे से वह खून-खराबे पर उतारू होने लगे।

राजा बदले पर राज न बदले ऐसा सत्ता-परिवर्तन गांधी को स्वीकार नहीं था। विदेशी शासन का अन्त गांधी सिर्फ इसलिए नहीं चाहते थे कि वह विदेशी था। बल्कि इसलिए कि वह दमन, शोषण और घोर अन्याय पर टिका था। उसका विकल्प वह देशी रजवाड़ों को या उनसे मिलते-जुलते शासकों को स्वप्न में भी मानने को तैयार नहीं थे। कई देशी रियासतों में प्रजा को किस क्रूरता से कुचला जाता था इसे उन्होंने नंगी आँखों से देखा था। अतः 'हिन्द स्वराज' में उन्होंने विदेशी शासकों समेत देशी राजाओं के जुल्म के खिलाफ़ भी जूझने का दृढ़ संकल्प व्यक्त किया है। उनके अनुसार यह संघर्ष अहिंसक होगा जो सत्याग्रह के नायाब हथियार से लड़ा जाएगा। गांधी ने यह साफ शब्दों में कहा कि जो कुछ खून-खराबे और डर से हासिल होगा वह तभी तक टिकेगा जब तक उसका भय और आतंक कायम रहेगा। इटली की मिसाल देकर उन्होंने बताया है कि खून करके जो लोग राज करेंगे वह प्रजा को सुखी नहीं रख सकते। इस पृष्ठभूमि में गांधी का आगे का आचरण समझा जा सकता है।

जहाँ उन्होंने एक तरफ भद्रलोकीय (एलीट) कांग्रेस को विदेशी शासन के खिलाफ़ अहिंसक संघर्ष के एक अभूतपूर्व जन-मंच में बदल दिया वहीं देशी रियासतों में अन्याय और दमन के विरुद्ध जूझने के लिए प्रजा-परिषदों और प्रजा-मंडलों की स्थापनाएँ कीं जिससे न केवल कांग्रेस की हर पीढ़ी के कई तेजस्वी नेता जुड़े रहे बल्कि वह स्वयं भी उसके सीधे सम्पर्क में बने रहे। यहाँ तक कि राजकोट के महाराजा के विरुद्ध सत्याग्रह में उन्होंने न केवल हिस्सा लिया बल्कि नैतिक प्रभाव के लिए अनशन भी किया। गुजरात, राजपूताना (वर्तमान राजस्थान) तथा उड़ीसा की कई रियासतों में जारी दमन और अत्याचार पर उन्होंने सीधी नजर रखी और उसके प्रतिरोध के कारगर उपाय किए।

राजकोट में प्रजा-मंडल के प्रतिरोध और सत्याग्रह को जब गांधी और सरदार पटेल के नेतृत्व में पूरा सक्रिय सहयोग मिलने लगा तो सुदूर दक्षिण की एक बड़ी रियासत ट्रावणकोर कोचीन के दीवान सर सी.पी. रामास्वामी अय्यर ने उसे बाहरी हस्तक्षेप कहकर उसकी तीव्र निन्दा की। गांधी ने इसका जोरदार उत्तर एक तर्कसंगत लेख लिखकर दिया। उन्होंने बिना लागलपेट के दोटूक ढंग से कहा कि सर अय्यर और उनके जैसे रियासतों के दूसरे दीवान शासकों के सही और अच्छे परामर्शदाता नहीं थे अगर उनके सोचने का यही ढंग और स्तर था। रियासतों के राजाओं की निरंकुशता से लड़ने के लिए उन्होंने उनकी प्रजा में अभूतपूर्व आत्मबल का संचार किया। राजाओं की निरंकुशता पर नियंत्रण के लिए गांधी ने पाँचसूत्रीय सुझाव दिए जिसमें शासन में प्रजा की समुचित

भागीदारी, नागरिक अधिकारों की बहाली, स्वतंत्र-स्वायत्त न्यायपालिका, प्रिवी पर्स और शासकों के निजी खर्च की मर्यादा बाँधने की बातें शामिल थीं। उन्होंने एक कदम और आगे बढ़कर कहा कि इन राजाओं को अपने राज को प्रजा की धरोहर मानकर उसे इनके ट्रस्टी के रूप में स्वीकार करना चाहिए।

9

'हिन्द स्वराज' के विचारों की पुष्टि और उनके विकास के लिए परिशिष्ट में जिन बीस पुस्तकों की संस्तुति है उसमें उन्नीसवीं सदी के उत्तरार्ध में इंग्लैंड में सभ्यता-विमर्श से जुड़े पाँच विचारकों एडवर्ड कार्पेंटर, मैक्स नाडू, गॉडफ्रे ब्लॉउंट, थॉमस टेलर और हेनरी समर मेन की पाँच कृतियाँ भी शामिल हैं। एडवर्ड कार्पेंटर (सन् 1844-1929) की पुस्तक 'सिविलिज़ेशन-इट्स कॉज़ एंड क्योर' (सभ्यता : इसका कारण और इलाज) दरअसल सन् 1889 में फेबियन सोसाइटी में दिया गया उनका विचारोत्तेजक भाषण है। सन् 1884 में स्थापित फेबियन सोसाइटी समाजवादी विचारों से प्रतिबद्ध थी। कार्पेंटर भी यद्यपि उसके संस्थापकों में से थे पर उनके विचार उससे मेल नहीं खाते थे। अतः उसके सदस्य उनके भाषण से नाखुश थे।

गांधी सन् 1888 में लन्दन पहुँच गए थे और शाकाहारी खाने की तलाश में वहाँ की वेजीटेरियन सोसाइटी के सदस्य बन गए थे। कार्पेंटर भी उसके सदस्य थे। उसकी पत्रिका 'दि वेजीटेरियन' में कार्पेंटर की पुस्तक की प्रशंसापूर्ण समीक्षा छपी थी। तरुण गांधी भी इस पत्रिका में लिखने लगे थे। निश्चय ही कार्पेंटर से व्यक्तिगत रूप से परिचित गांधी ने उक्त समीक्षा देखी होगी। पर पुस्तक उन्होंने दक्षिण अफ्रीका में पढ़ी। 'हिन्द स्वराज' के पाँचवें अध्याय के पहले प्रश्न के उत्तर में 'एक महान अंग्रेज लेखक' की कृति के रूप में 'सिविलिज़ेशन इट्ज कॉज़ एंड क्योर' का जिक्र है जिसमें सभ्यता को एक रोग कहा गया है। कार्पेंटर का इतिहासबोध अतीत की संस्थाओं के प्रति गहरे सम्मान-भाव से प्रेरित था। वह अपने विश्लेषण में सभ्यता को विकास-यात्रा का एक ऐसा पड़ाव मानते हैं जिससे हर समाज को गुजरना होता है। ठीक उसी तरह जैसे हर व्यक्ति को कम-से-कम एक बार खसरे (मीज़िल्स) का सामना करना होता है। इसलिए कार्पेंटर सभ्यता के लिए 'बीमारी' के रूपक का सहारा लेते हैं जिसके कारण हैं तो उसका निदान और इलाज भी। गांधी इस रूपक को अपने विचारों के लिए महत्त्वपूर्ण पाते हैं और उसका रचनात्मक उपयोग करते हैं। नारायण भाई देसाई के अनुसार कार्पेंटर औद्योगीकरण की देन आधुनिक सभ्यता की इस बीमारी को लाइलाज पाते हैं पर अदम्य आशावादी गांधी इससे जूझने के लिए अपना पूरा जीवन दाँव पर लगा देते हैं।

'हिन्द स्वराज' के परिशिष्ट में मैक्स नाडू (सन् 1849-1923) की जिस पुस्तक

'पैराडॉक्सेज ऑफ सिविलिज़ेशन' (सभ्यता के विरोधाभास) का सन्दर्भ है उसके बारे में एन्थोनी परेल ने 'हिन्द स्वराज' पर सम्पादित अपनी महत्त्वपूर्ण पुस्तक की विस्तृत शोधपरक भूमिका में बताया है कि दरअसल इस नाम की नाईू द्वारा लिखित किसी पुस्तक का पता नहीं चलता। अतः इसके नामोल्लेख में त्रुटि मालूम होती है। सुधी गांधीविद् परेल बताते हैं कि सभ्यता-विमर्श पर नाईू की दो पुस्तकें 'कन्वेशनल लाइज़ ऑफ सिविलिज़ेशन' (सभ्यता के परम्परागत झूठ) और 'पैराडाक्सेज' (विरोधाभास) अलग-अलग क्रमशः सन् 1895 और सन् 1906 में प्रकाशित हुई थीं। सम्भवतः गांधी ने दोनों को पढ़ा हो। पश्चिम की आधुनिक सभ्यता के सम्बन्ध में जो निराशा भरे विचार गांधी ने व्यक्त किए हैं उसके स्रोत परेल के अनुसार काफी हद तक 'कन्वेशनल लाइज़ ऑफ सिविलिज़ेशन' में ही मिलते हैं। अतः परिशिष्ट में नाईू की इसी पुस्तक का नाम देने का गांधी का मन्तव्य रहा होगा।

नाईू मानते थे कि जिस तरह मध्यकालीन सभ्यता का मूल भाव पवित्रता का था उसी तरह उन्नीसवीं सदी की योरोपियन सभ्यता का मूल स्वर निराशा का था। यह निराशावाद उस सदी के साहित्य, कला, धर्म, अर्थशास्त्र और राजनीतिशास्त्र जैसे रचनात्मकता और चिन्तन के प्रायः हर क्षेत्र में प्रत्यक्ष-परोक्ष मुखर था। इसके मुख्य कारण थे हमारे विचार और कर्म में गहरी खाई और हमारे जीवन में सत्य का अभाव। 'इकोनॉमिक लाई' (आर्थिक झूठ) शीर्षक पुस्तक के अध्याय में नाईू आधुनिक और पूर्ववर्ती जीवन शैलियों के अन्तर को प्रभावोत्पक ढंग से रेखांकित करते हैं। पूर्ववर्ती सभ्यताओं में आदमी के पहनावे, खान-पान, बर्तन और आवास की सुविधाएँ सरल, सहज और कम जटिल थीं। लोगों के जीवन प्रकृति के अधिक नजदीक थे। आधुनिक सभ्यता में सभी कुछ इसका विलोम था। उद्योग और औद्योगिक शहर खेती, किसानों और उनके गाँवों की कीमत पर आगे बढ़ रहे थे। आधुनिक सभ्यता में रँगे वर्ग के मन में शारीरिक श्रम के प्रति सम्मान खत्म हो गया था। इसकी देन तथाकथित उदार पेशे से जुड़े डॉक्टर और वकील समाज के लगभग हर वर्ग के निर्दय शोषक सिद्ध हो रहे थे। पश्चिम की आधुनिक सभ्यता, हिन्दुस्तान के पश्चिमी शिक्षा प्राप्त लोगों द्वारा उसकी नासमझ नकल और कचहरियों-अस्पतालों की धुरी वकीलों और डॉक्टरों की जो तीखी आलोचना 'हिन्द स्वराज' में है उस पर नाईू के विचारों का गहरा प्रभाव है।

10

गॉडफ्रे ब्लाउंट की जिस पुस्तिका का 'हिन्द स्वराज' के परिशिष्ट में सन्दर्भ है उसका पूरा नाम है 'ए न्यू क्रूसेड-एन अपील' (नव धर्म अभियान–एक अपील)। सन् 1903 में प्रकाशित इस पुस्तक का गुजराती भावानुवाद गांधी ने 'इंडियन ओपीनियन' में सन् 1905 में प्रकाशित किया था। ब्लाउंट जॉन रस्किन के सामाजिक विचारों के प्रचार-

प्रसार के लिए समर्पित 'न्यू क्रूसेड सोसाइटी' नामक एक संस्था के महत्त्वपूर्ण संस्थापकों में से थे। इस संस्था की गतिविधियों पर भी 'इंडियन ओपीनियन' में लेख छपे थे। यह संस्था गाँवों के जीवन, कृषि, हस्तशिल्प, हाथ से बुने वस्त्र, मशीनों पर कम-से-कम निर्भरता और उनके द्वारा कम-से-कम स्पर्धात्मक उत्पादन की वकालत करती थी। संस्था के आदर्श थे—सादगी, कला, सद्कामना (सिम्पलीसिटी, आर्ट, ऐस्पिरेशन)। इसके आदर्श और सिद्धान्त से गांधी गहरे प्रभावित थे।

'ए न्यू क्रूसेड' में लेखक का मानना था कि समाज के सुधार का आधार था व्यक्ति का सुधार, ग्राम्य जीवन श्रेष्ठतम जीवन है, कृषि जीविका अर्जित करने का सबसे उत्तम साधन, मशीन शैतान का फन्दा है और कर्मविहीन जीवन अपराध है। ब्लाउंट का दृढ़ विश्वास था कि राजनीति किसी सुधार की पहल में अक्षम है। उसके पक्ष में जनमत बनने पर वह उस पर मुहर जरूर लगा सकती है। वह कला-विहीन कर्म को पाशविकता मानते थे और मनोयोग से किए गए कर्म को पूजा-सा पवित्र। 'न्यू क्रूसेड सोसाइटी' के सदस्यों के लिए हाथ से बुने कपड़े और हाथ से बने जूते, क्राकरी और फर्नीचर का प्रयोग आवश्यक था। निश्चय ही शरीर श्रम को यज्ञ के समान पवित्र मानने वाले गांधी का विश्वास ब्लाउंट के विचारों से उन मूल्यों में और भी दृढ़तर हुआ होगा जिन्हें वह जीवन में उतारने के लिए सतत प्रयत्नशील रहे। चर्खे और खादी के प्रचार-प्रसार के लिए गांधी के धर्म जैसे समर्पण भाव के पीछे भी कहीं-न-कहीं ब्लाउंट और उनकी पुस्तिका 'ए न्यू क्रूसेड' की भी महत्त्वपूर्ण भूमिका थी।

11

'हिन्द स्वराज' के परिशिष्ट में उल्लिखित थॉमस टेलर की पुस्तक 'फैलेसी ऑफ स्पीड' (गति की भ्रान्ति) का गांधी ने गुजराती अनुवाद अपने निष्ठावान भतीजे मगन लाल गांधी से कराया था। इसका सारांश 'इंडियन ओपीनियन' में प्रकाशित किया गया था। ये पुस्तक स्पीड एंड पापुलेशन (गति और जनसंख्या), 'स्पीड एंड प्रोफिट' (गति और लाभ) तथा 'स्पीड एंड प्लेज़र' (गति और प्रसन्नता) शीर्षक के अन्तर्गत तीन अध्यायों में विभाजित है। पुस्तक तेज रफ्तार को बेहतर मानने की धारणा को चुनौती देती है। जिस समय पुस्तक लिखी गईं थी उस समय सबसे तेज रफ्तार यातायात का साधन रेलगाड़ियाँ ही थीं। औद्योगीकरण के फलस्वरूप कृषि भूमि कम होती जा रही थी। हस्तशिल्प दम तोड़ चुके थे। अतः रेलगाड़ियों के जरिए गाँव के लोग तेजी से रोजी-रोटी की तलाश में औद्योगिक नगरों के नारकीय जीवन में विस्थापित होने के लिए अभिशप्त थे। तेज रफ्तार जिन्दगी ने उस युग के हिन्दुस्तान के महान कवि मिर्जा ग़ालिब के शब्दों में फुर्सत के रात-दिन आदमी से छीन लिए थे। तेज रफ्तार जीवन जीने वाले लोग उसके लाभ-हानि के अन्तिम परिणाम से अनभिज्ञ थे। टेलर का निराशापूर्ण निष्कर्ष है कि

स्वस्थ और सहज जीवन की स्थितियाँ उस समय ज्यादा सुलभ थीं जब उसकी गति मंदतर थी बनिस्बत आज के जबकि ज्वराक्रान्त तेजी ने मनुष्य का सुख-चैन हर लिया है। उस युग के प्रतिनिधि कवि मैथ्यू आर्नाल्ड की कविताओं में भी 'रुग्ण त्वरा' (सिक हरी) को लेकर गहरे अवसाद का भाव सूक्ष्म संवेदना के साथ व्यक्त हुआ है। टेलर गम्भीर चिन्ता के स्वर में कहते हैं कि जिस युग में हम जी रहे हैं उसमें ऐसा कुछ खास है जो समाज के एक बड़े वर्ग के अवकाश के क्षणों का प्रतिरोध करता है। आर्त मन वह एक जगह पूछते हैं कि ''क्या तीव्रगति वाहनों का उद्‌देश्य अवकाश का विस्तार है या उसका विनाश?''

'हिन्द स्वराज' के 'रेलगाड़ियाँ' शीर्षक नवें अध्याय में टेलर के विचारों की अनुगूँज साफ है। गांधी मशीनसंचालित रेलगाड़ी की तीव्रगति के बरअक्स बीरबहूटी के मन्दगति रेंगने में नैसर्गिक सौन्दर्य का दर्शन करते हैं। वह कहते हैं कि अच्छाई बीरबहूटी की मंथर-गति चाल से धीरे-धीरे फैलती है जबकि बुराई रेलगाड़ी की तीव्रगति चाल से जल्द फैल जाती है। 'हिन्द स्वराज' के गुजराती मूल में बीरबहूटी के लिए 'गोकलगाय' शब्द का प्रयोग है जबकि गांधी द्वारा स्वयं किए गए उसके अंग्रेजी अनुवाद में उसकी जगह 'स्नेल' शब्द प्रयुक्त हुआ है। 'स्नेल' का अर्थ हिन्दी में 'घोंघा' होता है। संस्कृत में इसके लिए शम्बु, शम्बुक और शम्बूक शब्द हैं जो 'शम्ब' क्रिया से बने हैं जिसका अर्थ होता है धीरे-धीरे हिलना-डुलना। बीरबहूटी (गुजराती 'गोकल गाय') के लिए संस्कृत में इन्द्रगोप, इन्द्रगोपक और इन्द्रशलभ पर्याय मिलते हैं। बीरबहूटी लाल मखमली आवरण वाला एक बहुत छोटा अत्यन्त सुन्दर-कोमल कीड़ा होता है जो वर्षा ऋतु में पेड़-पौधों की हरियाली के नीचे नम स्थल पर दिखाई देता है।

स्नेल (घोंघा) सीपी की प्रजाति का जीव होता है जिस पर सीप के शंख से मिलते-जुलते आकार का खोल होता है। यह भी वर्षा ऋतु में नम स्थलों पर या नदियों और समुद्र के किनारे दिखता है। यह भी अत्यन्त मंथर-गति से रेंगता है। इसका बीरबहूटी से अलग अपना विशेष सौन्दर्य है। जिज्ञासु बालक मोहन ने निश्चय ही इन दोनों को ध्यान से देखा था और इस पर मुग्ध हुआ था। गोकलगाय (बीरबहूटी) के लिए समुचित-सम्प्रेष्य अंग्रेजी शब्द के अभाव में गांधी ने यदि 'हिन्द स्वराज' के अंग्रेजी अनुवाद में 'स्नेल' शब्द का प्रयोग किया तो जरूर ही इसके पीछे उनके मन में उसके सम्भाव्य विदेशी पाठक थे जो अत्यन्त मंदगति 'स्नेल' की चाल से परिचित थे। वह अपनी मंथर-अलस चाल से प्रकृतिस्थ रेंगता हुआ पता नहीं कब का अंग्रेजी के एक दिलचस्प मुहावरे का हिस्सा बन चुका था। गांधी ने अपने मन्तव्य के सही सम्प्रेषण के लिए अंग्रेजी अनुवाद में 'गोकलगाय' (बीरबहूटी) की जगह 'स्नेल' शब्द का प्रयोग कर एक श्रेष्ठ अनुवादक के धर्म का ही निर्वाह किया था। यह हम जानते हैं कि 'हिन्द स्वराज' सर्वप्रथम विदेशी पाठकों में उनके मित्र हेनरी पोलक और गुरु स्थानीय विश्वविश्रुत टॉलस्टॉय थे जिन्होंने उसके सभ्यता-विमर्श को अद्‌भुत पाया था।

12

गांधी के आर्थिक-सामाजिक चिन्तन के केन्द्र में गाँव की केन्द्रीयता सदैव बनी रही। इसलिए उनके विचारों की बीज पुस्तक 'हिन्द स्वराज' के परिशिष्ट में संस्तुत रचनाओं में हेनरी समर मेन (1822-1888) की महत्त्वपूर्ण पुस्तक 'विलेज कम्युनिटीज़ इन दि ईस्ट एंड वेस्ट' (पूरब और पश्चिम के ग्राम-समुदाय) को शामिल किया जाना सर्वथा उचित प्रतीत होता है। मेन ने पूरब और पश्चिम के गाँवों को बहुत नजदीक से बड़ी बारीकी से देखा-परखा था। उनके लोकोन्मुख कर्ममय जीवन का एक बड़ा हिस्सा हिन्दुस्तान में ऊँचे सरकारी पदों पर काम करते हुए बीता था। सन् 1857 के उथल-पुथल के दौरान वह हिन्दुस्तान में ही थे। मेन के अनुसार परम्परागत हिन्दुस्तान के गाँवों में विकसित प्रतिनिधि संस्थाएँ हुआ करती थीं। प्राचीन गाँवों की समितियों को अपनी व्यवस्था चलाने के लिए कानून बनाने और उनके अनुपालन के लिए न्यायिक अधिकार प्राप्त थे। गाँव द्वारा चुनी गई पंचायतें निष्पक्ष न्याय के लिए समादृत थीं। वह शिक्षा की व्यवस्था भी करती थीं।

गांधीवादी चिन्तक धर्मपाल ने पंचायतों पर अपने शोध के दौरान प्राप्त तथ्यों के आधार पर बताया है कि उन्नीसवीं सदी के प्रारम्भ तक इनके द्वारा चलाई जानेवाली पाठशालाओं में न केवल सभी वर्गों और जातियों के छात्र पढ़ते थे बल्कि सभी वर्गों और जातियों के शिक्षक पढ़ाते भी थे। इन छात्रों और शिक्षकों में बड़ी संख्या में उस वर्ग के लोग भी थे जिन्हें आज की भाषा में दलित और महादलित कहा जाता है। गांधी ने इस सर्वसुलभ शिक्षा-व्यवस्था को एक सुन्दर वृक्ष (ए ब्यूटीफुल ट्री) कहा था। मेन के अनुसार विदेशी शासन के फलस्वरूप उपयोगितावादी राज्य के उदय और पंचायतों के प्रतिरोध में खड़ी की गई पश्चिमी ढंग की अदालतों ने राष्ट्रीय जीवन की ग्राम इकाइयों को नष्ट कर दिया। शोषणपरक औपनिवेशिक भू-राजस्व व्यवस्था ने गाँव की इन पंचायतों की आर्थिक कमर तोड़ दी।

औद्योगीकरण के पहले झोके और औपनिवेशिक शासन की जरूरतों के हिसाब से पनपते-बढ़ते शहरों में आर्थिक शक्ति के नए केन्द्र विकसित हो गए। पश्चिमी ढंग की न्याय और चिकित्सा व्यवस्था ने वकीलों और डॉक्टरों के नए शोषक वर्ग को जन्म दिया। किसान शहरी मध्यवर्ग के शिकार बनकर रह गए। आत्म-निर्भर खुशहाल गाँव देखते-देखते नरक बन गए। मुख्यतः मेन की ही पुस्तक से गांधी को उपनिवेशवादी दुष्चक्र के पूर्व हिन्दुस्तान के आत्म-निर्भर और समृद्ध गाँवों की सुखद जानकारी मिली थी। इस जानकारी ने जहाँ एक ओर उनके फिर से खुशहाल-आत्मनिर्भर गाँवों के सपने को पंख लगा दिए वहीं दूसरी ओर विकसित प्रतिनिधि संस्थाओं के वारिस, पर अब दबे-कुचले और वंचित दक्षिण अफ्रीका पहुँचे हिन्दुस्तानियों के नागरिक अधिकारों के लिए अहिंसक संघर्ष की प्रेरणा दी।

'हिन्द स्वराज' के परिशिष्ट में संस्तुत यूनानी दार्शनिक प्लेटो के 'डिफेन्स एंड डेथ ऑफ साक्रेटीज़' (सुकरात का बचाव और उनकी मृत्यु) का महत्त्व इसी से आँका जा सकता है कि गांधी ने इसका भी गुजराती भावानुवाद छह किश्तों में 'इंडियन ओपीनियन' में सन् 1908 में प्रकाशित किया था। यह बाद में पुस्तिका के रूप में भी 'दि स्टोरी ऑफ ए सोल्जर ऑफ ट्रुथ' (सत्य के एक सेनानी की कथा) नाम से छपा। गांधी ने सुकरात (469-399) पर प्लेटो के विचारों को एक भारतीय के मन से आत्मसात किया था। उन्होंने सुकरात को महान सत्याग्रही बताया था जिसने स्वयं अपने लोगों के विरुद्ध सत्याग्रह किया था। विषपायी सुकरात ने उन्हें लगभग दो हजार साल बाद विषपायी मीरा की याद दिला दी थी। दक्षिण अफ्रीका में सत्याग्रह के इतिहास में वह दोनों को एक साथ स्मरण करते हुए कहते हैं कि दोनों का दृढ़ मत था शान्ति बाहर नहीं बल्कि अपने अन्तर में ढूँढ़नी होगी।

'हिन्द स्वराज' के सत्रहवें अध्याय 'सत्याग्रह-आत्मबल' के शीर्षक के अन्तर्गत प्रश्नोत्तर में प्लेटो से छनकर आए सुकरात के विचारों की छाया स्पष्ट है। सुकरात और ईसा ज्ञात इतिहास के अपने युगों के सबसे पहले सत्याग्रही थे जिन्होंने सत्य और अन्तर्रात्मा की आवाज पर अपने प्राण खुशी से न्योछावर कर दिए थे। थोरो के पैस्सिव रेसिस्टेंस (निष्क्रिय प्रतिरोध) का भी जिक्र इसमें आता है। पर उसमें एक प्रकार की नकारात्मकता का आभास मिलता था। इससे, अन्याय और अत्याचार से जूझने के जिस नायाब अहिंसक औजार की गांधी ने तलाश की थी, उसकी पूरी अर्थवत्ता प्रकट नहीं होती थी। अतः गांधी ने उसे एक सर्वथा नया चमत्कारिक नाम 'सत्याग्रह' दिया जो भौतिक बल के विरुद्ध आत्मबल से अनुप्राणित था।

गांधी का सत्याग्रह एक ऐसी तलवार है जिसके दोनों तरफ धार है। उसे चलाने वाला और जिस पर वह चलाई जाती है दोनों धन्य होते हैं। उनका सत्याग्रह मलिक मुहम्मद जायसी के शब्दों में कवि की जीभ की तरह 'खडग हिरवानी' है—'एक दिसि आग दूसरि दिसि पानी' वाला खड्ग।* आग सत्याग्रही के लिए जो ब्रह्मचर्य, अपरिग्रह, सत्य और अभय की आँच में तपकर निष्पाप कुन्दन बन जाता है। और अन्तर्रात्मा की आवाज पर अपने अहिंसक संघर्ष में मर-मिटने को सदा तत्पर रहता है। पानी उसके लिए जिसके विरुद्ध वह संघर्ष के लिए कृतसंकल्प है। सच्चे सत्याग्रही का हृदय अपने प्रतिपक्ष के लिए भी तरल रहता है। उसके लिए सत्याग्रही के मन की करुणा-धार कभी सूखती नहीं है। वह अन्यायी और अत्याचारी से नहीं बल्कि उनके पाप-अन्याय और अत्याचार से नफरत करता है। अध्याय के प्रारम्भ में ही अपने प्रिय कवि तुलसीदास

---

* *''कवि की जीभ खडग हिरवानी,*
एक दिसि आग दुसरि दिसि पानी।''

—जायसी

के नाम से प्रचलित लोकप्रिय दोहे को उद्‌धृत कर उन्होंने स्पष्ट कर दिया है कि उनके सत्याग्रह धर्म का मूल दया है।

बुद्ध और ईसा से ग्रहीत अपरिग्रह के सिद्धान्त में सुकरात के जीवन-आदर्शों ने गांधी की आस्था और दृढ़तर कर दी थी। पर बुद्ध, सुकरात और ईसा धर्म, दर्शन और अध्यात्म जगत के जीव थे। उनके बरअक्स धर्म के मर्म की अपनी अद्‌भुत रचनात्मक समझ के साथ गांधी ने अपना कर्म-क्षेत्र राजनीति चुना था। यह क्षेत्र ऐकान्तिक धर्म और अध्यात्म-साधना के क्षेत्र से कहीं अधिक कठिन और काँटों भरा था। उसकी पवित्रता के लिए इसमें सक्रिय लोगों के लिए वह स्वैच्छिक गरीबी का वरण परम आवश्यक मानते थे। उनके लिए अल्पतम ही अधिकतम होना चाहिए। प्लेटो ने बताया है कि सुन्दर वस्तुओं और उपकरणों से सजे बाजार से गुजरते हुए सुकरात ने कहा था कि इन सबके बिना वह कितने सुखी थे। सुकरात का मानना था कि गलत करना किसी हाल में सही नहीं हो सकता और ना ही गलती का जवाब ग़लती से देना। सुकरात ने अपनी वाणी से नहीं बल्कि अपने कर्म से सिद्ध कर दिया था कि इन्हें मृत्यु की रंचमात्र चिन्ता नहीं थी। पर अगर चिन्ता थी तो मात्र इसकी कि पूरे सामर्थ्य भर कभी भी उनसे अनुचित और अपवित्र कार्य न हो। सुकरात को गांधी ने उपनिषदों, गीता, बुद्ध, ईसा, मुहम्मद और अनेक धर्मों के मर्म के साथ आत्मसात किया था। अनायास ही एन्थोनी परेल ने उन्हें आधुनिक युग का सुकरात नहीं कहा है।

13

'हिन्द स्वराज' में वकीलों और डॉक्टरों के पेशे की गांधी द्वारा की गई घोर निन्दा से आज अनपढ़ से अनपढ़ व्यक्ति भी सहमत होगा। ये दोनों पेशे आधुनिक सभ्यता के ही अभिशाप हैं। पर रेलगाड़ियों के हिन्दुस्तान में प्रसार की निन्दा अच्छे-खासे पढ़े-लिखे यहाँ तक कि बुद्धिजीवियों के लिए भी आश्चर्य का विषय है। यह एक दिलचस्प तथ्य है कि हिन्दुस्तान के स्वतंत्रता संग्राम के दौरान रेल का जितना उपयोग गांधी ने किया था उतना किसी दूसरे ने शायद ही किया हो। इस तथ्य से परिचित लोगों का आश्चर्य इससे और दोगुना हो उठता है। दरअसल गांधी समय और गति पर मनुष्य के विजय की उद्‌दाम आकांक्षा को प्रकृति को जीतने के उसके स्फीत अहम का त्रासद पक्ष मानते थे। प्राकृतिक गति का सौन्दर्य ही उन्हें आकर्षित कर सकता था। बीरबहूटी की मंथर गति चाल पर वह मुग्ध हो सकते थे। इसकी चर्चा रेलगाड़ियों के विस्तार के दोषों को निरूपित करते समय उन्होंने की है। रेल को वह अनैतिकता और संक्रामक रोगों को फैलाने में भी सहायक मानते हैं। इसकी चर्चा थोड़ा विस्तारपूर्वक 'हिन्द स्वराज' में मिलती है। पर रेल से अकाल बढ़े हैं, यह बात उन्होंने सूत्रवत संक्षिप्तता से कही है। इस पर थोड़ा विस्तृत चर्चा अपेक्षित थी।

गांधी जिस पहली पीढ़ी के हाथों में 'हिन्द स्वराज' दे रहे थे वह उन्नीसवीं सदी के अन्तिम दशकों में जन्मी, पली-बढ़ी और शिक्षित हुई थी। गांधी स्वयं उन्नीसवीं सदी के उत्तरार्ध की देन थे। नवशिक्षित नई पीढ़ी का एक बड़ा वर्ग अंग्रेज सरकार की नौकरियों पर आँखें गड़ाए था। पर उसमें एक संवेदनशील वर्ग ऐसा भी था जिसमें जागृत वातावरण की राष्ट्रीयता रिस-रिसकर व्याप्त हो रही थी। वह देश की दुर्नियति और उसके कारणों के प्रति उदासीन नहीं रह गया था। उसके मस्तिष्क में ईस्ट इंडिया कम्पनी के शासन के दौरान अठारहवीं और उन्नीसवीं सदी के देशव्यापी लगातार पड़ते अकालों की भयावहता तथा उसके दौरान भूख-प्यास से बिलबिलाते और मरते दूर-नजदीक के परिजनों की स्मृतियाँ भी थीं। महारानी विक्टोरिया की अधीनता में देश के आने के बावजूद भी उन्नीसवीं सदी के उत्तरार्ध में ये अकाल थमने का नाम नहीं ले रहे थे। इनके पीछे एक बड़ा कारण रेलवे का विस्तार भी था। यह बात दादा भाई नौरोजी, रमेश चन्द्र दत्त (1848-1909) और गोपाल कृष्ण गोखले ने बार-बार रेखांकित की है। 'हिन्द स्वराज' के परिशिष्ट की सूची में अन्तिम दो ग्रन्थ–'पॉवर्टी एंड अनब्रिटिश रूल इन इंडिया' (गरीबी और हिन्दुस्तान में गैर-अंग्रेजी शासन) तथा 'इकोनॉमिक हिस्ट्री ऑफ इंडिया' (हिन्दुस्तान का आर्थिक इतिहास) क्रमशः नौरोजी और दत्त द्वारा लिखे गए हैं। ये मात्र दो ही हिन्दोस्तानी हैं जिनकी दो कृतियों के नाम परिशिष्ट में हैं।

गांधी द्वारा की गई रेलवे की तीखी आलोचना को समझने के लिए नौरोजी, दत्त और गोखले के साथ एक नजर टॉलस्टॉय के भी रेलवे विरोध पर डालना उपयोगी होगा। उनके प्रसिद्ध उपन्यास 'अन्ना कैरेनिना' का एक महत्त्वपूर्ण चरित्र लेविन का मानना है कि रूस की गरीबी का कारण महज जमीन का गलत बँटवारा और खेती की झूठी नीति ही नहीं है बल्कि उसके पीछे उसकी धरती पर कृत्रिमता से लगाई गई विदेशी सभ्यता की वह कलम भी है जिसके तहत खेती की उपेक्षा कर औद्योगीकरण के प्रोत्साहन के लिए जरूरत से बहुत पहले रेल की लाइनें बिछा दी गईं। औद्योगीकरण तथा रेल के विस्तार के लिए वित्तीय संस्थाओं ने कर्ज की उदार सुविधाएँ उपलब्ध करा कृषि के विकास की सभी सम्भावनाओं की कमर तोड़ दी। 'अन्ना कैरेनिना' का लेखन-प्रकाशन उन्नीसवीं सदी के सत्तर के दशक में हुआ था। गांधी ने टॉलस्टॉय के वैचारिक लेखन और नैतिक मूल्यों की कहानियों को भली-भाँति पढ़ा था और आत्मसात किया था। पर 'अन्ना कैरेनिना' और 'वार एंड पीस' जैसे टॉलस्टॉय के कालजयी उपन्यासों को उनके पढ़ने के संकेत नहीं मिलते। फिर भी गांधी के रेलवे की निन्दा की पुष्टि टॉलस्टॉय के विचारों से भी होती है।

नौरोजी की पुस्तक 'पावर्टी एंड अनब्रिटिश रूल इन इंडिया' उनके लेखों और उनके भाषणों का संग्रह है। इसमें उनके इंग्लैंड के 'हाउस ऑफ कामंस' में दिए गए उनके भाषण भी शामिल हैं। नौरोजी ने सबसे पहले अंग्रेजों द्वारा हिन्दुस्तान के शर्मनाक

आर्थिक शोषण के तथ्य को उजागर किया था। उन्होंने 'हाउस ऑफ कॉमंस' को बताया था कि जबकि इंग्लैंड की औसत प्रति व्यक्ति वार्षिक आय तीस पौण्ड थी, हिन्दुस्तान की यह आय मात्र चालीस शिलिंग थी। पर जहाँ इंग्लैंड में टैक्स आठ प्रतिशत था वहीं हिन्दुस्तान में वह पन्द्रह प्रतिशत था। उन्होंने कहा था कि दूसरे देशों में वसूला गया कर उसी देश में रहता है और वहाँ की राष्ट्रीय पूँजी का हिस्सा बन जाता है पर हिन्दुस्तान की ठठरियों से बूँद-बूँद निचोड़ा गया कर विदेश पहुँच जाता है। इसका उसे कोई लाभ नहीं मिलता।

दादा भाई ने अपने भाषणों और लेखों में एकाधिक बार रेलवे को हिन्दुस्तान के शोषण का एक और चालाक जरिया बताया था। उसके यहाँ विस्तार के लिए इंग्लैंड के उद्योगपतियों को निवेश करने के लिए प्रोत्साहन दिया गया। निवेश राशि पर ऊँची दर पर ब्याज का प्रावधान किया गया जिसका वार्षिक भुगतान हिन्दुस्तान के खजाने से होता रहा। रेल की व्यवस्था इंग्लैंड की कम्पनियों के सुपुर्द कर दी गई। इन कम्पनियों ने जहाँ इंग्लैंड की मिलों के लिए भेजे जाने वाले कच्चे माल की ढुलाई का रेल भाड़ा काफी कम रखा वहीं अनाज की ढुलाई का भाड़ा अपेक्षाकृत बहुत ज्यादा रखा। नतीजतन अनाज के भाव बढ़े और अकाल की स्थिति में ग़रीबों की क्रयक्षमता के बाहर हो गए। रेलवे के विस्तार पर आए खर्च की पूर्ति के लिए भू-राजस्व में भी मनमानी वृद्धि कर दी गई। इसने किसानों की कमर बुरी तरह तोड़ दी। दादा भाई का मानना था कि रेलवे की जगह अगर नहरों में निवेश को प्रोत्साहन दिया जाता तो लगातार भीषण अकाल न पड़ते जिसमें करोड़ों लोग लोमहर्षक भुखमरी से मरने के लिए अभिशप्त थे।

'हिन्द स्वराज' में मशीन से जुड़े अध्याय में गांधी बताते हैं कि रमेशचन्द्र दत्त की पुस्तक 'एकोनामिक हिस्ट्री ऑफ इंडिया' पढ़ते समय वह रो पड़े थे। रमेशचन्द्र दत्त ने सन् 1873 में आई.सी.एस. में चुने जाने के बाद हिन्दुस्तान के औपनिवेशिक प्रशासन के ऊँचे पदों पर कई वर्ष काम किया था। उनकी आँख खोल देने वाली एक पुस्तक 'फेमिन्स इन इंडिया' (हिन्दुस्तान में अकाल) सन् 1900 में प्रकाशित हुई थी। इस पर कुछ अभिजात अंग्रेजों ने ग़लतबयानी का आरोप लगाया था। उनका जवाब देते हुए दत्त ने 'इकोनॉमिक हिस्ट्री ऑफ इंडिया' (1757-1837) और 'इंडिया इन विक्टोरियन एज' (विक्टोरियाकालीन हिन्दुस्तान) नाम से हजार से भी अधिक पृष्ठों में दो पुस्तकें लिखीं। इनमें और भी दिल दहला देने वाले तथ्य थे। सिंचाई के लिए नहरों के निर्माण की आपराधिक उपेक्षा के अलावा भी अन्न की भयावह कमी और उसकी वजह से पड़ते लगातार अकालों के कारणों की दत्त ने और भी विशद पड़ताल की। उन्होंने साफ बताया कि इसका प्रमुख कारण था कृषि पर आश्रित अर्थव्यवस्था का एकाएक व्यापारीकरण।

जब अमेरिका में गृह-युद्ध शुरू हो गया तो इंग्लैंड की मिलों को वहाँ से कपास

की सीधी आपूर्ति बन्द हो गई। मिलें चलती रहें इसके लिए हिन्दुस्तान के किसानों को व्यापक स्तर पर कपास की खेती के लिए उन्नीसवीं सदी के मध्य में विवश किया जाने लगा। इससे अन्न की उपज में भीषण कमी आई। नील की खेती के लिए बिहार और उसके पास के किसानों पर पहले से ही अत्याचार हो रहे थे। इस तरह व्यापारिक उपज को इंग्लैंड भेजने के लिए उसे बड़े बन्दरगाहों तक पहुँचाने के लिए रेल मार्ग का विस्तार अपरिहार्य हो गया। सन् 1905 में बंग-भंग आन्दोलन के समय हिन्दुस्तान की रेल-व्यवस्था दुनिया की चौथी सबसे बड़ी व्यवस्था थी।

दादा भाई पहले ही बता चुके थे कि किस तरह व्यापारिक उपज ढोने का रेलभाड़ा रियायती रखा गया था और खाद्यान्न ढोने का भाड़ा निस्बतन बहुत ज्यादा। आँकड़ों और उदाहरणों से दत्त ने इसकी और भी पुष्टि की। खाद्यान्न चूँकि हिन्दुस्तानियों के उपयोग के लिए थे, इसलिए इंग्लैंड के उद्योगपतियों द्वारा नियंत्रित-संचालित रेल कम्पनियों को उनकी ढुलाई के बढ़े भाड़े से बढ़ती अनाज की कीमतों की कोई चिन्ता नहीं थी। असन्तोष, विद्रोह और विप्लव के दमन के लिए सैनिकों को ले आने और ले जाने के लिए भी रेलगाड़ियाँ द्रुतगामी साधन सिद्ध हुईं। इससे औपनिवेशिक चंगुल की पकड़ और सख्त बनाने में भी सहायता मिली।

गोपाल कृष्ण गोखले ने भी सिंचाई के लिए नहरों के निर्माण की घोर उपेक्षा और उसकी जगह रेल मार्ग के लगातार अनावश्यक विस्तार की तीखी आलोचना की है। अपने लगभग उनचास वर्ष के जीवन काल में उन्होंने सात बार इंग्लैंड की यात्रा की थी। सन् 1897 में उनकी पहली इंग्लैंड यात्रा एक सरकारी आयोग के सामने हिन्दुस्तान के प्रतिनिधि के रूप में साक्ष्य देने के सिलसिले में थी। लन्दन में आयोग के सम्बन्धित आयुक्त के सामने उनके बयान का निम्नलिखित अंश ध्यान देने योग्य है—

आयुक्त—क्या आप दरअसल आयोग के दिमाग में प्रभावी ढंग से बैठाना चाहते हैं कि सरकार ने हिन्दुस्तान में रेलवे की योजना का कार्यान्वियन इंग्लैंड के व्यापार और उसके व्यापारी वर्ग के हितों को ध्यान में रखकर किया है? क्या आपका सीधा आरोप यही है?

गोखले—"सम्बन्धित तथ्य सामने है...जब भी कोई वायसरॉय हिन्दुस्तान जाता है, उन पर रेलवे लाइन के निर्माण और विस्तार के लिए दबाव डाला जाता है। वह उसके लिए तुरन्त सहमत हो जाते हैं।"

आयोग ने गोखले के साक्ष्य को लगातार दो दिनों तक दर्ज किया था। उनके साक्ष्य से प्रभावित आयुक्त ने उन्हें आश्वासन दिया था कि उनके द्वारा दिए गए तथ्यों पर ही मुख्यतः आयोग की अल्पमत रिपोर्ट आश्रित होगी। लगातार पड़ते अकालों से निपटने के लिए इम्पीरियल काउंसिल के हिन्दुस्तानी सदस्यों और कुछ सदाशय अंग्रेजों और योरोपियनों के दबाव से एक अकाल बीमा फंड बनाया गया था। गोखले काउंसिल में विपक्ष के नेता थे। जब इस फंड की राशि का उपयोग रेलवे के विस्तार के लिए किया

जाने लगा तो गोखले ने इसका सख्त विरोध किया था। सन् 1906 में गोखले का निम्नलिखित बयान ध्यान देने योग्य है–

"पिछले आठ सालों में हिन्दुस्तान की सरकार की बचत राशि (सरप्लस) 35 करोड़ रुपए से कम नहीं थी। इसे पूरा-का-पूरा रेलवे पर खर्च कर दिया गया। इसके अलावा कर्ज लेकर भी इस मद में खर्च किए गए।...क्या रेलवे ही सब कुछ है, जनता की शिक्षा कुछ नहीं है? क्या स्वास्थ्य और सफाई की व्यवस्था का कोई महत्त्व नहीं है?"

अंग्रेज इतिहासकार बर्टन स्टेन द्वारा लिखित पुस्तक 'हिस्ट्री ऑफ इंडिया' के अनुसार महारानी विक्टोरिया की अधीनता में आने के बाद उन्नीसवीं सदी के अन्तिम तीन दशकों में हिन्दुस्तान में अकाल के दौरान भूख से मरने वालों की संख्या एक करोड़ दस लाख से भी ज्यादा थी। इस भीषण भुखमरी के पीछे मुख्य कारण थे नहर निर्माण की उपेक्षा, उसकी वजह से लगातार सूखे के दौरान अनाज की भयावह कम उपज, इंग्लैंड की मिलों के लिए कपास जैसे व्यापारिक फसलों पर जोर और अंग्रेज उद्यमियों के हित के लिए रेलवे का अनावश्यक निर्माण और विस्तार जिसमें देश के मूल्यवान आर्थिक संसाधनों का भारी हिस्सा स्वाहा कर दिया गया था। अकाल बीमा फंड की राशि तक को इसके लिए नहीं बख्शा गया।

जिस समय गांधी 'हिन्द स्वराज' लिख रहे थे उसके कुछ वर्ष पूर्व अमेरिका के राइट बन्धुओं द्वारा सन् 1903 में हवाई जहाज का आविष्कार किया जा चुका था। पर सामान्य रूप से उसके सर्वसुलभ होने में अभी कुछ दशकों का विलम्ब था। सबसे द्रुतगति, व्यापक और सुलभ यातायात का साधन उस समय रेलगाड़ियाँ ही थीं। अतः गांधी ने उसी की चर्चा 'हिन्द स्वराज' में की है। रेलगाड़ियों से उनका आशय लम्बी दूरी के यातायात के बड़े द्रुतगति साधनों से लेना चाहिए। रेलगाड़ियों और हवाई जहाज समेत द्रुतगति वाहन नैतिक बुराइयों के साथ ही संक्रामक रोगों के भी विश्वस्तर पर द्रुतगति से प्रसार में सहायक सिद्ध हुए हैं, यह विश्व स्वास्थ्य संगठन (वर्ल्ड हेल्थ अर्गनाइजेशन) की रिपोर्टों और आँकड़ों से भी पता चल सकता है। अभी कुछ समय पहले अप्रैल सन् 2009 में मेक्सिको से चले भयावह 'स्वाइन फ्लू' ने कुछ ही हफ्तों में पूरी दुनिया को कैसे अपनी चपेट में ले लिया था, इसकी स्मृति अभी धुँधली नहीं पड़ी है। मेक्सिको के तथाकथित आधुनिक वैज्ञानिक सुअरबाड़ों से प्रारम्भ वहाँ की अन्तर्राष्ट्रीय उड़ानों के जरिए इसका संक्रमण पूरे विश्व में फैल गया था। पूरी दुनिया के अन्तर्राष्ट्रीय हवाई अड्डे एक अर्से तक इस संक्रमण के भय से वीरान से हो गए थे।

सन् 1994 में भारत के कुछ हिस्सों में खासकर महाराष्ट्र और गुजरात में ताऊन (प्लेग) फैलने की घटना अभी डेढ़ दशक पुरानी ही है। पश्चिम के प्रेस ने चटखारे लेकर इसकी जिम्मेदारी देश में व्याप्त गन्दगी और यहाँ के लोगों की गन्दी आदतों पर डाला था। यह बेशक अंशतः सही था। पर बाद के विशद अध्ययन से पता चला कि

उसके कुछ समय पहले उत्तरी गोलार्ध के संयुक्त राष्ट्र अमेरिका और ब्राजील जैसे देशों में यह पहले फैल चुका था। वहाँ से संक्रमण लेकर प्रवासी भारतीय गुजरात और बम्बई पहुँचे थे। कुछ दशक और पहले सन् 1957 में भारत समेत पूरे विश्व में कई माह फ्लू (इन्फ्लुएन्जा) का प्रकोप रहा। इसका संक्रमण भी अन्तर्राष्ट्रीय हवाई यात्रियों के जरिए ही दुनिया भर में फैला था। ये मात्र तीन उदाहरण हैं। अपने वक्त की जानकारी और अनुभव के आधार पर अगर गांधी ने गरीब जनता की ठठरियों को निचोड़कर निर्मित अपने वक्त के सर्वाधिक द्रुतगामी यातायात के साधन रेलवे को बुराई और महामारी फैलाने का जरिया कहा तो तत्कालीन और बाद की वस्तुस्थितियों को ध्यान में रखते हुए वह असंगत प्रतीत नहीं होता। दादा भाई नौरोजी, रमेश चन्द्र दत्त और गोपाल कृष्ण गोखले के आँख खोल देने वाले विचारों की झलक और ऊपर के तथ्यों की पृष्ठभूमि में गांधी द्वारा की गई रेलवे की निन्दा को समझना सम्भवतः ज्यादा कठिन नहीं होगा।

14

जीवन प्रकृति का गूढ़तम रहस्य रहा है। लगता है उसके जटिल कोषाणु के संरचना-द्वार की नायाब कुंजी मनुष्य के हाथ लग गई है। स्वयं की अनुकृतियों की प्रजनन क्षमता वाले जीवन के इस नवान्वेषित सूक्ष्मतम कृत्रिम कोषाणु का जनक सर्वशक्तिमान कम्प्यूटर है। लोहे के पंख पर सवार दम्भस्फीत मनुष्य की प्रकृति पर विजय की विलक्षण यात्रा निरन्तर जारी है। इस पृष्ठभूमि में 'हिन्द स्वराज' की शती, गांधी के विचारों के परिप्रेक्ष्य में मनुष्य और मशीन के अन्तर्सम्बन्ध को पुनर्परिभाषित करने का एक सटीक अवसर है। गांधी मशीन, उस पर आश्रित औद्योगीकरण और दोनों के संयोग से उपजी आधुनिक सभ्यता के घोर विरोधी रहे हैं। यह सर्वविदित पिष्टोक्ति (क्लीशे) है। नवम्बर सन् 1909 में 'हिन्द स्वराज' में मुखर इस प्रबल प्रतिरोध पर गांधी जीवन के अन्त तक अडिग रहे। बीसवीं सदी के पूर्वार्ध के दौरान इस विषय पर उनके भाषणों और लेखों में समय-समय पर उभरे विचार इसके साक्षी हैं। इसमें कोई शक नहीं कि 'हिन्द स्वराज' के उन्नीसवें अध्याय में उन्होंने मशीनों के खिलाफ़ अपनी राय सख्त और दोटूक लहजे में व्यक्त की है। पर उनका मशीन विरोध मात्र विरोध के लिए विरोध नहीं था। 'हिन्द स्वराज' के लिखे जाने के बाद अगले लगभग चार दशकों में उनके मशीनविषयक विचारों में एक खास लचीलापन झलकता है।

आज जिसे टेक्नोलॉजी कहा जाता है उसे उन्नीसवीं सदी में सामान्यतया मशीनरी कहा जाता था। मूल गुजराती में मशीनों के लिए संचा/संचाकाम शब्द प्रयुक्त है। हिन्दी अनुवाद में मशीन और यंत्र एक दूसरे के पर्याय के रूप में आए हैं। अध्याय के प्रारम्भ में पाठक पूछता है कि जब वह (गांधी) पश्चिमी सभ्यता के बहिष्कार की बात करते

हैं तब तो वह यह भी कहेंगे कि हमें मशीनों की भी जरूरत नहीं है। इसके उत्तर में गांधी कहते हैं कि इस सवाल ने उनके घाव एक बार फिर हरे कर दिए हैं। ये वो घाव हैं जो रमेश चन्द दत्त की 'इकोनॉमिक हिस्ट्री ऑफ इंडिया' (हिन्दुस्तान का आर्थिक इतिहास) पढ़कर उनके मर्म स्थल पर लगे थे जिसकी पीड़ा से वह रो पड़े थे। और इसके बारे में जब वह फिर सोचते हैं तो उनका दिल बैठ जाता है। इन मशीनों ने ही हिन्दुस्तान को दरिद्र बना दिया। इनके जरिए मानचेस्टर ने हमें कितना नुकसान पहुँचाया इसका आकलन कठिन था। मानचेस्टर के ही जानलेवा आघात से हिन्दुस्तान के हस्तशिल्प ने दम तोड़ दिया। गांधी ने अध्याय के प्रारम्भ में ही अपने मशीन-विरोध के कारण सूत्रवत् बता दिए हैं।

गांधी जब भी किसी विषय पर शिद्‌दत के साथ अनुभव करते हैं तो उसे व्यक्त करते समय अक्सर उनकी भाषा काव्यात्मक हो उठती है। वह दिलचस्प रूपकों के सहारे अपनी बात कहते हैं। वह आगाह करते हैं कि मशीनों ने योरोप को उजाड़ना शुरू कर दिया है। बरबादी अब हिन्दुस्तान के द्वार पर दस्तक दे रही है। मशीनें आधुनिक सभ्यता की मुख्य प्रतीक हैं; वो महापाप की प्रतिनिधि हैं। मशीनें साँप के बिल की तरह हैं जिनमें एक से लेकर सैकड़ों साँप रहते हैं। गुजराती में मशीनों की तुलना उन्होंने 'वायरो' (बवंडर) से की है। उसकी चाह को वह पागलपन करार देते हैं जिसके लिए गुजराती में वह 'संचानी जाल' शब्द इस्तेमाल करते हैं जिसे हिन्दी में 'यंत्र-जाल' के रूप में अनूदित किया जा सकता है। एन्थोनी जे. परेल ने गांधी द्वारा मशीनों के लिए प्रयुक्त रूपकों में विष-वृक्ष (उपास ट्री) को भी शामिल किया। दरअसल विष-वृक्ष का रूपक मशीनों से जुड़े उन्नीसवें अध्याय में न आकर 'हिन्द स्वराज' के डॉक्टरों से जुड़े बारहवें अध्याय में आया है। गुजराती में उसके लिए 'झेरी झाड़' शब्द प्रयुक्त है।

गांधी अंग्रेजों की बनाई न्याय और चिकित्सा व्यवस्था की धुरी वकीलों और डॉक्टरों की जो निन्दा करते हैं उसके सम्बन्ध में वह साफ बताते हैं कि उसके पीछे जो विचार हैं वह उनके मौलिक विचार नहीं हैं। उन्हें उन्होंने पश्चिम के ही कुछ लेखकों से ग्रहण किए हैं जिन्होंने इन दोनों पेशों की निन्दा उनसे (गांधी से) भी सख्त अल्फाज़ में की है। एक लेखक ने उस समूची आधुनिक व्यवस्था (मॉडर्न सिस्टम) जिसमें कचहरियाँ, अस्पताल, रेलवे और मशीनें शामिल हैं, की तुलना विष-वृक्ष (उपास ट्री) से की है। विष-वृक्ष का रूपक रस्किन और मैडम ब्लॉवत्स्की के लेखन में भी आया है। पर गांधी उसका प्रयोग बतौर सांग रूपक के करते हैं। डॉक्टरों और वकीलों जैसे दूसरों के शोषण पर आश्रित पेशों को उस विष-वृक्ष की शाखाएँ बताया गया है। अनैतिकता उसकी जड़ है। उसके तने पर सच्चे धर्म की कुल्हाड़ी से आघात करना है। यहाँ 'रामचरितमानस' में गांधी के प्रिय कवि तुलसीदास के धर्मरथ की उद्‌भावना के सांग रूपक की याद आती है जिसकी पहली अर्धाली 'सौरज धीरज तेहि रथ चाका' से शुरू होती है। यंत्रों के प्रतीक रथ के रथी रावण के विरुद्ध अन्ततः विरथ 'रघुवीरा' की ही विजय होती

है। अतः यद्यपि गांधी ने मशीनों की तुलना सीधे विष-वृक्ष से भले ही न की हो पर आधुनिक व्यवस्था के अविभाज्य अंग के रूप में मशीनें उनकी दृष्टि में विष-वृक्ष ही हैं जो मनुष्य और प्रकृति का जीवन रस निर्बाध चूसती चली जा रही है। गांधी-युग के महान काव्य 'कामायनी' में जयशंकर प्रसाद यंत्रलोलुप मनुष्य को धिक्कारते हुए कहते हैं–

'प्रकृत शक्ति यंत्रों से तुमने सबकी छीनी
शोषित कर जीवनी बना दी जर्जर झीनी'

यह गांधी के यंत्र-विरोध की ही काव्य प्रतिध्वनि है। गांधी का मशीन-विरोध शुरू से विवाद और असहमति का विषय रहा है। पर उनका यह विरोध दरअसल सर्वग्रासी आधुनिक सभ्यता के व्यापक विरोध का ही एक अविभाज्य और अपरिहार्य अंग है। कार्लाइल ने मनुष्य को औज़ार इस्तेमाल करने वाला जीव कहा है। औजार के बिना वह कुछ नहीं है और औजार के साथ वह सब कुछ है। मनुष्य के अलावा किसी और जीव में न तो औजार बनाने की बुद्धि है और न ही उसके प्रयोग की क्षमता। पत्थर, रस्सी, चक्का, जाल, डंडा, गुलेल, तीर-कमान और हल जैसे कालान्तर में विकसित औजारों के साथ मनुष्य ने धीरे-धीरे अपनी विकास-यात्रा शुरू की। एक लम्बे अर्से तक वह विनीत भाव प्रकृति का सहचर रहकर उससे अपनी जरूरतें पूरी करता रहा। प्रकृति की इस असीम उदारता और अनन्त विराटता से अभिभूत-कृतज्ञ मनुष्य ने सम्भवतः इसी से उसमें मातृ और देव-भाव आरोपित कर श्रद्धाविनत उसकी आराधना शुरू की होगी। लगभग सभी प्राचीन सभ्यताओं के इतिहास इसके साक्षी हैं।

अफ्रीका, अमेरिका, योरोप और एशिया की कुछ आदिम जातियों में, जो धर्म परिवर्तन की सदियों से चली आ रही आँधी में विचलित नहीं हुईं, प्रकृति पूजा की परम्परा कुछ हद तक अभी भी जीवित है। जैसे-जैसे पश्चिम में संगठित धर्मों का प्रसार शुरू हुआ प्रकृति के प्रति श्रद्धा और विस्मय भाव क्षीण होता चला गया। उसकी जगह प्रकृति के रहस्यों को भेदने की जिज्ञासु ललक और उस पर विजय की उद्दाम कामना बलवती होती चली गई। इसके फलस्वरूप मनुष्य प्रकृति को अपने मित्र और हितैषी की जगह शत्रु और प्रतिपक्ष मानने लगा जिसे दबाना, वश में रखना और हराना उसका चरम लक्ष्य बन गया। इसमें विज्ञान की मदद बड़े काम की साबित हुई। लाभ की जगह लोभ ने ले ली। मशीनें इसी निर्लज्ज लोभ की चरम परिणति है। इस परिप्रेक्ष्य में गांधी के मशीन-विरोध को समझने का प्रयास अपेक्षाकृत अधिक उपयोगी होगा।

गांधी मशीन के पक्ष में दिए तर्क की सीमाओं को अच्छी तरह समझते थे। अक्सर यह कहा जाता है कि मशीन मनुष्य को उबाऊ एकरसता वाले कामों से मुक्त कर दूसरे कामों में उसकी कार्यकुशलता बढ़ाने का अवसर प्रदान करती है। गांधी जानते थे कि इस तर्क में दम नहीं था। मशीनें दरअसल मानव-श्रम का अवमूल्यन कर उसे व्यर्थ सिद्ध करती हैं। मशीनों में दिन-दूना रात-चौगुना बढ़ते जाने की विलक्षण

क्षमता है। उनमें अपनी वृद्धि को नियंत्रित करने की कोई आन्तरिक व्यवस्था सम्भव नहीं है। दरअसल वे रक्तबीज हैं। मानव-श्रम का विस्थापन उनके निर्माण के सिद्धान्त में ही अन्तर्निहित है। गांधी के पास यह देख सकने की गहरी अन्तर्दृष्टि थी कि आगे एक स्थिति ऐसी भी आ सकती है जब मशीनें उस सभ्यता को ही निगल जाएँ जिसकी वे देन हैं। उन्हें आशंका थी मनुष्य द्वारा नियंत्रित होने के बजाय मशीनें आगे सम्भव है स्वयं ही मनुष्यों को नियंत्रित करने लगें। कहीं ऐसा न हो कि मनुष्य विकराल मशीनों की अपनी ही बनाई विकट व्यवस्था का एक असहाय नाचीज पुर्जा मात्र बनकर रह जाए।

मशीनों के पीछे अधिकतम व्यावसायिक लाभ की कभी भी तृप्त न होने वाली दानवी भूख रही है, जिसने भीषण असमानता, असन्तुलन, असन्तोष और शोषण को जन्म दिया है। पूँजीवादी और साम्यवादी दोनों व्यवस्थाएँ मशीनों के जरिए व्यापक औद्योगीकरण की पक्षधर रही हैं। इसलिए गांधी इन दोनों के अन्ततः मनुष्य-विरोधी चरित्र की अनदेखी नहीं कर सकते थे। 15 अप्रैल, 1926 के 'यंग इंडिया' में गांधी ने अमेरिका के एक प्रतिष्ठित वकील रिचर्ड बी. ग्रेग के 'मशीनों की नैतिकता' (मॉरल्स ऑफ मशीनरी) पर लिखे एक लम्बे पत्र का सन्दर्भ दिया है। ग्रेग बताते हैं कि यह मशीनों का ही अभिशाप है कि समाज का धन मुट्ठी भर लोगों के हाथों में सिमटता जा रहा है। जनता का धन उद्योगों के विकास के नाम पर बैंकों द्वारा रियायती दर पर मशीनों में निवेश के लिए पूरी उदारता के साथ बाँटा जाता है। इसके दुष्परिणाम साफ हैं। उत्पादन के संसाधन कारखाने, मिलें और कच्चे माल पर स्वामित्व कुछ थोड़े से हाथों में केन्द्रित होता जा रहा है। हजारों मील दूर झोंपड़े के आदमी का खून कुछ इस तरह निचोड़ा जा रहा है कि वह कब का सूखकर सफेद पड़ चुका है।

ग्रेग के अनुसार योरोप, अमेरिका, एशिया और अफ्रीका के उद्योगों पर उस समय असली और अन्तिम नियंत्रण 1500 से भी कम हाथों में था। युद्ध से भी कहीं अधिक लोग उद्योगों की मशीनों से मरते और अपाहिज होते हैं। आधुनिक उद्योगों के कारण लगातार हो रहा शारीरिक शक्ति का ह्रास और प्रत्यक्ष-परोक्ष उससे पनपते रोग भयावह हैं। धुएँ, धूल-धक्कड़, गन्दगी, शोर, जहरीली हवा, सूरज की रोशनी के अभाव, झुग्गी-झोंपड़ियाँ, वेश्यावृत्ति और अप्राकृतिक जीवन के अभिशापों के साथ विकसित बड़े शहर औद्योगीकरण की ही देन हैं। इसके बावजूद इनमें जबर्दस्त ताकत है जिसके प्रलोभन से बच पाना सामान्य प्रकृति के मनुष्य के लिए दुश्वार है। पर सच तो यह है कि इसमें एक ओर अत्याचार, दर्प, लोभ, अहंकार स्वार्थ और निर्दय स्पर्धा है तथा दूसरी ओर स्वतंत्रता, आत्मनिर्भरता, आत्मसम्मान और गरिमा की हानि, अधःपतन तथा दरिद्रता है।

ग्रेग ने अपने पत्रनुमा आलेख में मशीनों के कारण पनपी परजीविता (पैरासाइटिज़्म) को खास रेखांकित किया है जिससे मनुष्य मशीनों का दास बनकर रह गया है। मशीनों

ने भयावह अनुत्तरदायित्व को बढ़ावा दिया है। उद्योगपति या बैंकर योरोप और अमेरिका के महानगरों में बैठकर व्यावसायिक लाभ के लिए जब निर्णय लेते हैं तो उन्हें इसका रंचमात्र भी एहसास नहीं होता कि मध्य अफ्रीका के अश्वेतों के जीवन पर इसके क्या दुष्परिणाम होंगे। गांधी ग्रेग के विचारों की बानगी देने के बाद आगाह करते हैं कि इससे यह नहीं सोचना चाहिए कि वह (ग्रेग) सभी मशीनों के खिलाफ़ हैं। दरअसल वह उनकी अनियंत्रित बढ़ोत्तरी के विरुद्ध हैं। समझदारी से वह उनके प्रयोग को नियंत्रित और नियमित करना चाहते हैं ठीक उसी तरह जैसे हमें अपनी वासनाओं को संयमित और वश में रखना चाहिए। अन्त में गांधी अपनी ओर से कहते हैं कि उन्हीं मशीनों का प्रयोग वैध होना चाहिए जो सभी का हित-साधन करें।

अप्रैल सन् 1926 में 'यंग इंडिया' में उद्धृत मशीनों के बारे में ग्रेग के विचारों में गांधी को अपने ही विचारों की प्रतिच्छाया मिली थी। सन् 1924 में 'हिन्द स्वराज' का अमेरिकी संस्करण 'सरमन ऑन दि सी' (समुद्र पर उपदेश) नाम से छप गया था। सम्भव है ग्रेग ने उसे पढ़ा हो। 'हिन्द स्वराज' के सन् 1910 में प्रकाशन के लगभग एक दशक बाद मशीनों और उनसे संचालित हिन्दुस्तानी मिलों के बारे में गांधी के विचारों में लचीलेपन के संकेत मिलने लगे थे। सन् 1921 में उसके हिन्दी अनुवाद की भूमिका में यद्यपि वह मशीनों के विरोध पर अभी भी अटल होने की बात दोहराते हैं, पर स्वदेशी आन्दोलन को ध्यान में रखकर मैनचेस्टर की मिलों की जगह हिन्दुस्तानी मिलों के कपड़े से देश की जरूरतें पूरी करने की नरमी दिखाते हैं। सन् 1924 में गांधी के विचारों में गहरी रुचि रखने वाले एक जिज्ञासु तमिल सज्जन रामचन्द्रन से हुए उनके संवाद से इस पर और प्रकाश पड़ता है। वह स्पष्ट करते हैं कि उनका विरोध यंत्रों से नहीं बल्कि उनके पीछे पागलपन से है। उससे श्रम की बचत अवश्य होती है पर उनके कारण लाखों बेकार भूखे दर-दर भटकने पर मजबूर होते हैं। यंत्रों से श्रम की बचत एक बहाना है। उनके पीछे असली प्रेरक शक्ति धन का लोभ है। मशीनें कुछ लोगों के करोड़ों की गर्दन पर सवार होने में मददगार साबित हो रही हैं। यंत्रों की खोज और विज्ञान को लोभ-प्रेरित नहीं होना चाहिए। यंत्र-विषयक अपने विचारों के बारे में गलतफहमी दूर करते हुए उन्होंने साफ किया है कि उनका उद्देश्य यंत्रों का नाश नहीं बल्कि उनकी मर्यादा बाँधना है। वह मानते थे कि यंत्र मनुष्य के अंगों को निष्क्रिय बनाने में सहायक होते हैं।

रामचन्द्रन से हुई बातचीत से यंत्रों के बारे में गांधी के विचारों के कुछ और पक्ष स्पष्ट होते हैं। एक ओर जहाँ वह शोषण में सहायक और लोभ-प्रेरित मशीनों के सख्त खिलाफ़ थे वहीं दूसरी ओर मनुष्य के हित और प्यार से प्रेरित अन्वेषणों के उत्साही पक्षधर। सन् 1790 में इंग्लैंड के थॉमस सेंट द्वारा अन्वेषित सिलाई मशीन इसका एक दिलचस्प उदाहरण है। अपनी पत्नी को हाथ की सिलाई की एकरसता, थकान और ऊब से मुक्ति दिलाने के उद्देश्य से सन् 1851 में अमेरिका के आई.एम. सिंगर ने

उसमें सुधार कर उसे आधुनिक उपयोगी रूप दिया था। सिंगर की इस सिलाई मशीन के गांधी उन्मुक्त प्रशंसक थे। दरअसल उनके यंत्र विषयक सोच सहित समस्त चिन्तन के केन्द्र में समाज की अन्तिम पंक्ति के अन्त में खड़ा उपेक्षित-अभिशप्त मनुष्य ही था। उसकी उपेक्षा और उसके हितसाधन के प्रति उदासीनता उन्हें असह्य थी। यही कारण था कि उसकी हित-साधना में सक्षम मशीनों के निर्माण के लिए कल-कारखानों पर वह समाज, जनता या उनके द्वारा चुनी सरकार का नियंत्रण स्वीकार करने को तैयार थे। वह किसी भी हालत में ऐसे कल-कारखानों को स्वार्थी और धनलोलुप व्यक्तियों और वर्गों के हाथ में जाने देने के पक्षधर नहीं थे।

गांधी के यंत्र-विरोध के आलोचकों में उनके प्रशंसक विख्यात हास्य अभिनेता चार्ली चैप्लिन, उनके प्रबल समकालीन प्रतिपक्ष सावरकर और आज भी उनकी निन्दा में अक्सर मुखर वी.एस. नॉयपाल जैसे रचनाकार रहे हैं। मशीनों की भर्त्सना के सिलसिले में गांधी ने कहा था कि जो चीजें हम स्वयं अपने देश में नहीं बना सकते उनका उपयोग हम नहीं करेंगे। विदेशी झाड़-फानूस को आग लगा देंगे। मिट्टी के दीये में तेल डालकर उसमें अपने खेत की रूई की बाती जलाकर उसकी रोशनी में काम करेंगे। इससे हमारी आँखें खराब होने से बचेंगी और विदेशों में जाने से हमारे पैसे की भी बचत होगी। गांधी के इस कथन की औद्योगीकरण के पक्षधर, तर्कवादी और समादृत देशभक्त सावरकर अक्सर खिल्ली उड़ाते थे। सम्भवतः उसकी लाक्षणिकता को समझने की कोशिश उन्हें जरूरी नहीं लगी। यह जानना दिलचस्प होगा कि गांधी के एक और तेजस्वी समकालीन कविवर इक़बाल के काव्य में ऐसे कई प्रसंग हैं जिनसे उनके (गांधी के) विचारों की पुष्टि होती है। बीसवीं सदी के प्रारम्भिक दशकों में पश्चिमी सभ्यता की चकाचौंध से आक्रान्त देश की दिग्भ्रमित युवा पीढ़ी को अल्लामा इक़बाल अपने बेटे जावेद के माध्यम से अपने काव्य-उद्‌बोधन से आगाह करते हैं–

"उठा न शीशागराने फ़रंग के एहसाँ,
सिफ़ाले हिन्द से मीना-व-जाम पैदा कर।"

(शीशे के फिरंगी कारीगरों के एहसान मत उठा। हिन्दोस्तान की मिट्टी से अपने प्याले और सुराही का सृजन कर।)

जिस साल (सन् 1924 में) मशीन को लेकर गांधी और रामचन्द्रन के बीच संवाद हुआ था, उसी साल विख्यात फ्रेंच रचनाकार-विचारक रोमाँ रोलाँ (1866-1944) द्वारा फ्रेंच में लिखित गांधी की जीवनी–'महात्मा गांधी' प्रकाशित हुई थी। फरवरी सन् 1922 में चौरीचौरा की हिंसा के फलस्वरूप गांधी ने देशव्यापी असहयोग आन्दोलन वापस ले लिया था। इसके कारण देश के एक बड़े वर्ग में जिनमें महत्त्वपूर्ण नेता भी शामिल थे, गहरी हताशा व्याप्त हो गई थी। रोमाँ रोलाँ ने पैनी अन्तर्दृष्टि से चौरी चौरा की घटना और आन्दोलन की वापसी पर गांधी की जीवनी में विचार किया था। इसने देश के ध्वस्त मनोबल के लिए संजीवनी का काम किया। इससे गांधी की

प्रतिष्ठा का गिरता ग्राफ एकाएक ऊपर उठ गया था। जीवनी में गांधी के जीवन, कर्म और चिन्तन पर गहराई से विचार किया गया है। उसमें रोलाँ ने गांधी के मशीन विषयक सोच की भी गम्भीर विवेचना की है। जिस समय रोलाँ ने गांधी की जीवनी पूरी की थी तब तक मशीन विषयक गांधी-रामचन्द्रन संवाद हुआ नहीं था। पर यह विस्मयकारी है कि रोलाँ ने इस सम्बन्ध में कमोबेश लगभग वही कहा है जो गांधी ने रामचन्द्रन से कहा था।

रोलाँ ने सन् 1931 में अपने जीवनीकार स्तिफॉन ज़्विग को मशीन के बारे में गांधी के विचार और स्पष्ट करते हुए लिखा था–

"गांधी–आज के गांधी मशीनों या औद्योगिक तकनीकों की निन्दा तब तक नहीं करते जब तक वो मनुष्यता को राहत और मदद पहुँचाती हैं, उनका झगड़ा महज उनके जानलेवा अतिरेक और आर्थिक अति उत्पादन के मनहूस मिथक से है।"

ब्रिटिश इतिहासविद् जुडिथ मार्गरेट ब्राउन ने अपनी पुस्तक 'गांधी : प्रिज़नर ऑफ होप' (गांधी : आशा के बन्दी) में कहा है कि "जैसा अक्सर सामान्यतया माना जाता है, गांधी दरअसल मशीनों और उद्योगों के कट्टरतावादी विरोधी नहीं थे।...वह उन्हीं के विरोधी थे जो बहुसंख्यक लोगों की कीमत पर थोड़े से लोगों को समृद्ध बनाती हैं या उपयोगी श्रम को विस्थापित करती हैं। वह मानते थे कि सार्वजनिक उपयोगिता की उन भारी मशीनों की भी अपनी अपरिहार्य जगह है जिनका निर्माण मानव-श्रम से सम्भव नहीं है। पर उन पर वह राज्य या जनता की सरकार का नियंत्रण चाहते थे। वह बृहद् स्तर पर उत्पादन तक के भी पूरे खिलाफ़ नहीं थे, पर वह उन्हीं चीजों के ऐसे उत्पादन को बरदाश्त करने को तैयार थे जिन्हें गाँवों में बना पाना सम्भव नहीं था।"

मशीनों के खिलाफ़ गांधी क़े दर्द की बेहतर समझ के लिए थोड़ा कार्ल मार्क्स (1818-1883) की ओर भी मुड़ना होगा। यह जानकारी नई नहीं होगी कि गांधी मार्क्स की अनेक स्थापनाओं, निष्कर्षों और सिद्धान्तों से सहमत नहीं थे। पर वह समाज के दबे-कुचले और वंचित बहुसंख्यक वर्ग–सर्वहारा के प्रति उनकी (मार्क्स की) करुणा और गहरी चिन्ता के अनन्य प्रशंसक थे। उन्नीसवीं सदी के पूर्वार्ध में इंग्लैंड समेत समूचे योरोप में हथकरघा पर बुनाई करने वाले बुनकरों की जो दारुण स्थिति बन गई थी, उस पर मार्क्स ने गहरी अन्तर्दृष्टि से विचार किया है। सन् 1776 में भाप के इंजिन का इंग्लैंड में आविष्कार हो गया था। यह सभ्यता के विकास में सम्भवतः पहला ऐसा क्रान्तिकारी वैज्ञानिक आविष्कार था जिसने मनुष्य को अत्यन्त निरीह और नाचीज़ बना दिया था। इंग्लैंड में अट्ठारहवीं सदी के अन्तिम दशक में कताई-बुनाई के हाथ से किए जाने वाले काम भाप के इंजिन की सहायता से चलने वाली मशीनों–पावरलूम से किए जाने लगे थे। इसके फलस्वरूप सदियों से इस धन्धे से जीविका अर्जित करने वाले श्रमिक अब भयावह रूप से बेकार हो भुखमरी के कगार पर पहुँच गए थे।

इंग्लैंड की मशीनों से चलने वाली मिलों से तैयार माल से फ्रांस और जर्मनी समेत योरोप के लगभग सभी देशों के बाजार पटने लगे थे। नतीजतन वहाँ के श्रमिक भी बुरी तरह बेरोजगार होकर भुखमरी के शिकार हो रहे थे। सीरिया, अर्मेनिया, पर्सिया (फ़ारस) और चीन तक के कपड़ा उत्पादन ठप हो गए थे। वहाँ के श्रमिकों के मुँह के निवाले भी एकाएक छिन गए थे। हिन्दुस्तान तो इंग्लैंड का अभिशप्त उपनिवेश था ही। अतः यहाँ के हथकरघा श्रमिकों के हाथ पहले ही काट लिए गए थे। कार्ल मार्क्स के जन्म के लगभग सात साल पहले उपर्युक्त परिस्थितियों की पृष्ठभूमि में भाप के इंजिन के जन्मदाता इंग्लैंड में ही एक व्यापक स्वतःस्फूर्त जन-आन्दोलन अँगड़ाई लेने लगा था। इसकी शुरुआत नटिंघम शायर में नवम्बर सन् 1811 में हुई। मरता क्या न करता की उक्ति पूरी तरह चरितार्थ होने लगी थी। इसके तहत पावरलूम के कारण बेरोजगार और भुखमरी के शिकार बुनकर रात में हजारों की संख्या में एकजुट हो पावरलूम मिलों के ताले तोड़कर उनकी मशीनों को तहस-नहस करने लगे थे। यह विश्वास था कि इस आन्दोलन के प्रेरक एक काल्पनिक मिथकीय चरित्र जनरल लुड थे जिन्हें इंग्लैंड के मध्यकालीन बागी लुटेरे रॉबिन हुड का आध्यात्मिक उत्तराधिकारी माना जा रहा था। रॉबिन हुड की छवि एक ऐसे दबंग की थी जो धनी लोगों को लूटकर गरीबों की सहायता करता था। जनरल लुड से प्रेरित आन्दोलनकारियों को 'लुडाइट' कहा जाने लगा था। यह आन्दोलन शीघ्र ही दूसरे शहरों में भी फैल गया। जून सन् 1812 तक एक हजार से अधिक पावरलूम नष्ट कर दिए गए। आन्दोलन को दबाने के लिए पन्द्रह हजार से भी अधिक सशस्त्र सैनिक लगाने पड़े। मार्क्स की वेधक इतिहास-दृष्टि से इंग्लैंड के हथकरघा बुनकरों की दारुण नियति कैसे छिपती? उन्होंने इसमें वर्ग-संघर्ष की एक ज्वलन्त मिसाल देखी थी। उन्होंने गहरी संवेदना और अन्तर्दृष्टि से लिखा–

"इंग्लैंड के हथकरघा बुनकरों के क्रमशः लोप की प्रक्रिया कई दशकों तक चली और सन् 1838 में उनकी नियति पर अन्तिम मुहर लग गई। इनमें से बहुत से तो भूख से मर गए।...इंग्लैंड के कपड़ा उद्योग की मशीनरी ने अपना तीखा प्रभाव हिन्दुस्तान पर भी डाला। सन् 1834-35 में गवर्नर जनरल ने अपनी रिपोर्ट में लिखा, "(हिन्दुस्तान के बुनकरों की) भीषण दुर्दशा की दूसरी मिसाल वाणिज्य के इतिहास में नहीं मिलेगी। कपड़े के बुनकरों की हड्डियों से हिन्दुस्तान के मैदान सफेद होते जा रहे हैं।"

'हिन्द स्वराज' में जिस शिद्दत से गांधी मशीनों की निन्दा करते हैं उससे साफ है कि मार्क्स की ही तरह वह भी इस कड़वे सच से अच्छी तरह परिचित थे कि इंग्लैंड की कपड़ा मिलों की मशीनें सिर्फ अभिशप्त उपनिवेशवासियों की हड्डियों पर ही नहीं बल्कि अपने अभागे देशवासियों की लाशों पर भी खड़ी थीं। उनके पास समृद्धि और चमक-दमक मात्र कुछ के लिए ही थी शेष के लिए दरिद्रता, अन्धकार और कलह-कोलाहल ही थे। उनकी संरचना और विनाश तथा संगठन और विघटन के मूल में हिंसा थी। 'हिन्द स्वराज' इससे जूझने का दीप्त संकल्प और स्वप्न है।

15

मशीनों के पक्ष में अक्सर एक तर्क दिया जाता है कि वह श्रम की बचत से व्यक्ति को कला, साहित्य और संस्कृति के विविध क्षेत्रों में रचनात्मक योगदान के लिए आवश्यक अवकाश प्रदान करती हैं। गांधी इस तर्क के निपट खोखलेपन से अच्छी तरह परिचित थे। कर्म–शारीरिक श्रम और संस्कृति के बीच अलगाव के वह पक्षधर नहीं थे। एक अगस्त, 1936 के 'हरिजन' में एक सवाल के जवाब में वह कहते हैं कि प्राचीन रोम में दोनों को अलग करने के प्रयास हुए थे पर वो बुरी तरफ असफल सिद्ध हुए। श्रम के बिना संस्कृति को या ऐसी संस्कृति को जो श्रम का प्रतिफल न हो गांधी विकृति मानते थे। एक रोमन कैथॉलिक लेखक के अनुसार, गांधी बताते हैं, श्रमविहीन संस्कृति 'वमन' है। रोमन नागरिकों ने विलासिता को अपनी आदत बना लिया था और वो नष्ट हो गए। वह बताते हैं कि उनका समूचा अध्ययन आठ घंटे के शारीरिक श्रम के बाद जेल में हुआ है। महीनों आठ घंटे शारीरिक श्रम के बाद दिन के अन्त में उन्होंने अपनो मानसिक शक्ति में जरा-सा भी ह्रास का अनुभव नहीं किया। अक्सर एक दिन में चालीस मील पैदल चलने के बावजूद उन्हें रंचमात्र सुस्ती का एहसास नहीं होता था। उन्होंने कहा है कि उन्हें मशीन-युग के खिलाफ़ मानना उनके विचारों पर व्यंग्य होगा। वह स्पष्ट करते हैं वह मशीनों के खिलाफ़ नहीं बल्कि मनुष्य के ऊपर मशीनों के स्वामित्व के खिलाफ़ हैं। वह पश्चिमी ढंग के औद्योगीकरण की जगह देश की परिस्थितियों के अनुरूप अपने ढंग के औद्योगीकरण के पक्षधर थे।

गांधी हिन्दुस्तान के गाँवों के उस पूर्ववर्ती सामुदायिक जीवन को पुनर्जीवित करना चाहते थे जिसमें शहरों की जरूरतों के सभी उत्पादन गाँवों में ही होते थे। हमारी कंगाली की शुरुआत वह तब से मानते थे जब से विदेशों का सस्ता और घटिया माल हमारे शहरों के बाजारों में पटना शुरू हुआ। 27 अप्रैल सन् 1937 के 'हरिजन' में एक अमेरिकी प्रश्नकर्त्ता से वह कहते हैं कि वह कोई भी बड़ा उद्योग चलाने में स्वयं पूरी तरह सक्षम हैं। पर इसका विचार आते ही उनका मन विद्रोह कर उठता है। देश के विनाश की जो प्रक्रिया जारी है वह उसमें हिस्सेदार नहीं बनना चाहते। बातों-बातों में वह ताड़ के गुड़ का एक छोटा-सा टुकड़ा शिशुवत सरलता से अपने अमेरिकी प्रश्नकर्त्ता की हथेली पर रखकर पूछ बैठते हैं कि क्या वह उसे अमेरिका की टॉफी पर तरजीह नहीं देंगे।

गांधी के मशीन विरोध से ये भ्रम नहीं होना चाहिए कि उन्हें मशीनों की समझ नहीं थी। औद्योगीकरण की सीमाओं पर एक विचारशील अमेरिकी इंजीनियर फ्रिडमैन से चर्चा के दौरान ('हरिजन', 28 जनवरी, 1938) वह 'मैकेनिक्स' (यांत्रिकी) की शब्दावली में उदाहरण देते हैं। फ्रिडमैन का कहना था कि क्या यह बेहतर नहीं होगा कि औद्योगीकरण का विरोध करने के बजाय उसकी दिशा बदल दी जाए। गांधी इससे असहमति दर्ज

करते हुए मैकेनिक्स के 'पैरलेलोग्राम ऑफ फोर्सेज' (बलों के समान्तर चतुर्भुज) के सहारे अपनी बात कहते हैं। वह बताते हैं कि इसमें प्रत्येक बल स्वतंत्र अपने मार्ग में सक्रिय रहता है। एक बल दूसरे बल को निष्क्रिय नहीं करता। इसके परिणामस्वरूप जो समवेत बल (फोर्स) पैदा होता है वह गति की अन्तिम दिशा निर्दिष्ट करता है। यही औद्योगीकरण के साथ भी है। गांधी का तात्पर्य है कि इसकी जड़ में जो मशीनें हैं उनमें सक्रिय चारों ओर के बल उन्हें एक ही पूर्व-निर्दिष्ट दिशा में ले जाते हैं जिसे बदल पाना असम्भव है। अतः उसके प्रतिरोध और उसे मर्यादित करने के प्रयास ही ज्यादा कारगर साबित हो सकते हैं।

सन् 1930-31 में दांडी-यात्रा और प्रथम गोलमेज सम्मेलन के घटनाक्रम के दौरान लगभग दस माह गांधी के साथ रहे अमेरिकी पत्रकार विलियम शिरर ने अपने संस्मरणों में लिखा है उन्हें (गांधी को) मशीनों की अच्छी-खासी समझ थी। गांधी प्रथम गोलमेज सम्मेलन के दौरान मंदी और विदेशी माल के हिन्दुस्तानी बहिष्कार के फलस्वरूप बन्द पड़ी कपड़ा मिलों के बेरोजगार मजदूरों के बीच ही लन्दन-प्रवास में रुके थे। उन मिलों की मशीनों को बारीकी से देखने के बाद उन्होंने कहा था कि इतनी पुरानी और पिछड़ी मशीनों के साथ इंग्लैंड उन्नत मशीनों वाले जापान से कैसे स्पर्धा कर सकता है। शिरर बताते हैं कि हिन्दुस्तान में लाउडस्पीकर का प्रयोग सबसे पहले गांधी की सार्वजनिक सभाओं से ही शुरू हुआ। स्वयं शिरर ने भी लाउडस्पीकर सबसे पहले गांधी की सभा में ही देखा था।

गांधी की कई चित्रावलियों में उनके दो दिलचस्प फोटोग्राफ देखे जा सकते हैं– एक में साठ पार गांधी साइकिल चला रहे हैं, दूसरे में थोड़ा और अधिक उम्र के गांधी माइक्रोस्कोप (अणुवीक्षण यंत्र) पर झुककर ध्यान से कुछ देख रहे हैं–सम्भवतः कुष्ट रोगी परचुरे शास्त्री के कुष्ट के रोगाणु को बारीकी से देखने का प्रयास कर रहे हैं। यह चित्र राबर्ट पायनी की गांधी की जीवनी में भी है। फ्रिडमैन से गांधी स्वीकार करते हैं कि वह मशीनों से समझौते करते आ रहे हैं। रेल और मोटरकार से नफ़रत के बावजूद वह उनके इस्तेमाल करते ही हैं। यहाँ तक कि फाउंटेन पेन के प्रयोग को भी वह मंजूर करते हैं। पर अपने लेखन सामग्री के डिब्बे में उपेक्षित पड़े सरकंडे की कलम को वह भूलते नहीं हैं। दरअसल गांधी का विरोध उन्हीं मशीनों से था जो लोगों को निष्क्रिय और बेरोजगार बनाकर उनके पेट पर लात मारती हैं और आर्थिक-सामाजिक असमानता की भयावह खाई पैदा करती हैं।

यह एक अत्यन्त विस्मयजनक विडम्बना है कि मनुष्य के इतिहास का एक क्रूरतम तानाशाह हिटलर जो सन् 1933 के प्रारम्भ में जर्मनी में सत्ता में आया था मशीनों के श्रमिक-विरोधी पहलू को अच्छी तरह समझता था। जर्मनी शुरू से ही पश्चिम का एक अग्रणी औद्योगीकृत देश रहा है। मशीनों के कारण बढ़ती बेरोजगारी को रोकने के लिए सत्ता में आते ही नाज़ियों (हिटलर के अनुयायियों) ने मशीनों के

काम करने के समय में कटौती और उसके मालिकों पर अधिक-से-अधिक लोगों को रोजगार देने के लिए दबाव बनाना शुरू कर दिया था। इस पर जर्मनी के बाहर खास कर इंग्लैंड में प्रतिकूल प्रतिक्रियाएँ हुई थीं। 'दि मैनचेस्टर गार्जियन' ने इस पर सम्पादकीय तक लिखे थे। उसमें हल्के से व्यंग्य के पुट के साथ कहा गया था कि गांधी के हाथ की कताई और बुनाई के विचारों और सुझावों को अमल में लाने की पूरी कोशिशें जर्मनी के सिगार और काँच के उद्योगों में हो रही हैं। लगातार गहराते बेराजगारी के संकट पर मशीनों के दुष्प्रभाव को लेकर व्यापक बहसें एक अर्से से होती रही हैं। पर मशीनों के उपयोग को विवेकसंगत बनाने और उस पर नियंत्रण का दायित्व लगता है नाज़ियों पर छोड़ दिया गया था। सम्पादकीय के अन्त में कहा गया था कि अगर जर्मनी का आचारशास्त्र मध्यकालीन हो गया है तो उसकी अर्थव्यवस्था मध्यकालीन क्यों नहीं होगी।

उक्त सम्पादकीय पर प्रतिक्रिया व्यक्त करते हुए एक संवेदनशील पत्रकार ने लिखा कि हिटलर और गांधी अपने-अपने ढंग से उत्पादन की गति इस हद तक कम करने की कोशिश में हैं कि पूरा उत्पादित माल उपयोग में आ जाए। अगर इसे मध्ययुगीन पद्धति की ओर लौटना माना जाता है तो इस पर क्या कहा जा सकता है। पर हस्तशिल्प न तो प्रतिगामी हैं और ना ही बर्बर।...अगर मशीनें सभी की सुख-समृद्धि में योगदान देने के बजाय करोड़ों की बेरोजगारी और भुखमरी का साधन बनती हैं जैसा कि इस समय पश्चिम में है, तो वो अभिशाप हैं। मशीनें मनुष्य के लिए हैं न कि इसका उल्टा। उन्हें मनुष्य के हित में सहायक होना चाहिए। उन्हें मनुष्य का मालिक बनने की अनुमति नहीं दी जा सकती। गांधी ने 'दि गार्जियन' से प्रकाशित सामग्री पर टिप्पणी करते हुए लिखा है कि फिलहाल यह प्रासंगिक नहीं है कि जर्मनी में ग्रामोद्योग तलवार के बल पर पुनर्जीवित किया जा रहा है। प्रासंगिक यह है कि तकनीकी कौशल और औद्योगीकरण में इतना आगे बढ़ा एक देश अपनी भीषण बेरोजगारी की समस्या का हल ग्रामोद्योग में ढूँढ़ रहा है।

अक्सर यह सवाल उठाया जाता रहा है कि निरन्तर विस्तृत होते संसार की जरूरतों की पूर्ति के लिए मशीनों के जरिए अधिक-से-अधिक उत्पादन (मास प्रोडक्शन) का और विकल्प ही क्या है? लन्दन में दूसरे गोलमेज सम्मेलन के दौरान एक अमेरिकी पत्रकार के ऐसे ही एक प्रश्न के उत्तर में गांधी का संक्षिप्त उत्तर था—अधिक से अधिक लोगों द्वारा उत्पादन (प्रोडक्शन बाई मासेज)। उक्त पत्रकार इसके कुछ समय पहले कारों के विश्वप्रसिद्ध उत्पादक फोर्ड के मशीनों द्वारा अधिक से अधिक उत्पादन के पक्ष में तर्क सुनकर आए थे। फोर्ड का मानना था कि लोगों का जीवन-मान ऊँचा उठाने के लिए व्यापक स्तर पर मशीनों द्वारा अधिक से अधिक केन्द्रीकृत उत्पादन (लार्ज स्केल मास प्रोडक्शन) आवश्यक है। गांधी इससे सहमत नहीं थे। उनका कहना था कि इस तरह मशीनों द्वारा अधिकाधिक उत्पादन (मास प्रोडक्शन) का विचार स्थानीय उपभोक्ता

की असल जरूरतों को ध्यान में नहीं रखता। वह तैयार माल की खपत की दृष्टि से लोगों की जरूरतों को निर्दिष्ट करता है।

अधिकाधिक लोगों द्वारा उत्पादन (प्रोडक्शन बाई मासेज) के पक्षधर गांधी जहाँ कच्चा माल उपलब्ध हो वहीं स्थानीय लोगों द्वारा विकेन्द्रित उत्पादन पर बल देते थे। इससे जहाँ श्रम के विस्थापन, काफी बड़े स्तर पर वितरण और ढुलाई की समस्याओं के हल स्वतः निकल आते थे वहीं अति उत्पादन, जमाखोरी, सट्टेबाजी और मुनाफ़ाखोरी की सम्भावनाएँ कम-से-कम रह जाती थीं। अधिकाधिक उत्पादन को लेकर बीसवीं सदी के तीस के दशक में अमेरिका की यह गर्वोक्ति चर्चा में रहती थी कि जहाँ दूसरे देश गेहूँ का एक पौधा उगा सकते थे वहाँ वह दो हजार पौधे उगा सकता था। इससे परिचित गांधी ने कहा था कि अधिकाधिक उत्पादन के चरम पर पहुँचा अमेरिका अपने देश की बेरोजगारी नहीं मिटा पाया। वहाँ थोड़े से लोग समृद्धि के शिखर पर भले ही हों पर कई लाख लोगों की मूल जरूरतें तक नहीं पूरी हो पा रही हैं। वो दरिद्रता और भीषण अभाव में जीने को अभिशप्त हैं। साथ ही मशीनों द्वारा अधिकाधिक उत्पादन ने उन्हें इतना हृदयहीन और अमानवीय बना दिया है कि उन्होंने लाखों टन चीनी और दूसरे कृषि उपज इस डर से नष्ट कर दिए कि उसकी वजह से कहीं उनके भाव अन्तर्राष्ट्रीय बाजार में गिर न जाएँ। गांधी बड़े दुख के साथ कहते हैं कि इससे अपने ही बेरोजगार गरीबों और दूसरे जरूरतमंद देशों के भूखों के पेट भरे जा सकते थे। इस अमानवीय हृदयहीनता के मूल में दरअसल मशीनें ही थीं। इनका आध्यात्मीकरण जहाँ गांधी असम्भव मानते थे वहीं उसके पीछे मनुष्य में मानवीयता के अधिकाधिक संचार के अपने संकल्प से वह कभी भी जरा-सा विचलित नहीं हुए।

6 अगस्त सन् 1925 के 'यंग इंडिया' में गांधी ने बर्ट्रेंड रसेल के मशीनों और औद्योगीकरण सम्बन्धी भविष्यवाणियों पर विचार करते हुए इन्हें शैतान का फंदा कहा था। मशीनों के पीछे पागलपन और अन्धाधुंध औद्योगीकरण की उनकी तीखी आलोचना से असहमत जवाहरलाल नेहरू और सुभाषचन्द्र बोस जैसे करिश्माई कांग्रेस नेता भी थे। उनकी मौन-मुखर असहमतियाँ छिपी नहीं थीं। पर हिन्दुस्तान की प्रगति के लिए मशीन-प्रेरित औद्योगीकरण और आधुनिकता के समर्थन में रामकृष्ण मिशन जैसे आध्यात्मिक संगठन की पत्रिका 'प्रबुद्ध भारत' में प्रकाशित एक लेख से वह थोड़ा चकित थे। अमेरिका के एक विचारशील वकील जिनकी इंजीनियरिंग की भी पृष्ठभूमि थी, रिचर्ड बी. ग्रेग ने गांधी के विचारों से प्रभावित एक पुस्तक लिखी थी—'इकोनॉमिक्स ऑफ खद्दर' (खद्दर का अर्थशास्त्र)। उस पर 'प्रबुद्ध भारत' में एक विस्तृत आलोचना छपी थी जिसमें स्वामी विवेकानन्द के हवाले से पश्चिम के तर्ज पर हिन्दुस्तान के आधुनिकीकरण और औद्योगीकरण के प्रबल समर्थन के साथ-साथ उसके आध्यात्मीकरण की वकालत भी की गई थी।

गांधी ने उक्त लेख का सार देते हुए 25 जुलाई सन् 1929 के 'यंग इंडिया' में

उस पर सविस्तार विचार किया था। वह इस विचार पर दृढ़ थे कि मशीनों के बल पर औद्योगीकृत समाज का आध्यात्मीकरण असम्भव था। उन्होंने दिवंगत आध्यात्म-चिन्तक स्वामी विवेकानन्द के नाम का दुरुपयोग करते हुए उनके तथाकथित विचारों से अपने तर्क की पुष्टि के आलोचक के प्रयास को एक धार्मिक अपराध कहा था। उन्होंने चेताया था कि हम सभी पढ़े-लिखे लोग, जिनके कंधों पर करोड़ों बेजवुबान लोगों के भाग्य का जुआ खेलने की गम्भीर जिम्मेदारी है, उनके हितों के ट्रस्टी हैं। अतः उनकी नियति को प्रभावित करने वाले किसी क़दम को बहुत ही सोच-समझ कर उठाना होगा। जो आध्यात्म-दृष्टि का दावा करते हैं इस दिशा में उनका दायित्व और भी गुरुतर हो जाता है।

टॉलस्टॉय की तरह मानव शरीर को एक नायाब यंत्र मानते हुए गांधी उसकी कीमत पर दिन दूनी रात चौगुनी बढ़ती जा रही मशीनों और उनसे प्रेरित बददिमाग औद्योगीकरण के प्रतिरोध में जीवन के अन्त तक सक्रिय रहे। वह बार-बार दुहराते रहे कि औद्योगीकरण के शीर्ष पर पहुँचा अमेरिका गरीबी, बेरोजगारी और निरन्तर बढ़ती असमानता का हल ढूँढ़ने में नाकामयाब रहा। इससे नसीहत लेते हुए हिन्दुस्तान को अपने गाँवों के मानव संसाधन और कच्चे माल का अधिकाधिक उपयोग करते हुए कुटीर उद्योगों पर ध्यान देना होगा। 23 मार्च सन् 1947 के 'हरिजन' का उनका लेख इसका साक्षी है। मृत्यु के लगभग सवा महीने पहले 21 दिसम्बर सन् 1947 के 'हरिजन' में वह अन्तिम बार इस विषय पर लिखते हैं कि आजादी की लड़ाई के दौरान हमारे प्रयास थे कि श्रम पर पूँजी की घमंड भरी जीत की जगह पूँजी श्रम के अधीन रहे। अगर हम मानते हैं कि पिछले तीस सालों में हमारे ये प्रयास प्रतिगामी नहीं रहे तो हमें नई शक्ति और अपेक्षाकृत अधिक विवेक के साथ स्वयं को चर्खे और खादी के प्रति समर्पित करना होगा। गांधी इन दोनों को अन्त तक मशीन से जूझने के मनुष्य के अदम्य संकल्प के प्रतीकस्वरूप इस्तेमाल करते रहे।

मशीनें मनुष्य को हाराकिरी की ओर तेजी से ले जा रही हैं, गांधी इस आशंका से कभी मुक्त नहीं हुए। अपने ही बनाए मशीनों के शैतानी जाल में दम तोड़ते मनुष्य की नियति को देख सकने की त्रिकालदर्शिता उनमें थी। इसे मन की आँख से ही देखना सम्भव है जैसा वोले शोयिंका* ने देखा है—

नित नई ऊँचाइयों की ओर
बढ़ते आदमी की प्रगति के

* विश्व-विख्यात नाईजीरियाई कवि, नाट्यकार, विचारक तथा जुझारु मानव अधिकारकर्मी वर्ष 1986 के साहित्य के नोबेल पुरस्कार से सम्मानित पहले अश्वेत रचनाकार। उद्धृत पंक्तियाँ उनकी चर्चित कविता 'डेथ इन दि डॉन' के हिन्दी अनुवाद 'मौत भोर के झुटपुटे में' से। द्रष्टव्य लेखक द्वारा अनूदित 'वोले शोयिंका की कविताएँ'' भारतीय ज्ञानपीठ, नई दिल्ली।

क्रोधातुर डैनों के सामने
किसमें है जुर्रत आने की?
पर मेरे भाई, एक ऐसी ही
प्रेतात्मा निढाल खामोश है
जकड़ी हुई तुम्हारे आविष्कारों के
चमत्कृत बाहुपाश में–
ये बिगड़ा पिटा चेहरा
ये ऐंठन भरी विद्रूप सलवटें
क्या यह,
'मैं' ही तो नहीं हूँ।''

गांधी ने यंत्र-जाल में छटपटाते मनुष्य का यह विद्रूप चेहरा देखा था और चाहते थे इसे हम भी देखें।

16

'हिन्द स्वराज' सभ्यता का मुक्तिकामी विमर्श है। उसमें जितनी विकलता 'स्व' के राज के लिए है, उससे कहीं अधिक चिन्ता 'स्व' पर 'स्व' के राज को लेकर है। मात्र विदेशी पराधीनता से मुक्ति को गांधी 'स्वराज' मानने को तैयार नहीं थे। 'हिन्द स्वराज' के चौदहवें अध्याय में वह स्पष्ट कहते हैं कि ''हम अपने ऊपर राज्य करें', वही स्वराज है; और वह स्वराज हमारी हथेली में है।'' 'स्वराज' के राजनीतिक अर्थ से ही वह सन्तुष्ट नहीं हो सकते थे। उसमें उन्होंने वृहत्तर अर्थवत्ता का संचार किया। 19 मार्च, 1931 के 'यंग इंडिया' में उन्होंने लिखा कि ''स्वराज एक पवित्र शब्द है, वह वैदिक शब्द है जिसका अर्थ है आत्मानुशासन और आत्मसंयम। इसका अर्थ सभी प्रकार के नियंत्रण से मुक्ति कदापि नहीं है जैसा कि (अंग्रेजी के) 'इंडिपेंडेन्स' शब्द से बोध होता है।'' उन्नीसवीं सदी के अन्त में जब कांग्रेस का मिजाज़ बदलने लगा था तभी से हिन्दुस्तान की राजनीति में यह शब्द प्रयोग में आ रहा था। गांधी ने इसके अर्थ को एक सर्वथा नया नैतिक आयाम दिया।

दरअसल अंग्रेजी के 'इंडिपेंडेन्स' शब्द का जब संस्कृत रूपान्तर 'स्वतंत्रता' और 'स्वाधीनता' किया गया तो उसके मूल में जाने-अनजाने प्रबल भारतीय संस्कार काम कर रहे थे। अन्यथा उसका सही शाब्दिक अनुवाद उनकी जगह 'अनाधीनता' किया गया होता–जिसमें अनियंत्रित, निर्बन्ध और निरंकुश जैसे विशेषणों की अर्थ-छायाएँ होतीं। किसी भी वाह्य नियंत्रण और अनुशासन से मुक्त होने की स्थिति में भी हमें अपने देश की संस्कृति ने आत्मसंयम और आत्मानुशासन की शिक्षा दी थी। गांधी ने 'स्वराज' के राजनीतिक अर्थ में यह नया नैतिक-आध्यात्मिक अर्थ अनुस्यूत कर दिया। इसके

परिणामस्वरूप यह शब्द मात्र एक शब्द न रहकर गांधी-युग में राजनीति का वरण करनेवालों के लिए एक आदर्श नैतिक आचारसंहिता बन गया।

इस व्यापक अर्थ से सम्पृक्त 'स्वराज' मार्ग का गांधी के नेतृत्व में अनुगमन करने वालों ने जो पहला पाठ पढ़ा वह था भौतिक सुख-सुविधाओं का अल्पतम उपभोग एवं उपयोग। अपने आप अपरिग्रह का भाव इसमें समाहित हो गया। केवल भारतीय मूल के हिन्दू, जैन, बौद्ध और सिक्ख धर्मों में ही नहीं बल्कि ईसाई और इस्लाम धर्मों में भी किसी-न-किसी रूप में अपरिग्रह का सिद्धान्त विद्यमान है। गांधी ने यरवदा मन्दिर से एक पत्र में लिखा था कि सभ्यता का वास्तविक अर्थ इच्छाओं की वृद्धि में नहीं बल्कि सोच-समझकर स्वेच्छापूर्वक उन्हें सीमित करने में सन्निहित है।

जिज्ञासु क्रान्तिकामी पाठक के मुख से जब गांधी तुलसीदास की अर्धाली 'पराधीन सपनेंहु सुख नाहीं' उद्धृत कर अपने विमर्श को आगे बढ़ाते हैं तो उन्हें अपना निष्कर्ष देने में देर नहीं लगती कि अंग्रेजों की सभ्यता की दासता के कारण ही हम उनके राजनीतिक गुलाम बने हुए हैं। इसलिए बजाय उनसे नफरत करने के, हमें उनकी सभ्यता से नफरत करनी चाहिए। पराये शासन की पराधीनता से इस तरह वह पराई सभ्यता की पराधीनता को कहीं अधिक खतरनाक मानते हैं। और ऐसी भोग-केन्द्रित सभ्यता की पराधीनता में स्वप्न में भी सुख अकल्पनीय है। अपरिग्रह के सिद्धान्त पर आधारित हिन्दुस्तान की सभ्यता और भौतिक सुख की निरन्तर अभिवृद्धि की कामनाओं पर केन्द्रित पश्चिमी सभ्यता के अन्तर के बारे में दक्षिण अफ्रीका के गवर्नर जनरल जॉन क्रिश्चियन स्मट्स और उनके सहयोगियों के विचार का सारांश 'गांधी दक्षिण अफ्रीका में सत्याग्रह के इतिहास' में इस प्रकार देते हैं–

''दक्षिण अफ्रीका पश्चिमी सभ्यता का प्रतिनिधि है जबकि हिन्दुस्तान पूरब की संस्कृति का केन्द्र है। वर्तमान पीढ़ी के विचारकों का मानना है कि दोनों सभ्यताएँ साथ नहीं चल सकतीं। अगर दोनों प्रतिद्वन्द्वी संस्कृतियों का प्रतिनिधित्व करनेवाले राष्ट्र छोटे समूहों में भी मिलते हैं तो इसका परिणाम महज एक विस्फोट ही होगा। पश्चिम सादगी के खिलाफ़ है जबकि पूरब के लोग इसे पहले दर्जे का गुण मानते हैं। इन विरोधी विचारों में कैसे समझौता सम्भव है? इनके तुलनात्मक गुण-दोष पर निर्णय देना राजनेताओं का, जो कि व्यावहारिक लोग हैं, काम नहीं है। पश्चिमी सभ्यता अच्छी नहीं भी हो, पर पश्चिम के लोग इससे चिपटे रहना चाहते हैं। इसे बचाए रखने के लिए उन्होंने अथक प्रयास किए हैं। उसके लिए उन्होंने खून की नदियाँ बहा दी हैं।...असली समस्या है अपनी सभ्यता को बचाए रखने की जिसके लिए वो सर्वोच्च अधिकार अपने पास रखना चाहते हैं।

...यहाँ के राजनीतिक विचारक मानते हैं कि जो हिन्दुस्तानियों के गुण हैं, वही दक्षिण अफ्रीका में उनके दोष बन गए हैं। हिन्दुस्तानियों से दक्षिण अफ्रीका में नफ़रत उनकी सादगी, धीरज, लगन, मितव्ययिता और पारलौकिकता के कारण की जाती है।

पश्चिम के लोग जोखिम-पसन्द, अधीर और अपनी भौतिक जरूरतों को लगातार बढ़ाते रहने और उनकी पूर्ति में लगे रहते हैं। वो अच्छा खाने-पीने और पहनने के शौकीन, शारीरिक श्रम बचाने के लिए चिन्तित और आदत से शाहखर्च होते हैं। उन्हें डर है कि अगर भारी संख्या में पूरब के लोग दक्षिण अफ्रीका में बस जाते हैं तो यहाँ के योरोपियन लोगों के लिए भारी संकट पैदा हो जाएगा।''

गांधी सभ्यता के नाम में दिए गए इन तर्कों को शुद्ध पाखंड मानते थे। इन पर खड़ी सभ्यता उनकी निगाह में डरी हुई सभ्यता थी। पूरब का कोई भी विचारक किसी नए विचार और किसी नई सभ्यता से भयभीत नहीं होता। बल्कि उसके सम्पर्क का सकारात्मक स्वागत करता है। दूसरी ओर पश्चिम की सभ्यता का विश्वास शक्ति के वर्चस्व में है। इसलिए उसके समर्थक पशु-बल के संरक्षण में सदैव तत्पर रहते हैं। उनका मानना है कि जो देश अपनी भौतिक जरूरतों को बढ़ाते नहीं रहते, उनकी बरबादी तय है।

गांधी से लगभग चार साल पहले हिन्दुस्तान में ही पैदा हुए विख्यात अंग्रेज कवि रुडयार्ड किप्लिंग (1865-1936) की चर्चित काव्योक्ति के अनुसार भी ''पूरब पूरब था और पश्चिम पश्चिम। दोनों कभी मिल नहीं सकते।'' इसके बरअक्स गांधी का विचार था कि पूरब और पश्चिम के बीच ऐसी कोई खाई नहीं थी जिसे पाटा न जा सके। इससे और आगे बढ़कर वह कहते हैं कि पश्चिमी या योरोपीय सभ्यता जैसी कोई अलग चीजें नहीं हैं। अगर है तो वह आधुनिक सभ्यता है जिससे सम्पर्क के पहले पश्चिम और पूरब की सभ्यताओं में बहुत कुछ समान था। वह कहते हैं कि वह एक क्षण के लिए भी यह मानने को तैयार नहीं हैं कि ये दोनों सभ्यताएँ परस्पर मिल नहीं सकतीं। पर हाँ, वो तभी मिल सकती हैं जब पश्चिम आधुनिक सभ्यता से लगभग पूरी तरह मुक्त हो जाए। और हाँ, पश्चिम और पूरब तब भी सतही तौर पर मिल सकते हैं जब पूरब पूरी तरह आधुनिक सभ्यता को स्वीकार कर ले। पर यह मिलन शस्त्रास्त्रों से सुसज्जित युद्धविराम जैसा होगा। दोनों एक-दूसरे द्वारा निगल लिए जाने के भय से सदा आक्रान्त रहेंगे। गांधी के अनुसार आधुनिक सभ्यता कुछ नहीं है अगर वह पग-पग पर भौतिकवाद की विजय नहीं है। वह बार-बार इसे दोहराते हैं कि आधुनिक सभ्यता ईसाई-धर्म विरोधी है।

आधुनिक सभ्यता के बरअक्स गांधी प्राचीन सभ्यता में अपनी आस्था की बात करते हैं–उस सभ्यता की जिसका विश्वास है सादगी में, उस सभ्यता की जिसमें प्रत्येक हिन्दुस्तानी की, चाहे वह हिन्दू हो या मुसलमान, चाहे ईसाई हो या पारसी या यहूदी ही क्यों न हो, जन्मजात धार्मिक अन्तर्वृत्तियाँ सन्निहित हैं–यह वही आस्था है जिसने उपहास, शंका और विरोध के गहरे अन्धकार के दिनों में भी उन्हें विचलित नहीं होने दिया। 11 अगस्त सन् 1927 के 'यंग इंडिया' में गांधी इस विचार को निर्मूल कर देते हैं कि सतही योरोपीकरण का विकल्प प्राचीन आर्य परम्परा की ओर पूरी तरह लौटने में है।

गांधी अपने गुरु गोखले के भी गुरु महामति जस्टिस रानाडे के इस विचार से सहमति व्यक्त करते हैं कि यदि वांछनीय हो तो भी प्राचीन परम्परा की शब्दशः पुनरावृत्ति पूरी तरह असम्भव है। पहली बात तो यह है कि किसी को भी आधिकारिक रूप से यह पता नहीं है कि आर्य-परम्परा क्या थी या क्या है। फिर यह सही-सही बताना कठिन है कि वह कौन-सा काल था जिसे (आर्य-परम्परा का) का स्वर्णिम युग माना जा सके और उसका स्पष्ट वर्णन किया जा सके। वह जोड़ते हैं कि उनमें इतनी विनम्रता है कि वह स्वीकार कर सकें कि पश्चिम में बहुत कुछ ऐसा है जो हम अपने लाभ के लिए आत्मसात कर सकते हैं। ज्ञान पर किसी महाद्वीप या नस्ल का एकाधिकार नहीं है। आगे वह कहते हैं कि वह खुशी से यह मानते हैं कि पश्चिम में धीरे-धीरे पर निश्चित रूप से अन्ततः एक नई शक्ति का उदय हो रहा है। पर वह यह नहीं जानते कि यह शक्ति हिन्दू-अनुभव के पार जा सकेगी या नहीं। किन्तु मनुष्यता को समृद्ध करने वाले प्रत्येक नए योगदान का चाहे वह कहीं से भी आए वह स्वागत करते हैं।

17

प्रथम विश्व महायुद्ध की समाप्ति के बाद बीसवीं सदी के तीसरे दशक के प्रारम्भ में दुनिया की राजनीति और आधुनिक सभ्यता के क्षेत्र में अमेरिका एक नए महत्त्वपूर्ण केन्द्र के रूप में उभरने लगा था। उसी समय अमेरिका की गांधी में और गांधी की अमेरिका में दिलचस्पी भी बढ़ने लगी थी। गांधी के नेतृत्व में जिस तरह असहयोग आन्दोलन के दौरान सन् 1921-22 में आसेतु हिमाचल पूरा हिन्दुस्तान उद्वेलित हो उठा था, अमेरिका के लोग इसे गहरी जिज्ञासा से देख रहे थे। गांधी के आने के साथ कांग्रेस के तेवर में जो एक अनूठा अहिंसक जुझारूपन नजर आने लगा था उससे पश्चिम का प्रेस बेखबर रहा हो ऐसी बात नहीं थी। पर इंग्लैड का पश्चिम में इतना दबदबा था और 'रायटर' जैसी अन्तर्राष्ट्रीय समाचार एजेन्सी पर उसका चंगुल इतना गहरा कसा हुआ था कि सन् 1919 जलियाँवाला बाग के लोमहर्षक हत्याकांड तक की खबरें विश्व स्तर पर प्रसारित नहीं हो पाईं। उससे उपजे देशव्यापी जन-आक्रोश और उसके बाद खिलाफ़त और असहयोग आन्दोलन के समाचार तो दूर की बातें थीं।

दूसरी ओर इंग्लैंड के युवराज–प्रिंस ऑफ वेल्स की हिन्दुस्तान यात्रा और उनके स्वागत-सत्कार के समाचार बढ़ा-चढ़ाकर प्रसारित किए जा रहे थे। इस यात्रा के व्यापक बहिष्कार और जन-विरोध का कहीं जिक्र भी नहीं था। पर इंग्लैंड के दबदबे के सामने न झुकने वाले फ्रांस, जर्मनी, स्पेन और स्विट्ज़रलैंड जैसे योरोप के देशों के स्वतंत्रचेता अखबारों में हिन्दुस्तान की घटनाओं, यहाँ के असन्तोष और आन्दोलनों की खबरें छप रही थीं। फ्रेंच, स्पेनिश और जर्मन बोलने और समझने वाले लोग अमेरिका में काफी

थे। अतः गांधी के अद्‌भुत व्यक्तित्व और उनके नेतृत्व में चल रहे अनूठे अहिंसक जन-आन्दोलन की खबरें वहाँ पहुँच रही थीं।

सन् 1921 और 1922 में न्यूयार्क के कम्युनिटी चर्च के मिनिस्टर (प्रमुख अनुष्ठाता) जॉन हेन्स होम्स ने उसकी उपदेश-पीठिका से गांधी के सम्बन्ध में दो अलग-अलग विचारोत्तेजक प्रवचन दिए थे। उसमें उन्होंने तत्कालीन अमेरिकी राष्ट्रपति वुडरो विल्सन और सोवियत रूस के लेनिन से गांधी की विस्तृत तुलना करते हुए उन्हें समकालीन विश्व का महानतम व्यक्ति बताया था। उन्होंने कहा था कि जब हम लेनिन की चर्चा करते हैं तो नेपोलियन की याद आती है और जब गांधी के बारे में सोचते हैं तो हमारे मन में प्रभु ईसा की छवि उभरती है। सन् 1923-24 में प्रकाशित रोमाँ रोलाँ की पुस्तक 'महात्मा गांधी' ने भी अमेरिका सहित समूचे पश्चिम में गांधी के अनूठे व्यक्तित्व और कृतित्व की सकारात्मक समझ विकसित करने में उल्लेखनीय योगदान दिया।

जहाँ अमेरिका में होम्स, लुई फिशर, डॉ. मार्डिके जॉन्सन, डु'ब्वॉ, मार्टिन लूथर किंग जूनियर और वर्तमान बराक ओबामा तक गांधी-भक्तों और प्रशंसकों की एक लम्बी परम्परा है, वहीं उनके निन्दक और आलोचक भी वहाँ लगातार सक्रिय रहे। ईसाई मिशनरियों के एक महत्त्वपूर्ण वर्ग और उपनिवेशवादी निहित-स्वार्थ तत्वों की दुरभि-सन्धि के फलस्वरूप सन् 1927 में प्रकाशित मिस मेयो की 'मदर इंडिया' इसका सबसे ज्वलंत उदाहरण है। इसमें हिन्दुस्तान, हिन्दू धर्म और गांधी की तीखी आलोचना है। आर्थर कोयेस्टलर और क्लिफोर्ड गीर्ट्ज गांधी के अमेरिकी-आलोचकों निन्दकों में दो अन्य प्रमुख नाम हैं। इस पृष्ठभूमि में सन् 1920 के बाद गांधी के सभ्यता-विमर्श में अमेरिका की लगातार बढ़ती उपस्थिति विचारणीय है।

प्रथम विश्व महायुद्ध (सन् 1914-1918) के दौरान योरोप अपनी अभूतपूर्व विनाशलीला का स्वयं साक्षी रहा। अमेरिकी सहयोग के बिना उसका पुनर्निर्माण लगभग असम्भव था। कम्युनिस्ट सोवियत रूस के उदय के साथ दुनिया दो-ध्रुवीय हो गई थी। पूँजीवादी व्यवस्था में योरोप की भूमिका दिन-ब-दिन गौण और अमेरिका की भूमिका प्रमुख होती जा रही थी। इस तेजी से बदलती दुनिया से गांधी अच्छी तरह परिचित थे। उन्हें पता था कि अमेरिका के बिना उनके सभ्यता-चिन्तन का वैश्विक आयाम अधूरा रह जाएगा। अमेरिका का पहला अनुभव चौबीस वर्षीय गांधी को सन् 1893 में दक्षिण अफ्रीका पहुँचने के एक सप्ताह के अन्दर प्रिटोरिया में हुआ। रेल और कोच की यात्रा के दौरान घनघोर अपमान के बाद जब गहरी आशंका से ग्रस्त वह प्रिटोरिया के रेलवे स्टेशन पर उतरकर शहर में रुकने के लिए किसी मध्यम दर्जे के होटल की तलाश में थे तब वहाँ बसे एक अमेरिकी अश्वेत ने उनकी सहायता की। वह शहर में गांधी को एक अमेरिकी श्वेत सज्जन जॉन्सन के फेमिली होटल में ले गया।

कमरा देने के बाद जॉन्सन ने बड़े संकोच के साथ गांधी को बताया उनके सभी ग्राहक योरोपियन थे। हालाँकि स्वयं उनके मन में रंग या नस्ल-भेद जैसा कोई भाव नहीं था पर उन्हें आशंका थी कि अगर डाइनिंग हॉल में उन्हें (गांधी को) रात का खाना परोसा जाता है तो उनके योरोपियन ग्राहक उस पर आपत्ति कर सकते हैं। इसलिए उनका भोजन उनके कमरे में ही पहुँचा दिया जाएगा। गांधी ने यह शर्त स्वीकार कर ली थी। पर जॉन्सन की अन्तर्रात्मा उन्हें कहीं गहरे कचोट रही थी। वह डाइनिंग हाल में गए। वहाँ अपने योरोपियन ग्राहकों से इस बात की चर्चा की। उन्हें रंगीन नस्ल के गांधी के साथ भोजन में आपत्ति नहीं थी।

राहत की साँस लेते हुए जॉन्सन गांधी के कमरे में स्वयं आए और चकित गांधी को उन्होंने सूचित किया कि उनके योरोपियन ग्राहकों को उनके (गांधी के) साथ भोजन करने में कोई एतराज नहीं था। इसके बाद गांधी ने डाइनिंग हॉल में योरोपीय सज्जनों के साथ पेट भरकर खाना खाया। जॉन्सन के माध्यम से तरुण गांधी को पहली बार ह्विटमन, थोरो और एमर्सन के देश के एक संवेदनशील प्रतिनिधि का पहला अनुभव हुआ। आगे उनके विचारों पर अमेरिका के इन चिन्तक-रचनाकारों के सृजनात्मक प्रभाव की भूमिका सहज ही तैयार हो गई थी। 'हिन्द स्वराज' सहित गांधी के व्यापक सभ्यता-विमर्श में इनकी प्रत्यक्ष-परोक्ष उपस्थिति लगातार बनी रही।

अमेरिका पश्चिमी सभ्यता का एक महत्त्वपूर्ण केन्द्र बन गया था। उसके सभ्यता विषयक सोच पर गांधी की सम्भवतः पहली प्रतिक्रिया सन् 1919 में मिलती है जब प्रथम विश्व महायुद्ध की समाप्ति पर अन्तर्राष्ट्रीय प्रतिज्ञा-पत्र के तहत विश्व में शान्ति और सहयोग के लिए लीग ऑफ नेशन्स की स्थापना की प्रक्रिया शुरू हुई थी। इसके सम्मेलन में अमेरिका के राष्ट्रपति वुडरो विल्सन (1856-1924) ने जो भाषण दिया था गांधी ने उसे पढ़ा था। विल्सन ने कहा था, "सशस्त्र सेनाएँ इस कार्यक्रम के अन्तर्गत पृष्ठभूमि में रहेंगी। (पर यह ध्यान रहे) वह पृष्ठभूमि में ही रहेंगी। और अगर दुनिया का नैतिक बल पर्याप्त नहीं सिद्ध होता तो भौतिक बल के प्रयोग में देर नहीं लगेगी।" गांधी राष्ट्रपति विल्सन के इस धमकी भरे शान्ति के प्रस्ताव को दरअसल पश्चिम की आधुनिक सभ्यता का सन्देश करार देते हैं। वह कहते हैं कि हम हिन्दुस्तान में इसके उल्टे यह सिद्ध करने की आशा करते हैं कि नैतिक बल के सामने भौतिक बल कुछ नहीं है। नैतिक बल की कभी भी हार नहीं होती।

गांधी अफ्रीका में ब्रिटिश उपनिवेशवाद और ईसाई मिशनरियों के बीच गहरी दुरभिसन्धि से परिचित थे। इंग्लैंड अफ्रीका के हतभाग्य अश्वेतों को गुलाम बनाकर अमेरिका भेजने के पापी धन्धे का सबसे गर्हित अपराधी था। सत्रहवीं और अट्ठारहवीं सदी में अफ्रीका के समुद्र तटों पर उसकी छवि घृणित मानव-तस्कर की थी। यह मिशनरियों के सहयोग से ही सम्भव था। सन् 1786 के पूर्व सौ सालों में बीस लाख अश्वेत अफ्रीकियों की अमेरिका में तस्करी की गई थी। मानव-तस्करी इंग्लैंड का सबसे

लुभावना व्यापार था। सत्रहवीं और अट्ठारहवीं सदी में इंग्लैंड के बड़े शहरों की समृद्धि का यही आधार था।

ढाई सौ सालों में इंग्लैंड ने कम-से-कम अस्सी लाख अश्वेत गुलाम अमेरिका को बेच दिए थे। इनमें उन हतभाग्य अभिशप्तों की संख्या शामिल नहीं है जो पशुओं से भी बदतर हालत में पानी के जहाजों में ठूँस कर भेजे जाने के दौरान यात्रा में ही मर गए थे। अनुमान है कि ढाई सौ सालों में इन रक्तरंजित यात्राओं के दौरान लगभग चार करोड़ अश्वेत मर-खप गए थे। अमेरिका ने वहाँ के मूल निवासियों और अश्वेत गुलामों के साथ जो लोमहर्षक अमानवीय व्यवहार किए थे उसे गांधी अच्छी तरह जानते थे। इस पृष्ठभूमि में वह अमेरिकी आर्थिक सहायता को शंका की दृष्टि से देखते थे। इस प्रकार की सहायता तीसरी दुनिया के देशों में दो तरह से आती रही हैं–एक तो आर्थिक विकास के लिए सीधे सरकारी मार्ग से दूसरे अति पिछड़े अविकसित क्षेत्रों में शिक्षा और स्वास्थ्य की सुविधाएँ उपलब्ध कराने के नाम में ईसाई मिशनरियों के जरिए जिसका उपयोग मुख्यतः लालच देकर धर्म परिवर्तन के लिए होता रहा है।

29 सितम्बर सन् 1940 के 'हरिजन' में गांधी और एक अमेरिकी सज्जन के बीच संवाद के महत्त्वपूर्ण अंश छपे हैं। उसमें गांधी ने प्रभु ईसा का जिक्र आने पर कहा है कि यदि अमेरिका उनके उपदेश को सच्चे दिल से स्वीकार कर लेता है तो उन्हें सभी यंत्र-कौशल पर उसके एकाधिकार के विरुद्ध कोई शिकायत नहीं होगी। पर जो ईसाईयत वह हिन्दुस्तान भेज रहा है वह कलुषित है। वह अपने मिशनरी यहाँ साम्राज्यवादी शोषण की नीयत से भेजता है। उनके शिक्षण और स्वास्थ्य संस्थाओं के पीछे दुर्भाग्यवश धर्म-परिवर्तन का निहित-स्वार्थ होता है। एक दूसरे सदाशय अमेरिकी ने जब उनसे पूछा था हिन्दुस्तान की प्रगति के लिए वह अमेरिकी आर्थिक सहायता किस रूप में चाहेंगे तो उनका दोटूक जवाब था कि वह उसे किसी रूप में भी स्वीकार नहीं करना चाहेंगे। समय पर वह अपने देश के श्रम से प्रगति हेतु आर्थिक संसाधन स्वयं अर्जित कर लेंगे। उन्हें पता था कि उनके राजनीतिक उत्तराधिकारी पश्चिम के विकास मॉडल से अभिभूत थे। इसलिए वह नहीं चाहते थे कि उनके जवाहर की कान्ति डालरों की चमक से धुँधली पड़ जाए।

गांधीवादी अर्थशास्त्री जे.सी. कुमारप्पा ने, जो स्वयं एक दक्षिण भारतीय ईसाई और पेशे से मूलतः पश्चिम में प्रशिक्षित चार्टर्ड एकाउंटेंट थे, अमेरिका के आर्थिक साम्राज्यवाद के खिलाफ़ चेतावनी दी थी। उन्हें आशंका थी कि इंग्लैंड के राजनीतिक साम्राज्यवाद के अन्त होने की स्थिति में अकुशल प्रशासन की अयोग्यता से पैदा भयावह रिक्तता को वैश्विक वर्चस्व की महत्त्वाकांक्षा से प्रेरित अमेरिका अपने आर्थिक साम्राज्यवाद से भर देगा। उनकी आशंका सच साबित हुई।

कुमारप्पा अपनी इस सोच में अकेले नहीं थे। 6 जुलाई सन् 1944 को आजाद हिन्द रेडियो से प्रसारित गांधी को विशेष रूप से सम्बोधित अपने भाषण में सुभाष

चन्द्र बोस ने भी अमेरिका के वैश्विक प्रभुत्व की महत्त्वाकांक्षा को धारदार शब्दों में रेखांकित किया था। उनके अनुसार द्वितीय विश्व महायुद्ध में मित्र देशों के साथ अमेरिका अपने वैश्विक प्रभुत्व के सपने को ही साकार करने के उद्‌देश्य से शामिल हुआ था। उसके चुनिन्दा शासक और बौद्धिक भाष्यकार खुलकर 'अमेरिकी शताब्दी' की बातें कर रहे हैं। इनमें ऐसे अतिवादी भी हैं जो ब्रिटेन को संयुक्त राज्य अमेरिका का 49वाँ राज्य कहने की हद तक पहुँच गए हैं।

गांधी अमेरिका की इस नव औपनिवेशिक वर्चस्व की महत्त्वाकांक्षा के मूल में पश्चिम की आधुनिक सभ्यता को ही मानते थे। अमेरिका से लेन-देन के बारे में गांधी का दिमाग बिल्कुल साफ था। वह चाहते थे कि हिन्दुस्तान अमेरिका को मात्र कच्चे माल का निर्यातक ही बनकर न रह जाए। उसका तैयार माल भी वहाँ पहुँचे। केवल कच्चे माल के निर्यात का बुरा प्रभाव उसके हस्त-शिल्प और कुटीर उद्योग को पंगु बना देगा। उनके अनुसार अमेरिका को हिन्दुस्तान के साथ वैसा ही व्यवहार करना होगा जैसे व्यवहार की उम्मीद वह अपने लिए हिन्दुस्तान से करता है।

गांधी अच्छी तरह समझते थे कि किसी देश की सभ्यता उसके भूगोल से निर्दिष्ट होती है। अमेरिका की जनसंख्या काफी विरल थी और अपने प्रचुर प्राकृतिक संसाधनों के साथ वह एक विशाल देश था। इसलिए उसे अपनी आवश्यकता की चीजों के उत्पादन के लिए मशीनों की सहायता की जरूरत हो सकती है। हिन्दुस्तान की घनी जनसंख्या के रूप में उपलब्ध मानव-संसाधन की उत्पादन में उपेक्षा, अमेरिका की बददिमाग नकल के आधार पर, हमारे लिए अनिष्टकारी सिद्ध होगी। 14 सितम्बर, 1934 के 'हरिजन' में वह एक अमेरिका-प्रशंसक हिन्दुस्तानी अर्थशास्त्री के एक कथन का हवाला देते हैं कि हर एक अमेरिकी के पास छत्तीस गुलाम होते हैं। उनका आशय था उनके काम छत्तीस मशीनें करती हैं।

गांधी ने उक्त अर्थशास्त्री से कहा था कि उन्हें (अमेरिकियों को) इसकी जरूरत हो सकती है, हमें कत्तई नहीं। उन्होंने साफ कर दिया था कि हम औद्योगीकरण में तभी संलग्न हो सकते हैं जब हम ठान लें कि हमें दुनिया को गुलाम बनाना है। 2 नवम्बर सन् 1934 के 'हरिजन' में वह कहते हैं कि अमेरिका ने अपनी छोटी-बड़ी मशीनों और बेजोड़ कौशल को बेचकर, जिसका उसे पूरा हक है, पूरी दुनिया को अपना कर्जदार बना लिया है। पर वह स्वयं एकाधिकार और विशेषाधिकार से नफरत करते हैं। अगर अमेरिका मानव-हित से प्रेरित है तो, उसे कहना चाहिए, "भाई, हमें पुल-निर्माण का ज्ञान है। हम अपने उस ज्ञान को छिपाकर नहीं रखेंगे। उसे हम पूरी दुनिया को सिखा देंगे। बदले में उससे कुछ भी नहीं लेंगे।" अविकसित और अर्धविकसित देशों का, मशीनों के सहारे अपने अति उत्पादन से अमेरिका ने, जिस तरह शोषण किया है उससे न तो शोषक के रूप में उसका भला हुआ है और न ही इसके द्वारा शोषित देशों का। उलटे उसका आध्यात्मिक विकास बाधित हुआ है और मनुष्य के हित की उसकी सच्ची भावना

कुन्द पड़ गई है। इस सन्दर्भ में गांधी 'बाइबिल' का अपना प्रिय कथन एक बार फिर दोहराते हैं कि इसमें कौन-सा लाभ है कि हम पूरा संसार जीत लें पर अपनी आत्मा खो दें।

गांधी के सभ्यता-विमर्श से लगातार कई संवेदनशील अमेरिकी जुड़े रहे जिसमें श्वेत और अश्वेत दोनों शामिल थे। इनमें अमेरिकी मिशनरी डॉ. जॉन मॉट, इंजीनियर-विचारक रिचर्ड बी. ग्रेग, डॉ. जॉन द बोअर, फ्रिडमैन, एम. हैलिड इडिबे, हैनम, जॉन हेनिस होम्ज़ और रेन होल्ड नेबुहर जैसे संवेदनशील श्वेत तथा डब्ल्यू.ई.बी. डु'ब्वॉ, ए. फिलिप रंडाल्फ, जेम्स फार्मर, बेयार्ड रस्टिन, डॉ. चैनिंग टोबियास, डॉ. बेन्जामिन मेज़ और डॉ. होवार्ड थ्रुमन जैसे अश्वेत (नीग्रो) विचारशील राजनीतिकर्मी भी थे। गांधी को एकाधिक बार अमेरिका बुलाने के प्रयास हुए–श्वेत और अश्वेत दोनों वर्गों के गांधी-प्रेमियों द्वारा। पर उनका वहाँ जाना सम्भव नहीं हुआ। बीसवीं सदी के बीस के दशक में अश्वेत लोगों के समता के अधिकार और विकास के लिए चिन्तक अश्वेत मानव-अधिकारकर्मी डु'ब्वॉ ने गांधी को अमेरिका निमंत्रित करने के प्रश्न पर गहरे विचार-विमर्श के बाद कहा कि 'यह देश सभ्यता के इस स्तर पर अभी नहीं पहुँच पाया था कि वह गांधी जैसे समादृत अश्वेत अतिथि का स्वागत कर सके।'

डु'ब्वॉ ने सन् 1929 में अश्वेतों में जागृति और उनके राजनीतिक, बौद्धिक और सांस्कृतिक विकास के लिए एक पत्रिका 'क्राइसिस' की शुरुआत की थी। इसके लिए उन्होंने गांधी से आग्रहपूर्वक एक प्रेरक सन्देश प्राप्त किया था जिसमें गांधी ने लिखा था, "अमेरिका के एक करोड़ बीस लाख नीग्रो-समाज को इस तथ्य को लेकर रंचमात्र शर्मिन्दा होने की जरूरत नहीं है कि वे गुलामों की सन्तानें हैं। असली शर्म तो उन्हें गुलाम बनाने वालों को आनी चाहिए।" गांधी के सन्देश पर मनन करते हुए डुब्वॉ ने कहा था कि "संयुक्त राज्य अमेरिका में सच्ची मानव-समता और बन्धुत्व की स्थापना केवल एक और गांधी के नेतृत्व में ही सम्भव हो सकेगी।" लगता है ईश्वर ने इसे सुन लिया था। इसी वर्ष मार्टिन लूथर किंग जूनियर (1929-1968) ईसा और गांधी की करुणा–विकल आत्मा के दीप्त अंश के साथ अमेरिका की धरती पर अवतरित हुए थे।

सन् 1930 और 31 में क्रमशः नमक सत्याग्रह (दांडी-यात्रा) और गोलमेज सम्मेलन के बाद अमेरिका के श्वेत गांधी-प्रेमियों और जिज्ञासुओं में एक बार फिर उन्हें अमेरिका बुलाने पर गम्भीर विचार-विमर्श चला। सन् 1930 में नमक सत्याग्रह के महाकाव्यात्मक आयाम की समूचे विश्व के प्रेस में हफ्तों चर्चा रही। इससे चिढ़कर ब्रिटिश साम्राज्य के अदम्य प्रवक्ता चर्चिल ने गांधी को 'हिन्दुस्तान का अर्धनग्न फकीर' कह दिया था। गांधी के लिए प्रयुक्त यह नया विशेषण ब्रिटेन और अमेरिका के साम्राज्यवादियों को खास रास आया था। इस पृष्ठभूमि में गांधी के श्वेत अमेरिकी प्रशंसकों को आशंका थी कहीं गांधी को उनके देश में वह सम्मान न मिल पाए जिसके वह हकदार थे। अतः

जिन कारणों से सन् 1929 में नस्लभेद के विरुद्ध संघर्षरत संवेदनशील अश्वेत बुद्धिजीवियों ने गांधी को अमेरिका बुलाने में संकोच का अनुभव किया था लगभग उन्हीं कारणों से सन् 1931 में और उसके बाद वहाँ के श्वेत गांधी प्रेमी भी उन्हें अपने यहाँ ले आने में झिझक रहे थे।

उस समय गांधी के व्यक्तित्व और विचारों को एक सर्वथा नई दृष्टि से समझने के लिए प्रयासरत तरुण विद्वान रेनहोल्ड नेवुहर ने उन्हें सन् 1931 में लन्दन में गोलमेज सम्मेलन के दौरान देखने के बाद माना था कि आध्यात्ममंडित उनके सरल व्यक्तित्व और निश्छल मुस्कान का सम्मोहन किसी भी उपहास और अनादर की संभावना को निरस्त करने के लिए पर्याप्त था। इस पृष्ठभूमि में यद्यपि गांधी का अमेरिका जाना सम्भव नहीं हो पाया पर अमेरिका से उनके जिज्ञासु प्रशंसक अनवरत उनसे मिलने और बातचीत करने के लिए उनके पास पहुँचते रहे। उनसे सम्पर्क के फलस्वरूप गांधी अमेरिका की राजनीतिक, सामाजिक, सांस्कृतिक और आध्यात्मिक समस्याओं की अच्छी जानकारी रखने लगे थे।

आगे श्वेत गांधी-प्रशंसकों द्वारा उनके अमेरिका आने के निमंत्रण के संकेत नहीं मिलते। पर उनके अश्वेत अमेरिकी प्रशंसक अभी भी उन्हें अपने बीच अमेरिका ले आने के लिए प्रयत्नशील थे। अश्वेतों में लोकप्रिय अखबारों में गांधी से सम्बन्धित खबरें बड़ी सुर्खियों के साथ छपती थीं। इनमें 'बाल्टिमोर अफ्रो-अमेरिकन' और 'ब्लैक थंडर' के नाम विशेष उल्लेखनीय हैं। अश्वेत गांधी-प्रेमियों के लिए इनसे मिलने हिन्दुस्तान आना एक तीर्थयात्रा जैसा पवित्र अनुष्ठान था। डॉ. चेनिंग टोबियास, डॉ. बेंजामिन मेज़, डॉ. होवड थ्रुमन और बेयार्ड रस्टिन जैसे प्रमुख अमेरिकी अश्वेत गांधी के आश्रमों में उनसे मिलकर उनके शुद्ध-सात्विक जीवन से अभिभूत हो उनसे अमेरिका आने का आग्रह लगातार करते रहे।

सन् 1934 में गांधी ने कांग्रेस की सदस्यता औपचारिक रूप से छोड़कर अपना ध्यान समग्र रूप से ग्रामोत्थान और अस्पृश्यता उन्मूलन पर केन्द्रित करने का निर्णय ले लिया था। इसमें उन्हें अनेक प्रतिरोधों का सामना करना पड़ रहा था। अतः अपने आगन्तुक अश्वेत जिज्ञासुओं को उनके अमेरिका आने के निमंत्रण पर गांधी का कमोबेश एक-सा आत्मीय उत्तर होता था—जब तक उनके विचार और प्रयास हिन्दुस्तान में फलीभूत नहीं होते तब तक वह अमेरिका में अपने उपदेश कैसे दे सकते हैं? अन्ततः वह उनका हौसला बढ़ाते हुए उनसे कहते थे कि सत्य उनके पक्ष में है और अहिंसा के अमोघ अस्त्र से लैस अगर वह अपना संघर्ष जारी रखते हैं तो विजय के साथ उनका उज्ज्वल भविष्य सुनिश्चित है। उन्होंने भविष्यवाणी-सी की थी कि बहुत सम्भव है नीग्रो-समाज के माध्यम से ही अहिंसा का शुद्ध सन्देश समूचे विश्व में फैले।

मार्टिन लूथर किंग (जू.) के पहले अमेरिका के अनेक अश्वेत राजनीतिकर्मी जिनमें ए. फिलिप रैंडाल्फ, जेम्स फार्मर, वेयार्ड रस्टिन और डॉ. होवर्ड थ्रुमन प्रमुख थे, लगातार

इस सोच में लगे थे कि कैसे गांधी के अहिंसक संघर्ष की तकनीक को वहाँ की परिस्थितियों में लागू किया जाए। पर इतिहास ने अमेरिकी गांधी की भूमिका किंग के लिए सुरक्षित कर रखी थी। गांधी से परिचय के पहले किंग ने नीत्शे को पढ़ा था। जिसका विचार था कि ईसाई धर्म की 'दास नैतिकता सामाजिक नपुंसकता का पोषण' करती है।' इससे वह उदास हो गए थे। सन् 1950 में 21 वर्षीय किंग ने भारत से लौटे हावर्ड विश्वविद्यालय के अध्यक्ष गांधी प्रशंसक डॉ. मार्डिके जॉन्सन का विचारोत्तेजक भाषण सुना था। उससे वह इतना प्रभावित हुए कि उन्हीं के शब्दों में मानो उनकी नसों में बिजली दौड़ गई थी। सभा से उठकर वह तुरन्त गांधी के जीवन और कर्म पर आधा दर्जन किताबें खरीद लाए और इन्हें पूरे मनोयोग से पढ़ गए। आगे भी वह सत्याग्रह और अहिंसा के सिद्धान्तों का लगातार अनुशीलन और मनन करते रहे। और उन सिद्धान्तों को कर्म में अनूदित करने की घड़ी दिसम्बर सन् 1955 में आई।

पहली दिसम्बर सन् 1955 को रोज़ा पार्क्स (1913-2005) नाम की एक अश्वेत महिला ने दक्षिण अमेरिका के अल्बामा राज्य की राजधानी मांटगोमरी में बस-यात्रा के दौरान श्वेत यात्रियों के लिए चिन्हित सीट पर बैठकर उसे खाली करने से दृढ़तापूर्वक मना कर दिया था। नतीजतन इस साहसिक प्रतिरोध के लिए अमेरिका की इस पहले सत्याग्रही को न केवल अपमानित होना पड़ा था बल्कि रंगभेद के कानून की अवहेलना के अपराध में जेल की सजा के साथ अर्थ-दंड भी भुगतना पड़ा था। यह घटना अमेरिका में रंग और नस्लभेद के विरुद्ध छब्बीस वर्षीय डॉ. मार्टिन लूथर किंग के नेतृत्व में विराट जन-समर्थित सत्याग्रह का प्रस्थान बिन्दु सिद्ध हुई।

रोज़ा पार्क्स पेशे से एक अध्यापिका और सिलाई में दक्ष महिला थीं। वह अश्वेत लोगों के विकास के लिए बने राष्ट्रीय संगठन की एक कर्मठ सदस्या भी थीं। उन्होंने रंगभेद के विरुद्ध अपना साहसिक ऐतिहासिक कदम उठाने के कुछ समय पहले अहिंसक गांधीवादी प्रतिरोध पर प्रसिद्ध हाई लैंडर फोक स्कूल, मॉन्टीगिल, टेनेसी में एक कार्यशाला में भाग लिया था। सिनेटर हैरिस वोफार्ड जू. की पुस्तक 'लोहिया एंड अमेरिका मीट' (लोहिया अमेरिका मिलन) के अनुसार सन् 1951 में डॉ. राममनोहर लोहिया ने भी इस संस्था में गांधी के विचारों पर एक विचारोत्तेजक भाषण दिया था। रोज़ा पार्क्स की सजा ने न केवल मांटगोमरी नगर के बल्कि पूरे अल्बामा राज्य के अश्वेतों को आहत और उत्तेजित कर दिया था। इसे तरुण डॉ. किंग के करिश्माई नेतृत्व ने एक विराट अहिंसक जन-आन्दोलन में बदल दिया था। मांटगोमरी की प्रतिरोध सभा में डॉ. किंग की साठ फीसदी अश्वेत उपस्थिति की आशा के विपरीत लगभग शत-प्रतिशत आबालवृद्ध अश्वेत स्त्री-पुरुष सम्मिलित हुए। महीनों चले बस-बहिष्कार आन्दोलन के दौरान एक भी हिंसक घटना नहीं हुई। किंग के अनुसार आन्दोलन की आत्मा और प्रेरणा प्रभु ईसा की थी और उसके संचालन की पद्धति गांधी की। उन्होंने पवित्र उद्‌देश्य के मार्ग में मिली यातना के प्रसाद को मुक्तिदायक माना था।

सभा में गांधी को उद्धृत करते हुए किंग ने कहा था, "अन्ततः आजादी मिलने के पहले खून की नदियाँ बह सकती हैं पर उसमें खून हमारा होगा।" गांधी को प्रतिध्वनित करते हुए तरुण नेता ने जोड़ा था यह संघर्ष अमेरिका के अश्वेतों का उसके श्वेतों के विरुद्ध नहीं था बल्कि असली संघर्ष न्याय और अन्याय के बीच था। यह 'हिन्द स्वराज' की प्रतिध्वनि थी जिसमें गांधी ने हिन्दुस्तान के 'स्वराज' हेतु संघर्ष को दरअसल पश्चिम की आधुनिक सभ्यता के विरुद्ध हिन्दुस्तान की खालिस सभ्यता का संघर्ष कहा था। उन्होंने तरुण क्रान्तिकामियों से अंग्रेजों के प्रति अपनी घृणा का रुख उनकी आत्महीन सभ्यता की ओर मोड़ देने का आग्रह किया था। सन् 1956 के बस-बहिष्कार से जुड़े सत्याग्रह के दौरान और उसके बाद गांधी अमेरिका के अश्वेत परिवारों में घरेलू नाम बन गए थे। अब अश्वेत 'नीग्रो' के सदियों पुराने अपमानजनक नाम से मुक्त 'ब्लैक' कहे जाने लगे थे। और शीघ्र ही श्वेत-अश्वेत के पृथक्करण का गर्हित रंगभेदी कानून समूचे अमेरिका में रद्द हो गया था। डु'ब्वॉ की भविष्यवाणी सच साबित हुई थी।

4 अप्रैल सन् 1968 को गांधी की ही तरह मृत्यु-भय से मुक्त किंग की हत्या कर दी गई थी। दूसरे दिन सुप्रसिद्ध अमेरिकी कार्टूनिस्ट बिल मॉल्डिन ने अपने एक चर्चित कार्टून में गांधी को स्वर्ग में प्रवेश करते किंग का स्वागत करते हुए दिखाया था। उसके शीर्षक में गांधी कह रहे थे, "हत्यारों के बारे में अजीब बात यह है, डॉ. किंग, कि वह सोचते हैं कि उन्होंने तुम्हें मार दिया है।" और सच में गांधी की ही तरह वह भी मरे नहीं थे। अमेरिका के क्षितिज पर किंग के उदय के बाद गांधी वहाँ फिर कभी अकेले नहीं रहे।

मोहन-मार्टिन की परम्परा, मेक्सिकन मूल के गांधी के विचारों में रचे-बसे स्पैनिश भाषी अमेरिकी सत्याग्रही सेज़ार शावेज़ (1927-1994) के माध्यम से, आगे बढ़ी। सेज़ार ने कैलिफोर्निया के अंगूर के विशाल बागों के मालिकों द्वारा नाम मात्र की मजदूरी पर काम करने के लिए विवश श्रमिकों के शर्मनाक शोषण और उनके अल्पतम मानव अधिकारों के भी दम्भपूर्ण दमन के खिलाफ़ पहले तो मजदूरों और उनके परिवारजनों द्वारा लम्बे अहिंसक धरनों के आयोजन किए। मजदूरों की दारुण स्थिति और उन पर होने वाले लोमहर्षक अत्याचारों की सच्ची खबरें और तस्वीरें अपने साप्ताहिक पत्र में नियमित रूप से प्रकाशित कर उन्होंने अंगूर की खेती के मालिकों के खिलाफ़ एक प्रबल जनमत तैयार कर दिया। फिर भी दम्भस्फीत अत्याचारियों पर इसका खास असर न देखकर वह पच्चीस दिनों के लम्बे अनशन पर बैठ गए।

गांधी की ही तरह अनशन के दौरान सेज़ार ने सिर्फ पानी ही लिया। इसका असर पूरे अमेरिका के संवेदनशील लोगों पर बहुत गहरा हुआ। लोगों ने कैलिफोर्निया के अंगूरों के व्यापक बहिष्कार शुरू कर दिए। फलस्वरूप अंगूर के बागों के घमंडी मालिकों को अहिंसक मजदूरों की माँगों के सामने झुकना पड़ा। लम्बे अनशन से

अत्यन्त दुर्बल शावेज़ ने सिनेटर राबर्ट केनेडी की उपस्थिति में 10 मार्च, 1968 को अपना अनशन समाप्त किया। केनेडी ने इस अनशन को 'क्रियाशील अहिंसा' कहा था। जुलाई सन् 1988 में शावेज़ ने दोबारा खेती में कीटनाशकों के जानलेवा इस्तेमाल के विरुद्ध जन-जागृति के लिए सत्याग्रह के इतिहास का सबसे लम्बा 36 दिनों का अनशन शुरू किया। गांधी की शब्दावली में उन्होंने अपने अनशन को तपश्चर्या बताया। उन्होंने कहा कि "उनका अनशन उन लोगों की अन्तर्रात्मा को जगाने के लिए है जो नैतिक सत्ता के आसन पर बैठे हैं, जो कर्मठ स्त्री-पुरुष अच्छी तरह समझते हैं कि सही और न्यायसंगत क्या है, जो इससे भली-भाँति अवगत हैं कि उन्हें उससे कहीं और ज्यादा करना चाहिए, जितना वह कर रहे हैं और जो किनारे खड़े रहकर अपनी तटस्थता से श्रम और मनुष्यद्रोही उद्योगों की नृशंसता के जाने-अनजाने भागीदार बन गए हैं।"

गांधी की अमेरिका में और अमेरिका की गांधी में रुचि लगातार बनी रही। पश्चिम में अमेरिका की बढ़ती केन्द्रीयता के साथ-साथ उन्हें लगता था कि भौतिकतावादी चमक-दमक की अन्धी दौड़ में भी वह योरोप को पीछे छोड़े दे रहा था। सन् 1931 के दिसम्बर में क्रिसमस के अवसर पर अमेरिका के लिए अपने सन्देश में उन्होंने कहा था कि वह कभी भी इस पवित्र पर्व के साथ चमक-दमक और रंगीनियों का सामंजस्य नहीं बैठा पाए। प्रभु ईसा के जीवन और उपदेश के साथ उन्हें यह नितान्त असंगत और बेमेल प्रतीत होता रहा। उनकी उत्कट इच्छा रही, कि "काश अमेरिका इस मौसम का उपयोग वास्तविक नैतिक हानि-लाभ के लेखे-जोखे के अवसर के रूप में कर पाता और पवित्र मन से इसे मनुष्य जाति की उस सेवा के लिए समर्पित करता जिसके लिए प्रभु ईसा जिए और क्रॉस पर उन्होंने मृत्यु का वरण किया।"

गांधी के विमर्श में अमेरिका का जिक्र सम्भवतः अन्तिम बार 23 मार्च सन् 1947 के 'हरिजन' में मिलता है। उसमें एक प्रश्न के उत्तर में वह कहते हैं कि "अमेरिका संसार का सर्वाधिक औद्योगीकृत देश है। इसके बावजूद वह गरीबी और अधःपतन से मुक्त नहीं हो सका। उसका साफ कारण है कि उसने अपनी व्यापक मानव-शक्ति की उपेक्षा की और पूरी शक्ति थोड़े से लोगों के हाथों में केन्द्रित हो जाने दी। इसके फलस्वरूप देश के अधिकांश लोगों की कीमत पर अकूत सम्पदा मात्र चन्द लोगों की मुट्ठियों में संचित होकर रह गई। इसका अन्य दुष्परिणाम यह हुआ कि अमेरिका का औद्योगीकरण आज अपने ही गरीबों सहित पूरी दुनिया के लिए भयावह खतरा साबित हो रहा है।" इसके बाद गांधी तुरन्त हिन्दुस्तान को आगाह करते हैं कि "अगर इस भीषण खतरे से बचना है, तो अमेरिका और दूसरे पश्चिमी देशों में जो सर्वश्रेष्ठ है उसी का अनुकरण इसे करना होगा और बाहर से आकर्षक लगती किन्तु अन्ततः विनाशकारी आर्थिक नीतियों को उसे छोड़ देना होगा।"

पर लगभग छह दशक पूर्व अपने युग की सबसे आत्मवान वाणी की इस आर्त

चेतावनी के बावजूद हम विपरीत दिशा में आविष्ट वेग से आँख मूँदकर लगातार बढ़ते जा रहे हैं। इससे हमारा ही नहीं बल्कि दग्ध-दुखी हमारी इस प्यारी पृथ्वी का भविष्य भी उत्तरोत्तर अन्धकारमय होता चला जा रहा है। 'हिन्द स्वराज' में सौ वर्ष पूर्व प्रतिध्वनित उस आत्मवान वाणी की अनुगूँज सुनने के लिए क्या हम इस अन्धी दौड़ के बीच कुछ पल अपने और अपनी पृथ्वी के लिए निकाल पाएँगे? अगर यह सम्भव नहीं है तो हमारे अनिष्ट की आवेशमय गति का रुकना कैसे सम्भव हो पाएगा?

18

पश्चिमोन्मुखी उत्कृष्टता में आज जैसी दृढ़ आस्था सम्भवतः पहले कभी नहीं थी। हर क्षेत्र में यह निःशंक मान लिया गया है कि पश्चिम खासकर अमेरिका ने श्रेष्ठता के चरम की मंत्र-सिद्धि बहुत पहले हासिल कर ली है। हमें तो बस भक्ति-भाव से इसे दुहराते जाना है। चूँकि समस्याएँ ग्लोबल (वैश्विक) हो गई हैं, उनका निराकरण भी ग्लोबल होना ही है। अतः उनके बारे में सोच को भी 'आउटसोर्स' करना ही श्रेयस्कर मार्ग है। राजनीतिक सत्ता-परिवर्तन से इस अदम्य विश्वास में रंचमात्र विचलन सम्भव नहीं है। कोई भी राजनीतिक दल कभी भी और कहीं भी सत्ता में आए सबके नीति-नियामक वही रहने हैं। निर्द्वंद्व विश्वास के इस दौर में सौ साल बाद 'हिन्द स्वराज' एक बार फिर उस आस्था के सामने एक चुनौतीविकल प्रश्न खड़ा करने का दुर्दम्य साहस जुटाता है।

पश्चिम के आदर्श विकास-मॉडल की अपर्याप्तता और सीमाओं के बारे में अब एकेडमिक स्तर पर भी सोचा जाना लगभग बन्द-सा हो गया है। वहाँ के देशों में समय-समय पर जो अध्ययन उन्हें लेकर होते रहे हैं उनसे सीखने के प्रयास कहीं दिखाई नहीं देते। सबसे सुरक्षित सभ्यता में जीने का दम्भ पाले इस समय दुनिया के सर्वाधिक औद्योगीकृत देश अमेरिका में प्रत्येक आठ में एक अभिशप्त व्यक्ति ऐसा है जो जीविकार्जन के साधन से वंचित है। वह अपनी मूलभूत आवश्यकता की चीजें भी खरीदने की क्षमता नहीं रखता। उसे राज्य की सहायता पर आश्रित रहना पड़ता है। काम के अभाव में वह अपराधी, नशेड़ी और यौन-सम्बन्धी बीमारियों का शिकार होता जा रहा है।

चमक-दमक भरे पश्चिम के विकास-मॉडल की अप्रत्याशित सफल नकल में साम्यवादी चीन ने मार्क्स और माओ को पुस्तकालयों के सुपुर्द कर प्रजातांत्रिक भारत को बहुत पीछे छोड़ दिया है। उसके सर्वाधिक औद्योगीकृत और समृद्ध महानगर शंघाई में कुछ समय पूर्व किए गए सर्वे से कुछ भीषण विचलनकारी तथ्य सामने आए हैं। 'न्यू इंग्लैंड जर्नल ऑफ मेडिसिन' में छपी इस सर्वे पर आधारित एक रिपोर्ट के अनुसार चीन में रोज हर घंटे एक शिशु भयावह यौन-रोग सिफ़लिस (आतशक, गरमी)

से ग्रस्त जन्म ले रहा है। युनिवर्सिटी ऑफ नार्थ कैरोलिना के प्रो. जोसेफ टकर के निर्देशन में चले इस सर्वेक्षण में बताया गया है कि पचास, साठ और सत्तर के दशकों में यौन सम्बन्धी रोगों की घटनाएँ चीन में नगण्य थीं। उन दशकों में वहाँ की अर्थव्यवस्था मुख्यतः कृषि-केन्द्रित थी। अस्सी के दशक से जैसे-जैसे पश्चिम की तर्ज पर बड़े शहरों में औद्योगीकरण की प्रक्रिया तेज हुई, गाँवों से श्रमिकों का महानगरों को पलायन शुरू हुआ। वाणिज्य और उद्योगों से मिली समृद्धि ने नैतिक चेतना और समुचित सेक्स की शिक्षा के अभाव में असुरक्षित यौनाचार के अबाध प्रसार को बढ़ावा दिया। परिणाम आगामी पीढ़ी को जन्म से ही यौन रोग-ग्रस्त बच्चों का यह अभिशप्त भयावह उपहार है। भारत सहित तीसरी दुनिया के रूप में वर्गीकृत देशों में इस तरह के सर्वेक्षण और भी डरावने तथ्य सामने ला सकते हैं।

कम से कम लागत और अधिक से अधिक लाभ वाणिज्य और उद्योग के क्षेत्र में समृद्धि के मूल मंत्र हैं। जितने ज्यादा से ज्यादा लोगों को उत्पादन और वितरण की प्रक्रिया से बाहर रखा जाएगा उतने ही उससे होने वाले अधिकतम लाभ को थोड़े से श्रीमंतों के हाथों में सिमटने में मदद मिलेगी। इसका अर्थशास्त्र बहुत जटिल नहीं है। और परिणाम बहुत साफ। अमीर और गरीब के बीच निरन्तर बढ़ती और गहराती खाई। सदाशयता शून्य ओछे राजनीतिकर्मियों द्वारा बार-बार दुहराए जाने के फलस्वरूप यह बात एक पिष्टोक्ति (क्लीशे) बनकर रह गई है। इसके बावजूद इस सच्चाई से इनकार असम्भव है कि विकसित और समृद्ध पश्चिमी देशों में जिसमें अमेरिका भी शामिल है, अमीरी और गरीबी के बीच बढ़ती-गहराती खाई रुकने का नाम नहीं ले रही है। इसे कम करने का सरलतम मार्ग है अपेक्षाकृत बड़ी संख्या में लोगों को उत्पादन और वितरण की व्यवस्था से कारगर ढंग से जोड़ना। पर उद्योगों को प्राप्त स्वायत्तता के नाम पर राज्य उसमें हस्तक्षेप को तैयार नहीं है।

भारत समेत विकासशील देशों की अर्थव्यवस्थाएँ भी पश्चिम की नकल कर उद्योग और वाणिज्य की स्वायत्तता की पक्षधर होती जा रही हैं। आयातित उन्नत टेक्नोलॉजी के जरिए इन देशों में भी लगातार बढ़ती संख्या में लोग उत्पादन और वितरण की प्रक्रिया से बाहर किए जा रहे हैं। इस तरह विकास में अपने हिस्से से वंचित युवा, अपराध और नशे की लतों में डूब रहे हैं। जितने बड़े औद्योगिक केन्द्र हैं उतने ही बड़े वे अपराध और अपराधियों के गढ़ हैं। औद्योगिक महानगरों के अपराधी छोटे शहरों और कस्बों के बेरोजगार युवकों के आदर्श साबित हो रहे हैं। औद्योगीकरण के अर्थशास्त्र का अपराध और नैतिक पतन के समाजशास्त्र के साथ चोली-दामन का सम्बन्ध है। द्वितीय विश्व महायुद्ध के बाद पर्यावरण के दिन प्रति दिन बढ़ते भयावह क्षरण के मूल में भी विवेकशून्य औद्योगीकरण ही है। अतः अबाध औद्योगीकरण की मर्यादा बाँधने पर आर्थिक नीति-नियामकों को खुले मन से अन्तर्राष्ट्रीय स्तर पर सोचने की प्रक्रिया शुरू करनी होगी। 'हिन्द स्वराज' में व्यक्त अपने विचारों के सन्दर्भ में मशीनों की मर्यादा बाँधने

की बात गांधी पहले से करते रहे हैं। इस पृष्ठभूमि में विकास का एजेंडा तै करने वाले पश्चिम को इसमें भी खासकर अमेरिका को ईमानदारी से इस दिशा में पहल के लिए आगे आना होगा।

19

तीसरी दुनिया के देश पश्चिम की सर्वशक्तिमान बहुराष्ट्रीय कम्पनियों के बेशर्म दोहन और शोषण के अभयारण्य साबित हो रहे हैं। भ्रष्ट राजसत्ता और नौकरशाही से मिलकर ये कम्पनियाँ किसी भी दायित्वबोध से मुक्त अपने स्वार्थ का खुला खेल निर्द्वन्द्व खेल रही हैं। उनके द्वारा बेचे गए कपास के नाकामयाब बीजों की परिणति महाराष्ट्र, कर्नाटक और आन्ध्र प्रदेश के हताश किसानों की आत्महत्याओं में हुई। पर उनसे किसानों के नुकसान की भरपाई करने के लिए किसी ने नहीं कहा। देश के एक और पिछड़े राज्य में एक विश्वप्रसिद्ध अन्तर्राष्ट्रीय कम्पनी ने मक्के के वैज्ञानिक पद्धति से बहुप्रचारित विकसित बीज कई गुना अधिक पैदावार का सब्ज-बाग दिखाकर सरकार की सहमति से किसानों को मुँहमाँगी कीमत पर बेचे। इन्हें हजारों एकड़ जमीन में बड़े अरमान के साथ बोया गया। फसल तो खूब हुई। पर एक भी बाली में दाने नहीं आए। हाहाकार मचने पर कुछ एन.जी.ओ. और गांधीवादी कार्यकर्त्ता सक्रिय हुए।

कोई भी अखबार और टी.वी. चैनल उक्त भयावह धोखाधड़ी को प्रकाशित-प्रसारित करने को तैयार नहीं हुआ। मामला जब तूल पकड़ने लगा तो मुँह बन्द करने के लिए बड़ी मुश्किल से वह कम्पनी दस हजार रुपए प्रति एकड़ की क्षतिपूर्ति के लिए तैयार हुई। स्थानीय वैज्ञानिकों ने पूरी फसल को इस कदर विषाक्त पाया कि उसे जानवरों तक को खिलाना असम्भव था। अतः उसे जलाना श्रेयस्कर समझा गया। सरकार ने किसानों के भयावह नुकसान की समुचित भरपाई के लिए सम्बन्धित कम्पनी पर कोई दबाव नहीं डाला। यह सिर्फ एक बानगी है। अक्सर ऐसे अनिष्टकारी खेल तीसरी दुनिया के अभिशप्त देशों में बहुराष्ट्रीय कम्पनियाँ वहाँ की भ्रष्ट सरकारों से मिलकर खेल रही हैं। एक तो धीरे-धीरे उनके विरुद्ध सामूहिक प्रतिरोध की क्षमता और इच्छा-शक्ति क्षीण होती जा रही है, दूसरे यदि किसी ने व्यक्तिगत या संगठित विरोध का साहस दिखाया तो उससे निपटने के क्रूर कौशल से ये कम्पनियाँ लैस हैं।

बीसवीं सदी के अन्तिम दशक में नाइजीरिया की सैनिक तानाशाही द्वारा वहाँ के मानव अधिकार और पर्यावरण-कर्मी केन सारो वीवा (1941-1995) और उनके आठ सहयोगियों को न्याय का नाटक कर फाँसी दे दी गई थी। इसके पीछे वहाँ कार्यरत एक बहुराष्ट्रीय तेल कम्पनी रॉयल डचशेल और उसके नाइजीरिया स्थित उच्चाधिकारी ब्रॉयन ऐंडरसन की साजिश जगजाहिर थी। इस लोमहर्षक घटना की स्मृति संवेदनशील मनों में अभी धुँधली नहीं पड़ी होगी। नाइजीरिया के वर्तमान रीवर्स स्टेट (नाइज़र डेल्टा)

में ओगोनी नाम की एक अल्पसंख्यक जन-जाति सदियों से अपने जल-जंगल-जमीन में रची-बसी रहती आई है।

सन् 1950 से जब नाइजीरिया ब्रिटिश उपनिवेश था, उस क्षेत्र में बहुराष्ट्रीय तेल कम्पनियाँ कच्चा तेल निकालने के धन्धे में संलग्न रही हैं। तभी से पेट्रोलियम का कचरा वहाँ की नदियों और जंगलों में निहायत लापरवाही से फेंका जाता रहा है। इससे उस क्षेत्र का पूरा पर्यावरण भयावह रूप से दूषित और विषाक्त होता गया। इसके प्रतिरोध के लिए ओगोनी जाति के संवेदनशील पर्यावरण और मानव अधिकार-कर्मियों का एक सदाशय किन्तु जुझारू संगठन आगे आया। एक समृद्ध ओगोनी मुखिया जिम वीवा की सन्तान केन सारो वीवा ने अंग्रेजी साहित्य की उच्च शिक्षा प्राप्त करने के बाद कुछ वर्षों तक विभिन्न सरकारी उच्च पदों पर काम किया। शीघ्र ही सरकारी नौकरी से मुक्त केन साहित्य, पत्रकारिता और टेलीविजन की दुनिया में रम गए। साथ ही वह ओगोनी समुदाय के मानव-अधिकार और पर्यावरण रक्षा के अहिंसक आन्दोलन के प्रवक्ता भी बना दिए गए।

जनवरी सन् 1993 में केन के नेतृत्व में तीन लाख से भी अधिक ओगोनी समुदाय के आबालवृद्ध स्त्री-पुरुषों ने एक विराट शान्तिपूर्ण प्रतिरोध-यात्रा का आयोजन किया। इसमें भाग लेनेवालों की संख्या विशेष उल्लेखनीय इसलिए है कि क्षेत्र के समूचे ओगोनी समाज की जनसंख्या छह लाख के आस-पास थी। इस विराट प्रतिरोध यात्रा ने नाइजर डेल्टा के पर्यावरण के लगातार भयावह होते जा रहे क्षरण से पैदा दुर्दशा की ओर अन्तर्राष्ट्रीय ध्यान आकर्षित किया। पर्यावरण और वंचित वर्गों के मानव अधिकारों की रक्षा के प्रति उनके गहरे समर्पण और अद्‌भुत जन-नेतृत्व क्षमता से प्रभावित हो यू.एन.पी.ओ. (अनरिप्रेजेंटेड नेशन्स एंड पीपुल्स अर्गनाइजेशन–प्रतिनिधित्व वंचित राष्ट्रों और समुदायों के संगठन) ने सन् 1993 के प्रारम्भ में उन्हें अपना उपाध्यक्ष चुन लिया। केन नाइजीरिया की सरकार और बहुराष्ट्रीय तेल कम्पनियों के बीच दुरभिसन्धि के मुखर आलोचक रहे। केन के नेतृत्व में चल रहा आन्दोलन पूर्णतः शान्तिपूर्ण और अहिंसक था। एक हद तक वह गांधी के सत्याग्रह के साँचे में ढला था। केन की सक्रियता और लोकप्रियता से विचलित तेलकम्पनियों की शह पर नाइजीरिया की सैनिक तानाशाही ने उन्हें बिना कारण बताए सन् 1992 और 93 में कई-कई महीनों के लिए जेल में बन्द रखा।

केन एक अच्छे कथाकार और मीडियाकर्मी भी थे। उनके बियाफ्रा के गृह-युद्ध पर आधारित उपन्यास, 'सोजोब्वॉय-ए-नॉवेल इन रॉटेन इंगलिश', कहानी संग्रह 'फॉरेस्ट ऑफ फ्लावर्स' और गृह-युद्धकालीन डायरी 'ऑन ए डार्कलिंग प्लेन' काफी चर्चित रहे। सन् 1986 में प्रकाशित 'फारेस्ट ऑफ फ्लावर्स' में संकलित कहानी 'नाइट राइड' का निम्न अंश कितना विचलनकारी है–

''एक बुढ़िया भचकते हुए पहुँची और घबड़ाहट के साथ कहने लगी, 'मेरे लाल,

इस सुबह वह आए और मेरा खेत—मेरा इकलौता खेत उन्होंने समूचा खोदकर रख दिया। उन्होंने मेरे भौंहों की मेहनत, मेरे महीनों के इन्तजार का फल बेरहमी से काटकर डाल दिया। वो कहते हैं कि मुआवजा देंगे। क्या वो मेरी मेहनत का मुआवजा दे सकते हैं? जो खुशियाँ मुझे अपनी सब्जियों की फसल को अँखुवाते हुए देखने से मिलती है, जो मेरे बुढ़ापे के लिए ईश्वर की नेमत है, क्या वो उसकी भरपाई कर पाएँगे? हाय! बेटा मैं क्या करूँ?' मैं क्या जवाब दूँ उसे? मैं इसे थोड़ा बाद में देखूँगा, उसने धीरे-से कहा।

हुँः, बाद में देखूँगा, झूठ बोलने के कारण उसे खुद से नफरत होने लगी। उसने तेल—जिसे काला सोना कहते हैं, उगलने वाली धरती को बुरी तरह कोसा। उसने उन देवताओं को भी कोसा जो तेल के कुओं को सुखा नहीं पा रहे हैं। इसका क्या मतलब है कि लाखों पीपे तेल रोज उसकी जमीन से खोदकर निकाले जाएँ और उन्हें बाहर भेज दिया जाए जबकि यह बेचारी बूढ़ी माँ हताशा के आँसू बहाती रहे? बाद में वह क्या देख पाएगा? क्या वह उसकी जमीन की एवज में ज़मीन दे पाएगा? क्या कानून बनाने वाले कानून को कुछ इस तरह बदलेंगे कि इन अभागे दुखियारों की जिन्दगी में, जिन्हें तेल की खोज ने जानवरों से भी बदतर जिन्दगी बिताने के लिए मजबूर कर दिया है, खुशी की हल्की-सी भी झलक पहुँच पाएगी? दरअसल तेल की रॉयल्टी तो उन्हें मिलनी चाहिए जिनकी जमीनें और फसलें बरबाद कर दी गई हैं। पर वकील तो कम्पनियों के हाथ बिके हैं और सरकारी लोग वकीलों और कम्पनियों के हाथ। तो फिर, वह बाद में क्या देख पाएगा?"

केन की एक संवेदनशील कहानी के इस मर्मवेधी उद्धरण से यह स्पष्ट है कि वह ओगोनी समाज की दारुण स्थिति के मूकदर्शक बनकर नहीं रह सकते थे। उन्होंने अपने सक्रिय, कर्मठ और प्रतिबद्ध सहयोगियों के साथ स्वयं को तन-मन-धन से बहुराष्ट्रीय तेल कम्पनियों के विरुद्ध संघर्ष में झोंक दिया। उनके नेतृत्व में चले व्यापक जन-आन्दोलन ने तेल कम्पनियों के साथ नाइजीरिया के भ्रष्ट और क्रूर सैनिक तानाशाह जनरल सानी अबाचा और उनके गुर्गों को भी जनता के कटघरे में खड़ा कर दिया। फलस्वरूप तेल कम्पनियों को सन् 1993 में नाइजर डेल्टा से अपना बोरिया-बिस्तर समेटना पड़ा। यह पर्यावरण की लड़ाई की सम्भवतः पहली जीत थी। पर इस जीत की कीमत केन और उनके आठ प्रतिबद्ध साथियों को अपनी जान से चुकानी पड़ी।

केन के नेतृत्व में चला पर्यावरण-रक्षा का जन-आन्दोलन पूरी तरह शान्त और अहिंसक था। पर गांधी के साँचे में ढले इस आन्दोलन के दौरान उनसे जुड़े कुछ उग्रवादी युवकों ने भावतिरेक में दुर्भाग्यवश चार ओगोनी मुखियाओं की नृशंस हत्या कर दी। ये मुखिया सैनिक तानाशाही और तेल कम्पनियों के गठजोड़ के पक्ष में और आन्दोलन के विरुद्ध सक्रिय थे। ये हत्याएँ कुछ वैसी ही थीं जैसी कि सन् 1922 में हिन्दुस्तान में गांधी के नेतृत्व में चले असहयोग आन्दोलन के दौरान चौरीचौरा में घटित हुई थी। इसके फलस्वरूप गांधी ने आन्दोलन वापस ले लिया था और उन्हें पाँचवीं बार दो

साल के लिए जेल की सजा दी गई थी। चार ओगोनी मुखियाओं की इन हत्याओं की जिम्मेदारी सैनिक शासन ने बिना किसी निष्पक्ष जाँच के केन और उनके आठ सक्रिय साथियों के सिर पर मढ़ दिया था।

अपने बेशर्म व्यावसायिक हितों को केन के जन-आन्दोलन से पहुँचे आघात का बदला लेने का और इस तरह के प्रतिरोधियों को अच्छा सबक सिखाने का सुनहरा मौका बिन माँगे तेल कम्पनियों को मिल गया। सैनिक तानाशाही के साथ साजिश रच इन कम्पनियों ने केन और उनके साथियों के खिलाफ़ मोटी रिश्वतों के बल पर झूठे गवाहों की एक फौज खड़ी कर दी। जेल की अमानुषिक यातना झेलते इन आरोपियों के विरुद्ध न्यायिक सुनवाई का एक नाटक कुछ दिनों के लिए चला। पैसे के बल पर जुटाई गई भीड़ इन निर्दोष पर्यावरण-कर्मी आरोपियों के वकीलों के साथ लगातार अपमानजनक व्यवहार करती रही। वकीलों को लग गया था कि न्यायिक प्रक्रिया एक अत्यन्त उपहासास्पद दिखावा मात्र थी। फैसला पहले ही लिया जा चुका था। नतीजतन उन्होंने अपने को उससे अलग कर लिया। सेना के न्यायिक अधिकरण के सामने केन और उनके साथियों ने अपने बचाव स्वयं ही किए। पैसे के बल पर खरीदे गवाहों में कुछ की आत्मा विद्रोह कर उठी। उन्होंने भारी जोखिम उठाकर अधिकरण के सामने अपनी झूठी गवाहियाँ वापस लेकर सच्चाई कबूलने की साहसिक पेशकश की। पर उन्हें इसकी अनुमति नहीं मिली। अन्ततः केन और उनके आठ साथियों के विरुद्ध पहले से तै मृत्युदंड का फैसला सुना दिया गया।

फैसला अप्रत्याशित नहीं था। पर सदाशय लोगों को विश्वास था कि सैनिक तानाशाह सानी अबाचा ने यह फैसला भावी प्रतिरोधियों को डराने की नीयत से कराया था और अपील में उसे आजीवन कारावास में बदल दिया जाएगा। प्रो. वोले शोयिंका ने नाइजीरिया के तानाशाही दौर के अपने गहरे चिन्तनपरक संस्मरणों की कुछ ही समय पहले छपी पुस्तक–'यू मस्ट सेट फोर्थ एट डॉन' ('तुम्हें निकल लेना होगा भोर के वक्त') में एक मार्मिक अध्याय केन सारो बीवा पर लिखा है। इसे उन्होंने 'इकोवारियर' (पर्यावरण-योद्धा) शीर्षक दिया है। गहरी संवेदना से लिखे इस अध्याय में शोयिंका बताते हैं कि उन्हें समय-समय पर नाइजीरिया समेत विभिन्न अश्वेत अफ्रीकी देशों की सत्ता पर काबिज तानाशाहों के असली चरित्र की बहुत अच्छी समझ है। वह स्वयं भी कई बार उसके शिकार बने थे और जेल की लम्बी यातनाएँ भुगतने को विवश किए गए थे। एकाधिक बार वह भाग्यवश अन्तर्राष्ट्रीय दबाव के फलस्वरूप मौत के मुँह से निकल पाए थे। अतः उन्होंने कहा है कि उन्हें पूरा विश्वास था कि जनरल अबाचा केन और साथियों को कभी भी बख़्शेंगे नहीं।

फैसले के तुरन्त बाद न्यूजीलैंड की राजधानी ऑकलैंड में राष्ट्रमंडल देशों के प्रमुखों का वार्षिक अधिवेशन था। प्रो. शोयिंका और केन के बेटे–केन जूनियर किसी तरह वहाँ पहुँचने में कामयाब रहे। फाँसी की सजा के खिलाफ़ अभी अपील की गुंजाइश

बची थी। आशंकित शोयिंका और केन जूनियर ने आकलैंड में एकत्रित राष्ट्रप्रमुखों से वहाँ पहुँचे जनरल अबाचा पर फाँसी की सजा के खिलाफ़ दबाव बनाने का अनवरत आग्रह किया। सम्मेलन के लिए लिए रवाना होने के पहले दक्षिण अफ्रीका के राष्ट्रपति सन्त-राजनेता नेल्सन मंडेला को अबाचा ने टेलीफोन पर फैसले पर अमल न करने का आश्वासन तक दे दिया था। पर शोयिंका और केन जूनियर का माथा एकाएक ठनका जब उन्होंने देखा कि रॉयल डच शेल के कर्मचारी कम्पनी की ओर से साइक्लोस्टाइल किए गए एक बयान की प्रतिलिपियाँ आकलैंड आए राष्ट्रप्रमुखों और राजनयिकों के बीच बाँट रहे थे जिसमें सफाई दी गई थी कि ओगोनी समुदाय के नौ सदस्यों को दी गई फाँसी की सजा के पीछे उनका कोई हाथ नहीं था। वे लोग तो उन्हें राहत दिलाने की जीतोड़ कोशिशें कर रहे थे। पर समुदाय के आक्रामक प्रतिरोधियों से चिढ़कर सैनिक शासन का रुख सख्त होता जा रहा था। इससे उनके (तेल कम्पनी) के प्रयासों पर पानी फिरता जा रहा था। शोयिंका को लगा कि मानो प्रभु ईसा को सूली के सुपुर्द करने वाले इस घोर पाप की जिम्मेदारी से हाथ धोने के प्रयास कर रहे हों। उन्हें आभास हो गया था कि दारुण ट्रेजेडी की पटकथा का आखिरी अनिष्ट पन्ना लिखा जा चुका था।

आशंकित शोयिंका राष्ट्रप्रमुखों के सम्मेलन की समाप्ति के दूसरे दिन टोकियो में आयोजित विश्व भर के नोबेल पुरस्कार विजेताओं के सम्मेलन में भाग लेने पहुँचे ही थे कि पूरी दुनिया में आग की तरह फैली खबर उन्हें भी मिल गई थी। केन समेत नौ के नौ अहिंसक ओगोनी प्रतिरोधियों को अबाचा ने फाँसी दे दी थी। समूचे सभ्य संसार की अन्तर्रात्मा हिल उठी थी। पर अब निन्दा, शोक प्रस्तावों, बहिष्कार और अन्तर्राष्ट्रीय तथा विश्व-संगठनों से निष्कासन के अलावा और क्या होना था। ठगे गए गहरे आहत नेल्सन मंडेला ने कहा था, "जनरल सानी अबाचा ज्वालामुखी पर बैठे हैं और मैं उनके नीचे उसका विस्फोट सुनिश्चित करने जा रहा हूँ।"

केन को दी गई फाँसी क्रूरता की अन्यतम मिसाल थी। उन्हें चार बार फन्दे से लटकाकर उतार लिया गया। एक-एक कर उनके आठ साथियों को दी गई फाँसी की नृशंस प्रक्रिया उन्हें देखने के लिए विवश किया गया। नर-पिशाच अबाचा के लिए पूरी बारीकी के साथ समूची प्रक्रिया की वीडियो रिकार्डिंग की गई। उसे फुरसत से अपने साथियों के साथ देखना अबाचा का प्रिय शगल था। एक बार इस तरह के पैशाचिक प्रदर्शन के दौरान भयावह दृश्यों की असह्यता के कारण एक युवा संवेदनशील सैनिक सहयोगी के बेहोश हो जाने पर अबाचा ने विद्रूप व्यंग्य के साथ कहा था, "जरा इसे देखो, यह खुद को फौजी समझता है।" अन्ततः फाँसी का फन्दा कसे जाने के पहले, शोयिंका के अनुसार, केन ने कहा था, "प्रभो! मेरी आत्मा को स्वीकार करो। पर संघर्ष जारी रहे।" केन और उनके साथी पर्यावरण की पवित्र वेदी पर बलि चढ़े सम्भवतः पहले शहीद थे।

केन समेत इन नौ हुतात्माओं के प्रति गहरे ऋण-बोध से व्यथित कविहृदय शोयिंका

ने एक सर्वथा नए शिल्प में एक लम्बी मार्मिक शोक-कविता लिखी थी। शोयिंका को सन् 1986 में साहित्य के नोबेल पुरस्कार से सम्मानित किया गया था। उनके बाद निर्वासित रूसी कवि जोसेफ ब्रॉद्स्की (सन् 1940-1996) इस पुरस्कार से समादृत हुए थे। लगभग 56 साल की आयु में 28.1.1996 को हृदयघात से उनका देहान्त हुआ था। अपने मित्र कवि ब्रॉद्स्की को सन्देशवाहक बनाकर उन्होंने स्वर्गस्थ केन को सम्बोधित कविता–'केन सारो-बीवा के लिए जोसेफ ब्रॉद्स्की को पुकारते हुए' (कालिंग जोसेफ ब्रॉदस्की फार केन सारोवीवा) रची थी। इंग्लैंड, अमेरिका और नाइजीरिया में कई बार उन्होंने काव्य-प्रेमियों के बीच इसके पाठ के प्रयास किए। पर भावावेश से गला रुँध जाने और आँखें भर आने के कारण वह उसे कभी भी स्वयं पूरी पढ़ नहीं सके। रचनाकार कवि की ओर से सन्देशवाहक कवि कहता है–

'भूमिका में हूँ मैं
सीधे-सादे सन्देशवाहक की
दुस्साहस करता जोड़ने की
अलग संसारों की
दो सगोत्री आत्माओं को
दूसरे संसार की
यात्रा के दौरान।'

पश्चिम की आधुनिक सभ्यता का प्रबल प्रतिरोध 'हिन्द स्वराज' का मूल स्वर है। कभी न तृप्त होने वाली अबाध औद्योगीकरण की भूख ही इस सभ्यता का उत्स है। गांधी अपने इस दृढ़मत से कभी डिगे नहीं। बीसवीं सदी के पूर्व की लगभग तीन सदियों के दौरान धन-लोलुप पश्चिमी देशों ने एशिया और अफ्रीका के देशों को उनके विपुल संसाधनों के धूर्ततापूर्ण दोहन के लिए एक लम्बे अर्से तक अपना उपनिवेश बना रखा था। पर इन चतुर उपनिवेशवादियों के ओंठों पर छद्म मंत्र सभ्यता के प्रसार का होता था। बहरहाल किसी सूरत से बीसवीं सदी के छठवें दशक तक ये देश एक-एक कर उपनिवेशवाद के चंगुल से मुक्त हुए। पर शीघ्र ही सद्यः अस्तंगत पिछली सदी के अन्तिम ढाई दशकों के दौरान पश्चिम का नवउपनिवेशवाद बहुराष्ट्रीय कम्पनियों के मायावी बाने में इन देशों में फिर पहुँच गया।

नव उपनिवेशवाद के ओठों पर इस बार मंत्र आर्थिक विकास का था। जिसका सीधा मतलब था इन अभिशप्त देशों के प्राकृतिक संसाधनों का एक बार फिर नए सिरे से बेशर्म दोहन और परिणाम था इन संसाधनों पर युगों से आश्रित सरल निश्छल लोगों का निर्दय विस्थापन। हमारे दिमागों में यह कूट-कूटकर भरने की कोशिश की गई कि बिना औद्योगिक विकास के सुखमय जीवन सम्भव नहीं है। 'हिन्द स्वराज' में और अपने आगे के निरन्तर चिन्तन में गांधी इस विचार के विरुद्ध हमें आगाह करते रहे हैं। वह जानते थे और बताते थे कि महाकाय मशीनों के जरिए व्यापक औद्योगीकरण के फलस्वरूप

सुख के सपने की भयावह परिणति हमारे पर्यावरण के भीषण विनाश में ही होगी। इससे अभिशप्त मनुष्य जाति सम्भवतः फिर कभी उबर नहीं सकेगी।

आज औद्योगिक विकास और पर्यावरण विनाश एक-दूसरे के पर्याय बन गए हैं। पर्यावरण की वेदी पर शहीद केन सारो वीवा और उनके आठ अदम्य सहयोगी अपने समय, समुदाय और आगामी मनुष्य की दुर्नियति के इस दुःस्वप्न से गहरे उद्वेलित थे। ईसा और गांधी के अमृत मानसपुत्र इन अश्वेत पर्यावरण-योद्धाओं ने अपने शहादत के पवित्र रक्त से भावी पर्यावरणकर्मियों के जुझारूपन की मार्गदर्शिका लिख दी है।

20

'हिन्द स्वराज' के छठवें और तेरहवें अध्याय क्रमशः 'सभ्यता के दर्शन' और 'सच्ची सभ्यता कौन सी?' के प्रश्नोत्तरों में गांधी बताते हैं कि शरीर सुख की खोज और उसकी प्राप्ति आधुनिक सभ्यता का मुख्य लक्षण है। पर भौतिक समृद्धि सुख का साधन नहीं है। 'अमीर अपनी अमीरी की वजह से सुखी नहीं है और गरीब अपनी गरीबी की वजह से दुखी नहीं है।' गांधी जानते थे कि भौतिक सुख-समृद्धि के सपने बेचकर निर्विघ्न औद्योगीकरण अपना अनिष्टकारी जाल फैलाता जा रहा है। गांधी ये बातें किसी सुनियोजित अध्ययन और कुशलतापूर्वक संकलित आँकड़ों के आधार पर नहीं कहते थे। उनका निष्कर्ष व्यापक जीवनानुभव और गहरी अन्तर्दृष्टि पर आश्रित था।

यह जानकारी दिलचस्प होगी कि लगभग यही निष्कर्ष संयुक्त राष्ट्र संघ के सहयोगी संगठन यू.एन.डी.पी. (युनाइटेड नेशन्स डेवेलपमेंट प्रोग्राम—संयुक्त राष्ट्र विकास कार्यक्रम) ने सन् 1970 से सन् 2005 के दौरान एक सौ ग्यारह (111) देशों से सम्बन्धित जरूरी आँकड़ों के विस्तृत अध्ययन और अनुसन्धान से निकाला है। सन् 2010 में यू.एन. डी.पी. की बीसवीं वर्षगाँठ पर प्रकाशनार्थ यह रिपोर्ट जाने-माने अर्थशास्त्री फ्रैन्सिस्को आर. रोड्रम्गिज़ के नेतृत्व में गठित रिसर्च टीम ने तैयार की है। इस टीम के दो अन्य सदस्य महत्त्वपूर्ण अर्थशास्त्री जार्ज ग्रे मॉलिना और मार्क पर्सर हैं। टीम ने अध्ययन का एक महत्त्वपूर्ण आधार नोबेल पुरस्कार से सम्मानित विश्वविख्यात भारतीय अर्थशास्त्री अमर्त्य सेन के नव्य विकास सिद्धान्त एच.डी.आई. (ह्ययून डेवलपमेंट इंडेक्स—मानव-विकास सूचकांक) को भी बनाया है। अभी तक विकास मापने के मानक जी.डी.पी. (ग्रॉस डॉमेस्टिक प्रोडक्ट—सकल घरेलू उत्पाद) पर आश्रित सूत्र रहे हैं।

अमर्त्य सेन ने अपने अपेक्षाकृत अधिक सुसंगत एच.डी.आई. की पद्धति के जरिए बताया कि पर कैपिटा जी.डी.पी. (प्रति व्यक्ति सकल घरेलू उत्पाद) के आधार पर आकलित आमदनी के घटक (इनकम कम्पोनेंट) के साथ गैर आमदनी घटक (नॉन इनकम कम्पोनेंट) के समन्वय से ही सही विकास का चेहरा स्पष्ट रूप से सामने आ सकता है। गैर आमदनी घटक में सेन ने औसत आयु में वृद्धि, विद्यालयों में दाखिले और साक्षरता

में बढ़ोत्तरी तथा स्वास्थ्य सुविधाओं में सुधार के अनुपातों को शामिल करने के सिद्धान्त का निरूपण किया है। इस आधार पर जो निष्कर्ष सामने आए हैं वो आँख खोल देने वाले हैं।

जी.डी.पी. (सकल घरेलू उत्पाद) और एच.डी. आई. (मानव विकास सूचकांक) के आधारों पर दुनिया के 111 देशों से संकलित आँकड़ों के विश्लेषण पर मॉलिना और पर्सर ने पाया कि आमदनी और गैर आमदनी के घटकों (कम्पोनेंट) के बीच पिछले पैंतीस वर्षों के दौरान आए अलग-अलग बदलाव में कोई आपसी रिश्ता नहीं है। उनके निष्कर्ष से कई और सुखद तथ्य प्रकाश में आए हैं। इनमें सबसे महत्त्वपूर्ण है कि जी.डी.पी. के आधार पर कई गरीब समझे गए देश उस मानक पर समृद्ध माने गए कई देशों से एच.डी.आई. के आधार पर विकास में पीछे नहीं रहे। बल्कि कई से आगे निकल गए। औसत आयु में वृद्धि, साक्षरता-प्रसार, स्त्री-सशक्तीकरण, पाठशालाओं में दाखिले और स्वास्थ्य-सुविधाओं में सुधार की गति पिछले तीन दशकों के दौरान आर्थिक दृष्टि से तीव्रतम वेग से विकासमान देशों की अपेक्षा इस दृष्टि से पिछड़े एशिया, मध्य पूर्व और उत्तरी अफ्रीका के कई देशों में तेजतर रही। चीन और कोरिया गणराज्य ही इसके अपवाद हैं जो जी.डी.पी. और एच.डी.आई. दोनों आधारों पर आगे बढ़ने में सफल रहे।

चीन के बाद सबसे तीव्रगति से विकासमान अर्थव्यवस्था के दम्भ से स्फीत भारत एच.डी.आई. के मानकों के आधार पर त्रासद रूप से असफल सिद्ध हुआ है। जो देश एच.डी.आई. के क्षेत्र में अपने निस्बतन आर्थिक पिछड़ेपन के बावजूद कामयाबी के चमत्कार दिखा सके उनके पीछे शक्ति थी उनकी सजग सरकारों के सक्रिय-सकारात्मक हस्तक्षेप की। इसके बरअक्स भारत ने जी.डी.पी. विकास दर को ही सब कुछ मान अपनी लगभग पूरी ताकत व्यापक स्तर पर केन्द्रीकृत औद्योगीकरण में लगा दी जिसमें प्रचुर मात्रा में उपलब्ध मानव श्रम की भागीदारी निरन्तर त्रासद रूप से कम होती गई। दरअसल मात्र जी.डी.पी. के आधार पर विकास को आँकना नितान्त भ्रामक है।

समाजशास्त्री डॉ. दीपांकर गुप्त के अनुसार भारत के जी.डी.पी. में 25 प्रतिशत हिस्सा मात्र 43 बड़े औद्योगिक घरानों का है। यदि यह संख्या दो सौ कर दी जाए तो देश के जी.डी.पी. में उनका हिस्सा लगभग आधा आएगा। मतलब आधे में दो सौ घराने और आधे में पूरा देश। यह इसलिए हुआ क्योंकि जनसुलभ छोटी मशीनों और अधिकाधिक मानव श्रम के जरिए विकेन्द्रीकृत औद्योगीकरण की गांधी की सलाह की आपराधिक उपेक्षा की गई। उसके अनेक भयावह परिणामों में एच.डी.आई. के क्षेत्र में भारत का शर्मनाक प्रदर्शन भी है।

यह एहसास धीरे-धीरे ही सही पर लगातार बढ़ता जा रहा है कि निर्विघ्न औद्योगीकरण के लिए आवश्यक स्टील और ऊर्जा के स्रोत अनन्त नहीं हैं। वह तेजी से क्षीण होते जा रहे हैं। पिछले तीन सौ सालों में औद्योगीकरण की अबाध-निर्लज्ज

होड़ हमारी पृथ्वी की प्रकृति और पर्यावरण के लिए भस्मासुर सिद्ध हो चुकी है। इसके मूल में भौतिक सुखों की अनवरत बढ़ती सुरसा-बदन भूख है जिसके विरुद्ध उपनिषदों के ऋषि, गीता के उद्गाता कृष्ण, महात्मा जरथ्रुस्त्र, करुणावतार बुद्ध, प्रभु ईसा मसीह, पैग़म्बर मुहम्मद और गांधी जैसे अनेक आत्मवान लोग युगों-युगों से मनुष्य को सजग करते आए हैं।

भौतिक भोगलिप्सा के विरुद्ध अपने सभी पूर्ववर्तियों की चेतावनियों को अद्भुत रचनात्मकता के साथ आत्मसात किए गांधी की आवाज हमारे कानों के लिए निकटतम है। भौतिक सुखों की अनवरत बढ़ती भूख की आग को निरन्तर हवा देती पश्चिम से समूचे संसार में विद्युत वेग से फैलती जा रही आधुनिक सभ्यता से जूझने की आर्त पुकार 'हिन्द स्वराज' के अक्षर-अक्षर में प्रतिध्वनित है। अपनी अन्तर्प्रकृति में विनाशकारी पर लुभावनी चमक-दमक लिए इस सभ्यता के प्रलोभन से मुक्ति बिना न तो स्वराज सम्भव है और ना ही 'स्व' पर राज। गांधी के 'हिन्द स्वराज' में 'स्वराज' की कामना मात्र हिन्द के 'स्वराज' की कामना नहीं है। वह समस्त मनुष्य जाति के 'स्वराज' और 'स्व' पर 'राज' की कामना है। यह स्वराज सर्वग्रासी उपभोक्तावाद पर विवेकसंगत नियंत्रण के बिना नितान्त असम्भव है।

अबाध औद्योगीकरण ही इस उपभोक्तावादी अपसंस्कृति का जनक है। विश्व का सर्वाधिक औद्योगीकृत देश अमेरिका आज न केवल विश्व का सर्वाधिक डरा हुआ देश है बल्कि उपभोक्ता संस्कृति का दुष्परिणाम भी सबसे अधिक वही भोग रहा है। आज बच्चों से बूढ़ों तक दुनिया के सर्वाधिक मोटापे (ओवेसिटी) से पीड़ित लोग उसी देश में हैं। और उससे निपटने के लिए वजन कम करने और शरीर सुडौल बनाने का सबसे बड़ा उद्योग भी वहीं पर विकसित हो रहा है। इस तरह आधुनिक सभ्यता एक चमकदार अभिशप्त वृत्त में चक्कर काटने के लिए अपने हतभाग्य शिकार को लगातार विवश करती जा रही है। पश्चिम और खासकर अमेरिका को अपना आदर्श मान बैठे विश्व के अधिकांश देशों को उपभोक्तावाद का विकराल अजगर अपनी जकड़ में लगातार बुरी तरह कसता जा रहा है। जल-जंगल-जमीन और उन पर आश्रित मनुष्य के शत्रु औद्योगीकरण को मर्यादित किए बिना उपभोक्तावाद के अजगर के प्राणवायु के स्रोत पर नियंत्रण असम्भव है।

औद्योगीकरण की भूख पर्यावरण को तेजी से निगलती जा रही है। इसका गहरा एहसास विश्व भर के संवेदनशील लोगों के दिलों में बढ़ता जा रहा है। इसके फलस्वरूप अन्तर्राष्ट्रीय स्तर पर कुछ सदाशय संस्थाओं ने औद्योगिक विकास की मर्यादा बाँधने का विमर्श लगभग दो दशक पूर्व शुरू कर दिया था। संयुक्त राष्ट्रसंघ का सहयोगी संगठन यू.एन.ई.पी. (युनाइटेड नेशन्स इनविरॉनमेंट प्रोग्राम—संयुक्त राष्ट्र संघ पर्यावरण कार्यक्रम) और 'क्लब ऑफ रोम' इनमें प्रमुख हैं। इन दोनों संस्थाओं ने क्रमशः ग्रीन हाउस इफेक्ट (पौध-घर प्रभाव) और 'लिमिट्स टू ग्रोथ' (विकास की सीमाएँ) नाम से विख्यात दो

महत्त्वपूर्ण अध्ययन लगभग डेढ़ दशक पूर्व प्रस्तुत किए थे। इनके दो मुख्य विचार बिन्दु थे–(1) अनवरत औद्योगिक विकास के लिए निर्माण और ऊर्जा के संसाधन–लोहा, स्टील, लकड़ी और तेल आदि अनन्त नहीं हैं। सदियों के बददिमाग दोहन के फलस्वरूप वह समाप्ति के कगार पर पहुँचते जा रहे हैं। (2) टेक्नोलॉजी की मदद से जारी स्वार्थी मनुष्य की बेशरम लूटमार से पृथ्वी का पर्यावरण भयावह रूप से छीजता जा रहा है। इस भीषण क्षति की भरपाई असम्भवप्राय है।

ये अध्ययन बीसवीं सदी के अन्त में जिन डरावने आसन्न खतरों से आगाह करते हैं उसकी मनहूस आहट त्रिकालदर्शी गांधी ने अपने अन्तर्मन में सदी के प्रारम्भ में ही साफ सुन ली थी। उस दौर के 'इंडियन ओपीनियन' के चिन्तनपरक लेख इसके साक्षी हैं। पेरिस की अप्रत्याशित बाढ़ लीला से हुए भीषण विनाश पर सन् 1910 में लिखा उनका लेख–'पेरिस हैवॅक' (पेरिस-विध्वंस) इस दृष्टि से विशेष उल्लेखनीय है। 'हिन्द स्वराज' सहित गांधी के आगे के सभ्यता-चिन्तन में बीसवीं सदी के अन्तिम दशकों के दौरान पश्चिम की नई जगी दिलचस्पी के पीछे अनेक कारणों में पर्यावरण-चिन्ता से जुड़े ये दो अध्ययन भी रहे हैं।

21

गांधी ने 'हिन्द स्वराज' को स्वयं 'आधुनिक सभ्यता की कठोर भर्त्सना' कहा है। इसमें दो राय नहीं वह भौतिक सुख-सुविधा के लिए चूहादौड़ के सख्त खिलाफ़ थे और उन्होंने स्वयं अपने साथियों सहित अत्यन्त सरल-संयत जीवन बिताया। पर वह अपनी जीवन-शैली किसी पर लादने के पक्ष में नहीं थे। जब कोई उनका प्रशंसक आगन्तुक आश्रम में उनके साथ रुकने की इच्छा जाहिर करता था तो उनका प्रयास होता था कि वह कहीं अन्यत्र अपनी सुविधा के अनुसार रुके। खान अब्दुल गफ्फार खाँ ने जब कांग्रेस कार्यकारिणी के बैठक के सिलसिले में पहली बार वर्धा आने पर उनके साथ रुकना चाहा था तो उन्हें पूर्व व्यवस्था के अनुसार गांधी ने मौलाना आजाद या फिर जवाहरलाल नेहरू के पास ही रुकने की सलाह दी थी। पर गांधी के शब्दों में स्वभाव से फकीर बादशाह खान उन्हीं के ही साथ रुके। उनके साथ ही जमीन पर सोये, आश्रम का लगभग अलोना सादा शाकाहारी भोजन किया और वहाँ के अनुशासन का पूरी तरह पालन किया। जिन आश्रमवासियों को आश्रम आने के बाद वहाँ असुविधा हुई उन्हें गांधी ने प्रसन्नतापूर्वक वहाँ से विदा किया। वह जानते थे कि सामान्य लोगों के लिए आश्रम का अनुशासित जीवन काफी कठिन था।

गांधी अच्छी तरह समझते थे कि सामान्य जन के लिए भौतिक सुख-सुविधाओं से पूरी तरह मुक्त होना असम्भव है। इसलिए वह उसकी मर्यादा बाँधने में विश्वास रखते थे। वह भौतिक विकास के निन्दक किसी खब्त या झक के कारण नहीं थे बल्कि

उनका दृढ़ मत था कि वह स्वयं में सुख का साधन नहीं है। किसी कठोर कर्तव्यबोध या आत्म-त्याग की मनोदशा के फलस्वरूप वह बलपूर्वक कोई वस्तु छोड़ने के पक्षधर कतई नहीं थे। वह मानते थे कि भौतिक सुख-सुविधा के साधन को त्यागना तभी उचित होगा जब हम अपना जीवन कुछ इस तरह ढाल और रच लें कि हमें उसकी जरूरत ही न रहे। अपने अमेरिकी प्रशंसक रिचर्ड ग्रेग को वह सलाह देते हैं–

"जब तक आपको किसी चीज से आन्तरिक सुख और सहायता मिले तब तक आप उसे अपने पास रखें। अगर आपने इसे कठोर कर्तव्यबोध और आत्मत्याग के मनोभाव के फलस्वरूप छोड़ा, तो आपमें उसे पाने की लालसा बनी रहेगी और उसकी कमी आपको तंग करती रहेगी। आप किसी चीज का त्याग तभी करें जब आप उससे बेहतर विकल्प का क्षेत्र तलाश लें। जिसके सामने उसका आकर्षण सदा के लिए समाप्त हो जाए।"

गांधी की लड़ाई आधुनिक सभ्यता से मुख्यतः इस कारण थी कि वह भौतिक विकास के अलावा उन्नति के दूसरे क्षेत्रों को मानने और उसके प्रोत्साहन को तैयार नहीं थी। गांधी को मनुष्य के मनोविज्ञान की गहरी समझ थी। वह मानते थे कि विकास और समृद्धि के दूसरे दायरे के तलाश के बिना मनुष्य के भौतिक विकास के मार्ग का पूरी तरह अवरोध उसे हताश और किंकर्तव्यविमूढ़ बना देगा। इसलिए उनका कहना था कि प्रत्येक व्यक्ति को अपने आन्तरिक सुख और समृद्धि का क्षेत्र खुद खोजना होगा। वो क्षेत्र आध्यात्म, कला, साहित्य, संस्कृति, पीड़ित-उपेक्षित मनुष्य और अन्य जीवों की सेवा तथा शोषित-वंचित वर्ग के हितों के लिए निःस्वार्थ अहिंसक संघर्ष से जुड़ाव जैसे अनेक हो सकते हैं। उनसे अर्जित आन्तरिक सुख और सन्तोष-धन के सामने कबीर के शब्दों में और "सब धन धूरि समान" साबित होंगे।

गांधी के विचार की पुष्टि पश्चिम में निरन्तर चल रहे शोधों और सर्वेक्षणों से भी लगातार हो रही है। अभी हाल ही में बेल्जियम के लीज़ विश्वविद्यालय में डॉ. जोर्डी क्विडबाश नामक एक विद्वान के सर्वेक्षण के परिणाम 'जर्नल ऑफ साइकोलॉजिकल साइन्स' में छपे हैं। इसमें 16 वर्ष से 59 वर्ष के लोगों के एक बड़े वर्ग के अध्ययन के बाद यह निष्कर्ष निकाला गया है कि भौतिक समृद्धि और सुख की अनुभूति परस्पर आश्रित नहीं है।

22

'हिन्द स्वराज' से उद्भूत गांधी के सभ्यता-विमर्श को कई अनुशासनों की दृष्टि से जाँचने, परखने और समझने की अलग-अलग और समन्वित कोशिशें की गई हैं। उनमें एक प्रयास साहित्य के नजरिए का भी रहा है। जीवन्त सभ्यताएँ जहाँ अपने दरवाजे और खिड़कियाँ बाहर के नए विचारों और नव्य रचनात्मक प्रयोगों के लिए खुला रखती हैं, वहीं वह अपनी मूल प्रकृति और अस्मिता को बचाए रखने के लिए पूरी तरह सजग

और निरन्तर सक्रिय रहती हैं। यहाँ पिछले दो सौ सालों के दौरान साहित्य के क्षेत्र में भारत और पश्चिम के बीच परस्पर प्रतिश्रुति के कुछ प्रासंगिक आयामों पर विचार दिलचस्प होगा। भारतीय साहित्य से पश्चिम के सम्पर्क के संकेत सत्रहवीं सदी के अन्तिम और अट्ठारहवीं सदी के प्रारम्भिक दशकों के दौरान मिलने लगते हैं। ये सम्पर्क शुरू में ईसाई धर्म प्रचारकों के जरिए हुए।

तमिल साहित्य के स्वर्ण-युग के रूप में मान्य संघम काल के अन्तिम चरण के विश्वविख्यात संत-कवि तिरूवल्लुवर की कृति 'तिरुक्कुराल' सम्भवतः पहली भारतीय रचना है जिसका अनुवाद पश्चिम की किसी भाषा में हुआ। एक ईसाई धर्म प्रचारक फादर बेस्शी ने 'कुराल' के कुछ चुने अंशों का लैटिन में अनुवाद सन् 1730 में किया था। इसका दूसरा अनुवाद अंग्रेजी में रेवरेन्ड जी.यू. पोप द्वारा सन् 1886 में किया गया। सन् 1785 में चार्ल्स विलकिंस द्वारा किया गया 'श्रीमद्भगवद्गीता' का अंग्रेजी अनुवाद तत्कालीन गवर्नर जनरल वारेन हेस्टिंग्ज़ की प्रशंसापूर्ण भूमिका के साथ प्रकाशित हुआ। वेदों और उपनिषदों के चुने अंशों के अनुवाद भी लैटिन, जर्मन और अंग्रेजी में उसके बाद प्रकाशित होने लगे। इनसे शोपेनहावर समेत पश्चिम के अनेक दार्शनिक गहरे प्रभावित हुए। पर जिस कृति के अंग्रेजी, फ्रेंच और जर्मन अनुवादों ने पूरे पश्चिम के साहित्य-संसार में तहलका मचा दिया था वह कालिदास की नाट्यकृति 'अभिज्ञान शाकुन्तलम्' थी। सर विलियम जोन्स कृत इस रचना का अंग्रेजी अनुवाद सन् 1789 में प्रकाशित हुआ।

'अभिज्ञानशाकुन्तलम्' के जर्मन और फ्रेंच अनुवाद इनके विद्वान क्रमशः फार्स्टर और सेज़ी ने अंग्रेजी अनुवाद के आधार पर तुरन्त कर दिए थे। अट्ठारहवीं सदी के अन्तिम और उन्नीसवीं सदी के प्रारम्भिक दशकों में पूरे योरोपीय साहित्य के शिखर पुरुष जर्मन कवि-नाट्यकार गेटे (1749-1832) ने इन दोनों अनुवादों को अभिभूत-भाव एकाधिक बार पढ़ा था। उनकी विख्यात नाट्यकृति 'फाउस्ट' पर 'शाकुन्तलम्' के प्रभाव के संकेत भी दिए गए हैं। कालिदास की इस मनोरम नाट्यकृति के अपूर्व आस्वाद से गेटे इतने आनन्दविभोर हुए थे कि उन्हें उस पर अपनी अभिभूत प्रतिक्रिया के लिए अपना सशक्त-रचनात्मक गद्य नितान्त अपर्याप्त लगा। उन्होंने उसकी अभिव्यक्ति 'शकुन्तला' को सम्बोधित एक मार्मिक कविता में की। गेटे की इस कविता के अंग्रेजी अनुवाद इंग्लैंड के एक कालिदास-प्रेमी सज्जन ईस्ट विक ने और संस्कृत अनुवाद महामहोपाध्याय वासुदेव विष्णु मीराशी ने किए। संस्कृत साहित्य का शायद ही कोई अध्येता गेटे की इस कविता से अपरिचित हो। वेदों और उपनिषदों के चुने हुए अंशों के अनुवाद पढ़कर सन् 1811 में गेटे ने कहा था कि, "यदि संस्कृत की श्रेष्ठ कृतियों के रूपान्तरण योरोप की भाषाओं में हो पाते तो उनसे इनके साहित्य में सर्वथा नए युग और संसार का आविर्भाव सम्भव था जिसमें हम व्यापकतर रचनात्मक पूर्णता में जी सकते थे, जहाँ हमारे मन की विचित्रताएँ और अधिक सुरक्षित रह सकती थीं तथा नवस्फूर्त सृजनात्मकता को एक नई गति मिल सकती थी।"

जिस समय संस्कृत साहित्य की श्रेष्ठ बानगी अनूदित हो पश्चिम पहुँच रही थी लगभग उसी समय फारसी का उत्कृष्ट साहित्य भी खासकर फ़िरदौसी, हाफ़िज़ शम्स तब्रेज़, रूमी और बाद में उमर खय्याम की रचनाएँ अनुवाद के जरिए योरोप पहुँचने लगी थीं। सन् 1800 के आसपास दारा शिकोह कृत उपनिषदों के फारसी अनुवाद के आधार पर पेरॉन नामक एक विद्वान ने उनके लैटिन में अनुवाद कर दिए थे। शोपेनहॉवर ने उपनिषदों के अनुवाद पढ़कर कहा था कि ये मेरे जीवन में आश्वस्ति के आधार रहे और मेरी मृत्यु के भी आश्वस्ति के आधार रहेंगे।

लगभग पाँच दशकों तक योरोप के साहित्य-जगत पर पूरब के खासकर संस्कृत के क्लासिक साहित्य का अपूर्व सम्मोहन छाया रहा। इसमें गेटे के बाद वेदों के जर्मन अनुवादक और व्याख्याकार मैक्समूलर (1826-1900) का योगदान विशेष उल्लेखनीय है। पर अट्ठारहवीं सदी के तीसरे दशक के प्रारम्भ में इस लम्बे सम्मोहन के रहस्यमय बादल छँटने लगे थे। दशकों संस्कृत-साहित्य के अरण्य में मुग्ध-आत्मविस्मृत विचरण के दौरान धीरे-धीरे पश्चिम की आत्मचेतना लौटने लगी थी। अपनी रचनात्मकता के मूल स्रोत की कलकल ध्वनि और अपनी धरती में गहरे धँसी जड़ों की पुकार एक बार फिर उन्हें साफ सुनाई पड़ने लगी थी। इस लम्बे भटकाव से उबरने का नेतृत्व भी जीवन की सन्ध्या में एक बार फिर गेटे ने ही किया। सन् 1826 में उन्होंने अपने मित्र हम्बोल्ट को लिखा था कि "मुझे भारतीय चीजों से कोई वितृष्णा कदापि नहीं है। पर मैं उनसे डरता हूँ क्योंकि वे मेरी कल्पना को अमूर्तता और बिखराव की ओर खींचती हैं जिससे मुझे अब पहले से कहीं अधिक अपने को यत्नपूर्वक बचाना है।. ..मुझे यह स्वीकार करने में कोई संकोच नहीं है कि हमने होमर को पवित्र प्रार्थना-भाव से पढ़ा है और हमने यूनानी संस्कृति को पृथ्वी पर ईश्वर का पूर्णतम् अवतार मान उसकी पावन वेदी पर स्वयं को हृदय और आत्मा सहित समर्पित कर रखा है। (इसके बरअक्स भारतीय साहित्य के माध्यम से) हम स्वयं को एक ऐसे असहज असीम लोक में पाते हैं जहाँ डरावने राक्षस हमसे टकराते हैं और विकृत आकृतियाँ दिखती हैं और उड़नछू हो जाती हैं।"

लगभग सौ साल बाद सन् 1910-11 में रवीन्द्रनाथ ठाकुर की बंगला काव्यकृति 'गीतांजलि' के अंग्रेजी अनुवाद के प्रकाशन ने पश्चिम के साहित्य-जगत में एक बार फिर नई हलचल पैदा कर दी। उस दौर के महान अंग्रेजी कवि डब्लू.बी. यीट्स की भूमिका के साथ प्रकाशित इस रचना को सन् 1913 के साहित्य के नोबेल पुरस्कार से सम्मानित किया गया। पुरस्कार समिति ने अपनी संस्तुति में कहा कि "गेटे के देहान्त के बाद उदात्त मनुष्यता, सहज महानता और शास्त्रीय प्रशान्ति में योरोप का कोई कवि टैगोर की बराबरी नहीं कर सकता।" रचना के अंग्रेजी अनुवाद की पांडुलिपि पढ़कर यीट्स इतने मंत्रमुग्ध हुए कि वह कई सप्ताह उसे सीने से लगाए रेलों, बसों और जलपान गृहों तक घूमते रहे। उन्होंने इस अनुपम कृति की तुलना योरोप के मध्यकालीन संत

कवियों की रचनाओं, अंग्रेजी के आदि कवि चॉसर से लेकर अनेक समकालीन कवियों की सृजनात्मकता से करते हुए उसकी उत्कृष्टता रेखांकित की।

कविवर यीट्स ने 'गीतांजलि' के बारे में कहा कि ''हम उसके अजनबीपन से नहीं बल्कि इसलिए उससे स्पन्दित होते हैं क्योंकि उसमें हमारा मिलाप अपने ही बिम्ब से होता है।'' एज़रा पाउंड ने इस रचना में यांत्रिकता के अवसाद से घिरे पश्चिम के लिए 'एक अनूठे प्रकृतिस्थ नीरवता का आविष्कार' पाया था। टैगोर की रचनात्मकता के टटकेपन से अभिभूत यीट्स और पाउंड की तरह पश्चिम में अनेक कवि-लेखक उस समय 'गीतांजलि' की नव्यता पर मुग्ध थे। पर ऐसे लोग कम नहीं थे जो एक 'अज्ञात कुलशील' भारतीय रचनाकार को मिले इस अप्रत्याशित सम्मान से नितान्त चकित और किंकर्तव्यविमूढ़ थे। बीसवीं सदी के तीसरे दशक की शुरुआत होते-होते टैगोर के प्रति यह मुग्ध प्रशंसा भाव तेजी से क्षीण होने लगा। दरअसल पश्चिम की आलोचना के पास टैगोर जैसे भारतीय या प्राच्य रचनाकार की वस्तुनिष्ठ परख के लिए तब तक कोई विकसित तंत्र नहीं था। अतः अब ये कहा जाने लगा कि टैगोर के विचारों की पूर्ण स्वीकृति का अर्थ होगा योरोप की संस्कृति के लिए गम्भीर खतरा जो उसके पतन का सबब सिद्ध हो सकता था।

योरोप की सभ्यता को जिस खतरे का आभास गेटे की उन्नीसवीं सदी के तीसरे दशक में संस्कृत की अनूदित कृतियों के व्यापक प्रभाव से मिलने लगा था, उसी खतरे की आहट एक बार फिर बीसवीं सदी के तीसरे दशक में टैगोर की अनूदित रचनाओं की लोकप्रियता में सुनाई पड़ने लगी थी। नतीजतन पश्चिमी सभ्यता को टैगोर की अनिष्ट छाया से मुक्त रखने के लिए यीट्स ने 'डैम टैगोर' (टैगोर को लानत) शीर्षक एक निबन्ध लिख डाला था और एज़रा पाउंड कहने लगे थे कि ''टैगोर के दर्शन में पश्चिम की सभ्यता से सताए गए लोगों को उसके दंश से राहत देने लायक कुछ नहीं था।'' कवि-कथाकार डी.एच. लारेंस के अनुसार टैगोर से छनकर पहुँच रही भारत की दीर्घकालीन सभ्यता से ''योरोप की सभ्यता के पचास साल कहीं बेहतर थे।'' यह अत्यन्त विचित्र और उपहासास्पद लगता है कि भारत की आध्यात्मपरक गीतात्मकता के एक सहज सिद्ध कवि से समूची पश्चिमी सभ्यता को संकट पैदा हो गया था।

किसी सभ्यता का स्वरूप तै करने में साहित्य की भूमिका निर्विवाद है। यहाँ उद्देश्य पिछली दो सदियों के दौरान भारतीय साहित्य के प्रति पश्चिम के आकर्षण और उससे विकर्षण के गुण-दोष पर विचार का नहीं है। थोड़ा विस्तारपूर्वक उस पर चर्चा के पीछे मंशा थी तो यह रेखांकित करने की कि जीवन्त सभ्यताएँ किस तरह अपनी मूल प्रकृति को बचाए रखने के लिए सजग और सक्रिय रहती हैं। 'हिन्द स्वराज' में गांधी ने सभ्यता को एक ऐसी आचरण-पद्धति निरूपित किया है जो मनुष्य का कर्तव्य-मार्ग निर्दिष्ट करती है। कर्तव्य और नैतिकता उनके अनुसार एक दूसरे के पर्याय हैं। पश्चिम की भोगलोलुप आधुनिक सभ्यता को वह अनैतिक पाते हैं। उनके

द्वारा उसका निरन्तर प्रतिरोध दरअसल एक प्राचीन किन्तु आज भी अजस्र प्रवहमान जीवन्त सभ्यता के आत्मवान प्रतिनिधि का प्रतिरोध है। उसके पीछे पूरब का अपना सभ्यता-स्वाभिमान भी था।

सभी महान धर्मों के उद्‌गम एशिया के सम्बन्ध में प्रचलित यह धारणा गांधी को आहत करती थी कि यहाँ के लोगों में सिर्फ पश्चिम की अन्धी नकल की कूवत थी। साथ ही अद्‌भुत पुनर्नवा शक्ति से समृद्ध और विभिन्न धर्मों-संस्कृतियों का सार-तत्व समेटे हिन्दुस्तान की सभ्यता की खामियों और सीमाओं से अपने समकालीनों में वही सबसे अधिक परिचित और उद्विग्न थे। हिन्दू-समाज के अभिशाप छुआछूत से वह बचपन से ही विचलित रहे। उससे लड़ने की प्राथमिकता तै करते समय उन्होंने नेहरू और सुभाष जैसे सदाशय और मूल्यवान सहयोगियों तक की असहमति की परवाह नहीं की। जीवन के अन्तिम पन्द्रह सालों में वह जाति के भी अनिष्टकारी प्रभाव से मुक्ति की वकालत जोर देकर करने लगे थे।

अपनी सभ्यता की आत्मा पर आँच न आने देने के लिए दृढ़ संकल्प गांधी दूसरी संस्कृतियों के रचनात्मक संस्पर्श से गेटे, यीट्स, एज़रा पाउंड और डी.एच. लारेंस आदि की तरह किसी भी सूरत में भयभीत नहीं थे। दरअसल वह सच्चे मन से चाहते थे कि हम अपने दरवाजे-खिड़कियाँ पूरी तरह खुली रखें जिससे विश्व के सभी देशों की संस्कृतियों की ताजा हवाएँ अबाध हम तक पहुँचती रहें। पर हाँ, हम अपनी जमीन पर दृढ़तापूर्वक खड़े रहें। बाहर की हवा का तेज झोंका हमें उड़ा न ले जाए। 26 जनवरी, सन् 1921 के 'यंग इंडिया' में वह कहते हैं कि उनका स्वराज अपनी सभ्यता की प्रतिभा को अक्षुण्ण रखना है। वह बहुत-सी नई इबारतें लिखना चाहते हैं पर उसके लिए स्लेट हिन्दुस्तान की चाहिए। वह पश्चिम से बखुशी उधार लेना चाहेंगे पर तभी जब मूल को बहुत अच्छे ब्याज के साथ लौटा सकें। इतिहास साक्षी है गांधी ने यह कर दिखाया। उन्होंने पश्चिम से जितना लिया उसका कई गुना पश्चिम समेत पूरे विश्व को दिया। और देते जा रहे हैं।

गांधी का आगे का समग्र चिन्तन 'हिन्द स्वराज' का विचार-विस्तार है। वह अपने आपमें किसी सीमित अर्थ में सभ्यता का नवविमर्श नहीं है। गांधी हमारे युग की सबसे संवेदनशील आत्मवान वाणी हैं। 'हिन्द स्वराज' दग्ध-दुखी पृथ्वी के प्रति उस वाणी के अजस्र प्रेम की आवेगमय घोषणा का अविरल हिस्सा है।

हिन्द स्वराज

(देवनागरी में गुजराती मूल हिन्दी अनुवाद सहित)

संदेशो*

जे सिद्धांतोना समर्थनने सारु 'हिंद स्वराज' लखायुं हतुं ते सिद्धांतोने तमे जाहेरात आपवा धारो छो अे मने गमे छे. मूळ पुस्तक में गुजरातीमां लखेलुं, ने अंग्रेजी आवृत्ति अे गुजरातीनो अनुवाद छे. अे पुस्तक मारे आजे फरी लखवानुं होय तो हुं क्यांक क्यांक तेनी भाषा बदलुं पण अे लख्या पछीनां जे त्रीस वरस में अनेक झंझावातोमां पसार कर्यां छे तेमां मने अे पुस्तकमां दर्शावेला विचारोमां फेरफार करवानुं कंइ कारण मळ्युं नथी वाचक एटलूं ध्यानमां राखे के केटलाक कार्यकर्ताओ; जेमांना एक कट्टर अराजकतावादी हता, तेमनी साथे मारे जे वातचीतो थयेली ते जेवी ने तेवी में अे पुस्तकमां उतारेली छे. वाचक अे पण जाणे के दक्षिण आफ्रिकाना हिंदीओमां जे सडो पेसवानी अणी पर हतो ते आ लखाणे अटकाव्यो हतो. आनी सामे बीजा पल्लामां मूकवाने वाचक मारा अेक स्वर्गस्थ मित्रनो अे अभिप्राय पण जाणे के 'आ मूरख माणसनी कृति छे'.

मोहनदास करमचंद गांधी

सेवाग्राम १४-७-'३८

(अंग्रेजी परथी)

* अंग्रेजी मासिक 'आर्यन पाथ' ना सप्टेम्बर १९३८ मां प्रसिद्ध थयेला 'हिंद स्वराज अंक' ने सारु मोकलेलो संदेशो.

संदेश*

जिन सिद्धान्तों के समर्थन के लिए हिन्द स्वराज्य लिखी गई थी, उन सिद्धान्तों की आप जाहिरात करना चाहती हैं, यह मुझे अच्छा लगता है। मूल पुस्तक गुजराती में लिखी गई थी, अंग्रेज़ी आवृत्ति गुजराती का तरजुमा है। यह पुस्तक अगर आज मुझे फिर से लिखनी हो तो कहीं-कहीं मैं उसकी भाषा बदलूंगा। लेकिन इसे लिखने के बाद जो तीस साल मैंने अनेक आंधियों में बिताए हैं, उनमें मुझे इस पुस्तक में बताये हुए विचारों में फेरबदल करने का कुछ भी कारण नहीं मिला। पाठक इतना ख़्याल रखें कि कुछ कार्यकर्त्ताओं के साथ, जिनमें एक कट्टर अराजकतावादी थे, मेरी जो बातें हुई थीं, वे जैसी की तैसी मैंने इस पुस्तक में दे दी हैं। पाठक इतना भी जान लें कि दक्षिण अफ्रीका के हिन्दुस्तानियों में जो सड़न दाखिल होने वाली ही थी, उसे इस पुस्तक ने रोका था। इसके विरुद्ध दूसरे पल्ले में रखने के लिए पाठक मेरे एक स्वर्गीय मित्र की यह राय भी जान लें कि 'यह एक मूर्ख आदमी की रचना है।'

मोहनदास करमचंद गांधी

सेवाग्राम 14.7.38

*अंग्रेजी मासिक 'आर्यन पाथ' के सितम्बर 1938 में 'हिन्द स्वराज्य अंक' के लिए भेजा हुआ संदेश।

प्रस्तावना

आ विषय उपर में वीस प्रकरण लख्यां छे, ते वांचनार आगळ मूकवानी हिंमत करुं छुं.

ज्यारे माराथी नथी रहेवायुं त्यारे ज में लख्युं छे. बहु वांच्युं, बहु विचार्युं. वळी विलायतमां ट्रान्सवाल डेप्युटेशन सारु चार मास रह्यो ते मुद्दतमां माराथी बन्या तेटला हिंदीनी साथे विचार कर्या, बन्या तेटला अंग्रजोने पण मळ्यो. जे मारा विचार छेवटना लाग्या ते वांचनारनी पासे मूकवा अे मारी फरज समज्यो.

'इन्डियन ओपिनियन'ना गुजराती घराक आठसेंने आशरे छे. घराक दीठ दस जण ओछामां ओछा ते छापुं रसपूर्वक वांचे छे अेम में अनुभव्युं छे. जेओ गुजराती नथी जाणता तेओ बीजा पासे वंचावे छे. आवा भाईओअे मारी पासे हिंदनी दशा विशे बहु सवाल कर्या छे. अेवा ज सवाल मारी पासे विलायतमां थया. तेथी मने लाग्युं के जे विचारो में आम खानगीमां बताव्या ते मारे जाहेरमां मूकवा अे दोषित नहीं गणाय.

जे विचारो बताव्या ते मारा छे, ने मारा नथी. ते मारा छे, केम के ते प्रमाणे वर्तन करवानी मारी उमेद छे; ते मारा आत्मामां घडाई गया जेवा छे. मारा नथी, केम के ते में ज विचार्या छे अेम नथी; ते केटलांक पुस्तको वांच्या पछी बंधायेला छे. मनमां जे ऊंडुं ऊंडुं जोतो हतो तेने पुस्तकोअे टेको आप्यो.

जे विचारो वांचनार पासे रजू करुं छुं ते हिंदुस्तानमां सुधारानी धूनमां नहीं आवेला अेवा घणा हिंदी धरावे छे, अे तो कंई साबित करवा जेवुं रहेतुं नथी. पण ते ज विचारो युरोपना हजारो माणसो धरावे छे अे हुं वांचनारमा मनमां मारा पुरावाथी ज ठसाववा मागुं छुं. जेने ते शोध करवी होय, जेने तेवो अवकाश होय, ते माणस ते पुस्तको जोई शकशे. ज्यारे मने अवकाश मळशे त्यारे ते पुस्तकोमांथी कंई कंई वांचनार आगळ रजू करवानी उमेद छे.

प्रस्तावना

इस विषय पर मैंने जो बीस अध्याय लिखे हैं, उन्हें पाठकों के सामने रखने की मैं हिम्मत करता हूं। जब मुझसे रहा ही नहीं गया तभी मैंने यह लिखा है। बहुत पढ़ा, बहुत सोचा। विलायत में ट्रान्सवाल डेप्युटेशन के साथ मैं चार माह रहा, उस बीच हो सका उतने हिन्दुस्तानियों के साथ मैंने सोच-विचार किया, हो सका उतने अंग्रेज़ों से भी मैं मिला। अपने जो विचार मुझे आखिरी मालूम हुए, उन्हें पाठकों के सामने रखना मैंने अपना फ़र्ज़ समझा। इण्डियन ओपीनियन के गुजराती ग्राहक आठ सौ के करीब हैं। हर ग्राहक के पीछे कम से कम दस आदमी दिलचस्पी से यह अखबार पढ़ते हैं, ऐसा मैंने महसूस किया है। जो गुजराती नहीं जानते, वे दूसरों से पढ़वाते हैं। इन भाइयों ने हिन्दुस्तान की हालत के बारे में मुझसे बहुत सवाल किये हैं। ऐसे ही सवाल मुझसे विलायत में किये गये थे। इसलिए मुझे लगा कि जो विचार मैंने यों खानगी में बताए उन्हें सबके सामने रखना गलत नहीं होगा।

जो विचार यहां रखे गये हैं, वे मेरे हैं और मेरे नहीं भी हैं। वे मेरे हैं, क्योंकि उनके मुताबिक बरतने की मैं उम्मीद रखता हूं, वे मेरी आत्मा में गढ़े-जड़े हुए जैसे हैं। वे मेरे नहीं हैं, क्योंकि सिर्फ मैंने ही उन्हें सोचा हो सो बात नहीं। कुछ किताबें पढ़ने के बाद वे बने हैं। दिल में भीतर ही भीतर मैं जो महसूस करता था, उसका इस किताब ने समर्थन किया।

यह साबित करने की ज़रूरत नहीं कि जो विचार मैं पाठकों के सामने रखता हूं, वे हिन्दुस्तान में जिन पर पश्चिमी सभ्यता की धुन सवार नहीं हुई है ऐसे बहुतेरे हिन्दुस्तानियों के हैं। लेकिन यही विचार यूरोप के हज़ारों लोगों के हैं, यह मैं अपने पाठकों के मन में अपने सबूतों से ही जंचाना चाहता हूं। जिसे इसकी खोज करनी हो, जिसे ऐसी फ़ुर्सत हो, वह आदमी वे किताबें देख सकता है। अपनी फ़ुर्सत से उन किताबों में से कुछ न कुछ पाठकों के सामने रखने की मेरी उम्मीद है।

'इन्डियन ओपिनियन' ना वांचनार अथवा बीजाना मनमां मारुं लखाण वांचीने जे विचारो आवे ते तेओ जणावशे तो आभारी थईश.

उद्देश मात्र देशनी सेवा करवानो, ने सत्य शोधवानो, ने ते प्रमाणे वर्तवानो छे. अेटले मारा विचार खोटा नीवडे तो तेने पकडी राखवानो मने आग्रह नथी. जो ते साचा नीवडे तो ते प्रमाणे बीजाओ करे अेम देशना हितार्थे साधारण रीते लागणी रहेशे.

सरळतानी खातर लखाणने वाचक अने अधिपति वच्चे संवाद होय अेवा रूपमां आप्युं छे.

मोहनदास करमचंद गांधी

किलडोनन केसल

२२-११-१९०९

इण्डियन ओपीनियन के पाठकों या औरों के मन में मेरे लेख पढ़कर जो विचार आये, उन्हें अगर वे मुझे बतायेंगे तो मैं उनका आभारी रहूंगा।

उद्देश्य सिर्फ देश की सेवा करने का और सत्य की खोज करने का और उसके मुताबिक बरतने का है। इसलिए अगर मेरे विचार गलत साबित हों, तो उन्हें पकड़ रखने का मेरा आग्रह नहीं है। अगर वे सच साबित हों तो दूसरे लोग भी उनके मुताबिक बरतें, ऐसी देश के भले के लिए साधारण तौर पर मेरी भावना रहेगी।

सुभीते के लिए लेखों को पाठक और संपादक के बीच के संवाद का रूप दिया गया है।

मोहनदास करमचंद गांधी

किलडोनन कैसल

22.11.1909

१. काँग्रेस अने तेना कारभारीओ

वाचक : हाल हिंदुस्तानमां स्वराजनो पवन चाली रह्यो छे. सहु हिंदी छूटा थवानी झंखना करता जोवामां आवे छे. दक्षिण आफ्रिकामां पण तेवी ज जातनो जुस्सो चाली रह्यो छे. हिंदीने हको मेळववानी भारे हाम थई जोवामां आवे छे आ बाबत तमारा विचार जणावशो ?

अधिपति : तमे सवाल ठीक पूछ्यो छे, पण जवाब देवो ए सहेली वात नथी. छापानुं काम लोकोनी लागणी जाणवी अने तेने प्रगट करवी ए एक छे; बीजुं काम लोकोमां अमुक लागणीओ जरूरनी होय ते पेदा करवी ए छे; ने त्रीजुं काम लोकोमां एब होय तो ते गमे तेटली मुसीबतो पडे तोपण बेधडक थई बताववी. तमारा सवालनो जवाब आपवामां आ त्रणे काम साथे आवी जाय छे. लोकलागणी केटलेक दरज्जे बताववी पडशे, नहीं होय तेवी पेदा करवानो प्रयत्न करवो पडशे, ने खामी हशे ते वखोडवी पडशे. छतां तमे सवाल पूछ्यो एटले तेनो जवाब आपवानी मारी फरज छे एंम जणाय छे.

वाचक : स्वराजनी लागणी हिंदमां उत्पन्न थयेली तमे जुओ छो खरा ?

अधिपति : ए तो ज्यारे नॅशनल काँग्रेस स्थपाई त्यारथी जोवामां आवी छे. 'नॅशनल' नो अर्थ ज ते विचार जणावे छे.

वाचक : आ वात तो तमे ठीक करी लागती नथी. काँग्रेसने तो अत्यारे जुवानिया हिंदी गणकारता नथी, अने तेने तो अंग्रेजी राज्य निभाववानुं हथियार तेओ गणे छे.

अधिपति : जुवानियानो आवो विचार बरोबर नथी. हिंदना दादा दादाभाईए जमीन तैयार न करी होत तो जुवानिया आजे वातो करे छे ते पण न करी शकत. मि. ह्युमे जे लखाणो लख्यां छे, जे चाबखा आपणने मार्या छे, ने जे जुस्साथी आपणने जगाड्या छे ते केम भुलाय ? सर विलियम वेडरबर्ने पोतानां तन, मन अने धन काँग्रेसना हेतु पार पाडवा आपेलां. तेमणे अंग्रेजी राज्यने विशे जे लखाणो लख्यां छे ते आजे पण वांचवा लायक छे. प्रोफेसर गोखलेए प्रजाने तैयार करवा खातर पोतानां २० वरस भिखारी स्थितिमां रही आप्यां छे. हाल पण तेओ साहेब गरीबाईथी रहे छे. काँग्रेस मारफते

कांग्रेस और उसके कर्ता-धर्ता

पाठक : आजकल हिंदुस्तान में स्वराज्य की हवा चल रही है। सब हिंदुस्तानी आज़ाद होने के लिए तरस रहे हैं। दक्षिण अफ्रीका में भी वही जोश दिखाई दे रहा है। हिंदुस्तानियों में अपने हक पाने की बड़ी हिम्मत आई हुई मालूम होती है। इस बारे में क्या आप अपने ख़्याल बताएंगे?

संपादक : आपने सवाल ठीक पूछा है, लेकिन इसका जवाब देना आसान बात नहीं है। अखबार का एक काम तो है लोगों की भावनाएँ जानना और उन्हें ज़ाहिर करना, दूसरा काम है लोगों में अमुक ज़रूरी भावनाएँ पैदा करना और तीसरा काम है लोगों में दोष हों तो चाहे जितनी मुसीबतें आने पर बेधड़क होकर उन्हें दिखाना। आपके सवाल का जवाब देने में ये तीनों काम साथ-साथ आ जाते हैं। लोगों की भावनाएँ कुछ हद तक बतानी होंगी, न हों वैसी भावनाएँ उनमें पैदा करने की कोशिश करनी होगी और उनके दोषों की निंदा भी करनी होगी। फिर भी आपने सवाल किया है, इसलिए उसका जवाब देना मेरा फर्ज़ मालूम होता है।

पाठक : क्या स्वराज्य की भावना हिन्द में पैदा हुई आप देखते हैं?

संपादक : वह तो जबसे नेशनल कांग्रेस कायम हुई तभी से देखने में आई हैं। 'नेशनल' शब्द का अर्थ ही वह विचार ज़ाहिर करता है।

पाठक : यह तो आपने ठीक नहीं कहा। नौजवान हिन्दुस्तानी आज कांग्रेस की परवाह ही नहीं करते। वे तो उसे अंग्रेजों का राज्य निभाने का साधन मानते हैं।

संपादक : नौजवानों का ऐसा ख़्याल ठीक नहीं है। हिन्द के दादा दादाभाई नौरोजी ने ज़मीन तैयार नहीं की होती तो नौजवान आज जो बातें कर रहे हैं वह भी नहीं कर पाते। मि. ह्यूम ने जो लेख लिखे, जो फटकारें हमें सुनाईं, जिस जोश से हमें जगाया, उसे कैसे भुलाया जाए? सर विलियम वेडरबर्न ने कांग्रेस का मकसद हासिल करने के लिए अपना तन, मन और धन सब दे दिया था। उन्होंने अंग्रेजी राज्य के बारे में जो लेख लिखे हैं, वे आज भी पढ़ने लायक हैं। प्रोफेसर गोखले ने जनता को तैयार करने के लिए भिखारी के जैसी हालत में रहकर अपने बीस साल दिये हैं। आज भी वे गरीबी में रहते हैं। कांग्रेस के ज़रिये मरहूम जस्टिस बदरुद्दीन ने भी स्वराज्य का बीज बोया

स्वराजनुं बीज रोपनार मरहूम जस्टिस बदरुद्दीन पण हता. आ प्रमाणे बंगाळा, मद्रास, पंजाब वगेरेमां कॉंग्रेसना अने हिंदना हितचिंतक हिंदी तेम ज गोरा थई गया छे अे याद राखवानुं छे.

वाचक : थोभो, थोभो. तमे बहु आगळ चाली गया. मारो सवाल कंई छे, ने तमे जवाब कंई आपो छो. हुं स्वराजनी वात करुं छुं ने तमे तो परराज्यनी वात करो छो. मारे अंग्रेजनुं नाम न खपे, ने तमे तो अंग्रेजोना नाम आपवा लाग्या. आ प्रमाणे तो आपणुं गाडुं पाटे चडे तेम जोतो नथी. मने तो स्वराजनी ज वातो करो तो गमे; बीजी डाही वातोथी संतोष वळवानो नथी.

अधिपति : तमे अधीरा थया छो. माराथी अधीरापणुं नहीं चलावी लेवाय. तमे जरा खामोश पकडशो तो तमने जे जोईअे छे ते ज मळशे. 'उतावळे आंबा न पाके,' अे कहेवत याद राखजो. तमे मने रोक्यो अने तमने हिंदना उपकारीनी वात सांभळवी नथी गमती ते बतावे छे के हजु तमारे सारु तो स्वराज छेटे छे. तमारा जेवा घणा हिंदी होय तो आपणे आघा जई पाछा पडीअे. आ वात जरा विचारवा जेवी छे.

वाचक : अेम गोळ गोळ वात करीने तमे मारो सवाल छे ते उडावी देवा मागो छो अेम मने तो लागे छे. तमे हिंदुस्तानना उपकारी जेने गणो तेने हुं न गणुं; पछी मारे कोना उपकारनी वात सांभळवी रही? हिंदना दादा तमे जेने कहो छो तेणे शो उपकार कर्यो? अे तो कहे छे के अंग्रेज राज्यकर्ता न्याय आपशे ने तेनी साथे मळीने रहेवुं.

अधिपति : मारे तमने विनयपूर्वक कहेवुं जोईअे के अे पुरुषने विशे तमारे बेअदबीथी बोलवुं अे आपणने शरमावा जेवुं छे. तेमना काम तरफ नजर करो. तेमणे पोतानी जिंदगी हिंदने अपर्ण करी छे. तेमनी पासे आपणे शीख्या. हिंदनुं लोही अंग्रेजो चूसी गया अे शीखवनार मानवंता दादाभाई छे. आजे तेमने अंग्रेजोनी उपर विश्वास छे तेथी शुं थयुं? आपणे जुवानीना आवेशमां अेक पगलुं आगळ भरीअे तो तेथी शुं दादाभाई ओछा पूज्य छे? तेथी शुं आपणे वधारे ज्ञानी थया? जे पगथियेथी आपणे चढ्या छीअे अे पगथिया ने पाटु न मारवी अे डहापण छे; जो ते पगथियुं काढी नाखीअे तो आखी सीडी पडी जाय अे याद राखवानुं छे. आपणे बचपणमांथी जुवानीमां आवीअे छीअे त्यारे बचपणनो तिरस्कार नथी करता, पण ते दहाडा प्यारथी संभारीअे छीअे. घणां वरस सुधी अभ्यास करी मने कोई शीखवे ने ते उपरथी हुं जरा वधारे जाणी लउं तो कंइ मारा शिक्षक करतां हुं वधारे ज्ञानी नहीं गणाउं; मारा शिक्षकने तो मारे मान आपवुं ज पडशे. तेम ज हिंदना दादाने सारु समजवुं घटे छे. तेमनी पछाडी हिंदी प्रजा छे अेम तो आपणे कहेवुं ज पडशे.

वाचक : आ तमे ठीक कह्युं. दादाभाई साहेबने मान आपवुं अे तो समजी शकाय तेवुं

था। यों बंगाल, मद्रास, पंजाब वगैरा में कांग्रेस का और हिंद का भला चाहने वाले कई हिन्दुस्तानी और अंग्रेज लोग हो गये हैं, यह याद रखना चाहिए।

पाठक : ठहरिये, ठहरिये। आप तो बहुत आगे बढ़ गये। मेरा सवाल कुछ है और आप जवाब कुछ और दे रहे हैं। मैं स्वराज्य की बात करता हूँ और आप परराज्य की बात करते हैं। मुझे अंग्रेजों का नाम तक नहीं चाहिए और आप तो अंग्रेजों के नाम देने लगे। इस तरह तो हमारी गाड़ी राह पर आये, ऐसा नहीं दिखता। मुझे तो स्वराज्य की ही बातें अच्छी लगती हैं। दूसरी मीठी सयानी बातों से मुझे संतोष नहीं होगा।

संपादक : आप अधीर हो गये हैं। मैं अधीरपन बरदाश्त नहीं कर सकता। आप जरा सब्र करेंगे तो आपको जो चाहिए वही मिलेगा। 'उतावली से आम नहीं पकते, दाल नहीं चुरती' यह कहावत याद रखिए। आपने मुझे रोका और आपको हिन्द पर उपकार करने वालों की बात भी सुननी अच्छी नहीं लगती, यह बताता है कि अभी आपके लिए स्वराज्य दूर है। आपके जैसे बहुत से हिन्दुस्तानी हों तो हम स्वराज्य से दूर हटकर-पिछड़ जाएँगे। वह बात जरा सोचने लायक है।

पाठक : मुझे तो लगता है कि ये गोल-मोल बातें बनाकर आप मेरे सवाल का जवाब उड़ा देना चाहते हैं। आप जिन्हें हिन्दुस्तान पर उपकार करने वाले मानते हैं, उन्हें मैं ऐसा नहीं मानता, फिर मुझे किसके उपकार की बात सुननी है? आप जिन्हें हिन्द के दादा कहते हैं, उन्होंने क्या उपकार किया? वे तो कहते हैं कि अंग्रेज राजकर्ता न्याय करेंगे और उनसे हमें हिलमिल कर रहना चाहिए।

संपादक : मुझे सविनय आपसे कहना चाहिए कि उस पुरुष के बारे में आपका बेअदबी से यों बोलना हमारे लिए शर्म की बात है। उनके कामों की ओर देखिए। उन्होंने अपना जीवन हिन्द को अर्पण कर दिया है। उनसे यह सबक हमने सीखा। हिन्द का खून अंग्रेजों ने चूस लिया है, यह सिखाने वाले माननीय दादाभाई हैं। आज उन्हें अंग्रेजों पर भरोसा है उससे क्या? हम जवानी के जोश में एक कदम आगे रखते हैं, इससे क्या दादाभाई कम पूज्य हो जाते हैं? इससे क्या हम ज्यादा ज्ञानी हो गये? जिस सीढ़ी से हम ऊपर चढ़े उसको लात न मारने में ही बुद्धिमानी है। अगर वह सीढ़ी निकाल दें तो सारी निसैनी (सीढ़ी) गिर जाए, यह हमें याद रखना चाहिए। हम बचपन से जवानी में आते हैं तब बचपन से नफरत नहीं करते, बल्कि उन दिनों को प्यार से याद करते हैं। बरसों तक अगर मुझे कोई पढ़ाता है और उससे मेरी जानकारी जरा बढ़ जाती है, तो इससे मैं अपने शिक्षक से ज्यादा ज्ञानी नहीं माना जाऊंगा, अपने शिक्षक को तो मुझे मान देना ही पड़ेगा। इसी तरह हिन्द के दादा के बारे में समझाना चाहिए। उनके पीछे सारी हिन्दुस्तानी जनता है, यह तो हमें कहना ही पड़ेगा।

पाठक : यह आपने ठीक कहा। दादाभाई नौरोजी की इज्जत करना चाहिए, यह तो समझ सकते हैं। उन्होंने और उनके जैसे दूसरे पुरुषों ने जो काम किये हैं, उनके बगैर हम आज

छे. तेमना अने तेवा पुरुषोनां काम विना आपणे आजनो जुस्सो न भोगवत अे बरोबर जणाय छे. पण तेवुं प्रोफेसर गोखलेनुं केम गणाय? ते तो अंग्रेजना बडा भाईबंध थई बेठा छे; ते तो कहे छे के अंग्रेजोनी पासे आपणे घणुं शीखवानुं छे.तेओनी राजनीतिथी वाकेफ थईअे पछी स्वराजनी वात कराय. तेओ साहेबनां भाषाणोथी मने कंटाळो आव्यो छे.

अधिपति : तमने कंटाळो आव्यो छे ते तमारी उतावळी प्रकृति बतावे छे. पण जे जुवानिया पोतानां माबापनी ठंडी प्रकृतिथी कंटाळे ने तेओ पोतानी साथे न दोडे तो गुस्से थाय, तेओ पोतानां माबापनो अनादर करे छे अेम आपणे मानीअे छीअे, तेम ज प्रोफेसर गोखलेनुं समजवानुं छे. प्रोफेसर गोखले आपणी साथे नहीं दोडे तेथी शुं थयुं? स्वराज भोगववा इच्छती प्रजा पोताना वडीलोनो तिरस्कार करी शकती नथी. आपणामांथी मान आपवानी टेव जाय त्यारे आपणे नकामा थई पडवाना. स्वराज अे पीढ माणसो भोगवी शके छे, नहीं के उच्छ्रंखल माणसो. वळी जुओ, प्रोफेसर गोखलेअे जे वेळा पोतानो भोग हिंदी केळवणी खातर आप्यो त्यारे अेवा केटला हिंदी हता? हुं तो खास मानुं छुं के प्रोफेसर गोखले जे कंई करे छे ते शुद्ध भावथी ने हिंदुस्ताननुं हित मानीने करे छे. जो हिंद ने सारु पोतानो जान आपवो पडे तो आपी दे अेवी तेमनामां हिंदनी भक्ति छे. ते जे कहे छे ते कोईनी खुशामत करवाने सारु नहीं, पण खरुं मानीने. अेटले तेमना प्रत्ये आपणा मनमां पूज्यभाव होवो जोईअे.

वाचक : त्यारे शुं तेओ साहेब जे कहे छे ते प्रमाणे आपणे पण करवुं?

अधिपति : हुं अेवुं कशुं कहेतो नथी. आपणे शुद्ध बुद्धिथी जुदो विचार धरावीअे तो ते विचार प्रमाणे चालवानी प्रोफेसर साहेब पोते ज आपणने सलाह आपशे. आपणुं मुख्य काम तो अे छे के आपणे तेमना कामने वखोडवुं नहीं; ते आपणा करतां महान छे अेम मानवुं, तेमना प्रमाणमां आपणे हिंदने सारु कंई ज नथी कर्युं अेवी खातरी राखवी, तेमने विशे केटलांक छापां तोछडुं लखे छे ते वखोडी काढवुं, ने प्रोफेसर गोखले जेवाने आपणे स्वराजना स्तंभ गणवा. तेमना विचार खोटा ने आपणा खरा ज छे, तथा आपणा विचार प्रमाणे न वर्ते ते देशना दुश्मन छे, अेम गणी लेवुं अे खराब वृत्ति छे.

वाचक : मने हवे तमे कहो छो ते कंइक समजाय छे. छतां मारे अे बाबत विचार करवो पडशे. पण मि. ह्युम, सर विलियम वेडरबर्न वगेरेनुं जे तमे कह्युं अे तो हद वळी.

अधिपति : जे नियम हिंदीने विशे छे ते ज अंग्रेजने विशे जाणवानो छे. अंग्रेजमात्र खराब अेम तो हुं मानीश नहीं. घणा अंग्रेजो हिंदुस्तानने स्वराज मळे अेवुं इच्छे छे. ते प्रजामां स्वार्थ वधारे पडतो छे अे वात बरोबर छे, पण तेथी दरेक अंग्रेज खराब छे अेम

का जोश महसूस नहीं कर पाते, यह बात ठीक लगती है, लेकिन यही बात प्रोफेसर गोखले साहब के बारे में हम कैसे मान सकते हैं? वे तो अंग्रेजों के बड़े भाईबंद बनकर बैठे हैं, वे तो कहते हैं कि अंग्रेजों से हमें बहुत कुछ सीखना है। अंग्रेजों की राजनीति से हम वाकिफ़ हो जाएँ, तभी स्वराज्य की बातचीत की जाए। उन साहब के भाषणों से तो मैं ऊब गया हूँ।

संपादक : आप ऊब गये हैं, यह दिखाता है कि आपका मिज़ाज उतावला है, लेकिन जो नौजवान अपने माँ-बाप के ठंडे मिज़ाज से ऊब जाते हैं और वे (माँ-बाप) अगर अपने साथ न दौड़ें तो गुस्सा होते हैं, वे अपने माँ-बाप का अनादर करते हैं ऐसा हम समझते हैं। प्रोफेसर गोखले के बारे में भी ऐसा ही समझना चाहिए। क्या हुआ अगर प्रोफेसर गोखले हमारे साथ नहीं दौड़ते हैं? स्वराज्य भुगतने की इच्छा रखने वाली प्रजा अपने बुजुर्गों का तिरस्कार नहीं कर सकती। अगर दूसरे की इज़्जत करने की आदत हम खो बैठें, तो हम निकम्मे हो जाएँगे। जो प्रौढ़ और तजुरबेकार हैं, वे ही स्वराज्य भुगत सकते हैं, न कि बे-लगाम लोग। और देखिये कि जब प्रोफेसर गोखले ने हिन्दुस्तान की शिक्षा के लिए त्याग किया तब ऐसे कितने हिन्दुस्तानी थे? मैं तो खासतौर पर मानता हूँ कि प्रोफेसर गोखले जो कुछ भी करते हैं वह शुद्ध भाव से और हिन्दुस्तान का हित मानकर करते हैं। हिन्द के लिए अगर अपनी जान भी देनी पड़े तो वे दे देंगे, ऐसी हिन्द के लिए उनकी भक्ति है। वे जो कुछ कहते हैं वह किसी की खुशामद करने के लिए नहीं, बल्कि सही मानकर कहते हैं। इसलिए हमारे मन में उनके लिए पूज्य भाव होना चाहिए।

पाठक : तो क्या वे साहब जो कहते हैं उसके मुताबिक हमें भी करना चाहिए?

संपादक : मैं ऐसा कुछ नहीं कहता। अगर हम शुद्ध बुद्धि से अलग राय रखते हैं तो उस राय के मुताबिक चलने की सलाह खुद प्रोफेसर साहब हमें देंगे। हमारा मुख्य काम तो यह है कि हम उनके कामों की निन्दा न करें, हमसे वे महान हैं ऐसा मानें और यकीन रखें कि उनके मुकाबले में हमने हिन्द के लिए कुछ भी नहीं किया है। उनके बारे में कुछ अखबार जो अशिष्टतापूर्वक लिखते हैं उसकी हमें निन्दा करनी चाहिए और प्रोफेसर गोखले जैसों को हमें स्वराज्य के स्तंभ मानना चाहिए। उनके ख़्याल ग़लत और हमारे ही सही हैं, या हमारे ख़्याल के मुताबिक़ न बरतने वाले देश के दुश्मन हैं, ऐसा मान लेना बुरी भावना है।

पाठक : आप जो कुछ कहते हैं वह अब मेरी समझ में कुछ आता है। फिर भी मुझे उसके बारे में सोचना होगा। पर मि. ह्यूम, सर विलियम वेडरबर्न वगैरा के बारे में आपने जो कहा उसमें तो हद हो गई।

संपादक : जो नियम हिन्दुस्तानियों के बारे में है, वही अंग्रेजों के बारे में समझना चाहिए। सारे के सारे अंग्रेज बुरे हैं, ऐसा तो मैं नहीं मानूँगा। बहुत से अंग्रेज चाहते हैं कि हिन्दुस्तान

साबित थतुं नथी. जेओ हक-न्याय-मागे छे तेमणे बधानी तरफ न्याय करवो पडशे. सर विलियम अे हिंदुस्ताननुं बूरुं इच्छनार नथी अेटलुं आपणे सारु बस छे. आगळ वधीशुं तेम तेम जोशो के आपणे न्यायनी वृत्तिथी काम लईशु तो हिंदुस्ताननो छुटकारो वहेलो थशे. तमे अेम पण जोशो के अंगेजमात्रनो द्वेष करीशुं तेथी स्वराज छेटूं जशे; पण जो तेओने पण न्याय करीशुं तो स्वराजमां तेओनी मदद मळशे.

वाचक : आ बधुं मने हाल तो टायलुं जणाय छे. अंग्रेजनी मदद मळे ने स्वराज मळे अे तो तमे विरोधी वात करी. स्वराजने अने अंग्रेजने शो संबंध? छतां अे सवालनो फडचो मारे हमणां न जोईअे. तेमां वखत गाळवो अे नकामुं छे. स्वराज केम मळे अे ज्यारे तमे बतावशो त्यारे, हुं वखते तमारा विचार समजी शकुं तो भले, हाल तो तमे अंग्रेजनी मददनी वात करी मने वहेममां नाखी दीधो छे, ने तमारा विचारनी सामे मने भरमाव्यो छे. अेटले अे वात न लंबावो तो सारुं.

अधिपति : हुं अंग्रेजनी वात लंबाववा नथी मागतो. तमे वहेममां पड्या तेनी फिकर नहीं. मारे जे भारे पडतुं कहेवानुं होय ते आगळथी ज जणावी दउं ते ठीक गणाय. तमारा वहेमने सबूरी पकडी दूर करवो अे मारी फरज छे.

वाचक : तमारुं आ वाक्य मने पसंद पड्युं छे. तेथी मने जे ठीक लागे ते बोलवानी हिंमत आवी छे. हजु मारी अेक शंका रही गई छे. काँग्रेसनी शरूआतथी स्वराजनो पायो, ते केम?

अधिपति : जुओ; काँग्रेसे जुदा जुदा भागमां हिंदीओने अेकठा करी तेओने 'अेक प्रजा छीअे' अेवो जुस्सो आप्यो. काँग्रेसनी उपर सरकारनी करडी नजर रहेती हती. काँग्रेसे हमेशां महेसूल संबंधी हक प्रजाने होवो जोईअे अेवी मागणी करी छे. जेवुं कॅनेडामां स्वराज छे तेवुं काँग्रेसे हमेशां इच्छ्युं छे. तेवुं मळे के न मळे, तेवुं जोईअे के न जोईअे, तेना करतां बीजुं वधारे सरस छे के नहीं, अे सवाल जुदो छे. मारे बताववानुं तो अेटलुं ज के काँग्रेसे स्वराजनो रस हिंदने चखाड्यो. बीजा तेनुं मान लेवाने मागे ते अठीक गणाय, अने तेम आपणे मानीअे तो आपणे नगणा कहेवाइअे; अेटंलु ज नहीं पण तेथी आपणो जे हेतु छे ते पार पाडवामां मुश्केलीओ आवे छे. काँग्रेसने नोखी गणवाथी ने स्वराजनी विरोधी गणवाथी आपणे तेनो उपयोग नथी करी शकता.

को स्वराज्य मिले। उस प्रजा में स्वार्थ ज्यादा है यह ठीक है, लेकिन उससे हर एक अंग्रेज बुरा है ऐसा साबित नहीं होता। जो हक, न्याय चाहते हैं, उन्हें सबके साथ न्याय करना होगा। सर विलियम हिन्दुस्तान का बुरा चाहने वाले नहीं हैं, इतना हमारे लिये काफी है। ज्यों-ज्यों हम आगे बढ़ेंगे त्यों-त्यों आप देखेंगे कि अगर हम न्याय की भावना से काम लेंगे, तो हिन्दुस्तान का छुटकारा जल्दी होगा। आप यह भी देखेंगे कि अगर हम तमाम अंग्रेजों से द्वेष करेंगे, तो उससे स्वराज्य दूर ही जाने वाला है, लेकिन अगर उनके साथ भी न्याय करेंगे, तो स्वराज्य के लिए हमें उसकी मदद मिलेगी।

पाठक : अभी तो ये सब मुझे फिज़ूल की बड़ी-बड़ी बातें लगती हैं। अंग्रेजों की मदद मिले और उससे स्वराज्य मिल जाए, ये तो आपने दो उलटी बातें कहीं, लेकिन इस सवाल का हल अभी मुझे नहीं चाहिए। उसमें समय बिताना बेकार है। स्वराज्य कैसे मिलेगा, यह जब आप बताएँगे तब शायद आपके विचार मैं समझ सकूँ तो समझ सकूँ। फिलहाल तो अंग्रेजों की मदद की आपकी बात ने मुझे शंका में डाल दिया है और आपके विचारों के ख़िलाफ मुझे भरमा दिया है। इसलिए यह बात आप आगे न बढ़ाएँ तो अच्छा हो।

संपादक : मैं अंग्रेजों की बात को बढ़ाना नहीं चाहता। आप शंका में पड़ गये, इसकी कोई फिकर नहीं। मुझे जो महत्त्व की बात कहनी है, उसे पहले से ही बता देना ठीक होगा। आपकी शंका को धीरज से दूर करना मेरा फर्ज है।

पाठक : आपकी यह बात मुझे पसन्द आयी। इससे मुझे जो ठीक लगे वह बात कहने की मुझमें हिम्मत आई है। अभी मेरी एक शंका रह गई है। कांग्रेस के आरम्भ से स्वराज्य की नींव पड़ी, यह कैसे कहा जा सकता है?

संपादक : देखिए, कांग्रेस ने अलग-अलग जगहों पर हिन्दुस्तानियों को इकट्ठा करके उनमें 'हम एक-राष्ट्र हैं' ऐसा जोश पैदा किया। कांग्रेस पर सरकार की कड़ी नज़र रहती थी। महसूल का हक प्रजा को होना चाहिए, ऐसी माँग कांग्रेस ने हमेशा की है। जैसा स्वराज्य कैनेडा में है वैसा स्वराज्य कांग्रेस ने हमेशा चाहा है। वैसा स्वराज्य मिलेगा या नहीं मिलेगा, वैसा स्वराज्य हमें चाहिए या नहीं चाहिए, उससे बढ़कर दूसरा कोई स्वराज्य है या नहीं, यह सवाल अलग है। मुझे दिखाना तो इतना ही है कि कांग्रेस ने हिन्द को स्वराज्य का रस चखाया। इसका जस कोई और लेना चाहे तो वह ठीक न होगा और हम भी ऐसा मानें तो बेक़दर ठहरेंगे। इतना ही नहीं, बल्कि जो मक़सद हम हासिल करना चाहते हैं उसमें मुसीबतें पैदा होंगी। कांग्रेस को अलग समझने और स्वराज्य के ख़िलाफ मानने से हम उसका उपयोग नहीं कर सकते।

२. बंगाळाना भागला

वाचक : तमे कहो छो ते प्रमाणे विचारतां कॉंग्रेसथी स्वराजनो पायो रोपायो अे ठीक जणाय छे. छतां ते खरी जागृति न कहेवाय, अेम तो तमारे कबूल करवुं जोईअे. खरी जागृति क्यारे ने केम थई ?

अधिपति : हमेशां बीज जोवामां आवतुं नथी. बीज पोतानुं काम माटीनी नीचे करे छे ने पोते नाबूद थाय छे त्यारें झाड जमीन उपर जोवामां आवे छे. तेम कॉंग्रेसने विशे समजजो. जेने तमे खरी जागृति गणो छो ते तो बंगाळाना भागलाथी थई. तेने सारु आपणे लॉर्ड कर्झननो आभार मानवो पडशे. बंगाळाना भागला वखते बंगाळीओअे कर्झन साहेबने बहु वीनव्या पण तेओ साहेब पोतानी सत्ताना अभिमानथी बेदरकार रह्या. तेमणे मानी लीधुं के हिंदीओ मात्र बकवाद करशे; बाकी तेओनाथी कंई ज थवानुं नथी. तेमणे अपमानभरेली भाषा वापरी ने मरडी मचडीने बंगाळना विभाग कर्या. ते दहाडेथी अंग्रेजी राज्यना विभाग थया अेम गणी शकाय छे. बंगाळाना भागलाथी जे धक्को अंग्रेजी सत्ताने पहोंच्यो छे ते धक्को बीजा कोई पण कार्यथी नथी पहोंच्यों. आनो अर्थ अेम नथी के, बीजा गेरईन्साफो थया छे ते कंई भागलाथी ऊतरता हता. निमकवेरो अे कंई ओछो गेरइन्साफ नथी. एवुं बीजुं तो आपणे आगळ उपर घणुं जोईशुं. पण बंगाळाना भागलानी सामे थवाने प्रजा तैयार हती. प्रजानी लागणी ते वखते तीव्र हती. ते वेळा बंगाळामां घणा आगेवानो पोतानुं बधुं जतुं करवा तैयार हता. पोतानी सत्तानुं तेमने भान हतुं तेथी अेकदम भडको थयो. ते हवे ओलवाय तेवो नथी, ओलववानी जरूर पण नथी. भागला तूटशे, बंगाळा पाछुं जोडाशे, पण अंग्रेजी वहाणनी जे तड पडी छे ते तो रहेवानी ज. ते दहाडे दहाडे मोटी थशे. जागेलुं हिंद पाछुं सूई जाय अे बनवा जेवुं नथी. भागला रद करवा अे स्वराजनी मागणी बरोबर छे. बंगाळाना आगेवान आ वात बराबर समजे छे. अंग्रेजी सत्तावाळा पण अे वात समजे छे. तेथी ज भागला गया नथी. जेम दिवस जाय छे तेम प्रजा घडाय छे. प्रजा कंई अेक दहाडामां थती नथी; तेने वरसो जोईअे छे.

वाचक : भागलांना परिणामो तमे शुं जोयां ?

बंग-भंग

पाठक : आप कहते हैं उस तरह विचार करने पर यह ठीक लगता है कि कांग्रेस ने स्वराज्य की नींव डाली, लेकिन यह तो आप मानेंगे कि वह सही जागृति नहीं थी। सही जागृति कब और कैसे हुई?

संपादक : बीज हमेशा हमें दिखाई नहीं देता। वह अपना काम ज़मीन के नीचे करता है और जब ख़ुद मिट जाता है तब पेड़ ज़मीन के ऊपर देखने में आता है। कांग्रेस के बारे में ऐसा ही समझिए। जिसे आप सही जागृति मानते हैं वह तो बंग-भंग से हुई, जिसके लिए हम लॉर्ड कर्ज़न के आभारी हैं। बंग-भंग के वक्त बंगालियों ने कर्ज़न साहब से बहुत प्रार्थना की, लेकिन वे साहब अपनी सत्ता के मद में लापरवाह रहे। उन्होंने मान लिया कि हिन्दुस्तानी लोग सिर्फ बकवास ही करेंगे, उनसे कुछ भी नहीं होगा। उन्होंने अपमान भरी भाषा का प्रयोग किया और ज़बरदस्ती बंगाल के टुकड़े किए। हम यह मान सकते हैं कि उस दिन से अंग्रेजी राज्य के भी टुकड़े हुए। बंग-भंग से जो धक्का अंग्रेजी हुकूमत को लगा, वैसा और किसी काम से नहीं लगा। इसका मतलब यह नहीं कि जो दूसरे गैर इन्साफ़ हुए, वे बंग-भंग से कुछ कम थे। नमक महसूल कुछ कम गैर इन्साफ़ नहीं है। ऐसा और तो आगे हम बहुत देखेंगे, लेकिन बंगाल के टुकड़े करने का विरोध करने के लिए प्रजा तैयार थी। उस वक्त प्रजा की भावना बहुत तेज़ थी। उस समय बंगाल के बहुतेरे नेता अपना सब कुछ न्यौछावर करने को तैयार थे। अपनी सत्ता, अपनी ताक़त को वे जानते थे। इसलिए तुरन्त आग भड़क उठी। अब वह बुझने वाली नहीं है, उसे बुझाने की ज़रूरत भी नहीं है। ये टुकड़े क़ायम नहीं रहेंगे, बंगाल फिर एक हो जाएगा, लेकिन अंग्रेज़ी जहाज़ में जो दरार पड़ी है, वह तो हमेशा रहेगी ही। वह दिन-ब-दिन चौड़ी होती जाएगी। जागा हुआ हिन्द फिर सो जाए, वह नामुमकिन है। बंग-भंग को रद्द करने की माँग स्वराज्य की माँग के बराबर है। बंगाल के नेता यह बात खूब जानते हैं। अंग्रेज़ी हुकूमत भी यह बात समझती है, इसीलिए टुकड़े रद्द नहीं हुए। ज्यों-ज्यों दिन बीतते जाते हैं, त्यों-त्यों प्रजा तैयार होती जाती है। प्रजा एक दिन में नहीं बनती, उसे बनने में कई बरस लग जाते हैं।

पाठक : बंग-भंग के नतीजे आपने क्या देखे?

अधिपति : आज लगी आपणे धारता आव्या छीअे के बादशाहनी पासे अरजी करवी ने अरजी करतां दाद न मळे तो सहन करवुं; जोके अरजी तो कर्या ज करवी. भागला पड्या पछी लोकोअे जोयुं के अरजीनी पाछळ बळ जोईअे, लोकोमां सहनशक्ति जोईअे. आ नवो जुस्सो तें भागलानुं मुख्य परिणाम गणाय. ते जुस्सो छापानां लखाणोमां जोवामां आव्यो. लखाणो कडक थवा लाग्यां. जे वात लोको बीकमां के छानी करता, ते जाहेरमां थवा-लखावा लागी. स्वदेशी हिलचाल चाली. अंग्रेजने जोईने नाना मोटा नासता ते हवे बीता बंध थया; मारामारीथी पण न डर्या; जेल जवुं तेमां हरकत न गणी; अने हिंदनां पुत्ररत्न हाल देशनिकाल थई विराजे छे. आवी सामग्री ते अरजीना करतां जुदी जातनी छे. आम लोकोमां कोलाहल थई रह्यो छे. बंगाळानो पवन उत्तरमां पंजाब लगी अने मद्रास इलाकामां कन्याकुमारी भूशिर सुधी पहोंची वळ्यो छे.

वाचक : आ सिवाय बीजुं कंई जाणवा जेवुं परिणाम तमने सूझे छे ?

अधिपति : बंगाळाना भागलाथी अंग्रेजी वहाणमां भागलो पड्यो छे, तेम आपणामां पण भागलो पड्यो छे. मोटा बनावोनां परिणाम अेम मोटां ज आवे छे. आपणा आगेवानोमां बे तडां थयां छे; अेक मॉडरेट ने बीजा अेक्स्ट्रीमिस्ट. तेमने आपणे 'धीमा' अने 'उतावळा' अेम कही शकीअे छीअे. कोई मॉडरेटने बीकण पक्ष अने अेक्स्ट्रीमिस्टने हिंमतवान पक्ष, अेम पण कहे छे. सहु पोतपोताना विचार प्रमाणे ते बे शब्दनो अर्थ करे छे. अेटलुं तो खरुं छे के आ पक्ष पड्या छे तेनी वच्चे झेर पण पेदा थयुं छे. अेक पक्ष बीजानो अविश्वास करे छे ने अेकबीजाने महेणां मारे छे. सुरतनी कॉंग्रेस वखते लगभग मारामारी पण थई. आ बे पक्ष पड्या छे ते निशानी देशने सारु ठीक नथी अेम मने तो लागे छे. पण हुं अेम मानुं छुं के अेवा पक्ष लांबी मुदत सुधी टकशे नहीं. केटली मुदत सुधी आम तडा रहेशे अे आगेवानोनी उपर आधार राखे छे.

संपादक : आज तक हम मानते आये हैं कि बादशाह से अर्ज़ करना चाहिए और वैसा करने पर भी दाद न मिले तो दुःख सहन करना चाहिए, अलबत्ता अर्ज़ तो करते ही रहना चाहिए बंगाल के टुकड़े होने के बाद लोगों ने देखा कि हमारी अर्ज़ के पीछे कुछ ताक़त चाहिए, लोगों में कष्ट सहन करने की शक्ति चाहिए। यह नया जोश टुकड़े होने का अहम नतीजा माना जाएगा। यह जोश अखबारों के लेखों में दिखाई दिया। लेख कड़े होने लगे। जो बात लोग डरते हुए या चोरी-चुपके करते थे, वह खुल्मखुल्ला होने और लिखी जाने लगी। स्वदेशी का आन्दोलन चला। अंग्रेजों को देखकर छोटे-बड़े सब भागते थे, पर अब नहीं डरते, मार-पीट से भी नहीं डरते, जेल जाने में भी उन्हें कोई हर्ज नहीं मालूम होता और हिन्द के पुत्र रत्न आज देश निकाला भुगतते हुए विदेशों में विराजमान हैं। यह चीज उस अर्ज़ से अलग है। यों लोगों में खलबली मच रही है। बंगाल की हवा उत्तर में पंजाब तक और दक्षिण में मद्रास में कन्याकुमारी तक पहुँच गई है।

पाठक : इसके अलावा और कोई जानने लायक नतीजा आपको सूझता है?

संपादक : बंग-भंग से जैसे अंग्रेज़ी जहाज़ में दरार पड़ी है, वैसे ही हममें भी दरार फूट पड़ी है। बड़ी घटनाओं के परिणाम भी यों बड़े ही होते हैं। हमारे नेताओं में दो दल हो गये हैं: एक मॉडरेट और दूसरा एक्स्ट्रीमिस्ट। उनको हम 'धीमे' और 'उतावले' कह सकते हैं। ('नरम दल' और 'गरम दल' शब्द भी चलते हैं।) कोई मॉडरेट को डरपोक पक्ष और एक्स्ट्रीमिस्ट को हिम्मतवाला पक्ष भी कहते हैं। सब अपने-अपने ख़्यालों के मुताबिक इन दो शब्दों का अर्थ करते हैं। यह सच है कि ये जो दल हुए हैं, उनके बीच ज़हर भी पैदा हुआ है। एक दल दूसरे का भरोसा नहीं करता, दोनों एक-दूसरे को ताना मारते हैं। सूरत कांग्रेस के समय करीब-करीब मार-पीट भी हो गई। ये जो दो दल हुए हैं वह देश के लिए अच्छी निशानी नहीं हैं, ऐसा मुझे तो लगता है, लेकिन मैं यह भी मानता हूँ कि ऐसे दल लम्बे अरसे तक टिकेंगे नहीं। इस तरह कब तक ये दल रहेंगे, यह तो नेताओं पर आधार रखता है।

३. अशान्ति अने असंतोष

वाचक : त्यारे बंगभंग अे तमे जागृतिनुं कारण मान्युं. तेथी फेलायेली अशांति ते ठीक गणाय के अठीक ?

अधिपति : माणस ऊंघमांथी ऊठे छे त्यारे आळस मरडे छे, आमतेम फरे छे ने अशांत होय छे. तेने पूरुं भान आवतां वखत लागे छे. तेम ज जोके बंगभंगथी जागृति थई छे तोपण बेभानी नथी गई. हजु आळस मरडवानी स्थितिमां आपणे छीअे. हजु स्थिति अशान्तिनी छे. जेम ऊंघ अने जागृतिनी वच्चेनी अवस्था जरुरनी गणवी जोईअे ने तेथी ते ठीक छे अेम कहेवाय, तेम बंगाळामां ने तेथी हिंदुस्तानमां अशान्ति अे पण ठीक कहेवाय. अशान्ति छे अेम आपणे जाणीअे छीअे तेथी शान्तिनो वखत आववा संभव छे. ऊंधमांथी ऊठतां सदाय आळस मरडवानी स्थितिमां आपणे नथी रहेता, पण वहेलामोडा आपणी शक्ति प्रमाणे पूरा जागीअे छीअे. तेम आ अशान्तिमांथी आपणे जरूर छूटीशुं. 'अशान्ति कोईने गमती वस्तु नथी.

वाचक : अशान्तिनुं बीजुं रूप शुं गणाय ?

अधिपति : अशान्ति अे खरुं जोतां असंतोष छे. तेने हाल आपणे 'अनरेस्ट' कहीअे छीअे. काँग्रेसकाळमां ते 'डिस्कन्टेन्ट' कहेवातो. मि. ह्युम हंमेशां कहेता के हिंदुस्तानमां असंतोष फेलावानी जरूर छे. ते असंतोष बहु उपयोगी वस्तु छे. ज्यां सुधी माणस पोतानी चालु स्थितिमां राजी रहे त्यां सुधी तेने तेमांथी नीकळवानुं समजाववुं अे मुश्केलीनी वात छे. तेथी दरेक सुधारानी पूर्वे असंतोष होवो ज जोईअे. चालु चीजनो अणगमो पेदा थाय त्यारे ज तेने नाखी देवानुं मन थाय. तेवो असंतोष आपणे महान हिंदीओ तेम ज अंग्रेजोनां पुस्तको वांचीने पाम्या छीअे. ते असंतोषथी अशान्ति थई, ने अे अशान्तिमां कंई मूआ, कंई आखड्या, कंई जेल गया, कंई देशनिकाल थया. हजु तेम थशे, थवुं जोईअे. अे बधा चिह्न सारां गणी शकाय छे. पण तेनुं परिणाम माठुं आवी शके छे.

अशांति और असंतोष

पाठक : तो आपने बंग-भंग को जागृति का कारण माना। उससे फैली हुई अशांति को ठीक समझा जाए या नहीं?

संपादक : इन्सान नींद में से उठता है तो अंगड़ाई लेता है, इधर-उधर घूमता है और अशान्त रहता है। उसे पूरा भान आने में कुछ वक्त लगता है। उसी तरह अगर ये बंग-भंग से जागृति आई है, फिर भी बेहोशी नहीं गई है। अभी हम अंगड़ाई लेने की हालत में हैं। अभी अशान्ति की हालत है। जैसे नींद और जाग के बीच की हालत ज़रूरी मानी जानी चाहिए और इसलिए वह ठीक कही जाएगी, वैसे बंगाल में और उस कारण से हिन्दुस्तान में जो अशान्ति फैली है वह भी ठीक है। अशांन्ति है यह हम जानते हैं, इसलिए शान्ति का समय आने की शक्यता है। नींद से उठने के बाद हमेशा अंगड़ाई लेने की हालत में हम नहीं रहते, लेकिन देर-सबेर अपनी शक्ति के मुताबिक पूरे जागते ही हैं। इसी तरह इस अशान्ति में से हम ज़रूर छूटेंगे। अशान्ति किसी को नहीं भाती।

पाठक : अशान्ति का दूसरा रूप क्या है?

संपादक : अशान्ति असल में असंतोष है। उसे आजकल हम 'अनरेस्ट' कहते हैं। कांग्रेस के जमाने में वह 'डिस्कन्टेन्ट' कहलाता था। मि. ह्यूम हमेशा कहते थे कि हिन्दुस्तान में असंतोष फैलाने की ज़रूरत है। यह असंतोष बहुत उपयोगी चीज़ है। जब तक आदमी अपनी चालू हालत में खुश रहता है, तब तक उसमें से निकलने के लिए उसे समझाना मुश्किल है। इसलिए हर एक सुधार के पहले असंतोष होना ही चाहिए। चालू चीज से ऊब जाने पर ही उसे फेंक देने को मन करता है। ऐसा असंतोष हममें महान हिन्दुस्तानियों की और अंग्रेज़ों की पुस्तकें पढ़कर पैदा हुआ है। उस असंतोष से अशान्ति पैदा हुई और उस अशान्ति में कई लोग मरे, कई बरबाद हुए, कई जेल गये, कई को दश निकाला हुआ। आगे भी ऐसा होगा और होना चाहिए। ये सब लक्षण अच्छे माने जा सकते हैं। इनका नतीजा बुरा भी आ सकता है।

४. स्वराज ते शुं ?

वाचक : कॉंग्रेसे हिंदुस्तानने अेक प्रजा करवा शुं कर्यु, बंगभंगथी केम जागृति थई, अशान्ति अने असंतोष केम फेलायां अे जाण्युं हवे स्वराज विशे तमारा विचार शा छे ते जाणवा मागुं छुं. मने धास्ती छे के वखते आपणी समजमां फेरफार होय.

अधिपति : फेरफार होवा संभव छे. स्वराजने सारु तमे अमे सहु अधीरा बनी रह्या छीअे, पण ते शुं अे बाबत आपणे चोक्कस विचार उपर आव्या नथी. अंग्रेजोने काढी मूकवा अे विचार घणाखराने मोढेथी संभळाय छे. पण ते शा कारणथी अेनो कंई विचार बरोबर कर्यो होय अेवुं लागतुं नथी. तमने ज हुं अेक सवाल पूछुं छुं. कदाच जेटलुं आपणे मागीअे छीअे तेटलुं बधुं अंग्रेज आपे तो पछी अंग्रेजने काढी मूकवानी जरूर तमे गणो छो खरा ?

वाचक : हुं तो तेओनी पास अेक ज चीज मागुं. महेरबानी करीने तमे अमारा मुलकमांथी जाओ. आ मागणी तेओ कबूल राखे ने पछी तेओ हिंदुस्तानमांथी गया छतां रह्या अेम अर्थनो अनर्थ कोई करी बेसाडे तो मने हरकत नथी. तो पछी अेम मानीशुं के गुजराती भाषामां 'गया' अे शब्दनो अर्थ कोई 'रह्या' अेम करे छे.

अधिपति : वारु, आपणे धारी लईअे के मागणी मुजब अंग्रेजो गया. पछी शुं करशो ?

वाचक : अे सवालनो जवाब अत्यारथी अपाय ज नहीं. जेवी रीते तेओ जाय तेनी उपर पाछळनी स्थितिनो आधार रहेशे. तमे कहो छो तेम धारीअे के तेओ गया, तो मने लागे छे के तेओअे बांधेलुं बंधारण आपणे राखीअे अने राजकारभार चलावीअे. तेओ अेम ज चाल्या जाय तो आपणी पासे लश्कर वगेरे तैयार ज हशे, अेटले आपणने राजकारभार चलावतां अडचण नहीं आवे.

अधिपति : तमे भले अेम धारो; हुं तो नहीं धारुं. छतां हुं ते बाबत हमणां वधारे नथी चर्चवा मागतो. मारे तो तमारा सवालनो जवाब आपवो रह्यो छे. ते हुं तमने ज केटलाय सवाल पूछीने सारी रीते आपी शकुं छुं. तेटला ज सारु कंइक सवालो पूछुं छुं आपणे अंग्रेजने शा सारु काढवा मागीअे छीअे ?

स्वराज्य क्या है?

पाठक : कांग्रेस ने हिन्दुस्तान को एक राष्ट्र बनाने के लिए क्या किया, बंग-भंग से जागृति कैसे हुई? अशान्ति और असंतोष कैसे फैले? यह सब जाना। अब मैं यह जानना चाहता हूँ कि स्वराज्य के बारे में आपके क्या ख़्याल हैं। मुझे डर है कि शायद हमारी समझ में फ़र्क हो।

संपादक : फ़र्क होना मुमकिन है। स्वराज्य के लिए आप-हम सब अधीर बन रहे हैं, लेकिन वह क्या है इस बारे में हम ठीक राय पर नहीं पहुँचे हैं। अंग्रेज़ों को निकाल बाहर करना चाहिए, यह विचार बहुतों के मुँह से सुना जाता है, लेकिन उन्हें क्यों निकालना चाहिए, इसका कोई ठीक ख़्याल किया गया हो ऐसा नहीं लगता। आपसे ही एक सवाल मैं पूछता हूँ। मान लीजिये कि हम माँगते हैं उतना सब अंग्रेज़ हमें दे दें तो फिर उन्हें यहाँ से निकाल देने की ज़रूरत आप समझते हैं?

पाठक : मैं तो उनसे एक ही चीज माँगूँगा। वह है : मेहरबानी करके आप हमारे मुल्क से चले जाएँ। यह माँग वे कुबूल करें और हिन्दुस्तान से चले जाएँ, तब भी अगर कोई ऐसे अर्थ का अनर्थ करे कि वे यहीं रहते हैं, तो मुझे उसकी परवाह नहीं होगी। तब फिर हम ऐसा मानेंगे कि हमारी भाषा में कुछ लोग 'जाना' का अर्थ 'रहना' करते हैं।

संपादक : अच्छा, हम मान लें कि हमारी माँग के मुताबिक अंग्रेज़ चले गये। उसके बाद आप क्या करेंगे?

पाठक : इस सवाल का जवाब अभी से ही दिया नहीं जा सकता। वे किस तरह जाते हैं, उस पर बाद की हालत का आधार रहेगा। मान लें कि आप कहते हैं, उस तरह वे चले गये, तो मुझे लगता है कि उनका बनाया हुआ विधान हम चालू रखेंगे और राज का कारोबार चलाएँगे। कहने से ही वे चले जाएँ तो हमारे पास लश्कर तैयार ही होगा, इसलिए हमें राजकाज चलाने में कोई मुश्किल नहीं आयेगी।

संपादक : आप भले ही ऐसा मानें, लेकिन मैं नहीं मानूँगा। फिर भी मैं इस बात पर ज्यादा बहस नहीं करना चाहता। मुझे तो आपके सवाल का जवाब देना है। वह जवाब मैं आपसे ही कुछ सवाल करके अच्छी तरह दे सकता हूँ। इसलिए कुछ सवाल आपसे करता हूँ। हम अंग्रेजों को क्यों निकालना चाहते हैं?

वाचक : केम के तेओना राजकारभारथी देश कंगाळ थतो जाय छे. तेओ दर वरसे देशमांथी पैसा लई जाय छे. तेओ पोतानी ज चामडीना माणसने मोटा होद्दा आपे छे. आपणने मात्र गुलामीमां राखे छे, आपणी तरफ उद्धताईथी वर्ते छे ने आपणी कशी दरकार नथी करता.

अधिपति : जो तेओ पैसा बहार न लई जाय, नम्र बने अने आपणने मोटा होद्दा आपे तो कंई तेओना रहेवाथी अडचण तमे मानो छो खरा ?

वाचक : ए सवाल ज नकामो छे. वाघ पोतानुं रूप फेरवे तो तेनी भाईबंधीमां नुकसान खरुं ? एवी जातनो सवाल तमे पूछ्यो छे ते खाली वखत गुमाववाने खातर. जो वाघ पोतानो स्वभाव फेरवे तो अंग्रेजो पोतानी आदत छोडे. जे बनवा जेवुं नथी ते बनशे एम मानवुं ते माणसनी रीत न ज कहेवाय.

अधिपती : कॅनेडाने जे राजसत्ता मळी छे, बोअर लोकोने जे राजसत्ता मळी छे, तेवी ज आपणने मळे तो ?

वाचक: ए पण नकामो सवाल छे. आपणी पासे तेओनी जेम दारुगोळो होय त्यारे एम थाय खरुं. पण ज्यारे ते लोकोना जेटली सत्ता आपणने आपशे त्यारे तो आपणे आपणो ज वावटो राखीशुं. जेवुं जापान तेवुं हिंदुस्तान. आपणने आपणो काफलो, आपणुं लश्कर, आपणी जाहोजलाली. अने त्यारे ज हिंदुस्तान आखी दुनियामां गाजी रहेशे.

अधिपति : आ तो तमे भलो चितार चीतर्यो, आनो अर्थ तो ए थयो के आपणने अंग्रेजी राज्य जोईशे, पण अंग्रेजो नहीं जोईए. तमे वाघनो स्वभाव मागो छो, पण वाघने मागता नथी. एटले के तमे हिंदुस्तानने अंग्रेज बनाववा मांगो छो. अने ज्यारे हिंदुस्तान अंग्रेजी थशे त्यारे ते हिंदुस्तान नहीं कहेवाय पण खरेखरुं इंग्लिस्तान कहेवाशे. आ स्वराज मारा विचारनुं नथी.

वाचक : में तो मने सूझे छे तेवुं स्वराज बताव्युं. जो आपणे केळवणी लईए छीए ते कंई कामनी होय, स्पेन्सर, मिल वगेरे महान लेखकोनां लखाणो वांचीए छीए ते कंई कामना होय, अंग्रेजनी पार्लमेन्ट ते पार्लमेन्टोनी माता होय तो पछी बेशक मने तो लागे छे के आपण ते लोकोनी नकल करवी जोईए; ते एटले लगी के जेम तेओ पोताना मुलकमां बीजाने पेसवा नथी देता तेम आपणे पण न पेसवा दईए. बाकी पोताना ज मुलकमां जे तेओए कर्युं छे तेवुं तो हजी बीजी जग्याए जोवामां नथी आवतुं एटले आपणे ते तो दाखल करवुं ज घटे. पण हवे तमारा विचार जणावो.

अधिपति : हजी वार छे. मारा विचार एनी मेळे आ चर्चामां जणाई रहेशे. स्वराज समजवुं तमने जेटलुं सहेल लागे छे तेटलुं ज मने तो मुश्केल लागे छे एटले हमणां तो हुं तमने एटलुं ज समजाववा प्रयत्न करीश के जेने तमे स्वराज कहो छो ते तो खरुं जोतां स्वराज नथी.

पाठक : इसलिए कि उनके राज-कारोबार से देश कंगाल होता जा रहा है। वे हर साल देश से धन ले जाते हैं। वे अपनी ही चमड़ी के लोगों को बड़े ओहदे देते हैं, हमें सिर्फ गुलामी में रखते हैं, हमारे साथ बेअदबी का बरताव करते हैं और हमारी ज़रा भी परवाह नहीं करते।

संपादक : अगर वे धन बाहर न ले जाएँ, नम्र बन जाएँ और हमें बड़े ओहदे दें, तो उनके रहने में आपको कुछ हर्ज़ है?

पाठक : यह सवाल ही बेकार है। बाघ अपना रूप पलट दे तो उसकी भाईबन्दी से कोई नुकसान है? ऐसा सवाल आपने पूछा, यह सिर्फ वक्त बरबाद करने के खातिर ही। अगर बाघ अपना स्वभाव बदल सके, तो अंग्रेज़ अपनी आदत छोड़ सकते हैं। जो कभी होने वाला नहीं है वह होगा, ऐसा मानना मनुष्य की रीत ही नहीं है।

संपादक : कैनेडा को जो राजसत्ता मिली है, बोअर लोगों को जो राजसत्ता मिली है, वैसी ही हमें मिले तो?

पाठक : यह भी बेकार सवाल है। हमारे पास उनकी तरह गोला बारूद हो तब वैसा ज़रूर हो सकता है, लेकिन उन लोगों के जितनी सत्ता जब अंग्रेज़ हमें देंगे तब हम अपना ही झंडा रखेंगे। जैसा जापान वैसा हिन्दुस्तान। अपना जंगी बेड़ा, अपनी फौज और अपनी जाहोजलाली होगी और तभी हिन्दुस्तान का सारी दुनिया में बोलबाला होगा।

संपादक : यह तो आपने अच्छी तस्वीर खींची। इसका अर्थ यह हुआ कि हमें अंग्रेजी राज्य तो चाहिए, पर अंग्रेज (शासक) नहीं चाहिए। आप बाघ का स्वभाव तो चाहते हैं, लेकिन बाघ नहीं चाहते। मतलब यह हुआ कि आप हिन्दुस्तान को अंग्रेज बनाना चाहते हैं और हिन्दुस्तान जब अंग्रेज बन जाएगा तब वह हिन्दुस्तान नहीं कहा जाएगा, लेकिन सच्चा इंग्लिस्तान कहा जाएगा। यह मेरी कल्पना का स्वराज्य नहीं है।

पाठक : मैंने तो जैसा मुझे सूझता है वैसा स्वराज्य बतलाया। हम जो शिक्षा पाते हैं वह अगर कुछ काम की हो, स्पेन्सर, मिल वगैरा महान लेखकों के जो लेख हम पढ़ते हैं वे कुछ काम के हों, अंग्रेज़ों की पार्लियामेन्ट पार्लियामेन्टों की माता हो, तो फिर बेशक मुझे तो लगता है कि हमें उनकी नकल करनी चाहिए, वह यहाँ तक कि जैसे वे अपने मुल्क में दूसरों को घुसने नहीं देते वैसे हम भी दूसरों को न घुसने दें।

यों तो उन्होंने अपने देश में जो किया है, वैसा और जगह अभी देखने में नहीं आता। इसलिए उसे तो हमें अपने देश में अपनाना ही चाहिए, लेकिन अब आप अपने विचार बतलाइए।

संपादक : अभी देर है। मेरे विचार अपने आप इस चर्चा में आपको मालूम हो जाएँगे। स्वराज्य को समझना आपको जितना आसान लगता है उतना ही मुझे मुश्किल लगता है। इसलिए फिलहाल मैं आपको इतना ही समझाने की कोशिश करूँगा कि जिसे आप स्वराज्य कहते हैं वह सचमुच स्वराज्य नहीं है।

५. इंग्लंडनी स्थिति

वाचक : त्यारे तमारा कहेवा उपरथी हुं अे अनुमान करुं छुं के इंग्लंड जेवुं राज्य भोगवे छे ते बरोबर नथी ने आपणने ते न घटे.

अधिपति : आ अनुमान तमे बरोबर कर्युं छे. इंग्लंडमां जे स्थिति हाल छे ते खरेखर दयामणी छे, अने हुं तो ईश्वरनी पासे मागुं छुं के तेवी स्थिति हिंदुस्ताननी कदी न थजो. जेने तमे पार्लमेन्टनी माता कहो छो ते पार्लमेन्ट तो वांझणी छे अने वेश्या छे. आ बंने शब्दो आकारा छे, छतां बरोबर लागु पडे छे. में वांझणी कही, केम के हजु सुधी पार्लमेन्टे पोतानी मेळे अेक पण सारुं काम कर्युं नथी. जो तेनी उपर जोर करनार कोई न होय तो ते कंई ज न करे अेवी तेनी स्थिति स्वाभाविक रीते छे. अने ते वेश्या छे, केम के तेने जे प्रधानमंडळ राखे ते प्रधानमंडळनी पासे ते रहे छे. आजे तेनो धणी अेस्कवीथ, तो काले बालफर, अने परम दिवसे त्रीजो.

वाचक : आ तो तमे कंईक व्यंगमां बोल्या छो. वांझणी शब्द हजी तमे लागु पाड्यो नथी. पार्लमेन्ट लोकोनी बनेली छे, अेटले बेशक लोकोनी दाब नीचे ज काम करे. ते ज तेनो गुण छे, तेनी उपरनो अंकुश छे.

अधिपति : आ वात महा भूलभरेली छे. जो पार्लमेन्ट वांझणी न होय तो आम थवुं जोईअे : लोको तेमां सरसमां सरस मेम्बरो चूंटीने मोकले छे. मेम्बरो वगर पगारे जाय छे, अेटले लोककल्याणने सारु जवा जोईअे. लोको पोते केळवायेला गणाय छे अेटले भूल न करे अेम आपणे मानवु जोईअे. आवी पार्लमेन्टने अरजी न घटे, तेनी उपर दाब न घटे. ते पार्लमेन्टनुं काम अेवुं सरळ होवुं जोईअे के दहाडे दहाडे तेनुं तेज वधारे देखाय ने लोकोनी उपर तेनी असर थती जाय. तेने बदले आटलुं तो सौ कबूल करे छे के पार्लमेन्टना मेम्बरो आडंबरिया अने स्वार्थी जोवामां आवे छे. सौ पोतानुं खेंचे छे. मात्र धास्तीने लीधे ज पार्लमेन्ट कंई काम करे छे. आज कर्युं होय ते काले रद करवुं पडे छे. अेक पण वस्तु आज सुधीमां पार्लमेन्टे ठेकाणे पाडी होय अेवो दाखलो जोवामां नथी आवतो. मोटा सवालोनी चर्चा ज्यारे पार्लमेन्टमां चालती होय त्यारे तेना मेम्बरो लांबा थईने पडे छे अथवा बेठा झोलां खाय छे. ते पार्लमेन्टमां मेम्बरो अेवा बराडा पाडे छे के सांभळनारा कायर थई जाय छे. तेना अेक महान लेखके तेने 'दुनियानी वातूडी'

इंग्लैंड की हालत

पाठक : आप जो कहते हैं उस पर से तो मैं यही अंदाज़ा लगाता हूँ कि इंग्लैंड में जो राज्य चलता है वह ठीक नहीं है और हमारे लायक नहीं है।

संपादक : आपका यह ख़्याल सही है। इंग्लैंड में आज जो हालत है वह सचमुच तरस खाने लायक है। मैं तो भगवान से यही माँगता हूँ कि हिन्दुस्तान की ऐसी हालत कभी न हो। जिसे आप पार्लियामेन्टों की माता कहते हैं, वह पार्लियामेन्ट तो बाँझ और बेसवा है। ये दोनों शब्द बहुत कड़े हैं, तो भी उसे अच्छी तरह लागू होते हैं। मैंने उसे बाँझ कहा, क्योंकि अब तक उस पार्लियामेन्ट ने अपने आप एक भी अच्छा काम नहीं किया। अगर उस पर दबाव डालने वाला कोई न हो तो वह कुछ भी न करे, ऐसी उसकी कुदरती हालत है और वह बेसवा है, क्योंकि जो मंत्रिमंडल उसे रखे उसके पास वह रहती है। आज उसका मालिक एसक्विथ है, तो कल बालफर होगा और परसों कोई तीसरा।

पाठक : आपके बोलने में कुछ व्यंग्य है। बाँझ शब्द को अब तक आपने लागू नहीं किया। पार्लियामेन्ट लोगों की बनी है, इसलिए बेशक लोगों के दबाव से ही वह काम करेगी। वही उसका गुण है, उसके ऊपर का अंकुश है।

संपादक : यह बड़ी गलत बात है। अगर पार्लियामेन्ट बाँझ न हो तो इस तरह होना चाहिए, लोग उसमें अच्छे से अच्छे मेम्बर चुनकर भेजते हैं। मेम्बर तनख्वाह नहीं लेते, इसलिए उन्हें लोगों की भलाई के लिए पार्लियामेन्ट में जाना चाहिए। लोग खुद सुशिक्षित-संस्कारी माने जाते हैं, इसलिए उनसे भूल नहीं होती ऐसा हमें मानना चाहिए। ऐसी पार्लियामेन्ट को अर्ज़ी की ज़रूरत नहीं होनी चाहिए, न दबाव की। उस पार्लियामेन्ट का काम इतना सरल होना चाहिए कि दिन-ब-दिन उसका तेज बढ़ता जाए और लोगों पर उसका असर होता जाए, लेकिन इससे उल्टे इतना तो सब कुबूल करते हैं कि पार्लियामेन्ट के मेम्बर दिखावटी और स्वार्थी पाये जाते हैं। सब अपना मतलब साधने की सोचते हैं। सिर्फ डर के कारण ही पार्लियामेन्ट कुछ काम करती है। जो काम आज किया वह कल उसे रद्द करना पड़ता है। आज तक एक भी चीज को पार्लियामेन्ट ने ठिकाने लगाया हो ऐसी कोई मिसाल देखने में नहीं आती। बड़े सवालों की चर्चा जब पार्लियामेन्ट में चलती है, तब उसके मेम्बर पैर फैलाकर लेटते हैं या बैठे-बैठे झपकियाँ

अेवुं नाम आप्युं छे. मेम्बरो जे पक्षना होय ते पक्ष तरफ पोतानो मत वगर विचारे आपे छे, आपवा बंधायेला छे. तेमां कोई अपवादरूपे नीकळी आवे तो ते मेम्बरना भोग समजवा. जेटलो वखत अने पैसा पार्लमेन्ट गाळे छे तेटलो वखत अने पैसा जो थोडा सारा माणसोने मळे तो प्रजानो उद्धार थई जाय. आ पार्लमेन्ट तो मात्र प्रजानुं रमकडुं छे, ने ते रमकडुं प्रजाने बहु खरचमां नाखे छे. आ विचारो मारा अंगत छे अेम तमे न जाणशो. मोटा अने विचारवान अंग्रेजो तेवो विचार करे छे. अेक मेम्बरे तो अेम ज कह्युं के पार्लमेन्ट धर्मिष्ट माणसने लायकनी नथी रही. बीजा मेम्बरे कह्युं के पार्लमेन्ट तो 'बेबी' (बच्चुं) छे. बच्चांने कोई दहाडो तमे सदाय बच्चां रहेल जोयेलां? आज सातसें वर्ष पछी जो पार्लमेन्ट बच्चुं होय तो क्यारे मोटी थशे?

वाचक : तमे मने विचारमां नाख्यो. आ बधुं मारे अेकदम मानी लेवुं अेम तो तमे नहीं ज कहो. तद्दन जुदा विचार तमे मारा मनमां पेदा करो छो. तेने मारे पचाववा जोईशे. ठीक छे; हवे 'वेश्या' शब्दनुं विवेचन करो.

अधिपति : तमाराथी मारा विचार अेकदम न मनाय अे वात बरोबर छे. ते विशे तमारे जे वांचवुं घटे छे ते वांचशो तो तमने कंईक ख्याल आवशे. पार्लमेन्टने वेश्यानुं नाम आप्युं छे अे पण बरोबर छे. तेने कोई धणी नथी. तेनो धणी अेक होई ना शके पण मारो कहेवानो भावार्थ अेटलो ज नथी. ज्यारे तेनो धणी कोई बने छे -जेम के मुख्य प्रधान- त्यारे पण तेनी चाल अेकसरखी नथी रहेती. जेवा बेहाल वेश्याना होय छे तेवा ज पार्लमेन्टना सदाय रहे छे. मुख्यप्रधानने पार्लमेन्टनी दाझ थोडी ज रहे छे. ते तेनी सत्ताना तोरमां गुलतान रहे छे. तेनो पक्ष केम जीते अे ज तेने लगनी रहे छे. पार्लमेन्ट केम खरुं करे ते विचार तेने थोडो ज रहे छे. पोताना पक्षने जोर आपवा पार्लमेन्टनी पासे कंई कामो मुख्यप्रधान करावे छे अेवा दाखला जोईअे तेटला मली आवे छे. आ बधुं विचारवा लायक छे.

वाचक : त्यारे तमे तो, जेओने आज लगी आपणे देशाभीमानी अने प्रामाणीक माणसो गणता आव्या छीअे. तेमनी उपर पण हुमलो करो छो.

अधिपति : हा, अे खरुं छे. मारे कंई मुख्य प्रधानोनो द्वेश नथी, पण अनुभवे में जोयुं के तेवो खरा देशाभीमानी न गणाय. तेओ जाहेरमां जेने लांच कहीअे छीअे ते लेता देता नथी तेथी प्रामाणिक भले गणाय. पण तेओनी पासे वग पहोंची शके छे. तेओ बीजानी पासेथी काम लेवाने सारु इलकाबो वगेरेनी लांच पुश्कळ आपे छे. शुद्ध भाव ने शुद्ध प्रामाणिकपणुं तेओमां नथी अेम हुं हिंमतथी कही शकुं छुं.

वाचक : आम तमारा विचार छे त्यारे तो हवे अंग्रेज लोको के जेने नामे पार्लमेन्ट राज्य करे छे तेने विशे पण कंइक कहो, अेटले तेओना स्वराजनो पुरो ख्याल आवे.

लेते हैं। उस पार्लियामेन्ट में मेम्बर इतने जोरों से चिल्लाते हैं कि सुनने वाले हैरान-परेशान हो जाते हैं। उसके एक महान लेखक ने उसे 'दुनिया की बातूनी' जैसा नाम दिया है। मेम्बर जिस पक्ष के हों उस पक्ष के लिए अपना मत वे बगैर सोचे-विचारे देते हैं, देने को बंधे हुए हैं। अगर कोई मेम्बर इसमें अपवाद रूप निकल आये, तो उसकी कम्बख्ती ही समझिये। जितना समय और पैसा पार्लियामेन्ट खर्च करती है उतना समय और पैसा अगर अच्छे लोगों को मिले तो प्रजा का उद्धार हो जाए। ब्रिटिश पार्लियामेन्ट महज़ प्रजा का खिलौना है और वह खिलौना प्रजा को भारी खर्च में डालता है। ये विचार मेरे खुद के हैं ऐसा आप न मानें। बड़े विचारशील अंग्रेज़ ऐसा विचार रखते हैं। एक मेम्बर ने तो यहाँ तक कहा है कि पार्लियामेन्ट धर्मिष्ठ आदमी के लायक नहीं रही। दूसरे मेम्बर ने तो कहा है कि पार्लियामेन्ट एक 'बच्चा' है। बच्चों को कभी आपने हमेशा बच्चा ही रहते देखा है? आज सात सौ बरस के बाद भी अगर पार्लियामेन्ट बच्चा ही हो, तो वह बड़ी कब होगी?

पाठक : आपने मुझे सोच में डाल दिया। यह सब मुझे तुरन्त मान लेना चाहिए, ऐसा तो आप नहीं कहेंगे। आप बिल्कुल निराले विचार मेरे मन में पैदा कर रहे हैं। मुझे उन्हें हज़्म करना होगा। अच्छा, अब 'बेसवा' शब्द की विवेचना कीजिए।

संपादक : मेरे विचारों को आप तुरन्त नहीं मान सकते, यह बात ठीक है। उसके बारे में आपको जो साहित्य पढ़ना चाहिए वह आप पढ़ेंगे तो आपको कुछ ख़्याल आयेगा। पार्लियामेन्ट को मैंने बेसवा कहा, वह भी ठीक है। उसका कोई मालिक नहीं है। उसका कोई एक मालिक नहीं हो सकता, लेकिन मेरे कहने का मतलब इतना ही नहीं है। जब कोई उसका मालिक बनता है, जैसे प्रधानमंत्री, तब भी उसकी चाल एक सरीखी नहीं रहती। जैसे बुरे हाल बेसवा के होते हैं, वैसे ही सदा पार्लियामेन्ट के होते हैं। प्रधानमंत्री को पार्लियामेन्ट की थोड़ी ही परवाह रहती है। वह तो अपनी सत्ता के मद में मस्त रहता है। अपना दल कैसे जीते इसी की लगन उसे रहती है। पार्लियामेन्ट सही काम कैसे करे? इसका वह बहुत कम विचार करता है। अपने दल को बलवान बनाने के लिए प्रधानमंत्री पार्लियामेन्ट से कैसे-कैसे काम करवाता है, इसकी मिसालें जितनी चाहिए उतनी मिल सकती हैं। यह सब सोचने लायक है।

पाठक : तब तो आज तक जिन्हें हम देशाभिमानी और ईमानदार समझते आए हैं, उन पर भी आप टूट पड़ते हैं।

संपादक : हाँ, यह सच है। मुझे प्रधानमंत्रियों से द्वेष नहीं है, लेकिन तजुरबे से मैंने देखा है कि वे सच्चे देशाभिमानी नहीं कहे जा सकते। जिसे हम घूस कहते हैं, वह घूस वे खुल्लमखुल्ला नहीं लेते-देते, इसलिए भले ही वे ईमानदार कहे जाएँ, लेकिन उनके पास वसीला काम कर सकता है। वे दूसरों से काम निकालने के लिए उपाधि वगैरा की घूस बहुत देते हैं। मैं हिम्मत के साथ कह सकता हूँ कि उनमें शुद्ध भावना और सच्ची ईमानदारी नहीं होती।

अधिपति : अंग्रेजो जेओ 'वोटर' छे (चूटणी करे छे) तेओनुं धर्मपुस्तक (बाईबल) वर्तमानपत्र थई पड्युं छे. तेओ ते पत्रमांथी पोताना विचारो बांधे छे. पत्रो अप्रामाणिक छे; एक ज वातने बे रूप आपे छे. एक पक्षवाळा ते ज वातने मोटी करी बतावे छे, बीजा पक्षवाळा ते ज वात छोटी करी नाखे छे. एक छापावाळो एक आगेवान अंग्रेजोने प्रामाणिक गणशे, बीजो छापावाळो तेने अप्रामाणिक गणशे. आवां जे देशमां छापां छे ते देशना माणसोना केवा बेहाल होवा जोईए?

वाचक : ते तमे ज बतावो.

अधिपति : ते लोको घडी घडीमां विचारो बदलावे छे. एम तो ए लोकोमां कहेणी छे के सात सात वरसे रंग बदलाय छे. घड्यािळना लोलकनी माफक ते लोको आमतेम फर्या करे छे; ठेकाणासर बेसी शकता नथी. कोई माणस जरा छटादार होय ने वातो भारे करी दे अथवा तेओने मिजलस वगेरे आपे तो नगारचीनी माफक तेनी ढोलकी वगाडवा बेसी जाय छे. तेवा माणसोनी पार्लमेन्ट तेवी ज होय. तेओनामां एक वस्तु छे खरी. ते ए के पोताना देशने जवा नहीं दे; ने जो कोई तेनी उ़पर नजर करे तो तेने आंधळोभींत करी मूकशे. पण तेथी कंई ते प्रजामां बधा गुण आवी गया, अथवा ते प्रजानी नकल करवी, एम कही शकाय नहीं. जो हिंदुस्तान अंग्रेजी प्रजानी नकल करे तो हिंदुस्तान पायमाल थई जाय एवो मारो तो खास विचार छे.

वाचक : अंग्रेजी प्रजा आवी थई गई छे तेनां शां कारणो मानो छो?

अधिपति : तेमां अंग्रेजोनो खास दोष नथी, पण तेओना-बलके युरोपना-आजकालना सुधारानो दोष छे. ते सुधारो कुधारो छे अने तेथी युरोपनी प्रजा पायमाल थती चाली छे.

पाठक : जब आपके ऐसे ख़्याल हैं तो जिन अंग्रेजों के नाम से पार्लियामेन्ट राज करती है उनके बारे में अब कुछ कहिये, ताकि उनके स्वराज्य का पूरा ख़्याल मुझे आ जाए।

संपादक : जो अंग्रेज 'वोटर' हैं, उनकी धर्म पुस्तक (बाइबल) तो है अखबार। वे अखबारों से अपने विचार बनाते हैं। अखबार अप्रामाणिक होते हैं, एक ही बात को दो शक्लें देते हैं। एक दल वाले उसी बात को बड़ी बनाकर दिखलाते हैं, तो दूसरे दल वाले उसी को छोटी कर डालते हैं। एक अखबार वाला किसी अंग्रेज नेता को प्रामाणिक मानेगा, तो दूसरा अखबार वाला उसको अप्रामाणिक मानेगा। जिस देश में ऐसे अखबार हैं उस देश के आदमियों की कैसी दुर्दशा होगी?

पाठक : यह तो आप ही बताइये।

संपादक : उन लोगों के विचार घड़ी-घड़ी में बदलते हैं। उन लोगों में यह कहावत है कि सात-सात बरस में रंग बदलता है। घड़ी के लोलक की तरह वे इधर-उधर घूमा करते हैं। जमकर वे बैठ ही नहीं सकते।

कोई दौर-दमाम वाला आदमी हो और उसने अगर बड़ी-बड़ी बातें कर दीं या दावतें दे दीं, तो वे नक्कारची की तरह उसी के ढोल पीटने लग जाते हैं। ऐसे लोगों की पार्लियामेन्ट भी ऐसी ही होती है, उनमें एक बात ज़रूर है। वह यह कि वे अपने देश को खोयेंगे नहीं। अगर किसी ने उस पर बुरी नजर डाली तो वे उसकी मिट्टी पलीद कर देंगे, लेकिन इससे उस प्रजा में सब गुण आ गये या उस प्रजा की नक़ल की जाए, ऐसा नहीं कह सकते। अगर हिन्दुस्तान अंग्रेज प्रजा की नक़ल करे तो हिन्दुस्तान पामाल हो जाए, ऐसा मेरा पक्का ख़्याल है।

पाठक : अंग्रेज प्रजा ऐसी हो गई है, इसके आप क्या कारण मानते हैं?

संपादक : इसमें अंग्रेजों का कोई ख़ास क़ुसूर नहीं है, पर यूरोप की आजकल की सभ्यता का क़ुसूर है। वह सभ्यता नुकसानदेह है और उससे यूरोप की प्रजा पामाल होती जा रही है।

६. सुधारानुं दर्शन

वाचक: हवे तो तमारे सुधारानी वात पण करवी पडशे. तमारे हिसाबे तो सुधारो ते कुधारो थयो.

अधिपति : मारे हिसाबे ज नहीं, पण अंग्रेज लेखकोने हिसाबे सुधारो ते कुधारो छे; ते विशे बहु पुस्तको लखायां छे. तेओमां सुधारानी सामे थवानां मंडळो पण स्थपातां जाय छे. अेक माणसे 'सुधारो, तेनां कारणो अने तेनी दवा' अे नामे पुस्तक लख्युं छे. तेमां तेणे सुधारो अे अेक प्रकारनो रोग छे अेम बतावी आप्युं छे.

वाचक : आ बंधु आपणे केम नथी जाणी शकता ?

अधिपति : अे तो देखाई आवे अेवुं कारण छे. कोई पण माणस पोतानी विरुद्ध वात करे अेवुं भाग्ये ज बने छे. सुधारामां मोहाई पडेला माणस तेनी सामे नहीं लखे; पण तेने टेको मळे अेवी वातो अने दलीलो शोधी काढशे. आ तेओ जाणी जोईने करे छे अेम पण नथी. तेओ जे लखे छे ते पोते माने छे. निद्रावश थयेलो माणस पोताने स्वप्नुं आवे छे ते खरुं ज माने छे. ज्यारे तेनी ऊंघ ऊडे त्यारे ज तेने पोतानी भूल मालूम पडे छे. आवी दशा सुधारावश माणसनी छे. आपणे जे कंई वांचीअे छीअे ते सुधाराना हिमायतीनां लखाण होय छे. तेमां बहु होशियार अने बहु भला माणसो पड्या छे. तेओनां लखाणथी आपणे अंजाई जईअे छीअे. आम अेक पछी अेक माणस फसाता जाय छे.

वाचक : आ वात तमे बरोबर करी छे. हवे तमे जे वांच्युंविचार्युं छे तेनो ख्याल आपो.

अधिपति : प्रथम तो सुधारो अे नाम कई स्थितिने आपवामां आवे छे ते विचारीअे. आ सुधारानी खरी ओळख तो अे छे के माणसो बहिर्‌नी शोधोमां ने शरीरसुखमां सार्थक्य अने पुरुषार्थ माने छे. तेना दाखला लईअे. सौ वरस पहेलां जेवां घरमां युरोपना लोको रहेता हता तेना करतां हाल वधारे सरस घरमां रहे छे; आ सुधारानी निशानी गणाय छे. आमां शरीरसुखनी वात रहेली छे. ते अगाउ माणसो चामडानां वस्त्र पहेरता ने भाला वापरता. हवे तेओ मोटा लेंघा पहेरे छे ने शरीरशणगारने सारु तरेहवार कपडां बनावे छे, तथा भालाने बदले अेक पछी अेक पांच घा करी शके अेवी चक्करवाळी बंदूकडी

सभ्यता का दर्शन

पाठक : अब तो आपको सभ्यता की भी बात करनी होगी। आपके हिसाब से तो यह सभ्यता बिगाड़ करने वाली है।

संपादक : मेरे हिसाब से ही नहीं, बल्कि अंग्रेज लेखकों के हिसाब से भी यह सभ्यता बिगाड़ करने वाली है। उसके बारे में बहुत किताबें लिखी गई हैं। वहाँ इस सभ्यता के खिलाफ़ मंडल भी क़ायम हो रहे हैं। एक लेखक ने 'सभ्यता उसके कारण और उसकी दवा' नाम की किताब लिखी है। उसमें उसने यह साबित किया है कि यह सभ्यता एक तरह का रोग है।

पाठक : यह सब हम क्यों नहीं जानते?

संपादक : इसका कारण तो साफ है। कोई भी आदमी अपने खिलाफ़ जाने वाली बात करे ऐसा शायद ही होता है। आज की सभ्यता के मोह में फँसे हुए लोग उसके खिलाफ़ नहीं लिखेंगे, उल्टे उसको सहारा मिले ऐसी ही बातें और दलीलें ढूँढ़ निकालेंगे। यह वे जान-बूझकर करते हैं ऐसा भी नहीं है। वे जो लिखते हैं उसे खुद सच मानते हैं। नींद में आदमी जो सपना देखता है, उसे वह सही मानता है। जब उसकी नींद खुलती है तभी उसे अपनी गलती मालूम होती है। ऐसी ही दशा सभ्यता के मोह में फँसे हुए आदमी की होती है। हम जो बातें पढ़ते हैं वे सभ्यता की हिमायत करने वालों की लिखी बातें होती हैं। उनमें बहुत होशियार और भले आदमी हैं। उनके लेखों से हम चौंधिया जाते हैं। यों एक के बाद दूसरा आदमी उसमें फँसता जाता है।

पाठक : यह बात आपने ठीक कही। अब आपने जो कुछ पढ़ा और सोचा है, उसका ख़्याल मुझे दीजिए।

संपादक : पहले तो हम यह सोचें कि सभ्यता किस हालत का नाम है। इस सभ्यता की सही पहचान तो यह है कि लोग बाहरी दुनिया की खोजों में और शरीर के सुख में धन्यता, सार्थकता और पुरुषार्थ मानते हैं। इसकी कुछ मिसालें लें। सौ साल पहले यूरोप के लोग जैसे घरों में रहते थे उनसे ज्यादा अच्छे घरों में आज वे रहते हैं, यह सभ्यता की निशानी मानी जाती है। इसमें शरीर के सुख की बात है। इसके पहले लोग चमड़े के कपड़े पहनते थे और भालों का इस्तेमाल करते थे। अब वे लंबे पतलून पहनते हैं

वापरे छे; ते सुधारानी निशानी छे. कोई मुलकना माणस जोडा वगेरे न पहेरता होय ते ज्यारे युरोपना कपडां पहेरता शीखे छे त्यारे जंगली दशामांथी सुधरेली दशामां आव्या गणाय छे. अगाउ युरोपमां माणसो साधारण हळथी पोताना जोगी जमीन जातमहेनतथी खेडता, तेने बदले हाल वराळयंत्रोथी हळ चलावी अेक माणस घणी जमीन खेडी शके छे ने खूब पैसो अेकठो करी शके छे; ते सुधारानी निशानी गणाय छे. अगाउ माणसो कोईक ज पुस्तको लखतां ते अमूल्य गणातां, आजे जेने जेवुं फावे तेवुं लखे छे ने छापे छे तथा लोकोनां मन भमावे छे; आ सुधारानी निशानी छे. अगाउ माणसो गाडां वाटे दहाडानी बार गाउनी मजल करता. हाल रेलगाडीथी चारसें गाउनी मजल करी शके छे; आ तो सुधारानी टोच गणाई छे. हजु जेम सुधारो वधतो जाय छे तेम अेवुं धारवामां आवे छे के माणसो हवाई वहाणथी मुसाफरी करशे ने थोडा कलाकमां दुनियाना गमे ते भागमां जई पहोंचशे. माणसोने हाथपग नहीं वापरवा पडे. अेक बटन चांपशे त्यारे तेने पहेरवानो पोशाक आवी मळशे, बीजुं बटन चांपशे त्यारे तेनां छापां आवशे, त्रीजुं बटन चांपशे त्यारे तेनी गाडी तैयार थई जशे, नित्य नवां भोजन मळशे, हाथ अथवा पगनो खप ज नहीं पडे, बधुं संचाथी ज काम लेवाशे. अगाउ माणसो ज्यारे लडवा मागता त्यारे अेकबीजानुं शरीरबळ अजमावता. हवे तो तोपना अेक गोळाथी हजारो जान लई शके छे. आ सुधारानी निशानी छे. अगाउ लोको खुल्ली हवामां पोताने ठीक पडे तेटलुं स्वतंत्रपणे काम करता. हवे हजारो मजूरो पोताना गुजरानने खातर अेकठा मळी मोटां कारखानां के खाणोमां काम करे छे. तेओनी दशा जानवर करतां हलकी थई पडी छे. तेओने सीसा वगेरेना कारखानांओमां जाननी खुवारी करी काम करवुं पडे छे. आनो भोग पैसादार माणसोने मळे छे. अगाउ माणसोने मारीने गुलाम करता; हाल माणसोने पैसानी अने भोगनी लालच आपीने गुलाम बनावे छे. अगाउ लोकोमां दरद न हतां तेवां दरद पेदा थया छे, ने तेनी साथे दाक्तरो शोध करवा लाग्या छे के ते दरदो केम मटाडवां. आम करतां इस्पितालो वधी छे; ते सुधारानी निशानी गणाय छे. अगाउ कागळो लखता त्यारे खसूस खेपिया जता अने बहु खरचे तेवुं बनी शकतुं. आज मारे कोईने गाळ भांडवानो कागळ लखवो होय तो अेक दोढिये हुं गाळ काढी शकुं छुं; कोईने मारे शाबीशी आपवी होय तो ते हुं तेटली ज किंमते पहोंचाडी शकुं छुं; आ सुधारानी निशानी छे. अगाउ माणसो बेथी त्रण वखत खाता ने ते पण हाथे पकावेली रोटी ने थोड़ी तरकारी होय तो ते. हवे बब्बे कलाके खावानुं जोईअे, अने ते अेटले दरज्जे के खावामांथी लोको नवरा ज नथी थता. हवे केटलुं कहुं ? आ बधुं तमे गमे ते पुस्तकमां जोई शको छो. सुधारानी आ बधी खरी निशानी छे. अने जो कोई पण माणस तेथी जुदी वात समजावे तो ते भोळो छे अेम चोक्कस मानजो. सुधारो तो हुं जणावी गयो छुं ते ज गणाय छे. तेमां नीतिनी के धर्मनी वात छे ज नहीं. सुधाराना हिमायती चोखखी वात करे छे के तेओनुं काम लोकोने धर्म शीखववानुं नथी. धर्म ते तो ढोंग छे अेम केटलाक माने छे. केटलाक वळी धर्मनो डोळ करे छे, नीतिनी वार्ता पण करे छे;

और शरीर को सजाने के लिए तरह-तरह के कपड़े बनवाते हैं और भाले के बदले एक के बाद एक पाँच गोलियाँ छोड़ सके ऐसी चक्कर वाली बन्दूक इस्तेमाल करते हैं। यह सभ्यता की निशानी है। किसी मुल्क के लोग, जो जूते वग़ैरा नहीं पहनते हों, जब यूरोप के कपड़े पहनना सीखते हैं तो जंगली हालत में से सभ्य हालत में आए हुए माने जाते हैं।

पहले यूरोप में लोग मामूली हल की मदद से अपने लिए जात-मेहनत करके ज़मीन जोतते थे। उसकी जगह आज भाप के यंत्रों से हल चलाकर एक आदमी बहुत सारी ज़मीन जोत सकता है और बहुत सा पैसा जमा कर सकता है। यह सभ्यता की निशानी मानी जाती है। पहले लोग कुछ ही किताबें लिखते थे और वे अनमोल मानी जाती थीं। आज हर कोई चाहे जो लिखता, छपवाता और लोगों के मन को भरमाता है। यह सभ्यता की निशानी है। पहले लोग बैलगाड़ी से रोज बारह कोस की मंज़िल तय करते थे। आज रेलगाड़ी से चार सौ कोस की मंज़िल मारते हैं।

यह तो सभ्यता की चोटी मानी गई है। यह सभ्यता जैसे-जैसे आगे बढ़ती जाती है वैसे-वैसे यह सोचा जाता है कि लोग हवाई जहाज़ से सफ़र करेंगे और थोड़े ही घंटों में दुनिया के किसी भी भाग में जा पहुँचेंगे। लोगों को हाथ-पैर हिलाने की ज़रूरत नहीं रहेगी। एक बटन दबाया कि आदमी के सामने पहनने की पोशाक हाज़िर हो जाएगी, दूसरा बटन दबाया कि उसे अखबार मिल जाएँगे, तीसरा दबाया कि उसके लिए गाड़ी तैयार हो जाएगी, हमेशा नये भोजन मिलेंगे, हाथ-पैर का काम ही नहीं पड़ेगा, सारा काम कल (यंत्र) से ही किया जाएगा। पहले जब लोग लड़ना चाहते थे तो एक-दूसरे का शरीर बल आज़माते थे। आज तो तोप के एक गोले से हजारों जानें ली जा सकती हैं। यह सभ्यता की निशानी है।

पहले लोग खुली हवा में अपने को ठीक लगे उतना काम स्वतन्त्रता से करते थे। अब हज़ारों आदमी अपने गुज़ारे के लिए इकट्ठा होकर बड़े कारखानों में या खानों में काम करते हैं। उनकी हालत जानवर से भी बदतर हो गई है। उन्हें सीसे वग़ैरा के कारखानों में जान को जोखिम में डालकर काम करना पड़ता है। इसका लाभ पैसेदार लोगों को मिलता है। पहले लोगों को मार-पीट कर गुलाम बनाया जाता था, आज लोगों को पैसे का और भोग का लालच देकर गुलाम बनाया जाता है। पहले जैसे रोग नहीं थे वैसे रोग आज लोगों में पैदा हो गये हैं और उसके साथ डॉक्टर खोज करने लगे हैं कि ये रोग कैसे मिटाए जाएँ। ऐसा करने से अस्पताल बढ़े हैं। यह सभ्यता की निशानी मानी जाती है। पहले लोग पत्र लिखते थे तब खास क़ासिद उसे ले जाता था और उसके लिए काफी खर्च लगता था। आज मुझे किसी को गालियाँ देने के लिए पत्र लिखना हो, तो एक पैसे में मैं गालियाँ दे सकता हूँ, किसी को मुझे मुबारकबाद देना हो तो भी मैं उसी दाम में पत्र भेज सकता हूँ, यह सभ्यता की निशानी है। पहले लोग दो या तीन

छतां हुं तमने वीस वरसना अनुभव पछी कहुं छुं के नीतिने नामे अनीति शीखववामां आवे छे. नीति उपली वातोमां न होई शके अे बाळक पण समजी शके अेवुं छे. शरीरनुं सुख केम मळे अे ज सुधारो शोधे छे; अे ज ते आपवा महेनत करे छे. छतां ते सुख पण नथी मळी शकतुं.

आ सुधारो ते अधर्म छे अने ते युरोपमां अेटले दरज्जे फेलायो छे के त्यांना माणसो अर्धगांडा जेवा जोवामां आवे छे. तेओनामां खरुं कौवत नथी; पोतानुं जोर नशो करी टकावी राखे छे. अेकान्ते ते लोको बेसी शकता नथी. स्त्रीओ घरनी राणी होवी जोईअे तेमने शेरीओमां भटकवुं पडे छे, अथवा तो तेओने मजूरीअे जवुं पडे छे. इंग्लंडमां ज चाळीस लाख रंक अबळाओ पेटने अर्थे गध्धामजूरी करे छे, अने हाल तेने लीधे सफ्रेजेटनी हिलचाल चाली रही छे.

आ सुधारो अेवो छे के, जो आपणे धीरज राखी बेसीशुं तो सुधारानी हडफेटमां आवेला माणसो पोते सळगावेला अग्निमां बळी मरशे. पेगम्बर महम्मदना शिक्षण प्रमाणे आ शयतानी राज्य गणाय. हिंदु धर्म आने हडहडतो कळिकाळ कहे छे. हुं तमने आ सुधारानो आबेहूब चितार नथी आपी शकतो. मारा शक्तिनी बहारनी अे वात छे. पण तमे समजशो के आ सुधाराथी अंग्रेजी प्रजामां सडो घर करी गयो छे. ते सुधारो नाशकारक अने नाशवंत छे. तेनाथी दूर रहेवुं घटे छे अने तेथी ज अंग्रेजी पार्लमेन्ट ने बीजी पार्लमेन्टो नकामी थई पडी छे. ते पार्लमेन्ट ते प्रजानी गुलामीनी निशानी छे अे खचीत वात छे. वांचो विचारो तो तमने पण तेमज लागशे. तेमां अंग्रेजनो वांक तमे नहीं काढो. तेमनी उपर तो दया खावा जेवुं छे तेओ बाहोश माणस छे, अेटले अे जाळमांथी नीकळी आवशे अेम मारुं मानवुं छे. तेओ साहसिक छे ने महेनतु छे. तेओना विचार मूळे अनीतिभरेला नथी, अेटले तेमने विशे मारा मनमां उत्तम विचार ज छे. तेओनुं हाड खराब नथी. ने सुधारो अे तेओने असाध्य रोग नथी, पण हाल तेओ ते रोगमां घेराया छे अे तो भूलवानुं ज नथी.

बार खाते थे और वह भी खुद हाथ से पकाई हुई रोटी और थोड़ी तरकारी। अब तो हर दो घंटे पर खाना चाहिए और वह यहाँ तक कि लोगों को खाने से फुरसत ही नहीं मिलती और कितना कहूँ? यह सब आप किसी भी पुस्तक में पढ़ सकते हैं। ये सब सभ्यता की सच्ची निशानियाँ मानी जाती हैं और अगर कोई भी इससे भिन्न बात समझाए, तो वह भोला है ऐसा निश्चय ही मानिये। सभ्यता तो मैंने जो बतायी वही मानी जाती है। उसमें नीति या धर्म की बात ही नहीं है। सभ्यता के हिमायती साफ कहते हैं कि उनका काम लोगों को धर्म सिखाने का नहीं है। धर्म तो ढोंग है, ऐसा कुछ लोग मानते हैं और कुछ लोग धर्म का दंभ भरते हैं, नीति की बातें भी करते हैं। फिर भी मैं आपसे बीस बरस के अनुभव के बाद कहता हूँ कि नीति के नाम से अनीति सिखलाई जाती है। ऊपर की बातों में नीति हो ही नहीं सकती, यह कोई बच्चा भी समझ सकता है। शरीर का सुख कैसे मिले, यही आज की सभ्यता ढूँढ़ती है और यही देने की वह कोशिश करती है, परंतु वह सुख भी नहीं मिल पाता।

यह सभ्यता तो अधर्म है और यह यूरोप में इतने दरजे तक फैल गयी है कि वहाँ के लोग आधे पागल जैसे देखने में आते हैं। उनमें सच्ची कुव्वत नहीं है, वे नशा करके अपनी ताक़त क़ायम रखते हैं। एकान्त में वे बैठ ही नहीं सकते। जो स्त्रियां घर की रानियाँ होनी चाहिए, उन्हें गलियों में भटकना पड़ता है, या कोई मज़दूरी करनी पड़ती है। इंग्लैंड में ही चालीस लाख गरीब औरतों को पेट के लिए सख्त मज़दूरी करनी पड़ती है और आजकल इसके कारण 'सफ्रीजेट' (महिला मताधिकार) का आन्दोलन चल रहा है। यह सभ्यता ऐसी है कि अगर हम धीरज धरकर बैठे रहेंगे, तो सभ्यता की चपेट में आए हुए लोग खुद की जलायी हुई आग में जल मरेंगे। पैगम्बर मोहम्मद साहब की सीख के मुताबिक यह शैतानी सभ्यता है। हिन्दू धर्म इसे निरा 'कलजुग' कहता है। मैं आपके सामने इस सभ्यता का हूबहू चित्र नहीं खींच सकता। यह मेरी शक्ति के बाहर है, लेकिन आप समझ सकेंगे कि इस सभ्यता के कारण अंग्रेज प्रजा में सड़न ने घर कर लिया है। यह सभ्यता दूसरों का नाश करने वाली और खुद नाशवान है। इससे दूर रहना चाहिए और इसीलिए ब्रिटिश और दूसरी पार्लियामेन्ट बेकार हो गई हैं। ब्रिटिश पार्लियामेन्ट अंग्रेज़ प्रजा की गुलामी की निशानी है, यह पक्की बात है। आप पढ़ेंगे और सोचेंगे तो आपको भी ऐसा ही लगेगा। इसमें आप अंग्रेजों का दोष न निकालें। उन पर तो हमें दया आनी चाहिए। वे काबिल प्रजा हैं इसलिए किसी दिन उस जाल से निकल जाएँगे ऐसा मैं मानता हूँ। वे साहसी और मेहनती हैं। मूल में उनके विचार अनीति भरे नहीं हैं, इसलिए उनके बारे में मेरे मन में उत्तम ख्याल ही हैं। उनका दिल बुरा नहीं है। यह सभ्यता उनके लिए कोई अमिट रोग नहीं है, लेकिन अभी वे उस रोग में फँसे हुए हैं, यह तो हमें भूलना ही नहीं चाहिए।

७. हिंदुस्तान केम गयुं?

वाचक : तमे सुधाराने विशे तो बहु बोल्या: मने विचारमां नाखी दीधो. हवे मारे युरोपनी प्रजा पासेथी शुं लेवुं ने शुं न लेवुं अे संकट आवी पड्युं. पण मने अेक सवाल तो तरत ऊगी आवे छे. सुधारो अे कुधारो छे, अे रोग छे, तो अंग्रेज आवा सुधारामां पडेला ते हिंद केम लई शक्या? तेमा केम रही शके?

अधिपति : तमारा आ सवालनो जवाब हवे कंईक सहेलथी आपी शकाशे अने हवे आपणे स्वराजनो विचार पण थोडी वारमां करी शकीशुं. तमारा अे सवालनो जवाब मारे हजु आपवानो छे अे कंइ भूल्यो नथी. पण तमारा छेल्ला सवाल ऊपर आपणे आविये. हिंदुस्तान अंग्रेजे लीधुं अेम नथी, पण आपणे तेने दीधुं छे. हिंदुस्तानमां तेओ पोताना बळे नथी टकी शकया पण आपणे तेओने राख्या छे. ते केम, अे जोईअे. तमने याद आपुं छुं के आपणा देशमां तेओ असलमां वेपार अर्थे आव्या. तमारी कंपनी बहादुरने याद करो. तेने बहादुर कोणे बनावी? तेओ बिचारा राज्य करवानो इरादो पण नहोता राखता. कंपनीना माणसोने मदद कोणे करी? तेओनुं रुपुं जोईने कोण मोहाई जता? तेओनो माल कोण वेची आपतुं? इतिहास पुरावो आपे छे के आपणे ज ते बधु करता. पैसो जलदी मेळववाना हेतुथी आपणे तेओने वधावी लेता. आपणे तेओने मदद करता. मने भांग पीवानी आदत होय अने भांग वेचनारो मने भांग वेचे तेमां मारे वेचनारनो वांक काढवो के मारो पोतानो? वेचनारनो वांक काढवाथी मारुं व्यसन कंइ जवानुं छे? ते वेचनारने हांकी काढीशुं तो शुं बीजा मने भांग नहीं वेचे? हिंदुस्तानना खरा सेवके बरोबर शोध करी मूळ तपासवुं पडशे. मने बहु खावाथी अपचो थयो हशे तो हुं पाणीनो दोष काढी अपचो दूर नहीं करी शकुं. तबीब तो अे के जे दरदनुं मूळ शोधे. तमे हिंदी रोगीना तबीब थवा मागो छो तो तमारे दरदनुं मूळ शोध्ये ज छूटको छे.

वाचक : तमे खरुं बोलो छो. हवे तमारे मने समजाववाने दलील करवानी जरुर नहीं रहे. हुं तमारा विचार जाणवा अधीरो बन्यो छुं. आपणे हवे अत्यंत रसिक भाग उपर आव्या छीअे अेटले मने तमारा विचारो ज बतावो. मने तेमां शंका आवशे त्यारे हुं तमने अटकावीश.

हिन्दुस्तान कैसे गया?

पाठक : आपने सभ्यता के बारे में बहुत कुछ कहा और मुझे विचार में डाल दिया। अब तो मैं इस संकट में आ पड़ा हूँ कि यूरोप की प्रजा से मैं क्या लूँ? और क्या न लूँ? लेकिन एक सवाल मेरे मन में तुरन्त उठता है, अगर आज की सभ्यता बिगाड़ करने वाली है, एक रोग है, तो ऐसी सभ्यता में फँसे हुए अंग्रेज हिन्दुस्तान को कैसे ले सके? इसमें वे कैसे रह सकते हैं?

संपादक : आपके इस सवाल का जवाब कुछ आसानी से दिया जा सकेगा और अब थोड़ी देर में हम स्वराज्य के बारे में भी विचार कर सकेंगे। आपके इस सवाल का जवाब अभी देना बाकी है, यह मैं भूला नहीं हूँ, लेकिन आपके आखिरी सवाल पर हम आयें। हिन्दुस्तान अंग्रेजों ने लिया सो बात नहीं है, बल्कि हमने उन्हें दिया है। हिन्दुस्तान में वे अपने बल से नहीं टिके हैं, बल्कि हमने उन्हें टिका रखा है। वह कैसे सो देखें। आपको मैं याद दिलाता हूँ कि हमारे देश में वे दरअसल व्यापार के लिए आए थे। आप अपनी कंपनी बहादुर को याद कीजिए। उसे बहादुर किसने बनाया? वे बेचारे तो राज करने का इरादा भी नहीं रखते थे। कंपनी के लोगों की मदद किसने की? उनकी चाँदी को देखकर कौन मोह में पड़ जाता था? उनका माल कौन बेचता था? इतिहास सबूत देता है कि यह सब हम ही करते थे। जल्दी पैसा पाने के मतलब से हम उनका स्वागत करते थे। हम उनकी मदद करते थे। मुझे भाँग पीने की आदत हो और भाँग बेचने वाला मुझे भाँग बेचे, तो क़ुसूर बेचने वाले का निकालना चाहिए या अपना खुद का? बेचने वाले का क़ुसूर निकालने से मेरा व्यसन थोड़े ही मिटने वाला है? एक बेचने वाले को भगा देंगे तो क्या दूसरे मुझे भाँग नहीं बेचेंगे? हिन्दुस्तान के सच्चे सेवक को अच्छी तरह खोज करके इसकी जड़ तक पहुँचना होगा। ज्यादा खाने से अगर मुझे अजीर्ण हुआ हो, तो मैं पानी का दोष निकालकर अजीर्ण दूर नहीं कर सकूँगा। सच्चा डॉक्टर तो वह है जो रोग की जड़ खोजे। आप अगर हिन्दुस्तान के रोग के डॉक्टर होना चाहते हैं तो आपको रोग की जड़ खोजनी ही पड़ेगी।

पाठक : आप सच कहते हैं। अब मुझे समझाने के लिए आपको दलील करने की ज़रूरत नहीं रहेगी। मैं आपके विचार जानने के लिए अधीर बन गया हूँ। अब हम बहुत ही दिलचस्प विषय पर आ गये हैं, इसलिए मुझे आप अपने ही विचार बताएँ। जब उनके बारे में शंका पैदा होगी तब मैं आपको रोकूँगा।

अधिपति : बहु सारुं पण मने धास्ती छे के आगळ चालीशुं त्यारे वळी आपणने मतभेद तो थशे ज. छतां तमे अटकावशो त्यारे ज दलीलमां ऊतरीश. आपणे जोयुं के अंग्रेजी वेपारीने आपणे उत्तेजन आप्युं त्यारे तेओ पगपेसारो करी शकया. तेम ज ज्यारे आपणा राजाओ मांहोमांहे लड्या त्यारे तेओए कंपनी बहादुरनी मदद मागी. कंपनी बहादुर वेपारमां ने लडाईना काममां कुशळ हती. तेमां तेने नीति-अनीतिनी नडतर न हती. वेपार वधारवो ने पैसा कमावा ए तेनो धंधो हतो. तेमां ज्यारे आपणे मदद आपी त्यारे तेणे मदद लीधी ने पोतानी कोठीओ वधारी. कोठीओनो बचाव करवा तेणे लश्कर राख्युं. ते लश्करनो आपणे उपयोग कर्यो, ने हवे तेनी उपर दोष राखीए ते नकामुं छे. आ वखते हिंदु-मुसलमान वच्चे वेर पण चालतुं हतुं. तेमां कंपनीने लाग मळ्यो. आम बधी रीते कंपनीनो काबू हिंदूस्तानमां जामे तेवुं आपणे तेने सारु कर्युं. एटले आपणे हिंदुस्तान अंग्रेजने आप्युं एम कहेवुं ए हिंदुस्तान गयुं एम कहेवा करतां वधारे साचुं छे.

वाचक : हवे अंग्रेजो हिंदुस्तान केम राखी शके छे ए कहो.

अधिपति : जेम आपणे तेओने आप्युं तेम आपणे हिंदुस्तान तेओनी पासे रहेवा दईए छीए. तेओए हिंदुस्तान तलवारथी लीधुं एम तेओमांना केटलाक कहे छे, अने तलवारथी राखे छे एम पण कहे छे. आ बंने वात गलत छे. हिंदुस्तानने राखवामां तलवार कंई ज काम आवे एम नथी; आपणे ज तेओने रहेवा दईए छीए.

नेपोलियने अंग्रेजोने वेपारी प्रजा कही छे ए तद्दन वाजबी वात छे. तेओ जे देशने राखे छे ते देश वेपारने अर्थे राखे छे ए जाणवा जेवुं छे. तेओनां लश्कर ने काफला मात्र वेपारनी रक्षा करवाने अर्थे छे ज्यारे ट्रांसवालमां वेपार न होतो त्यारे मि. ग्लेडस्टनने तरत सुझी आव्यु के ट्रांसवालने अंग्रेजोए नहीं राखवुं जोईए ज्यारे ट्रांस वालमां वेपार जोयो त्यारे तेनी साथे लड़ाई करी अने मि. चेम्बरलेने शोधी काढ्युं के ट्रान्सवालनी उपर अंग्रेजनी हकूमत छे. मरहूम प्रेसिडन्ट क्रूगरने कोईए सवाल पूछ्यो : 'चांदमां सोनुं छे के नहीं?' तेणे जवाब आप्यो के, 'चांदमां सोनुं होवानो संभव नथी, केम के जो होत तो अंग्रेजो तेने पोताना राज्य साथे जोडी देत.' तेओनो परमेश्वर पैसो छे, ए ध्यानमां राखवाथी बधा खुलासा थई शकशे.

त्यारे अंग्रेजोने आपणे हिंदुस्तानमां राखीए छीए ते मात्र आपणी गरजे. आपणने तेओनो वेपार पसंद आवे छे. तेओ कावादावा करी आपणने रीझवे छे ने रीझवीने आपणी पासेथी काम ले छे. तेमां आपणे तेओनो दोष काढवो ए तेओनी सत्ता निभाववा जेवुं छे. आमां वळी आपणे मांहोमांहे तकरारो करी तेओने वधारे उत्तेजन आपीए छीए.

जो तमे उपरनी वात बरोबर मानो तो आपणे साबित कर्युं के अंग्रजो वेपारने अर्थे आव्या, वेपारने अर्थे रहे छे, ने तेओने राखवामां आपणे ज मददगार छीए. तेओनां

संपादक : बहुत अच्छा। पर मुझे डर है कि आगे चलने पर हमारे बीच फिर से मतभेद ज़रूर होगा। फिर भी जब आप मुझे रोकेंगे तभी मैं दलील में उतरूँगा। हमने देखा कि अंग्रेज व्यापारियों को हमने बढ़ावा दिया तभी वे हिन्दुस्तान में अपने पैर फैला सके। वैसे ही जब हमारे राजा लोग आपस में झगड़े तब उन्होंने कंपनी बहादुर से मदद माँगी। कंपनी बहादुर व्यापार और लड़ाई के काम में कुशल थी। उसमें उसे नीति-अनीति की अड़चन नहीं थी। व्यापार बढ़ाना और पैसा कमाना यही उसका धंधा था। उसमें जब हमने मदद दी तब उसने हमारी मदद ली और अपनी कोठियाँ बढ़ाईं। कोठियों का बचाव करने के लिए उसने लश्कर रखा। उस लश्कर का हमने उपयोग किया, इसलिए अब उसे दोष देना बेकार है। उस वक्त हिन्दू-मुसलमानों के बीच बैर था। कंपनी को उससे मौका मिला। इस तरह हमने कंपनी के लिए ऐसे संजोग पैदा किये, जिससे हिन्दुस्तान पर उसका अधिकार हो जाए। इसलिए हिन्दुस्तान गया ऐसा कहने के बजाय ज्यादा सच यह कहना होगा कि हमने हिन्दुस्तान अंग्रेजों को दिया।

पाठक : अब अंग्रेज हिन्दुस्तान को कैसे रख सकते हैं सो कहिये।

संपादक : जैसे हमने हिन्दुस्तान उन्हें दिया वैसे ही हम हिन्दुस्तान को उनके पास रहने देते हैं। उन्होंने तलवार से हिन्दुस्तान लिया ऐसा उनमें से कुछ कहते हैं और ऐसा भी कहते हैं कि तलवार से वे उसे रख रहे हैं। ये दोनों बातें गलत हैं। हिन्दुस्तान को रखने के लिए तलवार किसी काम में नहीं आ सकती, हम खुद ही उन्हें यहाँ रहने देते हैं।

नेपोलियन ने अंग्रेजों को व्यापारी प्रजा कहा है। वह बिलकुल ठीक बात है। वे जिस देश को अपने क़ाबू में रखते हैं, उसे व्यापार के लिए रखते हैं, यह जानने लायक है। उनकी फ़ौजें और जंगी बेड़े सिर्फ़ व्यापार की रक्षा के लिए हैं। जब ट्रान्सवाल में व्यापार का लालच नहीं था तब मि. ग्लेडस्टन को तुरन्त सूझ गया कि ट्रान्सवाल अंग्रेजों को नहीं रखना चाहिए। जब ट्रान्सवाल में व्यापार का आकर्षण देखा तब उससे लड़ाई की गई और मि. चेम्बरलेन ने यह ढूंढ निकाला कि ट्रान्सवाल पर अंग्रेजों की हुकूमत है। मरहूम प्रेसिडेन्ट क्रूगर से किसी ने सवाल किया : 'चाँद में सोना है या नहीं?' उसने जवाब दिया : 'चाँद में सोना होने की संभावना नहीं है, क्योंकि सोना होता तो अंग्रेज़ अपने राज के साथ उसे जोड़ देते।' पैसा उनका खुदा है, यह ध्यान में रखने से सब बातें साफ हो जाएँगी।

तब अंग्रेजों को हम हिन्दुस्तान में सिर्फ़ अपनी ग़रज़ से रखते हैं। हमें उनका व्यापार पसंद आता है। वे चालबाजी करके हमें रिझाते हैं और रिझाकर हमसे काम लेते हैं। इसमें उनका दोष निकालना उनकी सत्ता को निभाने जैसा है। इसके अलावा हम आपस में झगड़कर उन्हें ज्यादा बढ़ावा देते हैं।

अगर आप ऊपर की बात को ठीक समझते हैं, तो हमने यह साबित कर दिया कि अंग्रेज़ व्यापार के लिए यहाँ आये, व्यापार के लिए यहाँ रहते हैं और उनके रहने में हम ही

हथियार ते तद्दन नकामां छे.

आ प्रसंगे तमने हुं याद आपुं छुं के जापानमां अंग्रेजी वावटो ऊडे छे अेम तमे मानजो. जापाननी साथे अंग्रेजे करार कर्यो छे ते तेना वेपारने सारु; अने जापानमां तमे जोशो के अंग्रेजो पोतानो वेपार खूब जमावशे. अंग्रेज पोताना मालने सारु दुनियाने पोतानी बजार बनाववा मागे छे. आम नहीं करी शके अे बरोबर छे. तेमां कंई तेओनो वाकं नहीं गणाय. तेओ पोतानी महेनतमां कचाश राखवाना नथी.

मददगार हैं। उनके हथियार तो बिल्कुल बेकार हैं।

इस मौके पर मैं आपको याद दिलाता हूँ कि जापान में अंग्रेजी झंडा लहराता है ऐसा आप मानिये। जापान के साथ अंग्रेजों ने जो करार किया है वह अपने व्यापार के लिए किया है और आप देखेंगे कि जापान में अंग्रेज लोग अपना व्यापार खूब जमाएँगे। अंग्रेज अपने माल के लिए सारी दुनिया को अपना बाजार बनाना चाहते हैं। यह सच है कि ऐसा वे नहीं कर सकेंगे। इसमें उनका कोई क़ुसूर नहीं माना जा सकता। अपनी कोशिश में वे कोई कसर नहीं रखेंगे।

८. हिंदुस्ताननी दशा

वाचक : हिंदुस्तान केम अंग्रेजना हाथमां छे अे समजी शकाय छे. हवे हिंदुस्ताननी दशा विशे तमारा विचार जाणवा मागुं छुं.

अधिपति : हिंदुस्ताननी अत्यारे रांकडी दशा छे. ते तमने कहेतां मारी आंखमां पाणी आवे छे ने मारुं गळुं सुकाय छे. ते हुं तमने पूरी रीते समजावी शकीश के नहीं ते विशे मने शक छे. मारो खास अभिप्राय छे के हिंदुस्तान अंग्रेजथी नहीं, पण आजकालना सुधारा नीचे कचरायेलुं छे; तेनी झडपमां ते आवी गयुं छे. तेमांथी बचवानो हजी उपाय छे खरो, पण दिवसे दिवसे वखत जतो जाय छे. मने तो धर्म वहालो छे, अेटले प्रथम दुःख तो अे छे के हिंदुस्तान धर्मभ्रष्ट थतुं चाल्युं छे, धर्मनो अर्थ हुं अहीं हिंदु के मुसलमान के जरथोस्ती अेम नथी करतो; पण अे बधा धर्ममां जे धर्म रह्यो छे ते जतो रहे छे; आपणे ईश्वरथी विमुख थता जईअे छीअे.

वाचक : ते केम ?

अधिपति : हिंदुस्तान उपर अेवुं तहोमत छे के, आपणे आळसु छीअे अने गोराओ महेनतु तथा उत्साही छे. आ आपणे मानी लीधुं छे. ने तेथी आपणे आपणी स्थिति बदलाववा मागीअे छीअे.

हिंदु, मुसलमान, पारसी, खिस्ती बधा धर्म शीखवे छे के, आपणे दुन्यवी वस्तुओ विशे मंद रहेवुं ने धार्मिक वस्तुओ विशे उत्साही रहेवुं; आपणे आपणा दुन्यवी लोभनी हद बांधवी ने धार्मिक लोभने मोकळो राखवो. आपणो उत्साह तेमां ज राखवो.

वाचक : आ तो तमे पाखंडी थवानुं शिक्षण आपता लागो छो. आवी वातो करी धुताराओ धूती गया छे ने हजु धूते छे.

अधिपति : तमे धर्म उपर खोटो आरोप मूको छो. पाखंड तो बधा धर्ममां रह्यो छे. ज्यां सूर्य होय त्यां अंधारुं रहेलुं ज छे. पडछायो दरेक वस्तु विशे छे. धर्मधुतारा अे दुन्यवी धुतारा करतां सारा छे अेम तमे जोशो. सुधारामां जे पाखंड हुं तमने बतावी गयो ते पाखंड धर्ममां जोयु ज नथी.

हिन्दुस्तान की दशा–एक

पाठक : हिन्दुस्तान अंग्रेजों के हाथ में क्यों है? यह समझा जा सकता है। अब मैं हिन्दुस्तान की हालत के बारे में आपके विचार जानना चाहता हूँ।

संपादक : आज हिन्दुस्तान की रंक दशा है। यह आपसे कहते हुए मेरी आँखों में पानी भर आता है और गला सूख जाता है। यह बात मैं आपको पूरी तरह समझा सकूँगा या नहीं, इस बारे में मुझे शक है। मेरी पक्की राय है कि हिन्दुस्तान अंग्रेजों से नहीं, बल्कि आजकल की सभ्यता से कुचला जा रहा है, उसकी चपेट में वह फँस गया है। उसमें से बचने का अभी भी उपाय है, लेकिन दिन–ब–दिन समय बीतता जा रहा है। मुझे तो धर्म प्यारा है, इसलिए पहला दुःख मुझे यह है कि हिन्दुस्तान धर्मभ्रष्ट होता जा रहा है। धर्म का अर्थ मैं यहाँ हिन्दू, मुस्लिम या जरथोस्ती धर्म नहीं करता, लेकिन इन सब धर्मों के अन्दर जो 'धर्म' है वह हिन्दुस्तान से जा रहा है, हम ईश्वर से विमुख होते जा रहे हैं।

पाठक : सो कैसे?

संपादक : हिन्दुस्तान पर यह तोहमत है कि हम आलसी हैं और गोरे लोग मेहनती और उत्साही हैं। इसे हमने मान लिया है, इसलिए हम अपनी हालत को बदलना चाहते हैं।

हिन्दू, मुस्लिम, जरथोस्ती, ईसाई सब धर्म सिखाते हैं कि हमें दुनियावी बातों के बारे में मंद और धार्मिक बातों के बारे में उत्साही रहना चाहिए। हमें अपने दुनियावी लोभ की हद बाँधनी चाहिए और धार्मिक लोभ को खुला छोड़ देना चाहिए। हमारा उत्साह धार्मिक लोभ में ही रहना चाहिए।

पाठक : इससे तो मालूम होता है कि आप पाखंडी बनने की तालीम देते हैं। धर्म के बारे में ऐसी बातें करके ठग लोग दुनिया को ठगते आये हैं और आज भी ठग रहे हैं।

संपादक : आप धर्म पर गलत आरोप लगाते हैं। पाखंड तो सब धर्मों में है। जहाँ सूरज है वहाँ अंधेरा रहता ही है। परछाईं हर एक चीज़ के साथ जुड़ी रहती है। धार्मिक ठगों को आप दुनियावी ठगों से अच्छे पायेंगे। सभ्यता में जो पाखंड मैं आपको बता चुका हूँ, वैसा पाखंड धर्म में मैंने कभी नहीं देखा।

वाचक : एम केम कहेवाय? धर्मने बहाने हिंदु-मुसलमान लड्या, धर्मने बहाने ख्रिस्तीओमां महायुद्धो थयां. धर्मने बहाने हजारो निरपराधी माणसो मार्यां गयां, तेओने बाळी नाख्यां, तेओनी उपर महासंकटो पाड्यां. आ तो सुधारा करतां खराब ज गणाय.

अधिपति : तो कहुं छुं के अे बधुं सुधाराना दुःख करतां वधारे सहन थई शके तेवुं छे. तमे कह्युं ते पाखंड छे एम सहु समजे छे. तेथी पाखंडमां आवेलां माणसो मरी रहे अेटले ऊकली जाय छे. ज्यां भोळां माणसो रह्यां छे त्यां तेवुं ज चाल्या करशे. पण तेनी असर सदायने सारु बूरी रहेती नथी. सुधारानी होळीमां जे माणसो बळी मुआं छे तेनी तो हद ज नथी. तेनी खूबी तो अे छे के, माणसो सारुं मानीने अेमां झंपलावे छे. तेओ नथी रहेता दीनना के नथी रहेता दुनियाना. तेओ खरी वस्तुने तद्दन भूली जाय छे. सुधारो ते उंदरनी जेम फूंकीने फोली खाय छे. तेनी असर ज्यारे आपणे जाणीशुं त्यारे अगाउना वहेमो ते आपणने प्रमाणमां मीठा लागशे. हुं अेम नथी कहेतो के आपणे ते वहेमोने कायम राखवा. नहीं, तेनी सामे तो लडीशुं ज; पण ते लडत कंई धर्म भूली जवाथी नथी लेवावानी, पण खरी रीते धर्म संपादन करीने लेवाशे.

वाचक : त्यारे तमे तो अेम पण कहेशो के, अंग्रेजे हिंदुस्तानमां शांतिनुं सुख आप्युं छे ते नकामुं छे.

अधिपति : तमे शांति जुओ तो भले. हुं तो शांतिसुख जोतो नथी.

वाचक : त्यारे ठग, पींढारा, भील वगेरे जे त्रास उपजावता हता ते तमारे हिसाबे तो कंई हरकत जेवुं नहोतुं!

अधिपति : तमे जरा विचारी जोशो तो मालूम पडशे के, तेओनो त्रास मात्र नजीवो हतो. जो तेओनो त्रास खरो ज होत तो प्रजा जडमुळथी क्यारनी नाश पामी होत. वळी हालनी शांति तो मात्र नामनी ज छे. हुं अेम कहेवा मागुं छुं के, आपणे ते शांतिथी नामर्द, बायला अने भीरु बनी गया छीअे. भील-पींढारानो स्वभाव अंग्रेजे फेरव्यो छे अेम मानी लेवानुं नथी. आपणने तेवी जातनी पीडा होय ते सहन करवा जेवुं छे. पण बीजा माणस ते पीडामांथी आपण ने बचावे ते तद्दन हीणपत उपजावनारुं छे. आपणे अबळा बनीअे तेना करतां भीलनां तीरकामठाथी मरवुं, अे मने वधारे पसंद छे. ते स्थितिमां जे हिंदुस्तान हतुं ते हिंदुस्तान जुदा ज जुस्सानुं हतुं. मॅकॉलेअे हिंदीने नामर्द गणेला ते तेनी अधम अज्ञान दशा सुचवे छे. हिंदी बायला कदी हता ज नहीं. जाणजो के जे देशमां पहाडी लोको वसे छे, जेमां वाघवरु वसे छे, ते देशमां रहेनारा माणसो जो खरेखरा बीकण होय तो तेओनो नाश ज थाय. तमे कोई दिवस खेतरोमां गया छो? तमने हुं खातरीपूर्वक कहुं छुं के, खेतरोमां आपणा खेडूतो निर्भय थईने आज पण सुए छे; त्यारे त्यां अंग्रेज अने तमे सूवानी आनाकानी

पाठक : यह कैसे कहा जा सकता है? धर्म के नाम पर हिन्दू-मुसलमान लड़े, धर्म के नाम पर ईसाइयों में बड़े-बड़े युद्ध हुए। धर्म के नाम पर हज़ारों बेगुनाह लोग मारे गए, उन्हें जला दिया गया, उन पर बड़ी-बड़ी मुसीबतें गुज़ारी गईं। यह तो सभ्यता से बदतर ही माना जाएगा।

संपादक : तो मैं कहूँगा कि यह सब सभ्यता के दुःख से ज्यादा बरदाश्त हो सकने जैसा है। आपने जो कुछ कहा वह पाखंड है, ऐसा सब लोग समझते हैं। इसलिए पाखंड में फँसे हुए लोग मर गए कि सारा सवाल हल हो गया। जहाँ भोले लोग हैं वहाँ ऐसा ही चलता रहेगा, लेकिन उसका असर हमेशा के लिए बुरा नहीं रहता। सभ्यता की होली में जो लोग जल मरे हैं, उनकी तो कोई हद ही नहीं है। उसकी खूबी यह है कि लोग उसे अच्छा मानकर उसमें कूद पड़ते हैं। फिर वे न तो रहते दीन के और न रहते दुनिया के। वे सच बात को बिल्कुल भूल जाते हैं। सभ्यता चूहे की तरह फूँककर काटती है। उसके असर जब हम जानेंगे तब पुराने वहम के मुकाबले में हमें मीठे लगेंगे। मेरा कहना यह नहीं कि हमें उन वहमों को कायम रखना चाहिए। नहीं, उनके ख़िलाफ तो हम लड़ेंगे ही, लेकिन वह लड़ाई धर्म को भूलकर नहीं लड़ी जाएगी, बल्कि सही तौर पर धर्म को समझकर और उसकी रक्षा करके लड़ी जाएगी।

पाठक : तब तो आप यह भी कहेंगे कि अंग्रेजों ने हिन्दुस्तान में शान्ति का जो सुख हमें दिया है वह बेकार है।

संपादक : आप भले शांति देखते हों, पर मैं तो शान्ति का सुख नहीं देखता।

पाठक : तब तो ठग, पिंडारी, भील वगैरा देश में जो त्रास गुजारते थे उसमें आपके ख़्याल से कोई बुराई नहीं थी?

संपादक : आप जरा सोचेंगे तो मालूम होगा कि उनका त्रास बहुत कम था। अगर सचमुच उनका त्रास भयंकर होता, तो प्रजा का जड़ मूल से कभी का नाश हो जाता और हाल की शान्ति तो नाम की ही है। मैं यह कहना चाहता हूँ कि इस शान्ति से हम नामर्द, नपुंसक और डरपोक बन गये हैं। भीलों और पिंडारियों का स्वभाव अंग्रेजों ने बदल दिया है, ऐसा हम न मान लें। हम पर ऐसा जुल्म होता हो तो हमें उसे बरदाश्त करना चाहिए, लेकिन दूसरे लोग हमें उस जुल्म से बचाएं, यह तो हमारे लिए बिल्कुल कलंक जैसा है। हम कमजोर और डरपोक बनें, इससे तो भीलों के तीर-कमान से मरना मुझे ज्यादा पसंद है। उस हालत में जो हिन्दुस्तान था, उसका जोश कुछ दूसरा ही था। मैकॉले ने हिन्दुस्तानियों को नामर्द माना, वह उसकी अधम अज्ञान दशा को बताता है। हिन्दुस्तानी नामर्द कभी नहीं थे। यह जान लीजिये कि जिस देश में पहाड़ी लोग बसते हैं, जहाँ बाघ-भेड़िए रहते हैं, उस देश के रहने वाले अगर सचमुच डरपोक हों तो उनका नाश ही हो जाए। आप कभी खेतों में गए हैं? मैं आपसे यकीनन कहता हूँ कि खेतों में हमारे किसान आज भी निर्भय होकर सोते हैं, जब कि अंग्रेज और आप

करशो. बळ ते निर्भयतामां रह्युं छे; शरीरमां मांसना लोचा बहु होवामां बळ नथी, अे तमे थोडो ज ख्याल करशो तो जाणी लेशो.

वळी तमे जे स्वराज ईच्छनारा छो तेमने हुं चेतवुं छुं के, भील, पींढारा, आसामी अने ठग ते आपणा ज देशी भाई छे. तेने जीतवा ते तमारुं अने मारुं काम छे. तमारा ज भाईनो तमने ज्यां सुधी भय रहेशे, त्यां सुधी तमे कदी ठेकाणासर पहोंचवाना नथी.

वहाँ सोने के लिए आनाकानी करेंगे। बल तो निर्भयता में है, बदन पर माँस के लोंदे होने में बल नहीं है।

आप थोड़ा भी सोचेंगे तो इस बात को समझ जाएँगे और आपको, जो स्वराज्य चाहने वाले हैं, मैं सावधान करता हूँ कि भील, पिंडारी और ठग ये सब हमारे ही देशी भाई हैं। उन्हें जीतना मेरा और आपका काम है। जब तक आपके ही भाई का डर आपको रहेगा, तब तक आप कभी मक़सद हासिल नहीं कर सकेंगे।

९. हिंदुस्ताननी दशा (चालु)

रेलवेओ

वाचक : हिंदुस्ताननी शांतिनो जे मारो मोह हतो ते तमे लई लीधो. हवे तो मारी पासे तमे कंई रहेवा दीधुं होय एम याद आवतुं नथी.

अधिपति : हजु तो तमने मात्र धर्मनी दशानो में ख्याल आप्यो छे. पण हिंदुस्तान केम रांक छे, ए विशे तमने मारा विचारो हुं जणावीश त्यारे वखते तमने मारी उपर ज तिरस्कार छूटशे; केम के जे कंई आज सुधी तमे अमे लाभकारक मान्युं छे ते मने तो गेरलाभकारक जणाय छे.

वाचक : एवुं वळी शुं छे?

अधिपति : हिंदुस्तानने रेलवेए, वकीलोए ने दाक्तरोए कंगाल बनाव्युं छे. ते दशा एवी छे के, जो आपणे वेळासर नहीं जागीए तो चोमेरथी घेराई जईशुं.

वाचक : आपणो संघ द्वारका जशे के नहीं ए विशे मने धास्ती छे. तमे तो बधुं जे सरस जोवामां आव्युं छे, मनायुं छे, तेनी उपर ज हुमलो शरु कर्यो! हवे शुं रह्युं?

अधिपति : तमारे धीरज राखवी पडशे. सुधारो ते केवो कुधारो ए तो मुसीबते मालूम पडे तेम छे. तबीबो तमने कहेशे के, घासणीना दरदवाळो मोतना हाडा लगी पण जीववानी आशा राख्या करे छे. घासणीनो रोग उपरथी देखाय एवी इजा करतो नथी. वळी ते रोग माणसने खोटी लाली आपे छे. तेथी रोगी विश्वासे तणाया करे छे अने छेवटे डूबे छे. तेम ज सुधारानुं समजवुं. ते अदृश्य रोग छे. तेनाथी चेतजो.

वाचक : ठीक छे. त्यारे हवे रेलवेपुराण संभळावो.

अधिपति : तमने ऊगी आवशे के रेलवे न होय तो अंग्रेजोनो काबू हिंदुस्तान उपर छे तेटलो तो न ज रहे. रेलवेथी मरकी फेलाई छे. जो रेल न होय तो थोडां ज माणसो एक जग्याएथी बीजी जग्याए जशे; अने तेथी चेपी रोगो आखा देशमां नहीं जई शके. सहेजे 'सेग्रेगेशन'-सूतक-आपणे पहेलां पाळता. रेलवेथी दुकाळ वध्या छे, केम के रेलवेनी सगवडताथी लोको पोतानो दाणो वेची काढे छे. ज्यां मोंघवारी होय त्यां अनाज

हिन्दुस्तान की दशा–दो

पाठक : हिन्दुस्तान की शान्ति के बारे में मेरा जो मोह था वह आपने ले लिया। अब तो याद नहीं आता कि आपने मेरे पास कुछ भी रहने दिया हो।

संपादक : अब तक तो मैंने आपको सिर्फ धर्म की दशा का ही ख़्याल कराया है, लेकिन हिन्दुस्तान रंक क्यों है? इस बारे में मैं अपने विचार आपको बताऊंगा तब तो शायद आप मुझसे नफ़रत ही करेंगे, क्योंकि आज तक हमने और आपने जिन चीज़ों को लाभकारी माना है, वे मुझे तो नुकसानदेह ही मालूम होती हैं।

पाठक : वे क्या हैं?

संपादक : हिन्दुस्तान को रेलों ने, वकीलों ने और डॉक्टरों ने कंगाल बना दिया है। यह एक ऐसी हालत है कि अगर हम समय पर नहीं चेतेंगे, तो चारों ओर से घिर कर बरबाद हो जाएँगे।

पाठक : मुझे डर है कि हमारे विचार कभी मिलेंगे या नहीं! आपने तो जो कुछ अच्छा देखने में आया है और अच्छा माना गया है, उसी पर धावा बोल दिया है! अब बाकी क्या रहा?

संपादक : आपको धीरज रखना होगा। सभ्यता नुकसान करने वाली कैसे है– यह तो मुश्किल से मालूम हो सकता है। डॉक्टर आपको बतलायेंगे कि क्षय का मरीज़ मौत के दिन तक भी जीने की आशा रखता है। क्षय का रोग बाहर दिखाई देने वाली हानि नहीं पहुँचाता और वह रोग आदमी को झूठी लाली देता है। इससे बीमार विश्वास में बहता रहता है और आखिर डूब जाता है। सभ्यता को भी ऐसा ही समझिये। वह एक अदृश्य रोग है। उससे चेतकर रहिये।

पाठक : अच्छा, तो अब आप रेलपुराण सुनाइये।

संपादक : आपके दिल में यह बात तुरन्त उठेगी कि अगर रेल न हो तो अंग्रेजों का क़ाबू हिन्दुस्तान पर जितना है उतना तो नहीं ही रहेगा। रेल से महामारी फैली है। अगर रेलगाड़ी न हो तो कुछ ही लोग एक जगह से दूसरी जगह जाएँगे और इस कारण संक्रामक रोग सारे देश में नहीं पहुँच पायेंगे। पहले हम कुदरती तौर पर ही 'सेग्रेगेशन' सूतक पालते

तणाई जाय छे, लोको बेदरकार बने छे अने तेथी दुकाळनुं दुःख वधे छे. रेलवेथी दुष्टता वधे छे. खराब माणसो पोतानो खराबो झपाटाथी फेलावी शके छे. हिंदुस्तानमां जे पवित्र स्थान हतां ते अपवित्र थयां छे. अगाउ लोको बहु मुसीबते तेवी जग्याओ जता. तेवा लोको खरेखर भावथी ईश्वर भजवा जता, हवे तो धुतारांनी टोळी मात्र धूतवा जाय छे.

वाचक : आ तो अेकतरफी वात तमे करी. जेम खराब माणसो जई शके तेम सारा पण जई शके छे. तेओ केम रेलवेनो पूरो लाभ नथी लेता ?

अधिपति : सारुं होय अे तो गोकळगायनी जेम चाले छे. तेने तो रेलवेनी साथे न ज बने. सारुं करनारने स्वार्थ होय नहीं. ते उतावळ नहीं करे. ते जाणे छे के माणसनी उपर सारानी छाप पाडतां जमानो जोईशे. नठारुं ज कूदी शके छे. घर बांधवुं मुश्केल छे, पाडवुं अे सहेलुं छे.

अेटले हमेशां रेलवे अे दुष्टतानो फेलावो ज करशे अेम चोक्कस समजवा जेवुं छे. तेथी दुकाळनो फेलावो थाय के नहीं ते विशे कोई शास्त्रकार मारा मनमां घडीभर वहेम पेसाडी शकशे, पण रेलवेथी दुष्टता वधे छे ते तो मनमां कोतराई गयुं छे ते जनार नथी.

वाचक : पण रेलवेनो मोटामां मोटो लाभ बीजा गेरफायदाने भुलावी दे छे. रेलवे छे तो आजे हिंदुस्तानमां अेक-प्रजानो जुस्सो जोवामां आवे छे. अेटले हुं तो कहुं छुं के रेलवे भले आवी.

अधिपति : आ तमारी भूल ज छे. तमने अंग्रेजे शीखव्युं छे के तमे अेक-प्रजा न हता, ने थतां सेंकडो वर्षो जशे. आ वात तद्दन पाया वगरनी छे. ज्यारे अंग्रेजो हिंदुस्तानमां न हता त्यारे आपणे अेक-प्रजा हता, आपणा विचारो अेक हता, आपणी रहेणी अेक हती त्यारे तो तेओअे अेकराज्य स्थाप्युं. भेद तो पछी तेमणे ज पाड्या.

वाचक : आ वात वधारे समजवी पडशे.

अधिपति : हुं जे कहुं छुं ते वगरविचार्ये नथी कहेतो. अेक-प्रजानो अर्थ अेवो नथी के आपणी वच्चे अंतर न हतुं; पण आपणा मुख्य माणसो पगपाळा के गाडांमां आखा हिंदुस्तानमा फरता, तेओ अेकबीजानी भाषा शीखता ने तेओनी वच्चे अंतर न हतुं. जे दीर्घदर्शी पुरुषोअे सेतुबन्ध रामेश्वर, जगन्नाथ अने हरद्वारनी जात्रा ठरावी तेओनो शो विचार हतो अेम तमे मानो छो ? तेओ मुर्ख न हता अेम तमे कबूल करशो. तेओ जाणता हता के ईश्वरभजन तो घेर बेठां थाय छे. तेओअे ज आपणने शीखव्युं छे के जेनुं मन चंगा छे तेने घेर बेठे गंगा छे. पण तेओअे विचार्युं के हिंदुस्तान कुदरते अेकमुलक बनाव्यो छे ते अेक-प्रजानो होवो जोईअे. तेथी तेओअे

थे। रेल से अकाल बढ़े हैं, क्योंकि रेलगाड़ी की सुविधा के कारण लोग अपना अनाज बेच डालते हैं। जहाँ महँगाई हो वहाँ अनाज खिंच जाता है, लोग लापरवाह बनते हैं और उससे अकाल का दु:ख बढ़ता है। रेल से दुष्टता बढ़ती है। बुरे लोग अपनी बुराई तेजी से फैला सकते हैं। हिन्दुस्तान में जो पवित्र स्थान थे, वे अपवित्र बन गये हैं। पहले लोग बड़ी मुसीबत से वहाँ जाते थे। ऐसे लोग वहाँ सच्ची भावना से ईश्वर भजने जाते थे, अब तो ठगों की टोली सिर्फ़ ठगने के लिए वहाँ जाती है।

पाठक : यह तो आपने इकतरफा बात कही। जैसे खराब लोग वहाँ जा सकते हैं वैसे अच्छे भी तो जा सकते हैं। वे क्या रेलगाड़ी का पूरा लाभ नहीं लेते?

संपादक : जो अच्छा होता है वह बीरबहूटी की तरह धीरे चलता है। उसकी रेल से नहीं बनती। अच्छा करने वाले के मन में स्वार्थ नहीं रहता। वह जल्दी नहीं करेगा। वह जानता है कि आदमी पर अच्छी बात का असर डालने में बहुत समय लगता है। बुरी बात ही तेजी से बढ़ सकती है। घर बनाना मुश्किल है, तोड़ना सरल है। इसलिए रेलगाड़ी हमेशा दुष्टता का ही फैलाव करेगी, यह बराबर समझ लेना चाहिए। उससे अकाल फैलेगा या नहीं, इस बारे में कोई शास्त्रकार मेरे मन में घड़ी भर शंका पैदा कर सकता है, लेकिन रेल से दुष्टता बढ़ती है यह बात जो मेरे मन में जम गयी है वह मिटने वाली नहीं है।

पाठक : लेकिन रेल का सबसे बड़ा लाभ दूसरे सब नुकसानों को भुला देता है। रेल है तो आज हिन्दुस्तान में एक राष्ट्र का जोश देखने में आता है। इसलिए मैं तो कहूँगा कि रेल के आने से कोई नुकसान नहीं हुआ।

संपादक : यह आपकी भूल ही है। आपको अंग्रेज़ों ने सिखाया है कि आप एक राष्ट्र नहीं थे और एक राष्ट्र बनने में आपको सैकड़ों बरस लगेंगे। यह बात बिल्कुल बेबुनियाद है। जब अंग्रेज हिन्दुस्तान में नहीं थे तब हम एक राष्ट्र थे, हमारे विचार एक थे, हमारा रहन-सहन एक था, तभी तो अंग्रेज़ों ने यहाँ एक राज्य क़ायम किया। भेद तो हमारे बीच बाद में उन्होंने पैदा किये।

पाठक : यह बात मुझे ज्यादा समझनी होगी।

संपादक : मैं जो कहता हूँ वह बिना सोचे-समझे नहीं कहता। एक राष्ट्र का यह अर्थ नहीं कि हमारे बीच कोई मतभेद नहीं था, लेकिन हमारे मुख्य लोग पैदल या बैलगाड़ी में हिन्दुस्तान का सफ़र करते थे, वे एक-दूसरे की भाषा सीखते थे और उनके बीच कोई अन्तर नहीं था। जिन दूरदर्शी पुरुषों ने सेतुबंध रामेश्वर, जगन्नाथपुरी और हरिद्वार की यात्रा ठहराई, उनका आपकी राय में क्या ख़्याल होगा? वे मूर्ख नहीं थे, यह तो आप कुबूल करेंगे। वे जानते थे कि ईश्वर भजन घर बैठे भी होता है। उन्हीं ने हमें यह सिखाया है कि मन चंगा तो कठौती में गंगा, लेकिन उन्होंने सोचा कि कुदरत ने हिन्दुस्तान को

जुदां स्थानको ठरावी लोकोने अेकतानो ख्याल अेवी रीते आप्यो के, तेवुं दुनियामां बीजी जग्याअे नथी.

बे अंग्रेज अेक नथी तेटला अेक आपणे हिंदी हता अने छीअे. मात्र तमे अमे जे सुधर्या छीअे तेने मन ज हिंदुस्तानमां जुदी जुदी प्रजा छीअे अेम आभास आव्यो. रेलवेथी आपणे जुदी प्रजा मानता थया ने रेलवेथी आपणे अेक-प्रजानो ख्याल पाछो लावता थया छीअे अेम मानो तो मने बाध नथी. अफीणी कही शके छे के अफीणना गेरफायदानी खबर अफीणथी पडी, वास्ते अफीण अे सारी वस्तु छे. आ बधुं तमे खूब विचारजो. तमने हजु शंकाओ ऊठशे. पण ते बधीनो निर्णय तमारी मेळे तमे करी शकशो.

वाचक : तमे कहेलुं हुं विचारीश. पण अेक सवाल तो मने हमणा ज ऊठे छे. मुसलमान हिंदुस्तानमां दाखल थया ते पहेलांना हिंदुस्ताननी तमे वात करी. पण हवे तो मुसलमानोनी, पारसीनी, खिस्तीनी अेम मोटी संख्या छे. ते अेक-प्रजा होय नहीं. हिंदु-मुसलमानने तो हाडवेर छे अेम कहेवाय छे. आपणी कहेवतो पण तेवी ज छे. 'मियांने ने महादेवने न बने' हिंदु पूर्वमां तो मुसलमान पश्चिममां पूजे. मुसलमान हिंदुने बुतपरस्त मूर्तिना पूजनार - गणी तेमनो तिरस्कार करे. हिंदु मूर्तिपूजक छे, मुसलमान मूर्तिनुं खंडन करनार छे. हिंदु गायने पूजे, मुसलमान तेने मारे. हिंदु अहिंसक, मुसलमान हिंसक. आम डगले डगले विरोध छे ते क्यांथी मटे ने हिंदुस्तान क्यांथी अेक थाय ?

एक देश बनाया है, इसलिए वह एक राष्ट्र होना चाहिए। इसलिए उन्होंने अलग-अलग स्थान तय करके लोगों को एकता का विचार इस तरह दिया, जैसा दुनिया में और कहीं नहीं दिया गया है।

दो अंग्रेज़ जितने एक नहीं हैं उतने हम हिन्दुस्तानी एक थे और एक हैं। सिर्फ़ हम और आप, जो खुद को सभ्य मानते हैं, उन्हीं के मन में ऐसा भ्रम पैदा हुआ कि हिन्दुस्तान में हम अलग-अलग राष्ट्र हैं। रेल के कारण हम अपने को अलग राष्ट्र मानने लगे और रेल के कारण एक-राष्ट्र का ख़्याल फिर से हमारे मन में आने लगा, ऐसा आप मानें तो मुझे हर्ज नहीं है। अफ़ीमची कह सकता है कि अफ़ीम के नुकसान का पता मुझे अफ़ीम से चला, इसलिए अफ़ीम अच्छी चीज़ है। यह सब आप अच्छी तरह सोचिये। अभी आपके मन में और भी शंकाएँ उठेंगी, लेकिन आप खुद उन सबको हल कर सकेंगे।

पाठक : आपने जो कुछ कहा उस पर मैं सोचूँगा, लेकिन एक सवाल मेरे मन में इसी समय उठता है। मुसलमान हिन्दुस्तान में आये उसके पहले के हिन्दुस्तान की बात आपने की, लेकिन अब तो मुसलमानों, पारसियों, ईसाइयों की हिन्दुस्तान में बड़ी संख्या है, वे एक राष्ट्र नहीं हो सकते। कहा जाता है कि हिन्दू-मुसलमानों में कट्टर बैर है। हमारी कहावतें भी ऐसी ही हैं। 'मियाँ और महादेव की नहीं बनेगी।' हिन्दू पूर्व में ईश्वर को पूजता है, तो मुस्लिम पश्चिम में पूजता है। मुसलमान हिन्दू को बुतपरस्त (मूर्तिपूजक) मानकर उससे नफ़रत करता है। हिन्दू मूर्तिपूजक है, मुसलमान मूर्ति को तोड़ने वाला है। हिन्दू गाय को पूजता है, मुसलमान उसे मारता है। हिन्दू अहिंसक है, मुसलमान हिंसक। यों पग-पग पर जो विरोध है, वह कैसे मिटे और हिन्दुस्तान एक कैसे हो?

१०. हिंदुस्ताननी दशा (चालु)

हिंदु-मुसलमान

अधिपति : तमारो छेल्लो सवाल महागंभीर जणाय छे. पण ते विचार करतां सहेलो लागशे. आ सवाल ऊठ्यो छे तेनुं कारण पण रेलवे, वकील अने दाक्तर छे. वकील अने दाक्तरनो विचार तो आपणे हजी हवे करवो पडशे; रेलवेनो करी गया. आटलुं उमेरुं छुं के माणसने अेवी रीते पेदा करेल छे के, तेणे पोताना हाथपगथी बने तेटलुं ज आवागमन वगेरे करवुं. जो आपणे रेलवे साधनोथी दोडधाम न ज करीअे तो आपणने बहु गूंचवाडाभरेला सवालो न आवी पडे. आपणे हाथे करीने दु:ख ओढी लईअे छीअे. माणसनी हद खुदाअे तेना शरीरना घाटथी ज बांधी, तो माणसे ते घाटनी हद ओळगवाना उपाय शोधी काढ्या. माणसने अक्कल अेवा कारणसर आपी के, तेथी ते खुदाने पिछाने; माणसे अक्कलनो उपयोग खुदाने भूलवामां कर्यो. माराथी मारी कुदरती हद मुजब मारी आसपास वसता माणसोनी सेवा थई शके; तो में झट लईने मारी मगरुरीमां शोधी काढ्युं के मारे तो आखी दुनियानी सेवा मारा शरीर वती करवी. आम करवा जतां घणा धर्मना ने प्रकारना माणसो साथे आवे. ते बोजो माणसजात उपाडी शके ज नहीं अेटले पछी अकळाय. आ विचार प्रमाणे तमे अरजी लेशो के रेलवे अे खरेखरुं तोफानी साधन छे. माणस रेलवेनो उपयोग करी खुदाने भूलेल छे.

वाचक : पण हुं तो हवे मारा उठावेला सवालनो जवाब सांभळवा अधीरो बनी रह्यो छुं. मुसलमान दाखल थवाथी अेक-प्रजा रही के गई ?

अधिपति : हिंदुस्तानमां गमे ते धर्मना माणसो रही शके छे तेथी कंई ते अेक-प्रजा मटनार नथी. नवा माणसो दाखल थाय ते प्रजाभंग नथी करी शकता; तेओ प्रजामां भळी जाय छे. अेम थाय त्यारे ज अमुक मुलक अेक-प्रजा गणाय. ते मुलकमां बीजा माणसोनो समास करवानो गुण होवो जोईअे. तेवुं हिंदुस्तानमां हतुं अने छे. बाकी खरुं जोतां, जेटला माणस तेटला धर्म छे अेम गणी शकाय. अेक-प्रजा थई रहेनार माणसो अेकबीजाना धर्मनी वचमां पडता ज नथी; जो पडे तो समजवुं के तेओ अेक-प्रजा थवाने लायक नथी. हिंदु जो अेम माने के आखुं हिंदुस्तान हिंदुथी ज भरेलुं होय तो ते

हिन्दुस्तान की दशा–तीन

संपादक : आपका आख़िरी सवाल बड़ा गम्भीर मालूम होता है, लेकिन सोचने पर वह सरल मालूम होगा। यह सवाल उठा है, उसका कारण भी रेल, वकील और डॉक्टर हैं। वकीलों और डॉक्टरों का विचार तो अभी करना बाकी है। रेलों का विचार हम कर चुके। इतना मैं जोड़ता हूँ कि मनुष्य इस तरह पैदा किया गया है कि अपने हाथ–पैर से बने उतनी ही आने–जाने वगैरा की हलचल उसे करनी चाहिए। अगर हम रेल वगैरा साधनों से दौड़धूप करें ही नहीं, तो बहुत पेचीदे सवाल हमारे सामने आयेंगे ही नहीं। हम खुद होकर दु:ख को न्योतते हैं। भगवान ने मनुष्य की हद उसके शरीर की बनावट से ही बाँध दी, लेकिन मनुष्य ने उस बनावट की हद को लाँघने के उपाय ढूँढ निकाले। मनुष्य को अक्ल इसलिए दी गई है कि उसकी मदद से वह भगवान को पहचाने, पर मनुष्य ने अक्ल का उपयोग भगवान को भूलने में किया। मैं अपनी कुदरती हद के मुताबिक अपने आसपास रहने वालों की ही सेवा कर सकता हूँ, पर मैंने तुरन्त अपनी मगरूरी में ढूँढ निकाला कि मुझे तो सारी दुनिया की सेवा अपने तन से करनी चाहिए। ऐसा करने में अनेक धर्मों के और कई तरह के लोगों का साथ होगा। यह बोझ मनुष्य उठा ही नहीं सकता और इसलिए अकुलाता है। इस विचार से आप समझ लेंगे कि रेलगाड़ी सचमुच एक तूफानी साधन है। मनुष्य रेलगाड़ी का उपयोग करके भगवान को भूल गया है।

पाठक : पर मैं तो अब जो सवाल मैंने उठाया है उसका जवाब सुनने को अधीर हो रहा हूँ। मुसलमानों के आने से हमारा एक राष्ट्र रहा या मिटा?

संपादक : हिन्दुस्तान में चाहे जिस धर्म के आदमी रह सकते हैं, उससे वह एक राष्ट्र मिटने वाला नहीं है। जो नये लोग उसमें दाखिल होते हैं, वे उसकी प्रजा को तोड़ नहीं सकते, वे उसकी प्रजा में घुलमिल जाते हैं। ऐसा हो तभी कोई मुल्क एक राष्ट्र माना जाएगा। ऐसे मुल्क में दूसरे लोगों का समावेश करने का गुण होना चाहिए। हिन्दुस्तान ऐसा था और आज भी है। यों तो जितने आदमी उतने धर्म ऐसा मान सकते हैं। एक राष्ट्र होकर रहने वाले लोग एक–दूसरे के धर्म में दखल नहीं देते, अगर देते हैं तो समझना चाहिए कि वे एक राष्ट्र होने लायक नहीं हैं। अगर हिन्दू मानें कि सारा

स्वप्नुं छे. मुसलमान अेम माने के तेमां मात्र मुसलमान ज वसे तो ते पण स्वप्न समजवुं. छतां हिंदु, मुसलमान, पारसी, ख्रिस्ती, जेओ ते देशने मुलक करी वस्या छे तेओ अेकदेशी, अेकमुलकी छे; ते मुलकी भाई छे, अने तेमणे अेकबीजाना स्वार्थने खातर पण अेक थई रहेवुं पडशे. दुनियाना कोई पण भागमां अेक-प्रजानो अर्थ अेक-धर्म अेम थयो नथी, हिंदुस्तानमां हतो नहीं.

वाचक : पण हाडवेरनुं शु?

अधिपति : 'हाडवेर' अे बंनेना दुश्मने शोधेलुं वचन छे. ज्यारे हिंदु-मुसलमान लडता त्यारे तेवी वातो पण करता. लडता तो क्यारनां बंध थया छीअे. पछी हाडवेर शानां? वळी अेटलुं याद राखजो के अंग्रेज आव्या पछी आपणे लडता बंध थया छीअे अेवुं कंई नथी. हिंदुओ मुसलमान राजाओनी नीचे अने मुसलमानो हिंदु राजाओ नीचे रहेता आव्या छे. बंने जणने पाछळथी मालूम पड्युं के लडाई करवाथी कोईने फायदो नथी. लडाईथी अेकबीजा पोतानो धर्म नहीं छोडे, तेम अेकबीजा पोतानी हठ पण नहीं मूके. तेथी बंनेअे संपीने रहेवानो ठराव कर्यो. कजिया तो पाछा अंग्रेजे शरु कराव्या.

'मियाने ने महादेवने बने नहीं' अे कहेवत पण उपर प्रमाणे समजवी. केटलीक कहेवतो रही जाय छे ते नुकसान कर्या ज करे छे. आपणे कहेवतनी धूनमां अेटलुं पण याद नथी करता के घणा हिंदु तथा मुसलमानना बापदादा अेक ज हता; आपणामां अेक ज लोही छे. शुं धर्म बदल्यो अेटले दुश्मन थई गया? शुं बंनेनो खुदा ते जुदो छे? धर्म ते तो अेक ज जग्याअे पहोंचवाना जुदा जुदा रस्ता छे. आपणे बंने नोखा मार्ग लईअे तेमां थयुं शुं? तेमां दुःख शुं?

वळी अेवी कहेवतो शैवो-वैष्णवोमां पण रहेली छे; तेथी कोई अेम नहीं कहे के तेओ अेक-प्रजा नथी. वेदधर्मी अने जैन वच्चे बहु तफावत मनाय छे, छतां तेथी ते बे जुदी प्रजा नथी थता. आपणे गुलाम बनी गया छीए तेथी ज आपणा कजिया त्रीजे ठेकाणे लई जईअे छीअे.

जेम मुसलमान मूर्तिनुं खंडन करनार छे तेम हिंदुमां पण अेवी शाखा जोवामां आवे छे. जेम जेम खरुं ज्ञान वधतुं जशे तेम तेम आपणे समजीशुं के, आपणने पसंद न पडे अेवो धर्म सामेनो माणस पाळतो होय तोपण आपणे तेनी सामे वेरभाव न राखवो घटे; आपणे तेनी सामे जबरदस्ती न करीअे.

वाचक : हवे गौरक्षा विशे तमारा विचार कहो.

अधिपति : हुं पोते गायने पूजुं छुं. अेटले के मान आपुं छुं. गाय अे हिंदुस्ताननी रक्षा

हिन्दुस्तान सिर्फ़ हिन्दुओं से भरा होना चाहिए, तो यह एक निरा सपना है। मुसलमान अगर ऐसा मानें कि उसमें सिर्फ़ मुसलमान ही रहें, तो उसे भी सपना ही समझिए। फिर भी हिन्दू, मुसलमान, पारसी, ईसाई, जो इस देश को अपना वतन मानकर बस चुके हैं। एक देशी, एक मुल्की हैं, वे देशी भाई हैं और उन्हें एक-दूसरे के स्वार्थ के लिए भी एक होकर रहना पड़ेगा। दुनिया के किसी भी हिस्से में एक राष्ट्र का अर्थ एक धर्म नहीं किया गया है, हिन्दुस्तान में तो ऐसा था ही नहीं।

पाठक : लेकिन दोनों कौमों के कट्टर बैर का क्या?

संपादक : 'कट्टर बैर' शब्द दोनों के दुश्मन ने खोज निकाला है। जब हिन्दू-मुसलमान झगड़ते थे तब वे ऐसी बातें भी करते थे। झगड़ा तो हमारा सबका बंद हो गया है। फिर कट्टर बैर काहे का? और इतना याद रखिये कि अंग्रेजों के आने के बाद ही हमारा झगड़ा बन्द हुआ ऐसा नहीं है। हिन्दू लोग मुसलमान बादशाहों के मातहत और मुसलमान हिन्दू राजाओं के मातहत रहते आये हैं। दोनों को बाद में समझ में आ गया कि झगड़ने से कोई फायदा नहीं, लड़ाई से कोई अपना धर्म नहीं छोड़ेंगे और कोई अपनी ज़िद भी नहीं छोड़ेंगे। इसलिए दोनों ने मिलकर रहने का फ़ैसला किया। झगड़े तो फिर से अंग्रेज़ों ने शुरू करवाये।

'मियाँ और महादेव की नहीं बनती' इस कहावत को भी ऐसा ही समझिए। कुछ कहावतें हमेशा के लिए रह जाती हैं और नुकसान करती ही रहती हैं। हम कहावत की धुन में इतना भी याद नहीं रखते कि बहुतेरे हिन्दुओं और मुसलमानों के बाप-दादे एक ही थे, हमारे अंदर एक ही खून है। क्या धर्म बदला इसलिए हम आपस में दुश्मन बन गये? धर्म तो एक ही जगह पहुँचने के अलग-अलग रास्ते हैं। हम दोनों अलग-अलग रास्ते लें, इसमें क्या हो गया? उसमें लड़ाई काहे की?

और ऐसी कहावतें तो शैवों और वैष्णवों में भी चलती हैं, पर इससे कोई यह नहीं कहेगा कि वे एक-राष्ट्र नहीं हैं। वेदधर्मियों और जैनों के बीच बहुत फर्क माना जाता है, फिर भी इससे वे अलग राष्ट्र नहीं बन जाते। हम गुलाम हो गये हैं, इसीलिए अपने झगड़े हम तीसरे के पास ले जाते हैं।

जैसे मुसलमान मूर्ति का खंडन करने वाले हैं, वैसे हिन्दुओं में भी मूर्ति का खंडन करने वाला एक वर्ग देखने में आता है। ज्यों-ज्यों सही ज्ञान बढ़ेगा त्यों-त्यों हम समझते जाएँगे कि हमें पसंद न आने वाला धर्म दूसरा आदमी पालता हो, तो भी उससे बैरभाव रखना हमारे लिए ठीक नहीं, हम उस पर जबरदस्ती न करें।

पाठक : अब गौरक्षा के बारे में अपने विचार बताइये।

संपादक : मैं खुद गाय को पूजता हूँ यानी मान देता हूँ। गाय हिन्दुस्तान की रक्षा करने

करनारी छे, केम के तेनी प्रजा उपर हिंदुस्तान, जे खेतीनो मुलक छे, तेनो आधार छे. सेंकडो रीते गाय अे उपयोगी प्राणी छे. ते उपयोगी प्राणी छे ते तो मुसलमान भाई पण कबूल करशे.

पण जेम हुं गायने पूजुं छुं तेम हुं माणसने पण पूजुं छुं. जेम गाय उपयोगी छे तेम माणस पण-पछी ते मुसलमान होय के हिंदु होय-उपयोगी छे. त्यारे शुं गायने बचाववा हुं मुसलमाननी साथे लडीश? हुं तेने मारीश? आम करवा जतां हुं मुसलमाननो तेम ज गायनो दुश्मन बनीश. अेटले मारा विचार प्रमाणे तो हुं कहुं छुं के, गायनी रक्षा करवानो उपाय अेक ज छे, के मारे मारा मुसलमान भाईनी पासे हाथ जोडवा ने तेने देशनी खातर गायने उगारवा समजाववुं. जो ते न समजे तो मारे गायने जती करवी, केम के ते मारा अखत्यारनी वात नथी. मने जो गायनी उपर अत्यंत दया आवती होय तो मारे मारो प्राण देवो पण कंई मुसलमाननो प्राण लेवो नहीं. आ धार्मिक कायदो छे अेम हुं तो मानुं छुं.

'हा' ने अने 'ना' ने हंमेशा वेर छे. जो हुं वाद करुं तो मुसलमान पण वाद करशे. जो हुं टेडो बनींश तो ते पण टेडो थशे. जो हुं वेंत नमीश तो ते हाथ नमशे; ने कदाच नहीं नमे तो कंई हुं नम्यो ते खोटुं कर्युं नहीं कहेवाय. ज्यारे आपणे हठ करी त्यारे गायनो वध वध्यो. मारो अभिप्राय छे के गौरक्षाप्रचारिणी सभा ते गौवधप्रचारिणी सभा गणावी जोईअे. तेवी सभा छे अे आपणने नामोशी पहोंचाडे छे. ज्यारे गायनी रक्षा करतां भूल्या त्यारे तेवी सभानी जरुर पडी हशे.

मारो भाई गायने मारवा दोडे तो मारे तेनुं शुं करवुं? तेने मारे मारवो के पगे पडवुं? जो तेने पगे पडवुं अेम तमे कहेशो तो मुसलमान भाईने पण पगे पडवुं.

गायने दु:ख दईने गायनो वध हिंदु करे छे, तेने कोण छोडवे छे? गायनी प्रजाने जे परोणा हिंदु मारे छे ते हिंदुने कोण समजावे छे? तेथी अेक-प्रजा थतां आपणे अटकया नथी.

छेवटमां, हिंदु अहिंसक अने मुसलमान हिंसक छे ऐ खरुं होय तो अहिंसकनो शो धर्म छे? अहिंसके कंई माणसनी हिंसा करवी अेम लख्युं नथी. अहिंसक ने तो सीधो रस्तो छे. तेणे अेकने बचाववा बीजानी हिंसा करवानी ज नथी. तेने तो मात्र पायनमन करवानुं रह्युं छे. तेमां तेनो पुरुषार्थ छे.

पण शुं हिंदुमात्र अहिंसक छे? मूळ विचारता कोई अहिंसक नथी, केम के जीवनी हानि तो आपणे करीअे छीअे. पण तेमांथी छूटवा मागीअे छीअे, तेथी अहिंसक. साधारण विचार करतां जोईअे छीअे के, घणा हिंदु मांसाहारी छे अेटले ते अहिंसक न गणाय ताणीतोडीने जुदो अर्थ करवो होय तो मारे कंई कहेवानुं नथी ज्यारे आम छे त्यारे अेक

वाली है, क्योंकि उसकी संतान पर हिन्दुस्तान का, जो खेती प्रधान देश है, आधार है। गाय कई तरह से उपयोगी है। यह तो मुसलमान भाई भी कुबूल करेंगे।

लेकिन जैसे मैं गाय को पूजता हूँ वैसे मैं मनुष्य को भी पूजता हूँ। जैसे गाय उपयोगी है वैसे मनुष्य भी, फिर चाहे वह मुसलमान हो या हिन्दु उपयोगी है। तब क्या गाय को बचाने के लिए मैं मुसलमान से लड़ूंगा? क्या उसे मैं मारूंगा? ऐसा करने से मैं मुसलमान का और गाय का भी दुश्मन बनूंगा। इसलिए मैं कहूंगा कि गाय की रक्षा करने का एक यही उपाय है कि मुझे अपने मुसलमान भाई के सामने हाथ जोड़ने चाहिए और उसे देश की खातिर गाय को बचाने के लिए समझाना चाहिए। अगर वह न समझे तो मुझे गाय को मरने देना चाहिए, क्योंकि वह मेरे बस की बात नहीं। अगर मुझे गाय पर अत्यंत दया आती हो तो अपनी जान दे देनी चाहिए, लेकिन मुसलमान की जान नहीं लेनी चाहिए। वही धार्मिक कानून है, ऐसा मैं तो मानता हूँ।

'हाँ' और 'नहीं' के बीच हमेशा बैर रहता है। अगर मैं वाद-विवाद करूँगा, तो मुसलमान भी वाद-विवाद करेगा। अगर मैं टेढ़ा बनूँगा, तो वह भी टेढ़ा बनेगा। अगर मैं बालिश्त भर नमूँगा, तो वह हाथ भर नमेगा और अगर वह नहीं भी नमे तो मेरा नमना ग़लत नहीं कहलायेगा। जब हमने ज़िद की तब गोकशी बढ़ी। मेरी राय है कि गोरक्षा प्रचारिणी सभा गोवध प्रचारिणी सभा मानी जानी चाहिए। ऐसी सभा का होना हमारे लिए बदनामी की बात है। जब गाय की रक्षा करना हम भूल गये तब ऐसी सभा की ज़रूरत पड़ी होगी।

मेरा भाई गाय को मारने दौड़े, तो मैं उसके साथ कैसा बरताव करूँगा? उसे मारूँगा या उसके पैरों में पडूँगा? अगर आप कहें कि मुझे उसके पाँव पड़ना चाहिए, तो मुझे मुसलमान भाई के भी पाँव पड़ना चाहिए।

गाय को दुःख देकर हिन्दू गाय का वध करता है, इससे गाय को कौन छुड़ाता है? जो हिन्दू गाय की औलाद को पैना (आर) भोंकता है, उस हिन्दू को कौन समझाता है? इससे हमारे एक राष्ट्र होने में कोई रुकावट नहीं आई है।

अंत में, हिन्दू अहिंसक और मुसलमान हिंसक है, यह बात अगर सही हो तो अहिंसक का धर्म क्या है? अहिंसक को आदमी की हिंसा करनी चाहिए, ऐसा कहीं लिखा नहीं है। अहिंसक के लिए तो राह सीधी है। उसे एक को बचाने के लिए दूसरे की हिंसा करनी ही नहीं चाहिए। उसे तो मात्र चरण-वंदना करनी चाहिए, सिर्फ़ समझाने का काम करना चाहिए। इसी में उसका पुरुषार्थ है।

लेकिन क्या तमाम हिन्दू अहिंसक हैं? सवाल की जड़ में जाकर विचार करने पर मालूम होता है कि कोई भी अहिंसक नहीं है, क्योंकि जीव को तो हम मारते ही हैं, लेकिन इस हिंसा से हम छूटना चाहते हैं, इसलिए अहिंसक कहलाते हैं। साधारण विचार करने से मालूम होता है कि बहुत से हिन्दू मांस खाने वाले हैं, इसलिए वे अहिंसक नहीं माने

हिंसक अने बीजा अहिंसक छे तेथी न बने, अे वात तद्दन खिलाफ छे.

आवा विचारो स्वार्थी धर्मशिक्षक, शास्त्रीओ-मुल्लांओअे आप्यां छे; ने अधूरुं हतुं ते पूरुं अंग्रेजोअे कर्युं छे. तेओने, इतिहासो लखवानी टेव रही; दरेक जातिना रीतरिवाजो जाणवानो डोळ रह्यो. ईश्वरे मन नानकडुं बनाव्युं छतां तेओ ईश्वरी दावो करता चाल्या छे, ने कंई कंई अखतरा करे छे. पोतानो ढोल पोते वगाडे छे, ने आपणां मन उपर तेनी खातरी बेसाडे छे. आपणे भोळपणमां ते बधुं मानीअे छीअे.

जेओ आडुं नथी जोवा मागता तेओ जोई शके छे के, कुरानेशरीफमां अेवां सेंकडो वचनो छे के, जे हिंदुने मान्य होय; भगवद्‌गीतामां अेवुं लखेलुं छे के तेनी सामे मुसलमानने कंई ज कहेवापणुं न रहे. कुरानेशरीफमां केटलुंक माराथी न समजाय अथवा मने पसंद न आवे तेथी शुं मारे तेने माननारनो तिरस्कार करवो? कजियो बे माणसथी ज थाय.

मारे कजियो नहीं ज करवो होय तो मुसलमान शुं करे? अने मुसलमानने नहीं करवो होय तो हुं शुं करवानो हतो? हवामां हाथ उगामनारनो हाथ खडी जाय छे. सहु पोतपोताना धर्मनुं स्वरुप समजी तेने वळगी रहे छे ने शास्त्री-मुल्लांने वचमां न पडवा दे तो कजियानुं मों काळुं रहेवानुं.

वाचक : अंग्रेजो बंने कोमने बनवा देशे खरा?

अधिपति : आ सवाल बीकण माणसनो छे. अे सवाल आपणी हलकाई बतावे छे. बे भाईने बनाडवुं होय तो तेमां कोण भंग पाडी शके छे? जो तेओ वच्चे त्रीजो माणस तकरार करावी शके तो ते भाईओने आपणे काचा हैयाना कहीशुं. तेम ज जो आपणे - हिंदु-मुसलमान-काचा हैयाना होईशुं तो तेमां अंग्रेजनो वांक काढवानो नहीं रहे. काचो घडो अेक कांकरेथी नहीं तो बीजेथी फूटशे. तेने बचाववानो रस्तो घडाने कांकराथी दूर राखवो अे नथी, पण तेने पाको करवो के जेथी कांकरानो भय ज न रहे. तेम ज आपणे पाका हैयाना थवानुं छे. वळी बेमांथी अेक पाका हैयाना होईशुं तो त्रीजो फावी शके तेम नथी. आ काम हिंदुथी सहेलमां बनी शके तेम छे. तेमनी संख्या मोटी छे; तेओ वधारे भणेला छे अेम तेओ माने छे; तो पछी तेओ पाकुं हैयुं राखी शके छे.

बंने कोम वच्चे अविश्वास छे. तेथी मुसलमान लॉर्ड मोर्लेनी पासेथी अमुक हक मागे छे. आमां हिंदु शुं काम सामे थाय? जो हिंदु सामे न थाय तो अंग्रेज चमके, मुसलमान धीरे धीरे विश्वास करे अने भाईचारो वधे आपणी तकरार तेओनी पासे लई जतां आपणे शरमावुं जोईअे. हिंदु आम करतां कंई खोवाना नथी; अे तमे तमारी मेळे हिसाब करी शकशो. जे माणस बीजानी पर विश्वास बेसाडी शकयो छे, तेणे आज लगी कशुं खोयुं नथी.

जा सकते। खींचतान कर दूसरा अर्थ करना हो तो मुझे कुछ कहना नहीं है। जब ऐसी हालत है तब मुसलमान हिंसक और हिन्दू अहिंसक हैं, इसलिए दोनों की नहीं बनेगी, वह सोचना बिल्कुल गलत है।

ऐसे विचार स्वार्थी धर्म शिक्षकों, शास्त्रियों और मुल्लाओं ने हमें दिये हैं और इसमें जो कमी रह गई थी, उसे अंग्रेजों ने पूरा किया है। उन्हें इतिहास लिखने की आदत है, हर एक जाति के रीति-रिवाज जानने का वे दंभ करते हैं। ईश्वर ने हमारा मन तो छोटा बनाया है, फिर भी वे ईश्वरी दावा करते आये हैं और तरह-तरह के प्रयोग करते हैं। वे अपने बाजे खुद बजाते हैं और हमारे मन में अपनी बात सही होने का विश्वास जमाते हैं। हम भोलेपन में उस सब पर भरोसा कर लेते हैं।

जो टेढ़ा नहीं देखना चाहते वे देख सकेंगे कि कुरान शरीफ़ में ऐसे सैकड़ों वचन हैं, जो हिन्दुओं को मान्य हों, भगवद् गीता में ऐसी बातें लिखी हैं कि जिनके ख़िलाफ मुसलमान को कोई भी ऐतराज नहीं हो सकता। कुरान शरीफ़ का कुछ भाग मैं न समझ पाऊँया कुछ भाग मुझे पसंद न आए, इस वजह से क्या मैं उसे मानने वाले से नफ़रत करूँ? झगड़ा दो से ही हो सकता है। मुझे झगड़ा नहीं करना हो तो मुसलमान क्या करेगा? और मुसलमान को झगड़ा न करना हो तो मैं क्या कर सकता हूँ? हवा में हाथ उठाने वाले का हाथ उखड़ जाता है। सब अपने-अपने धर्म का स्वरूप समझकर उससे चिपके रहें और शास्त्रियों तथा मुल्लाओं को बीच में न आने दें तो झगड़े का मुँह हमेशा के लिए काला ही रहेगा।

पाठक : अंग्रेज दोनों क़ौमों का मेल होने देंगे?

संपादक : यह सवाल डरपोक आदमी का है। यह सवाल हमारी हीनता को दिखाता है। अगर दो भाई चाहते हों कि उनका आपस में मेल बना रहे, तो कौन उनके बीच में आ सकता है? अगर तीसरा आदमी दोनों के बीच झगड़ा पैदा कर सके, तो उन भाइयों को हम कच्चे दिल के कहेंगे। उसी तरह अगर हम हिन्दू और मुसलमान कच्चे दिल के होंगे, तो फिर अंग्रेजों का कुसूर निकालना बेकार होगा। कच्चा घड़ा एक कंकड़ से नहीं तो दूसरे कंकड़ से फूटेगा ही। घड़े को बचाने का रास्ता यह नहीं है कि उसे कंकड़ से दूर रखा जाए, बल्कि यह है कि उसे पक्का बनाया जाए, जिससे कंकड़ का भय ही न रहे। उसी तरह हमें पक्के दिल के बनना है। हम दोनों में से कोई एक भी पक्के दिल के होंगे, तो तीसरे की कुछ नहीं चलेगी। यह काम हिन्दू आसानी से कर सकते हैं। उनकी संख्या बड़ी है, वे अपने को ज्यादा पढ़े-लिखे मानते हैं, इसलिए वे पक्का दिल रख सकते हैं।

दोनों क़ौमों के बीच अविश्वास है, इसलिए मुसलमान लॉर्ड मॉर्ले से कुछ हक माँगते हैं। इसमें हिन्दू क्यों विरोध करें? अगर हिन्दू विरोध न करें तो अंग्रेज चौंकेंगे, मुसलमान धीरे-धीरे हिन्दुओं का भरोसा करने लगेंगे और दोनों का भाईचारा बढ़ेगा। अपने झगड़े

हुं अेम कहेवा नथी मागतो के हिंदु-मुसलमान कोई दहाडा लडशे ज नहीं. बे भाई भेळा रहे त्यारे तकरार थाय छे. कोई वेळा आपणां माथां फूटशे. तेम थवानी जरुर होय नहीं, पण बधा माणसो सरखी मतिना नथी होई शकता. अेकबीजा आवेशमां आवे त्यारे घणी वार साहसकाम करे छे. ते आपणे सहन करवां पडशे. पण आपणे तेवी तकरार पण मोटी वकीलात डहोळीने अंग्रेजोनी अदालतमां नहीं लई जईअे. बे जण लड्या, बंनेनां के अेकनां माथां फूट्यां पछी तेमां त्रीजो माणस शो न्याय करनार हतो? ळढशे ते घवाशे पण खरा. शरीरे शरीर अफळाय त्यारे तेनी निशानी रहे जे. तमां न्याय शो होई शके?

अंग्रेजों के पास ले जाने में हमें शरमाना चाहिए। ऐसा करने से हिन्दू कुछ खोने वाले नहीं हैं, इसका हिसाब आप खुद लगा सकेंगे। जिस आदमी ने दूसरे पर विश्वास किया, उसने आज तक कुछ खोया नहीं है।

मैं यह नहीं कहना चाहता कि हिन्दू–मुसलमान कभी झगड़ेंगे ही नहीं। दो भाई साथ रहें तो उनके बीच तकरार होती है। कभी हमारे सिर भी फूटेंगे। ऐसा होना ज़रूरी नहीं है, लेकिन सब लोग एक सी अक्ल के नहीं होते। दोनों जोश में आते हैं तब अक्सर गलत काम कर बैठते हैं। उन्हें हमें सहन करना होगा, लेकिन ऐसी तकरार को भी बड़ी वकालत बघारकर हम अंग्रेजों की अदालत में न ले जाएँ। दो आदमी लड़ें, लड़ाई में दोनों के सिर या एक का सिर फूटे तो उसमें तीसरा क्या न्याय करेगा? जो लड़ेंगे वे जख्मी भी होंगे। बदन से बदन टकरायेगा तब कुछ निशानी तो रहेगी ही। उसमें न्याय क्या हो सकता है?

१ १ . हिंदुस्ताननी दशा (चालु)

वकील

वाचक : तमे तो कहो छो के बे जण वढे त्यारे तेनो न्याय पण न कराववो. आ तो तमे अजब वात काढी.

अधिपति : अजब कहो के बीजुं विशेषण आपो, पण ते वात खरी छे. अने तमारी शंका ते आपणने वकील-दाक्तरनी ओळखाण करावे छे. मारो मत एवो छे के वकीले हिंदुस्तानने गुलामी अपावी छे, अने तेओए हिंदु-मुसलमानना कजिया वधार्या छे; तेओए अंग्रेजी सत्ता वधारी छे.

वाचक : आवां तहोमतो मूकवां सहेलां छे; पण साबित करतां मुश्केली पडशे. वकील विना कोण आपणने स्वतंत्रतानो मार्ग बतावत? तेओ विना गरीबनो बचाव कोण करत? तेओ विना दाद कोण अपावत? जुओ; मरहुम मनमोहन घोषे केटलाने बचाव्या? पोते तेमांथी एक पेनी सरखी नहीं लीधेली. काँग्रेस के जेनां तमे ज वखाण करी गया ते वकीलोथी नभे छे ने तेओनी महेनतथी तेमां काम थाय छे. आ वर्गने तमे वखोडो ए तो न्यायनो अन्याय कर्या बरोबर छे. ए तो तमारे हाथ छापुं आव्युं एटले तमे गमे तेम बोलवानी छूट लीधा जेवुं जणाय छे.

अधिपति : तमे मानो छो तेम एक वेळा हुं पण मानतो. वकीलोए कोई दहाडो कंई ज सारुं नथी कर्युं एम मारे तमने नथी बताववुं. मि.मनमोहन घोषने हुं मान आपुं छुं. तेमणे गरीबोने मदद करेली ए वात बरोबर छे. काँग्रेसमां वकीलोए कंइक कर्युं ते पण मानी शकाय. वकीलो पण माणस छे, अने माणसजातमां कंइक सारुं तो रहेलुं ज छे. घणाखरा दाखला जे वकीलोनी सारमाणसाईना जोवामां आवे छे ते, तेओ वकील छे ए भूली गयेला छे, त्यारे बनेला छे. मारे तो तमने एटलुं ज बताववानुं छे के तेओनो धंधो तेओने अनीति शीखवनारो छे. तेओ बूरी लालचमां पडे छे; तेमांथी ऊगरनार थोडा ज छे.

हिंदु अने मुसलमान लड्या छे. तेओने त्राहित माणस कहेशे के हवे भूली जाओ; बेउनो वांक हशे; एकबीजा संपीने रहेजो. तेओ वकीलनी पासे गया. वकीलनी फरज थई

हिन्दुस्तान की दशा–चार

वकील

पाठक : आप कहते हैं कि दो आदमी झगड़ें तब उसका न्याय भी नहीं कराना चाहिए। यह तो आपने अजीब बात कही।

संपादक : इसे अजीब कहिये या दूसरा कोई विशेषण लगाइये, पर बात सही है। आपकी शंका हमें वकील–डॉक्टरों की पहचान कराती है। मेरी राय है कि वकीलों ने हिन्दुस्तान को गुलाम बनाया है, हिन्दू–मुसलमानों के झगड़े बढ़ाये हैं और अंग्रेज़ी हुकूमत को यहाँ मज़बूत किया है।

पाठक : ऐसे इल्ज़ाम लगाना आसान है, लेकिन उन्हें साबित करना मुश्किल होगा। वकीलों के सिवा दूसरा कौन हमें आज़ादी का मार्ग बताता? उनके सिवा गरीबों का बचाव कौन करता? उनके सिवा कौन हमें न्याय दिलाता? देखिये, स्व. मनमोहन घोष ने कितनों को बचाया? खुद एक कौड़ी भी उन्होंने नहीं ली।

कांग्रेस, जिसके आपने ही बखान किये हैं, वकीलों से निभती है और उनकी मेहनत से ही उसमें काम होते हैं। इस वर्ग की आप निंदा करें, यह इन्साफ़ के साथ गैर इन्साफ़ करने जैसा है। वह तो आपके हाथ में अखबार आया इसलिए चाहे जो बोलने की छूट लेने जैसा लगता है।

संपादक : जैसा आप मानते हैं वैसा ही मैं भी एक समय मानता था। वकीलों ने कभी कोई अच्छा काम नहीं किया, ऐसा मैं आपसे नहीं कहना चाहता। मि. मनमोहन घोष की मैं इज्ज़त करता हूँ। उन्होंने गरीबों की मदद की थी यह बात सही है। कांग्रेस में वकीलों ने कुछ काम किया है, यह भी हम मान सकते हैं। वकील भी आखिर मनुष्य हैं और मनुष्य जाति में कुछ तो अच्छाई है ही। वकीलों की भलमनसी के जो बहुत से किस्से देखने में आते हैं, वे तभी हुए जब वे अपने को वकील समझना भूल गये। मुझे तो आपको सिर्फ़ यही दिखाना है कि उनका धंधा उन्हें अनीति सिखाने वाला है। वे बुरे लालच में फँसते हैं, जिसमें से उबरने वाले बिरले ही होते हैं।

हिन्दू–मुसलमान आपस में लड़े हैं। तटस्थ आदमी उनसे कहेगा कि आप गयी–बीती को भूल जाएँ, इसमें दोनों का क़ुसूर रहा होगा। अब दोनों मिलकर रहिये, लेकिन वे

पडी के, तेणे तो असीलनो पक्ष खेंचवो. असील धारतो न होय तेवी दलीलो असीलना पक्षनी तेणे शोधवी अे तेनुं काम छे. जो अेम न करे तो तेणे पोताना धंधाने लांछन लगाड्युं गणाय. अेटले वकील तो घणे भागे लडत आगळ वधारवानी सलाह आपशे.

वळी माणसो वकील थाय छे ते कंई परदु:ख भांगवाने सारु नहीं, पण पैसा पेदा करवाने. ते अेक कमाणीनो रस्तो छे. त्यारे वकीलनो स्वार्थ कजिया वधारवामां रहेलो छे. मारी जाणनी वात छे के वकीलो पोते ज्यारे कजिया थाय त्यारे राजी थाय छे. मुखत्यारो तेपण वकीलनी जात छे. नहीं होय त्यांथी तेओ कजिया ऊभा करशे. तेओना दलालो होय छे ते जळोनी माफक गरीब माणसोने वळगे छे ने तेओनुं लोही चूसी ले छे. अे धंधो ज अेवा प्रकारनो रह्यो छे के तेमां माणसोने कंकासनु उत्तेजन मळे ज. वकीलो अे नवरा माणसो छे. आळसु माणसो अे अेशआराम भोगववाने खातर वकील बने छे. आ खरी हकीकत छे. बीजी दलीलो अपाय ते बहानां छे. वकीलात अे भारे आबरुदार धंधो छे अेम शोधी काढनारा वकील ज छे. कायदा तेओ घडे छे, तेनां वखाण पण तेओ ज करे छे. माणसोनी पासेथी शुं दाम लेवुं अे पण तेओ ज मुकरर करे छे, ने माणसोनी उपर दाब बेसाडवा आडंबर अेवो करे छे के जाणे तेओ कोई आकाशमांथी ऊतरी आवेला देवताई पुरुष न होय!

मजूरना करतां तेओ शा सारु वधारे दहाडियुं मागे छे? तेओनी हाजतो मजूर करतां वधारे शा सारु छे? मजूर करतां तेओअे देशनुं शुं वधारे भलुं कर्युं छे? भलुं करनारने कंई वधारे पैसा लेवानो हक छे खरो? जो पैसानी खातर तेमणे कर्युं तो पछी ते भलुं केम गणायुं? आ तो ते धंधानो जे गुण छे अे तमने हुं कही गयो. पण ते तो अलग वात रही छे.

वकीलोथी केटलांक हिंदु-मुसलमान वच्चेनां हुल्लड थयां छे अे जेमणे अनुभव लीधो छे ते जाणता हशे. तेथी केटलांक कुटुंबो पायमाल थई गयां. तेओनाथी भाईओ वच्चे झेर दाखल थयां छे. केटलांक रजवाडां वकीलोनी जाळमां फसाई जई करजदार थई पड्यां छे. घणा गरासिया ते वकीलोना कारस्तानथी लूंटाई गया छे. आवा दाखला घणा आपी शकाय छे.

पण वधारेमां वधारे नुकसान तेओने हाथे अे थयुं छे के, अंग्रेजी धूंसरी आपणा गळामां सज्जड पेसी गई छे. तमे विचारो. तमने लागे छे के अंग्रेजी अदालतो न होत तो अंग्रेजो राज्य चलावी शकत? अदालतो अे कंई लोकोना स्वार्थने सारु नथी जेने पोतानी सत्ता निभाववी छे ते अदालतनी वाटे लोकोने वश करे छे. लोको पोते लडी ले तेमां त्रीजो माणस पोतानी सत्ता नथी बेसाडी शकतो. खरेखर, ज्यारे माणसो पोताने हाथे मारामारी करीने अथवा तो सगांने पंच नीमीने लडी लेता त्यारे मरद रहेता. अदालतो आवी त्यारे

वकील के पास जाते हैं। वकील का फ़र्ज़ हो जाता है कि वह मुवक्किल की ओर ज़ोर लगाए। मुवक्किल के ख़्याल में भी न हों ऐसी दलीलें मुवक्किल की ओर से ढूँढ़ना वकील का काम है। अगर वह ऐसा नहीं करता तो माना जाएगा कि वह अपने पेशे को बट्टा लगाता है। इसलिए वकील तो आमतौर पर झगड़ा आगे बढ़ाने की ही सलाह देगा।

लोग दूसरों का दुःख दूर करने के लिए नहीं, बल्कि पैसा पैदा करने के लिए वकील बनते हैं। वह एक कमाई का रास्ता है। इसलिए वकील का स्वार्थ झगड़ा बढ़ाने में है। यह तो मेरी जानी हुई बात है कि जब झगड़े होते हैं तब वकील खुश होते हैं। मुख़तार लोग भी वकील की जात के हैं। जहाँ झगड़े नहीं होते वहाँ भी वे झगड़े खड़े करते हैं। उनके दलाल जोंक की तरह गरीब लोगों से चिपकते हैं और उनका खून चूस लेते हैं। वह पेशा ऐसा है कि उसमें आदमियों को झगड़े के लिए बढ़ावा मिलता ही है। वकील लोग निठगे होते हैं। आलसी लोग ऐश–आराम करने के लिए वकील बनते हैं। यह सही बात है। वकालत का पेशा बड़ा आबरूदार पेशा है, ऐसा खोज निकालने वाले भी वकील ही हैं। कानून वे बनाते हैं, उसकी तारीफ़ भी वे ही करते हैं। लोगों से क्या दाम लिये जाएँ, यह भी वे ही तय करते हैं और लोगों पर रौब जमाने के लिए आडंबर ऐसा करते हैं, मानो वे आसमान से उतरकर आये हुए देवदूत हों!

वे मजदूर से ज्यादा रोज़ी क्यों माँगते हैं? उनकी जरूरतें मज़दूर से ज्यादा क्यों हैं? उन्होंने मज़दूर से ज्यादा देश का क्या भला किया है? क्या भला करने वाले को ज्यादा पैसा लेने का हक है? और अगर पैसे के खातिर उन्होंने भला किया हो, तो उसे भला कैसे कहा जाए? यह तो उस पेशे का जो गुण है वह मैंने बताया।

वकीलों के कारण हिन्दू–मुसलमानों के बीच कुछ दंगे हुए हैं, यह तो जिन्हें अनुभव है वे जानते होंगे। उनसे कुछ खानदान बरबाद हो गए हैं। उनकी बदौलत भाइयों में ज़हर दाखिल हो गया है। कुछ रियासतें वकीलों के जाल में फँसकर क़र्ज़दार हो गयी हैं। बहुत से गरासिये इन वकीलों की कारस्तानी से लुट गए हैं। ऐसी बहुत सी मिसालें दी जा सकती हैं।

लेकिन वकीलों से बड़े से बड़ा नुकसान तो यह हुआ है कि अंग्रेजों का जुआ हमारी गर्दन पर मजबूत जम गया है। आप सोचिये! क्या आप मानते हैं कि अंग्रेजी अदालतें यहाँ न होतीं तो वे हमारे देश में राज कर सकते थे? ये अदालतें लोगों के भले के लिए नहीं हैं। जिन्हें अपनी सत्ता कायम रखनी है, वे अदालतों के ज़रिये लोगों को बस में रखते हैं। लोग अगर खुद अपने झगड़े निबटा लें, तो तीसरा आदमी उन पर अपनी सत्ता नहीं जमा सकता।

सचमुच जब लोग खुद मार–पीट करके या रिश्तेदारों को पंच बनाकर अपना झगड़ा निबटा लेते थे तब वे बहादुर थे। अदालतें आयीं और वे कायर बन गये। लोग आपस

बायला बन्या. अेक बीजाअे लडी मरवुं ते जंगली गणातुं. हवे त्रीजो माणस मारो कजियो पतावे त्यारे ओछुं जंगलीपणुं छे? कोई कही शकशे के ज्यारे त्रीजो माणस ठराव आपे त्यारे ते खरो ज होय छे? कोण खरुं छे अे बंने पक्षकार जाणे छे. आपणे भोळपणमां मानी लईअे छीअे के त्रीजो माणस आपणा पैसा लई जई आपणो इन्साफ करे छे.

ते वात अलग राखीए. हकीकत तो आटली ज बतावववानी छे के अंग्रेजोअे अदालतोनी मारफते आपणी उपर दाब बेसाड्यो छे, ने ते अदालतो आपणे वकील न थईअे तो चाली ज न शके. अंग्रेजो ज जडज होत, अंग्रेजो ज वकील होत, अंग्रेजो ज सिपाई होत तो अंग्रेजो मात्र अंग्रेजो उपर ज राज्य करत. हिंदी जडज अने हिंदी वकील विना न ज चाली शक्युं. वकीलो केम थया, तेओअे केवी घालावेली करेली अे बधुं जो तमे समजी शको तो मारा जेटलो ज तिरस्कार तमने अे धंधा तरफ छूटशे. अंग्रेजी सत्तानी अेक मुख्य चावी तेओनी अदालत छे. ने अदालतनी चावी वकीलो छे. जो वकीलो वकीलात छोडी दे ने ते धंधो वेश्याना जेवो नीच गणाय तो अंग्रेजी राज्य अेक दिवसमां पडी भांगे. वकीलोअे हिंदी प्रजानी उपर आरोप मुकाव्यो छे के, आपणने कजिया वहाला छे ने आपणे कोरट-दरबाररुपी पाणीनां माछलां छीअे.

वकीलने विशे जे शब्दो हुं वापरुं छुं ते ज शब्दो जडजोने लागु पडे छे. ते बंने मसियाई भाई छे, ने अेकबीजाने जोर आपनारा छे.

में लड़कर झगड़े मिटायें, यह जंगली माना जाता था। अब तीसरा आदमी झगड़ा मिटाता है, यह क्या कम जंगलीपन है? क्या कोई ऐसा कह सकेगा कि तीसरा आदमी जो फैसला देता है वह सही फैसला ही होता है? कौन सच्चा है, यह दोनों पक्ष के लोग जानते हैं। हम भोलेपन में मान लेते हैं कि तीसरा आदमी हमसे पैसे लेकर हमारा इन्साफ़ करता है।

इस बात को अलग रखें। हकीकत तो यही दिखानी है कि अंग्रेजों ने अदालतों के ज़रिये हम पर अंकुश जमाया है और अगर हम वकील न बनें तो ये अदालतें चल ही नहीं सकतीं। अगर अंग्रेज ही जज होते, अंग्रेज ही वकील होते और अंग्रेज ही सिपाही होते, तो वे सिर्फ़ अंग्रेजों पर ही राज करते। हिन्दुस्तानी जज और हिन्दुस्तानी वकील के बगैर उनका काम चल नहीं सका। वकील कैसे पैदा हुए, उन्होंने कैसी धाँधल मचाई, यह सब अगर आप समझ सकें, तो मेरे जितनी ही नफ़रत आपको भी इस पेशे के लिए होगी। अंग्रेजी सत्ता की एक मुख्य कुंजी उनकी अदालतें हैं और अदालतों की कुंजी वकील हैं। अगर वकील वकालत करना छोड़ दें और वह पेशा वेश्या के पेशे जैसा नीच माना जाए, तो अंग्रेजी राज एक दिन में टूट जाए। वकीलों ने हिन्दुस्तानी प्रजा पर यह तोहमत लगवाई है कि हमें झगड़े प्यारे हैं और हम कोर्ट-कचहरी रूपी पानी की मछलियाँ हैं।

जो शब्द मैं वकीलों के लिए इस्तेमाल करता हूँ, वे ही शब्द जजों पर भी लागू होते हैं। ये दोनों मौसेरे भाई हैं और एक-दूसरे को बल देने वाले हैं।

१२. हिंदुस्ताननी दशा (चालु)

दाक्तर

वाचक : वकीलनुं तो समजाय छे. तेओए सारुं कर्युं छे मात्र अनायासे, एम प्रतीति आवे छे. बाकी तेंओनो धंधो जोतां तो ते कनिष्ठ ज छे. पण दाक्रने पण तमे तो साथे घसडो छो. ए केम हशे?

अधिपति : हुं जे विचारो तमारी आगळ रजू करुं छुं ते अत्यारे तो मारा पोताना छे. पण ते कंई में ज करेला छे एम नथी. पश्चिमना सुधारको पोते मारा करतां वधारे सखत शब्दोमां लखी गया छे. तेओए वकील-दाक्तरोने बहु वखोड्या छे. तेमांना एक लेखके एक झेरी झाड बनाव्युं छे. तेनी डाळ वकील-दाक्तर वगेरे नकामा धंधादारीओनी करी छे अने ते झाडना थडनी उपर नीतिधर्म रुप कुहाडी उगामी छे. अनीतिने ते बधा धंधानुं मूळ रुप आप्युं छे. एटले तमे समजशो के, हुं तमारी आगळ मारा खीसामांथी काढेला नवा विचार नथी मुकतो, पण बीजानो तेम ज मारो अनुभव रजू करुं छुं.

दाक्तरना विशे जेम तमने हजु मोह छे तेम मने पण हतो. एक वखत एवो हतो के ज्यारे में पोते दाक्तर थवानो ईरादो राखेलो, अने दाक्तर थई मारे कोमनी सेवा करवी एम धार्युं हतुं. हवे ते मोह गयो छे. आपणामां वैद्यनो धंधो सारा धंधामां गणायो ज नथी, एनुं हवे मने भान आव्युं छे, ने हुं ते विचारनी किंमत पारखी शकुं छुं.

अंग्रेजोए दाक्तरी विद्याथी पण आपणी उपर काबू बेसाड्यो छे. दाक्तरोना दंभनी पण खामी नथी. मोगल बादशाहने भमावनार ते अंग्रेजी तबीब हतो. तेणे तेना घरमां कंई मांदगी मटाडी एटले तेने सिरपाव मळ्यो. अमीरनी पासे पहोंची जनार ते पण दाक्तर छे.

दाक्तरे आपणने हलमलावी नाख्या छे. दाक्तरोना करतां ऊंटवैद्य भला एम कहेवानुं मने मन थई जाय छे. आपणे विचारीए.

दाक्तरोनुं काम मात्र शरीर संभाळवानुं छे. वळी शरीर संभाळवानुं छे एम पण नथी.

हिन्दुस्तान की दशा–पाँच

डाक्टर

पाठक : वकीलों की बात तो हम समझ सकते हैं। उन्होंने जो अच्छा काम किया है वह जान–बूझकर नहीं किया, ऐसा यकीन होता है। बाकी उनके धंधे को देखा जाये तो वह कनिष्ठ ही है, लेकिन आप तो डॉक्टरों को भी उनके साथ घसीटते हैं। यह कैसे?

संपादक : मैं जो विचार आपके सामने रखता हूँ, वे इस समय तो मेरे अपने ही हैं, लेकिन ऐसे विचार मैंने ही किये हैं सो बात नहीं। पश्चिम के सुधारक खुद मुझसे ज्यादा सख्त शब्दों में इन धंधों के बारे में लिख गये हैं। उन्होंने वकीलों और डॉक्टरों की बहुत निंदा की है।

उनमें से एक लेखक ने एक ज़हरी पेड़ का चित्र खींचा है, वकील–डॉक्टर वगैरा निकम्मे धंधे वालों को उसकी शाखाओं के रूप में बताया है और उस पेड़ के तने पर नीति–धर्म की कुल्हाड़ी उठाई है। अनीति को इन सब धंधों की जड़ बताया है। इससे आप यह समझ लेंगे कि मैं आपके सामने अपने दिमाग से निकाले हुए नये विचार नहीं रखता, लेकिन दूसरों का और अपना अनुभव आपके सामने रखता हूँ।

डॉक्टरों के बारे में जैसे आपको अभी मोह है वैसे कभी मुझे भी था। एक समय ऐसा था जब मैंने खुद डॉक्टर होने का इरादा किया था और सोचा था कि डॉक्टर बनकर क़ौम की सेवा करूँगा। मेरा यह मोह अब मिट गया है। हमारे समाज में वैद्य का धंधा कभी अच्छा माना ही नहीं गया, इसका भान अब मुझे हुआ है और उस विचार की क़ीमत मैं समझ सकता हूँ।

अंग्रेजों ने डॉक्टरी विद्या से भी हम पर काबू जमाया है। डॉक्टरों में दंभ की भी कमी नहीं है। मुगल बादशाह को भरमाने वाला एक अंग्रेज डॉक्टर ही था। उसने बादशाह के घर में कुछ बीमारी मिटाई, इसलिए उसे सिरोपाव (सिरोपा) मिला। अमीरों के पास पहुँचने वाले भी डॉक्टर ही हैं।

डॉक्टरों ने हमें जड़ से हिला दिया है। डॉक्टरों से नीम–हकीम ज्यादा अच्छे, ऐसा कहने का मेरा मन होता है। इस पर हम कुछ विचार करें।

डॉक्टरों का काम सिर्फ़ शरीर को संभालने का है, या शरीर को संभालने का भी नहीं

तेओनुं काम शरीरमां रोग थाय ते दूर करवानुं छे. रोग केम थाय छे?

आपणी ज गफलतथी. हुं बहु जमु, मने अजीर्ण थाय, हुं दाक्तर पासे जाउं, ते मने गोळी आपे. हुं साजो थाउं, पाछो खूब खाउं ने पाछो गोळी लउ. आमां बन्युं छे ते आ छे. जो हुं गोळी न लेत, तो अजीर्णनी सजा भोगवत अने फरी पाछो हद उपरांत न जमत. दाक्तर वचमां आव्यो ने तेणे मने हद उपरांत खावामां मदद करी. तेथी मने शरीरे आराम तो थयो, पण मारुं मन नबळुं थयुं. आम चालतां छेवटे मारी स्थिति एवी थाय के, मारा मननी उपर हुं जराये काबू न राखी शकुं.

में विषय कर्यो. हुं मांदो पड्यो, मने दाक्तरे दवा आपी, हुं साजो थयो. हुं फरी विषय नहीं करुं? करीश ज. जो दाक्तर वच्चे न आवत तो कुदरत पोतानुं काम करत, मारुं मन दृढ थात, ने हुं अंते निर्विषयी थई सुखी थात.

इस्पितालो ए पापनी जड छे. तेनाथी माणसो शरीरनुं जतन ओछुं करे छे अने अनीति वधारे करे छे.

युरोपी दाक्तरो हद वाळे छे. तेओ मात्र शरीरना ज खोटा जतनने खातर लाखो जीवोने दर वरसे मारे छे, जीवता जीव उपर अखतरा करे छे. आवुं एक पण धर्मने कबूल नथी. हिंदु, मुसलमान, ख्रिस्ती, पारसी बधा कहे छे के माणसना शरीरने सारु आटला जीवो मारवानी जरुर नथी.

दाक्तरो आपणने धर्मभ्रष्ट करे छे. तेओनी घणीखरी दवामां चरबी अथवा दारु होय छे. आ बन्नेमांथी एक पण वस्तु हिंदु-मुसलमानने खपे तेवी नथी. आपणे सुधरेलानो डोळ करी, बधाओने वहेमी गणी स्वच्छंदे गमे तेम कर्या करीए ते जुदी वात छे. पण दाक्तरो उपर प्रमाणे करे छे ए चोख्खी ने सीधी वात छे.

आनुं परिणाम ए आव्युं छे के आपणे नमाला अने नामर्द बनीए छीए. आवी स्थितिमां आपणे लोकसेवा करवाने लायक नथी रहेता अने आपणे शरीरहीन तथा बुद्धिहीन थता जईए छीए. अंग्रेजी के युरोपी दाक्तरी शीखवी ते मात्र गुलामीनी गांठ मजबूत करवाने खातर छे.

आपणे दाक्तर केम थईए छीए ए पण विचारवानुं छे. तेनुं खरुं कारण तो आबरुदार अने पैसो कमाववानो धंधो करवानुं छे; परोपकारनी वात नथी. ते धंधामां परोपकार नथी ए तो हुं बतावी गयो. तेथी लोकोने नुकसान छे. दाक्तरो मात्र आडंबरथी लोकोनी पासेथी मोटी फी ले छे, अने तेओनी दवा जे एक पाईनी किंमतीनी होय छे तेना तेओ रुपिया ले छे. आम विश्वासमां ने सारा थवानी आशामां लोको ठगाय छे. आवुं ज छे त्यारे भलाईनो डोळ घालनार दाक्तरो करता देखीता ठगवैद सारा गणाय.

है। उनका काम शरीर में जो रोग पैदा होते हैं उन्हें दूर करने का है। रोग क्यों होते हैं? हमारी ही ग़फ़लत से। मैं बहुत खाऊँऔर मुझे बदहज्मी, अजीर्ण हो जाए, फिर मैं डॉक्टर के पास जाऊँऔर वह मुझे गोली दे, गोली खाकर मैं चंगा हो जाऊँऔर दुबारा खूब खाऊँऔर फिर से गोली लूँ।

अगर मैं गोली न लेता तो अजीर्ण की सज़ा भुगतता और फिर से बेहद नहीं खाता। डॉक्टर बीच में आया और उसने हद से ज्यादा खाने में मेरी मदद की। उससे मेरे शरीर को तो आराम हुआ, लेकिन मेरा मन कमज़ोर बना। इस तरह आख़िर मेरी यह हालत होगी कि मैं अपने मन पर जरा भी काबू न रख सकूँगा।

मैंने विलास किया, मैं बीमार पड़ा, डॉक्टर ने मुझे दवा दी और मैं चंगा हुआ। क्या मैं फिर से विलास नहीं करूँगा? ज़रूर करूँगा। अगर डॉक्टर बीच में न आता तो कुदरत अपना काम करती, मेरा मन मजबूत बनता और अन्त में निर्विषयी (व्यसन मुक्त) होकर मैं सुखी होता।

अस्पतालें पाप की जड़ हैं। उनकी बदौलत लोग शरीर का जतन कम करते हैं और अनीति को बढ़ाते हैं।

यूरोप के डॉक्टर तो हद करते हैं। वे सिर्फ़ शरीर के ही गलत जतन के लिए लाखों जीवों को हर साल मारते हैं, ज़िंदा जीवों पर प्रयोग करते हैं। ऐसा करना किसी भी धर्म को मंजूर नहीं। हिन्दू, मुसलमान, ईसाई, जरथोस्ती – सब धर्म कहते हैं कि आदमी के शरीर के लिए इतने जीवों को मारने की ज़रूरत नहीं।

डॉक्टर हमें धर्मभ्रष्ट करते हैं। उनकी बहुत सी दवाओं में चर्बी या दारू होती है। इन दोनों में से एक भी चीज हिन्दू-मुसलमान को चल सके ऐसी नहीं है। हम सभ्य होने का ढोंग करके, दूसरों को वहमी मानकर और बे-लगाम होकर चाहे सो करते रहें, यह दूसरी बात है, लेकिन डॉक्टर हमें धर्म से भ्रष्ट करते हैं, यह साफ और सीधी बात है। इसका परिणाम यह आता है कि हम निःसत्त्व और नामर्द बनते हैं। ऐसी दशा में हम लोक सेवा करने लायक नहीं रहते और शरीर से क्षीण और बुद्धिहीन होते जा रहे हैं। अंग्रेजी या यूरोपियन डॉक्टरी सीखना गुलामी की गाँठ को मजबूत बनाने जैसा है। हम डॉक्टर क्यों बनते हैं, यह भी सोचने की बात है। उसका सच्चा कारण तो आबरूदार और पैसा कमाने का धंधा करने की इच्छा है। उसमें परोपकार की बात नहीं है। उस धन्धे में परोपकार नहीं है, यह तो मैं बता चुका। उससे लोगों को नुकसान होता है।

डॉक्टर सिर्फ़ आडम्बर दिखाकर ही लोगों से बड़ी फीस वसूल करते हैं और अपनी एक पैसे की दवा के कई रुपये लेते हैं। यों विश्वास में और चंगे हो जाने की आशा में लोग डॉक्टरों से ठगे जाते हैं। जब ऐसा ही है तब भलाई का दिखावा करने वाले डॉक्टरों से खुले ठग, वैद्य, नीम-हकीम ज्यादा अच्छे।

१३. खरो सुधारो शुं?

वाचक : तमे रेलवेने बातल करी, वकीलने वखोड्या, दाक्तरने दबावी दीधा, संचाकाम मात्र तमे नुकसानकारक गणशो एम हुं जोई शकुं छुं. हवे सुधारो ते कोने कहेवो ?

अधिपति : अे सवालनो जवाब मुश्केल नथी. हुं मानुं छुं के जे सुधारो हिंदुस्ताने बताव्यो छे तेने दुनियामां कंई ज पहोंची शके तेम नथी. जे बीज आपणा वडवाओअे रोप्यां छे तेनी बरोबरी करी शके तेवुं कंई जोवामां आव्युं नथी. रोम धुळधाणी थई गयुं, ग्रीसनुं नाम ज रह्युं, फिरयानी (इजिप्तनी) बादशाही चाली गई, जापान पश्चिमना पंजामां आव्युं. चीननुं कंई कहेवाय नहीं. पण पड्युं आखड्युं तो पण हिंदुस्तान हजु तो तळिये मजबूत छे.

जे रोम अने ग्रीस पड्या छे तेनां पुस्तकोमांथी युरोपना लोको शीखे छे.

तेओनी भूलो पोते नहीं करे अेवुं गुमान करे छे. आवी तेओनी कंगाल स्थिति छे. त्यारे हिंद अचलित छे. अे ज तेनुं भूषण छे. हिंदनी सामे आरोप छे के ते अेवुं जंगली, अेवुं अज्ञान छे के तेनी पासे कंई फेरफार करावी शकाता ज नथी. आ आरोप अे आपणो गुण छे, दोष नथी. अनुभवे जे आपणने ठीक लाग्युं छे ते आपणे केम फेरवीशुं ? घणा अक्कल देनारा आव जा कर्या करे छे, त्यारे हिंद अडग रहे छे. आ तेनी खूबी छे, आ तेनुं लंगर छे.

सुधारो अे वर्तन छे के जेथी माणस पोतानी फरज बजावे. फरज बजाववी ते नीति पाळवी अे छे. नीति पाळवी अे आपणां मनने तथा आपणी इंद्रियोने वश राखवी अे छे. अेम करतां आपणे आपणने ओळखीअे छीअे. आ ज 'सु' अेटले सारो धारो छे. तेथी जे विरुद्ध ते कुधारो छे.

घणा अंग्रेजी लेखको लखी गया छे के, उपरनी व्याख्याप्रमाणे हिंदुस्ताने कंई ज शीखवानुं नथी रहेतुं.

आ वात बरोबर छे. आपणे जोयुं के माणसनी वृत्तिओ चंचळ छे. तेनुं मन फांफां मार्या

सच्ची सभ्यता कौन सी?

पाठक : आपने रेल को रद्द कर दिया, वकीलों की निन्दा की, डॉक्टरों को दबा दिया। तमाम कलकाम (यंत्रों) को भी आप नुकसानदेह मानेंगे, ऐसा मैं देख सकता हूं। तब सभ्यता कहें तो किसे कहें?

संपादक : इस सवाल का जवाब मुश्किल नहीं है। मैं मानता हूं कि जो सभ्यता हिन्दुस्तान ने दिखाई है, उस तकदुनिया में कोई नहीं पहुंच सकता। जो बीज हमारे पुरखों ने बोए हैं, उनकी बराबरी कर सके ऐसी कोई चीज देखने में नहीं आई। रोम मिट्टी में मिल गया, ग्रीस का सिर्फ नाम ही रह गया, मिस्र की बादशाही चली गई, जापान पश्चिम के शिकंजे में फंस गया और चीन का कुछ भी कहा नहीं जा सकता। लेकिन गिरा-टूटा जैसा भी हो, हिन्दुस्तान आज भी अपनी बुनियाद में मज़बूत है।

जो रोम और ग्रीस गिर चुके हैं, उनकी किताबों से यूरोप के लोग सीखते हैं। उनकी गलतियां वे नहीं करेंगे ऐसा गुमान रखते हैं। ऐसी उनकी कंगाल हालत है, जबकि हिन्दुस्तान अचल है, अडिग है। यही उसका भूषण है। हिन्दुस्तान पर आरोप लगाया जाता है कि वह ऐसा जंगली, ऐसा अज्ञानी है कि उससे जीवन में कुछ फेरबदल कराये ही नहीं जा सकते। यह आरोप हमारा गुण है दोष नहीं। अनुभव से जो हमें ठीक लगा है उसे हम क्यों बदलेंगे? बहुत से अक्ल देने वाले आते-जाते रहते हैं, पर हिन्दुस्तान अडिग रहता है। यह उसकी खूबी है, यह उनका लंगर है।

सभ्यता वह आचरण है जिससे आदमी अपना फर्ज अदा करता है। फर्ज अदा करने के मानी है नीति का पालन करना। नीति के पालन का मतलब है अपने मन और इन्द्रियों को बस में रखना। ऐसा करते हुए हम अपनी असलियत को पहचानते हैं। यही सभ्यता है। इससे जो उल्टा है वह बिगाड़ करने वाला है।

बहुत से अंग्रेज लेखक लिख गये हैं कि ऊपर की व्याख्या के मुताबिक हिन्दुस्तान को कुछ भी सीखना बाकी नहीं रहता।

यह बात ठीक है। हमने देखा कि मनुष्य वृत्तियां चंचल हैं। उसका मन बेकार की दौड़

करे छे. तेना शरीरने जेम वधारे आपीओ तेम वधारे मागे छे. वधारे लईने पण सुखी नथी थतुं. भोग भोगवतां भोगनी ईच्छा वधती जाय छे. तेथी पूर्वजोओ हद बांधी. घणा विचारो करीने जोयुं के सुखदु:ख मननां कारण छे. तवंगर ते तवंगरीना कारणथी सुखी नथी; गरीब ते गरीबाईना कारणथी दु:खी नथी. तवंगर दु:खी जोवामा आवे छे, गरीब सुखी जोवामां आवे छे. करोडो तो गरीब ज रहेशे. आम जोई तेओओ भोगनी वासना छोडावी. हजारो वरस पहेलां जे हळ हतुं तेथी आपणे चलाव्युं. हजारो वरस पहेलां जेवां आपणां झूंपडां हतां ते आपणे कायम राख्यां. हजारो वरस पहेलां जेवी आपणी केळवणी हती ते चालती आवी. आपणे नाशकारक हरीफाई राखी नहीं; सहु सहुनों धंधो करता रह्या. तेमां तेओओ दस्तूर मुजब दाम लीधु. आपणने कंई संचा वगेरे शोधतां न आवडे तेम न हतुं; पण आपणा पूर्वजोओ जोयुं के संचा वगेरेनी जंजाळमां माणसो पडशे तो पछी गुलाम ज बनशे ने पोतानी नीति तजशे. तेओओ विचारपूर्वक कह्युं के आपणे हाथेपगे जे बने ते ज करवुं. हाथपग वापरवामां ज खरुं सुख छे, तेमां ज तंदुरस्ती छे.

तेओओ विचार्युं के मोटां शहेरो स्थापवां ते नकामी भांजगड छे. तेमां लोको सुखी नहीं थाय. तेमां सोनेरी टोळीओ अने सफेद गलीओ जागशे, रांक माणसो तवंगरोथी लूंटाशे. तेथी तेओओ नानां गामडांथी संतोष राख्यो.

तेओओ जोयुं के राजाओ अने तेओनी तलवार करतां नीतिबळ वधारे बळवान छे. तेथी तेओओ राजाने नीतिवान पुरुषो- ऋषिओ अने फकीरो-ना करतां ऊतरता गण्या.

आवुं जे प्रजानुं बंधारण छे ते प्रजा बीजाने शीखववाने लायक छे, ते बीजानी पासेथी शीखवा लायक नथी.

आ प्रजामां अदालतो हती, वकीलो हता, तबीबो हता. पण ते बधां रीतसर नियममां हतां. सहु जाणतुं हतुं के अे धंधा कंई भारे न हता. वळी वकीलो, तबीबो वगेरे लोकोमां लूंट नहीं चलावता; अे तो लोकोना आश्रित हता. लोकोना उपरी थई न रहेता. इन्साफ तो ठीक ठीक थतो. आदालते न जवुं अे लोकोनी नेम हती. तेओने भमाववाने स्वार्थी माणसो न हता. आटलो सडो पण मात्र राजारजवाडानी आसपासमां ज हतो आम (सामान्य) प्रजा तो तेथी निराळी रीते पोताना खेतरनुं धणीपदुं करती. तेओनी आगळ खरुं स्वराज हतुं.

अने ज्यां चांडाळ सुधारो नथी पहोंच्यो त्यां तेवुं हिंदुस्तान हजुये छे. तेने तमारा नवा ढोंगोंनी वात करशो ते हसी काढशे. तेनी उपर अंग्रेज राज्य करता नथी, तमे राज्य करवाना नथी. जे लोकोने नामे आपणे वात करीओ छीओ तेने आपणे ओळखता नथी, तेओ आपणने नथी ओळखता. तमने अने जेने देशदाझ छे तेमने मारी सलाह छे के तमारे मुलकमां-ज्यां रेलनी रेल नथी फरी वळी तेवा भागमां-छ महिना फरवुं ते पछी

धूप किया करता है। उसका शरीर जैसे-जैसे ज्यादा दिया जाए वैसे-वैसे ज्यादा मांगता है। ज्यादा लेकर भी वह सुखी नहीं होता। भोग भोगने से भोग की इच्छा बढ़ती जाती है। इसलिए हमारे पुरखों ने भोग की हद बांध दी। बहुत सोचकर उन्होंने देखा कि सुख-दु:ख तो मन के कारण हैं। अमीर अपनी अमीरी की वजह से सुखी नहीं है। गरीब अपनी गरीबी के कारण दुखी नहीं है। अमीर दुखी देखने में आता है और गरीब सुखी देखने में आता है। करोड़ों लोग तो गरीब ही रहेंगे। ऐसा देखकर उन्होंने भोग की वासना छुड़वाई।

हजारों साल पहले जो हल काम में लिया जाता था, उससे हमने काम चलाया। हज़ारों साल पहले जैसे झोंपड़े थे, उन्हें हमने कायम रखा। हज़ारों साल पहले जैसी हमारी शिक्षा थी वही चलती आई। हमने नाशकारक होड़ को समाज में जगह नहीं दी। सब अपना-अपना धंधा करते रहे। उसमें उन्होंने दस्तूर के मुताबिक दाम लिए। ऐसा नहीं था कि हमें यंत्र वगैरा की खोज करना ही नहीं आता था।

लेकिन हमारे पूर्वजों ने देखा कि लोग अगर यंत्र वगैरा की झंझट में पड़ेंगे तो गुलाम ही बनेंगे और अपनी नीति को छोड़ देंगे। उन्होंने सोच समझकर कहा कि हमें अपने हाथ-पैरों से जो काम हो सके वही करना चाहिए। हाथ-पैरों का इस्तेमाल करने में ही सच्चा सुख है, उसी में तन्दुरुस्ती है।

उन्होंने सोचा कि बड़े शहर खड़े करना बेकार की झंझट है। उनमें लोग सुखी नहीं होंगे। उनमें धूर्तों की टोलियां और वेश्याओं की गलियां पैदा होंगी, गरीब अमीरों से लूटे जायेंगे। इसलिए उन्होंने छोटे देहातों से संतोष माना। उन्होंने देखा कि राजाओं और उनकी तलवार के बनिस्बत नीति का बल ज्यादा बलवान है। इसलिए उन्होंने राजाओं को नीतिवान पुरुषों, ऋषियों और फ़कीरों से कम दर्जे का माना।

ऐसा जिस राष्ट्र का गठन है वह राष्ट्र दूसरों को सिखाने लायक है, वह दूसरों से सीखने लायक नहीं है।

इस राष्ट्र में अदालतें थीं, वकील थे, डॉक्टर-वैद्य थे। लेकिन वे सब ठीक ढंग से नियम के मुताबिक चलते थे। सब जानते थे कि ये धन्धे बड़े नहीं हैं और वकील, डॉक्टर वगैरा लोगों में लूट नहीं चलाते थे, वे तो लोगों पर आश्रित थे। वे लोगों के मालिक बनकर नहीं रहते थे। इन्साफ काफी अच्छा होता था। अदालतों में न जाना, यह लोगों का ध्येय था। उन्हें भरमाने वाले स्वार्थी लोग नहीं थे। इतनी सड़न भी सिर्फ़ राजा और राजधानी के आस-पास ही थी। यों आम प्रजा तो उससे स्वतंत्र रहकर अपने खेत का मालिकी हक भोगती थी। उसके पास सच्चा स्वराज्य था।

और जहां यह चांडाल सभ्यता नहीं पहुंची है, वहां हिन्दुस्तान आज भी वैसा ही है। उसके सामने आप अपने नये ढोंगों की बात करेंगे, तो वह आपकी हंसी उड़ायेगा। उस पर न तो अंग्रेज राज करते हैं, न आप कर सकेंगे।

देशनी दाझ लाववी; पछी स्वराजनी वात करवी.

हवे तमे जोयुं के खरो सुधारो हुं कई वस्तुने कहुं छुं. उपर में जे चितार आप्यो छे तेवुं हिंदुस्तान ज्यां होय त्यां जे माणस फेरफार करशे तेने दुश्मन जाणवो. ते नर पापी छे.

वाचक : तमे जे कह्युं तेवुं ज हिंदुस्तान होय तो तो ठीक. पण जे देशमां हजारो बाळविधवाओ छे, जे देशमां बे वरसनी बाळकीनां लग्र थाय छे, जे देशमां बार वर्षे छोकरा-छोकरी घरसंसार चलावे छे, जे देशमां स्त्री अेक करतां वधारे भरथार करे छे, जे देशमां नियोगनो चाल छे, जे देशमां धर्मने नामे कुमारिकाओ वेश्या बने छे, जे देशमां धर्मने नामे पाडा-बकरांओनो वध थाय छे ते देश पण हिंदुस्तान छे. तोपण तमे जे कह्युं ते सुधारानुं लक्षण छे शुं?

अधिपति : तमे भूल्या छो. तमे जे खामीओ बतावी ते खामी छे. तेने कोई सुधारो नथी कहेतुं. ते खामीओ सुधारा छतां रहेली छे. ते दूर करवा हंमेशां प्रयत्न थया छे, ने थया ज करशे. आपणने जे नवो जुस्सो आव्यो छे तेने आपणे ते खामीओ दूर करवामां वापरी शकीअे छीअे.

में तमने जे आधुनिक सुधारानी निशानी कही ते ते सुधाराना हिमायती पोते बतावे छे. में जे हिंदनो सुधारो वर्णव्यो छे ते तेना हिमायती वर्णवे छे.

कोई पण देशमां कोई पण सुधारा नीचे बधा माणसो संपूर्णता नथी पाम्या. हिंदी सुधारानुं वलण नीति दृढ करवा तरफ छे, पश्चिमना सुधारानुं वलण अनीति दृढ करवा तरफ छे; तेथी तेने कुधारो कह्यो. पश्चिमनो सुधारो निरीश्वरी छे, हिंदी सुधारो सेश्वरी छे.

आम समजी, श्रद्धा राखी, हिंदना हितेच्छुओअे हिंदी सुधाराने जेम बाळक माने वळगी रहे तेम वळगी रहेवुं घटे छे.

जिन लोगों के नाम पर हम बात करते हैं, उन्हें हम पहचानते नहीं हैं, न वे हमें पहचानते हैं। आपको और दूसरों को, जिनमें देशप्रेम है, मेरी सलाह है कि आप देश में, जहां रेल की बाढ़ नहीं फैली है उस भाग में छह माह के लिए घूम आयें और बाद में देश की लगन लगायें, बाद में स्वराज्य की बात करें।

अब आपने देखा कि सच्ची सभ्यता मैं किस चीज को कहता हूं। ऊपर मैंने जो तस्वीर खींची है वैसा हिन्दुस्तान जहां हो वहां जो आदमी फेरफार करेगा उसे आप दुश्मन समझिए। वह मनुष्य पापी है।

पाठक : आपने जैसा बताया वैसा ही हिन्दुस्तान होता तब तो ठीक था। लेकिन जिस देश में हजारों बाल-विधवायें हैं, जिस देश में दो बरस की बच्ची की शादी हो जाती है, जिस देश में बारह साल की उम्र के लड़के-लड़कियां घर संसार चलाते हैं, जिस देश में स्त्री एक से ज्यादा पति करती है, जिस देश में नियोग की प्रथा है, जिस देश में धर्म के नाम पर कुमारिकाएं बेसवाएं बनती हैं, जिस देश में धर्म के नाम पर पाड़ों और बकरों की हत्या होती है, वह देश भी हिन्दुस्तान ही है। ऐसा होने पर भी आपने जो बताया वह क्या सभ्यता का लक्षण है?

संपादक : आप भूलते हैं। आपने जो दोष बताये वे तो सचमुच दोष ही हैं। उन्हें कोई सभ्यता नहीं कहता। वे दोष सभ्यता के बावजूद कायम रहे है। उन्हें दूर करने के प्रयत्न हमेशा हुए है, और होते ही रहेंगे। हमसे जो नया जोश पैदा हुआ है, उसका उपयोग हम इन दोषों को दूर करने में कर सकते हैं। मैंने आपको आज की सभ्यता की जो निशानी बताई, उसे इस सभ्यता के हिमायती खुद बताते हैं। मैंने हिन्दुस्तान की सभ्यता का जो वर्णन किया, वह वर्णन नई सभ्यता के हिमायतियों ने किया है।

किसी भी देश में किसी भी सभ्यता के मातहत सभी लोग संपूर्णता तक नहीं पहुंच पाये हैं। हिन्दुस्तान की सभ्यता का झुकाव नीति को मजबूत करने की ओर है, पश्चिम की सभ्यता का झुकाव अनीति को मजबूत करने की ओर है, इसलिए मैंने उसे हानिकारक कहा है। पश्चिम की सभ्यता निरीश्वरवादी है, हिन्दुस्तान की सभ्यता ईश्वर को मानने वाली है।

यों समझकर, ऐसी श्रद्धा रखकर, हिन्दुस्तान के हितचिंतकों को चाहिए कि वे हिन्दुस्तान की सभ्यता से, बच्चा जैसे मां से चिपटा रहता है, वैसे चिपटे रहें।

१४. हिंद केम छूटे ?

वाचक : सुधारा विशे तमारा विचार समज्यो. तमारा कहेवा उपर ध्यान देवुं पडशे. अेकदम बधुं ग्रहण कराय अेम तमे नहीं मानो. अेवी आशा पण नहीं राखता हो. तमारा आवा विचार प्रमाणे हिंदने छूटवानो शो उपाय तमे धारो छो ?

अधिपति : मारा विचार अेकदम सहु कबूल करे अेवुं हुं धारतो ज नथी. तमारा जेवा माणसो जे मारा विचार जाणवा मागे तेने मारे जणाववा अे ज मारुं कर्तव्य छे. पछी ते विचारो तेवाने पसंद पडे के नहीं ते तो काळे करीने ज जणाशे.

हिंदने छूटवाना उपाय तो खरुं जोतां आपणे जोई गया; छतां ते बीजे रुपे जोया. हवे आपणे स्व-रुपे तपासीअे.

जे कारणथी दरदी मांदो पड्यो होय ते कारण दूर करे तो दरदी साजो थाय, अे जगतप्रसिद्ध वात छे. तेम ज जे कारणथी हिंद गुलामीमां आव्युं ते कारण दूर थाय तो ते बंधनमुक्त थाय.

वाचक : हिंदनो सुधारो तमे गणो छो तेम सर्वोत्तम छे, तो पछी ते केम गुलामीमां आव्युं ?

अधिपति : सुधारो तो में कह्यो तेवो ज छे, पण अेम जोवामां आवे छे के बधा सुधारानी उपर आफतो आव्या करे छे. जे सुधारो अचलित छे ते छेवटे आफतने दूर करे छे. हिंदना बाळकमां कचाश हती तेथी ते सुधारो घेरायो. पण घेरामांथी छूटवानी तेनी ताकात छे, अे तेनुं गौरव बतावे छे.

वळी कंई आखुं हिंद तेमां घेरायेलुं नथी. जेओ पश्चिमनी केळवणी पाम्यां छे ने तेना पाशमां आव्यां छे ते ज गुलामीमां घेरायां छे. आपणे जगतने आपणा दमडीना मापथी मापीअे छीअे जो आपणे गुलाम होईए तो आपणे जगत ने तेवुं धारी लईए छीए. आपणे कंगाल दशा भोगवीअे छीअे तेथी आखुं हिंदुस्तान तेवुं छे अेम मानीअे छीअे. हकीकतमां तेवुं कंई नथी. छतां आपणी गुलामी ते देशनी छे अेम मानवुं अे वास्तविक छे. पण उपली वात ध्यानमां लईअे तो आपणे समजी शकीशुं के, आपणी पोतानी

हिन्दुस्तान कैसे आज़ाद हो?

पाठक : सभ्यता के बारे में आपके विचार मैं समझ गया। आपने जो कहा उस पर मुझे ध्यान देना होगा, तुरन्त सब कुछ मंजूर कर लिया जाए, ऐसा आप नहीं मानते होंगे, ऐसी आशा भी नहीं रखते होंगे। आपके ऐसे विचारों के अनुसार आप हिन्दुस्तान के आज़ाद होने का क्या उपाय बताएँगे?

संपादक : मेरे विचार सब लोग तुरन्त मान लें, ऐसी आशा मैं नहीं रखता। मेरा फ़र्ज़ इतना ही है कि आपके जैसे जो लोग मेरे विचार जानना चाहते हैं, उनके सामने अपने विचार रख दूँ। वे विचार उन्हें पसंद आएँगे या नहीं आएँगे, यह तो समय बीतने पर ही मालूम होगा।

हिन्दुस्तान की आज़ादी के उपायों का हम विचार कर चुके। फिर भी हमने दूसरे रूप में उन पर विचार किया। अब हम उन पर उनके स्वरूप में विचार करें।

जिस कारण से रोगी बीमार हुआ हो वह कारण अगर दूर कर दिया जाए तो रोगी अच्छा हो जाएगा यह जग मशहूर बात है। इसी तरह जिस कारण से हिन्दुस्तान गुलाम बना वे कारण अगर दूर कर दिये जाएं तो वह बंधन से मुक्त हो जाएगा।

पाठक : आपकी मान्यता के मुताबिक हिन्दुस्तान की सभ्यता अगर सबसे अच्छी है, तो फिर वह गुलाम क्यों बना?

संपादक : सभ्यता तो मैंने कही वैसी ही है, लेकिन देखने में आया है कि हर सभ्यता पर आफतें आती हैं। जो सभ्यता अचल है, वह आखिरकार आफतों को दूर कर देती है। हिन्दुस्तान के बालकों में कोई न कोई कमी थी, इसीलिए वह सभ्यता आफतों से घिर गई, लेकिन इस घेरे में से छूटने की ताकत उसमें है, यह उसके गौरव को दिखाता है।

और फिर सारा हिन्दुस्तान गुलामी में घिरा हुआ नहीं है। जिन्होंने पश्चिम की शिक्षा पाई है और जो उसके पाश में फँस गये हैं, वे ही गुलामी में घिरे हुए हैं। हम जगत को अपनी दमड़ी के नाप से नापते हैं। अगर हम गुलाम हैं तो जगत को भी गुलाम मान लेते हैं। हम कंगाल दशा में हैं, इसलिए मान लेते हैं कि सारा हिन्दुस्तान ऐसी दशा में है। दरअसल ऐसा कुछ नहीं है। फिर भी हमारी गुलामी सारे देश की गुलामी है। ऐसा मानना ठीक है, लेकिन ऊपर की बात हम ध्यान में रखें तो समझ सकेंगे कि हमारी अपनी गुलामी

गुलामी जाय तो हिंदुस्ताननी गुलामी गई समजवी. आमां तमने स्वराज्यनी व्याख्या हवे मळी रही छे. आपणी उपर आपणे राज्य भोगवीअे ते ज स्वराज छे, अने अे स्वराज आपणी हथेळीमां छे.

ते स्वराज स्वप्नवत् न मानशो. मनथी मानीने बेसी रहेवानुं अे स्वराज नथी. अे तो अेवुं छे के तमे चाख्या पछी बीजाने तेनो स्वाद आपवा तरफ तमारी जिंदगी पर्यंत यत्न करशो. पण मुख्य वात जणे जणे स्वराज भोगववानी छे. डूबतो बीजाने नहीं तारे, पण तरतो तारशे. आपणे पोते गुलाम होइशुं ने बीजाने छोडवानी वात करीशुं ते बनवाजोग नथी.

पण आटलेथी बस नथी. हजु आपणे आगळ विचारवुं पडशे.

तमने हवे अेटलुं तो जणायुं हशे के अंग्रेजने काढवा अेवी नेम आपणे राखवानी जरुर नथी. अंग्रेज जो हिंदी थईने रहे तो आपणे तेनो समास करी शकीअे छीअे. अंग्रेज जो पोताना सुधारा सहित रहेवा मागे तो तेनी जग्या हिंदमां नथी. आवी दशा लाववी ते आपणा हाथमां छे.

वाचक : अंग्रेज हिंदी बने अे वात तमे करो छो ते न बनवा जेवी छे.

अधिपति : एम आपणे कहेवुं ते तो अंग्रेज माणस नथी एम कहेवा बरोबर थयुं. तेओ आपणा जेवा थाय के नहीं तेनी आपणने परवा पण नथी रहेती. आपणे आपणुं घर साफ करीअे, पछी तेमां रहेवा लायक माणस ज रहेशे; बीजा पोतानी मेळे चाल्या जशे. आवो अनुभव तो दरेक माणसने थयो हशे.

वाचक : आवुं थयेलुं तवारीखमां तो नथी वांचवामां आव्युं.

अधिपति : तवारीखमां न जोयुं होय ते न बने अेम मानवुं अे हीणपद छे. जे वात आपणी अक्कलमां आवी शके ते आपणे छेवटे अजमाववी तो घटे ज छे.

दरेक देशनी स्थिति अेक होती नथी. हिंदुस्ताननी स्थिति विचित्र छे. हिंदुस्ताननुं बळ अतुलित छे. अेटले आपणे बीजी तवारीख नी साथे संबंध थोडो छे. में तमने बताव्युं के ज्यारे बीजा सुधारा रगदोळाई गया त्यारे हिंदी सुधाराने आंच नथी आवी.

वाचक : मने आ बधी वात ठीक नथी लागती. आपणे अंग्रेजने लडीने काढवा पडशे, अेमां शक थोडो ज लागे छे. तेओ ज्यां सुधी मुलकमां छे त्यां सुधी जंप नथी वळवानो. 'पराधीन सपनेहु सुख नाहीं' अेवुं जोवामां आवे छे. तेओ छे तेथी आपणे दूबळा थता जईअे छीअे. आपणुं तेज जतुं रह्युं छे ने आपणा लोको गाभरा जेवा दीसे छे. तेओ आपणा देश उपर काळरुप छे. ते काळने आपणे गमे तेवो प्रयत्न करीने नसाड्ये ज छूटको छे.

मिट जाए, तो हिन्दुस्तान की गुलामी मिट गई ऐसा मान लेना चाहिए। इसमें अब आपको स्वराज्य की व्याख्या भी मिल जाती है। हम अपने ऊपर राज करें वही स्वराज्य है और वह स्वराज्य हमारी हथेली में है।

इस स्वराज्य को आप सपने जैसा न मानें। मन से मानकर बैठे रहने का भी यह स्वराज्य नहीं है, यह तो ऐसा स्वराज्य है कि आपने अगर इसका स्वाद चख लिया हो, तो दूसरों को इसका स्वाद चखाने के लिए आप ज़िन्दगी भर कोशिश करेंगे, लेकिन मुख्य बात तो हर शख्स के स्वराज्य भोगने की है। डूबता आदमी दूसरे को नहीं तारेगा, लेकिन तैरता आदमी दूसरे को तारेगा। हम खुद गुलाम होंगे और दूसरों को आज़ाद करने की बात करेंगे, तो वह संभव नहीं है।

लेकिन इतना काफी नहीं है। हमें और भी आगे सोचना होगा।

अब इतना तो आपकी समझ में आया होगा कि अंग्रेजों को देश से निकालने का मक़सद सामने रखने की ज़रूरत नहीं है। अगर अंग्रेज हिन्दुस्तानी बनकर रहें तो हम उनका समावेश यहाँ कर सकते हैं। अंग्रेज अगर अपनी सभ्यता के साथ रहना चाहें, तो उनके लिए हिन्दुस्तान में जगह नहीं है। ऐसी हालत पैदा करना हमारे हाथ में है।

पाठक : अंग्रेज हिन्दुस्तानी बनें, यह नामुमकिन है।

संपादक : हमारा ऐसा कहना यह कहने के बराबर है कि अंग्रेज मनुष्य नहीं हैं। वे हमारे जैसे बनें या न बनें, इसकी हमें परवाह नहीं है। हम अपना घर साफ करें। फिर रहने लायक लोग ही उसमें रहेंगे, दूसरे अपने-आप चले जाएँगे। ऐसा अनुभव तो हर आदमी को हुआ होगा।

पाठक : ऐसा होने की बात इतिहास में तो हमने नहीं पढ़ी।

संपादक : जो चीज़ इतिहास में नहीं देखीवह कभी नहीं होगी, ऐसा मानना मनुष्य की प्रतिष्ठा में अविश्वास करना है। जो बात अक्ल में आ सके, उसे आखिर हमें आजमाना तो चाहिए ही।

हर देश की हालत एक सी नहीं होती। हिन्दुस्तान की हालत विचित्र है। हिन्दुस्तान का बल असाधारण है। इसलिए दूसरे इतिहासों से हमारा कम संबंध है। मैंने आपको बताया कि दूसरी सभ्यताएँ मिट्टी में मिल गयीं, जबकि हिन्दुस्तानी सभ्यता को आँच नहीं आई है।

पाठक : मुझे ये सब बातें ठीक नहीं लगतीं। हमें लड़कर अंग्रेजों को निकालना ही होगा, इसमें कोई शक नहीं। जब तक वे हमारे मुल्क में हैं, तब तक हमें चैन नहीं पड़ सकता। 'पराधीन सपनेहु सुख नाहीं' ऐसा देखने में आता है। अंग्रेज यहाँ हैं इसलिए हम कमज़ोर होते जा रहे हैं। हमारा तेज चला गया है और हमारे लोग घबराए, से दिखते हैं। अंग्रेज हमारे देश के लिए यम जैसे हैं। उस यम को हमें किसी भी प्रयत्न से भगाना होगा।

अधिपति : तमे मारुं कहेवुं बधुं तमारा आवेशमां भूली गया छो. अंग्रेजोने लाव्या आपणे अने तेओ रहे छे आपणे लीधे. आपणे तेमनो सुधारो ग्रहण कर्यो छे तेथी ते रही शके छे, अे केम भूलो छो? तेओनी उपर तमे तिरस्कार करो छो ते तेओना सुधारा उपर करवो घटे छे. छतां हवे धारो के आपणे लडाई करी तेमने काढीअे. ते केम थई शकशे. ?

वाचक : जेम इटालीअे कर्युं तेम. मॅझिनीअे अने गॅरिबाल्डीअे कर्युं ते तो आपणथी पण कराय. तेओ महावीर थई गया तेनी तमे ना पाडी शकशो?

संपादक : आप अपने आवेश में मेरा सारा कहना भूल गये हैं। अंग्रेजों को यहाँ लाने वाले हम हैं और वे हमारी बदौलत ही यहाँ रहते हैं। आप यह कैसे भूल जाते हैं कि हमने उनकी सभ्यता अपनाई है, इसलिए वे यहाँ रह सकते हैं? आप उनसे जो नफ़रत करते हैं वह नफ़रत आपको उनकी सभ्यता से करनी चाहिए। फिर भी मान लें कि हम लड़कर उन्हें निकालना चाहते हैं। यह कैसे हो सकेगा?

पाठक : इटली ने किया वैसे। मैज़िनी और गैरीबाल्डी ने जो किया, वह तो हम भी कर सकते हैं। वे महावीर थे, इस बात से क्या आप इनकार कर सकेंगे?

१५. इटाली अने हिंद

अधिपति : तमे इटालीनो दाखलो भलो आप्यो, मॅझिनी महात्मा हतो, गॅरिबाल्डी भारे योद्धो थई गयो, ते बन्ने पूजनीय हता. तेमांथी आपणे बहु शीखी शकीओ छीओ, छतां इटालीनी दशा ने हिंदनी दशा जुदी छे.

प्रथम तो मॅझिनी अने गॅरिबाल्डी वच्चेनो तफावत जाणवा जेवो छे. मॅझिनीनो मनोरथ जुदो हतो. मॅझिनी जे धारतो हतो ते इटालीमां नथी थयुं. मॅझिनीओ माणसजातनी फरज उपर लखतां बतावी आप्युं छे के दरेक माणसे स्वराज भोगवता थई जवुं जोइए, ए तो तेने स्वप्नवन रह्युं. गॅरिबाल्डी तथा मॅझिनीनी वच्चे मतभेद थयेलो ओ याद राखजो. वळी गॅरिबाल्डीओ दरेक इटालियनने हथियार आप्यां ने दरेक इटालियने हथियार लीधां.

इटाली अने ऑस्ट्रिया अे बेमां सुधारा-भेद न हतो. अे 'तो काका काकाना' गणाय. 'जैसे को तैसा' अेवी बात इटालीनी हती. इटालीने परदेशी (ऑस्ट्रिया) नी धूंसरीमांथी छोडाववुं अेवो गॅरिबाल्डीनो मोह हतो. तेने अंगे तेणे कावूरनी मारफते जे कावतरां कर्यां ते तेना शौर्यने झांखप लगाडे छे.

अने अंते फळ शुं आव्युं ? इटालीमां इटालियन राज्य करे छे तेथी इटालीनी प्रजा सुखी छे अेम तमे मानता हो, तो मारे तमने कहेवुं जोइअे के तमे अंधारामां भमो छो. मॅझिनी अे आबेहूब बतावी आप्युं छे के इटाली कंई छूटयूं नहीं. इटालीनो अेक अर्थ विक्टर इमेंन्युअले कर्यो, ने मॅझिनीअे बीजो कर्यो. इमेंन्युअल, कावूर अने गॅरिबाल्डीना मनथी इटाली अेटले इमॅन्युअल अथवा इटालीनो राजा अने तेना पागिया मॅझिनीना विचार प्रमाणे इटालीना लोक - तेना खेडूतो अे ज इटाली; इमॅन्युअल वगेरे तेना नोकर, मॅझिनीनुं इटाली हजु गुलाम छे. बे राजा वच्चे शेतरंजनी बाजी हती. इटालीनी प्रजा तो मात्र पायदळ हती, अने छे. इटालीना मजूरों हजु दुःखी छे. इटालीना मजूरोनी दाद नथी संभळाती, तेथी ते लोको खून करे छे, सामे थाय छे, माथां फोडे छे ने तेमां बंड थवानी धास्ती हजु रह्या ज करे छे. आमां इटालीने ऑस्ट्रियाना जवाथी शो लाभ मळयों ? नामनो ज लाभ थयो. जे सुधाराने अर्थे जंग मच्यो अे सुधारा थया नथी, प्रजानी स्थिति सुधरी नथी.

इटली और हिन्दुस्तान

संपादक : आपने इटली का उदाहरण ठीक दिया। मैज़िनी महात्मा था। गैरीबाल्डी बड़ा योद्धा था। दोनों पूजनीय थे। उनसे हम बहुत सीख सकते हैं। फिर भी इटली की दशा और हिन्दुस्तान की दशा में फर्क है।

पहले तो मैज़िनी और गैरीबाल्डी के बीच का भेद जानने लायक है। मैज़िनी के अरमान अलग थे। मैज़िनी जैसा सोचता था वैसा इटली में नहीं हुआ। मैज़िनी ने मनुष्य जाति के कर्त्तव्य के बारे में लिखते हुए यह बताया है कि हर एक को स्वराज्य भोगना सीख लेना चाहिए। यह बात उसके लिए सपने जैसी रही। गैरीबाल्डी और मैज़िनी के बीच मतभेद हो गया था यह हमें याद रखना चाहिए।

इसके सिवा, गैरीबाल्डी ने हर इटालियन के हाथ में हथियार दिए और हर इटालियन ने हथियार लिये। इटली और आस्ट्रिया के बीच सभ्यता का भेद नहीं था। वे तो 'चचेरे भाई' माने जाएँगे। 'जैसे को तैसा' वाली बात इटली की थी। इटली को परदेशी (आस्ट्रिया के) जुए से छुड़ाने का मोह गैरीबाल्डी को था। इसके लिए उसने कावूर की मारफ़त जो साज़िशें कीं, वे उसकी शूरता को बट्टा लगाने वाली हैं।

अन्त में नतीजा क्या निकला? इटली में इटालियन राज करते हैं इसलिए इटली की प्रजा सुखी है, ऐसा आप मानते हों तो मैं आप से कहूँगा कि आप अंधेरे में भटकते हैं। मैज़िनी ने साफ़-साफ़ बताया है कि इटली आज़ाद नहीं हुआ है। विक्टर इमेन्युअल ने इटली का एक अर्थ किया, मैज़िनी ने दूसरा। इमेन्युअल, कावूर और गैरीबाल्डी के विचार से इटली का अर्थ था इमेन्युअल या इटली का राजा और उसके हुजूरी। मैज़िनी के विचार से इटली का अर्थ था इटली के लोग उसके किसान। इमेन्युअल वगैरा तो प्रजा के नौकर थे। मैज़िनी का इटली अब भी गुलाम है। दो राजाओं के बीच शतरंज की बाज़ी लगी थी, इटली की प्रजा तो सिर्फ़ प्यादा थी और है। इटली के मजदूर अब भी दु:खी हैं। इटली के मजदूरों की दाद-फ़रियाद नहीं सुनी जाती, इसलिए वे लोग खून करते हैं, विरोध करते हैं, सिर फोड़ते हैं और वहाँ बलवा होने का डर आज भी बना हुआ है। आस्ट्रिया के जाने से इटली को क्या लाभ हुआ? नाम का ही लाभ हुआ। जिन सुधारों के लिए जंग मचा, वे सुधार हुए नहीं, प्रजा की हालत सुधरी नहीं।

हिंदुस्ताननी दशा आवी करवानो तमारो इरादो न ज होय. हूं मानु छुं के तमारो विचार हिंदुस्तानना करोडोने सुखी करवानो छे, नहीं के तमारे ने मारे राज्यसत्ता लेवी छे, जो आम होय तो आपणे अेक ज विचार करवो घटशे ते अे के प्रजा केम स्वतंत्र बने.

तमे कबूल करशो के केटलांक देशी रजवाडां नीचे प्रजा कचराय छे. तेओ अधमताथी लोकोने पीडे छे. तेओनो जुलम अंग्रेजना करतां वधारे छे. आवो जुलम तमारे हिंदुस्तानमां जोईतो होय तो आपणो पाटो ठेकाणासर बेसे अेम छे ज नहीं.

मारुं स्वदेशाभिमान मने अेम नथी शीखवतुं के, मारे देशी राजा नीचे तो रैयत जेम छूंदाय तेम छूंदावा देवी. मारामां बळ हशे तो हूं तो देशी राजाना जुलम सामे तेम ज अंग्रेजी जुलम सामे झूझीश.

स्वदेशाभिमान अेटले हूं देशनुं हित समजुं छुं. जो देशनुं हिंत अंग्रेजोने हाथे थतुं होय तो हूं आजे अंग्रेजने नमीश, जो कोई अंग्रेज कहेशे के हिंदने छूटूं करवुं, जुलमनी सामे थवुं, ने लोकानी सेवा करवी, तो ते अंग्रेजने हुं हिंदी तरीके वधावी लईश.

वळी इटालीनी जेम हिंदने हथियार मळे त्यारे हिंद लडे, आ महाभारत कामनो तमे विचार ज नथी कर्यों जणातो. अंग्रेज दारुगोळे पूरा छे; तेथी कंई डर नथी लागतो, पण अेम तो जणाय छे के तेमनां हथियार वती तेमनी सामे लडवुं हशे तो हिंदने हथियारबंध करवुं ज जोईशे. जो आ थई शकतुं होय तो तेने केटलां वरसो जोईअे? वळी हिंदीमात्रने हथियारबंध करवा ते तो हिंदुस्तान युरोपनी जेम बनाववा जेवूं छे, तेम थाय तो युरोपना जे बेहाल छे ते हिंदना थाय. टूंकामां, हिंदे युरोपनो सुधारो ग्रहण करवो. आम ज थवानुं होय तो सरस वात अे छे के जेओ ते सुधारामां कुशळ छे तेने ज रहेवा दईअे. तेओनी साथे थोडुंघणुं लडी कंईक हक्क लईशुं. नही लईशुं ने दिवस गुजारींशु.

पण वात अेवी छे के हिंदनी प्रजा कदी हथियार धारण नहीं करे, न करे अे ठीक ज छे.

वाचक : तमे बहु आगळ वध्या. बधाने हथियारबंध थवानी जरुर होय नहीं. आपणे प्रथम तो केटलांक खून करी त्रास छोडावशुं पछी थोडा माणसो हथियारबंध तैयार थया हशे ते उघाडा लडशे. तेमां प्रथम तो वीस-पच्चीसेक लाख हिंदी मरशे खरा. पण छेवटे आपणे देश हाथ करीशुं. आपणे गेरीला (बहारवटियाओने मळती) लडत चलावी अंग्रेजने हरावी दईशुं.

हिन्दुस्तान की ऐसी दशा करने का तो आपका इरादा नहीं ही होगा। मैं मानता हूँ कि आपका विचार हिन्दुस्तान के करोड़ों लोगों को सुखी करने का होगा, यह नहीं कि आप या मैं राजसत्ता ले लूँ। अगर ऐसा है तो हमें एक ही विचार करना चाहिए। वह यह कि प्रजा स्वतन्त्र कैसे हो?

आप कुबूल करेंगे कि कुछ देशी रियासतों में प्रजा कुचली जाती है। वहाँ के शासक नीचता से लोगों को कुचलते हैं। उनका जुल्म अंग्रेजों के जुल्म से भी ज्यादा है। ऐसा जुल्म अगर आप हिन्दुस्तान में चाहते हों, तो हमारी पटरी कभी नहीं बैठेगी।

मेरा स्वदेशाभिमान मुझे यह नहीं सिखाता कि देशी राजाओं के मातहत जिस तरह प्रजा कुचली जाती है उसी तरह उसे कुचलने दिया जाए। मुझमें बल होगा तो मैं देशी राजाओं के जुल्म के ख़िलाफ़ और अंग्रेजी जुल्म के ख़िलाफ़ जूझूँगा।

स्वदेशाभिमान का अर्थ मैं देश का हित समझता हूँ। अगर देश का हित अंग्रेजों के हाथों होता हो, तो मैं आज अंग्रेजों को झुककर नमस्कार करूँगा। अगर कोई अंग्रेज कहे कि देश को आज़ाद करना चाहिए, जुल्म के ख़िलाफ़ होना चाहिए और लोगों की सेवा करनी चाहिए, तो उस अंग्रेज को मैं हिन्दुस्तानी मानकर उसका स्वागत करूँगा।

फिर, इटली की तरह जब हिन्दुस्तान को हथियार मिलें तभी वह लड़ सकता है, पर इस भगीरथ (बहुत बड़े) काम का तो मालूम होता है, आपने विचार ही नहीं किया है। अंग्रेज गोला-बारूद से पूरी तरह लैस हैं, इससे मुझे डर नहीं लगता, लेकिन ऐसा तो दीखता है कि उनके हथियारों से उन्हीं के ख़िलाफ़ लड़ना हो, तो हिन्दुस्तान को हथियारबंद करना होगा।

अगर ऐसा हो-सकता हो तो इनमें कितने साल लगेंगे? और तमाम हिन्दुस्तानियों को हथियारबंद करना तो हिन्दुस्तान को यूरोप सा बनाने जैसा होगा। अगर ऐसा हुआ तो आज यूरोप के जो बेहाल हैं वैसे ही हिन्दुस्तान के भी होंगे। थोड़े में हिन्दुस्तान को यूरोप की सभ्यता अपनानी होगी। ऐसा ही होने वाला हो तो अच्छी बात यह होगी कि जो अंग्रेज उस सभ्यता में कुशल हैं, उन्हीं को हम यहाँ रहने दें। उनसे थोड़ा-बहुत झगड़ कर कुछ हक हम पाएँगे, कुछ नहीं पाएँगे और अपने दिन गुजारेंगे।

लेकिन बात तो यह है कि हिन्दुस्तान की प्रजा कभी हथियार नहीं उठायेगी। न उठाये यह ठीक ही है।

पाठक : आप तो बहुत आगे बढ़ गये। सबके हथियारबंद होने की ज़रूरत नहीं। हम पहले तो कुछ अंग्रेजों का खून करके आतंक फैलाएँगे। फिर तो थोड़े लोग हथियारबंद होंगे, वे खुल्लमखुल्ला लड़ेंगे। उसमें पहले तो बीस-पचीस लाख हिन्दुस्तानी ज़रूर मरेंगे, लेकिन आखिर हम देश को अंग्रेजों से जीत लेंगे। हम गुरील्ला (डाकुओं जैसी) लड़ाई लड़कर अंग्रेजों को हरा देंगे।

अधिपति : तमारो विचार हिंदनी पवित्र भूमिने राक्षसी बनाववानो लागे छे. खून करीने हिंदने छोडावशूं अे विचार करतां तमने त्रास केम नथी छूटतो? खून तो आपणे आपणुं करवुं घटे छे, केम के आपणे बायला बन्या छीअे त्यारे खूननो विचार करीअे छीअे. आवुं काम करीने तमे कोने छोडावशो? हिंदी प्रजा अेवुं कदी इच्छती नथी. आपणा जेवा, जेमणे अधम सुधारारुपी भांग पीधी छे, ते ज अेवो विचार केफमां करे छे. खून करीने राज्य भोगवशे ते प्रजाने सुखी करवाना नथी. जे खून धींगराअे कर्युं, जे खून हिंदुस्तानमां थयां छे, तेथी फायदो थयो छे अेम मानता होय ते मोटी भूल करे छे, धींगराने हूं देशभिमानी गणुं छुं. पण तेनी प्रीति घेली हती. तेणे पोताना शरीरनो भोग कुमार्गे आप्यो छे. तेथी अंते गेरफायदो ज छे.

वाचक : पण तमारे अेटलुं तो कबूल करवुं ज पडशे के अंग्रेज आ खून थी डरी गयेल छे. अने लॉर्ड मोर्लेअे जे आप्युं छे ते तेवी धास्तीथी आप्युं छे.

अधिपति : अंग्रेज बीकण प्रजा छे, तेम ज बहादुर छे. दारुगोळानी असर तेनी उपर तुरंत थाय छे अे हुं मानुं छुं. लॉर्ड मोर्लेअे जे आप्युं होय ते धास्तीथी आप्युं होय अेवो संभव छे. पण धास्तीथी मळेली वस्तु धास्ती होय त्यां सुधी ज नभी शके छे.

संपादक : आपका ख़्याल हिन्दुस्तान की पवित्र भूमि को राक्षसी बनाने का लगता है। अंग्रेजों का खून करके हिन्दुस्तान को छुड़ाएंगे ऐसा विचार करते हुए आपको त्रास क्यों नहीं होता? खून तो हमें अपना करना चाहिए, क्योंकि हम नामर्द बन गये हैं, इसीलिए हम खून का विचार करते हैं।

ऐसा करके आप किसे आज़ाद करेंगे? हिन्दुस्तान की प्रजा ऐसा कभी नहीं चाहती। हम जैसे लोग ही, जिन्होंने अधम सभ्यता रूपी भाँग पी है, नशे में ऐसा विचार करते हैं। खून करके जो लोग राज करेंगे, वे प्रजा को सुखी नहीं बना सकेंगे। धींगड़ा ने जो खून किया है उससे या जो खून हिन्दुस्तान में हुए हैं उनसे देश को फायदा हुआ है, ऐसा अगर कोई मानता हो तो वह बड़ी भूल करता है। धींगरा को मैं देशाभिमानी मानता हूँ, लेकिन उसका देश प्रेम पागलपन से भरा था। उसने अपने शरीर का बलिदान गलत तरीके से दिया। उससे अंत में तो देश को नुकसान ही होने वाला है।

पाठक : लेकिन आपको इतना तो कुबूल करना ही होगा कि अंग्रेज इस खून से डर गये हैं और लॉर्ड मॉर्ले ने जो कुछ हमें दिया है वह ऐसे डर से ही दिया है।

संपादक : अंग्रेज जैसे डरपोक प्रजा हैं वैसे बहादुर भी हैं। गोला-बारूद का असर उन पर तुरन्त होता है, ऐसा मैं मानता हूँ। संभव है, लॉर्ड मॉर्ले ने हमें जो कुछ दिया वह डर से दिया हो, लेकिन डर से मिली हुई चीज जब तक डर बना रहता है तभी तक टिक सकती है।

१६. दारूगोळो

वाचक : धास्तीथी अपायेलुं धास्ती होय त्यां सुधी ज नभी शके, अे वळी विचित्र वात करी. आप्युं ते आप्युं. तेमां वळी शो फेरफार थाय?

अधिपति : अेम नथी. १८५७नो रुक्को अपायो ते बंडने अंते. लोकशान्ति जाळववा सारु. ज्यारे शान्ति थई अने लोको भोळा दिलना बनी गया त्यारे तेनो अर्थ फर्यो, हूं सजानी धास्तीथी चोरी न करुं, तो ज्यारे सजानी धास्ती जती रहे त्यारे चोरी करवानुं पाछुं मन थशे ने हुं चोरी करीश, आ तो बहु साधारण अनुभव छे; तेमां इनकार करी शकाय अेवूं नथी. आपणे धारी लीधुं छे के दम भरावीने लोको पासेथी काम लई शकाय छे अने तेथी आपणे तेम करता आव्या छीअे.

वाचक : आम तमे बोलो छो ते तमारी विरुद्ध जाय छे अेम तमने नथी जणातुं? तमारे कबूल करवुं पडशे के अंग्रेजोअे पोते जे कंई मेळव्युं ते मारामारी करीने मेळव्युं छे. तमे कही गया छो के तेओअे मेळवेलुं नकामुं छे, अे मने याद छे. तेथी मारी दलीलने धक्को नथी पहोंचतो. तेओअे नकामुं मेळववा धार्युं ने ते मेळव्युं. मतलब अे छे के तेओअे पोतानी धारणा पार पाडी. साधन शुं हतुं तेनी शी फिकर छे? आपणी मुराद सरस होय ते केम आपणे गमे ते साधनथी, मारामारी करीने पण, पार न पाडीअे? चोर मारा घरमां पेसे त्यारे कंई हुं साधननो विचार करीश? मारो धर्म तो तेने गमे तेम करीने काढवानो ज छे.

तमे कबूल करता जणाओ छो के आपणने अरजी करता कशुं मळ्युं नथी अने मळवानुं नथी. त्यारे पछी मारीने केम न लईअे?

जरुर जणाशे तेटली मारनी बीक हंमेशा जारी राखीशुं. बच्चुं आगमां पग मुके, तेने तेमांथी बचाववा आपणे तेनी उपर दाब राखीअे तेमां तमे पण दोष नहीं जोशो. ज्यांत्यांथी आपणे तो कार्यसिद्धी करी लेवानी छे.

अधिपति : तमे ठीक दलील करी छे. ते अेवी छे के तेथी घणा छेतराया छे. हु पण

गोला-बारूद

पाठक : डर से दिया हुआ जब तक डर रहे तभी तक टिक सकता है, यह तो आपने विचित्र बात कही। जो दिया सो दिया। उसमें फिर क्या हेरफेर हो सकता है?

संपादक : ऐसा नहीं है। १८५७ की घोषणा बलवे के अंत में लोगों में शान्ति कायम रखने के लिए की गई थी, जब शान्ति हो गई और लोग भोले दिल के बन गये तब उसका अर्थ बदल गया। अगर मैं सज़ा के डर से चोरी न करूँ, तो सज़ा का डर मिट जाने पर चोरी करने की मेरी फिर से इच्छा होगी और मैं चोरी करूँगा।

यह तो बहुत ही साधारण अनुभव है, इससे इनकार नहीं किया जा सकता। हमने मान लिया है कि डाँट-डपटकर लोगों से काम लिया जा सकता है और इसलिए हम ऐसा करते आए हैं।

पाठक : आपकी यह बात आपके ख़िलाफ़ जाती है, ऐसा आपको नहीं लगता? आपको स्वीकार करना होगा कि अंग्रेजों ने खुद जो कुछ हासिल किया है, वह मार-काट करके ही हासिल किया है। आप कह चुके हैं कि मार-काट से उन्होंने जो कुछ हासिल किया है वह बेकार है, यह मुझे याद है इससे मेरी दलील को धक्का नहीं पहुँचता।

उन्होंने बेकार चीज पाने का सोचा और उसे पाया। मतलब यह किउन्होंने अपनी मुराद पूरी की। साधन क्या था, इसकी चिन्ता हम क्यों करें? अगर हमारी मुराद अच्छी हो तो क्या उसे हम चाहे जिस साधन से, मार-काट करके भी पूरा नहीं करेंगे? चोर मेरे घर में घुसे तब क्या मैं साधन का विचार करूँगा? मेरा धर्म तो उसे किसी भी तरह बाहर निकालने का ही होगा।

ऐसा लगता है कि आप यह तो कुबूल करते हैं कि हमें सरकार के पास अर्जियां भेजने से कुछ नहीं मिला है और न आगे कभी मिलने वाला है। तो फिर उन्हें मारकर हम क्यों न लें?

ज़रूरत हो उतनी मार का डर हम हमेशा बनाये रखेंगे। बच्चा अगर आग में पैर रखे और उसे आग से बचाने के लिए हम उस पर रोक लगाएँ, तो आप भी इसे दोष नहीं मानेंगे। किसी भी तरह हमें अपना काम पूरा कर लेना है।

संपादक : आपने दलील तो अच्छी की। वह ऐसी है कि बहुतों ने उससे धोखा खाया

तेवी दलील करतो. पण हवे मारी आंख खूली छे ने हुं मारी भूल जोई शकुं छुं. तमने ते बताववा महेनत करीश.

प्रथम तो अंग्रेजोअे जे मेळव्युं ते मारामारी करी मेळव्युं, तेथी आपणे पण तेम करी मेळवीअे, अे विचार लईअे. अंग्रेजे मारामारी करी अने आपणे पण करी शकीअे, अे वात तो बराबर छे. पण जे वस्तु तेओने मळी तेवी ज आपणे लई शकीअे छीअे. तमे कबूल करशो के तेवुं आपणने न ज जोईअे.

तमे मानो छो तेम साधन अने साध्य-मुराद-वच्चे संबंध नथी ते बहु ज मोटी भूल छे. अे भूलथी, जे धर्मिष्ठ माणसो गणाया छे, तेओअे घोर कर्म कर्या छे. अे तो कडवीनो वेलो वावी तेमांथी मोगराना फूलनी इच्छा राखवा जेवूं थयुं. मारे दरियो ओळंगवानु साधन वहाण ज होई शके. जो गाडुं पाणीमां झंपलावुं तो गाडुं अने हूं बंने तळिये जईअे. जेवा देव तेवी पूजा, अे बहु विचारवा जेवुं वाक्य छे. तेनो खोटो अर्थ करी लोको भरमाया छे. साधन अे बीज छे, अने साध्य-मेळववानुं-अे झाड छे. अेटले जेटलो संबंध बीज अने झाड वच्चे छे तेटलो साधन अने साध्य वच्चे छे. शेताननने भजीने हुं ईश्वरभजननुं फळ मेळवुं अे बनवा जोग नथी. अेटले अेम कहेवुं के आपणे तो ईश्वरने ज भजवो छे, साधन भले शेतान होय, अे तो तद्दन अज्ञाननी वात छे. जेवी करणी तेवी पारउतरणी होय छे. अग्रेजोंअे मारामारी करीने 1833 मां वोटना विशेष हको लीधा. शुं मारामारी करीने तेओ पोतानी फरज समझी शक्या? तेओनी धारणा हक मेळववानी हती ते तेओअे मारामारी करीने मेळव्या. खरा हक्क फरजनुं फळ छे. ते तेओअे नथी मेळव्या. परिणाम अे आव्युं छे के सहू हक मेळववा मथ्या छे, फरज ऊंघी गई छे. ज्यां बधा हक्कनी वात करे, त्यां कोण कोने आपे? तेओ कशी फरज नथी बजावता अेम कहेवानो हेतु अहीं नथी. पण जे हक तेओ मागता हता तेने लईने बजाववानी फरज तेओअे बजावी नथी. तेओअे लायकात मेळवी नथी. तेथी तेओना हक तेओने गळे धूंसरीरुप थई पड्या छे. अेटले जे तेओने मळ्युं छे, ते तेओना साधननुं ज परिणाम छे. तेओने जेवुं जोईतुं हतुं तेवां साधन तेओअे वापर्या.

मारे तमारी पासेथी तमारी घडियाळ छीनवी लेवी हशे तो मारे बेशक तमारी साथे मारामारी करवी पडशे. पण जो मारे तमारी घडियाळ वेचाती लेवी हशे तो तमने दाम आपवां पडशे. पण जो मारे बक्षिस लेवी हशे तो मारे करगरवुं पडशे. घडियाळ मेळववामां में जे साधन वापर्यु ते प्रमाणे ते चोरीनो माल, मारो माल के बक्षिस, अेम थयुं. त्रण साधननां त्रण जुदां जुदां परिणाम आव्यां. हवे तमे केम कही शकशो के साधननी फिकर नथी?

हवे चोरने काढवानो दाखलो लईअे. हुं तमारा विचारने मळतो नथी के चोरने काढवामां

है। मैं भी ऐसी ही दलील करता था, लेकिन अब मेरी आँखें खुल गई हैं और मैं अपनी गलती समझ सकता हूँ। आपको वह गलती बताने की कोशिश करूँगा।

पहले तो इस दलील पर विचार करें कि अंग्रेजों ने जो कुछ पाया वह मार-काट करके पाया, इसलिए हम भी वैसा ही करके मनचाही चीज पाएँ। अंग्रेजों ने मार-काट की और हम भी कर सकते हैं, यह बात तो ठीक है, लेकिन मार-काट से जैसी चीज उन्हें मिली वैसी ही हम भी ले सकते हैं। आप कुबूल करेंगे कि वैसी चीज हमें नहीं चाहिए।

आप मानते हैं कि साधन और साध्य, ज़रिया और मुराद के बीच कोई संबंध नहीं है। यह बहुत बड़ी भूल है। इस भूल के कारण जो लोग धार्मिक कहलाते हैं, उन्होंने घोर कर्म किये हैं। यह तो धतूरे का पौधा लगाकर मोगरे के फूल की इच्छा करने जैसा हुआ। मेरे लिए समुद्र पार करने का साधन जहाज ही हो सकता है। अगर मैं पानी में बैलगाड़ी डाल दूँ तो गाड़ी और मैं दोनों समुद्र के तले पहुँच जाएँगे। जैसे देव वैसी पूजा यह वाक्य बहुत सोचने लायक है। उसका गलत अर्थ करके लोग भुलावे में पड़ गए हैं। साधन बीज है और साध्य (हासिल करने की चीज) पेड़ है। इसलिए जितना सम्बन्ध बीज और पेड़ के बीच है, उतना ही साधना और साध्य के बीच है। शैतान को भजकर मैं ईश्वर भजन का फल पाऊं, यह कभी हो ही नहीं सकता। इसलिए यह कहना कि हमें तो ईश्वर को ही भजना है, साधन भले शैतान हो, बिल्कुल अज्ञान की बात है। जैसी करनी वैसी भरनी। अंग्रेजों ने मार-काट करके 1833 में वोट के विशेष अधिकार पाए। क्या मार-काट करके वे अपना फ़र्ज समझ सके? उनकी मुराद अधिकार पाने की थी, इसलिए उन्होंने मार-काट मचाकर अधिकार पा लिए। सच्चे अधिकार तो फ़र्ज के फल हैं, वे अधिकार उन्होंने नहीं पाए। नतीजा यह हुआ कि सबने अधिकार पाने का प्रयत्न किया, लेकिन फ़र्ज सो गया। जहाँ सभी अधिकार की बात करें, वहाँ कौन किसको दे? वे कोई भी फ़र्ज अदा नहीं करते, ऐसा कहने का मतलब यहाँ नहीं है, लेकिन जो अधिकार वे माँगते थे उन्हें हासिल करके उन्होंने वे फ़र्ज पूरे नहीं किये जो उन्हें करने चाहिए थे। उन्होंने योग्यता प्राप्त नहीं की, इसलिए उनके अधिकार उनकी गर्दन पर जुए की तरह सवार हो बैठे हैं। इसलिए जो कुछ उन्होंने पाया है, वह उनके साधन का ही परिणाम है। जैसी चीज उन्हें चाहिए थी वैसे साधन उन्होंने काम में लिये।

मुझे अगर आपसे आपकी घड़ी छीन लेनी हो, तो बेशक आपके साथ मुझे मार-पीट करनी होगी, लेकिन अगर मुझे आपकी घड़ी खरीदनी हो, तो आपको दाम देने होंगे। अगर मुझे बख्शीश के तौर पर आपकी घड़ी लेनी होगी, तो मुझे आपसे विनती करनी होगी। घड़ी पाने के लिए मैं जो साधन काम में लूँगा, उसके अनुसार वह चोरी का माल, मेरा माल या बख्शीश की चीज होगी। तीन साधनों के तीन अलग परिणाम आएँगे। तब आप कैसे कह सकते हैं कि साधन की कोई चिन्ता नहीं?

अब चोर को घर से निकालने की मिसाल लें। मैं आपसे इसमें सहमत नहीं हूँ कि चोर

गमे ते साधन वापरी शकाय छे.

जो मारा घरमां मारो बाप चोरी करवा आवशे तो हुं अेक साधन वापरीश, ते ज साधन मारों कोई ओळखीतों चोरी करवा आव्यों हशे तो नही वापरु. वळी कोई अजाण्यो माणस आव्यों हशे तो त्रीजुं साधन वापरीश. जो ते माणस गोरो हशे तो अेक साधन, हिंदी हशे तो बीजुं साधन, अे पण वखते तमे तो कहेशो. जो कोई मुडदाल छोकरो चोरी करवा आव्यो हशे तो वळी तद्दन जुदुं साधन वापरीश. जो ते मारो बरोबरियों हशे तो वळी कंई जुदुं. अने जो ते ते माणस हथियारबद्ध जोरावर हशे तो हुं छानो सूतो रहीश. आमां बापथी मांडीने बळियानी वच्चे जुदां साधनो वपराशे. बाप हशे तोपण मने लागे छे के हुं सूतो रहीश अने पेलो हथियारबळियो हशे तोपण सूतो रहीश. बापमां पण बळ छे. हथियारबद्ध माणसमां पण बळ छे. बंने बळने वश रहीं हूं मारी वस्तु जती करीश. बापनुं बळ मने दयाथी रोवरावशे, हथियारनुं बळ मारा मनमां रोष उत्पन्न करशे. अमे कट्टा दुश्मन थईशुं. आवी कफोडी दशा छे. आ दाखलाओं उपरथी आपणे बंने साधनना निश्चय उपर तो नहीं आवी शकीअे. मने तो आ चोरना संबंधमां शुं करवुं अे सूझी आवे छे. पण ते इलाज तमने भडकावे तेथी हूं तमारी पासे मूकतो नथी. तमे समजी लेजो, अने नहीं समजो ते दरेक वखते जुदां साधन तमारे लेवां पडशे, पण तमे एटलुं तो जोयुं के चोरने काढवाने गमे ते साधन काम नहीं आवे. अने जेवुं साधन लेशो तेने लगतुं परिणाम आवशे. तमारो धर्म गमे तेम करीने चोरने काढवानो नथी ज.

जरा आगळ वधीअे, पेलो हथियारबळियो तमारी वस्तु लई गयो छे. तमे ते याद राखी. तमने गुस्सो छे. तमे ते लुच्चाने तमारे सारु नहीं, पण लोककल्याणने सारु शिक्षा करवा मागो छो. तमे माणसो अेकठा कर्या. तेना घर उपर तमे चडी गया. तेने खबर पडी. ते नाठो. तेणे बीजा लूंटारा अेकठा कर्या.

ते खिजायो छे. तेणे तमारुं घर घोळे दहाडे लूंटवानुं कहेण हवे तो मोकल्युं छे. तमे बळवान छो, डरता नथी. तमे तमारी तैयारीमां छो. दरमियान लूंटारो तमारी आसपासना लोकोने कनडे छे. तेओ तमारी पासे फरियाद करे छे. तमे कहो छो: ''हुं तमारे सारु तो आ बधुं करुं छुं. मारो माल गयो ते तो कंई ज विसातनी वात न हती''. लोको कहे छे : ''पहेलां तो अमने ते न ज लूटतो. तमे तेनी साथे लडाई शुरु करी त्यारथी तेणे आ शरु कर्यु छे''. तमे सपडाया छो. गरीब उपर तमने रहेम छे. तेओनी वात साची छे. हवे शुं करवुं? लुटाराने छोडवो? तेमां तो तमारी लाज जाय. लाज तो सहुने वहाली होय. तमे गरीबोने कहो छो: ''फिकर नहीं. आवो मारुं धन ते तमारुं छे. हूं तमने हथियार आपुं छुं. तमने तेनो उपयोग शीखवीश, ने तमे बदमाशने मारजो, मेलशो मां''. आम संग्राम वध्यो. लूंटारा वध्या, लोकोअे हाथे चोळीने आंख लाल करी.

को निकालने के लिए चाहे जो साधन काम में लिया जा सकता है।

अगर मेरे घर में मेरा पिता चोरी करने आएगा, तो मैं एक साधन काम में लूँगा। अगर कोई मेरी पहचान को चोरी करने आएगा, तो मैं यही साधन काम में नहीं लूँगा और कोई अनजान आदमी आएगा, तो मैं तीसरा साधन काम में लूँगा। अगर वह गोरा हो तो एक साधन और हिन्दुस्तानी हो तो दूसरा साधन काम में लाना चाहिए, ऐसा भी शायद आप कहेंगे। अगर कोई मुर्दार लड़का चोरी करने आया होगा, तो मैं बिल्कुल दूसरा ही साधन काम में लूँगा। अगर वह मेरी बराबरी का होगा, तो और ही कोई साधन मैं काम में लूँगा और अगर वह हथियारबंद तगड़ा आदमी होगा, तो मैं चुपचाप सो रहूँगा। इसमें पिता से लेकर ताकतवर आदमी तक अलग-अलग साधन इस्तेमाल किये जाएँगे। पिता होगा तो भी मुझे लगता है कि मैं सो रहूँगा और हथियार से लैस कोई होगा तो भी मैं सो रहूँगा। पिता में भी बल है, हथियारबंद आदमी में भी बल है। दोनों बलों के बस होकर मैं अपनी चीज को जाने दूँगा। पिता का बल मुझे दया से रुलाएगा। हथियारबंद आदमी का बल मेरे मन में गुस्सा पैदा करेगा, हम कट्टर दुश्मन हो जाएँगे। ऐसी मुश्किल हालत है। इन मिसालों से हम दोनों साधनों के निर्णय पर तो नहीं पहुँच सकेंगे। मुझे तो सब चोरों के बारे में क्या करना चाहिए यह सूझता है, लेकिन उस इलाज से आप घबरा जाएँगे, इसलिए मैं आपके सामने उसे नहीं रखता। आप इसे समझ लें और अगर नहीं समझेंगे तो हर वक्त आपको अलग साधन काम में लेने होंगे, लेकिन आपने इतना तो देखा कि चोर को निकालने के लिए चाहे जो साधन काम नहीं देगा और जैसा साधन आपका होगा उसके मुताबिक नतीजा आयेगा। आपका धर्म किसी भी साधन से चोर को घर से निकालने का हरगिज नहीं है।

जरा आगे बढ़ें। वह हथियारबंद आदमी आपकी चीज ले गया है। आपने उसे याद रखा है। आपके मन में उस पर गुस्सा भरा है। आप उस लुच्चे को अपने लिए नहीं, लेकिन लोगों के कल्याण के लिए सज़ा देना चाहते हैं। आपने कुछ आदमी जमा किए। उसके घर पर आपने धावा बोलने का निश्चय किया। उसे मालूम हुआ।

वह भागा। उसने दूसरे लुटेरे जमा किये। वह भी खीजा हुआ है। अब तो उसने आपका घर दिन-दहाड़े लूटने का संदेशा आपको भेजा है। आप उसके मुकाबले के लिए तैयार बैठे हैं। इस बीच लुटेरा आपके आसपास के लोगों को हैरान करता है। वे आपसे शिकायत करते हैं। आप कहते हैं : ''यह सब मैं आप ही के लिए तो करता हूँ मेरा माल गया उसकी तो कोई बिसात ही नहीं'' लोग कहते हैं : ''पहले तो वह हमें लूटता नहीं था। आपने जब से उसके साथ लड़ाई शुरू की है तभी से उसने यह काम शुरू किया है।'' आप दुविधा में फँस जाते हैं। गरीबों के ऊपर आपको रहम है। उनकी बात सही है। अब क्या किया जाए? क्या लुटेरे को छोड़ दिया जाए? इससे तो आपकी इज़्ज़त चली जायेगी। इज़्ज़त सबको प्यारी होती है। आप गरीबों से कहते हैं : ''कोई फिक्र नहीं। आइये, मेरा धन आपका ही है। मैं आपको हथियार देता हूँ। मैं आपको उनका उपयोग सिखाऊंगा।

चोरनी उपर वेर लेवानुं परिणाम अे आव्युं के ऊंघ वेची उजागरो लीधो, शान्ति हती त्यां अशान्ति थई.

पहेलां तो मोत आवतुं त्यारे मरता. हवे तो सदाय मरवानो दहाडो आव्यों, हिंमतवान मटी नाहिंमत बन्या. आमां कंई वधारे पडतो चितार नथी आप्यो, अेम तमे धीरजथी जोई शकशो. आ अेक साधन.

हवे बीजुं साधन तपासीअे. चोरने तमे अज्ञान गण्यो, कोई वेळा लाग आवशे तो तमे तेने समजाववा धार्युं छे. तमे विचार्यु के ते पण आदमजात छे. तेणे शा हेतुथी चोरी करी ते तमे केम जाणो? तमारो सारो रस्तो ते अे ज छे के, ज्यारे समय आवशे त्यारे तमे तेनामांथी चोरीनुं बीज ज काढशो. आम तमे ख्याल करो छो तेवामां तो भाईसाहेब पाछा चोरी करवा आव्या तमे गुस्से न थया. तमे तेनी उपर दया खाधी. तमने लाग्युं के आ माणस दरदी छे. तमे बारीबारणां खुल्लां मुक्या तमे सूवानी जग्या बदली. तमारी जणसो झट लेवाय तेम राखी. चोर आव्यो. ते गभरायो, आ तो तेणे नवुं जोयुं. माल तो लई गयो, पण तेनुं मन चकडोळे चढयुं. तेणे गाममां तपास करी. तमारी दयानी तेने जाण थई. अे पस्तायो ने तमारी माफी मांगी. तमारी जणस पाछी लाव्यो. तेणे चोरीनो धंधो छोड्यो. तमारो ते सेवक बन्यो. तमे तेने धंधे वळगाड्यो. आ बीजुं साधन.

तमे जुओ छो के जुदा साधनथी जुदुं परिणाम आवे छे. बधा चोर आम जं वर्ते अथवा बधामां तमारा जेवो दयाभाव होय अेम आमांथी हुं साबित करवा नथी मागतो. पण अेटलुं ज बताववा मागुं छुं के सारां परिणाम लाववाने सारां ज साधन जोईअे. अने हंमेशां नहीं. तो घणखरे भागे हथियारबळ करतां दयाबळ वधारे जोरावर छे. हथियारमां हानि छे, दयामां कदी नथी.

हवे अरजीनी वात लईअे. जेनी पछवाडे बळ नथी ते अरजी नकामी छे, अे शंका विनानी वात छे. छतां मरहूम जस्टिस रानडे कहेता के अरजी अे लोकोने केळववानुं साधन छे. तेथी लोकोने पोताने स्थितिनु भान आपी शकाय छे ने राजकर्ताने चेतवणी आपी शकाय छे. आम विचारतां अरजी अे नकामी वस्तु नथी. बरोबरिया माणस अरजी करे ते तेना विनयनी निशानी गणाशे. गुलाम अरजी करे ते तेनी गुलामीनी निशानी छे. जे अरजीनी पाछळ बळ छे ते बरोबरियानी अरजी छे. अने ते पोतानी मागणी अरजीरुपे जाहेर करे ते तेनी खानदानी बतावे छे.

अरजीनी पाछळ बे प्रकारनां बळ छे. अेक तो 'नही आपो तो तमने मारीशुं'. आ दारुगोळाबळ छे. तेनुं खराब परिणाम आपणे जोई गया. बीजुं बळ ते आ छे: 'तमे नही आपो तो अमे तमारा अरजदार नही रहीअे. अमे अरजदार होइशुं तो तमे बादशाह रहेशो. अमे तमारी साथे रमवाना नथी'. आ बळने दयाबळ कहो. आत्मबळ कहो, के

आप उस बदमाश को मारिए, छोड़िए नहीं'', यों लड़ाई बढ़ी। लुटेरे बढ़े। लोगों ने खुद होकर मुसीबत मोल ली। चोर से बदला लेने का परिणाम यह आया कि नींद बेचकर जागरण मोल लिया। जहाँ शांति थी वहाँ अशांति पैदा हुई। पहले तो जब मौत आती तभी मरते थे। अब तो सदा ही मरने के दिन आए। लोग हिम्मत हारकर पस्तहिम्मत बने। इसमें मैंने बढ़ा-चढ़ाकर कुछ नहीं कहा है, यह आप धीरज से सोचेंगे तो देख सकेंगे। यह एक साधन हुआ।

अब दूसरे साधन की जाँच करें। चोर को आप अज्ञानी मान लेते हैं। कभी मौका मिलने पर उसे समझाने का आपने सोचा है। आप यह भी सोचते हैं कि वह भी हमारे जैसा आदमी है। उसने किस इरादे से चोरी की, यह आपको क्या मालूम? आपके लिए अच्छा रास्ता तो यही है कि जब मौका मिले तब आप उस आदमी के भीतर से चोरी का बीज ही निकाल दें। ऐसा आप सोच रहे हैं, इतने में वे भाई साहब फिर से चोरी करने आते हैं। आप नाराज नहीं होते। आपको उस पर दया आती है।

आप सोचते हैं कि यह आदमी रोगी है। आप खिड़की-दरवाजे खुले कर देते हैं। आप अपनी सोने की जगह बदल लेते हैं। आप अपनी चीजें झट ले जाई जा सकें इस तरह रख देते हैं। चोर आता है। वह घबराता है। यह सब उसे नया ही मालूम होता है। माल तो वह ले जाता है, लेकिन उसका मन चक्कर में पड़ जाता है। वह गाँव में जाँच-पड़ताल करता है। आपकी दया के बारे में उसको मालूम होता है। वह पछताता है और आपसे माफी माँगता है।

आपकी चीजें वापस ले आता है। वह चोरी का धंधा छोड़ देता है। आपका सेवक बन जाता है। आप उसे काम-धंधे से लगा देते हैं। यह दूसरा साधन है।

आप देखते हैं कि अलग-अलग साधनों के अलग-अलग नतीजे आते हैं। सब चोर ऐसा ही बरताव करेंगे या सब में आपका-सा दया भाव होगा, ऐसा मैं इससे साबित नहीं करना चाहता, लेकिन यही दिखाना चाहता हूँ कि अच्छे नतीजे लाने के लिए अच्छे ही साधन चाहिए और अगर सब नहीं तो ज्यादातर मामलों में हथियार बल से दयाबल ज्यादा ताकतवर साबित होता है। हथियार में हानि है, दया में कभी नहीं।

अब अर्ज़ी की बात लें, जिसके पीछे बल नहीं है वह अर्ज़ी निकम्मी है, इसमें कोई शक नहीं। फिर भी स्व. न्यायमूर्ति रानाडे कहते थे कि अर्ज़ी लोगों को तालीम देने का एक साधन है। उससे लोगों को अपनी स्थिति का भान कराया जा सकता है और राजकर्ता को चेतावनी दी जा सकती है। यों सोचें तो अर्ज़ी निकम्मी चीज है। बराबरी का आदमी अर्ज़ी करेगा तो वह उसकी नम्रता की निशानी मानी जाएगी। गुलाम अर्ज़ी करेगा तो वह उसकी गुलामी की निशानी होगी। जिस अर्ज़ी के पीछे बल है वह बराबरी के आदमी की अर्ज़ी है और वह अपनी माँग अर्ज़ी के रूप में रखता है, यह उसकी खानदानियत को बताता है।

सत्याग्रह कहो. ते बळ अविनाशी छे ने ते बळ वापरनार पोतानी स्थिति बरोबर समजनारो छे. तेनो समावेश आपणा घरडाओंअे 'अेक नन्नो छत्रीस रोगने हरे' तेमां कर्यां छे. ते बळ जेनामां छे तेनी पासे हथियारबळ काम करी शक्तु ज नथी.

बच्चुं आगमां पग मूके तेने दबाववानी वातनो दाखलो तपासता तमे हारी जवाना छो. तमे बच्चानी उपर शुं करो छो? कदी मानो के बच्चुं तमारी पासे अेवुं जोर करी शके के तमने ते मारीने आगमां जशे; आगमां जतुं ते अटकशे ज नही. अेनो उपाय तमारी पासे आ छे: कां तो आगमां जतुं अटकाववा तमारे तेनो प्राण लेवो अथवा तो तेने आगमां जतुं तमे नथी जोई शकता, तेथी तमे तेने तमारो प्राण आपो. तमे बच्चानो प्राण तो नथी लेवाना. तमारामां दयाभाव संपूर्ण नही होय तो तमे तमारो प्राण नहीं आपो अेवो संभव छे. तो तमे लाचारीथी बच्चाने आग मां जवा देशो. अेटले तमे बच्चानी उपर हथियारबळ नथी वापरता. बच्चाने तमे बीजी रीते रोकी शको तो रोको अे ओछु: पण ते हथियारबळ छे अेम न मानी लेजो. अे बळ जुदा ज प्रकारनुं छे. ते ज समजी लेवानुं रह्युं छे.

वळी बच्चाने अटकाववामां तमे मात्र बच्चानो स्वार्थ जुओ छो. जेनी उपर अंकुश मूकवा मागो छो तेना ज स्वार्थने खातर तमे अंकुश मूकशो. आ दाखलो अंग्रेजने लागु पडतो ज नथी. तमे अंग्रेजनी उपर हथियारबळ वापरवा मागो तेमां तमारो ज, अेटले प्रजानो स्वार्थ जुओ छो. तेमां दया लेशमात्र नथी. जो तमे अेम कहो के अंग्रेज अधम काम करे छे ते आग छे, ते आगमां अज्ञानथी जाय छे, तेमांथी तमे दया खाई अज्ञानीने अेटले बच्चाने बचाववा मागो छो, तो ते अखतरो अजमाववा तमारे ज्यां ज्यां जे जे माणस अधम करता होय त्यां त्यां पहोंचवुं पडशे, अने त्यां त्यां सामेनानो-बच्चानो-प्राण लेवाने बदले तमारो प्राण होमवो पडशे. अेटलो पुरुषार्थ करवा धारो तो तमे मुखत्यार छो. वात असंभवित छे.

अर्ज़ी के पीछे दो तरह के बल होते हैं, "अगर आप नहीं देंगे तो हम आपको मारेंगे।" यह गोला-बारूद का बल है। इसका बुरा नतीजा हम देख चुके। दूसरा बल यह है: "अगर आप नहीं देंगे तो हम आपके अर्ज़दार नहीं रहेंगे। हम अर्ज़दार होंगे तो आप बादशाह बने रहेंगे। हम आपके साथ कोई व्यवहार नहीं रखेंगे।" इस बल को चाहे दयाबल कहें, चाहे आत्मबल कहें या सत्याग्रह कहें। यह बल अविनाशी है और इस बल का उपयोग करने वाला अपनी हालत को बराबर समझता है। इसका समावेश हमारे बुजुर्गों ने 'एक नहीं सब रोगों की दवा' में किया है। यह बल जिसमें है उसका हथियार बल कुछ नहीं बिगाड़ सकता।

बच्चा अगर आग में पैर रखे, तो उसको दबाने की मिसाल की छानबीन करने में तो आप हार जाएँगे। बच्चों के साथ आप क्या करेंगे? मान लीजिए कि बच्चा ऐसा जोर करे कि आपको मारकर वह आग में जा पड़े, तब तो आग में पड़े बिना वह रहेगा ही नहीं। इसका उपाय आपके पास यह है : या तो आग में पड़ने से रोकने के लिए आप उसके प्राण ले लें या उसका आग में पड़ना आपसे देखा नहीं जाता इसलिए आप स्वयं आग में पड़कर अपनी जान दे दें।

आप बच्चों के प्राण तो नहीं ही लेंगे। आपमें अगर संपूर्ण दया भाव न हो, तो मुमकिन है कि आप अपने प्राण नहीं देंगे, तो फिर लाचारी से आप बच्चों को आग में कूदने देंगे। इस तरह आप बच्चों पर हथियार-बल का उपयोग नहीं करते हैं। बच्चों को आप और किसी तरह रोक सकें तो रोकेंगे और वह बल कम दर्जे का, लेकिन हथियार बल ही होगा ऐसा भी आप न समझ लें। वह बल और ही प्रकार का है। उसी को समझ लेना है।

बच्चों को रोकने में आप सिर्फ़ बच्चों का स्वार्थ देखते हैं। जिसके ऊपर आप अंकुश रखना चाहते हैं, उस पर उसके स्वार्थ के लिए ही अंकुश रखेंगे। यह मिसाल अंग्रेजों पर जरा भी लागू नहीं होती। आप अंग्रेजों पर जो हथियार बल का उपयोग करना चाहते हैं, उसमें आप अपना ही यानी प्रजा का स्वार्थ देखते हैं। उसमें दया जरा भी नहीं है।

अगर आप यों कहें कि अंग्रेज जो नीच काम करते हैं वह आग है, वे आग में अज्ञान के कारण जाते हैं और आप दया से अज्ञानी को यानी बच्चों को उससे बचाना चाहते हैं, तो इस प्रयोग को आजमाने के लिए आपको जहाँ-जहाँ जो भी आदमी नीच काम करता होगा वहाँ-वहाँ पहुँचना होगा और सामने वाले के बच्चों के प्राण लेने के बजाय अपने प्राणों की आहुति देनी पड़े, इतना पुरुषार्थ आप करना चाहें तो कर सकते हैं, आप स्वतंत्र हैं। पर यह बात बिल्कुल असंभव है।

१७. सत्याग्रह-आत्मबळ

वाचक : तमे जे सत्याग्रह अथवा आत्मबळनी वात करो छो तेनो कंइ ऐतिहासिक पुरावो छे? आज लगी एक पण प्रजा तेवा बळथी चढी होय तेवुं जोवामां नथी आवतुं. मारफाड विना दुष्ट सीधा रहे ज नहीं, एवी प्रतीति हजु पण रह्यां करे छे.

अधिपति : कवि तुलसीदासजीए गायुं छे के,

> *'दया धरम को मूल है, देह मूल अभिमान;*
> *तुलसी दया न छांडिये, जब लग घटमें प्रान.'*

मने तो आ वाक्य शास्त्रवचन जेवुं जणाय छे. जेम बे ने बे ते चार ज होय, तेटलो भरोसो उपरना वाक्य उपर पडे छे. दयाबळ ते आत्मबळ छे, ते सत्याग्रह छे. अने आ बळना पुरावा डगले डगले नजरे आवी रहे छे. ते बळ न होय तो पृथ्वी रसातळ पहोंची गई होत.

पण तमे तो ऐतिहासिक पुरावो मागो छो. एटले आपणे इतिहास कोने कहीए छीए ते जाणवुं पडशे.

'इतिहास' नो शब्दार्थ 'आम थई गयुं' ए छे. ए अर्थ करीए तो तमने सत्याग्रहनां प्रमाण पुष्कळ आपी शकाशे. जे अंग्रेजी शब्दनो 'इतिहास' ए तरजुमो छे अने जे शब्दनो अर्थ बादशाहोनी तवारीख छे, ते अर्थ लेतां सत्याग्रहनुं प्रमाण होई न शके. कथीरनी खाणमां तमे चांदी शोधशो ते केम मळशे? 'हिस्ट्री' मां दुनियाना कोलाहलनी ज कहाणी मळशे. तेथी गोरा लोकोमां कहेवत छे के जे प्रजाने 'हिस्ट्री' (कोलाहल) नथी ते प्रजा सुखी छे. राजाओ केम रमता, तेओ केम खून करता, तेओ केम वैर बांधता, ए बधुं 'हिस्ट्री' मां मळी आवे छे. जो आज इतिहास होय, जो आटलुं ज थयुं होय, तो दुनिया क्यारनी डूबी गई होय. जो दुनियानी कथा लडाईथी शुरु थती होय तो आजे एक पण माणस जीवतो न होय. जे प्रजा लडाईनो ज भोग थई पडी छे तेनी आवी ज दशा थई छे. ऑस्ट्रेलियाना हबसी लोकोनुं निकंदन थई गयुं छे. तेओमांना भाग्ये ज कोईने ऑस्ट्रेलियाना गोराओए जीववा दीधा छे. जेओनी जड

सत्याग्रह–आत्मबल

पाठक : आप जिस सत्याग्रह या आत्मबल की बात करते हैं, उसका इतिहास में कोई प्रमाण है? आज तक दुनिया का एक भी राष्ट्र इस बल से ऊपर चढ़ा हो, ऐसा देखने में नहीं आता। मार–काट के बिना बुरे लोग सीधे रहेंगे ही नहीं, ऐसा विश्वास अभी भी मेरे मन में बना हुआ है।

संपादक : कवि तुलसीदास जी ने लिखा है :

दया धरम को मूल है, पाप मूल अभिमान,
तुलसी दया न छाँड़िये, जब लग घट में प्रान।

मुझे तो यह वाक्य शास्त्र–वचन जैसा लगता है। जैसे दो और दो चार ही होते हैं, उतना ही भरोसा मुझे ऊपर के वचन पर है। दयाबल आत्मबल है, सत्याग्रह है और इस बल के प्रमाण पग–पग पर दिखाई देते हैं। अगर यह बल नहीं होता, तो पृथ्वी रसातल (सात पातालों में से एक) में पहुँच गई होती।

लेकिन आप तो इतिहास प्रमाण चाहते हैं। इसके लिए हमें इतिहास का अर्थ जानना होगा।

'इतिहास' का शब्दार्थ है : 'ऐसा हो गया।' ऐसा अर्थ करें तो आपको सत्याग्रह के कई प्रमाण दिये जा सकेंगे। 'इतिहास' जिस अंग्रेजी शब्द का तरजुमा है और जिस शब्द का अर्थ बादशाहों या राजाओं की इतिहास होता है, उसका अर्थ लेने से सत्याग्रह का प्रमाण नहीं मिल सकता। जस्ते की खान में आप अगर चाँदी ढूँढने जाएँ, तो वह कैसे मिलेगी? 'हिस्टरी' में दुनिया के कोलाहल की ही कहानी मिलेगी। इसलिए गोरे लोगों में कहावत है कि जिस राष्ट्र की 'हिस्टरी' (कोलाहल) नहीं है वह राष्ट्र सुखी है। राजा लोग कैसे खेलते थे, कैसे खून करते थे, कैसे बैर रखते थे, यह सब 'हिस्टरी' में मिलता है। अगर यही इतिहास होता, अगर इतना ही हुआ होता, तब तो यह दुनिया कब की डूब गई होती। अगर दुनिया की कथा लड़ाई से शुरू हुई होती, तो आज एक भी आदमी ज़िंदा नहीं रहता। जो प्रजा लड़ाई का ही भोग (शिकार) बन गई, उसकी ऐसी ही दशा हुई है। आस्ट्रेलिया के हब्शी लोगों का नामोनिशान मिट गया है। आस्ट्रेलिया के गोरों ने उनमें से शायद ही किसी को जीने दिया है। जिनकी जड़ ही खत्म हो गई, वे लोग सत्याग्रही नहीं थे। जो ज़िंदा रहेंगे

नीकळी गई छे तेओ सत्याग्रही न हता. जे जीवशे ते जोशे के ऑस्ट्रिलियाना गोराना पण तेवा ज हाल थशे. 'जेओ तलवार चलावे छे तेमनुं मोत तलवारथी थाय छे'. 'तारानुं मोत पाणीमां छे' एवी आपणामां कहेती छे.

दुनियामां आटला बधा माणसो हजु छे ए जणावे छे के दुनियानुं बंधारण हथियारबळ उपर नथी, पण सत्य, दया के आत्मबळ उपर छे. एटले मोटो ऐतिहासिक पुरावो तो ए ज छे के दुनिया लड़ाईना हंगामो छतां नभी छे. एटले लडाईना बळ करतां बीजुं बळ तेनो आधार छे.

हजारो बलके लाखो माणसो प्रेमवश रही पोतानुं जीवन गुजारे छे, करोडो कुटुंबोना क्लेशनो समावेश प्रेमभावनामां थई जाय छे. सेंकड़ो प्रजा संपथी रहेली छे एनी नोंध 'हिस्ट्री' लेती नथी, 'हिस्ट्री' लई पण न शके, ज्यारे आ दयानो, प्रेमनो के सत्यनो प्रवाह रोकाय छे, तेमां भंगाण पडे छे, त्यारे ज तेनी नोंध तवारीखे चढे छे. एक कुटुंबना बे भाई लड्या. तेमां एके बीजानी सामे सत्याग्रह वापर्यो. बंने पाछा संपीने रहेवा लाग्या, आनी नोंध कोण ले छे? जो बंने भाईमां वकीलोनी मददथी के एवां बीजा कारणोथी वेरभाव वधतां, तेओ हथियारथी के अदालतो (अदालत तो एक प्रकारनुं हथियार, शरीरबळ छे.) थी लडत तो तेओनां नाम छापे चढत, आडोशीपाडोशी जाणत अने वखते तवारीखमां नोंधात, जेम कुटुंबोमां, जेम जमातोमां, जेम संघोमां तेम ज प्रजामां समजी लेवुं, कुटुंबोमा एक कायदो अने प्रजामां बीजो एम मानवानुं कइं ज कारण नथी. 'हिस्ट्री' ए अस्वाभाविक बिनानी नोंध ले छे. सत्याग्रह ए स्वाभाविक छे एटले तेनी नोंध लेवापणुं रहेतुं नथी.

वाचक : तमे कहो छो ए प्रमाणे तो समजाय छे के, सत्याग्रहना दाखला इतिहासे न ज चडी शके; आ सत्याग्रह वधारे समजवानी जरुर छे, तमे शुं कहेवा मागो छो ते वधारे चोखवट करी समजावो तो सारुं.

अधिपति : सत्याग्रह अथवा आत्मबळ एनुं अंग्रेजी 'पॅसिव रिझिस्टन्स' एम कहेवाय छे. ए शब्द जे माणसोए पोताना हक मेळववा पोते दुःख सहन करेलुं ते रीतने लागु पाडवामा आवेलो छे. एनो हेतु लडाईबळनो विरोधी छे. ज्यारे मने कंई काम पसंद न पडे त्यारे ते काम हुं न करुं तेमा हुं सत्याग्रह अथवा आत्मबळ वापरुं छुं.

दाखला तरीके, मने लागु पडतो अमुक कायदो सरकारे पसार कर्यो. ते मने पसंद नथी. त्यारे हुं सरकारनी उपर हुमलो करी कायदो रद करावुं तो में शरीरबळ वापर्युं जो हुं ते कायदो कबूल ज न करु ने तेने लीधे पडती सजा भोगावी लउं, तो में आत्मबळ अथवा सत्याग्रह वापर्यों. सत्याग्रहमां हुं आपभोग आपु छुं.

वे देखेंगे कि आस्ट्रेलिया के गोरे लोगों के भी यही हाल होंगे। 'जो तलवार चलाते हैं उनकी मौत तलवार से ही होती है।' हमारे यहाँ ऐसी कहावत है कि 'तैराक की मौत पानी में'।

दुनिया में इतने लोग आज भी ज़िन्दा हैं, यह बताता है कि दुनिया का आधार हथियार बल पर नहीं है, बल्कि सत्य, दया या आत्मबल पर है। इसका सबसे बड़ा प्रमाण तो यही है कि दुनिया लड़ाई के हंगामे के बावजूद टिकी हुई है। इसलिए लड़ाई के बल के बजाय दूसरा ही बल उसका आधार है।

हजारों बल्कि लाखों लोग प्रेम के बस रहकर अपना जीवन बसर करते हैं। करोड़ों कुटुम्बों का क्लेश प्रेम की भावना में समा जाता है, डूब जाता है। सैकड़ों राष्ट्र मेलजोल से रहे हैं, इसको 'हिस्टरी' नोट नहीं करती, 'हिस्टरी' कर भी नहीं सकती। जब इस दया की, प्रेम की और सत्य की धारा रुकती है, टूटती है, तभी इतिहास में वह लिखा जाता है। एक कुटुम्ब के दो भाई लड़े। इसमें एक ने दूसरे के ख़िलाफ सत्याग्रह का बल काम में लिया। दोनों फिर से मिल-जुलकर रहने लगे। इसका नोट कौन लेता है? अगर दोनों भाइयों में वकीलों की मदद से या दूसरे कारणों से वैरभाव बढ़ता और वे हथियारों या अदालतों (अदालत एक तरह का हथियार-बल, शरीर-बल ही है) के ज़रिये लड़ते तो उनके नाम अखबारों में छपते, (अड़ौस-पड़ौस के लोग जानते और शायद इतिहास में भी लिखे जाते। जो बात कुटुम्बों, जमातों और इतिहास के बारे में सच है, वही राष्ट्र के बारे में भी समझ लेना चाहिए। कुटुम्ब के लिए एक कानून और राष्ट्र के लिए दूसरा, ऐसा मानने का कोई कारण नहीं है। 'हिस्टरी' अस्वाभाविक बातों को दर्ज करती है। सत्याग्रह स्वाभाविक है, इसलिए उसे दर्ज करने की ज़रूरत ही नहीं है।

पाठक : आपके कहे मुताबिक तो यही समझ में आता है कि सत्याग्रह की मिसालें इतिहास में नहीं लिखी जा सकतीं। इस सत्याग्रह को ज्यादा समझने की ज़रूरत है। आप जो कुछ कहना चाहते हैं, उसे ज्यादा साफ़शब्दों में कहेंगे तो अच्छा होगा।

संपादक : सत्याग्रह या आत्मबल को अंग्रेजी में 'पैसिव रेज़िस्टेन्स' कहा जाता है। जिन लोगों ने अपने अधिकार पाने के लिए खुद दुःख सहन किया था, उनके दुःख सहने के ढंग के लिए यह शब्द बरता गया है। उसका ध्येय लड़ाई के ध्येय से उल्टा है। जब मुझे कोई काम पसन्द न आये और वह काम मैं न करूँ, तो उसमें मैं सत्याग्रह या आत्मबल का उपयोग करता हूँ।

मिसाल के तौर पर मुझे लागू होने वाला कोई कानून सरकार ने पास किया। वह कानून मुझे पसन्द नहीं है। अब अगर मैं सरकार पर हमला करके यह कानून रद्द करवाता हूँ, तो कहा जाएगा कि मैंने शरीर बल का उपयोग किया। अगर मैं उस कानून को मंजूर ही न करूँ और उस कारण से होने वाली सज़ा भुगत लूँ, तो कहा जाएगा कि मैंने आत्मबल या सत्याग्रह से काम लिया। सत्याग्रह में मैं अपना ही बलिदान देता हूँ।

आपभोग आपवो ते परभोग करतां सरस छे, अेम सहु कोई कहेशे, वळी सत्याग्रहथी लडतां जो लडत खोटी होय तो मात्र लडत लेनार दुःख भोगवे छे. अेटले पोतानी भूलनी सजा पोते उठावे छे. अेवा घणा बनावो थई गया छे के जेमां माणसो भूलथी सामे थयेला. कोई पण माणस बेधडक रीते नथी कही शकतो के अमुक कार्य खराब ज छे, पण ज्यारे तेने ते खराब लाग्युं त्यारे तेने सारु तो ते खराब ज छे. अेम छे तो तेणे ते न करवुं ने तेम करता दुःख भोगववुं. आ सत्याग्रहनी चावी छे.

वाचक : त्यारे तमे तो कायदानी सामे थाओ छो! आ तो बेवफादारी गणाय. आपणे तो हंमेशा कायदाने मान आपनारी प्रजा गणाइअे छीअे. तमे तो अेक्स्ट्रीमिस्टथी पण आघे जता जणाओ छो, अेक्स्ट्रीमिस्ट तो कहे छे के, थयेला कायदाने तो मान आपवुं ज जोईअे, पण कायदा खराब छे तेथी कायदा करनारने मारीने हांकी काढो.

अधिपति : हुं आघे जाउं छुं के पाछो रहुं छुं तेनी तमारे के मारे दरकार होय नहीं, आपणे तो जे सारुं छे ते शोधवा ने ते प्रमाणे वर्तवा मागीअे छीअे.

आपणे कायदाने मान आपनारी प्रजा छीअे, तेनो खरो अर्थ तो अे छे के आपणे सत्याग्रही प्रजा छीअे, कायदा पसंद न पडे त्यारे आपणे कायदा करनारनुं माथुं नथी तोडता, पण आपणे ते रद्द कराववा सारु लांघीअे छीअे.

आपणे सारा के नठारा कायदा कबूल करी लईअे छीअे, अे अर्थ तो आजकालनो जोवामां आवे छे. पूर्वे अेवुं कंई न हतुं. मरजीमां आवे ते कायदा लोको तोडता ने तेनी सजा उठावी लेता.

कायदा आपणने पसंद न होवा छतां ते प्रमाणे चालवु अेवुं शिक्षण मर्दाईथी विरुद्ध छे, धर्मविरुद्ध छे ने गुलामीनी हद छे.

सरकार तो कहेशे के आपणे नागा थईने तेमनी पासे नाचवुं. तो शुं आपणे नाचीशुं? सत्याग्रही होउं तो हुं तो सरकारने कहुं : 'अे कायदो तमारा घरमां राखो. हुं तमारी पासे नागो नथी थनारों ने नाचनारो पण नथी'. छतां आपणे अेवा असत्याग्रही थया छीअे के, सरकारना जोहुकम पाछळ नागा थई नाचवा करतां वधारे हलकां काम करीअे छीअे.

जे माणस पोते माणसाईमां छे, जेने खुदानो ज डर छे, ते बीजाथी डरवानो नथी. तेने बीजाना करेला कायदा बंधन करनारा नथी. सरकार पण बिचारी नथी कहेती के,'तमारे आम ज करवुं पडशे'. ते पण कहे छे के, 'तमे आम नहीं करो तो तमने सजा थशे'. आपणे अधम दशामां मानी लईअे छीअे के आपणे 'आम करवुं' अे आपणी फरज छे, अे आपणो धर्म छे.

जो लोको अेक वार शीखी ले के, आपण ने अन्यायी लागे ते कायदाने मान आपवुं अे

यह तो सब कहेंगे कि दूसरे का बलिदान लेने से अपना बलिदान देना ज्यादा अच्छा है। इसके सिवा सत्याग्रह से लड़ते हुए अगर लड़ाई गलत ठहरी तो सिर्फ़ लड़ाई छेड़ने वाला ही दुःख भोगता है यानी अपनी भूल की सज़ा वह खुद भोगता है। ऐसी कई घटनाएँ हुई हैं जिनमें लोग गलती से शामिल हुए थे। कोई भी आदमी दावे से यह नहीं कह सकता कि फलां काम खराब ही है, लेकिन जिसे वह खराब लगा, उसके लिए तो वह खराब ही है। अगर ऐसा ही है तो फिर उसे वह काम नहीं करना चाहिए और उसके लिए दुःख भोगना, कष्ट सहन करना चाहिए। यही सत्याग्रह की कुंजी है।

पाठक : तब तो आप कानून के ख़िलाफ होते हैं! यह बेवफाई कही जाएगी। हमारी गिनती हमेशा कानून को मानने वाली प्रजा में होती है। आप तो 'एक्स्ट्रीमिस्ट' से भी आगे बढ़ते दीखते हैं। 'एक्स्ट्रीमिस्ट' कहता है कि जो कानून बन चुके हैं उन्हें तो मानना ही चाहिए, लेकिन कानून खराब हो तो उनके बनाने वालों को मारकर भगा देना चाहिए।

संपादक : मैं आगे बढ़ता हूँ या पीछे रहता हूँ, इसकी परवाह न आपको होनी चाहिए, न मुझे। हम तो जो अच्छा है उसे खोजना चाहते हैं और उसके मुताबिक बरतना चाहते हैं।

हम कानून को मानने वाली प्रजा हैं, इसका सही अर्थ तो यह है कि हम सत्याग्रही प्रजा हैं। कानून जब पसन्द न आये तब हम कानून बनाने वालों का सिर नहीं तोड़ते, बल्कि उन्हें रद्द कराने के लिए खुद उपवास करते हैं, खुद दुःख उठाते हैं।

हमें अच्छे या बुरे कानून को मानना चाहिए, ऐसा अर्थ तो आजकल का है। पहले ऐसा नहीं था। तब चाहे जिस कानून को लोग तोड़ते थे और उसकी सज़ा भोगते थे।

कानून हमें पसन्द न हो तो भी उनके मुताबिक चलना चाहिए, यह सिखावन मर्दानगी के ख़िलाफ है, धर्म के ख़िलाफ है और गुलामी की हद है।

सरकार तो कहेगी कि हम उसके सामने नंगे होकर नाचें। तो क्या हम नाचेंगे? अगर मैं सत्याग्रही होऊँतो सरकार से कहूँगा "यह कानून आप अपने घर में रखिये। मैं न तो आपके सामने नंगा होने वाला हूँ और न नाचने वाला हूँ।" लेकिन हम ऐसे असत्याग्रही हो गये हैं कि सरकार के जुल्म के सामने झुककर नंगे होकर नाचने से भी ज्यादा नीच काम करते हैं।

जिस आदमी में सच्ची इन्सानियत है, जो खुदा से ही डरता है, वह और किसी से नहीं डरेगा। दूसरे के बनाये हुए कानून उसके लिए बंधन कारक नहीं होते। बेचारी सरकार भी नहीं कहती कि 'तुम्हें ऐसा करना ही पड़ेगा' वह कहती है कि 'तुम ऐसा नहीं करोगे तो तुम्हें सज़ा होगी।' हम अपनी अधम दशा के कारण मान लेते हैं कि हमें 'ऐसा ही करना चाहिए,' यह हमारा फ़र्ज़ है, यह हमारा धर्म है।

नामर्दाइ छे तो पछी आपणने कोइनो जुलम बंधन करी शकतो नथी. ते स्वराजनी चावी छे.

घणा माणसोंओ कह्युं ओ थोडाओ कबूल करवुं ते अनीश्वरी वार्ता छे, ते वहेम छे. अेवा दाखला हजारो मळी आवशे के जेमां घणाओ कह्युं ते खोटुं होय छे अने थोडाओ कहयुं ओ ज साचुं होय छे. सघळा सुधारा घणा माणसोनी सामे थई ने थोडा माणसोए दाखल कराव्या छे. ठगना गाममां घणा कहेशे के ठगविद्या शीखवी ज जोईओ. तो शुं अेक साधु हशे ते पण ठग बनशे? नहीं नहीं. अन्यायी कायदाने मान आपवुं जोईओ ओ वहेम ज्यां सुधी दूर नहीं थाय त्यां सुधी आपणी गुलामी जनारी ज नथी. अने आवो वहेम मात्र सत्याग्रही ज दूर करी शके छे.

शरीरबळ करवुं, दारुगोळो लगाववो ते तो आपणा उपला कानूनने खलेल पहोंचाडे छे. तेनो अर्थ तो अेम थयो के आपणने पसंद छे ते सामा माणस पासे आपणे कराववा मागीओ छीओ. जो ओ बरोबर होय तो पछी सामेनो माणस पोतानुं कहेलुं कराववा आपणी उपर दारुगोळा चलाववा अधिकारी छे. आम करतां कोई दहाडो आपणे बंदरे पहोंचीए ज नहीं. घांचीना बळदनी माफक आंखे पाटा होवाथी मानी लईओ के आगळ वधीओ छीओ, तो भले. पण खरुं जोतां तो ते बळदनी जेम आपणे ते ज कुंडाळानी प्रदक्षिणा फरीओ छीओ. जेओ अेम माने छे के पोताने नापसंद कायदाने मान आपवा माणस बंधायेल नथी. तेमणे तो सत्याग्रह ओ ज साधन खरुं मानवुं जोईओ; नहीं तो महा विकट परिणाम आवे.

वाचक : तमे जे कहो छो तेमांथी हुं अेम जोउं छुं के सत्याग्रह नबळा माणसने ठीक कामनो छे. तेओ ज्यारे सबळा थाय त्यारे तो तोप चलावे.

अधिपति : आ तो तमे बहु अज्ञाननी वात करी. सत्याग्रह ते सर्वोपरी छे. ते तोपबळ करतां वधारे काम करे छे, तो पछी नबळानुं हथियार केम गणी शकाय? सत्याग्रहने सारु जे हिंमत अने मर्दानी घटे छे ते तोपबळिया पासे होई ज शके नहीं. शुं तमे अेम मानो छो के नमालो माणस पोताने नापसंद कायदानो भंग करी शकशे?

अेक्स्ट्रीमिस्ट तोपबळिया छे. तेओ कां कायदाने मान आपवानी वात करी रहया छे ? तेओनो हुं दोष नथी काढतो. तेओथी बीजी वात थाय ज नहीं. तेओ पोते ज्यारे अंग्रेजने मारी राज्य करे त्यारे मारी तमारी पासे कायदाने मान अपाववा मागे छे. तेमना धोरणने ते ज वात छाजे. पण सत्याग्रही तो कहेशे के जे कायदा तेने पसंद नहीं होय तेने ते कबूल नहीं करे; पछी भले तेने तोपने मोढे बांधे!

तमे शुं मानो छो? तोप वछोडी सेंकडोने मारवामां हिमंत जोईओ छे के तोपने मोढे हसते चेहरे बंधातां हिंमत जोईओ छे? पोते मोत माथे लई फरे छे ते रणवीर के बीजाना मोत पोताना हाथमां राखे छे ते?

अगर लोग एक बार सीख लें कि जो कानून हमें अन्यायी मालूम हो उसे मानना नामर्दगी है, तो हमें किसी का भी जुल्म बाँध नहीं सकता। यही स्वराज्य की कुंजी है।

ज्यादा लोग जो कहें उसे थोड़े लोगों को मान लेना चाहिए, यह तो अनीश्वरी बात है, एक वहम है। ऐसी हजारों मिसालें मिलेंगी, जिनमें बहुतों ने जो कहा वह गलत निकला हो और थोड़े लोगों ने जो कहा वह सही निकला हो। सारे सुधार बहुत से लोगों के ख़िलाफ जाकर कुछ लोगों ने ही दाखिल करवाए हैं। ठगों के गाँव में अगर बहुत से लोग यह कहें कि ठग विद्या सीखनी ही चाहिए, तो क्या कोई साधु ठग बन जाएगा? हरगिज़ नहीं। अन्यायी कानून को मानना चाहिए, यह वहम जब तक दूर नहीं होता तब तक हमारी गुलामी जाने वाली नहीं है और इस वहम को सिर्फ़ सत्याग्रही ही दूर कर सकता है।

शरीर बल का उपयोग करना, गोला-बारूद काम में लाना, हमारे सत्याग्रह के कानून के ख़िलाफ है। इसका अर्थ तो यह हुआ कि हमें जो पसंद है वह दूसरे आदमी से हम जबरन करवाना चाहते हैं। अगर यह सही हो तो फिर वह सामने वाला आदमी भी अपनी पसंद का काम हमसे करवाने के लिए हम पर गोला-बारूद चलाने का हकदार है। इस तरह तो हम कभी एक राय पर पहुँचेंगे ही नहीं। कोल्हू के बैल की तरह आँखों पर पट्टी बाँधकर भले ही हम मान लें कि हम आगे बढ़ते हैं, लेकिन दरअसल तो बैल की तरह हम गोल-गोल चक्कर ही काटते रहते हैं। जो लोग ऐसा मानते हैं कि जो कानून खुद को नापसन्द है उसे मानने के लिए आदमी बँधा हुआ नहीं है, उन्हें तो सत्याग्रह को ही सही साधन मानना चाहिए, वरना बड़ा विकट नतीजा आयेगा।

पाठक : आप जो कहते हैं उस पर से मुझे लगता है कि सत्याग्रह कमज़ोर आदमियों के लिए काफी काम का है, लेकिन जब वे बलवान बन जाएँ तब तो उन्हें तोप ही चलाना चाहिए।

संपादक : यह तो आपने बड़े अज्ञान की बात कही। सत्याग्रह सर्वोपरि बल है। वह जब तोप बल से ज्यादा काम करता है, तो फिर कमज़ोरों का हथियार कैसे माना जाएगा? सत्याग्रह के लिए जो हिम्मत और बहादुरी चाहिए, वह तोप का बल रखने वाले के पास हो ही नहीं सकती। क्या आप यह मानते हैं कि डरपोक और कमज़ोर आदमी नापसन्द कानून को तोड़ सकेगा?

'एक्स्ट्रीमिस्ट' तोपबल-पशुबल के हिमायती हैं। वे क्यों कानून को मानने की बात कर रहे हैं? मैं उनका दोष नहीं निकालता। वे दूसरी कोई बात कर ही नहीं सकते। वे खुद जब अंग्रेजों को मारकर राज्य करेंगे तब आपसे और हमसे जबरन् कानून मनवाना चाहेंगे। उनके तरीके के लिए यही कहना ठीक है, लेकिन सत्याग्रही तो कहेगा कि जो कानून उसे पसन्द नहीं हैं उन्हें वह स्वीकार नहीं करेगा, फिर चाहे उसे तोप के मुँह पर बाँधकर उसकी धज्जियाँ क्यों न उड़ा दी जाएँ।

आप क्या मानते हैं? तोप चलाकर सैकड़ों को मारने में हिम्मत की ज़रूरत है या हँसते-

नामर्द माणसथी अेक घडीभर सत्याग्रही रहेवाय नही अे खचीत मानजो.

हा, अेटलुं खरुं के शरीरे क्षीण होय ते पण सत्याग्रही थई शके. अेक माणस पण थई शके अने लाखो पण थई शके. भाई माणस थई शके तेम बाई माणस थई शके. तेने लश्करो तैयार करवानी जरुर नथी पडती. तेने मलकुस्ती शीखवानी जरुर नथी पडती. तेणे पोताना मननी उपर काबू लीधो अेटले ते वनराज सिंहनी माफक गर्जना करी शके छे ने तेनी गर्जनाथी दुश्मन थई बेठा होय तेमनां हृदय चिराय छे.

सत्याग्रह अे सर्वधारी तलवार छे. ते जेम वापरो तेम वपराय. वापरनार तथा जेनी उपर ते वपराय छे ते सुखी थाय छे. ते लोही काढती नथी, छतां परिणाम तेथी पण भारे लावी शके छे. तेने काट चडी शकतो नथी. ते कोई लई जई शकतुं नथी. सत्याग्रही जो हरीफाई करे तो तेमां थाक चडे ज नहीं. सत्याग्रहीनी तलवारने म्याननी जरूर न मळे. ते कोईथी छीनवी शकाती नथी. छतां तमे सत्याग्रहने नबळानुं हथियार छे अेम गणो अे तो केवळ अंधेरनुं कारखानुं ज गणाय.

वाचक : तमे कह्युं के हिंदुस्ताननुं ते खास हथियार छे, तो शुं हिंदुस्तानमां तोपबळ नथी चाल्युं ?

अधिपति : तमारे मन हिंदुस्तान अेटले खोबा जेटला राजाओ छे. मारे मन तो हिंदुस्तान ते करोडो खेडूतो छे के जेना आधारे राजा तथा आपणे बधा वसीअे छीअे.

राजाओ तो हथियार वापरशे ज. तेमनी तो ते रीत पडी. तेमने तो हुकम चलाववो छे. पण हुकम उठावनार ने तोपबळनी जरुर नथी. दुनिया नो मोटो भाग हुकम उठावनारो छे. तेओने कां तो तोपबळ कां तो हथियारबळ शीखववुं जोईअे. तेओ ज्यां तोपबळ शीखे छे त्यां राजा, प्रजा बंने गांडां जेवां बनी जाय छे. ज्यां हुकम उठावनारा सत्याग्रह शीख्या छे त्यां राजानो जुलम तेनी त्रण गजनी तरवारथी छेटो जई शक्यो नथी ने हुकम उठावनारे अन्यायी हुकमनी दरकार करी नथी. खेडूतो कोईना तलवारबळने वश थया नथी ने थवाना नथी. तेओने तलवार वापरतां आवडती नथी, बीजानी तलवारथी तेओ डरता नथी. मोतने हंमेशां पोतानो तकियो करी सूनारी ते महान प्रजा छे. तेणे मोतनो डर छोडयो छे, अेटले बधानो डर छोडयो छे. आ हुं कंईक वधारे पडतुं चित्र आपुं छुं. अे बरोबर छे. पण आपणे जे तलवारना बळथी छक थई गया छीअे तेने सारु अे चित्र वधारे पडतुं नथी.

वात अे छे के खेडूतोअे, प्रजामंडळे पोताना तेम ज राज्यना कारभारमां सत्याग्रह वापरेल छे. ज्यारे राजा जुलम करे छे त्यारे रैयत रिसाय छे, अे सत्याग्रह छे.

मने ख्याल छे के अेक राजस्थानमां रैयतने अमुक हुकम पसंद नहीं पडयो तेथी रैयते गाम खाली करवानुं शरु कर्युं. राजा गभराया ने रैयतनी माफी मांगी ने हुकम पाछो खेंच्यो. आवा दाखला तो घणा मळी शके छे, पण ते मुख्यत्वे करीने भरतभूमिनो ज

हँसते तोप के मुँह पर बँधकर धज्जियाँ उड़ने देने में हिम्मत की ज़रूरत है? खुद मौत को हथेली में रखकर जो चलता-फिरता है वह रणवीर है या दूसरों की मौत को अपने हाथ में रखता है वह रणवीर है?

यह निश्चित मानिए कि नामर्द आदमी घड़ी भर के लिए भी सत्याग्रही नहीं रह सकता।

हाँ, यह सही है कि शरीर से जो दुबला हो वह भी सत्याग्रही हो सकता है। एक आदमी भी सत्याग्रही हो सकता है और लाखों लोग भी हो सकते हैं। मर्द भी सत्याग्रही हो सकता है, औरत भी हो सकती है। उसे अपना लश्कर तैयार करने की ज़रूरत नहीं रहती। उसे पहलवानों की कुश्ती सीखने की ज़रूरत नहीं रहती। उसने अपने मन को काबू में किया कि फिर वह वनराज सिंह की तरह गर्जना कर सकता है और जो उसके दुश्मन बन बैठे हैं उनके दिल इस गर्जना से फट जाते हैं।

सत्याग्रह ऐसी तलवार है, जिसके दोनों ओर धार है। उसे चाहे जैसे काम में लिया जा सकता है। जो उसे चलाता है और जिस पर वह चलाई जाती है, वे दोनों सुखी होते हैं। वह खून नहीं निकालती, लेकिन उससे भी बड़ा परिणाम ला सकती है। उसको जंग नहीं लग सकती। उसे कोई चुराकर ले नहीं जा सकता। अगर सत्याग्रही दूसरे सत्याग्रही के साथ होड़ में उतरता है, तो उसमें उसे थकान लगती ही नहीं। सत्याग्रही की तलवार को म्यान की ज़रूरत नहीं रहती। उसे कोई छीन नहीं सकता। फिर भी सत्याग्रह को आप कमज़ोरों का हथियार मानें तो उसे अंधेर ही कहा जाएगा।

पाठक : आपने कहा कि वह हिन्दुस्तान का खास हथियार है। तो क्या हिन्दुस्तान में तोप के बल का कभी उपयोग नहीं हुआ है?

संपादक : आप हिंदुस्तान का अर्थ मुट्ठीभर राजा कहते हैं। मेरे मन में तो हिन्दुस्तान का अर्थ वे करोड़ों किसान हैं, जिनके सहारे राजा और हम सब जी रहे हैं।

राजा तो हथियार काम में लाएँगे ही। उनका वह रिवाज ही हो गया है। उन्हें हुक्म चलाना है, लेकिन हुक्म मानने वाले को तोपबल की ज़रूरत नहीं है। दुनिया के ज्यादातर लोग हुक्म मानने वाले हैं। उन्हें या तो तोप बल या सत्याग्रह का बल सिखाना चाहिए। जहाँ वे तोपबल सीखते हैं वहाँ राजा-प्रजा दोनों पागल जैसे हो जाते हैं। जहाँ हुक्म मानने वालों ने सत्याग्रह करना सीखा है वहाँ राजा का जुल्म उसकी तीन गज की तलवार से आगे नहीं जा सकता और हुक्म मानने वालों ने अन्यायी हुक्म की परवाह भी नहीं की है। किसान किसी के तलवार बल के बस न तो कभी हुए हैं और न होंगे। वे तलवार चलाना नहीं जानते, न किसी की तलवार से वे डरते हैं। वे मौत को हमेशा अपना तकिया बनाकर सोने वाली महान प्रजा हैं। उन्होंने मौत का डर छोड़ दिया है, इसलिए सबका डर छोड़ दिया है। यहाँ मैं कुछ बढ़ा-चढ़ाकर तस्वीर खींचता हूँ, यह ठीक है लेकिन हम जो तलवार के बल से चकित हो गए हैं, उनके लिए यह कुछ ज्यादा नहीं है। बात यह है कि किसानों ने, प्रजा मंडलों ने अपने और राज्य के कारोबार में सत्याग्रह

पाक होय.. आवी ज्यां रैयत छे, त्यां स्वराज छे. ते विनानुं स्वराज ते कुराज छे.

वाचक : त्यारे तमे अेम कहेशो के आपणे शरीर कसवानी जरूर ज नथी.

अधिपति : अेवुं तमे क्यां जोयुं? शरीर कस्या विना सत्याग्रही थवुं अे मुश्केल छे. घणे भागे जे शरीर पंपाळीने नबळां करी नाख्यां छे ते शरीरमां जे मन रहे छे ते पण नबळुं होय छे. ने ज्यां मनोबळ नथी त्यां आत्मबळ क्यांथी होय? आपणे बाळलग्न वगेरेनो तथा आळपंपाळवाळी रहेणीनो कुचाल काढी शरीर तो सजवां ज जोईशे. रेंजीपेंजी माणसने अेकाअेक तोपने मोढे चढवानुं हुं कहीश तो ते तो मारी हांसी करावववानुं थशे.

वाचक : तमे कहो छो ते जोतां वळी अेम लागे छे के सत्याग्रही थवुं अे कंई जेवीतेवी वात नथी, अने तो जो तेम होय तो सत्याग्रही केम थवाय अे तमारे समजाववानी जरूर छे.

अधिपति : सत्याग्रही थवुं अे सहेलुं छे. पण जेटलुं सहेलुं छे तेटलुं ज कठण छे. चौद वरसनो छोकरो सत्याग्रही बन्यो अे में अनुभव्युं छे. रोगी माणस सत्याग्रही थाय अे पण में जोयुं. शरीरे जोरावर अने बीजी रीते सुखी ते माणस नथी थई शक्या अे पण जोयुं.

अनुभवे जोउं छुं के जे माणस देशहितने कारणे सत्याग्रही थवा मागे छे तेणे ब्रम्हचर्य पाळवुं जोईअे. गरीबाई धारण करवी जोईअे. सत्यनुं तो सेवन करवुं ज पडे अने अभयता आववी ज जोईअे.

ब्रह्मचर्य अे महाव्रत छे, अने ते विना मननी गांठ सज्जड थनार नथी. अब्रह्मचर्यथी माणस अवीर्यवान, बायलो अने हीणो थाय छे. जेनुं मन विषयमां भमे छे तेनाथी कशी दोड थवानी नथी. आ वात अगणित दाखलाथी बतावी शकाय छे. त्यारे घरसंसारीअे शुं करवुं अे सवाल ऊभो थाय छे. पण अे ऊभो थवानी कशी जरूर नथी. घरसंसारीअे संग कर्यो ते विषय नथी अेम कोई कही शकतुं नथी. प्रजानी उत्पत्तिने ज खातर स्वस्त्रीसंग कह्यो छे. त्यारे सत्याग्रहीने प्रजोत्पत्तिनी वासना न होवी वटे. तेथी संसारी छतां ब्रम्हचर्य पाळी शके छे. आ वात वधारे स्पष्ट करीने लखवा जेवी नथी. स्त्रीनो शो विचार छे? केम अे बधुं थाय? आवा विचारो उत्पन्न थाय छे. छतां जेने महाकार्यमां भाग लेवो छे तेने अे सवालनुं निराकरण कर्या विना छूटको ज नथी.

जेम ब्रह्मचर्यनी जरूर छे तेम गरीबाई लेवानी जरूर छे. पैसानो लोभ अने सत्याग्रहनुं सेवन अे बनी शके तेवुं नथी. पण जेनी पासे पैसो छे तेणे ते फेंकी देवो, अेवुं समजाववानो अहीं हेतु नथी. पण पैसाने विशे बेदरकार रहेवानी जरूर छे. सत्याग्रहनुं सेवन करतां पैसो चाल्यो जाय तो बेफिकर रहेवुं घटे छे.

सत्यनुं सेवन न करे ते सत्यनुं बळ केम देखाडी शके? अेटले सत्यनी तो बरोबर

को काम में लिया है। जब राजा जुल्म करता है तब प्रजा रूठती है। यह सत्याग्रह ही है। मुझे याद है कि एक रियासत में रैयत (प्रजा) को अमुक हुक्म पसन्द नहीं आया, इसलिए रैयत ने हिजरत (पलायन) करना, गाँव खाली करना शुरू कर दिया। राजा घबराये। उन्होंने रैयत से माफी माँगी और हुक्म वापस ले लिया। ऐसी मिसालें तो बहुत मिल सकती हैं। लेकिन वे ज्यादातर भारत भूमि की ही उपज होंगी। ऐसी रैयत जहाँ है वहीं स्वराज्य है। इसके बिना स्वराज्य कुराज्य है।

पाठकः तो क्या आप यह कहेंगे कि शरीर को कसने की ज़रूरत ही नहीं है?

संपादक : ऐसा मैं कभी नहीं कहूँगा। शरीर को कसे बिना सत्याग्रही होना मुश्किल है। अक्सर जिन शरीरों को गलत लाड़ लड़ाकर या सहला कर कमज़ोर बना दिया गया है, उनमें रहने वाला मन भी कमज़ोर होता है और जहाँ मन का बल नहीं है वहाँ आत्मबल कैसे हो सकता है? हमें बाल-विवाह वगैरा के कुरिवाज को और ऐश-आराम की बुराई को छोड़कर शरीर को कसना ही होगा। अगर मैं मरियल और कमज़ोर आदमी को यकायक तोप के मुँह पर खड़ा हो जाने के लिए कहूँ, तो लोग मेरी हँसी उड़ाएँगे।

पाठक : आपके कहने से तो ऐसा लगता है कि सत्याग्रही होना मामूली बात नहीं है और अगर ऐसा है तो कोई आदमी सत्याग्रही कैसे बन सकता है, यह आपको समझाना होगा।

संपादक : सत्याग्रही होना आसान है, लेकिन जितना वह आसान है उतना ही मुश्किल भी है। चौदह बरस का एक लड़का सत्याग्रही हुआ है, यह मेरे अनुभव की बात है। रोगी आदमी सत्याग्रही हुए हैं, यह भी मैंने देखा है। मैंने यह भी देखा है कि जो लोग शरीर से बलवान थे और दूसरी बातों में भी सुखी थे, वे सत्याग्रही नहीं हो सके।

अनुभव से मैं देखता हूँ कि जो देश के भले के लिए सत्याग्रही होना चाहता है, उसे ब्रह्मचर्य पालन करना चाहिए, गरीबी अपनानी चाहिए, सत्य का पालन तो करना ही चाहिए और हर हालत में अभय बनना चाहिए।

ब्रह्मचर्य एक महान व्रत है, जिसके बिना मन मजबूत नहीं होता। ब्रह्मचर्य का पालन न करने से मनुष्य वीर्यवान नहीं रहता, नामर्द और कमज़ोर हो जाता है। जिसका मन विषय में भटकता है, वह क्या शेर मारेगा? यह बात अनगिनत मिसालों से साबित की जा सकती है। तब सवाल यह उठता है कि घर-संसारी को क्या करना चाहिए? लेकिन ऐसा सवाल उठने की कोई ज़रूरत नहीं। घर-संसारी ने जो संग किया (स्त्री की सोहबत की) वह विषय-भोग नहीं है, ऐसा कोई नहीं कहेगा। संतान पैदा करने के लिए ही अपनी स्त्री का संग करने की बात कही गयी है और सत्याग्रही को संतान पैदा करने की इच्छा नहीं होनी चाहिए। इसलिए संसारी होने पर भी वह ब्रह्मचर्य का पालन कर सकता है। यह बात ज्यादा खोलकर लिखने की ज़रूरत नहीं। स्त्री का क्या विचार है? यह सब कैसे हो सकता है? ऐसे विचार मन में पैदा होते हैं। फिर भी जिसे महान कार्यों में हिस्सा लेना है, उसे तो ऐसे सवालों का हल ढूँढना ही होगा।

जरूर पडशे ज. गमे तेटलुं नुकसान थतुं होय तोपण सत्यने नहीं छोडी शकाय. सत्यने कंई संताडवानुं न ज होय. अेटले सत्याग्रहीने छूपी सेना न ज होई शके, आ संबंधमां, जीव बचाववा जूठुं बोलवुं के नही अेवा सवाल मनमां न लाववा. जेने जूठानो बचाव करवो छे ते ज अेवा सवाल फोकट उठावे छे. जेने सत्यनो ज रस्तो लेवो छे तेने अेवां धर्मसंकट आवता नथी. तेवी कफोडी स्थितीमां आवी पडे तोपण सत्यवादी माणस ऊगरी जाय छे.

अभयता विना तो सत्याग्रहीनी गाडी अेक डगलुं पण नही चाली शके. अभय सर्वथा अने सर्व वस्तु बाबत घटशे. मालनो, खोटा माननो, सगांसांईनो, राजदरबारनो, जखमनो, मरणनो अभय होय त्यारे ज सत्याग्रह पाळी शकाय.

आ बधुं करवुं मुश्केल छे अेम मानीने छोडी देवानुं नथी. माथे आवी पडेलुं सही लेवानी शक्ति कुदरते माणसमात्रमां मूकेली छे. आवा गुण देशसेवा न करवी होय तोपण सेववा योग्य छे.

उपरांत अेटलुं पण समजाय तेम छे के, जेने हथियारबळ मेळववुं हशे तेने पण आटली वस्तुनी जरूर पडशे. रणवीर थवुं अे कंई बधायने इच्छा थई के तुरंत सांपडी जाय तेम नथी. लडवैयाने ब्रह्मचर्य पाळवुं पडशे, भिखारी थवुं पडशे. रणमां अभयता न होय ते लडी रहया. तेने सत्यव्रत पाळवानी तेटली जरूर न जणाय अेम वखते कोईने लागशे. पण ज्यां अभयता छे त्यां सत्यता सहेजे वसे छे. माणस ज्यारे सत्य छोडे छे त्यारे ते कोई पण प्रकारना भयने लीधे ज छोडे छे.

अेटले आ चार गुणथी डरी जवानुं प्रयोजन नथी. वळी केटलोक बीजो फोकट प्रयास तलवारबाजने करवो रहयो ते सत्याग्रहीने रहेतो नथी. जेटलो बीजो प्रयास तलवारबाजने करवो पडे छे तेनुं कारण भय छे. जो तेने तदन अभयता आवे तो ते ज घडी तेनी तलवार तेना हाथमांथी पडी जाय. ते टेकानी तेने जरूर रहेती नथीं. जेने वेर नहीं तेने तलवार नहीं. सिंहनी सामे आवनार माणसथी अेनी मेळे ज लाकड़ी ऊंचकाई गई. ते माणसे जोयुं के तेणे अभयतानो पाठ मात्र मोढे कर्यों हतो. ते दहाडे तेणे लाकडी छोडी अने अभयवान थयो.

जैसे ब्रह्मचर्य की ज़रूरत है वैसे ही गरीबी को अपनाने की भी ज़रूरत है। पैसे का लोभ और सत्याग्रह का सेवन दोनों साथ-साथ कभी नहीं चल सकते, लेकिन मेरा मतलब यह नहीं है कि जिसके पास पैसा है वह उसे फेंक दे। फिर भी पैसे के बारे में लापरवाह रहने की ज़रूरत है। सत्याग्रह का सेवन करते हुए अगर पैसा चला जाये, तो चिन्ता नहीं करनी चाहिए।

जो सत्य का सेवन नहीं करता, वह सत्य का बल, सत्य की ताक़त कैसे दिखा सकेगा? इसलिए सत्य की तो पूरी-पूरी ज़रूरत रहेगी ही। बड़े से बड़ा नुकसान होने पर भी सत्य को नहीं छोड़ा जा सकता। सत्य के लिए कुछ छिपाने को होता ही नहीं। इसलिए सत्याग्रही के लिए छिपी सेना की ज़रूरत नहीं होती। जान बचाने के लिए झूठ बोलना चाहिए या नहीं, ऐसा सवाल यहाँ मन में नहीं उठाना चाहिए। जिसे झूठ का बचाव करना है, वही ऐसे बेकार सवाल उठाता है। जिसे सत्य की ही राह लेनी है, उसके सामने ऐसे धर्म-संकट कभी आते ही नहीं। ऐसी मुश्किल हालत में आ पड़े तो भी सत्यवादी उसमें से उबर जाता है।

अभय के बिना तो सत्याग्रही की गाड़ी एक कदम भी आगे नहीं चल सकती। अभय संपूर्ण और सब बातों के लिए होना चाहिए। जमीन-जायदाद का, झूठी इज्ज़त का, सगे-सम्बन्धियों का, राज-दरबार का, शरीर को पहुँचने वाली चोटों और मरण का अभय हो, तभी सत्याग्रह का पालन हो सकता है।

यह सब करना मुश्किल है, ऐसा मानकर इसे छोड़ नहीं देना चाहिए। जो सिर पर पड़ता है उसे सह लेने की शक्ति कुदरत ने हर मनुष्य को दी है। जिसे देश सेवा न करनी हो, उसे भी ऐसे गुणों का सेवन करना चाहिए।

इसके सिवा हम यह भी समझ सकते हैं कि जिसे हथियार बल पाना होगा, उसे भी इन बातों की ज़रूरत रहेगी। रणवीर होना कोई ऐसी बात नहीं कि किसी ने इच्छा की और तुरन्त रणवीर हो गया। योद्धा को ब्रह्मचर्य का पालन करना होगा, भिखारी बनना होगा। रण में जिसके भीतर अभय न हो वह लड़ नहीं सकता। उस योद्धा को सत्यव्रत का पालन करने की उतनी ज़रूरत नहीं है, ऐसा शायद किसी को लगे, लेकिन जहाँ अभय है वहाँ सत्य कुदरती तौर पर रहता ही है। मनुष्य जब सत्य को छोड़ता है तब किसी तरह के भय के कारण ही छोड़ता है।

इसलिए इन चार गुणों से डर जाने का कोई कारण नहीं है। फिर तलवारबाज़ को और भी कुछ बेकार कोशिशें करनी पड़ती हैं, जो सत्याग्रही को नहीं करनी पड़तीं। तलवारबाज़ को जो दूसरी कोशिशें करनी पड़ती हैं, उसका कारण भय है। अगर उसमें पूरी निडरता आ जाए तो उसी पल उसके हाथ से तलवार गिर जाएगी। फिर उसे तलवार के सहारे की ज़रूरत नहीं रहती। जिसकी किसी से दुश्मनी नहीं है, उसे तलवार की ज़रूरत ही नहीं है। सिंह के सामने आने वाले एक आदमी के हाथ की लाठी अपने-आप उठ गई। उसने देखा कि अभय का पाठ उसने सिर्फ़ ज़बानी ही किया था। उसने लाठी छोड़ी और वह निर्भय-निडर बना।

१८. केळवणी

वाचक : तमे आटलुं बधुं बोल्या तेमां तमे क्यांये केळवणीनी तो जरुर ज न बतावी. आपणे केळवणीनी खामीनी हमेशां राव खाईअे छीअे. फरजियात केळवणी आपवानी हिलचाल आखा हिंदुस्तानमां जोईअे छीअे. महाराजा गायकवाडे फरजियात केळवणी दाखल करी छे. तेनी तरफ बधानी आंख दोरवाई छे. आपणे तेमने धन्यवाद आपीअे छीअे. आ बधो प्रयास शुं वृथा समजवो ?

अधिपति : जो आपणे आपणो सुधारो सर्वोत्तम मानीअे तो मारे दिलगिरीपूर्वक कहेवुं पडशे के अे प्रयास घणे भागे वृथा छे. महाराजा साहेब तथा बीजा आपणा धुरंधर आगेवानो बधाने केळवणी आपवा मथी रहया छे. अेमां तेमनो हेतु निर्मळ छे, तेथी तेमने धन्यवाद ज घटे छे. पण तेमना हेतुनुं परिणाम जे आववा संभव छे ते आपणे ढांकी शकता नथी.

केळवणी अेटले शुं? जो तेनो अर्थ अक्षरज्ञान अेटलो ज होय तो ते तो अेक हथियाररुप थयुं. तेनो सदुपयोग पण थाय अने दुरुपयोग पण थाय. अेक हथियारथी वाढकाप करी दरदीने साजो कराय, ते ज हथियार जान लेवाने सारु वपराय. अेम अक्षरज्ञान छे तेनो गेरउपयोग घणा माणस करे छेअे तो आपणे जोईये छिए. तेनो सदउपयोग प्रमाणमा ओछा ज माणसो करे छे. आ वात बरोबर होय तो अेम सिद्ध थाय छे के अक्षरज्ञानथी दुनियाने फायदाने बदले हानि थई छे.

केळवणीनो साधारण अर्थ अक्षरज्ञान अे ज थाय छे. लोकोने लखतां, वांचतां, हिसाब गणतां शीखववुं अे मूळ अथवा प्राथमिक केळवणी कहेवाय छे. अेक खेडूत पोते प्रामाणिकपणे खेती करी रोटी कमाय छे. तेने साधारण रीते दुन्यवी ज्ञान छे. तेणे माबाप प्रत्ये केम वर्तवुं, तेणे पोतानी स्त्री प्रत्ये केम वर्तवुं, छोकरां तरफ केम चालवुं, जे गामडामां ते वसे छे त्यां तेणे केम रीतभात राखवी, आ बधानुं ज्ञान पूरतुं छे. ते नीतिनां नियमो समजे छे ने पाळे छे. पण तेने पोतानी सही करतां नथी आवडती. आ माणसने तमे अक्षरज्ञान आपी शुं करवा मागो छो ? तेना सुखमां शो वधारो करशो ? तेना झूंपडानो के तेनी स्थितिनो तमारे असंतोष उपजाववो छे ? तेम करवुं होय तोपण तमारे

शिक्षा

पाठक : आपने इतना सारा कहा, परन्तु उसमें कहीं भी शिक्षा की ज़रूरत तो बताई ही नहीं। हम शिक्षा की कमी की हमेशा शिकायत करते रहते हैं। लाज़िमी तालीम देने का आन्दोलन हम सारे देश में देखते हैं। महाराजा गायकवाड़ ने अपने राज्य में लाज़िमी शिक्षा शुरू की है। उसकी ओर सबका ध्यान गया है। हम उन्हें धन्यवाद देते हैं। यह सारी कोशिश क्या बेकार ही समझनी चाहिए?

संपादक : अगर हम अपनी सभ्यता को सबसे अच्छी मानते हैं, तब तो मुझे अफसोस के साथ कहना पड़ेगा कि वह कोशिश ज्यादातर बेकार ही है। महाराजा साहब और हमारे दूसरे धुरन्धर नेता सबको तालीम देने की जो कोशिश कर रहे हैं, उसमें उनका हेतु निर्मल है। इसलिए उन्हें धन्यवाद ही देना चाहिए, लेकिन उनके हेतु का जो नतीजा आने की संभावना है, उसे हम छिपा नहीं सकते।

शिक्षा : तालीम का अर्थ क्या है? अगर उसका अर्थ सिर्फ़ अक्षर ज्ञान ही हो तो वह तो एक साधन जैसी ही हुई। उसका अच्छा उपयोग भी हो सकता है और बुरा उपयोग भी हो सकता है। एक शस्त्र से चीर-फाड़ करके बीमार को अच्छा किया जा सकता है और वही शस्त्र किसी की जान लेने के लिए भी काम में लाया जा सकता है। अक्षर ज्ञान का भी ऐसा ही है। बहुत से लोग उसका बुरा उपयोग करते हैं, यह तो हम देखते ही हैं। उसका अच्छा उपयोग प्रमाण में कम ही लोग करते हैं। यह बात अगर ठीक है तो इससे यह साबित होता है कि अक्षर-ज्ञान से दुनिया को फायदे के बदले नुकसान ही हुआ है।

शिक्षा का साधारण अर्थ अक्षर ज्ञान ही होता है। लोगों को लिखना, पढ़ना और हिसाब करना सिखाना बुनियादी या प्राथमिक शिक्षा कहलाती है। एक किसान ईमानदारी से खुद खेती करके रोटी कमाता है। उसे मामूली तौर पर दुनियावी ज्ञान है। अपने माँ-बाप के साथ कैसे बरतना, अपनी स्त्री के साथ कैसे बरतना, बच्चों से कैसे पेश आना, जिस देहात में वह बसा हुआ है वहाँ उसकी चाल-ढाल कैसी होनी चाहिए, इन सबका उसे काफी ज्ञान है। वह नीति के नियम समझता है और उनका पालन करता है, लेकिन वह अपने दस्तखत करना नहीं जानता। इस आदमी को आप अक्षर ज्ञान देकर क्या

तेने अक्षरज्ञान आपावानी जरुर नथी. पश्चिमना प्रतापमां दबाई जई आपणे लई भागीअे छीअे के लोकोने केळवणी आपवी. पण तेमां आगळपाछळनो विचार करता नथी.

हवे ऊंची केळवणी लईअे. हुं भूगोळविद्या शीख्यो, खगोळविद्या शीख्यो, बीजगणित मने आवडयुं, में भूमितिनुं ज्ञान लीधुं, भूस्तरविद्याने भूंसी बाळी; तेथी शुं ? तेथी में मारु शुं उजाळयुं ? मारी आसपासना ने शुं उजाळया ? में ते ज्ञान शा हेतुथी लीधुं ? तेमां मने शो फायदो थयो ? अंग्रेजोना ज अेक विद्वाने (हक्स्लीअे) आ प्रमाणे केळवणी विशे कह्युं छे: 'ते माणसने खरी केळवणी मळी छे के जे माणसनुं शरीर अेवुं केळवायुं छे के ते तेना अंकुशमा रही शके छे, ते शरीर चेनथी अने सरळताथी तेने सोंपेलु काम करे छे. ते माणसने खरी केळवणी मळी छे के जेनी बुद्धि शुद्ध छे, शांत छे ने न्यायदर्शी छे, ते माणसे खरी केळवणी लीधी छे के जेनु मन कुदरतना कायदाओथी भरेलु छे ने जेनी इंद्रियो तेने वश छे. जेनी अंतर्वृत्ति विशुद्ध छे, अने जे माणस नीच कामने धिक्कारे छे तथा पोताना सरखा बीजाओने गणे छे, आवो माणस खरो केळवायेलो गणाय, केम के ते कुदरतना नियम प्रमाणे चाले छे. कुदरत तेनो सारो उपयोग करशे अने कुदरतनो ते सारो उपयोग करशे.' जो आ खरी केळवणी होय तो मारे सोगनपूर्वक कहेवुं जोईअे के ऊपर हुं जे शास्त्रो गणावी गयो तेनो उपयोग मारा शरीरने के मारी इंद्रियोने वश करवामां मारे नथी करवो पडयो. अेटले प्राथमिक केळवणी लो के ऊंची केळवणी लो, पण तेनो उपयोग मुख्य वातमां नथी आवतो. तेथी आपणे माणस नथी बनता-तेथी आपणे आपणुं कर्तव्य नथी जाणता.

वाचक : ज्यारे अेम ज छे त्यारे तमने मारे सवाल पूछवो पडशे.

तमे आ बधुं बोलो छो ते शाना प्रताप ? तमे अक्षरज्ञान अने ऊंची केळवणी न लीधां होत तो तमे केम समजावी शकत ?

अधिपति : तमे ठीक सपाटो मार्यो छे, पण मारो जवाब तमने सीधो ज छे. जो में ऊंची के नीची केळवणी न लीधी होत तो कंई हुं निरुपयोगी थात अेम मानतो नथी. हवे बोलीने उपयोगी थवानी इच्छा राखुं छुं. तेम करतां जे भण्यो छुं तेने कामे लगाडुं छुं, अने तेनो उपयोग, जो ते उपयोग होय तो, हुं मारा करोडो भाईओने नथी आपी शकतो, पण मात्र तमारा जेवा भणेलाने आपुं छुं. तेमां पण मारा विचारने टेको मळे छे. तमे अने हुं बंने खोटी केळवणीना पंजामा फसाया. हुं तेमांथी मुक्त थयेलो मानुं छुं. हवे ते अनुभव तमने आपुं छुं ने ते आपतां लीधेली केळवणीनो उपयोग करी तमने तेनो सडो बतावुं छुं.

वळी तमे मने सपाटो मारवामां भूल्या छो, केम के में कंई अक्षरज्ञानने दरेक स्थिति माटे वखोडयुं नथी. मात्र अेटलुं ज बताव्युं छे के ते ज्ञानना आपणे मूर्तिपूजा नथी करवानी. ते कंई आपणी कामधुक नथी. तेनी जग्याअे ते शोभी शके छे. अने ते जग्या तो अे छे

करना चाहते हैं? उसके सुख में आप कौन सी बढ़ती करेंगे? क्या उसकी झोंपड़ी या उसकी हालत के बारे में आप उसके मन में असंतोष पैदा करना चाहते हैं?

ऐसा करना हो तो भी उसे अक्षर ज्ञान देने की ज़रूरत नहीं है। पश्चिम के असर के नीचे आकर हमने यह बात चलायी है कि लोगों को शिक्षा देनी चाहिए, लेकिन उसके बारे में हम आगे-पीछे की बात सोचते ही नहीं।

अब ऊंची शिक्षा को लें। मैं भूगोल विद्या सीखा, खगोल विद्या सीखा, बीजगणित भी मुझे आ गया, रेखागणित का ज्ञान भी मैंने हासिल किया, भूगर्भ विद्या को भी मैं पी गया, लेकिन उससे क्या? उससे मैंने अपना कौन सा भला किया? अपने आसपास के लोगों का क्या भला किया? किस मकसद से मैंने वह ज्ञान हासिल किया? उससे मुझे क्या फायदा हुआ? एक अंग्रेज विद्वान हक्सले ने शिक्षा के बारे में यों कहा है : "उस आदमी ने सच्ची शिक्षा पाई है, जिसके शरीर को ऐसी आदत डाली गई है कि वह उसके बस में रहता है, जिसका शरीर चैन से और आसानी से सौंपा हुआ काम करता है। उस आदमी ने सच्ची शिक्षा पाई है, जिसकी बुद्धि शुद्ध, शांत और न्यायदर्शी है। उसने सच्ची शिक्षा पाई है, जिसका मन कुदरती कानूनों से भरा है और जिसकी इन्द्रियां उसके बस में हैं, जिसके मन की भावनाएँ बिल्कुल शुद्ध हैं, जिसे नीच कामों से नफ़रत है और जो दूसरों को अपने जैसा मानता है। ऐसा आदमी ही सच्चा शिक्षित माना जाएगा, क्योंकि वह कुदरत के कानून के मुताबिक चलता है। कुदरत उसका अच्छा उपयोग करेगी और वह कुदरत का अच्छा उपयोग करेगा।" अगर यही सच्ची शिक्षा हो तो मैं कसम खाकर कहूँगा कि ऊपर जो शास्त्र मैंने गिनाये हैं उनका उपयोग मेरे शरीर या मेरी इन्द्रियों को बस में करने के लिए मुझे नहीं करना पड़ा। इसलिए प्राथमिक शिक्षा को लीजिये या ऊंची शिक्षा को लीजिये, उसका उपयोग मुख्य बात में नहीं होता। उससे हम मनुष्य नहीं बनते, उससे हम अपना कर्त्तव्य नहीं जान सकते।

पाठक : अगर ऐसा ही है, तो मैं आपसे एक सवाल करूँगा।

आप ये जो सारी बातें कह रहे हैं, वह किसकी बदौलत कह रहे हैं? अगर आपने अक्षर ज्ञान और ऊंची शिक्षा नहीं पाई होती, तो ये सब बातें आप मुझे कैसे समझा पाते?

संपादक : आपने अच्छी सुनाई, लेकिन आपके सवाल का मेरा जवाब भी सीधा ही है। अगर मैंने ऊंची या नीची शिक्षा नहीं पाई होती, तो मैं नहीं मानता कि मैं निकम्मा आदमी हो जाता। अब ये बातें कहकर मैं उपयोगी बनने की इच्छा रखता हूँ। ऐसा करते हुए जो कुछ मैंने पढ़ा उसे मैं काम में लाता हूँ और उसका उपयोग, अगर वह उपयोगी हो तो, मैं अपने करोड़ों भाइयों के लिए नहीं कर सकता, सिर्फ़ आप जैसे पढ़े-लिखों के लिए ही कर सकता हूँ।

इससे भी मेरी ही बात का समर्थन होता है। मैं और आप दोनों गलत शिक्षा के पंजे में फँस गए थे। उसमें से मैं अपने को मुक्त हुआ मानता हूँ। अब वह अनुभव मैं आपको

के ज्यारे में ने तमे आपणी इंद्रियोने वश करी होय, ज्यारे आपणे नीतिनो मजबूत पायो नाखीये, त्यारे आपणने अक्षरज्ञान लेवानी इच्छा थाय तो ते लईने तेनो सदउपयोग करी शकीये खरा. ते आभूषण रुपे ठीक लागवा संभव छे. पण जो अक्षरज्ञाननो ओ उपयोग होय तो आपणे तेवी केळवणी फरजियात आपवानी जरुर नथी रहेती. आपणी पुराणी निशाळो बस छे. तेमां नीतिनी केळवणीने प्रथम मुकी छे. ते प्राथमिक केळवणी छे. तेनी उपर जे चणतर करीशुं ते नभी शकशे.

वाचक : त्यारे अंग्रेजी केळवणीनो उपयोग स्वराजने सारु तमे गणता नथी. ओ हुं बरोबर समज्यों छुं?

अधिपति : हा अने ना अेवो मारो जवाब छे. करोडो माणसोने अंग्रेजी केळवणी देवी ते तेओने गुलामीमां नाखवा बरोबर छे. मॅकॉलेअे जे केळवणीनो पायो रच्यो ते खरुं जोतां गुलामीनो पायो हतो. तेणे तेवुं समजीने पोतानो लेख घड्यो अेम हुं नथी समजावतो. पण तेना कार्यनुं अे ज परिणाम आव्युं छे. आपणे स्वराजनी वात परभाषामां करीअे छीअे अे केवी कंगालियत!

जे केळवणी अंग्रेजीनो उतार छे ते आपणो शणगार बने छे अे जाणवा जेवुं छे. तेओना ज विद्वानो बोल्या करे छे के आ सारुं नथी, ते सारुं नथी. केळवणीनां धोरणो फर्या ज करे छे. आपणे तो तेओ जे भूली गया जेवा होय तेने पण अज्ञानपणे वळगी रहीअे छीअे. तेओमां सहु सहुनी भाषा वधारवाने महेनत थाय छे. वेल्स अे अेक इंगलडनुं परगणुं. तेनी भाषा धूळ जेवी गणाय. तेनो जीर्णोध्दार हवे थई रहयो छे.

वेल्सनां छोकरांनी पासे वेल्स बोलाववुं अेवो प्रयास चाले छे. तेमां इंग्लंडनो खजानची लॉइड ज्यॉर्ज मुख्य भाग ले छे. त्यारे आपणी दशा केवी छे? आपणे अेकबीजाने कागळ लखीअे ते भूलभरेला अंग्रेजीमां. आवा खोडवाळा अंग्रेजीमांथी साधारण अेम. अे. पण मुक्त नथी.

आपणा सरसमां सरस विचार बतावववानुं वाहन ते अंग्रेजी, आपणी कॉंग्रेस ते अंग्रेजीमां चाले. आपणां सरस छापां ते अग्रेजीमां. जो आवुं लांबी मुदत सुधी चालशे तो आपणी पछीनी प्रजा आपणा तिरस्कार करशे ने तेमनो शाप आपणा आत्माने लागशे अेम मारु मानवुं छे.

तमारे समजवा जेवुं छे के अंग्रेजी केळवणी लईने आपणे प्रजाने गुलाम बनावी छे. अंग्रेजी केळवणीथी दंभ, राग, जुलम वगेरे वध्यां. अग्रेजी भणनारे लोकोने धूतवामां, तेओने, त्रास पमाडवामां मणा नथी राखी. हवे जो आपणे तेओने सारु कंई ज करीअे छीअे तो ते आपणे करेला करजनो अेक कटको वाळीअे छीअे.

देता हूँ और उसे देते समय ली हुई शिक्षा का उपयोग करके उसमें रही सड़न मैं आपको दिखाता हूँ। इसके सिवा, आपने जो बात मुझे सुनाई उसमें आप गलती खा गये, क्योंकि मैंने अक्षर ज्ञान को बुरा नहीं कहा है। मैंने तो इतना ही कहा है कि उस ज्ञान की हमें मूर्ति की तरह पूजा नहीं करनी चाहिए। वह हमारी कामधेनु नहीं है। वह अपनी जगह पर शोभा दे सकता है और वह जगह यह है : जब मैंने और आपने अपनी इन्द्रियों को बस में कर लिया हो, जब हमने नीति की नींव मजबूत बना ली हो, तब अगर हमें अक्षर ज्ञान पाने की इच्छा हो, तो उसे पाकर हम उसका अच्छा उपयोग कर सकते हैं। वह शिक्षा आभूषण के रूप में अच्छी लग सकती है, लेकिन अक्षर ज्ञान का अगर आभूषण के तौर पर ही उपयोग हो, तो ऐसी शिक्षा को लाज़िमी करने की हमें ज़रूरत नहीं। हमारे पुराने स्कूल ही काफ़ी हैं। वहां नीति को पहला स्थान दिया जाता है। वह सच्ची प्राथमिक शिक्षा है। उस पर हम जो इमारत खड़ी करेंगे वह टिक सकेगी।

पाठक : तब क्या मेरा यह समझना ठीक है कि आप स्वराज्य के लिए अंग्रेजी शिक्षा का कोई उपयोग नहीं मानते?

संपादक : मेरा जवाब 'हाँ' और 'नहीं' दोनों है। करोड़ों लोगों को अंग्रेजी की शिक्षा देना उन्हें गुलामी में डालने जैसा है। मैकाले ने शिक्षा की जो बुनियाद डाली, वह सचमुच गुलामी की बुनियाद थी। उसने इसी इरादे से अपनी योजना बनाई थी, ऐसा मैं नहीं सुझाना चाहता, लेकिन उसके काम का नतीजा यही निकला है। यह कितने दुःख की बात है कि हम स्वराज्य की बात भी पराई भाषा में करते हैं?

जिस शिक्षा को अंग्रेजों ने ठुकरा दिया है वह हमारा सिंगार बनती है, यह जानने लायक है। उन्हीं के विद्वान कहते रहते हैं कि उसमें यह अच्छा नहीं है, वह अच्छा नहीं है। वे जिसे भूल से गए हैं, उसी से हम अपने अज्ञान के कारण चिपके रहते हैं। उनमें अपनी-अपनी भाषा की उन्नति करने की कोशिश चल रही है। वेल्स इंग्लैंड का एक छोटा-सा परगना है, उसकी भाषा धूल जैसी नगण्य है। ऐसी भाषा का अब जीर्णोद्धार हो रहा है। वेल्स के बच्चे वेल्श भाषा में ही बोलें, ऐसी कोशिश वहाँ चल रही हैं। इसमें इंग्लैण्ड के खजांची लॉयड जॉर्ज बड़ा हिस्सा लेते हैं और हमारी दशा कैसी है? हम एक-दूसरे को पत्र लिखते हैं तब गलत अंग्रेजी में लिखते हैं। एक साधारण एम.ए. पास आदमी भी ऐसी गलत अंग्रेजी से बचा नहीं होता।

हमारे अच्छे से अच्छे विचार प्रगट करने का ज़रिया है अंग्रेजी, हमारी कांग्रेस का कारोबार भी अंग्रेजी में चलता है। अगर ऐसा लंबे अरसे तक चला तो मेरा मानना है कि आने वाली पीढ़ी हमारा तिरस्कार करेगी और उसका शाप हमारी आत्मा को लगेगा।

आपको समझना चाहिए कि अंग्रेजी शिक्षा लेकर हमने अपने राष्ट्र को गुलाम बनाया है। अंग्रेजी शिक्षा से दंभ, राग, जुल्म वगैरा बढ़े हैं। अंग्रेजी शिक्षा पाए हुए लोगों ने प्रजा को ठगने में, उसे परेशान करने में कुछ भी कसर नहीं छोड़ रखी है। अब अगर

अे कंई थोडी जुलमनी वात छे के पोताना देशमां मारे इन्साफ मेळववो होय तो मारे अंग्रेजी भाषा वापरवी पडे! हुं ज्यारे बॅरिस्टर थाउं त्यारे माराथी स्वभाषामां बोलाय नही! मारी पासे बीजा माणसे तरजुमो करवो जोईअे! आ कंई थोडो दंभ! आ गुलामीनी सीमा नथी तो शुं छे? तेमां हुं अंग्रेजनो दोष काढुं के मारो पोतानो? हिंदुस्तानने गुलाम बनावनार तो आपणे अंग्रेजी जाणनार छीअे. प्रजानी हाय अंग्रेज उपर नथी पडवानी, पण आपणी उपर पडवानी छे.

पण में तमने कह्युं के मारो जवाब हा अने ना छे. हा छे केम ते समजावी गयो.

ना केम ते हवे कहुं छुं. आपणे दरदमां अेवा घेराई गया छीअे के तद्दन अंग्रेजी केळवणी लीधा विना चाले तेवो समय रह्यो नथी. जेणे ते केळवणी लीधी छे ते तेनो सदुपयोग करे. पोते तेनो उपयोग मानी जरुर जणाय त्यां करे. अंग्रेजोनी साथे वहेवारमां, बीजा हिंदी जेनी भाषा आपणे न समजीअे तेने सारु, अने अंगेजो पोते पोताना सुधाराथी केवा कायर थाय छे, ते जाणवा सारु. जेओ अंग्रेजी भण्या छे तेमनी प्रजाने प्रथम नीति शीखववी, तेओने स्वभाषा शीखववी, तेओने अेक बीजी हिंदनी भाषा शीखववी. प्रजा ज्यारे पाकी उंमरे पहोंचे त्यारे भले अंगेजी केळवणी ले. ते मात्र तेनुं छेदन करवाना इरादाथी, तेमांथी पैसो प्राप्त करवाना इरादाथी नहीं. आम करतां पण आपणे विचारवुं पडशे के अंग्रेजी शुं शीखवुं ने शुं न शीखवुं. कयां शास्त्रनो अभ्यास करवो ते विचारवुं पडशे. सहेज ख्याल करतां जणाई रहेशे के जो अंग्रेजी डिग्री वगेरे लेता आपणे बंध थईअे तो अंग्रेजी राज्याधिकारी चमकशे.

वाचक : त्यारे केळवणी केवी आपवी ?

अधिपति : तेनो जवाब उपर कंइक आवी गयो. छतां वधु विचारीअे. मने तो लागे छे के आपणे आपणी बधी भाषाने उज्जवळ करवी घटे छे. आपणी भाषामां आपणे केळवणी लेवी ते शुं, तेनो विस्तार करवानी आ जग्या नथी. आपणे अंग्रेजी पुस्तको जे कामनां छे तेनो तरजुमो करवो पडशे. घणां शास्त्रो शीखवानो मिथ्या डोळ ने वहेम छोडवां. धर्मकेळवणी अथवा नीतिकेळवणी ते पहेलां होवी ज जोईअे. दरेक केळवायेला हिंदीने स्वभाषा, हिंदुने संस्कृत, मुसलमानने अरबी, पारसीने पर्शियननुं अने बधाने हिंदीनुं ज्ञान होवुं जोईअे. केटलाक हिंदुअे अरबी अने केटलाक मुसलमाने तथा पारसीअे संस्कृत शीखवुं जोईअे. उत्तर अने पश्चिम हिंदुस्तानना हिंदीअे तामिल शीखवुं जोईअे. आखा हिंदुस्तानने जोईअे तेतो हिंदी होवी जोईअे. ते उर्दू अथवा नागरी लिपी मां लखवानी छूट घटे छे. हिंदु-मुसलमानना विचार ठीक रहे, तेथी आ बंने लिपि घणा हिंदीअे जाणी लेवानी जरुर छे. आम थतां आपणे अेकबीजानी साथे व्यवहार राखवामां अंग्रेजीने हंकारी शकीशुं. अने आ बधुं पण कोने सारु छे/आपणे के जेओ गुलाम थया

हम अंग्रेजी शिक्षा पाए हुए लोग उसके लिए कुछ करते हैं, तो उसका हम पर जो कर्ज़ चढ़ा हुआ है उसका कुछ हिस्सा ही हम अदा करते हैं। यह क्या कम जुल्म की बात है कि अपने देश में अगर मुझे इन्साफ़ पाना हो तो मुझे अंग्रेजी भाषा का उपयोग करना चाहिए। बैरिस्टर होने पर मैं स्वभाषा में बोल ही नहीं सकता! दूसरे आदमी को मेरे लिए तरजुमा कर देना चाहिए! यह कुछ कम दंभ है? यह गुलामी की हद नहीं तो और क्या है? इसमें मैं अंग्रेजों का दोष निकालूँ या अपना? हिन्दुस्तान को गुलाम बनाने वाले तो हम अंग्रेजी जानने वाले लोग ही हैं। राष्ट्र की हाय अंग्रेजों पर नहीं पड़ेगी, बल्कि हम पर पड़ेगी।

लेकिन मैंने आपसे कहा कि मेरा जवाब 'हाँ' और 'ना' दोनों है। 'हाँ' कैसे सो मैंने आपको समझाया। अब 'ना' कैसे यह बताता हूँ। हम सभ्यता के रोग में ऐसे फँस गये हैं कि अंग्रेजी शिक्षा बिल्कुल लिये बिना अपना काम चला सकें ऐसा समय अब नहीं रहा। जिसने वह शिक्षा पाई है, वह उसका अच्छा उपयोग करे। अंग्रेजों के साथ के व्यवहार में, ऐसे हिन्दुस्तानियों के साथ के व्यवहार में जिनकी भाषा हम समझ न सकते हों और अंग्रेज खुद अपनी सभ्यता से कैसे परेशान हो गये हैं यह समझने के लिए अंग्रेजी का उपयोग किया जाए। जो लोग अंग्रेजी पढ़े हुए हैं उनकी संतानों को पहले तो नीति सिखानी चाहिए, उनकी मातृभाषा सिखानी चाहिए और हिन्दुस्तान की एक दूसरी भाषा सिखानी चाहिए। बालक जब पक्की उम्र के हो जाएँ तब भले ही वे अंग्रेजी शिक्षा पाएँ और वह भी उसे मिटाने के इरादे से, न कि उसके ज़रिये पैसे कमाने के इरादे से। ऐसा करते हुए भी हमें यह सोचना होगा कि अंग्रेजी में क्या सीखना चाहिए और क्या नहीं सीखना चाहिए। कौन से शास्त्र पढ़ने चाहिए, यह भी हमें सोचना होगा। थोड़ा विचार करने से ही हमारी समझ में आ जाएगा कि अगर अंग्रेजी डिग्री लेना हम बन्द कर दें, तो अंग्रेज हाकिम चौंकेंगे।

पाठक : तब कैसी शिक्षा दी जाए?

संपादक : उसका जवाब ऊपर कुछ हद तक आ गया है। फिर भी इस सवाल पर हम और विचार करें। मुझे तो लगता है कि हमें अपनी सभी भाषाओं को उज्ज्वल, शानदार बनाना चाहिए। हमें अपनी भाषा में ही शिक्षा लेनी चाहिए, इसके क्या मानी हैं, इसे ज्यादा समझाने का यह स्थान नहीं है। जो अंग्रेजी पुस्तकें काम की हैं, उनका हमें अपनी भाषा में अनुवाद करना होगा। बहुत से शास्त्र सीखने का दंभ और वहम हमें छोड़ना होगा। सबसे पहले तो धर्म की शिक्षा या नीति की शिक्षा दी जानी चाहिए। हर एक पढ़े-लिखे हिन्दुस्तानी को अपनी भाषा का, हिन्दू को संस्कृत का, मुसलमान को अरबी का, पारसी को फ़ारसी का और सबको हिन्दी का ज्ञान होना चाहिए। कुछ हिन्दुओं को अरबी और कुछ मुसलमानों और पारसियों को संस्कृत सीखनी चाहिए। उत्तरी और पश्चिमी हिन्दुस्तान के लोगों को तमिल सीखनी चाहिए। सारे हिन्दुस्तान के लिए जो

छीअे तेने सारु छे. आपणी गुलामीअे प्रजा गुलाम थई छे. आपणे छूटीअे तो प्रजा छूटी ज छे.

वाचक : तमे धर्मकेळवणीनी वात करी अे भारे पडती छे.

अधिपति : छतां ते विना छूटको नथी. हिंदुस्तान कदी नास्तिक बनवानुं नथी. नास्तिकनो पाक हिंदनी भूमिने भावतो नथी. काम विकट छे. धर्मनी केळवणीनो विचार करतां माथुं फरवा लागे छे. धर्माचार्यो दंभी अने स्वार्थी जोवामां आवे छे. तेओने आपणे वीनववा पडशे. मुल्ला, दस्तूर अने ब्राम्हणना हाथमां ते चावी छे. पण जो तेओने सदबुद्धि न आवे तो अंग्रेजी केळवणीथी जे उत्साह आपणने आव्यो छे ते उत्साह वापरी आपणे लोकोने नीतिनी केळवणी आपी शकीअे छीअे. आ बहु मुश्केलीनी वात नथी. हिंदी दरियानी किनारीने मेल लाग्यो छे. ते मेलमां जे खरडाया छे तेमने साफ थवुं रह्युं छे तेवा आपणे, ते पोतानी मेळे पण घणे भागे साफ थई शकीअे छीअे. मारी टीका कंई करोडोने सारु नथी. हिंदुस्तानने मूळ दिशा उपर लाववामां आपणे मूळ दिशामां आववुं रहयुं छे. बाकी करोडो तो मूळ दिशामां ज छे तेमां सुधारा, बिगाडा, वधारा काळानुक्रमे थया ज करशे. पश्चिमना सुधाराने हांकी काढवो अे ज प्रयत्न करवो रहयो. बीजुं तेनी मेळे आवी रहेशे.

भाषा चाहिए, वह तो हिन्दी ही होनी चाहिए। उसे उर्दू या नागरी लिपि में लिखने की छूट रहनी चाहिए। हिन्दू-मुसलमानों के संबंध ठीक रहें, इसलिए बहुत से हिन्दुस्तानियों का इन दोनों लिपियों को जान लेना ज़रूरी है। ऐसा होने से हम आपस के व्यवहार से अंग्रेजी को निकाल सकेंगे। और यह सब किसके लिए ज़रूरी है? हम जो गुलाम बन गये हैं उनके लिए। हमारी गुलामी की वजह से देश की प्रजा गुलाम बनी है। अगर हम गुलामी से छूट जाएँ, तो प्रजा तो छूट ही जाएगी।

पाठक : आपने जो धर्म की शिक्षा की बात कही वह बड़ी कठिन है।

संपादक : फिर भी उसके बिना हमारा काम नहीं चल सकता। हिन्दुस्तान कभी नास्तिक नहीं बनेगा। हिन्दुस्तान की भूमि में नास्तिक फल-फूल नहीं सकते। बेशक, यह काम मुश्किल है। धर्म की शिक्षा का ख़्याल करते ही सिर चकराने लगता है।

धर्म के आचार्य दंभी और स्वार्थी मालूम होते हैं। उनके पास पहुँचकर हमें नम्र भाव से उन्हें समझाना होगा। उसकी कुंजी मुल्लों, दस्तूरों और ब्राह्मणों के हाथ में है, लेकिन उनमें अगर सद्बुद्धि पैदा न हो, तो अंग्रेजी शिक्षा के कारण हममें जो जोश पैदा हुआ है उसका उपयोग करके हम लोगों को नीति की शिक्षा दे सकते हैं। यह कोई बहुत मुश्किल बात नहीं है। हिन्दुस्तानी सागर के किनारे पर ही मैल जमा है। उस मैल से जो गंदे हो गये हैं उन्हें साफ होना है।

हम लोग ऐसे ही हैं और खुद ही बहुत कुछ साफ हो सकते हैं। मेरी यह टीका करोड़ों लोगों के बारे में नहीं है। हिन्दुस्तान को असली रास्ते पर लाने के लिए हमें ही असली रास्ते पर आना होगा। बाकी करोड़ों लोग तो असली रास्ते पर ही हैं। उसमें सुधार, बिगाड़, उन्नत्ति, अवनति समय के अनुसार होते ही रहेंगे। पश्चिम की सभ्यता को निकाल बाहर करने की ही हमें कोशिश करनी चाहिए। दूसरा सब अपने-आप ठीक हो जाएगा।

१९. संचाकाम

वाचक : तमे पश्चिमना सुधाराने हांकी काढवानी वात करो छो त्यारे तो तमे अेम पण कहेशो के संचाकाममात्र आपणने न ज जोईअे.

अधिपति : तमे आ सवाल करी मने जे घा लाग्यो हतो ते ताजो कर्यो छे. मि. रोमेशचंद्र दत्तनुं पुस्तक 'हिंदुस्ताननो आर्थिक (इकॉनॉमिक) इतिहास' वांच्युं त्यारे मने अेवुं थई आव्युं हतुं. तेनो पाछो विचार करुं छुं त्यां मारुं दिल भराई आवे छे.

संचाकामनो सपाटो लाग्यो त्यारे तो हिंदुस्तान पायमाल थयुं. मांचेस्टरे तो अपणने जे नुकसान पहोंचाड्युं छे तेनी हद बांधी शकाती नथी. हिंदुस्तानमांथी कारीगरी लगभग गई ते तो मांचेस्टरनुं ज काम.

पण हुं भूलुं छुं. मांचेस्टरने दोष केम देवाय? आपणे तेनां कपडां पहेर्या त्यारे मांचेस्टरे वण्यां. बंगाळनी बहादुरीनुं ज्यारे में वर्णन वांच्युं त्यारे मने हर्ष थयो. बंगाळमां कापडनी मिलो नथी, तो लोकोअे असल धंधो पाछो पकडी लीधो. बंगाळ मुंबईनी मिलने उत्तेजन आपे छे ते ठीक ज छे, पण जो बंगाळे संचाकाममात्रनी आभडछेट (बॉयकोट) राखी होत तो हजु विशेष ठीक थात.

संचाअे युरोपने उज्जड करवा मांड्युं छे ने तेनो वायरो हिंदुस्ताननमां छे. संचो अे आधुनिक सुधारानी मुख्य निशानी छे ने ते महापाप छे अेम हुं तो चोख्खुं जोई शकुं छुं!

मुंबईनी मिलोमां जे मजूरो काम करे छे ते गुलाम बन्या छे. जे बैरांओ तेमां काम करे छे तेमनी दशा जोई हरकोईने कमकमाटी आवशे. मिलनो वरसाद नहोतो वरस्यो त्यारे कंई ते ओरतो भूखे नहोती मरती. आ संचानो वायरो वधे तो हिंदुस्ताननी बहु दुःखी दशा थशे. मारी वात भारे पडती जणाशे, पण मारे कहेवुं जोईए के आपणे हिंदुस्तान मां मिलो करीअे तेना करतां हजु मांचेस्टरमां पैसा मोकली तेनुं सडेलुं कापड वापरवुं अे भलुं छे, केम के तेनुं कापड वापरवाथी आपणो पैसो ज जशे, आपणे हिंदुस्तानमां मांचेस्टर स्थापवाथी आपणो पैसो हिंदुस्तानमा रहेशे, पण ते पैसो आपणुं लोही लेशे, केम के आपणी नीति लई जशे, जेओ मिलोमां काम करे छे तेमनी नीति केवी छे ते तेओने पूछवूं. तेओमांथी जेओअे पैसों अेकठो कर्यां छे तेओनी नीति बीजा

मशीनें

पाठक : आप पश्चिम की सभ्यता को निकाल बाहर करने की बात कहते हैं, तब तो आप यह भी कहेंगे कि हमें कोई भी मशीन नहीं चाहिए।

संपादक : मुझे जो चोट लगी थी उसे यह सवाल करके आपने ताजा कर दिया है। मि. रमेशचन्द्र दत्त की पुस्तक 'हिन्दुस्तान का आर्थिक इतिहास' जब मैंने पढ़ी, तब भी मेरी ऐसी हालत हो गई थी। उसका फिर से विचार करता हूँ, तो मेरा दिल भर आता है। मशीन की झपट लगने से ही हिन्दुस्तान पामाल हो गया है। मैन्चेस्टर ने हमें जो नुकसान पहुँचाया है, उसकी तो कोई हद ही नहीं है। हिन्दुस्तान से कारीगरी जो क़रीब-क़रीब खत्म हो गई, वह मैन्चेस्टर का ही काम है।

लेकिन मैं भूलता हूँ। मैन्चेस्टर को दोष कैसे दिया जा सकता है? हमने उसके कपड़े पहने तभी तो उसने कपड़े बनाए। बंगाल की बहादुरी का वर्णन जब मैंने पढ़ा तब मुझे हर्ष हुआ। बंगाल में कपड़े की मिलें नहीं हैं, इसलिए लोगों ने अपना असली धंधा फिर से हाथ में ले लिया। बंगाल मुम्बई की मिलों को बढ़ावा देता है वह ठीक ही है, लेकिन अगर बंगाल ने तमाम मशीनों से परहेज किया होता, उनका बहिष्कार किया होता तो और भी अच्छा होता।

मशीनें यूरोप को उजाड़ने लगी हैं और वहाँ की हवा अब हिन्दुस्तान में चल रही है। यंत्र आज की सभ्यता की मुख्य निशानी हैं और वह महापाप है, ऐसा मैं तो साफ देख सकता हूँ।

मुम्बई की मिलों में जो मजदूर काम करते हैं, वे गुलाम बन गये हैं, जो औरतें उनमें काम करती हैं, उनकी हालत देखकर कोई भी काँप उठेगा। जब मिलों की वर्षा नहीं हुई थी तब वे औरतें भूखों नहीं मरती थीं। मशीन की यह हवा अगर ज्यादा चली, तो हिन्दुस्तान की बुरी दशा होगी। मेरी बात आपको कुछ मुश्किल मालूम होती होगी, लेकिन मुझे कहना चाहिए कि हम हिन्दुस्तान में मिलें कायम करें, उसके बजाय हमारा भला इसी में है कि हम मैन्चेस्टर को और भी रुपये भेजकर उसका सड़ा हुआ कपड़ा काम में लें, क्यों कि उसका कपड़ा काम में लेने से सिर्फ़ हमारे पैसे ही जाएँगे। हिन्दुस्तान में अगर हम मैन्चेस्टर कायम करेंगे तो पैसा हिन्दुस्तान में ही रहेगा, लेकिन वह पैसा

पैसादार करतां सरस होवानो संभव नथी. अमेरिकाना रॉकफेलर करतां हिंदना रॉकफेलर कंई ऊतरे अेम मानवुं अे तो अज्ञान ज गणाय. गरीब हिंदुस्तान छूटी शकशे, पण अनीतिथी थयेलुं पैसादार हिंदुस्तान छूटनार ज नथी.

मने तो लागे छे के आपणे कबूल करवुं पडशे के अंग्रेजी राज्यने निभावी राखनार ते पैसादार माणसो छे. तेओनो स्वार्थ तेवी स्थितिमां रहेल छे. पैसो माणसने रांक बनावे छे. अेवी बीजी वस्तु तो दुनियामां विषय छे. अे बंने विषय विषमय छे. तेनो दंश सर्पना दंश करतां भूंडो छे. सर्प करडे त्यारे देह लईने छूटको करे छे. पैसो अथवा विषय करडे छे त्यारे देह, जीव, मन, बधुं लेतां पण छुटकारो थतो नथी. अेटले आपणा देशमां मिलो थाय तेथी खास राजी थवा जेवुं रहेतुं नथी.

वाचक : त्यारे शुं मिलोने बंध करी देवी ?

अधिपति : अे वात मुश्केल छे. स्थायी थयेली वस्तुने काढवी ते भारे पडतुं छे. तेथी कार्यनो अनारंभ ते प्रथम डहापणमां गणायुं छे. मिलना धणीनी उपर आपणे तिरस्कारनी नजरे नथी जोई शकता. तेओनी उपर दया खाईअे. तेओ अेकाअेक मिल छोडी दे अे तो न बने, पण आपणे तेओनां साहस न वधारवानी अरजी करी शकीअे छीअे. तेओ भलाई करे तो तेओ पोते पोतानुं काम धीमेधीमे टूंकु करे. तेओ पोते ज जूना, प्रौढ, पवित्र रेंटिया घेर घेर स्थापी शके छे. लोकोनुं वणेलु कापड लई वेची शके छे.

तेओ तेम न करे तोपण लोको पोते संचाकामनी वस्तु वापरता बंध थई शके छे.

वाचक : अे तो कापडनुं कह्युं. पण संचानी तो असंख्य वस्तु छे. कां तो परदेशथी लेवी, कां तो आपणे तेवा संचा दाखल करवा.

अधिपति : खरेखर, आपणा देवता पण जर्मनीना संचामां घडाईने आवे छे. अेटले पछी दीवासळी के टांकणीथी करी काचना झुम्मरनी शी वात करवी ? मारो जवाब तो अेक ज छे. ज्यारे अे बधी वस्तु संचानी नहोती बनी त्यारे हिंद शुं करतुं हतुं ? तेवुं ते आजे पण करशे. ज्यां सुधी हाथे टांकणी नहीं बनावीअे त्यां लगी टाकंणी विना चलावीशु. हांडीझुम्मरने टांगी दईशुं. कोडियामां तेल नाखी आपणा खेतरमां पाकेला रूनी वाट वणी बत्ती करीशुं. तेम करतां आंख बचशे, पैसो, बचशे ने स्वदेशी रहीशुं, थईशुं, स्वराजनी धूणी धखावीशु.

आ बधुं बधा माणसो अेकीवखते करशे अथवा तो अेकीवखते केटलाक माणसो बधी संचानी वस्तुओ छोडी देशे. अेम बनवानुं नथी पण ते विचार खरो हशे तो आपणे हंमेशां शोध करीशुं, हंमेशां थोडी थोडी वस्तु मूकता जईशुं; तेम करतां बीजां पण करशे. प्रथम ते विचार बंधावानी जरुर छे; पछी ते प्रमाणे कार्य थशे. प्रथम अेक ज माणस करशे; पछी दस, पछी सो, अेम नाळियेरनी वात माफक वध्या ज करशे. जे मोटा करे

हमारा खून चूसेगा, क्योंकि वह हमारी नीति को बिल्कुल खत्म कर देगा। जो लोग मिलों में काम करते हैं उनकी नीति कैसी है, यह उन्हीं से पूछा जाए। उनमें से जिन्होंने रुपये जमा किये हैं, उनकी नीति दूसरे पैसे वालों से अच्छी नहीं हो सकती। अमेरिका के रॉकफेलरों से हिन्दुस्तान के रॉकफेलर कुछ कम हैं, ऐसा मानना निरा अज्ञान है। गरीब हिन्दुस्तान तो गुलामी से छूट सकेगा, लेकिन अनीति से पैसे वाला बना हुआ हिन्दुस्तान गुलामी से कभी नहीं छूटेगा।

मुझे तो लगता है कि हमें यह स्वीकार करना होगा कि अंग्रेजी राज्य को यहाँ टिकाये रखने वाले ये धनवान लोग ही हैं। ऐसी स्थिति में ही उनका स्वार्थ सधेगा। पैसा आदमी को दीन बना देता है। ऐसी दूसरी चीज दुनिया में विषय योग है। ये दोनों विषय विषमय हैं। उनका डंक साँप के डंक से ज्यादा ज़हरीला है। जब साँप काटता है तो हमारा शरीर लेकर हमें छोड़ देता है। जब पैसा या विषय काटता है तब वह शरीर, ज्ञान, मन सब कुछ ले लेता है, तो भी हमारा छुटकारा नहीं होता। इसलिए हमारे देश में मिलें कायम हों, इसमें खुश होने जैसा कुछ नहीं है।

पाठक : तब क्या मिलों को बन्द कर दिया जाए?

संपादक : यह बात मुश्किल है। जो चीज़ स्थायी या मज़बूत हो गई है, उसे निकालना मुश्किल है। इसीलिए काम शुरू न करना पहली बुद्धिमानी है। मिल मालिकों की ओर हम नफ़रत की निगाह से नहीं देख सकते। हमें उन पर दया करनी चाहिए। वे यकायक मिलें छोड़ दें, यह तो मुश्किल नहीं है, लेकिन हम उनसे ऐसी बिनती कर सकते हैं कि वे अपने इस साहस को बढ़ाएँ नहीं। अगर वे देश का भला करना चाहें, तो खुद अपना काम धीरे-धीरे कम कर सकते हैं। वे खुद पुराने, प्रौढ़, पवित्र चरखे देश के हजारों घरों में दाखिल कर सकते हैं और लोगों का बुना हुआ कपड़ा लेकर उसे बेच सकते हैं।

अगर वे ऐसा न करें तो भी लोग खुद मशीनों का कपड़ा इस्तेमाल करना बन्द कर सकते हैं।

पाठक : यह तो कपड़े के बारे में हुआ, लेकिन यंत्र की बनी तो अनेक चीजें हैं। वे चीजें या तो हमें परदेस से लेनी होंगी या ऐसे यंत्र हमारे देश में दाखिल करने होंगे।

संपादक : सचमुच हमारे देव (मूर्तियाँ) भी जर्मनी के यंत्रों में बनकर आते हैं, तो फिर दियासिलाई या ऑलपिन से लेकर काँच के झाड़-फानूस की तो बात ही क्या? मेरा अपना जवाब तो एक ही है। जब ये सब चीजें यंत्र से नहीं बनती थीं तब हिन्दुस्तान क्या करता था? वैसा ही वह आज भी कर सकता है। जब तक हम हाथ से ऑलपिन नहीं बनायेंगे तब तक उसके बिना हम अपना काम चला लेंगे। झाड़-फानूस को आग लगा देंगे। मिट्टी के दीये में तेल डालकर और हमारे खेत में पैदा हुई रुई की बत्ती बनाकर दीया जलाएँगे। ऐसा करने से हमारी आँखें खराब होने से बचेंगी, पैसे बचेंगे और हम स्वदेशी रहेंगे, बनेंगे और स्वराज्य की धूनी जगाएँगे।

छे ते नाना करे छे ने करशे. समजीअे तो रमत घणी टूंकी ने सहेली छे. बीजो करे त्यां लगी मारे तमारे राह जोवानी नथी. आपणे तो समजीअे के तुरत शरु करी ज देवानुं. नहीं करे तेनी गांठ जशे. समजशे छतां नहीं करे ते तो मात्र दंभी गणाशे.

वाचक : ट्रामगाडी ने वीजळीनी बत्तीनुं केम?

अधिपति : आ सवाल तमे बहु मोडो पूछ्यो. अे सवालमां हवे कंई जीव रह्यो नथी. रेले जो आपणो नाश कर्यो छे तो वळी ट्राम शुं नथी करती? संचो अे तो राफडो छे. तेमां अेक सर्प न होय पण सेंकडो. अेकनी पाछळ बीजा, अेम लागेलुं ज छे. ज्यां संचा त्यां मोटां शहेर. ज्यां मोटां शहेर त्यां ट्रामगाडी ने रेलगाडी. त्यां ज वीजळीनी बत्तीनी जरुर होय. इंग्लंडमां पण गामडांओमां वीजळीनी बत्ती के ट्राम नथी अे तमे जाणता हशो. प्रामाणिक वैद्य अने दाक्तरो तमने कही आपशे के ज्यां रेलगाडी, ट्रामगाडी वगेरे साधनो वध्यां छे त्यां लोकोनी तंदुरस्ती बगडेली होय छे. मने याद छे के अेक शहेरमां ज्यारे-पैसानी तंगी आवी त्यारे ट्रामनी, वकीलनी तथा दाक्तरनी आवक घटी ने लोको तंदुरस्त थया.

संचानो गुण तो मने अेके याद नथी आवतो; अवगुणथी तो चोपडी चीतरी शकुं छुं.

वाचक : आ बधुं लखेलुं संचानी मददथी छपाशे, तेनी मददथी वहेंचाशे, अे संचानो गुण के अवगुण?

अधिपति : झेरथी झेरनो नाश थवानो आ दाखलो छे. अे कंई संचानो गुण नथी. संचो मरतां मरतां बोली जाय छे के सांभळजो ने चेतजो; मारामांथी तमे लाभ नथी लेवाना. आटलो जे ठीक प्रयास संचे कर्यो कहेवाय ते पण मात्र संचानी जाळमां फसायेला छे तेने ज लागु पडे छे.

पण मूळ वात न भूलजो. संचो अे खराब वस्तु छे अे मनमां दृढावvुं पछी आपणे तेनुं धीमे धीमे छेदन करीशुं. अेवो सरळ रस्तो कुदरते घड्यो ज नथी के जे वस्तुनी आपणने अभिलाषा थई के तुरत प्राप्त थाय. संचानी उपर आपणी मीठी नजरने बदले झेरी नजर पडशे तो छेवटे ते जशे ज.

यह सारा काम सब लोग एक ही समय में करेंगे या एक ही समय में कुछ लोग यंत्र की सब चीजें छोड़ देंगे, यह संभव नहीं है, लेकिन अगर यह विचार सही होगा, तो हम हमेशा शोध-खोज करते रहेंगे और हमेशा थोड़ी-थोड़ी चीजें छोड़ते जाएँगे। अगर हम ऐसा करेंगे तो दूसरे लोग भी ऐसा करेंगे। पहले तो यह विचार जड़ पकड़े यह ज़रूरी है, बाद में उसके मुताबिक काम होगा। पहले एक ही आदमी करेगा, फिर दस, फिर सौ-यों नारियल की कहानी की तरह लोग बढ़ते ही जाएँगे। बड़े लोग जो काम करते हैं, उसे छोटे भी करते हैं और करेंगे। समझें तो बात छोटी और सरल है। आपको और मुझे दूसरों के करने की राह नहीं देखना है। हम तो ज्यों ही समझ लें त्यों ही उसे शुरू कर दें। जो नहीं करेगा वह खोएगा। समझते हुए भी जो नहीं करेगा, वह निरा दंभी कहलायेगा।

पाठक : ट्रॉमगाड़ी और बिजली की बत्ती का क्या होगा?

संपादक : यह सवाल आपने बहुत देर से किया। इस सवाल में अब कोई जान नहीं रही। रेल ने अगर हमारा नाश किया है, तो क्या ट्रॉम नहीं करती? यंत्र तो साँप का ऐसा बिल है, जिसमें एक नहीं बल्कि सैकड़ों साँप होते हैं। एक के पीछे दूसरा लगा ही रहता है। जहाँ यंत्र होंगे वहाँ बड़े शहर होंगे। जहाँ बड़े शहर होंगे वहाँ ट्रॉमगाड़ी और रेलगाड़ी होगी, वहीं बिजली की बत्ती की ज़रूरत रहती है। आप जानते होंगे कि विलायत में भी देहातों में बिजली की बत्ती या ट्रॉम नहीं है। प्रामाणिक वैद्य और डॉक्टर आपको बताएँगे कि जहाँ रेलगाड़ी, ट्रॉमगाड़ी वगैरा साधन बढ़े हैं, वहाँ लोगों की तन्दुरुस्ती गिरी हुई होती है। मुझे याद है कि यूरोप के एक शहर में जब पैसे की तंगी हो गई थी तब ट्रॉमों, वकीलों और डॉक्टरों की आमदनी घट गयी थी, लेकिन लोग तन्दुरुस्त हो गये थे।

यंत्र का गुण तो मुझे एक भी याद नहीं आता, जबकि उसके अवगुणों से मैं पूरी किताब लिख सकता हूँ।

पाठक : यह सारा लिखा हुआ यंत्र की मदद से छापा जाएगा और उसकी मदद से बाँटा जाएगा, यह यंत्र का गुण है या अवगुण?

संपादक : यह 'ज़हर की दवा ज़हर है' की मिसाल है। इसमें यंत्र का कोई गुण नहीं है। यंत्र मरते-मरते कह जाता है कि 'मुझसे बचिये, होशियार रहिए, मुझसे आपको कोई फायदा नहीं होने का।' अगर ऐसा कहा जाए कि यंत्र ने इतनी ठीक कोशिश की, तो यह भी उन्हीं के लिए लागू होता है जो यंत्र की जाल में फँसे हुए हैं।

लेकिन मूल बात न भूलिएगा। मन में यह तय कर लेना चाहिए कि यंत्र खराब चीज है। बाद में हम उसका धीरे-धीरे नाश करेंगे। ऐसा कोई सरल रास्ता कुदरत ने ही बनाया नहीं है कि जिस चीज़ की हमें इच्छा हो वह तुरन्त मिल जाए। यंत्र के ऊपर हमारी मीठी नज़र के बजाय ज़हरीली नज़र पड़ेगी तो आख़िर वह जाएगा ही।

२०. छुटकारो

वाचक : तमारा विचार उपरथी हुं अेम जोउं छुं के तमे त्रीजो पक्ष स्थापवा मागो छो. तमे अेकस्ट्रीमिस्ट नहीं, तेम मॉडरेट नहीं.

अधिपति : अे भूल थाय छे. मारा मनमां त्रीजा पक्षनो विचार रहेतो ज नथी. बधाना विचार सरखा नथी होता. मॉडरेटमां बधा अेक ज विचारना छे अेम नथी धारवानुं. जेने नोकरी करी छूटवुं छे तेने पक्ष केवा? हुं तो मॉडरेटनी सेवा कंरु, तेम ज अेकस्ट्रीमिस्टनी.

ज्यां तेओना विचारथी मारो मत नोखो पडे त्यां हुं तेओने विनयपूर्वक जणावुं ने मारुं काम कर्ये जाउं.

वाचक : त्यारे तमारे बंनेने कहेवुं होय तो शुं कहो?

अधिपति : अेकस्ट्रीमिस्टने हुं कहुं के तमारो हेतु हिंदने सारु स्वराज मेळववानो छे. स्वराज तमारुं मेळव्युं मळे तेम नथी, स्वराज तो सहुअे सहुनुं लेवुं जोइअे करवुं जोइअे. बीजा मेळवे ते स्वराज्य नथी पण परराज्य छे. अेटले तमे अंग्रेजने काढीने स्वराज लीधुं अेम धारो तो ते ठीक नथी. खरुं स्वराज जे तमे मागो छो ते तो हुं अगाउ जणावी गयो छुं ते ज होवुं जोईअे.

ते तमे दारुगोळाथी कदी लेवाना नथी. दारुगोळो अे हिंदने सदे तेवी वस्तु नथी, वास्ते सत्याग्रह उपर ज भरोसो राखो. मनमां अेवो वहेम पण न लावो के आपणने स्वराज मळवामां दारुगोळानी जरुर छे.

मॉडरेटने कहुं के आपणे मात्र आजीजी करवा मागीअे ते तो आपणी हीणपत छे. तेमां आपणे आपणी हलकाई कबूल करीअे छीअे. अंग्रेजी संबंधनी जरुर ज छे अेम कहेवु अे आपणे ईश्वरना चोर थया बरोबर छे. आपणने ईश्वर शिवाय कोईनी जरुर छे अेम तो कहेवुं घटे नहीं. वळी साधारण विचार करतां पण अेम कहेवुं के अंग्रेज विना हाल तो न ज चाले, अे अंग्रेजने अभिमानी करवा जेवुं छे.

छुटकारा

पाठक : आपके विचारों से ऐसा लगता है कि आप एक तीसरा ही पक्ष कायम करना चाहते हैं। आप एक्स्ट्रीमिस्ट भी नहीं हैं और मॉडरेट भी नहीं हैं।

संपादक : यहाँ आपकी भूल होती है। मेरे मन में तीसरे पक्ष का कोई ख़्याल नहीं है। सबके विचार एक से नहीं रहते। मॉडरेटों में भी सब एक ही विचार के हैं, ऐसा नहीं मानना चाहिए। जिसे लोगों की सेवा ही करनी है, उसके लिए पक्ष कैसा? मैं तो मॉडरेटों की सेवा करूँगा और एक्स्ट्रीमिस्टों की भी करूँगा। जहाँ उनके विचार से मेरी राय अलग पड़ेगी वहाँ मैं उन्हें नम्रता से बताऊंगा और अपना काम करता चलूँगा।

पाठक : अगर आप दोनों से कहना चाहें तो क्या कहेंगे?

संपादक : एक्स्ट्रीमिस्टों से मैं कहूँगा कि आपका हेतु हिन्दुस्तान के लिए स्वराज्य हासिल करने का है। स्वराज्य आपकी कोशिश से मिलने वाला नहीं है। स्वराज्य तो सबको अपने लिए पाना चाहिए और सबको उसे अपना बनाना चाहिए। दूसरे लोग जो स्वराज्य दिला दें वह स्वराज्य नहीं है, बल्कि परराज्य है। इसलिए सिर्फ़ अंग्रेजों को बाहर निकाला कि आपने स्वराज्य पा लिया, ऐसा अगर आप मानते हों तो वह ठीक नहीं है। सच्चा स्वराज्य जो मैंने पहले बताया वही होना चाहिए। उसे आप गोला–बारूद से कभी नहीं पायेंगे। गोला–बारूद हिन्दुस्तान को सधेगा नहीं। इसलिए सत्याग्रह पर ही भरोसा रखिए। मन में ऐसा शक भी पैदा न होने दीजिए कि स्वराज्य पाने के लिए हमें गोला–बारूद की ज़रूरत है।

मॉडरेटों से मैं कहूँगा कि हम खाली आजिज़ी करना चाहें, यह तो हमारी हीनता होगी। उसमें हम अपना हल्कापन कुबूल करते हैं। 'अंग्रेजों से सम्बन्ध रखना हमारे लिए ज़रूरी है।' ऐसा कहना हमारे लिए, ईश्वर के चोर बनने जैसा हो जाता है। हमें ईश्वर के सिवा और किसी की ज़रूरत है, ऐसा कहना ठीक नहीं है और साधारण विचार करने से भी हमें लगेगा कि 'अंग्रेजों के बिना आज तो हमारा काम चलेगा ही नहीं,' ऐसा कहना अंग्रेजों को अभिमानी बनाने जैसा होगा।

अंग्रेज बोरिया–बिस्तर बाँधकर अगर चले जाएँगे, तो हिन्दुस्तान अनाथ हो जाएगा ऐसा नहीं मानना चाहिए। अगर वे गये तो संभव है कि जो लोग उनके दबाव से चुप रहे

अंग्रेज गांसडी बांधीने चाल्या जशे तो कई हिंदुस्तान रांडशे एम जाणवानुं नथी. तेम थतां जेओ दाबथी बेसी रह्या हशे ते लडशे एवो संभव छे. भरनींगळने दाबवाथी कशो फायदो नथी. ते तो फूट्ये ज छूटको. एटले जो आपणे मांहोमांहे लडवानुं सरज्युं हशे तो लडी मरीशुं. तेमां बीजाए नबळाने बचाववाना बहानाथी पडवानी जरुर नथी तेमां तो आपणुं नखोद वळ्युं छे.

नबळानो एम बचाव करवो ते नबळाने वधारे नबळा बनाववा जेवुं छे. आ विचार मॉडरेटे बरोबर करवो घटे छे. ते विना स्वराज होय नहीं. एक अंग्रेजी पादरीए कहेला शब्दो तेओने हुं याद आपीश के,'आपणे स्वराज्य भोगवतां अंधेर होय ते सहन करवा जेवुं छे, पण परराज्यनी सफाई ते दरिद्रता छे.' मात्र ते पादरीना स्वराजनो ने हिंद स्वराजनो अर्थ जुदो छे. आपणे गोरानो के हिंदीनो-कोईनो जुलम के दाब मागता नथी, बधाने तरतां शीखवा शीखववानुं छे.

आम बने तो एकस्ट्रीमिस्ट तथा मॉडरेट बंने मळे-मळी शके-मळवा जोईए; एकबीजाथी बीवानी के अविश्वास राखवानी जरुर नथी.

वाचक : एटलुं तमे बे पक्षने कहो. अंग्रेजने शुं कहेशो?

अधिपति : तेमने हुं विनयपूर्वक कहीश के तमे मारा राजा खरा. तमे तमारी तलवारथी छो के मारी इच्छाथी छो, ए सवालनी चर्चा मारे करवानी जरुर नथी. तमे मारा देशमां रहो तेनो पण द्वेष नथी. पण तमारे राजा छतां नोकर थईने रहेवुं पडशे. तमारुं कह्युं अमारे नहीं, पण अमारुं कह्युं तमारे करवुं पडशे. आज लगी तमे आ देशमांथी जे धन लई गया ते तमने पच्युं पण हवे तमे तेम करशो ते नहीं फावे. तमे हिंदुस्ताननुं सिपाईगरुं करवानी इच्छा राखो तो रही शकाय तेवुं छे. तमारे अमारी साथे वेपारनी लालच छोडवी. तमे जे सुधारानी हिमायत करो छो तेने अमे कुधारो जाणीए छीए. अमारा सुधाराने अमे तमारा करतां अत्यंत चढियातो मानीए छीए. तेम तमने सूझी आवे तो तमारो लाभ छे. तेम तमने न सूझे तोपण तमारी ज कहेवत प्रमाणे तमारे अमारा देशमां देशी थईने रहेवुं जोईशे.

तमाराथी अमारा धर्मने बाध आवे तेम न थवुं जोईए. तमारो धर्म छे के, तमारे राज्यकर्ता होई हिंदुना मानने खातर गायना मांसनो आहार छोडवो अने मुसलमानना मानने खातर तमारे बूरा जनावरनो आहार छोडवो अमे दबायेला तेथी बोली शक्य नथी, पण अमारी लागणी नथी दुखाई एम तमारे समजवानुं नथी. अमे स्वार्थ के बीजा भयथी तमने कही नथी शकया, पण हवे कहेवुं ए अमारी फरज छे. तमे स्थापेली निशाळो अने अदालतो कंई कामनी नथी एम मानीए छीए. तेने बदले अमारी असली अदालतो ने शाळाओ हती ते अमारे जोईशे.

होंगे वे लड़ेंगे, फोड़े को दबाकर रखने से कोई फायदा नहीं। उसे तो फूटना ही चाहिए। इसलिये अगर हमारे भाग्य में आपस में लड़ना ही लिखा होगा तो हम लड़ मरेंगे। उसमें कमज़ोर को बचाने के बहाने किसी दूसरे को बीच में पड़ने की ज़रूरत नहीं है। इसी से तो हमारा सत्यानाश हुआ है।

इस तरह कमज़ोर को बचाना उसे और भी कमज़ोर बनाने जैसा है। मॉडरेटों को इस बात पर अच्छी तरह विचार करना चाहिए। इसके बिना स्वराज्य नहीं प्राप्त हो सकता। मैं उन्हें एक अंग्रेज पादरी के शब्दों की याद दिलाऊंगा : "स्वराज्य में अंधाधुंधी बरदाश्त की जा सकती है, लेकिन पराज्य की व्यवस्था हमारी कंगाली को बताती है।" सिर्फ़ उस पादरी के स्वराज्य का और हिन्दुस्तान के स्वराज्य का अर्थ अलग है। हम किसी का भी जुल्म या दबाव नहीं चाहते, चाहे वो गोरा हो या हिन्दुस्तानी हो। हम सबको तैरना सीखना और सिखाना है।

अगर ऐसा हो तो एक्स्ट्रमिस्ट और मॉडरेट दोनों मिलेंगे, मिल सकेंगे, दोनों को मिलना चाहिए दोनों को एक-दूसरे का डर रखने की या अविश्वास करने की ज़रूरत नहीं है।

पाठक : इतना तो आप दोनों पक्षों से कहेंगे, परन्तु अंग्रेजों से क्या कहेंगे?

संपादक : उनसे मैं विनय से कहूँगा कि आप हमारे राजा ज़रूर हैं। आप अपनी तलवार से हमारे राजा हैं या हमारी इच्छा से, इस सवाल की चर्चा मुझे करने की ज़रूरत नहीं। आप हमारे देश में रहें इसका भी मुझे द्वेष नहीं है, लेकिन राजा होते हुए भी आपको हमारे नौकर बनकर रहना होगा। आपका कहा हमें नहीं, बल्कि हमारा कहा आपको करना होगा। आज तक आप इस देश से जो धन ले गये, वह भले आपने हज्म कर लिया, लेकिन अब आगे आपका ऐसा करना हमें पसन्द नहीं होगा। आप हिन्दुस्तान में सिपाहगिरी करना चाहें तो रह सकते हैं। हमारे साथ व्यापार करने का लालच आपको छोड़ना होगा। जिस सभ्यता की आप हिमायत करते हैं, उसे हम नुकसानदेह मानते हैं। अपनी सभ्यता को हम आपकी सभ्यता से कहीं ज्यादा ऊंची समझते हैं आपको भी ऐसा लगे तो उसमें आपका लाभ ही हैं, लेकिन ऐसा न लगे तो भी आपको, आपकी कहावत के मुताबिक, हमारे देश में हिन्दुस्तानी होकर रहना होगा।

आपको ऐसा कुछ नहीं करना चाहिए, जिससे हमारे धर्म को बाधा पहुँचे। राजकर्ता होने के नाते आपका फ़र्ज है कि हिन्दुओं की भावना का आदर करने के लिए आप गाय का माँस खाना छोड़ दें और मुसलमानों की खातिर बुरे जानवर (सुअर) का माँस खाना छोड़ दें। हम दब गये थे इसलिए बोल नहीं सके, लेकिन आप ऐसा न समझें कि आपके इस बर्ताव से हमारी भावनाओं को चोट नहीं पहुँची है। हम स्वार्थ या दूसरे भय से आज तक कह नहीं सके, लेकिन अब यह कहना हमारा फ़र्ज हो गया है। हम मानते हैं कि आपकी क़ायम की हुई शालाएँ और अदालतें हमारे किसी काम की नहीं हैं। उनके बजाय हमारी पुरानी असली शालाएँ और अदालतें ही हमें चाहिए।

हिंदुस्ताननी भाषा अंग्रेजी नथी पण हिंदी छे. ते तमारे शीखवी घटशे ने अमे तो तमारी साथे व्यवहार अमारी ज भाषांमां राखी शकीशुं.

तमे रेल्वे अने सोल्जरोमां अखूट पैसा वापरो छो ते अमे देखी शकता नथी, तेनी अमने जरुर नथी जणाती. रशियानी बीक तमने हशे, अमने नथी. ते आवशे त्यारे अमे जोई लईशुं;तमे हशो तो आपणे साथे जोई लईशुं. अमारे विलायती के युरोपी कापड न जोईअे. आ देशमां पेदा थयेली वस्तुओथी अमे चलावी लईशुं. तमाराथी अेक आंख मांचेस्टर उपर ने बीजी अमारी उपर, अेम नहीं परवडे. तमारो अने अमारो अेक ज स्वार्थ छे अेम तमे वर्तो त्यारे साथ चाली शके.

तमारी साथे आ वात तोछडाईथी नथी करी. तमारी पासे हथियारबळ छे, नौकासैन्य भारे छे. तेनी सामे अमे तेवा ज बळथी नहीं लडी शकीअे. पण जो तमने उपली वात कबूल नहीं होय तो अमे तमारी साथे नहीं रमीअे. तमारी मरजीमां आवे तो अने बने तो तमे अमने कापजो; मरजीमां आवे तो तोपे उडावजो. अमने जे पसंद नथी ते तमे करो तेमां अमे तमने मदद नथी करवाना, ने अमारी मदद विना तमाराथी डग भरी शकाय तेम नथी.

आ वात तमे तमारी सत्ताना मदमां हसी काढशो अेवो संभव छे. आजकालमां तमारुं हसवुं मिथ्या छे अेम तो तमने वखते नहीं देखाडी शकाय, पण जो अमारामां दम हशे तो तमे जोशो के तमारो मद नकामो छे ने तमारुं हसवुं ते विपरीत बुद्धिनी निशानी हतुं.

अमे तो मानीअे छीअे के तमे हाडे धर्मी प्रजाना माणस छो. अमे तो धर्मस्थानमां ज वसीअे छीअे. तमे ने अमे केम साथे थया ते विचाखुं फोकट छे. पण आपणा संबंधनो आपणे बंने सदुपयोग करी शकीअे छीअे.

तमे हिंदमां आवनार अंग्रेजो ते अंग्रेजी प्रजानो खरो नमूनो नथी. तेम अमे अर्धा अंग्रेज जेवा बनेला हिंदीओ पण खरी हिंदी प्रजानो नमूनो कहेवाई शकता नथी. अंग्रेजी प्रजा जो बंधुं समजे तो तमारा कार्यनी सामे थाय, हिंदी प्रजाअे तो तमारी साथे संबंध थोडो ज राख्यो छे. तमे जो तमारो सुधारो जे कुधारो छे, तेने छोडी तमारा धर्मनुं शोधन करशो तो तमे जोशो के अमारी मागणी बरोबर छे. अे ज रीते तमाराथी हिंदुस्तानमां रहेवाय. अेम तमे रहो तो तमारी पासेथी अमारे केटलुंक शीखवानुं छे ते शीखीशुं, अने अमारी पासे थी तमारे घणुं शीखवानुं छे ते तमे शीखशो. आम करतां आपणे लाभ लईशुं ने दुनियाने लाभ करीशुं. पण ते तो ज्यारे आपणा सबंधनी जड धर्मक्षेत्रमां नखाय त्यारे ज बने.

वाचक : प्रजाने शुं कहेशो ?

हिन्दुस्तान की आम भाषा अंग्रेजी नहीं बल्कि हिन्दी है। वह आपको सीखनी होगी और हम तो आपके साथ अपनी भाषा में ही व्यवहार करेंगे।

आप रेलवे और फ़ौज के लिए बेशुमार रुपये ख़र्च करते हैं, यह हमसे देखा नहीं जाता। हमें उसकी ज़रूरत नहीं मालूम होती। रूस का डर आपको होगा, हमें नहीं है। रूसी आएँगे तब हम उनसे निबट लेंगे, आप होंगे तो हम दोनों मिलकर उनसे निबट लेंगे। हमें विलायती या यूरोपीय कपड़ा नहीं चाहिए। इस देश में पैदा होने वाली चीजों से ही हम अपना काम चला लेंगे। आपकी एक आँख मैन्चेस्टर पर और दूसरी हम पर रहे, यह अब नहीं पुसायेगा। आपका और हमारा स्वार्थ एक ही है, इस तरह आप बरतेंगे तभी हमारा साथ बना रह सकता है।

आपसे यह सब हम बेअदबी से नहीं कह रहे हैं। आपके पास हथियार-बल है, भारी जहाजी सेना है। उसके खिलाफ़ वैसी ही ताक़त से हम नहीं लड़ सकते, लेकिन आपको अगर ऊपर कही गई बात मंजूर न हो, तो आपसे हमारी नहीं बनेगी। आपकी मर्ज़ी में आये तो और मुमकिन हो तो आप हमें तलवार से काट सकते हैं, मर्ज़ी में आये तो हमें तोप से उड़ा सकते हैं। हमें जो पसंद नहीं है वह अगर आप करेंगे, तो हम आपकी मदद नहीं करेंगे और बगैर हमारी मदद के आप एक कदम भी नहीं चल सकेंगे।

संभव है कि अपनी सत्ता के मद में हमारी इस बात को आप हँसी में उड़ा दें। आपका हँसना बेकार है, ऐसा आज शायद हम नहीं दिखा सकें, लेकिन अगर हममें कुछ दम होगा तो आप देखेंगे कि आपका मद बेकार है और आपका हँसना विनाश की निशानी है।

हम मानते हैं कि आप स्वभाव से धार्मिक राष्ट्र की प्रजा हैं। हम तो धर्म स्थान में ही बसे हुए हैं। आपका और हमारा कैसे साथ हुआ, इसमें उतरना फ़िजूल है, लेकिन अपने इस सम्बन्ध का हम दोनों अच्छा उपयोग कर सकते हैं।

आप हिन्दुस्तान में आने वाले जो अंग्रेज हैं वे अंग्रेज प्रजा के सच्चे नमूने नहीं हैं और हम जो आधे अंग्रेज जैसे बन गये हैं वे भी सच्ची हिन्दुस्तानी प्रजा के नमूने नहीं कहे जा सकते। अंग्रेज प्रजा को अगर आपकी करतूतों के बारे में सब मालूम हो जाए, तो वह आपके कामों के ख़िलाफ़ हो जाए। हिन्द की प्रजा ने तो आपके साथ संबंध थोड़ा ही रखा है। आप अपनी सभ्यता को, जो दरअसल बिगाड़ करने वाली है, छोड़कर अपने धर्म की छानबीन करेंगे, तो आपको लगेगा कि हमारी माँग ठीक है। इसी तरह आप हिन्दुस्तान में रह सकते हैं। अगर उस ढंग से आप यहाँ रहेंगे तो आपसे हमें जो थोड़ा सीखना है वह हम सीखेंगे और हमसे आपको जो बहुत सीखना है वह आप सीखेंगे। इस तरह हम एक-दूसरे से लाभ उठायेंगे और सारी दुनिया को लाभ पहुँचायेंगे, लेकिन यह तो तभी हो सकता है जब हमारे संबंध की जड़ धर्म क्षेत्र में जमे।

पाठक : राष्ट्र से आप क्या कहेंगे?

अधिपति : प्रजा ते कोण?

वाचक : अत्यारे तो तमे जे अर्थमां वापरो छो ते ज प्रजा; अेटले जेओ युरोपी सुधाराथी खरडायेला छे, जेओ स्वराजनो ध्वनि काढी रह्या छे ते.

अधिपति : आ प्रजाने हुं कहीश के जे हिंदीने खरी खुमारी चढी हशे ते ज उपर प्रमाणे अंग्रेजने कही शकशे ने तेओना रुआबमां नहीं दबाय.

खरी खुमारी तो तेने ज चढे के जे ज्ञानपूर्वक माने के, हिंदी सुधारो ते सर्वोपरी छे ने युरोपी सुधारो ते त्रण दहाडाने तमासो छे. अेवा सुधारा तो कंई थई गया ने रोळाया; कंई थशे ने रोळाशे.

खरी खुमारी तेने होई शकशे के जे आत्मबळ अनुभवी शरीरबळथी नहीं दबातां नीडर रहेशे अने तोपबळनो स्वप्ने पण उपयोग करवा नहीं धारे.

खरी खुमारी तो तेने ज रहेशे के जे हिंदी अत्यारनी दयामणी दशाथी बहु ज अकळायो हशे ने जेणे झेरनो प्यालो पहेलेथी ज पी लीधो हशे.

तेवो हिंदी अेक ज हशे तो ते पण उपर मुजब अंग्रेजने कहेशे अने ते अंग्रेजने सांभळवुं जोईशे.

उपरनी मागणी ते मागणी नथी, पण हिंदीना मननी दशा सूचवे छे. माग्युं नहीं मळे; लीधुं लेवाशे. लेवानुं बळ जोईशे. ते बळ तो तेने ज हशे के-

- जे अंग्रेजी भाषानो उपयोग न चालतां ज करशे.
- जे वकील होई पोतानी वकीलात छोडी देशे ने पोते घरमां रेंटियो लई लूगडां वणशे.
- जे वकील होई पोतानुं ज्ञान मात्र लोकोने समजाववामां ने अंग्रेजोनी आंख उघाडवामां गाळशे.
- जे वकील होई वादीप्रतिवादीना कजियामां पडशे नहीं, पण अदालतोने तजशे ने पोताना अनुभवे लोकोने ते छोडवानुं समजावशे.
- जे वकील होवा छतां जेम वकीलपणुं छोडशे तेम जडजपणुं पण छोडशे.
- जे दाक्तर होई पोतानो धंधो तजशे ने समजशे के लोकोनां चाम/चूंथवा करतां लोकोना आत्माने चूंथी तेनुं संशोधन करी तेमने साजा बनाववा.
- जे दाक्तर होई समजशे के पोते गमे ते धर्मनो होय छतां जे घातकीपणुं

संपादक : राष्ट्र कौन?

पाठक : अभी तो आप जिस अर्थ में यह शब्द काम में लेते हैं उसी अर्थ वाला राष्ट्र यानी जो लोग यूरोप की सभ्यता में रंगे हुए हैं, वो स्वराज्य की आवाज़ उठा रहे हैं।

संपादक : इस राष्ट्र से मैं कहूँगा कि जिस हिन्दुस्तानी को स्वराज्य की सच्ची खुमारी यानी मस्ती चढ़ी होगी, वही अंग्रेजों से ऊपर की बात कह सकेगा और उनके रौब से नहीं दबेगा।

सच्ची मस्ती तो उसी को चढ़ सकती है, जो ज्ञान पूर्वक समझ बूझकर यह मानता हो कि हिन्द की सभ्यता सबसे अच्छी है और यूरोप की सभ्यता चार दिन की चाँदनी है। वैसे सभ्यताएँ तो आज तक कई हो गयीं और मिट्टी में मिल गयीं, आगे भी कई होंगी और मिट्टी में मिल जाएँगी।

सच्ची खुमारी उसी को हो सकती है, जो आत्मबल अनुभव करके शरीर बल से नहीं दबेगा और निडर रहेगा तथा सपने में भी तोप बल का उपयोग करने की बात नहीं सोचेगा।

सच्ची खुमारी उसी हिन्दुस्तानी को रहेगी, जो आज की लाचार हालत से बहुत ऊब गया होगा और जिसने पहले से ही ज़हर का प्याला पी लिया होगा।

ऐसा हिन्दुस्तानी अगर एक ही होगा तो वह भी ऊपर की बात अंग्रेजों से कहेगा और अंग्रेजों को उसकी बात सुननी पड़ेगी।

ऊपर की माँग माँग नहीं है, वह हिन्दुस्तानियों के मन की दशा को बताती है। माँगने से कुछ नहीं मिलेगा, वह तो हमें खुद लेना होगा। उसे लेने की हममें ताक़त होनी चाहिए।- यह ताक़त उसी में होगी :

- जो अंग्रेजी भाषा का उपयोग लाचारी से ही करेगा।
- जो वकील होगा तो अपनी वकालत छोड़ देगा और खुद घर में चरखा चलाकर कपड़े बुन लेगा।
- जो वकील होने के कारण अपने ज्ञान का उपयोग सिर्फ़ लोगों को समझाने और लोगों की आँखें खोलने में करेगा।
- जो वकील होकर वादी-प्रतिवादी, मुद्दई और मुद्दालेह के झगड़ों में नहीं पड़ेगा, अदालतों को छोड़ देगा और अपने अनुभव से दूसरों को अदालतें छोड़ने के लिए समझाएगा।
- जो वकील होते हुए भी जैसे वकालत छोड़ेगा वैसे न्यायाधीशपन भी छोड़ेगा।
- जो डॉक्टर होते हुए भी अपना पेशा छोड़ेगा और समझेगा कि लोगों की चमड़ी चोंथने के बजाय बेहतर है कि उनकी आत्मा को छुआ जाए और उसके बारे में शोध-खोज करके उन्हें तंदुरुस्त बनाया जाए।

जीवो उपर अंग्रेजी वैदकशाळाओमां वापरवामां आवे छे ते घातकीपणा द्वारा शरीर साजुं थतुं होय तोपण ते न थाय ने मांदुं रहे ते ठीक छे.

- जे दाक्तर होवा छतां रेंटियो पोते पण लेशे ने लोको जे मांदा हशे तेमने तेमनी मांदगीनुं कारण बतावी ते कारण दूर करवा कहेशे; पण नकामी दवाओ आपी तेमने पंपाळशे नहीं. ते समजशे के नकामी दवा नहीं लेतां तेवा मांदानुं शरीर पडी जशे तो दुनिया रंडावानी नथी, ने ते माणसनी उपर खरी दया वापरी गणाशे.
- जे धनाढ्य हशे छतां पोताना पैसानी दरकार राख्या विना जे मनमां छे ते ज बोलशे ने चरमबंधीनी परवा नहीं राखे.
- जे धनाढ्य होई पोतानो पैसो रेंटियो स्थापवामां वापरशे ने पोते मात्र स्वदेशी माल पहेरी, वापरी बीजाने उत्तेजन आपशे.
- बधा हिंदी समजशे के आ समय पश्चात्तापनो, प्रायश्चितनो, शोकनो छे.
- बधा समजशे के अंग्रेजनो दोष काढवो ते व्यर्थ छे. तेओ आपणे वांके आव्या, आपणे वांके रह्या छेने आपणो वांक दूर थये जशे अथवा बदलाशे.
- बधा समजशे के शोकदशामां मोजशोख होई न शके; ज्यां सुधी आपणने चेन नथी त्यां सुधी आपणे जेलमां के देशपार होईअे ते ठीक छे.
- बधा हिंदी समजशे के आपणे लोकोने समजाववाने खातर जेलमां न जवाय तेवी सावचेती राखवी अे तदन मोह छे.
- सहु समजशे के कहेवा करतां करवानी असर अजब थाय छे; निडर थई जे मनमां छे ते बोलवुं ज ने ते बोलतां परिणाम आवे ते सहेवु; त्यारे तो आपणे आपणा बोलवानी छाप पाडी शकीअे छीअे.
- बधा हिंदी समजशे के आपणे दु:ख सहन करीने ज बंधन छोडावी शकीशुं.
- बधा हिंदी समजशे के आपणे जे पाप अंग्रेजोने तेमना सुधारामां उत्तेजन आपीने कर्युं छे तेनुं निवारण करवा देहांत लगी आंदामानमां रहीअे तो जराये वधारे पडतुं नथी थयुं.
- बधा हिंदी समजशे के कोई पण प्रजा दु:ख वेठ्या विना चढी नथी. रणसंग्राममां पण कसोटी ते दु:ख छे, बीजाने मारवा ते नथी. तेम ज सत्याग्रह विशे छे.

- जो डॉक्टर होने से समझेगा कि खुद चाहे जिस धर्म का हो, लेकिन अंग्रेजी फार्मेसियों में जीवों पर जो निर्दयता की जाती है, वैसी निर्दयता से बनी हुई दवाओं से शरीर को चंगा करने के बजाय बेहतर है कि शरीर रोगी रहे।
- जो डॉक्टर होने पर भी खुद चरखा चलायेगा और जो लोग बीमार होंगे उन्हें उनकी बीमारी का सही कारण बताकर उसे दूर करने के लिए कहेगा, निकम्मी दवाएँ देकर उन्हें गलत लाड़ नहीं लड़ायेगा। वह तो यही समझेगा कि निकम्मी दवाएँ न लेने से बीमार की देह अगर गिर भी जाए, तो उससे दुनिया अनाथ नहीं हो जाएगी और यही मानेगा कि उसने बीमार पर सच्ची दया की है।
- जो धनी होने पर भी धन की परवाह किये बिना अपने मन में होगा वही कहेगा और बड़े से बड़े सत्ताधीश की भी परवाह न करेगा।
- जो धनी होने से अपना रुपया चरखे चालू करने में खरचेगा और खुद सिर्फ़ स्वदेशी माल का इस्तेमाल करके दूसरों को भी ऐसा करने के लिए बढ़ावा देगा।
- दूसरे हर हिन्दुस्तानी की तरह जो यह समझेगा कि यह समय पश्चाताप का, प्रायश्चित्त का और शोक का है।
- जो दूसरे हर हिन्दुस्तानी की तरह यह समझेगा कि अंग्रेजों का क़ुसूर निकालना बेकार है। हमारे क़ुसूर की वजह से वे हिन्दुस्तान में आये, हमारे क़ुसूर के कारण ही वे यहां रहते हैं और हमारा क़ुसूर दूर होगा तब वे यहाँ से चले जाएँगे या बदल जाएँगे।
- दूसरे हिन्दुस्तानियों की तरह जो यह समझेगा कि मातम के वक्त मौज-शौक नहीं हो सकते। जब तक हमें चैन नहीं है तब तक हमारा जेल में रहना या देश निकाला भोगना ही ठीक है।
- जो दूसरे हिन्दुस्तानियों की तरह यह समझेगा कि लोगों को समझाने के बहाने जेल में न जाने की खबरदारी रखना निरा मोह है।
- जो दूसरे हिन्दुस्तानियों की तरह यह समझेगा कि कहने से करने का असर अद्‌भुत होता है, हम निडर होकर जो मन में है वही कहेंगे और इस तरह कहने का जो नतीजा आये उसे सहेंगे, तभी हम अपने कहने का असर दूसरों पर डाल सकेंगे।
- जो दूसरे हिन्दुस्तानियों की तरह यह समझेगा कि हम दु:ख सहन करके ही बंधन यानी गुलामी से छूट सकेंगे।
- जो दूसरे हिन्दुस्तानियों की तरह समझेगा कि अंग्रेजों की सभ्यता को बढ़ावा देकर हमने जो पाप किया है, उसे धो डालने के लिए अगर हमें मरने तक भी अंडेमान में रहना पड़े, तो वह कुछ ज्यादा नहीं होगा।

- बधा हिंदी समजशे के 'बीजा करे त्यारे आपणे करीशुं'अे न करवानुं बहानुं छे. आपणने सारु लागे छे वास्ते आपणे करो, बीजाने भासशे त्यारे ते करशे;अे ज करवानो रस्तो छे. मने स्वादिष्ट भोजन जोवामां आवे ते लेतां हुं बीजानी राह नथी जोतो. उपर मुजब प्रयत्न करवो, दु:ख भोगववुं अे स्वादिष्ट भोजन छे. अकळाईने करवुं, दु:ख उठाववुं ते वेठमात्र छे.

वाचक : आम सौ क्यारे करे ने क्यारे आरो आवे ?

अधिपति : तमे वळी भूल्या. सौनी साथे मारे ने तमारे परवा नथी. 'आप आपकी फोडियो, में मेरी समालता हूं' अे स्वार्थ वचन गणाय छे, पण ते परमार्थ वचन छे. हुं मारुं उजाळीश तो ज बीजानुं करीश. मारुं कर्तव्य मारे करी लेवुं तेमां बधी कार्यसिद्धि आवे छे. तमने छोड्या पहेलां वळी हुं कही जवानी रजा लउं छुं.

- स्वराज ते आपणा मननुं राज्य छे.
- तेनी चावी सत्याग्रह, आत्मबळ के दयाबळ छे.
- ते बळ अजमाववा सर्वथा स्वदेशी पकडवानी जरुर छे.
- जे आपणे करवां मांगीअे छीअे ते अंग्रेजनी उपर द्वेषभावे नहीं, तेमने दंड करवाने खातर नहीं, पण तेम करवुं अे आपणुं कर्तव्य छे. अेटले के अंग्रेज निमकवेरो काढी नाखे, लीधेलुं धन पाछुं आपे, बधा हिंदीने मोटा होद्दा आपे, लश्कर खेंची ले, तो कंई आपणे तेमना संचानुं कापड पहेरीशुं के अंग्रेजी भाषा वापरीशुं अथवा तेमनी हुन्नरकळानो उपयोग करीशुं अेम नथी. ते बधुं वस्तुताअे न करवा जेवुं छे वास्ते नथी करवाना, अे समजवानुं छे.

जे कंई में कह्युं छे ते अंग्रेजना द्वेषभावे नहीं,पण तेमना सुधाराना द्वेषभावे कह्युं छे. मने लागे छे के आपणे स्वराजनुं नाम लीधुं छे पण तेनुं स्वरुप समज्या नथी. ते जेवुं हुं समज्यो छुं तेवुं समजाववा में प्रयत्न कर्यो छे. तेवुं स्वराज लेवा खातर आ देह अर्पण छे, अेम मन साक्षी पूरे छे.

- जो दूसरे हिन्दुस्तानियों की तरह समझेगा कि कोई भी राष्ट्र दुःख सहन किये बिना ऊपर चढ़ा नहीं है। लड़ाई के मैदान में भी दुःख ही कसौटी होता है, न कि दूसरे को मारना। सत्याग्रह के बारे में भी ऐसा ही है।
- जो दूसरे हिन्दुस्तानियों की तरह समझेगा कि यह कहना कुछ न करने के लिए एक बहाना भर है कि 'जब सब लोग करेंगे तब हम भी करेंगे'। हमें ठीक लगता है इसलिए हम करें, जब दूसरों को ठीक लगेगा तब वे करेंगे, यही करने का सच्चा रास्ता है। अगर मैं स्वादिष्ट भोजन देखता हूँ, तो उसे खाने के लिए दूसरे की राह नहीं देखता। ऊपर कहे मुताबिक प्रयत्न करना, दुःख सहना यह स्वादिष्ट भोजन है। ऊब कर लाचारी से करना या दुःख सहना निरी बेगार है।

पाठक : सब ऐसा कब करेंगे और कब उसका अंत आयेगा?

संपादक : आप फिर भूलते हैं। सबकी न तो मुझे परवाह है, न आपको होनी चाहिए। 'आप अपना देख लीजिए, मैं अपना देख लूँगा' यह स्वार्थ वचन माना जाता है, लेकिन यह परमार्थ वचन भी है। मैं अपना उजालूँगा, अपना भला करूँगा, तभी दूसरे का भला कर सकूँगा। अपना कर्त्तव्य मैं कर लूँ, इसी में काम की सारी सिद्धियाँ समाई हुई हैं। आपको विदा करने से पहले फिर एक बार मैं यह दोहराने की इजाज़त चाहता हूँ कि :

- अपने मन का राज्य स्वराज्य है।
- उसकी कुंजी सत्याग्रह, आत्मबल या करुणा बल है।
- उस बल को आजमाने के लिए स्वदेशी को पूरी तरह अपनाने की ज़रूरत है।
- हम जो करना चाहते हैं वह अंग्रेजों के लिए हमारे मन में द्वेष है इसलिए या उन्हें सज़ा देने के लिए नहीं करें, बल्कि इसलिए करें कि ऐसा करना हमारा कर्त्तव्य है। मतलब यह कि अंग्रेज अगर नमक महसूल रद्द कर दें, लिया हुआ धन वापस कर दें, सब हिन्दुस्तानियों को बड़े-बड़े ओहदे दे दें और अंग्रेजी लश्कर हटा लें, तो हम उनकी मिलों का कपड़ा पहनेंगे या अंग्रेजी भाषा काम में लायेंगे या उनके हुनर का उपयोग करेंगे सो बात नहीं है। हमें यह समझना चाहिए कि वह सब दरअसल नहीं करने जैसा है, इसलिए हम उसे नहीं करेंगे।

मैंने जो कुछ कहा है वह अंग्रेजों के लिए द्वेष होने के कारण नहीं, बल्कि उनकी सभ्यता के लिए द्वेष होने के कारण कहा है।

मुझे लगता है कि हमने स्वराज्य का नाम तो लिया, लेकिन उसका स्वरूप हम नहीं समझे हैं। मैंने उसे जैसा समझा है वैसा यहाँ बताने की कोशिश की है। मेरा मन गवाही देता है कि ऐसा स्वराज्य पाने के लिए मेरा यह शरीर समर्पित है।

पुनश्च

'हिंद स्वराज'ना हिंदी अनुवाद उपर गांधीजीअे लखेली प्रस्तावनामां मिलो संबंधे नीचेनो उलेख तेमणे कर्यो छे:

'आ पुस्तक में १९०८ नी सालमां लख्युं हतुं. बार वर्षना अनुभव पछी पण मारा विचार हता तेवा ने तेवा ज रह्या छे. मारी उमेद छे के वाचकवर्ग मारा आ विचारनो प्रयोग करीने तेनी सिद्धता-असिद्धतानो निश्चय करी लेशे.

मिलोना संबंधमां मारा विचारोमां आटलुं परिवर्तन थयेलुं छे के हिंदुस्ताननी चालु हालतमां मान्चेस्टरना कापड करतां हिंदनी मिलोने उत्तेजन आपीने पण आपणुं कापड आपणा ज देशमां पेदा करी लेवुं जोईअे.' (सन १९२१)

'हिंद स्वराज' ना अंग्रेजी अनुवादनी प्रस्तावना लखतां गांधीजीअे अेक ग्राम्य शब्द सुधारी लेवानी तक लीधी छे:

'आ वखते आ पुस्तक अेम ने अेम प्रकाशित करवुं आवश्यक समजुं छुं पण जो आमां मारे कंई पण सुधारवा जेवुं होय तो अेक शब्द हुं सुधारवा इच्छुं छुं. अेक अंग्रेज महिला मित्रने ते बदलवानुं में वचन आप्युं छे. में पार्लमेन्टने वेश्या कही छे. ते अे बहेनने नापसंद छे. तेमनुं कोमळ दिल आ शब्दना ग्राम्य भावथी दुखायुं हतुं.' (इ.स.१९२१)

पुनश्च

'हिन्द स्वराज्य' के हिन्दी अनुवाद के लिए गांधीजी ने जो प्रस्तावना लिखी थी, उसमें उन्होंने मिलों के बारे में नीचे की बातें कही थीं :

"यह पुस्तक मैंने सन् 1909 में लिखी थी। 12 वर्ष के अनुभव के बाद भी मेरे विचार जैसे उस समय थे वैसे ही आज हैं। मैं आशा करता हूँ कि पाठक मेरे इन विचारों का प्रयोग करके उनकी सिद्धता अथवा असिद्धता का निर्णय कर लेंगे।

"मिलों के संबंध में मेरे विचारों में इतना परिवर्तन हुआ है कि हिन्दुस्तान की आज की हालत में मैन्चेस्टर के कपड़े के बजाय हिन्दुस्तान की मिलों को प्रोत्साहन देकर भी अपनी जरूरत का कपड़ा हमें अपने देश में ही पैदा कर लेना चाहिए।" (सन् 1921)

'हिन्द स्वराज्य' के अंग्रेजी अनुवाद की प्रस्तावना लिखते हुए गांधीजी ने इस पुस्तक का एक ग्राम्य शब्द सुधारने की इच्छा बताई थी :

"इस समय इस पुस्तक को इसी रूप में प्रकाशित करना मैं आवश्यक समझता हूँ। परंतु यदि इसमें मुझे कुछ भी सुधार करना हो, तो मैं एक शब्द सुधारना चाहूँगा। एक अंग्रेज महिला मित्र को मैंने वह शब्द बदलने का वचन दिया है। पार्लियामेंट को मैंने वेश्या कहा है। यह शब्द उन बहन को पसंद नहीं है। उनके कोमल हृदय को इस शब्द के ग्राम्य भाव से दुःख पहुँचा है।" (सन् 1921)

कुछ प्रमाणभूत ग्रंथ

'हिन्द स्वराज्य' के अध्ययन को आगे बढ़ाने के लिए नीचे की पुस्तकें पढ़ना उपयोगी होगा :

1. The Kingdom of God is Within You–Tolstoy
2. What is Art?–Tolstoy
3. The Slavery of Our Times–Tolstoy
4. The First Step–Tolstoy
5. How Shall We Escape?–Tolstoy
6. Letter to a Hindoo–Tolstoy
7. The White Slaves of England–Sherard
8. Civilization, Its Cause and Cure–Carpenter
9. The Fallacy of Speed–Taylor
10. A New Crusade–Blount
11. On the Duty of Civil Disobedience–Thoreau
12. Life Without Principle–Thoreau
13. Unto This Last–Ruskin
14. A Joy for Ever–Ruskin
15. Duties of Man–Mazzini
16. Defence and Death of Socrates–From Plato
17. Paradoxes of Civilization–Max, Nordau
18. Poverty and Un-British Rule in India–Naoroji
19. Economic History of India–Dutt
20. Village Communities–Maine

परिशिष्ट

गांधी और उत्तर आधुनिक बोध

1

आधुनिकता के विकास की हमारी समझ की पुनर्परीक्षा करते हुए इंग्लैंड के सुप्रसिद्ध समाजशास्त्री एन्थोनी गिडेन्स ने एक सवाल सन् 1990 में उठाया था—क्या आधुनिकता (मॉडर्निटी) एक पश्चिमी अवधारणा है और इसका दो टूक जवाब उन्होंने स्वयं दे दिया था—'हाँ है'। पिछली चार सदियों में ज्ञान-मीमांसा के अनवरत विमर्श का बीज शब्द 'आधुनिक' (माडर्न) सम्भवतः पहली बार सत्रहवीं शताब्दी के पूर्वार्ध में अपने वर्तमान अर्थ में प्रयोग में आना शुरू हुआ था। इसका आशय था समकालीन तथा आवॉगार्द (अग्रगामी-नवोन्मेषी) आधुनिक चेतना के विकास में फ्रांस के दार्शनिक रेने डिसकार्टीज़ (1595-1650) तथा इंग्लैंड के समाजशास्त्री थॉमस हॉब्स (1588-1679) और वहीं के भौतिकशास्त्री आइज़क न्यूटन (1642-1729) के विचारों और अन्वेषणों का मूल्यवान योगदान माना गया है। योरोप और अमेरिका के धर्म, कला, दर्शन, संस्कृति और विज्ञान के क्षेत्र में मध्यकालीन सोच और परम्परागत मूल्य-बोध को इन तीनों ने न केवल गहराई से प्रभावित किया बल्कि उनमें आमूल-चूल परिवर्तन की आधारशिला भी रखी।

दार्शनिक-गणितज्ञ डिसकार्टीज़ ने कहा था कि यह मानना पूर्णतः विवेक विरुद्ध है कि कोई ऐसा शून्य या अन्तराल है जहाँ सर्वथा कुछ भी नहीं है। उन्होंने संशयवाद के 'लगभग' और 'सापेक्ष' सत्य की अवधारणा का परित्याग कर स्पष्ट और स्वतः प्रमाणित विचारों से उद्‌भूत स्वयं-सिद्ध निश्चिन्तता का दावा पेश किया था। हॉब्स ने ऐलान किया था कि पोप तंत्र कब के मरे हुए रोमन साम्राज्य की कब्र पर मुकुट धारण किए बैठे प्रेत के अलावा और कुछ नहीं है।

न्यूटन ने अपने क्रान्तिकारी गुरुत्वाकर्षण के सिद्धान्त से एक नए विज्ञान की दिशा खोली थी। सत्रहवीं सदी के आधुनिकता-अन्वेषकों ने घोषित किया था कि प्रकृति के नियम दिक् और काल के बन्धन से मुक्त थे तथा वे सदैव और सर्वत्र एक समान थे। जैसे-जैसे न्यूटन के भौतिकशास्त्र के प्रतिमान ज्ञान के अन्य क्षेत्रों में विस्तार पाने लगे उनके अनुयायी दावा करने लगे कि चीजों को जानने-समझने का

वही एकमात्र सही रास्ता है। केवल विज्ञान ही सही सवाल उठा सकता है और वही इसका सटीक जवाब देने में सक्षम है। जो विज्ञान की कसौटी पर खरा नहीं उतरता वह सच नहीं हो सकता।

अट्ठारहवीं शताब्दी में योरोप के वैचारिक आन्दोलन को, जिसे 'इन्लाइटेन्मेंट' (ज्ञानोदय) के नाम से जाना जाता है, सत्रहवीं सदी के इस वैज्ञानिक सोच ने गहराई से प्रभावित किया। इस आन्दोलन की विशेषता इसकी तार्किकता और युगों से धर्म तथा ज्ञान के विभिन्न क्षेत्रों में स्थापित रूढ़ियों के प्रति उदग्र और गहरा संशय-भाव था। कई अन्य आन्दोलनों की तरह इसकी शुरुआत भी फ्रांस में हुई। इसके पुरोधा थे वहीं के गणितज्ञ-दार्शनिक मार्किस दि कॉन्डर सेट (1743-1794) जिन्होंने पहली बार गणित के सिद्धान्तों का समाज-विज्ञान के क्षेत्र में प्रयोग किया। सन् 1779 में फ्रांस की राज्यक्रान्ति में उनकी सक्रिय भूमिका थी। इस महान आन्दोलन में उनकी भागीदारी के पीछे उनका उद्देश्य था एक उदार तर्कसंगत समाज की स्थापना। पर आगे घटना-चक्र कुछ इस तरह घूमा कि उन्हें पचास साल की आयु में अपने प्राण से हाथ धोना पड़ा। उनकी महत्त्वपूर्ण दार्शनिक कृति 'आउटलाइन ऑफ एन हिस्टॉरिकल प्रोग्रेस ऑफ दि ह्यूमन माइंड' (मानव-मस्तिष्क की प्रगति के ऐतिहासिक परिदृश्य की रूपरेखा) उनकी मृत्यु के बाद सन् 1795 में प्रकाशित हुई। इसमें उनका मानना है कि मनुष्यता के इतिहास में मानव-मस्तिष्क के विकास के नौ पड़ाव थे, फ्रांस की राज्यक्रान्ति को उन्होंने दसवाँ पड़ाव बताया था।

कॉन्डर सेट के लेखन में कहीं भी धर्म में आस्था या मनुष्य के मामलों में ईश्वर के हस्तक्षेप का सन्दर्भ नहीं आया है। उनकी दलील थी कि जल्द ही वैज्ञानिक तर्क और वैज्ञानिक ज्ञान, धार्मिक सोच और आध्यात्मिक ज्ञान की जगह ले लेगा। उनकी परिकल्पना थी कि मनुष्य पूर्णतः आदर्श समाज (यूटोपिया) की दिशा में जिसे गांधी रामराज्य कहते थे सदैव और निरन्तर बढ़ता रहेगा। मनुष्य की चरम पूर्णता में कॉन्डर सेट का विश्वास अदम्य और अडिग रहा।

अट्ठारहवीं सदी के अन्तिम दशक में दिवंगत कॉन्डर सेट के आधुनिक वैज्ञानिक चिन्तन की मशाल उन्नीसवीं सदी के फ्रांस के ही एक दूसरे बड़े दार्शनिक ऑगस्ट कॉम्टे (1798-1857) के हाथ में आ गई थी। यद्यपि कॉम्टे को कई नए सिद्धान्तों के प्रणेता के तौर पर याद किया जाता है पर उन्हें सबसे अधिक ख्याति उनकी प्रत्यक्षवाद (पॉज़िटिविज़्म) की उद्भावना के लिए मिली। स्वघोषित प्रत्यक्षवाद के पुरोहित (पोप ऑफ पॉज़िटिविज़्म) कॉम्टे के अनुसार अगर यह सच है कि प्रत्येक सिद्धान्त आँखों देखे तथ्यों पर आधारित होना चाहिए तो यह भी उतना ही सच है कि तथ्यों को कुछ सिद्धान्तों की सहायता के बिना परखा नहीं जा सकता। सिद्धान्तों के मार्गदर्शन के अभाव में हमारे तथ्य असम्बद्ध, असंगत और निष्प्रयोजन ही बने रहेंगे। ऐसी स्थिति में न तो हम उन्हें ग्रहण कर पाएँगे और न ही उनका बोध कर सकेंगे। सत्रहवीं,

अट्ठारहवीं और उन्नीसवीं सदी में आधुनिकता को परिभाषित करने के जो भी यत्न हुए उनका निचोड़ है कि वैज्ञानिक सोच से वस्तुनिष्ठ ज्ञान और विश्वजनीन सत्य प्राप्त किए जा सकते हैं। लोहे, इस्पात और बिजली से निर्मित-संचालित महाकाय मशीनें, दैत्याकार औद्योगिक परियोजनाएँ और उनसे होते व्यापक स्तर पर उत्पादनों ने इस विश्वास को बल दिया कि विकास के उच्चतम स्तर पर पहुँचने का लक्ष्य दिवास्वप्न न होकर एक सच्चाई है। संक्षेप में आधुनिकता का अर्थ है विज्ञान, धर्मनिरपेक्षता, राष्ट्रराज्य, सुनियोजित विकास और भौतिक समृद्धि के संसाधनों में दृढ़ विश्वास। एकरूपता, व्यवस्था, तरतीब, सन्तुलन, मुक्त सेक्स, प्रकृति पर विजय की उद्दाम कामना और अधिकाधिक सत्ता की निरन्तर बढ़ती चाह इसके कुछ और उल्लेखनीय पहलू हैं।

पश्चिम में सभी देशों खासकर उनकी राजधानियों और महानगरों में आधुनिकता का उन्मेष और चरमोत्कर्ष एक साथ नहीं हुआ। जर्मनी में उन्नीसवीं सदी के अन्तिम दशक और प्रथम विश्व महायुद्ध (सन् 1914-1918) के प्रारम्भ के बीच, रूस में सन् 1917 की क्रान्ति के पहले, अमेरिका में सन् 1912 में और इंग्लैंड में सम्राज्ञी विक्टोरिया के सन् 1901 में देहावसान के बाद बीसवीं सदी के पहले दशक में और आगे उत्कर्ष हुआ। फ्रांस जहाँ आधुनिकतावाद के अधिकांश प्रेरक-विचारक पैदा हुए सत्रहवीं सदी से सन् 1939 में द्वितीय विश्व महायुद्ध के प्रारम्भ होने तक इस विचारधारा का पठार रहा। पश्चिम के लगभग सभी देशों में द्वितीय विश्व महायुद्ध (1939-1945) के साथ आधुनिकता का अवसान प्रारम्भ होता है। यद्यपि अधिकांश आधुनिकतावादी विचारक, कार्ल मार्क्स (1818-1883) द्वारा प्रवर्तित उनकी रैडिकल विचारधारा मार्क्सवाद से असहमत और इसके आलोचक रहे हैं पर आधुनिक विचारों का कोई भी विमर्श उसके सन्दर्भ के बिना अधूरा रहेगा। ऐतिहासिक भौतिकवाद और आगे द्वन्द्वात्मक भौतिकवाद के सिद्धान्तों से प्रेरित मार्क्सवाद का दावा था कि वह अपने पहले की सभी रूढ़ियों से मुक्त एक वैज्ञानिक दर्शन है। भूख, असमानता, दमन और शोषण की ज्वालाओं के शमन की आस जगाता यह दर्शन लगभग पूरी बीसवीं सदी पर किसी-न-किसी रूप में छाया रहा।

यह था आधुनिकता का पश्चिमी परिदृश्य जब उन्नीसवीं सदी के अन्त और बीसवीं सदी के प्रारम्भ में गांधी उससे टकराए थे। आधुनिकतावादी विमर्श के केन्द्र में थे विज्ञान और उसके वैज्ञानिक सोच के दावे। इसके अनुसार वैज्ञानिक खोज से निकला सत्य दिक् (स्थान) और काल (समय) की सीमा से मुक्त था। विज्ञान के सूत्रों के जरिए उसे सिद्ध किया जा सकता है। उसे हर काल और परिस्थिति में एक-सा ही रहना है। गांधी के बारे में एक भ्रम है कि वह विज्ञान-विरोधी थे। दरअसल इसके उलट उनके मन में विज्ञान के प्रति सम्मान-भाव था। यह अकारण नहीं था कि उन्होंने अपनी आत्मकथा को गहरी अन्तर्दृष्टि के साथ 'सत्य के साथ मेरे प्रयोग की कहानी'

नाम दिया था। उसकी भूमिका के अन्त में उन्होंने लिखा है कि उसके पीछे उनका उद्देश्य सत्याग्रह के विज्ञान* के क्षेत्र में अपने प्रयोगों का वर्णन करना है। दरअसल सत्याग्रह को विज्ञान मानकर पश्चिम की प्रचलित आधुनिक विज्ञान की अवधारणा के साथ, ऐसा लगता है, उन्होंने भारत की विज्ञान की प्रचलित अवधारणा का समन्वय कर दिया है। उनमें कहीं विज्ञान के उस अर्थ की अनुगूँज भी विद्यमान थी जिससे प्रेरित उनके प्रिय कवि तुलसीदास ने 'रामचरितमानस' के प्रारम्भ में कवीश्वर वाल्मीकि और कपीश्वर हनुमान को एकसाथ विशुद्ध विज्ञान मानकर उनकी वन्दना की थी। पश्चिम में विज्ञान से तात्पर्य तथ्यों, आभासों, नियमों और निकटस्थ कारणों के ऐसे ज्ञान से है जो सटीक निरीक्षण, सुव्यवस्थित प्रयोग और सही विमर्श से प्राप्त और प्रमाणित हो। गीता में जहाँ ज्ञान से तात्पर्य है आध्यात्मिक ज्ञान से वहीं विज्ञान से तात्पर्य है सांसारिक और लौकिक जानकारी से। अपने 'मानस' के प्रारम्भ में तुलसीदास ने और अपनी 'आत्मकथा' की भूमिका में गांधी ने विज्ञान शब्द को नई अर्थवत्ता प्रदान की है।

कम से कम पिछली तीन सदियों से लगातार बाहर घूमती विज्ञान की सर्चलाइट को गांधी ने अन्तर की ओर मोड़ दिया। अन्तर में फोकस के बीसवीं सदी में दो छोर थे। एक था मनोजगत की ग्रन्थियों के विश्लेषण और व्याख्या में संलग्न फ्रॉयड और जुंग का छोर और दूसरा था अध्यात्म-चिन्तन में तल्लीन महर्षि अरविन्द और रमण महर्षि का छोर। गांधी इनमें कहीं नहीं थे। वह अपने समय के परिवर्तनविकल सामाजिक- राजनीतिक जीवन के अविभाज्य अंग थे। और इसके तुमुल कोलाहल कलह के बीच अध्यात्म के एक अनासक्त शान्ति-द्वीप। विभाजन के समय पश्चिमी पंजाब से जो अब पाकिस्तान में था लुट-पिटकर आए शरणार्थियों के एक वर्ग ने आक्रोश में गांधी से कहा था कि अब वह देश के लिए किसी काम के नहीं रहे। इसलिए उन्हें अब बस हिमालय जाकर तपस्या करनी चाहिए। इस पर शान्त-संयत गांधी ने कहा था कि उन्हें हिमालय की कन्दरा की जरूरत नहीं है। उनका हिमालय यहीं सबके बीच है।

गांधी जीवन से कटकर अध्यात्म जगत में विचरण करने वाले जीव नहीं थे। कहते हैं कि गांधी की राजनीतिक संलग्नता को देखकर रमण महर्षि सन् (1879-1950) ने कहा था कि वह एक श्रेष्ठ मनुष्य थे, पर उन्होंने एटलस की तरह अपनी पीठ पर सांसारिकता का बहुत भारी बोझ लाद रखा था। इससे उनके आध्यात्मिक विकास की बलि चढ़ गई थी। राजनीति के सांसारिक प्रपंच को अध्यात्मलीन साधक आत्म-विकास के मार्ग में बाधक मानते थे। उन्नीसवीं सदी में भारत के सांस्कृतिक-आध्यात्मिक जागरण के अग्रदूत स्वामी विवेकानन्द (1863-1902) ने कहा था कि यूनानियों ने

* आत्मकथा के अंग्रेजी संस्करण की भूमिका के अन्त में 'साइंस ऑफ सत्याग्रह' अभिव्यक्ति का प्रयोग हुआ है जो हिन्दी संस्करण की भूमिका में नहीं है।

राजनीतिक मुक्ति चाही थी जबकि हिन्दुओं की चाह आध्यात्मिक मुक्ति की थी। वह राष्ट्र-निर्माण के स्थान पर मनुष्य-निर्माण पर अधिक बल देते थे। उन्होंने कहा था कि भारत यदि ईश्वर की खोज के अपने आग्रह में दृढ़ रहा तो वह अमर रहेगा और यदि उसने राजनीति और सामाजिक टकराव की राह चुनी तो वह नष्ट हो जाएगा। उनकी सख्त हिदायत थी कि कभी भी उनके लेखन और प्रवचन के किसी अंश को राजनीति का रंग न दिया जाए। उन्नीसवीं-बीसवीं सदी के इन तीन अध्यात्म-साधकों में सिर्फ अरविन्द की रुचि प्रारम्भ में कांग्रेस की गरमदलीय राजनीति में रही। उन्हें राजनीति के उग्र तेवर से भी परहेज नहीं था। पर सन् 1910 में फ्रांसीसी उपनिवेश पांडिचेरी में शरण लेने के बाद वह अध्यात्म-चिन्तन में कुछ इस तरह तल्लीन हुए कि एक बार उन्होंने गांधी से मिलने तक से मना कर दिया था। इसके बरअक्स गांधी ने न केवल बीसवीं सदी के विज्ञान को बल्कि भारत के अध्यात्म को सर्वथा नए अर्थ और आयाम दिए।

सत्य के अपने प्रयोग के सम्बन्ध में अपनी आत्मकथा की प्रस्तावना में विज्ञान की भाषा के सहारे वह कहते हैं, "मेरा दावा उस वैज्ञानिक से जरा भी अधिक नहीं है जो अपने प्रयोग अत्यन्त शुद्ध ढंग से, पहले अच्छी तरह सोच-समझकर और पूरी बारीकी से करता है फिर भी उससे प्राप्त निष्कर्षों को अन्तिम नहीं मानता बल्कि उनके बारे में अपना दिमाग खुला रखता है।" आगे वह जोड़ते हैं, "मैं गहरी आत्म-निरीक्षण की प्रक्रिया से गुजरा हूँ, मैंने प्रत्येक मनोवैज्ञानिक स्थिति को परखा और उसका विश्लेषण किया है। इसके बावजूद मैं अपने निष्कर्षों के अन्तिम और अचूक होने के दावे से बहुत दूर हूँ।"

गांधी ने अपनी आत्मकथा–'सत्य के प्रयोग' की प्रस्तावना 26 नवम्बर सन् 1925 को लिखी थी–'हिन्द स्वराज' के सोलह साल बाद। इनके बीच आत्मकथा से कुछ पहले वह दक्षिण अफ्रीका में सत्याग्रह का इतिहास लिख चुके थे। इन तीनों के साथ उनके अन्य लेखन के प्रकाश में उनके सभ्यता-विमर्श को समझने की कोशिश दिलचस्प हो सकती है। गांधी के विपुल लेखन में अन्तर्विरोधों की कमी नहीं है। इसके फलस्वरूप जिसने जो साबित करने के प्रयास किए उसे निराशा हाथ नहीं लगी। पर इस सम्बन्ध में गांधी ने स्वयं राह दिखा दी है। उन्होंने साफ कहा है कि यदि किसी विषय पर एक से अधिक अवसरों पर व्यक्त उनके विचारों में विरोधाभास नजर आए तो बाद के विचार को ही सही माना जाए।

अहिंसा के साथ सत्य गांधी के चिन्तन का बीज शब्द है। वैज्ञानिक उपलब्धियों पर आश्रित पश्चिम की आधुनिक सभ्यता की उनके द्वारा की गई भर्त्सना 'हिन्द स्वराज' में सर्वाधिक मुखर है। 'आधुनिकता' (माडर्निटी) के पश्चिमी अवधारणा होने के समाजशास्त्री गिडेन्स के ऐलान से जहाँ असहमति का कोई कारण नजर नहीं आता, वहीं आधुनिकता के विज्ञान आश्रित और प्रेरित होने के दावे में भी संशय की

रंचमात्र गुंजाइश नहीं है। आधुनिकता के उपजीव्य विज्ञान का सत्य स्थिर, ठोस, सार्वभौम अपने आपमें पूर्ण, हर स्थिति और परिस्थिति में एक-सा तथा अपरिवर्तनीय माना जाता रहा है। वैज्ञानिक सत्य की इस अचूक अवधारणा को कॉम्टे के प्रत्यक्षवाद (पॉज़िटिविज़्म) से बहुत बड़ा बल मिला। इस विज्ञानसम्मत सत्य की आधुनिक अवधारणा के बरअक्स आजीवन सत्य के साथ अनवरत प्रयोग में लगे गांधी के सत्य की अवधारणा विचारणीय है।

विज्ञान के ठोस सत्य के विपरीत गांधी का सत्य तरल और लचीला है। वह प्रासंगिक और आनुमानिक है। परम आस्तिक गांधी ने अनेक बार अनेक प्रसंगों में कहा है कि वह ईश्वर की आराधना केवल सत्य के रूप में करते हैं। ईश्वर ही पूर्ण सत्य है, इस विश्वास के साथ वह स्वयं को उसकी सतत खोज में निरत मानते हैं। इस खोज के लिए वह अपनी प्रियतम वस्तुएँ भी बलिदान करने को तैयार हैं। इसके बाद वह कहते हैं कि जब तक वह उस पूर्ण सत्य की प्राप्ति में सफल नहीं होते, अपने सुविचारित सापेक्ष सत्य पर अपनी पकड़ बनाए रखना चाहते हैं। तब तक वही सापेक्ष सत्य उनका प्रकाशस्तम्भ, कवच और इनकी ढाल है। उनके इस सापेक्ष सत्य की अवधारणा को उनके पश्चिम की आधुनिक सभ्यता के प्रबल प्रतिरोध से जोड़कर उन्हें उत्तर आधुनिक विमर्श का प्रस्थान बिन्दु माना जाने लगा है। पर गांधी-चिन्तन के कुछ गम्भीर अवगाहक इससे गहरी असहमति भी दर्ज करते हैं। उनमें से एक अजित कुमार झा का कहना है कि गांधी को उत्तर आधुनिक बताना उनके दर्शन की निहायत गलत समझ का ही परिणाम है। उनके अनुसार नैतिक सापेक्षवाद (एथिकल रिलेटिविज़्म) उत्तर आधुनिकता की मूलभूत शर्त है जबकि आजीवन सत्य के साथ अपने प्रयोग में संलग्न गांधी की आस्था पूर्ण सत्य में थी।

इसमें कोई शक नहीं गांधी किसी भी पूर्व निर्धारित विचारधारा के साँचे-ढाँचे के लिए एक विकट चुनौती हैं। पर यदि एकेडिमिक विचारधाराओं को कुछ समय के लिए अलग कर दें तो मनुष्य और उसकी सभ्यता के भीषण आसन्न संकट के साथ ईमानदार सरोकार रखने वाली विश्वव्यापी सोच के लिए गांधी लगातार अनिवार्य और अपरिहार्य होते जा रहे हैं। यद्यपि उत्तर आधुनिकता भी एक अकादमिक विमर्श ही है पर उसकी समकालीन व्यापकता तथा समावेशी प्रकृति असंदिग्ध है। अतः उसके तहत गांधी के चिन्तन की परख के प्रयास निश्चय ही दिलचस्प होंगे।

अजित कुमार झा के इस कथन से असहमति सम्भव नहीं है कि गांधी की आस्था पूर्ण सत्य में थी। पर गांधी इस आस्था के बावजूद यह मानते थे कि पूरे सत्य का ज्ञान मनुष्य की सीमा के परे है। यह उन्होंने साफ 24 नवम्बर सन् 1933 के 'हरिजन' में कहा है। अतः पूर्ण सत्य की खोज के प्रयास तो किए जा सकते हैं पर उसकी प्राप्ति असम्भव है। गांधी के अनुसार मानव-जीवन का लक्ष्य ही सत्य की खोज है। पर कोई भी सत्य की प्राप्ति के सम्बन्ध में निश्चित नहीं हो सकता। इसलिए अपनी सत्य की

अवधारणा को दूसरों पर बलपूर्वक लादना हिंसा थी। फलतः सत्य में बल प्रयोग पाप था। वह बताते हैं जो एक के लिए सत्य है वह दूसरे के लिए असत्य हो सकता है। इससे साधक को चिन्तित नहीं होना चाहिए। अलग-अलग सत्य दरअसल एक ही विशाल वृक्ष की अनन्त पत्तियाँ हैं। यहाँ जॉन स्टुअर्ट मिल (सन् 1806-1873) का 'आन लिबर्टी' में सत्य के सम्बन्ध में कथन याद आता है। मिल के अनुसार चूँकि पहले बहुत-सी चीजें जिसे हम सत्य मानते रहे हैं गलत साबित हो चुकी हैं इसलिए इस सम्भावना से इन्कार नहीं किया जा सकता कि आज जिसे हम सत्य समझ रहे हैं वह भी आगे गलत सिद्ध हो। इसलिए हमें असहमति को स्वस्थ मन से बर्दाश्त करना चाहिए। उसका दमन करना उचित नहीं है। अतः हमें अपने विचारों में विनम्र होना चाहिए। गांधी के अनुसार सच्ची विनम्रता के बिना सत्य का अवगाहन असम्भव है। 31 दिसम्बर, 1931 के 'यंग इंडिया' में वह काव्यात्मक भाषा में कहते हैं कि अगर आप सत्य-सागर के वक्ष पर तैरना चाहते हैं तो अपने आप को शून्य में बदल देना होगा।

2

गांधी के चिन्तन में वायवीयता नहीं थी। महादेव भाई देसाई ने अपनी डायरी में 3 जुलाई, 1932 का एक प्रसंग दर्ज किया है। इसमें एक जिज्ञासु के प्रश्न कि शून्य में बदल देने का क्या अर्थ है, का उत्तर देते हुए गांधी कहते हैं कि इसका मतलब है अच्छी चीजों को पाने के लिए अन्तिम व्यक्ति होना, सबकी सेवा करना, किसी भी तरह की कृतज्ञता की आशा न करना और दुख तथा यातना के वरण और उसके सहन में पहला व्यक्ति होना। गांधी का सत्य नितान्त अमूर्त नहीं है। एक अन्य जिज्ञासु के पूछने पर कि सत्य क्या है, वह कहते हैं कि यह एक कठिन प्रश्न है। पर सहज भाव से वह बताते हैं कि उन्होंने अपने लिए इसका हल पा लिया है स्वयं को जताकर कि सत्य वह है जो आपके अन्दर की वाणी आपसे कहती है। वह मानते हैं कि मानव-मन असंख्य तरीकों से काम करता है और सभी के मानसिक विकास का स्तर एक-सा नहीं हो सकता। अतः सबके अन्तर की आवाज एक-सी नहीं हो सकती। जो एक के लिए सत्य है सम्भव है दूसरे के लिए असत्य हो। फलस्वरूप प्रत्येक व्यक्ति को अपनी सीमाओं का भान होना चाहिए और अपने अन्तर की वाणी की बात करते हुए निहायत सजग और विनम्र होना चाहिए। गांधी के अनुभव का दायरा विराट था।

गांधी अच्छी तरह जानते थे कि अन्तर की वाणी के नाम पर कितना पाखंड सम्भव था। साथ ही वह यह भी मानते हैं कि दुर्भाग्यवश अभी तक पाखंड का कोई इलाज नहीं खोजा जा सका था। इसलिए सत्य के संधान के लिए वह वैज्ञानिक

शब्दावली का प्रयोग करते हुए बताते हैं कि जैसे विज्ञान में प्रयोग के कुछ नियम और अनुशासन होते हैं जिसके अनुपालन के बिना सही परिणाम असम्भव है वैसे ही अन्तर की प्रयोगशाला के भी कुछ यम-नियम हैं। उन पर आचरण सत्यशोधक के लिए अपरिहार्य है। ये नियम उनके अनुसार अहिंसा, ब्रह्मचर्य, सत्यवादन, अस्तेय और अपरिग्रह के पाँच व्रत हैं। ब्रह्मचर्य से उनका तात्पर्य है तन-मन की शुद्धता और विषय-निवृत्ति। अस्तेय का अर्थ उनके अनुसार मात्र चोरी न करने तक ही सीमित नहीं था। किसी भी वस्तु के आवश्यकता से अधिक उपयोग और उपभोग को भी वह चोरी की ही परिभाषा में शामिल करते थे। अपरिग्रह का अर्थ वह शरीर-यात्रा के लिए अपरिहार्य अल्पतम ही पास रखने को मानते हुए उसके दायरे में पूर्ण निर्धनता के वरण को भी सम्मिलित करते थे।

इन पंचव्रतों की बात उनके लिए कोरी सिद्धान्तवादिता ही नहीं थी। उनका विलक्षण कर्ममय जीवन इसका प्रमाण था। एक बार अपरिग्रह का व्रत लेने के बाद धीरे-धीरे उन्होंने निर्धनता का भी स्वैच्छिक वरण कर लिया था। रोमाँ रोलाँ के अनुसार दक्षिण अफ्रीका में जब उन्होंने अपना कानूनी पेशा छोड़ा तब उससे उनकी आय पाँच हजार पौंड वार्षिक थी। आज से सौ साल पहले यह बहुत बड़ी राशि थी। अपरिग्रह और स्वैच्छिक गरीबी के वरण के साथ ही अन्य चार व्रतों का भी सत्यशोधक गांधी ने आजीवन निष्ठापूर्वक पालन किया। वह महाप्रभु ईसा का यह कथन उद्धृत किया करते थे कि सुई के छिद्र से एक हाथी का प्रवेश तो अपेक्षाकृत आसान हो सकता है पर एक समृद्ध व्यक्ति का ईश्वर के राज्य में प्रवेश असम्भव है।

अपने लगभग आधी सदी के सत्य की संधान-यात्रा में पहले परम आस्तिक गांधी मानते थे कि ईश्वर सत्य है। पर आगे वह मानने लगे थे कि सत्य ही ईश्वर है। दोनों के बीच बारीक अन्तर को उन्होंने स्वयं रेखांकित किया है। ईश्वर को सत्य की जगह सत्य को ही ईश्वर मानकर उन्होंने उसकी स्वीकृति का दायरा अत्यन्त व्यापक बना दिया। गांधी के निकटस्थ सहयोगी एवं उनके दर्शन के गहन अध्येता किशोरी लाल मश्रुवाला ने बताया है कि निरीश्वरवादी बौद्ध और जैन धर्म के अनुयायी मित्रों और सहयोगियों से अध्यात्म-विमर्श में उन्हें अक्सर कठिनाइयों का सामना करना पड़ता था। पर सत्य ही ईश्वर है के निष्कर्ष पर पहुँचते ही उनकी यह मुश्किल हल हो गई। मार्क्सवादियों सहित देशी-विदेशी नास्तिक दर्शनों के अनुयायियों को भी सत्य से परहेज की गुंजाइश बहुत कम थी। 'कंटेपोरेरी इंडियन फिलॉसफी' में अपने एक लेख में उन्होंने लिखा था कि ईश्वर को नकारने को तो हम जानते हैं, पर सत्य को नकारना हमने नहीं सुना है। इस तरह अन्तर की वाणी को सत्य मानकर वह 8 जनवरी सन् 1925 को 'यंग इंडिया' में उसे अपना ईश्वर और सत्य स्वरूप उस ईश्वर को पाने का साधन अहिंसा घोषित करते हैं।

वैज्ञानिक दृष्टि पर आधारित आधुनिकता बोध में न तो अन्तरात्मा और ना ही

ईश्वर के लिए कोई स्थान रहा है। मार्क्स के अनुसार तो आदिम काल से चले आ रहे भय और भीरुता के कारण कल्पना-प्रसूत भूत-प्रेत ही सभ्यता के साबुन से धुलकर ईश्वर बन गए थे। यहाँ प्रखर समाजवादी चिन्तक तथा मार्क्सवाद और बौद्ध दर्शन के गम्भीर अध्येता और विद्वान आचार्य नरेन्द्र देव की गांधी के सत्य विषयक विचारों के सम्बन्ध में कठिनाई को समझा जा सकता है। आचार्य जी के अनुसार गांधी का भारतीय राजनीति को सर्वाधिक महत्त्वपूर्ण योगदान था अभय जिसके फलस्वरूप गरीब, अनपढ़ और कमजोर भारतवासी भी प्रतापी ब्रिटिश साम्राज्य के आतंक से मुक्त हो गए थे। पर ऐसा लगता है कि गांधी की सत्य की अवधारणा को वह वायवीय और अमूर्त मानते थे। दरअसल मार्क्स के द्वन्द्वात्मक भौतिकवाद के अतिबौद्धिक वैज्ञानिक चकाचौंध से गांधी का सत्य यदि वायवीय और अत्यन्त अमूर्त छाया का आभास दे तो आश्चर्य की बात नहीं है। कारण स्पष्ट है। अपने ईश्वर और अन्तरात्मा के साथ शान्त संयत निष्कवच गांधी और द्वन्द्वात्मक बौद्धिकता की धारदार तलवार से लैस और अब लगातार धीमी पड़ती जा रही तेजस्विता से मंडित मार्क्स विचारों के दो विपरीत ध्रुवान्तों पर खड़े दिखाई देते हैं।

जैन, बौद्ध, लोकायत और मार्क्सवादी सोच में ईश्वर और आत्मा (अन्तरात्मा सहित) की अनुपस्थिति और विज्ञान के स्थिर, स्थूल तथा सार्वभौम सत्य की अवधारणा से हम परिचित हैं। गांधी की सत्य की अवधारणा का भी हमें थोड़ा आभास है। इस पृष्ठभूमि में गांधी की सत्य की अवधारणा को कुछ और आगे समझने का प्रयास असंगत नहीं होगा। गुजरात में जैन धर्म का व्यापक प्रसार और प्रभाव रहा है। हिन्दू और जैन धर्मों के अनुयायियों में रोटी-बेटी का सम्बन्ध निर्बाध रहा है। अतः गांधी के चिन्तन पर जैन दर्शन के प्रभाव को भी ध्यान में रखकर समझने के प्रयास हुए हैं। अपनी सत्य की अवधारणा की चर्चा के दौरान 19 जनवरी, 1926 के 'यंग इंडिया' में स्वयं को वह अद्वैतवादी घोषित कर कहते हैं कि पर वह द्वैतवाद का भी समर्थन कर सकते हैं। और इस तरह अपने को अनेकान्तवादी या स्यादवादी कहे जाने पर अनापत्ति दर्ज करते हैं। अनेकान्तवाद और स्यादवाद जैन दर्शन के महत्त्वपूर्ण अंग हैं। 'अनेक' का अर्थ है जो एक न हो, एक से अधिक, बहुत से, भिन्न-भिन्न और अलग-अलग। 'स्याद' का अर्थ है ऐसा भी हो सकता है, शायद, कदाचित और संभवतः। वाद का अर्थ है वचन, बात, भाषण, विचार-विमर्श और विवाद। अनेकान्तवाद के अनुसार किसी भी विषय और वस्तु के एक से अधिक अलग-अलग पक्ष हो सकते हैं। ये एकाधिक पक्ष अंशतः सच होते हुए भी पूर्ण सत्य नहीं हो सकते। अँधेरे में हाथी पर सवार सात अन्धे अलग-अलग उसके जिस अंग का स्पर्श कर पाते हैं उसे ही हाथी मान लेते हैं। इस तरह हाथी के सम्बन्ध में सात 'अन्धों के सच अंशतः अलग-अलग सत्य हैं। उनमें से झूठा कोई भी नहीं है, पर साथ ही पूरी तरह सच्चा भी कोई नहीं है।

अनेकान्तवाद बताता है कि प्रत्येक विषय और वस्तु को अलग-अलग दिक् और काल के सन्दर्भ में अलग-अलग निगाह और पहलू से देखा जा सकता है। वह ज्ञान की सापेक्षता और त्रुटियों की गुंजाइश को समझने की कसौटी भी प्रदान करता है। दूसरी तरफ स्यादवाद इस विश्वास पर आधारित है कि सृष्टि की प्रत्येक वस्तु और विषय किसी न किसी रूप में एक-दूसरे से जुड़े हुए हैं। अतः हमें संकीर्णता से बचकर अपनी दृष्टि व्यापक रखनी चाहिए जिससे हम दूसरे पक्ष के भी अंशतः ही सही सच होने की सम्भावना से विमुख न हों। गांधी यहाँ आगाह करते हैं कि उनका अनेकान्तवाद और स्यादवाद नितान्त उनका अपना है न कि दार्शनिकों का। इसे वह सत्य और अहिंसा के सरल-सहज सिद्धान्तों का ही फल समझते हैं। इस तरह पूर्ण सत्य में अडिग आस्था और उसकी प्राप्ति के सतत प्रयास के बावजूद गांधी उसके सापेक्ष साक्षात्कार से ही स्वयं को फिलहाल सन्तुष्ट मानते हैं और उसे ही अपना प्रकाशस्तम्भ और कवच घोषित करते हैं। गांधी का यह सापेक्ष सत्य निश्चय ही उनके चिन्तन को उत्तर आधुनिक बोध का प्रस्थान बिन्दु सिद्ध करता है।

3

विज्ञानसम्मत आधुनिकता में आत्मा, अन्तर्दृष्टि, अन्तरात्मा और अन्तःकरण जैसी अमूर्तता और अदृश्य ईश्वर के लिए जगह नहीं थी। इसका थोड़ा आभास पहले ही मिल चुका है। ईश्वर के सम्बन्ध में मार्क्स के विचार की भी हल्की-सी झलक हम पा चुके हैं। लगभग तीन सौ वर्ष के कालखंड में विकसित आधुनिता-बोध में जो कुछ प्रत्यक्ष, साक्ष्यसिद्ध, बुद्धिसम्मत और तर्क-संगत था वही सही, मान्य, ग्राह्य और आचरण योग्य था। इसके बरअक्स गांधी अन्तर की वाणी और उसकी प्रेरणा से संचालित और निर्दिष्टि होते थे। गीता के सम्बन्ध में एक जिज्ञासु के प्रश्नों का उत्तर देते हुए वह कहते हैं कि 'मैं जानता हूँ कि अन्ततः हम बुद्धि से नहीं बल्कि हृदय से संचालित और निर्दिष्ट होते हैं। हृदय निष्कर्ष पर पहले पहुँच जाता है। उसके बाद बुद्धि उसके लिए तर्क खोज लेती है। तर्क आस्था का अनुगमन करता है।'

गांधी के जीवन में हृदय और अन्तरात्मा की वाणी को तर्कबुद्धि पर वरीयता देने के अनेक उदाहरण हैं। पहला और विश्वविश्रुत उदाहरण है सन् 1893 का दक्षिण अफ्रीका का, जब वहाँ पहुँचने के एक सप्ताह के अन्दर मैरिट्ज़बर्ग रेलवे स्टेशन पर तेईस वर्षीय तरुण गांधी को रंगभेद के चलते प्रथम श्रेणी के टिकट के बावजूद ठंड भरी अँधेरी रात में डिब्बे से धक्का देकर बाहर कर दिया गया था तथा उनका सामान फेंक दिया गया था। और ट्रेन स्टेशन से तुरन्त चल पड़ी थी। विवेक कह रहा था वहाँ से लौट आएँ पर अन्तरात्मा की आवाज थी—नहीं! ईश्वर को सहायक मानकर आसन्न स्थिति का सामना करना है, दूसरे दिन वह फिर वहाँ से जोहानेसबर्ग के लिए रवाना

हुए। बीच की यात्रा चार्ल्स टाउन से गन्तव्य तक कोच से करनी थी।

प्रथम श्रेणी का कोच का टिकट लेने के बावजूद गांधी को श्वेत कोचवान उनको समुचित सीट पर बैठने नहीं दे रहा था। उसकी जिद थी कि गांधी उसके पैरों के पास कोच की फर्श पर बैठकर सफर करें। प्रतिरोध करने पर कोचवान ने उन्हें बुरी तरह पीटा था। इन दोनों घटनाओं का जिक्र गांधी ने लगभग तीन दशक बाद अपनी आत्मकथा में किया है। आगे 10 दिसम्बर, 1938 को 'हरिजन' में डॉ. मॉट नामक एक अमेरिकी ईसाई धर्मविद् सज्जन को उत्तर देते हुए गांधी ने बताया है कि यह उनके जीवन का सबसे बड़ा रचनात्मक अनुभव था जिसने उनके जीवन की धारा बदल दी। इसके फलस्वरूप संसार के सबसे विलक्षण व्यक्तिगत और सामूहिक प्रतिरोध के सक्रिय अहिंसक अस्त्र सत्याग्रह का सूत्रपात हुआ।

अन्तर्वाणी से निर्दिष्ट होने का दूसरा उदाहरण गांधी ने अपनी आत्मकथा में रौलट कानून के विरुद्ध अप्रैल सन् 1919 में चलाए गए सत्याग्रह का दिया है। गम्भीर अस्वस्थता के बावजूद वह मार्च सन् 1919 में कस्तूरीरंगा आयंगर के निमंत्रण पर मद्रास गए थे। वहीं उनका परिचय दक्षिण भारत के एक अन्य बड़े नेता चक्रवर्ती राजगोपालाचारी से हुआ था। उन्हें गांधी स्नेह से राजाजी कहने लगे थे। मद्रास में श्रीनिवास शास्त्री, विजय राघवाचारी, कस्तूरीरंगा आयंगर, राजाजी और गांधी के बीच रौलेट कानून के विरुद्ध सत्याग्रह की देशव्यापी रणनीति पर विचार-विमर्श चल रहा था। सत्याग्रह की रूपरेखा और रणनीति पर अन्तिम निर्णय नहीं हो सका था। रात में चिन्तित गांधी को देर तक नींद नहीं आई थी। रात भर अर्धनिद्रा की स्थिति रही। लगभग स्वप्नावस्था में एक विचार उनके मन में कौंध गया। भोर में उन्होंने राजाजी को अपना विचार बताया। उसके अनुसार पूर्व निश्चित तिथि को हड़ताल के दौरान सभी सत्याग्रही और अहिंसक प्रतिरोध में हिस्सा लेने वाले पूरे देश में चौबीस घंटे का उपवास रखें। मुसलमान रोजे की तरह बारह घंटे से अधिक का उपवास न रखें। इस तरह देशव्यापी लम्बे अहिंसक संघर्ष का शुभारंभ आत्मशुद्धि से हो। राजाजी को यह सुझाव पसन्द आया। सबकी सहमति से 6 अप्रैल, 1919 की तिथि इसके लिए तय की गई। अन्तर्वाणी से प्रेरित इस पहले देशव्यापी अहिंसक कार्यक्रम में जिस उत्साह से जनता ने भाग लिया वह स्वयं गांधी के शब्दों में अद्भुत और भव्य था।

बम्बई स्वतंत्रता संग्राम के स्नायु-मंडल का केन्द्र था। गांधी वहाँ स्वयं उपस्थित थे। वहाँ अभूतपूर्व हड़ताल के दौरान दो लाख से भी अधिक लोगों ने समुद्र में सामूहिक स्नान किया और उपवास रखा। गांधी के नेतृत्व में एक विराट जुलूस भूलेश्वर के निकट प्रसिद्ध माधवबाग मन्दिर पहुँचा और वहाँ से चलकर ग्रांट रोड स्थित मस्जिद के परिसर में विशाल जनसभा में बदल गया। इसमें सभी धर्मों, जातियों और नस्लों के लोगों ने पूरे उत्साह से भाग लिया। सभा को गांधी के अलावा जिन्ना, सरोजिनी नायडू, उमर सोभानी और जमनादास द्वारकादास जैसे नेताओं ने सम्बोधित

किया। यह गांधी की अन्तप्रेरणा से उद्‌भूत देशव्यापी जनान्दोलन की पहली मिसाल थी।

14 मई सन् 1938 को 'हरिजन' में गांधी ने लिखा है कि जीवन में जो भी असाधारण और उल्लेखनीय वह कर सके हैं वे तर्कबुद्धि से नहीं बल्कि अन्तर्प्रवृत्ति से प्रेरित था। रौलेट कानून के विरुद्ध सत्याग्रह के शुभारंभ की अनूठी रणनीति, नमक सत्याग्रह के दौरान मार्च सन् 1930 में दांडी-यात्रा और यरवदा जेल में सितम्बर सन् 1932 में 21 दिनों के आमरण अनशन का निर्णय इसकी मिसालें हैं। नमक के उत्पादन और वितरण पर जिस तरह एक लम्बे अर्से से अंग्रेज सरकार ने एकाधिकार कर रखा था उसके खिलाफ़ दादा भाई नौरोजी और गोपाल कृष्ण गोखले कई बार आवाजें उठा चुके थे। एक विद्यार्थी के रूप में लन्दन में सन् 1891 में तरुण गांधी भी हिन्दुस्तान में नमक पर लगे भारी कर के बारे में लिख-बोल चुके थे। सन् 1909 में 'हिन्द स्वराज' में भी इसकी चर्चा उन्होंने की थी।

26 जनवरी, 1930 को लाहौर में कांग्रेस द्वारा पूर्ण स्वराज्य का लक्ष्य घोषित किए जाने के बाद देश एक व्यापक जनान्दोलन के लिए तैयार लगता था। पर गांधी के कई विश्वस्त सहयोगी अभी आन्दोलन के पक्ष में नहीं थे। डॉ. मुख्तार अहमद अंसारी का मानना था कि अभी आन्दोलन के लिए उचित समय नहीं था। उन्होंने गांधी को इसके कारण बताते हुए कहा था कि उस समय हिन्दू-मुस्लिम सम्बन्ध अच्छे नहीं रह गए थे। सिख कांग्रेस से विमुख हो चुके थे, कांग्रेस में मतभेद पैदा हो गए थे और देश का तरुण वर्ग हिंसा की ओर उन्मुख था। पर गांधी को विश्वास था कि देश आन्दोलन के लिए तैयार था। किन्तु उसके लिए एक ऐसा व्यापक और केन्द्रीय मुद्‌दा चाहिए जिससे सबका सरोकार हो। रात-दिन गांधी ऐसे मुद्‌दे की तलाश में कई दिनों तक व्यग्र और व्याकुल रहे।

18 जनवरी सन् 1930 को अपने आश्रम में मिलने आए कविवर रवीन्द्रनाथ ठाकुर से गांधी ने कहा था कि वह संघर्ष के मुद्‌दे और रणनीति की तलाश में गहन अन्धकार में निरन्तर भटक रहे हैं। पर अभी तक उन्हें रोशनी नसीब नहीं हो सकी है। पं. मोतीलाल नेहरू तथा कांग्रेस के अन्य वरिष्ठ नेता गांधी की इस भटकन पर धीरे-धीरे अधीर हो चले थे। और तभी फरवरी सन् 1930 के बीच एकाएक उनकी विकल खोज रोशनी की एक कौंध के साथ समाप्त हो गई। अन्तर के प्रकाश में उन्हें वह मुद्‌दा और रणनीति मिल गई थी। वह था राजा-रंक और यहाँ तक कि पशुओं तक की जरूरतों से जुड़े नमक के नाजायज कानून का देशव्यापी उल्लंघन।

2 मार्च सन् 1930 को गांधी ने वाइसराय लार्ड इरविन को 'प्रिय मित्र' सम्बोधन के साथ ग्यारह माँगों वाला एक पत्र लिखा जिसमें नमक पर लगे कर को समाप्त करने की माँग भी थी। तीन-चार दिनों तक इन माँगों के बारे में कांग्रेस के बड़े नेताओं को छोड़कर किसी को कुछ पता नहीं लग पाया। पत्र उन्होंने डाक से भेजने के बजाय

हिन्दुस्तान के स्वतंत्रता की आकांक्षाओं और उसके लिए किए जा रहे प्रयासों से सहानुभूति रखने वाले एक अंग्रेज सज्जन रेमिनॉल्ड रेनॉल्डस के हाथों व्यक्तिगत रूप से भेजा। रेनॉल्डस उस समय साबरमती आश्रम में गांधी के साथ रह रहे थे। 12 मार्च को गांधी को लार्ड इरविन के सचिव का माँगों को अस्वीकार करते हुए खेद-पत्र मिला। 5 मार्च को गांधी ने आश्रम की प्रार्थना सभा में नमक पर लगे कर को हटाने की माँग का जिक्र किया। पं. मोतीलाल नेहरू, जवाहरलाल नेहरू तथा कांग्रेस के अन्य कई बड़े नेता तो इतने हताश हुए कि उन्होंने माँगों की अस्वीकृति के बाद सत्याग्रह की रणनीति तैयार करने की कांग्रेस की बैठक में भाग लेने तक से मना कर दिया। इन्दुदयालं याज्ञिक ने लगभग उपहास के स्वर में कहा कि नगण्य नमक कानून के खिलाफ़ देशव्यापी सत्याग्रह एक बड़े हथौड़े से मक्खी मारने के प्रयास जैसा था। 'दि स्टेट्समैन' ने लिखा 'इस पर हँसी रोकना निहायत मुश्किल है।' इसे उसने 'बचकानी नौटंकी' करार दिया था।

पर अन्तरात्मा की वाणी से निर्दिष्ट और अपूर्व अन्तर्शक्ति से पुष्ट गांधी अपने कई विश्वस्त और बड़े सहयोगियों की उदासीनता, संशय और यहाँ तक कि व्यंग्य से अनाहत अपने दो गुजराती सहयोगियों मोहन लाल पंड्या और रविशंकर महाराज की सहायता से अपनी योजना पर आगे बढ़ रहे थे। आसेतुहिमांचल पूरे देश से नमक-सत्याग्रह को लेकर जो उत्साहवर्धक विराट जनसमर्थन के समाचार आ रहे थे उससे संशयात्मा नेताओं की उदासीनता और हताशा शीघ्र ही समाप्त हो गई। पूरे देश में उत्साह का जो पारावार उमड़ रहा था उससे शीघ्र ही सरकार के होश ठिकाने आ गए। योजना थी कि जहाँ नमक बनाने की सुविधा थी वहाँ लोग नमक बनाकर और जहाँ यह सुविधा नहीं थी वहाँ बिना लाइसेन्स के नमक बेचकर नमक कानून तोड़ने का प्रयास करें। गांधी स्वयं कहाँ और किस मार्ग से चलकर नमक कानून तोड़ेंगे इसे 9 मार्च तक गोपनीय रखा गया था। गांधी ने सूरत जिले में अरब महासागर के तट पर स्थित दांडी ग्राम के बाहर समुद्र के तट पर नमक कानून तोड़ने का फैसला किया था। अठहत्तर अनुयायियों के साथ चौबीस दिनों की पैदल यात्रा के बाद गांधी पाँच अप्रैल को दांडी पहुँचे थे। दूसरे दिन पूरे विश्व के प्रेस की उपस्थिति में गांधी ने अपने सहयोगियों के साथ समुद्रस्नान और प्रार्थना के उपरान्त समुद्र-तट पर झुककर मुट्ठी भर नमक उठाकर नमक कानून तोड़ने का ऐलान किया।

गाँव-गाँव, शहर-शहर नमक कानून तोड़ने की योजना पर अमल हुआ। नमक सत्याग्रह की प्रारम्भिक योजना से असहमत और निराश जवाहरलाल नेहरू और सरोजिनी नायडू ने इसका बड़ा ही प्रेरक काव्यात्मक वर्णन किया है। घोर गांधी निन्दक वी.एस. नेपाल ने भी अपनी चर्चित पुस्तक 'इंडिया-ए वुंडेड सिविलिजेशन' (भारत एक घायल सभ्यता) में गांधी के नमक सत्याग्रह के विराट महाकाव्यात्मक आयाम को खास तौर से रेखांकित किया है। गांधी ने स्वयं लिखा है कि इस आन्दोलन

ने पूरे देश को एक छोर से दूसरे छोर तक हिलाकर रख दिया था।

14 मई सन् 1938 के 'हरिजन' में ही गांधी ने अन्तर की वाणी से निर्दिष्ट जेल में इक्कीस दिनों के अपने अनशन के निर्णय का जिक्र भी किया है। पिछली रात सोने के पहले, वह बताते हैं, उस सम्बन्ध में कोई विचार उनके मन में नहीं आया था। वह लिखते हैं आधी रात को एक आवाज ने उन्हें जगा दिया। उसने कहा कि 'अनशन पर चले जाओ' उन्होंने पूछा, 'कितने दिनों के लिए?' उत्तर मिला 21 दिनों के लिए। गांधी बताते हैं कि मेरा मस्तिष्क इसके लिए तैयार नहीं था। उनकी ऐसी कोई इच्छा भी नहीं थी। पर अन्तर्वाणी का निर्देश स्पष्ट था और उन्होंने उसका अनुगमन किया। गांधी द्वारा स्वयं रेखांकित उनके जीवन और हिन्दुस्तान के इतिहास के ये चार अन्तर्प्रेरित निर्णायक प्रसंग उत्तर आधुनिकता के वृहत्तर और व्यापक आयाम लिए हुए हैं।

4

आधुनिकता की लगभग तीन सौ वर्षों की इतिहास-यात्रा में और उसके पूर्व भी जितनी भी राजनीतिक, सामाजिक और धार्मिक वर्चस्व की लड़ाइयाँ लड़ी गईं, सभी भयावह रूप से रक्तरंजित रहीं। पहली बार उन्नीसवीं सदी के अन्तिम दशक और बीसवीं सदी के मध्य के कालखंड में गांधी ने अहिंसक सत्याग्रह के नवान्वेषित अपूर्व अस्त्र से संघर्ष का मुहावरा बदल दिया। नेल्सन मंडेला के नेतृत्व में दक्षिण अफ्रीका में रंगभेद और श्वेत वर्चस्व के खिलाफ़ लम्बा संघर्ष, मार्टिन लूथर किंग जूनियर के नेतृत्व में संयुक्त राष्ट्र अमेरिका में रंगभेद के विरुद्ध और समान नागरिक अधिकारों को लिए वहाँ के अश्वेतों की अहिंसक लड़ाई तथा साम्यवादी अधिनायक तंत्र के खिलाफ़ चेकोस्लोवाकिया में वैक्लाव हैवेल और पोलैंड में लेश वैलेसा का अहिंसक जन-प्रतिरोध इसके ज्वलंत उदाहरण हैं। बीसवीं सदी के पूर्वार्ध में थोड़े अन्तराल पर लड़े गए महाविनाशकारी दोनों विश्वयुद्धों के उभय पक्ष आधुनिक वैज्ञानिक तार्किकता से लैस थे। संसार पर आत्महीन वर्चस्व कामना की उनकी भयावह भूख ने मनुष्य के अस्तित्व को ही संकट में डाल दिया। जिस दौर में दोनों विश्वयुद्ध लड़े गए उसी दौर में गांधी के अहिंसक प्रतिरोध के नायाब अस्त्र का परीक्षण चल रहा था।

आधुनिक विज्ञान के वरदहस्त के नीचे जिस तरह मनुष्य के चीथड़े उड़ रहे थे उसे विश्व का एक छोटा-सा संवेदनशील वर्ग साँस रोककर बेबस देख रहा था। विज्ञान-पोषित आधुनिकता के जनक पश्चिम के इस संवेदनशील वर्ग के कानों में धीरे-धीरे एक अधनंगे, निहायत दुबले पर फौलादी संकल्प के धनी बूढ़े के अन्याय, अनाचार, दमन और शोषण के विरुद्ध एक अपूर्व अहिंसक संघर्ष के मार्ग पर बढ़ते दृढ़ चरणों की आहट सुनाई पड़ने लगी थी। उन्हें लगा मनुष्यता विकल्पहीन नहीं है।

प्रतिकार का मार्ग जरूरी नहीं है रक्तरंजित हो। और यहीं पर गांधी इस दग्ध-दुखी पृथ्वी पर मनुष्य की गरिमा की प्रतिष्ठा के लिए संघर्ष हेतु अपने अपूर्व अहिंसक अस्त्र सत्याग्रह के साथ उत्तर आधुनिकता के नए प्रस्थान बिन्दु सिद्ध होते हैं।

नेल्सन मंडेला ने, जिन्हें 31 दिसम्बर, 1999 के अपने अंक में 'टाइम' पत्रिका ने 'पवित्र योद्धा' कहा था, पत्रिका के आग्रह पर गांधी के सम्बन्ध में लिखा था कि अपनी स्वतंत्रता के लिए संघर्षरत अश्वेत अफ्रीका के सभी देश गांधी के अहिंसक मार्ग के अनुयायी थे। अपने नेतृत्व में सक्रिय अफ्रीकन नेशनल कांग्रेस के सम्बन्ध में उन्होंने जोड़ा था कि अपने अस्तित्व के अधिकांश समय में यह संगठन अहिंसा के मार्ग पर अटल रहा। उन्होंने स्वयं जहाँ तक उनका वश चला उसी मार्ग का अनुसरण किया। एक सीमा के बाद अगर अपरिहार्य परिस्थितियों के कारण अहिंसक संघर्ष में कुछ सैन्य आयाम जोड़ने पड़े तो इसका पूरा खयाल रखा गया कि उसकी कार्यवाहियों के दौरान जीवन की क्षति न हो। इसी का परिणाम था कि भविष्य में श्वेतों और अश्वेतों के बीच यथासम्भव सर्वोत्तम सम्बन्ध बने रह सके।

शान्ति के नोबेल पुरस्कार से सम्मानित अफ्रीकी नेशनल कांग्रेस के दो प्रतिष्ठित नेताओं अल्बर्ट लुथिली और डेस्मंड टूटू ने भी 'टाइम' पत्रिका के उक्त अंक में अपने जीवन और कर्म पर गांधी और उनके अहिंसक मार्ग का गहरा प्रभाव स्वीकार किया है। घाना (पुराना नाम गोल्ड कोस्ट) के महान नेता क्वामे नूक्रूमा भी जिन्हें अपने देश के स्वतंत्रता संग्राम में गांधी के अहिंसक मार्ग के अनुसरण के कारण अफ्रीका का गांधी कहा जाता था, अपने ऊपर गांधी का ऋण स्वीकार करते हैं। तंजानिया के प्रसिद्ध जननेता जूलियस न्येरेरे और स्वतंत्र जाम्बिया के राष्ट्रपिता माने गए केनेथ क्वांडा न केवल गांधी और उनके अहिंसक सत्याग्रह के मुखर प्रशंसक रहे हैं बल्कि दोनों ने खासकर क्वांडा ने गांधी के सिद्धान्तों को न केवल राजनीति और सार्वजनिक जीवन में बल्कि अपने व्यक्तिगत जीवन में भी उतारने के ईमानदार प्रयास किए हैं। उनका मानना था कि गांधी ने प्रभु ईसा के सिद्धान्तों को जीवन में उतारकर उसकी व्यावहारिकता सिद्ध कर दी।

गांधी के अहिंसक सिद्धान्तों खासकर सत्याग्रह के मार्ग के सबसे प्रभावी अनुयायियों में सुंयक्त राज्य अमेरिका के तरुण तेजस्वी अश्वेत नेता डॉ. मार्टिन लूथर किंग जूनियर (सन् 1929-1968) का नाम अत्यन्त सम्मान से लिया जाता है। सन् 1964 में 35 वर्ष की आयु में शान्ति के नोबेल पुरस्कार से सम्मानित वह इसे अर्जित करने वाले सबसे कम उम्र के व्यक्ति थे। जिस तरह गांधी अन्तरात्मा की वाणी और स्वप्न से मिले ईश्वरीय सन्देश से संचालित और निर्दिष्ट होते थे उसी तरह का कुछ आध्यात्मिक पक्ष उनके भी अश्वेतों के नागरिक अधिकारों के संघर्ष के साथ जुड़ा था। अपने 39 वर्षों के छोटे से विलक्षण कर्ममय जीवन-काल में उन्हें अपने आन्दोलनों के फलस्वरूप चौदह बार जेल की सजा भुगतनी पड़ी थी। जब वह हड़ताली सफाई

कर्मचारियों के एक जुलूस का 4 अप्रैल सन् 1968 को नेतृत्व कर रहे थे, 39 वर्ष की आयु में उनकी इहलीला एक नस्लवादी श्वेत की गोलियों से समाप्त हो गई थी। जीवन और मृत्यु दोनों में वह गांधी के अद्भुत पर्याय रहे।

किंग ने अपने को प्रभावित करने वाली जिन पाँच पुस्तकों के नाम गिनाए हैं उसमें तीन गांधी से ही सम्बद्ध हैं। वो हैं–लुई फिशर की 'गांधी की जीवनी', 'गांधी की आत्मकथा' और रिचर्ड बी. ग्रेग की 'दि पावर ऑफ नान वायलेंस' (अहिंसा की शक्ति।) अन्य दो किताबें हैं–थोरो की 'सिविल डिसओबिडिएंस' और वाल्टर रॉशेन बुश की 'क्रिश्चियनिटी एंड सोशल क्राइसिस' (ईसाई मत और सामाजिक संकट)। किंग ने बताया है उनके अहिंसक प्रतिरोध की आत्मा है 'बाइबिल' और प्रभु ईसा मसीह के उपदेश जिन्हें व्यवहार में उतारने की पद्धति उन्हें गांधी से मिली। उन्होंने इस कथन को कई बार दोहराया है कि गांधी उनके आन्दोलन-मार्ग के प्रकाशस्तम्भ रहे हैं। मार्टिन लूथर किंग पर लिखते हुए अमेरिका के सुप्रसिद्ध अश्वेत कथाकार जेम्स बाल्डविन ने कहा है कि उन्होंने गांधी के अहिंसा के दर्शन को अद्भुत रचनात्मकता के साथ आत्मसात किया था।

किंग ने सन् 1955 के अन्त में अमेरिका के रंगभेद की अमानवीय नीति के विरुद्ध सत्याग्रह का सूत्रपात अल्बामा राज्य की राजधानी मांटगोमरी से किया था। रोज़ा पार्क्स नामक एक मध्यवय संवेदनशील अश्वेत महिला पहली दिसम्बर सन् 1955 को एक भीड़ भरी बस में श्वेतों के लिए चिन्हित आगे की सीट पर बैठ गई थी और श्वेत यात्रियों के लिए उसने सीट छोड़ने से दृढ़तापूर्वक इनकार कर दिया था। ऐसा कर उस अदम्य साहसी महिला ने श्वेत-अश्वेत के बीच पृथक्करण के सरकारी अध्यादेश की धज्जियाँ उड़ा दी थीं। इस तरह पार्क्स ने समान नागरिक अधिकार के लिए नस्ल और रंगभेद को अनजाने ही चुनौती देकर एक देशव्यापी सविनय अवज्ञा आन्दोलन (सिविल डिसओविडिएंस मूवमेंट) का शुभारम्भ कर दिया था।

रोजा पार्क्स की इस चुनौती के पीछे गांधी की ही प्रेरणा थी। लगभग छह माह पूर्व उसने गांधी के विचारों और उनके अहिंसक प्रतिरोध की तकनीक पर एक कार्यशाला में भाग लिया था। ईसाई धर्मशास्त्र में डॉक्टरेट लेने के बाद किंग ने मांटगोमरी की बैप्टिस्ट चर्च में छब्बीस वर्ष की आयु में 'पास्टर' का पद सन् 1955 में ही कुछ माह पहले ही ग्रहण किया था। पार्क्स की साहसिक चुनौती की खबर पूरे राज्य में बिजली की तरह फैल गई थी। फिर तो अश्वेतों ने किंग के नेतृव में एक व्यापक बस-बहिष्कार आन्दोलन की स्वतःस्फूर्त शुरुआत कर दिया जो 381 दिनों तक पूरे दमखम के साथ चला। आन्दोलन के कई नेताओं के साथ किंग को गिरफ्तार कर लिया गया। उनके आवास पर बम तक फेंके गए। अन्ततः संघीय न्यायालय ने सन् 1956 में रंग और नस्लभेद के आधार पर पृथक्करण के अध्यादेश को रद्द कर दिया। किंग एक महानायक की छवि से मंडित देश-विदेश में छा गए। कई इतिहासकारों ने

बस-बहिष्कार के इस आन्दोलन की तुलना गांधी के नमक-आन्दोलन से की है। गांधी के साथ आज किंग समूचे विश्व में दमन, उत्पीड़न, शोषण और असमानता के विरुद्ध अहिंसक संघर्ष के अजस्र प्रेरणास्रोत बन गए हैं।

5

बीसवीं सदी के अन्तिम चार दशकों में साम्यवादी अधिनायक तंत्र के खिलाफ़ मोहभंग की प्रक्रिया पूर्वी योरोप में पहले सुगबुगाहट के रूप में और आगे धीरे-धीरे प्रबल नागरिक प्रतिरोध का रूपाकार ग्रहण करते हुए एक विकल परिवर्तन की दिशा में अग्रसर होने लगी थी। यह प्रतिरोध मुक्ति कामना की गहरी छटपटाहट के बावजूद अहिंसक ही था। सोवियत रूस की शैली का समाजवाद पूर्वी योरोप के देशों–हंगरी, पोलैंड और चेकोस्लाविया को अब स्वीकार्य नहीं रह गया था। रूस के प्रबल वर्चस्व के प्रतिरोध के फलस्वरूप हंगरी के जननेता इमरे नागी को फाँसी दे दी गई थी। आगे चलकर पोलैंड में लेश वैलेसा और चेकोस्लाविया के प्रखर बुद्धिजीवी–रचनाकार जननेता वैक्लाव हैवेल को अपनी असहमति और वैचारिक स्वतंत्रता की माँग के कारण अनेक शारीरिक और मानसिक यातनाओं के साथ जेल की लम्बी सजाएँ भुगतनी पड़ीं। ये दोनों अपने नागरिक प्रतिरोध में अपने अन्तर की वाणी से ही संचालित और निर्दिष्ट होते रहे। वैक्लाव आगे चलकर चेकोस्लाविया के राष्ट्रपति बने। उन्होंने कई महत्त्वपूर्ण नाटक और निबन्ध लिखे हैं। जेल से पत्नी ओल्गा को लिखे गए उनके पत्र अद्भुत रचनात्मकता लिये हुए हैं। एक पत्र में वह बताते हैं कि करुणा, प्रेम और जरूरतमंद पड़ोसियों के लिए स्वतःस्फूर्त सहायता के भाव का स्रोत हृदय की अतल गहराई में है न कि मस्तिष्क की दमकती बौद्धिकता में। बाहर की भी जो आवाजें हमारे अन्तर्मन की रहस्यमय आवाजों के साथ एकाकार हो जाती हैं और हममें इतनी गहरे पैठ जाती हैं कि जब वो दस्तक देतीं हैं तो लगता है वो 'ऊपर' से आ रही हैं।

अन्तर की वाणी की दिव्यता में यह विश्वास विज्ञानसम्मत आधुनिक तार्किकता से परे है। यह गांधी की अन्तर्वाणी पर अविचल आस्था से गहरा मेल खाता है। अपने निबन्ध 'लिविंग इन ट्रुथ' (सत्य में जीते हुए) में हैवेल गांधी की तरह सत्य की बहुआयामिता में विश्वास जताते हैं। पूर्वी योरोप में अहिंसक क्रान्ति के शिल्पी हैवेल ने सन् 1972 में अपने भाषण 'दि एंड ऑफ माडर्न एरा' (आधुनिक युग का अन्त) में आधुनिक सभ्यता के समाधि-लेख की घोषणा कर दी थी। इसमें साम्यवाद के राजनीतिक प्रयोग के अन्त को इन्होंने मानव इतिहास के एक महत्त्वपूर्ण युग के अवसान के रूप में निरूपित किया।

हैवेल के अनुसार आधुनिक युग इस दृढ़ विश्वास से आक्रान्त था कि संसार और

प्रकृति एक ऐसी सर्वथा ज्ञेय व्यवस्था और सीमित (फॉइनाइट) नियमों से नियंत्रित है जो मनुष्य की ग्रहण क्षमता की परिधि में है जिसे वह तर्क-संगत ढंग से अपने लाभ के लिए संचालित कर सकता है। आधुनिक विज्ञान के इस दम्भ ने मनुष्य में यह आत्मविश्वास जगा दिया था कि वह चीजों को वस्तुनिष्ठ ढंग से देख सकता है और उसका विश्लेषण, वर्णन और व्याख्या कर सकता है जिसके फलस्वरूप जो भी अस्तित्व में है वह उसे नियमित और अधिकृत कर सकता है। हैवेल ने आधुनिकताग्रस्त मनुष्य के इस हास्यास्पद अहंकार को खास तौर से रेखांकित किया था जिसके कारण वह यह मानने को अभिशप्त था कि उसके पास संसार के सम्बन्ध में एकमात्र सत्य था। यहाँ आधुनिक विज्ञान पोषित सभ्यता के सम्बन्ध में गांधी और हैवेल का गोत्र एक हो जाता है।

निकोलाई लेनिन (1870-1924) सोवियत रूस की मार्क्सवाद प्रेरित बोल्शेविक क्रान्ति के प्रणेता थे। उनके बाद वहाँ की सत्ता जनवरी सन् 1924 में जोसेफ स्टालिन (1879-1954) के हाथ आई। स्टालिन ने जहाँ एक ओर व्यक्ति-पूजा को बढ़ावा दिया वहीं दूसरी ओर कम्युनिस्ट पार्टी की दलीय नौकरशाही और खुफिया पुलिसतंत्र के जरिए एक ऐसी अधिनायकवादी व्यवस्था को जन्म दिया जिसका दावा था कि वह अपने असीम जनवादी विवेक के साथ अपनी खुशहाल जनता को पूँजीवादी घेरेबन्दी से मुक्त रखने के लिए प्रतिबद्ध है। बेरहमी से अत्यन्त बलपूर्वक स्टालिन ने सामूहिक खेती और उद्योगीकरण की नीतियों को जिस तरह लागू किया उसके फलस्वरूप रंचमात्र असहमति और अल्पतम नागरिक अधिकारों की भी गुंजाइश समाप्त हो गई। निर्धारित सरणि से जरा भी असहमत लोगों के लिए कुख्यात यातना-शिविर स्टालिन-युग की ही देन थे। स्टालिन के देहान्त के बाद निकिता-ख्रुश्चेव (1984-1971) के काल में भी अपने पूर्ववर्ती की अतियों, विकृतियों और व्यक्ति-पूजा के अन्त के दावे के बावजूद गुणात्मक बदलाव बहुत कम ही आ पाया।

सन् 1950 के दशक में पूर्वी योरोप में जहाँ साम्यवादी सरकारें थीं सोवियत रूस के वर्चस्व और अनधिकार हस्तक्षेप के विरुद्ध प्रतिरोध के स्वर उभरने लगे थे। ये स्वर सबसे पहले हंगरी में उभरे। देश की अपनी आशाओं-आकांक्षाओं के अनुरूप सुधार और बहुदलीय व्यवस्था के समर्थन में सबसे प्रबल स्वर वहाँ की कम्युनिस्ट पार्टी के लोकप्रिय नेता और प्रधानमंत्री इमरे नागी (1896-1958) के थे। स्टालिन की कार्यशैली के विवेक-सम्मत आलोचक इमरे नागी ने स्टालिन युगीन अतियों से अपने देश की नीतियों को मुक्त कराने की पहल की और अक्टूबर सन् 1956 में एक दलीय व्यवस्था की जगह बहुदलीय व्यवस्था की घोषणा की। हंगरी में अभी भी स्टालिन समर्थक जानोस कादार के नेतृत्व में एक सशक्त वर्ग सक्रिय था। उनकी दुरभिसंधि के फलस्वरूप सोवियत फौज ने एकाधिक बार हंगरी की राजधानी बुदापेस्ट पर हमले किए।

नागी ने एक बार अपनी सूझबूझ से सोवियत फौज को बुदापेस्ट से हटने के लिए राजी कर लिया था। पर दोबारा हमला होने पर उन्होंने सोवियत रूस के नेतृत्व में पूर्वी योरोप के साम्यवादी देशों के सैन्य सुरक्षा समझौते वारसा-सन्धि से नाता तोड़ने और हंगरी को एक तटस्थ देश घोषित करने का ऐतिहासिक निर्णय लिया। ये कदम सोवियत सरकार को निहायत नागवार गुजरे। उसने एक बार फिर हमला किया जिसके फलस्वरूप नागी और उनके कई सहयोगियों को युगोस्लाविया के दूतावास में शरण लेनी पड़ी। उन्हें रूसी सरकार ने छद्म आश्वासन दिया कि अगर वह अपने सहयोगियों के साथ दूतावास से निकल आते हैं तो उन्हें सुरक्षित देश से बाहर निकल जाने दिया जाएगा। इस पर विश्वास कर जब वह अपने साथियों के साथ दूतावास से बाहर आए उन्हें गिरफ्तार कर लिया गया और उन पर कई झूठे अभियोग लगाकर गोपनीय ढंग से मुकदमे चलाकर फाँसी की सजा सुना दी गई।

नागी ने मुकदमे के दौरान सभी अभियोगों से पूरी तरह इनकार करते हुए गांधी की ही तरह अपने बचाव में कुछ भी न कहने का निर्णय लिया था। उन्होंने क्षमायाचना के सुझाव को दृढ़तापूर्वक अस्वीकार कर दिया था। 16 जून सन् 1958 को उन्हें अन्ततः फाँसी देकर एक उपेक्षित कब्रगाह में दफना दिया गया था। नागी की फाँसी ने पूरे संवेदनशील विश्व की अन्तरात्मा को झकझोरकर रख दिया था। नागी के नेतृत्व में हंगरी ने सोवियत फौज का अहिंसक प्रतिरोध ही किया था। एक सच्चे सत्याग्रही की तरह वह अपने विचारों पर अटल रहे और उसका मूल्य उन्होंने अपने और अपने प्रतिबद्ध वफादार साथियों के प्राणों से चुकाया। दिवंगत नागी आहत हंगरी की अन्तरात्मा बन गए थे। अन्ततः जब नागी का बलिदान रंग लाया और सन् 1989 में वहाँ प्रजातंत्र बहाल हुआ तो नागी और उनके साथियों को उसी वर्ष 16 जून को कृतज्ञ राष्ट्र ने नम आँखों से पूरे राजकीय सम्मान के साथ फिर से समाधि देकर उनके प्रति अपनी-अपनी भावभीनी श्रद्धांजलि अर्पित की।

चेकोस्लाविया के वैक्लाब हैवेल और पोलैंड के लेश वालेसा (सन् 1943-) ने बीसवीं सदी के अन्तिम दो दशकों के दौरान सोवियत रूस के अनाधिकारिक हस्तक्षेप तथा प्रभुत्व से अपने-अपने देशों को मुक्त कराने के लिए इमरे नागी की परम्परा को आगे बढ़ाया। सोवियत रूस के फौलादी चंगुल से छुटकारा पाने के लिए मँजे हुए ट्रेड यूनियन नेता वालेसा ने 'सालिडैरिटी' नामक अपने संगठन के जरिए प्रारम्भ में अपने संघर्ष के दौरान हथियारों के प्रयोग से परहेज नहीं रखा। पर हथियारों के सहारे सोवियत रूस का मुकाबला उनके जैसे छोटे से देश के लिए असम्भव-सा था। फलस्वरूप उन्होंने गांधी के अहिंसक प्रतिरोध का मार्ग अपनाया।

मार्च सन् 2007 में जब वह सत्याग्रह की शताब्दी के अवसर पर आयोजित अन्तर्राष्ट्रीय सम्मेलन में भाग लेने भारत आए तो उन्होंने बड़ी ही बेबाकी से बताया कि 'जब तक हम हथियारों से संघर्ष करते रहे सफलता हमसे बहुत दूर रही। किन्तु

जैसे ही हमने गांधी के अहिंसक मार्ग—सत्याग्रह का सहारा लिया हम साम्यवादी तानाशाही के खिलाफ़ अपनी लड़ाई जीत गए। उनके अहिंसक शान्तिपूर्ण प्रतिरोध के लिए उन्हें वर्ष 1983 के शान्ति के नोबेल पुरस्कार से सम्मानित किया गया था। पोलैंड के गांधी के रूप में समादृत वालेसा बाद में अपने देश के राष्ट्रपति भी बने। सत्याग्रह के शताब्दी समारोह में उनके सहयोगी दक्षिण अफ्रीका के आर्कविशप डेस्मंड टूटू और बंगलादेश के मुहम्मद यूनुस (दोनों शान्ति के नोबेल पुरस्कार से सम्मानित) ने भी आज के तीव्र कोलाहल-कलह भरे विश्व की विनाशकारी ज्वालाओं के शमन का एकमात्र साधन गांधी के अहिंसा-मार्ग को ही माना है।

वैक्लाव हैवेल ने न केवल गांधी की अहिंसा को अपने राजनीतिक संघर्ष के एक सशक्त मूल्य के रूप में स्वीकार किया बल्कि उनकी सत्य की अवधारणा को भी प्रत्यक्ष-परोक्ष आत्मसात किया। हमने देखा है कि विज्ञान के सार्वभौम और ठोस सत्य के बरअक्स गांधी का सत्य तरल, लचीला, प्रासंगिक और आनुमानिक है। गांधी मानते थे कि अलग-अलग व्यक्तियों और समूहों के सत्य अलग-अलग हो सकते हैं। हैवेल के अनुसार भी सत्य पारिस्थितिक ही हो सकता है। उसका असली मूल्य मनुष्य में मूलभूत न्याय-बोध (एलेमेंटरी सेन्स ऑफ जस्टिस) की सही पहचान के विकास में सहायक सिद्ध होने में है। और यही न्याय-बोध मनुष्य में भावातीत उत्तरदायित्व (ट्रांसडेंटल रिस्पान्सिबिलिटी) की चेतना जगाता है और उसे दूसरों की निगाह से चीजों को देखने की क्षमता देता है। वह क्षमता ही मनुष्य के राजनीतिक आचरण में नैतिक चेतना की प्रेरक बनती है।

आधुनिकता के अन्तर्गत प्रेम और युद्ध में सब कुछ जायज मानने की बात अक्सर दोहराए जाते रहने के कारण एक पिष्टोक्ति (क्लीशे) बन गई है। पर यह कथन अब युद्ध और प्रेम से कहीं अधिक राजनीति पर लागू होता है जहाँ नैतिक मूल्यों का त्रासद क्षरण इतना व्यापक और गहरा है कि उसके घोर अनिष्टकारी संक्रमण से जीवन का कोई भी पक्ष अछूता नहीं रह गया है। ऐसी स्थिति में हैवेल जब राजनीति की पहचान 'अभ्यास में नैतिकता' (मोरैलिटी इन प्रैक्टिस) के रूप में करते हैं तो लगता है कि वह गांधी को ही दुहरा रहे हैं। दरअसल नैतिकता को, जो कि धर्म का मूल है, गांधी की दृष्टि में, राजनीति से परे रखना हमारे सार्वजनिक जीवन का सबसे बड़ा अभिशाप सिद्ध हो सकता है। वह जीवन को सर्वथा अलग-अलग हिस्सों में बाँटे जाने के पक्ष में नहीं थे। उन्होंने कहा कि एक राष्ट्र का जीवन व्यक्तियों के जीवन की तरह एक अविभाज्य समग्र है। 27.11.1924 के 'यंग-इंडिया' में उन्होंने लिखा था कि मेरे लिए धर्मविहीन राजनीति का कोई अर्थ नहीं है। पर साथ ही उन्होंने आगाह किया था, उनका तात्पर्य इस धर्म से कतई नहीं है जो अन्धविश्वास और विवेकशून्यता पर टिका रहता है। नैतिकताविहीन राजनीति से उन्होंने यत्नपूर्वक बचने की सलाह दी है।

6

पश्चिम का आधुनिकता-बोध धर्म को पारलौकिकता और राजनीति को इहलौकिकता के साथ जोड़कर देखता रहा है। 'चर्च' और 'स्टेट' को आधुनिक राष्ट्र-राज्य की अवधारणा के तहत पिछले तीन सौ सालों में यत्नपूर्वक अलग रखने के प्रयास लगातार होते रहे। इंग्लैंड समेत पश्चिम के अधिकांश देश अपने यहाँ इस यत्न में सफल भी रहे। पर वही देश अपने उपनिवेशों में सभ्यता के सौदागर की भूमिका में धर्म और राजनीति के बीच इस अलगाव के महत्त्व को भूल-से गए। ईसाई मिशनरियों की उन देशों के साथ 'अभिशप्त उपनिवेशों' में दुरभिसन्धि पर से लम्बे अर्से से पड़ा पर्दा कब का उठ चुका है। पोप पॉल द्वितीय ने भी इस तथ्य को अपनी पुस्तक 'क्रासिंग दि थ्रेशहोल्ड ऑफ होप' में ईमानदार पारदर्शिता के साथ स्वीकार किया है। दक्षिण अफ्रीका के गांधीवादी नेता डेस्मंड टूटू ने इस बात को हल्के से व्यंग्य के पुट के साथ बड़े धारदार शब्दों में व्यक्त किया है।

"हमारे पास जमीन थी, उनके पास बाइबिल, उन्होंने कहा, 'आओ प्रार्थना करें' हमने आँखें बंद कर लीं, और जब हमने आँखें खोलीं तो उनकी 'बाइबिल' हमारे पास थी और हमारी जमीन उनके पास।"

अपने इस कथन के बाद नेल्सन मंडेला के सच्चे उत्तराधिकारी टूटू यह जोड़ना नहीं भूलते कि अन्ततः इस सौदे में हम नुकसान में नहीं रहे। गांधी की तरह वह राजनीति और अध्यात्म के बीच कोई फाँक स्वीकार करने के पक्ष में नहीं हैं। उनके अनुसार धर्म और राजनीति के मेल से तैयार लिबास बेजोड़ ('सीमेलेस') होगा। ऐसा लगता है डेस्मंड टूटू अपने आधुनिक आदर्श गांधी के ही विचार यहाँ प्रतिध्वनित कर रहे हैं।

16.06.1925 के 'यंग इंडिया' में गांधी कहते हैं कि मेरे लिए धर्म से अलग राजनीति गन्दगी मात्र है—सर्वथा त्याज्य। राजनीति का सरोकार राष्ट्र का कल्याण है। जो भी राष्ट्र के कल्याण से जुड़ाव अनुभव करता है उसमें धार्मिक प्रवृत्ति आवश्यक है। दूसरे शब्दों में उसे ईश्वर और सत्य का खोजी होना चाहिए। आगे वह टॉलस्टॉय की शब्दावली में कहते हैं कि हमें 'ईश्वर का साम्राज्य' (किंगडम ऑफ गॉड) राजनीति में भी स्थापित करना है। यह ध्यान देने योग्य है कि गांधी का तात्पर्य यहाँ किसी प्रवर्तित या संगठित धर्म से नहीं था। वह उस धर्म की बात कर रहे थे जो सब धर्मों का धर्म था जिसके मूल में थे सत्य, अहिंसा और अपरिग्रह जिसमें समता, कल्याण और न्याय का समाहार था। धर्म और राजनीति को अलग-अलग न रखने की गांधी की दृष्टि बीसवीं सदी के तीसरे दशक में पूरी तरह विश्वस्तर पर रेखांकित होने लगी थी।

पहले गोलमेज सम्मेलन में भाग लेने जब गांधी 12 सितम्बर 1931 को इंग्लैंड

पहुँचे तो लन्दन में क्वेकर्स के प्रसिद्ध संगठन 'फ्रेंडस हाउस' द्वारा उनका भव्य अभिनन्दन किया गया। उसमें संगठन के अन्तर्राष्ट्रीय स्तर पर समादृत प्रमुख लारेन्स हाउसमैन ने राष्ट्र के अनूठे अतिथि गांधी का स्वागत खासतौर से इसलिए किया कि वह राजनीति और धर्म के समन्वय का ऐसा सन्देश लेकर आए थे जो सामान्यतया लोगों की समझ से परे था। हाउसमैन ने कहा कि गिरजाघरों में हम सभी अपने को पापी मानते हैं पर राजनीति में दूसरे को। यही हमारी रोज की जिन्दगी का सच है। गांधी को सम्बोधित कर उन्होंने जोड़ा था कि आज आप हमें अपने-अपने दिलों को खोजने के आह्वान के साथ यह बताने आए हैं कि सही धर्म क्या है।

गांधी का धार्मिक विश्वास किसी भी प्रवर्तित-संगठित धर्म के लिए एक विस्मयकारी पहेली रहा। उनके पहले जीवनीकार जोजेफ जे.डोके ने सन् 1909 में प्रकाशित उनकी जीवनी में बताया कि कुछ लोग उन्हें बौद्ध समझते थे। कुछ समय पूर्व एक समाचार पत्र में उन्हें 'ईसाई मुसलमान' बताया गया था। कुछ उन्हें 'थियोसाफिस्ट' तो कुछ 'मूर्तिपूजक' समझते थे। श्याम जी कृष्ण वर्मा गांधी के सत्याग्रह और उससे जुड़े आत्म-यातना को ईसाई धर्म से जोड़कर देखते थे।

स्वतंत्रता सेनानी और मराठी लेखक अजगाँवकर ने लोकमान्य तिलक के एक दिलचस्प संस्मरण में बताया है कि वह (तिलक) एक अर्से तक गांधी की अहिंसा, सत्याग्रह, उपवास और आहार-व्यवहार के आधार पर उन्हें जैन धर्म का अनुयायी मानते थे। जब उन्हें बताया गया कि गांधी जाति से गुजरात के मोढ़ वैश्य और विश्वास से वैष्णव हैं तो तिलक चकित रह गए थे। उन्होंने गांधी जैसे महान व्यक्ति के व्यक्तिगत जीवन और धार्मिक आस्था के बारे में अपने अज्ञान पर क्षोभ और लज्जा व्यक्त की थी। गांधी के प्रति अपना प्रशंसा भाव व्यक्त करते हुए उन्होंने कहा था कि "राजनीति में उदात्त धार्मिक मूल्यों और सत्य जैसे अमूर्त सिद्धान्तों की उपयोगिता कुछ खास नहीं हो सकती। सत्याग्रह और उपवास का असर हमारे शासकों पर नहीं के बराबर होगा। हमें उनका मुकाबला उन्हीं की रणनीति से करना होगा और जैसे वो उनमें बदलाव लाते हैं, वैसे ही हमें भी बदलाव लाना होगा।" 'गीता-रहस्य' के लेखक तिलक 'शठे शाठ्यं समाचरेत्' सिद्धान्त के अकुंठ समर्थक थे।

हिन्दू धर्म की परम्परागत समझ और हिन्दुत्ववादी विश्वास के लोग गांधी को हिन्दू तक मानने को तैयार नहीं थे। गांधी, उनके गुरु गोखले और उनके भी गुरु रानाडे के धार्मिक विश्वास को लेकर लाला लाजपतराय तक एक अर्से तक गहरे संशय में रहे। वामपंथी गांधी को हिन्दू प्रतिक्रियावादी कहकर लांछित करने से नहीं चूके। यहाँ इक़बाल की वो प्रसिद्ध पंक्तियाँ याद आती हैं जो उन्होंने 'शिकवा' लिखे जाने के बाद कट्टरपंथी मुल्ला-समाज द्वारा विधर्मी घोषित किए जाने पर लिखी थीं–

"ज़ाहिदे तेग नजर न मुझे काफ़िर जाना
और काफ़िर ये समझता है मुसल्माँ हूँ मैं,

रिन्द कहता है वली और वही रिंद मुझे
सुनके इन दोनों की तक़रीर को हैराँ हूँ मैं
देख ऐ चश्मे अदू मुझको हिक़ारत से न देख
नाज ख़ालिक है जिसपे वो इंसा हूँ मैं।"

इस पृष्ठभूमि में गांधी के धर्म की अवधारणा अद्‌भुत रूप से उत्तर आधुनिक है। एक तरफ उसमें धर्म और राजनीति को एक दूसरे से अलग रखने की सेक्युलर विचारधारा का स्वस्थ प्रतिरोध है। दूसरी ओर उसमें सभी संगठित प्रवर्तित धर्मों की रूढ़ियों से मुक्त कर उनके मर्म से अनुप्रेरित सार्वजनिक और राजनीतिक कर्म को धर्म की-सी पवित्रता से लेने का सदाग्रह। मत-मतान्तर की रूढ़ियों से मुक्त जीवनमात्र के प्रति करुणा के राजधर्म की बात सम्राट अशोक ने भी की थी। पर गांधी थोड़ा और आगे जाते हैं। वह राजनीति को सेवा धर्म के रूप में स्वीकार करने के पक्षधर हैं। पहले गोलमेज सम्मेलन के दौरान गिल्डहाल की सभा में राजनीति से जुड़े लोगों को उन्होंने स्वेच्छा से निर्धनता के व्रत की सलाह दी थी। राजनीतिकर्मियों में अपरिग्रह के भाव जगे बिना, गांधी के अनुसार राजनीतिक जीवन की पवित्रता असम्भव थी। आधुनिकता के तहत राजनीति को निर्लज्ज स्वार्थ की सक्रियता का वह क्षेत्र माना जाता रहा है जहाँ अधिकांश लोगों के एक हाथ में कोई धर्मग्रन्थ हो न हो पर दूसरे हाथ में पीछे छिपा छुरा जरूर होता है। दुर्भाग्यवश इनमें से किसी का भी सही इस्तेमाल वो नहीं जानते।

उन्नीसवीं सदी में राष्ट्र-राज्य की अवधारणा के जनक बिस्मार्क ने राजनीति को सम्भावनाओं की कला कहा था। वैक्लाव हैवेल ने पहली जनवरी सन् 1990 को प्राहा के अपने ऐतिहासिक भाषण में कहा था कि राजनीति महज सौदेबाजी, उखाड़-पछाड़ और जोड़-तोड़ के सम्भावनाओं की ही कला नहीं है। वह असम्भावनाओं की भी कला है—एक ऐसी कला जिसमें अभ्यास से हम अपना और विश्व का परिष्कार कर सकते है। यह राजनीति में थोड़े से आध्यात्मिक संस्पर्श से ही सम्भव है। यह धर्म के साथ राजनीति में भी गांधी के उत्तर आधुनिक सोच का विस्तार है।

7

गांधी की धार्मिक आस्था और अध्यात्म चिन्तन पर गीता का गहरा प्रभाव रहा है। वह एक वैष्णव परिवार में पैदा हुए थे। उनके पिता ने गीता का पाठ अपने एक ब्राह्मण मित्र की सलाह पर जीवन के अन्तिम चरण में शुरू किया था। स्वयं गांधी ने गीता पहली बार लन्दन-प्रवास के दौरान लगभग बीस साल की उम्र में दो थियोसाफिस्ट अंग्रेज भाइयों के साथ मूल संस्कृत सहित सर एडविन आर्नाल्ड के अंग्रेजी अनुवाद 'दि सांग सेलेस्चियल' (नैसर्गिक गान) के माध्यम से पढ़ा था। उस समय उन्होंने उसे पढ़

तो लिया था और उस उत्कृष्ट काव्यानुवाद के कई स्थलों से अभिभूत भी हुए थे पर उसका गहरा अध्ययन उन्होंने कई वर्षों बाद किया।

गीता पर आदि शंकराचार्य से लेकर बीसवीं सदी में श्रीमती एनी बेसेंट, लोकमान्य तिलक, महर्षि अरविन्द, विनोबा भावे और डॉ. सर्वपल्ली राधाकृष्णन के भाष्य गांधी के जीवन काल में उपलब्ध थे। सन् 1915 में मराठी में प्रकाशित लोकमान्य तिलक के 'गीता रहस्य' के गुजराती और हिन्दी अनुवाद लगभग एक साथ सन् 1917 में प्रकाशित हो गए थे। तिलक के 'गीता रहस्य' को गांधी ने गुजराती में पूरी श्रद्धा के साथ पढ़ा था। आदि शंकराचार्य से लेकर आधुनिक काल के कई भाष्यों की उन्हें अच्छी जानकारी थी। आर्नाल्ड के अंग्रेजी अनुवाद के वह अनन्य प्रशंसक थे। पर गीता की उनकी अपनी व्याख्या और समझ थी जिसमें उनकी उत्तर आधुनिक सोच के बीज सान्निहित थे।

वह सम्भवतः गीता के पहले अवगाहक थे जिसने इसके अनासक्त कर्म-कौशल के सिद्धान्त को अपने विलक्षण कर्ममय जीवन में अद्‌भुत रचनात्मकता के साथ उतारा था। लोकमान्य तिलक के राजनीतिक कर्म और उनके 'गीता रहस्य' पर पूरी श्रद्धा के बावजूद गांधी ने उनसे अपनी असहमति दर्ज करने में रंचमात्र संकोच नहीं किया। साध्य यदि पवित्र है तो तिलक साधन की पवित्रता को खास महत्त्व देने के पक्षधर नहीं थे। गांधी के लिए साध्य और साधन की पवित्रता दोनों महत्त्वपूर्ण थी। शंकर, माध्व, रामानुज, ज्ञानेश्वर और तिलक के गीता पर भाष्यों को उन्होंने अपने समय के राजनीतिक-सामाजिक जीवन की चुनौतियों के लिए अपर्याप्त पाया था।

सन् 1889 में जिस समय तरुण गांधी ने गीता का आर्नाल्ड कृत अंग्रेजी अनुवाद 'सांग सेलिस्चियल' पढ़ा था, उसी समय उन्होंने 'सरमन आन दि माउंट' और आर्नाल्ड के ही भगवान बुद्ध के जीवन पर आधारित अंग्रेजी काव्य 'दि लाइट ऑफ एशिया' का भी अध्ययन किया था। ज्ञातव्य है आचार्य रामचन्द्र शुक्ल ने इस काव्य का बड़ा ही सुन्दर हिन्दी अनुवाद आगे चलकर 'बुद्ध चरित' के नाम से किया था। गांधी ने लिखा है लगभग उसी समय उनका तरुण मन कृष्ण, बुद्ध और ईसा के सन्देशों में सामंजस्य के प्रयास करने लगा था। दरअसल यही गांधी के गीता की नव उत्तरआधुनिक व्याख्या का प्रस्थान-बिन्दु है।

करोड़ों हिन्दुओं के आस्था और प्रेरणा के स्रोत रामायण और महाभारत–गीता जिसका आकार में एक छोटा सा अंश है, गांधी की दृष्टि में अद्‌भुत लाक्षणिकता लिए हुए है। अतः उनके आन्तरिक साक्ष्य के आधार पर इन महाकाव्यों को वह सद् और असद्, प्रकाश और अन्धकार की शक्तियों के बीच सतत संग्राम की रूपक कथाएँ मानते हैं। साथ ही वह आगाह भी करते हैं कि उनका उद्‌देश्य उनके पाठ और अर्थ में अपने किसी पूर्वनिश्चित विचार की पुष्टि के लिए खींचतान करने का कतई नहीं

है। वह पुराणों सहित इन दोनों महाकाव्यों खासकर महाभारत को ऐतिहासिक ग्रन्थ मानने को किसी भी शर्त पर तैयार नहीं हैं। महाभारत के केन्द्रीय चरित्र कृष्ण जो अपने सम्मान के आहत होने पर हत्या कर सकते हैं, जिन्हें शृंगार रस के कवियों और कई अहिन्दुओं द्वारा शृंगार में डूबे एक कामुक पात्र के रूप में पेश किया गया है और जिन्हें इसी तरह के कई और कार्य करते हुए दिखाया गया है, वो उनकी (गांधी की) अवधारणा के कृष्ण हो ही नहीं सकते। वह उनके सामने नतमस्तक तक होने के लिए किसी भी कीमत पर तैयार नहीं हैं। भले ही उनकी इस जिद के लिए उन्हें हिन्दू धर्म से निष्कासित कर दिया जाए। उनके कृष्ण पूर्णरूप से निर्मल, गीता के उपदेशक, कोटि-कोटि मनुष्यों के जीवनदाता और ईश्वर के पूर्ण अवतार हैं। ये बातें गांधी ने 1 अक्टूबर सन् 1925 के 'यंग इंडिया' में कही हैं। इसके पहले 9 अप्रैल को वह कह चुके थे कि जिस कृष्ण में उनकी आस्था थी वो "सृष्टि के नियामक, स्वामी, उत्पन्नकर्त्ता पालनकर्त्ता और संहारकर्त्ता हैं।"

महाभारत को गांधी सद-असद् का संग्राम मानते हुए न तो कल्पित गल्प की श्रेणी में रखते हैं और न ही इतिहास की, जैसा सामान्यतया लोग समझते हैं। उनके अनुसार वह मनुष्य की आत्मा का इतिहास है जिसके मुख्य चरित्र कृष्ण रूप ईश्वर हैं जो महाभारतकार की दृष्टि में सर्वशक्तिमान हैं। आधुनिक सोच के तहत विश्व के लगभग सभी धर्मों को, जिसमें ईसाई और इस्लाम धर्म भी शामिल रहे हैं, वैज्ञानिक और तर्कसंगत सिद्ध करने के प्रयास अक्सर होते रहे हैं। हिन्दूधर्म इसका अपवाद नहीं रहा है। धार्मिक चरित्रों की चमत्कारिकता और उनसे जुड़ी मिथकीयता को विज्ञान ने कभी शंका कभी अवश्विास और कभी व्यंग्य के विद्रूप के साथ देखा। इससे पूर्णतः अछूते परम आस्तिक गांधी में अपने आध्यात्मिक जीवन की कुतुबनुमा गीता के उद्गायक कृष्ण के ईश्वर के पूर्ण अवतार होने की आस्था के पीछे संभावित मिथकीयता को लेकर जरा भी विचलन का भाव नहीं था। वह गीता से जुड़ी गांधी की उत्तर आधुनिकता का एक रेखांकन योग्य पक्ष है।

तिलक और अरविन्द के गीता के भाष्यों के अन्तर्पाठ से उन्हें लगा था उनमें परिस्थिति के अनुसार हिंसा से परहेज न करने के सन्देश के प्रत्यक्ष-परोक्ष संकेत थे। इसके अतिरिक्त गांधी जानते थे कि क्रान्तिकारी युवकों में गीता अत्यन्त लोकप्रिय थी। उनमें कई को वह पूर्णतः कंठस्थ थी। वे उसकी हिंसापरक व्याख्या करते थे। साध्य की पवित्रता से अभिभूत उनके लिए साधन की पवित्रता का खास महत्त्व नहीं था। अपने पवित्र उद्देश्य के लिए उन्हें धन-संचय हेतु डाका आदि डालने जैसे आपद्धर्म से भी एतराज नहीं था। गांधी उनके चरित्र, ऊँचे जीवन मूल्यों, देशप्रेम और निष्ठा के अनन्य प्रशंसक थे। पर साथ ही हिंसा मार्ग से उनकी असहमति जग-जाहिर थी। अतः उन्होंने हिंसा और उससे प्रेरित युद्ध के प्रतिरोध की दृष्टि से 'अनासक्ति योग' नाम से गीता का अपना भाष्य किया। आधुनिकता का आग्रह कानून की

धाराओं की तरह धर्मग्रन्थों के मूल पाठ (टेक्स्ट) को भी उनमें प्रयुक्त शब्दों के स्थूल अर्थों के आधार पर समझने और व्याख्या का रहा है। गांधी का उत्तर आधुनिक बोध यहाँ भी स्पष्ट होता है जब वह कहते हैं कि गीता की शाब्दिक व्याख्या से अन्तर्विरोधों के समुद्र में डूबने का खतरा पैदा हो सकता है। 2 मार्च सन् 1925 के 'यंग इंडिया' में वह मूल पाठ की व्याख्या देते हुए कहते हैं कि स्थूल शब्द सच में (अर्थ के) प्राण हर लेते हैं जबकि उनके भाव (अर्थ में) जीवन-संचार करते हैं। ('द लेटर ट्रली किलेथ, द स्पिरिट गिवेथ लाइफ') उदाहरणस्वरूप वह बताते हैं कि 'गीता' के द्वितीय अध्याय की शाब्दिक व्याख्या से हिंसा का समर्थन सम्भव है पर उसके अन्तिम श्लोकों के भाव इसे निरस्त कर देते हैं।

महादेव भाई देसाई की डायरी के पृष्ठ 105 से पता चलता है कि गांधी ने आगाह किया था कि कृष्ण को ईश्वर का पूर्णावतार मानकर उनके गीता के उपदेशों में आज की दिन-प्रतिदिन की समस्याओं का हल तलाशना उचित नहीं है। जैसे हम शब्दकोश से कठिन शब्दों के अर्थ तुरन्त ढूँढ़ लेते हैं वैसे पहले से बने-बनाए (रेडीमेड) उत्तर की आशा किसी भी धर्मग्रन्थ से व्यर्थ है। आज के युद्ध, स्वार्थों के टकराव और तद्‌जन्य हिंसा की समस्याओं का हल धर्मग्रन्थों के प्रकाश में आज के मनुष्य को अपने अन्तर्विवेक से स्वयं तलाशना होगा। अपनी कुरान शरीफ की व्याख्या के सन्दर्भ में मौलाना अबुल कलाम आजाद ने भी कहा था जदीद (आधुनिक) सवालों के जवाब क़दीम (प्राचीन) किताबों में ढूँढ़ना वाज़िब नहीं है। यहाँ यमन की यात्रा के दौरान इस्लाम के पवित्र प्रवर्तक हजरत मुहम्मद साहब और उनके सहयात्री एक न्यायविद् मुआद इब्न जबाल के बीच निम्नलिखित विमर्श आँखें खोल देने वाला है–

पैग़म्बर–किसी मसले पर आप फैसला किस तरह करेंगे?

मुआद–क़ुरानशरीफ के मुताबिक।

पैग़म्बर–अगर उसमें नहीं मिलता?

मुआद–तब सुन्ना (इस्लामी परम्परा) के मुताबिक।

पैग़म्बर–अगर वह वहाँ भी नहीं मिलता?

मुआद–तब मैं अपनी अक़्ल का इस्तेमाल करूँगा।

कट्टरवाद के गहरे अँधेरे में पैग़म्बर और मुआद के बीच यह वार्तालाप प्रकाश का अद्‌भुत स्रोत सिद्ध हो सकता है। इस्लाम की उदार समझ ने सदैव लचीलेपन और विवेकसंगत समझ को प्रोत्साहित किया है। इसमें इज़्तिहाद (स्वतंत्र निर्णय) शुरा (पारस्परिक विचार-विमर्श) और इज्मा (सहमति) के प्रावधान उसके स्पष्ट प्रमाण हैं। धर्मग्रन्थों के प्रकाश में अपने अन्तर्विवेक के प्रयोग से हर युग के मनुष्य को अपने समय विशेष की समस्याओं का हल स्वयं ढूँढ़ना होगा। यहाँ गांधी का यह उत्तर-आधुनिक विचार उनके द्वारा समादृत कृष्ण, बुद्ध और ईसा के समान इस्लाम के पवित्र प्रवर्तक मुहम्मद से भी बल प्राप्त करता है।

8

गांधी के सोच के उत्तर आधुनिक पहलू की बेहतर समझ के लिए उनके गीता के नव्य विमर्श का थोड़ा और विस्तृत विश्लेषण दिलचस्प और उपयोगी होगा। उनके अनुसार गीता न तो एक सूत्रात्मक रचना है और न ही विधि-निषेध का संकलन। वह गीता को एक महान धार्मिक काव्य मानते हुए बताते हैं कि एक कवि द्वारा संसार के सामने किसी सत्य को रखने का अर्थ आवश्यक रूप से यह नहीं है कि उसने उसके सभी परिणामों को जान लिया था या उसके सब प्रश्नों का हल पा लिया था। और यदि, यह हो भी तो इसका मतलब ये नहीं कि वह उन्हें पूरी तरह अभिव्यक्त करने में सफल रहा। सम्भवतः इसी में उस काव्य और उस कवि की महत्ता सन्निहित है। एक कवि के अर्थ अनन्त हैं। मनुष्य की तरह महान रचनाओं के अर्थ सतत विकसित होते रहते हैं। भाषाओं के इतिहास को परखने पर हम पाते हैं कि महत्त्वपूर्ण शब्दों के अर्थ बदलते रहे हैं या और व्यापकतर होते रहे हैं। यह गीता के लिए भी सही है। उसके रचनाकार ने कई प्रचलित शब्दों का अर्थ-विस्तार किया है। यह सम्भव है कि गीता के रचना-काल के पूर्व यज्ञ में पशु-बलि स्वीकार्य रही हो। पर इसका रंचमात्र संकेत भी गीता में नहीं मिलता।

गांधी बताते हैं ईश्वर में चित्त की अविरल एकाग्रता भी गीता में एक यज्ञ ही है। गीता के तीसरे अध्याय में यज्ञ का तात्पर्य है दूसरों की सेवा हेतु शरीर-श्रम। और जब उसके तीसरे और चौथे अध्यायों पर एक साथ विचार करते हैं तो यज्ञ के और भी व्यापकतर अर्थों की परतें खुलती हैं। संसार की सेवा के निमित्त किए गए कर्म को भी गीता के चौथे अध्याय में यज्ञ ही कहा गया है। इस तरह शुद्ध मन और सेवाभाव से प्रेरित इन्द्रिय निग्रह, दान और प्राणायाम जैसी क्रियाएँ भी यज्ञ की ही श्रेणी में आती हैं। चर्खे से सूत कातने और विनोबा के भू-दान आन्दोलन को भी यज्ञ ही कहा जाता रहा है। गांधी बताते हैं कि इसी तरह संन्यास का पूर्ववर्ती अर्थ गीता में बदल गया। लोकमान्य तिलक ने 'गीता रहस्य' में संन्यास अथवा वैराग्य की अवधारणा पर वेदों, उपनिषदों और धर्मसूत्रों के सन्दर्भ में विचार किया है। गीता के पूर्ववर्ती धर्म और दर्शन के ग्रन्थों के कर्म-त्याग को संन्यास माना गया है। पर गीता ने फल की इच्छा से मुक्त कर्म पर बल दिया है। उसमें अकर्मण्यता असह्य है। गांधी के अनुसार फल की कामना से मुक्त कर्मशीलता ही संन्यास है।

'अनासक्ति योग' की भूमिका में गांधी ने माना है कि गीता उनके अनुसार न तो अहिंसा का प्रबन्ध है और न ही उसके पीछे युद्ध की भर्त्सना का उद्देश्य है। इतिहास के क्रम में प्रवर्तित और संगठित पारसी, बौद्ध, ईसाई और इस्लाम जैसे स्थिर धर्मों के बरअक्स हिन्दू धर्म सतत विकासशील धर्म है। अन्य धर्मों की तरह उसका कोई एक आधारभूत ग्रन्थ और एक सर्वमान्य प्रवर्तक नहीं है। उसकी शास्त्र-शृंखला में और

नया जोड़े जाने पर कोई रोक नहीं है। उसके शास्त्र निरन्तर विकासमान हैं। फलस्वरूप लगातार उनकी कई व्याख्याएँ होती रही हैं। और भविष्य में भी होती रहेंगी। गीता इसका ज्वलन्त उदाहरण है। उसके कर्म, संन्यास और यज्ञ जैसे अनेक दार्शनिक और धार्मिक अवधारणाओं को नई अर्थवत्ता प्रदान कर गीता ने हिन्दू धर्म में एक सर्वथा नई स्फूर्ति का संचार किया।

गीता की अपनी टीका, उस पर अपने प्रवचनों और जिज्ञासुओं को दिए गए उत्तरों में गांधी 'यज्ञ' शब्द की नव्य अवधारणा की ओर बार-बार लौटते हैं। यज्ञ और उसके अंग्रेजी पर्याय 'सैक्रिफाइस' को वह अलग-अलग ऐसे धातुओं से बना बताते हैं जिनके अर्थ अद्भुत रूप से समान हैं—वह जो शुद्धिकारक हो। यरवदा मन्दिर से लिखे एक पत्र में वह कहते हैं कि यज्ञ से तात्पर्य ऐसे कर्म से है जो दूसरों के कल्याण से प्रेरित हो जिसके बदले में भौतिक या आध्यात्मिक कुछ भी पाने की कामना न हो। 'कर्म' को व्यापकतम् अर्थ में लेने की आवश्यकता है। शारीरिक क्रिया ही कर्म नहीं है। मन और वाणी की यति-गति भी कर्म है। इसी तरह 'दूसरों' की परिधि में मात्र मनुष्य ही नहीं बल्कि समस्त प्राणि-जगत सम्मिलित है। 8 सितम्बर सन् 1927 के 'यंग इंडिया' में वह गीता के तीसरे अध्याय के सन्दर्भ में बताते हैं कि ईश्वर ने रचना के समय ही मनुष्य को यज्ञ का दायित्व सौंप दिया था यह कहते हुए कि तुम इसी से विकास कर सकोगे। यज्ञ की अपनी व्याख्या को और आगे बढ़ाते हुए वह कहते हैं कि दूसरों के सुख के लिए दुख झेलना और इसके लिए आवश्यकता पड़ने पर अपने प्राण की आहुति तक दे देना जीवन-यज्ञ का चरम है। इस तरह समस्त चर-अचर जगत की निःस्वार्थ सेवा को गांधी गीता के तीसरे और चौथे अध्याय के प्रकाश में सर्वश्रेष्ठ यज्ञ निरूपित करते हैं।

गीता में यज्ञ की इस नई परिभाषा की पृष्ठभूमि में दूसरों की पाप-मुक्ति के लिए महाप्रभु ईसा मसीह के अनुपम बलिदान को गांधी पूरी श्रद्धा के साथ अक्सर याद करते हैं। उसे वह जीवन-यज्ञ का अपूर्व चरम निरूपित करते हैं। यज्ञ के कई अनूठे पक्ष उजागर होते हैं जब वह गीता के उपदेश को शरीर श्रम से जोड़ते हैं। जीवन-यज्ञ में नित्य बिना श्रम की आहुति डाले और देवताओं से प्राप्त भोग को जो बिना दूसरों में बाँटे मात्र स्वयं भोगता है उसे गीता के तीसरे अध्याय में चोर ही कहा गया है। शरीर-श्रम के यज्ञ से प्राप्त अन्न को दूसरों में बाँटकर जो बचे हुए का उपभोग करते हैं वो सभी पापों से मुक्त हो जाते हैं, और जो मात्र अपने ही शरीर-पोषण के लिए आहार की व्यवस्था करते हैं वो पापी हैं और पाप को ही खाते हैं। ऐसा गीता के तीसरे अध्याय के तेरहवें श्लोक में व्यवस्था दी गई है। गीता को गांधी 'ईशोपनिषद' के पहले श्लोक से जोड़ते हैं। उनके अनुसार 'गीता' दरअसल हिन्दू धर्म के मर्म इस पहले श्लोक का भाष्य सदृश है। 'ईशोपनिषद्' के त्याग के साथ भोग (तेन त्यक्तेन भुंजीथा) के सन्देश का गीता के तीसरे और चौथे अध्याय में विस्तार है। जो श्रम मात्र अपने

लिए किया गया हो वह, गांधी मानते हैं, गीता के अनुसार यज्ञ की श्रेणी में नहीं आ सकता।

लोकमान्य तिलक के सन्दर्भ से गांधी बताते हैं कि चाहे हम भक्तिमार्गी हों चाहे ज्ञानमार्गी, कर्म से छुटकारा नहीं है। यदि कर्म अपरिहार्य और अनिवार्य है तो श्रेष्ठ कर्म ही वरण योग्य है। श्रेष्ठ कर्म वह है जो अपने लिए नहीं बल्कि दूसरों के लिए किया जाए। ये विचार वह 1 सितम्बर सन् 1927 के 'यंग इंडिया' में व्यक्त करते हुए वह आगे कहते हैं कि स्वार्थप्रेरित कर्म बन्धन है और परोपकार-प्रेरित कर्म बन्धन से मुक्ति। इसके बाद वह स्वयं ही प्रश्न करते हैं कि ऐसा परोपकार का कौन-सा काम है जो सभी धर्मों के अनुयायी और सभी आयु के स्त्री-पुरुष यहाँ तक कि बच्चे भी कर सकते हैं। अपने प्रश्न के उत्तर में वह स्वयं कहते हैं कि ऐसा कार्य चर्खा चलाने का ही हो सकता है। यह एक ऐसा पवित्र यज्ञ कर्म है जो ईश्वर के नाम में हम सभी दरिद्रतम व्यक्तियों के हित में कर सकते हैं। साबरमती आश्रम की बहनों को एक उपदेश में सहज-सरल भाषा में वह कर्म योग समझाते हुए कहते हैं, पैसे के लिए किया गया शारीरिक श्रम कर्मयोग नहीं हो सकता। इसके बाद वह एक अद्‌भुत बात कहते हैं। वह बताते हैं कि पैसे के लिए की गई शौचालय की सफाई यज्ञ नहीं हो सकती। पर वही कार्य सार्वजनिक स्वच्छता और स्वास्थ्य की दृष्टि से दूसरों के हित में किए जाने पर यज्ञ बन जाता है। चर्खे पर सूत कातने और शौचालयों की सफाई करने तक को गीता की यज्ञ की अवधारणा में शामिल करना गांधी-चिन्तन का विशिष्ट उत्तर आधुनिक आयाम है।

कृष्ण द्वारा उद्‌गीत 'भगवद्‌गीता' के साथ तुलसीदास विरचित रामायण गांधी का प्रिय ग्रन्थ है। तुलसीकृत रामायण की जगह उसके मूल नाम 'रामचरित मानस' का प्रयोग गांधी ने शायद ही कहीं किया हो। धर्मग्रन्थ के साथ गांधी दोनों को श्रेष्ठ काव्य भी मानते हैं। वह बताते हैं कि कविता का असली सौन्दर्य इसमें है कि वह रचनाकार को पीछे छोड़कर उससे बहुत आगे निकल जाती है। जो नई और विविध व्याख्याएँ रचना की आगे चलकर की जाती हैं रचनाकार को रचना के समय उसकी रंचमात्र चेतना भी सम्भवतः नहीं रहती। गीता के कृष्ण को वह यद्यपि पूर्णता और सच्चे ज्ञान का साकार रूप मानते हैं पर उनके अनुसार यह काल्पनिक हैं। साथ ही वह तुरन्त जोड़ते हैं कि इसका यह तात्पर्य नहीं कि युगों-युगों के लोक-आराध्य कृष्ण कभी रहे ही नहीं पर उनके पूर्ण अवतार का विचार बाद का और कल्पना-प्रेरित है।

तुलसीदास के रामायण पर विचार व्यक्त करते हुए वह कहते हैं कि किसी रचना को शब्दों से नहीं उसके अन्तर्भाव से परखना चाहिए। उसके सुन्दरकांड के अन्त में आई अर्धाली–"ढोल, गँवार, शूद्र, पशु, नारी। सकल ताड़ना के अधिकारी।" का वह सीधा जिक्र करते हैं। इस अर्धाली से नारी और दलित समाज का एक बड़ा संवेदनशील वर्ग एक लम्बे अर्से से मर्माहत होता रहा है। इसे लेकर गहरा आक्रोश

आज भी थमने का नाम नहीं लेता। गांधी के अनुसार तुलसीदास ने इस अर्धाली में अपने समय में प्रचलित एक कहावत का ही प्रयोग किया है। तात्पर्य है कि यह उनका अपना मन्तव्य नहीं था। गांधी बताते हैं कि यदि हम रचना का अन्तर्भाव और अभिप्राय ध्यान में रखें तो पाएँगे कि रचनाकार का उद्‌देश्य पूर्ण पुरुष राम, आदर्श पत्नी सीता और एक निष्ठावान भाई भरत जैसे महान चरित्रों का निरूपण था। प्रसंगवश यदि उसमें किसी दुष्ट प्रथा का सन्दर्भ आ गया है तो उसे अस्वीकृत कर देना चाहिए क्योंकि यह रचनाकार का अभिप्राय नहीं था। अपनी बात को और स्पष्ट करते हुए वह कहते हैं कि तुलसीदास ने अपनी अमूल्य रचना भूगोलशास्त्र की शिक्षा के लिए नहीं की थी। अतः यदि प्रसंगवश उसमें कोई भूगोल सम्बन्धी त्रुटि मिलती है तो उसे तुरन्त अस्वीकार कर देना चाहिए। किसी रचना के शब्दों की सतह पर तैरते रहने के बजाय उसके गहरे अभिप्राय के मर्म में उतरकर उसे समझने की चेष्टा उत्तरआधुनिक विमर्श का एक महत्त्वपूर्ण आयाम है।

गांधी के ईशोपनिषद, रामायण, महाभारत तथा गीता जैसे ग्रन्थों की अपनी समझ विकसित करने के प्रयासों में उनके उत्तरआधुनिक चिन्तन के भास्वर पक्ष की अनदेखी कठिन है।

9

पश्चिम में आधुनिकता और औद्योगीकरण एक दूसरे के उत्प्रेरक रहे हैं। आक्रामक औद्योगीकरण ने पश्चिम के देशों में कच्चे माल की जो कभी भी तृप्त न होने वाली भूख पैदा की उसके फलस्वरूप उपनिवेश अनिवार्य और अपरिहार्य हो गए। जिस रोब-दाब से उपनिवेशों पर पश्चिम के गौरांग महाप्रभुओं ने शासन किया उसके फलस्वरूप शीघ्र ही उनका रहन-सहन और खान-पान स्थानीय लोगों का खासकर नवयुवकों का आदर्श बन गया। सभी देशों की तरह हिन्दुस्तान में भी मांसाहार की प्रथा आदिम काल से ही रही है। पर देश का एक बड़ा महत्त्वपूर्ण वर्ग वैष्णव, जैन और बौद्धमतों के प्रभाव के फलस्वरूप शाकाहारी बन गया था। शाकाहार की प्रथा हिन्दुस्तान में लगभग चार हजार वर्ष पुरानी होनी चाहिए। चूँकि गोरे दबंग शासक मांसाहारी थे, कस्बों और शहरों के नवयुवकों के एक वर्ग को लगने लगा कि आक्रामक और दबंग व्यक्तित्व के लिए मांसाहार अपरिहार्य है। उम्र में अपने से बड़े, स्वस्थ और लम्बे गठीले बदन के खिलाड़ी मित्र शेख महताब के समझाने पर किशोरावस्था में कदम रखते गांधी ने भी मांसाहार का स्वाद छह बार परिवार से छिपकर लिया था। एक ओर जहाँ उन्हें उसका स्वाद पसन्द नहीं आया वहीं दूसरी ओर चोरी से किए गए इस कर्म को लेकर उनका मन गहरे अपराधबोध से भर गया।

तरुण गांधी जब लन्दन कानून की शिक्षा के लिए पहुँचे तो वह मांसाहार न करने

के लिए अपनी माँ से वचनबद्ध थे। उनमें उम्र में बड़े और पहले ही वहाँ शिक्षा प्राप्त कर रहे उनके दो गुजराती मित्रों दलपत राम शुक्ल और प्राणजीवन दास मेहता ने उनके सामने मांसाहार के पक्ष में लाख तर्क दिए, पर गांधी माँ को दिए गए अपने वचन पर दृढ़ रहे। उस समय पश्चिम के देशों के बुद्धिजीवियों में मांसाहार के विरुद्ध और शाकाहार के पक्ष में आन्दोलन चल रहा था। गांधी लन्दन पहुँचते ही शाकाहारी रेस्तराँ की तलाश में जब सफल हो गए तो उनका सम्पर्क लन्दन के शाकाहारी आन्दोलन से जुड़े समाज से शीघ्र ही हो गया। उन्होंने शाकाहार पर पश्चिम के विशेषज्ञों का साहित्य पढ़ा और लन्दन की शाकाहारी आन्दोलन की पत्रिका में लिखने लगे।

शाकाहार के पक्ष में युवा गांधी का अटल निर्णय मात्र माँ को दिए गए वचन पर ही आश्रित नहीं था। उसके गुण-दोष की वैज्ञानिक समझ के बाद ही उन्होंने उसके पक्ष में सजग-सचेत विवेक से निर्णय लिया था। गांधी पर गहरी अन्तर्दृष्टि से लिखी गई कई महत्त्वपूर्ण किताबों के लेखक मार्टिन ग्रीन के अनुसार पश्चिम के सुधी और संवेदनशील शाकाहारियों ने मांसाहार को अस्वीकार कर वहाँ के स्वयं को आधुनिक सभ्यता के अग्रदूत समझने का दम्भ पाले सत्ताधारियों के हिंसक, आक्रामक और अमानवीय औपनिवेशिक खेल का हिस्सा बनने से इनकार कर दिया था। शाकाहार मात्र खान-पान में एक मानवीय विकल्प के वरण तक ही सीमित नहीं था।

अट्ठारहवीं सदी के उत्तरार्ध में बढ़ते औद्योगीकरण और उसके साथ पनपी-बढ़ती आधुनिक सभ्यता के विरुद्ध आवाजें उठने लगीं थी। ये संवेदनशील अन्तरात्मा की आवाजें उन्नीसवीं सदी में मुखर से मुखरतर होती चली गईं। गांधी जब उन्नीसवीं सदी के अन्त में लन्दन पहुँचे थे तो आधुनिक सभ्यता के खिलाफ़ उठती ये आवाजें एक आन्दोलन बन चली थीं। पश्चिम में 'एक' दूसरा पश्चिम उभर चुका था जो हिंसक, अमानवीय और शोषण पर चलती-बढ़ती आधुनिक सभ्यता को आईना दिखा रहा था।

पश्चिम में चल रहा शाकाहार आन्दोलन हिंस्र आधुनिक सभ्यता के प्रतिरोध का आन्दोलन था। दरअसल सात्विक शाकाहार में गांधी की वैष्णव आस्था इस दूसरे पश्चिम के गहन सम्पर्क से और दृढ़ हुई थी। गीता के 17वें अध्याय में वर्णित सात्विक आहार के विचार का भी इसमें योगदान था। हिंस्र आधुनिक सभ्यता की भर्त्सना और ईसाई धर्म को एक नव्य समझ और व्याख्या से पश्चिम की धार्मिक-आध्यात्मिक जड़ता को तोड़ने के लिए अनवरत प्रयासरत गांधी के गुरु स्थानीय टॉलस्टॉय भी अपने जीवन के उत्तरार्ध में विशुद्ध शाकाहारी हो गए थे। शाकाहार का सजग-सचेत वरण, उस पर आजीवन दृढ़ता और उसका सतत प्रचार-प्रसार गांधी के जीवन और चिन्तन का उल्लेखनीय उत्तरआधुनिक पहलू है।

गांधी के गीता-चिन्तन के कई और भी उत्तरआधुनिक पक्ष हैं। गीता के उपदेश को वह शरीर-श्रम, स्वदेशी, अस्पृश्यता निवारण, साम्प्रदायिक एकता और पर्यावरण

की चिन्ता से भी जोड़ते हैं। साबरमती और सेवाग्राम के आश्रमवासियों के लिए नीचे दिए गए एकादश व्रत निर्धारित थे–

"अहिंसा, सत्य, अस्तेय, ब्रह्मचर्य, असंग्रह,
शरीर श्रम, अस्वाद, सर्वभ भय वर्जन,
सर्वधर्म-समानत्व, स्वदेशी, स्पर्शभावना।
विनम्र व्रतनिष्ठा से एकादश सैव्य हैं"

गीता की अपनी उत्तर आधुनिक व्याख्या से वह शरीर श्रम को पवित्र धार्मिक कृत्य सरीखा महत्त्व देते हैं। अपने शरीर के श्रम से रोजी कमाने को वह 'ब्रेड लेबर' (रोटी के लिए श्रम) कहते हैं। इसी शीर्षक के अपने एक लेख में वह बताते हैं कि मनुष्य को अपनी आजीविका अपने हाथों के श्रम से अर्जित करनी चाहिए, इस विचार को नैसर्गिक नियम (डिवाइन लॉ) की संज्ञा देकर उस पर सबसे पहले जोर एक रूसी विचारक-लेखक टी.एम. बांडरफ ने दिया था। आगे इस विचार को व्यापक प्रसार-प्रचार टॉलस्टॉय से मिला। रस्किन के 'अनटू दिस लॉस्ट' के जरिए गांधी इस विचार के प्रशंसक पहले से थे। पर टॉलस्टॉय के विचारों के सम्पर्क से इसमें उनकी आस्था और दृढ़तर हुई। गांधी के अनुसार इस विचार की सम्पुष्टि गीता के तीसरे अध्याय से भी होती है जहाँ कहा गया है कि जो व्यक्ति बिना (शरीर-श्रम-का) यज्ञ किए आहार ग्रहण करता है वह वस्तुतः चोरी का अन्न खाता है। गांधी का मानना है सभी धर्मों ने शारीरिक श्रम के महत्त्व पर बल दिया है। वह 'बाइबिल' के 'बुक ऑफ जेनेसिस' का सन्दर्भ अपने कथन की पुष्टि में देते हैं जिसमें मनुष्य के लिए सन्देश है–"तुम अपने माथे के पसीने की रोटी खाओगे।" गांधी द्वारा स्थापित आश्रमों में साढ़े तीन घंटे का शारीरिक श्रम खेतों में और तीन घंटे का श्रम भोजनालय में अनिवार्य था। शौचालय भी आश्रमवासी स्वयं साफ करते थे।

शौचालय की सफाई मन्दिर की सफाई की तरह पवित्र कर्म है ऐसा गांधी बार-बार कहते थे। इस प्रसंग में एक दिलचस्प घटना उल्लेखनीय है। साबरमती आश्रम के स्थापित हो जाने के बाद गांधी ने घनश्यामदास बिड़ला को कई बार वहाँ कुछ समय बिताने के लिए सन्देश भेजे और पत्र भी लिखे। पर वह नहीं आ सके। इसी बीच लाहौर से लाला लाजपतराय उनसे मिलने साबरमती आश्रम पहुँचे। उन्हें लाहौर दिल्ली रुकते हुए लौटना था। गांधी ने उनसे घनश्यामदास बिड़ला को साबरमती आश्रम आने का सन्देश एक बार फिर भेजा। लाहौर पहुँचकर लालाजी ने गांधी को लिखा कि ऐसा लगता है कि घनश्यामदास साबरमती आश्रम जाना इसलिए टाल रहे हैं क्योंकि वहाँ शौचालय स्वयं साफ करना पड़ता। पर गांधी तो गांधी ही ठहरे। उन्होंने घनश्याम दास बिड़ला को तुरन्त पत्र लिखा–तुम्हें इस संकोच के कारण आश्रम आना नहीं टालना चाहिए। तुम्हारा शौचालय मैं साफ कर दूँगा। गांधी के इस आशय के पत्र पर घनश्यामदास बिड़ला के मनोभाव की कल्पना की जा सकती है।

यह पहली बार हुआ कि न केवल आश्रम में बल्कि कई गांधीवादी परिवारों में शौचालय स्वयं साफ करने की पहल हुई।

शरीर-श्रम की गीता द्वारा प्रतिष्ठा के बावजूद भारतीय समाज में उसे प्रतिष्ठा नहीं मिल सकी। गांधी का मानना था कि चर्खे का प्रचार-प्रसार दरअसल शरीर-श्रम के गौरव का ही प्रचार-प्रसार था। गांधी से गहरी वैचारिक असहमति के बावजूद सुभाषचन्द्र बोस और जवाहरलाल नेहरू नियमित रूप से चर्खा कातते थे। 15 अक्टूबर सन् 1925 के 'यंग इंडिया' में वह लिखते हैं कि शारीरिक श्रम पर जोर देने का यह मतलब नहीं कि वह बौद्धिक श्रम का महत्त्व कम आँक रहे हैं। बौद्धिक श्रम का फल अक्सर शारीरिक श्रम के फल से बेहतर हो सकता है। पर बौद्धिक श्रम शारीरिक श्रम का विकल्प नहीं हो सकता। शरीर-श्रम के योग से धरती की उपज के बिना बौद्धिक श्रम के फल असम्भव हो जाएँगे। उन्होंने कविश्रेष्ठ रवीन्द्रनाथ ठाकुर से भी बुद्धिजीवी समाज के सामने आदर्श प्रस्तुत करने के लिए नित्य आधे घंटे चर्खा कातने का आग्रह किया था। उनका मानना था कि अगर कविवर आधा घंटा रोज चर्खा कातते हैं तो उनकी कविता और समृद्ध हो सकेगी।

भगवान बुद्ध और उनके मार्ग में गांधी की अगाध श्रद्धा थी। उन्हें वह मानव जाति के महानतम उपदेष्टाओं में गिनते थे। पुरोहित वर्ग के वर्चस्व के विरुद्ध जिस तरह उन्होंने संघर्ष किया, यज्ञों में पशुबलि और जाति-व्यवस्था के खिलाफ़ जिस तरह उन्होंने आवाज उठाई, गांधी उससे अभिभूत थे। बुद्ध की करुणा को वह अद्वितीय मानते थे। उन्होंने करुणाविगलित हृदय से पूछा था कि वह ईश्वर कैसा ईश्वर है जो निर्दोष पशुओं की बलि से तुष्ट और प्रसन्न होता है? अहिंसा में अ टूट आस्था का तार उन्हें बुद्ध से गहरे जोड़ता था। पर भारत और भारत के बाहर के देशों–तिब्बत, बर्मा, श्रीलंका, थाइलैंड और कम्बोडिया जैसे देशों के बौद्ध-संघों में जो भारी संख्या में नितांत निष्क्रिय भिक्षा पर आश्रित विशाल भिक्षु-समाज था उससे गांधी गहरे विचलित होते थे। दूसरों के शरीर-श्रम पर आश्रित उन्हें वह परोपजीवी (पैरासाइट) मानते थे।

गांधी बताते हैं कि उनका उद्‌देश्य बुद्ध की आलोचना नहीं है जिनके वह श्रद्धाविनत आराधक हैं, पर वह कहते हैं कि उन्हें पता नहीं बौद्ध संघों की परम्परा भगवान बुद्ध ने स्वयं शुरू की थी या उनके उत्तराधिकारियों ने। फिर भी जिसने भी इसे चलाया हो उसने शायद ही सोचा हो कि ध्यान के साथ शरीर श्रम की दीक्षा के बिना संघ घोर आलस्य और अज्ञान के भयावह अड्डे बन जाएँगे। वह कहते हैं कि उन्हें यदि भगवान बुद्ध से रूबरू होने का सौभाग्य मिलता तो वह उनसे निस्संकोच पूछते कि उन्होंने अपने अनुयायियों को ध्यान के साथ शरीर-श्रम की भी शिक्षा क्यों नहीं दी। वह आगे जोड़ते हैं कि यही प्रश्न उनका मन सन्त ज्ञानदेव और तुकाराम से भी करने का होता है। हिन्दू धर्म के विभिन्न सम्प्रदायों के अधिकांश मठों के

साधुओं-संन्यासियों से भी उनकी यही शिकायत है। उनके अनुसार अकर्मण्यता के कारण ये संन्यासी मानवता के आदर्श उदाहरण बनने में अक्षम हैं।

10

अब यह लगभग निर्विवाद है कि पृथ्वी की पर्यावरण चिन्ता सर्वाधिक महत्त्वपूर्ण उत्तरआधुनिक सरोकार है। गांधी के गीता-चिन्तन समेत उनके विपुल लेखन, प्रवचनों और भाषणों में ऐसे अनेक प्रसंग आते हैं जिनमें उनकी गहरी पर्यावरण चिन्ता साफ़ झलकती है। पश्चिम में प्रकृति के निर्लज्ज दोहन पर पलता-बढ़ता विकराल औद्योगीकरण और उसके साथ-साथ विकसित वहाँ की आधुनिक सभ्यता की बेलौस भर्त्सना के कारण अक्सर गांधी की पर्यावरण-चिन्ता के बीज इनके 'हिन्द स्वराज' में ढूँढ़ने के प्रयास किए जाते हैं। यह अकारण नहीं है, पर उनके गीता-चिन्तन में उनका पर्यावरण विषयक सरोकार कम मुखर नहीं है।

15 अक्टूबर सन् 1925 के 'यंग इंडिया' में गांधी गीता के तीसरे अध्याय के चौदहवें श्लोक का सर एडविन आर्नाल्ड कृत अंग्रेजी अनुवाद उद्धृत कर उसकी व्याख्या करते हुए बताते हैं कि अन्न जो समस्त प्राणि जगत के जीवन का आधार है वर्षा से उत्पन्न होता है। वर्षा यज्ञ से अर्थात् शारीरिक श्रम से होती है। श्लोक का भावार्थ देने के बाद वह कहते हैं कि यह भली-भाँति स्थापित वैज्ञानिक तथ्य है जहाँ वन के वृक्षों को काटकर धरती को नंगा कर दिया गया वहाँ वर्षा बन्द हो गई और जहाँ वृक्ष लगाए गए वहाँ वर्षा होने लगी। वर्षा से वनस्पतियों की वृद्धि होती है और धरती की जलग्रहण क्षमता बढ़ती है। आज ये बातें स्कूल का एक साधारण विद्यार्थी भी जानता है। पर बीसवीं सदी के दूसरे-तीसरे दशक में गीता की व्याख्या को पर्यावरण की चिन्ता से जोड़ने का विचार निश्चय ही असाधारण माना जाएगा।

उन्नीसवीं सदी के अन्तिम दशकों में अन्धाधुंध औद्योगीकरण के दुष्परिणाम पश्चिम के देशों में प्रकट होने लगे थे। इसी समय तरुणाई में कदम रखते गांधी लन्दन पहुँचे थे। यह शीघ्र ही औपनिवेशिक स्वार्थ और स्पर्धा के नंगे नाच से परिचित हो गए थे। 'बाइबिल' की भाषा में कहें तो उन्हें पता चल गया था पूरे संसार को जीतने के लोभ में बदहवास मनुष्य खुद अपनी सबसे मूल्यवान वस्तु अपनी आत्मा को ही खो बैठा था। इसीलिए जैसे-जैसे विचारों में परिपक्वता और दृढ़ता आती गई, गांधी आत्महीन औद्योगीकरण के विरुद्ध मुखर से मुखरतर होते गए। वह कभी नहीं चाहते थे कि हिन्दुस्तान विकास के पश्चिम के औद्योगीकरण के मार्ग का अनुसरण करे। निश्चय ही 'हिन्द स्वराज' में वह पूरी अहिंसक आक्रामकता से इसके विरोध में मुखर हैं। पर उनके आगे के चिन्तन में इस विरोध की धारा और तेज तथा विचारोत्तेजक हो गई।

20 दिसम्बर सन् 1928 को 'यंग इंडिया' में गांधी लिखते हैं कि ईश्वर न करे हिन्दुस्तान पश्चिम के औद्योगीकरण के रास्ते पर चले। मात्र एक छोटे से द्वीप-राज्य (इंग्लैंड) के आर्थिक साम्राज्यवाद ने आज पूरी दुनिया को अपनी जंजीर में जकड़ रखा है। अगर 30 करोड़ के एक समूचे राष्ट्र ने आर्थिक शोषण का ऐसा रास्ता अपनाया तो वह पूरे संसार को ट्डिडी-दल की तरह चाटकर नंगा कर देगा। गांधी एक अद्‌भुत भविष्यद्रष्टा थे। उन्होंने देख लिया था कि पश्चिम के अन्धानुकरण के कितने भयावह परिणाम हो सकते हैं। उनकी गहरी पर्यावरण-चिन्ता इसके साथ झलकती है। 7 अक्टूबर सन् 1926 के 'यंग इंडिया' में उन्होंने लिखा था कि हिन्दुस्तान को अमेरिका और इंग्लैंड बनाने का मतलब है पृथ्वी पर दूसरी जगहों और नस्लों की शोषण के लिए नई तलाश। उन्होंने देख लिया था कि पश्चिम के देशों ने योरोप के बाहर की दुनिया को अपनी औपनिवेशिक दुरभिसन्धि के तहत दोहन और शोषण के लिए पहले ही बाँट लिया था। दरअसल उन्होंने इस निर्लज्ज दोहन-शोषण के 'सत्कर्म' के लिए दूसरों के लिए कुछ छोड़ा ही नहीं था। भविष्य के इस भयावह परिदृश्य की कल्पना करते हुए विचलित गांधी ने सवाल किया था कि यदि हिन्दुस्तान ने पश्चिम की बन्दरों जैसी नकल की तो उसकी नियति कैसी होगी?

स्तम्भकार-विचारक रामचन्द्र गुहा ने गांधी की इन चिन्ताओं को ध्यान में रखकर एक आँख खोल देने वाली बात कही है। गांधी को अनसुना कर भारत ने औद्योगीकरण के जरिए इग्लैंड और अमेरिका बनने का रास्ता तो अख्तियार कर लिया है। पर इसके लिए दोहन-शोषण हेतु फिलहाल न तो दूसरे देश बचे हैं न ही दूसरा पर्यावरण। अतः हमने अपने ही लोगों और अपने ही पर्यावरण को इस 'सत्कर्म' (कुकर्म?) के लिए चुनकर इस मुश्किल को बड़ी बुद्धिमत्ता से हल कर लिया है। जो देश का सबसे दुर्बल वर्ग है– बन-जन और गिरि-जन उनके जीवन के सांसाधनों–जल, जमीन, पहाड़ और वृक्ष उनसे हम कानून और विकास की आड़ में छीनकर अपनी दूरदर्शिता पर आत्ममुग्ध हो रहे हैं। देश के उत्तर-पूर्व और अंडमान-निकोबार तथा लक्ष्यद्वीप के प्राकृतिक संसाधनों के दोहन के लिए भी आधुनिकता के आत्महीन सौदागर पहुँचने लगे हैं। मुट्ठी भर गैर-सरकारी स्वयंसेवी संगठनों, सर्वोदय और गांधीवादी संस्थाओं से जुड़े निष्ठावान लोगों की प्रतिरोध की आवाजें नक्कारखाने में निहायत कमजोर तूती सरीखी साबित हो रही हैं। ऐसे में पर्यावरण की चिन्ता से जुड़े संवेदनशील वर्ग को गांधी बार-बार याद आ रहे हैं।

यहाँ उनसे जुड़ी दो स्मृतियों का उल्लेख दिलचस्प होगा। एक बार वह इलाहाबाद के 'आनन्द भवन' (बाद में 'स्वराज भवन') में नेहरू-परिवार के अतिंथि थे। उन्होंने स्नान के लिए जवाहरलाल नेहरू से पानी भेजने के लिए कहा। तुरन्त स्नानगृह में दो बाल्टी पानी रख दिया गया। गांधी ने एक बाल्टी पानी लौटा दिया। जवाहरलाल नेहरू ने कहा, 'बापू, यह गंगा-यमुना के संगम की नगरी है। यहाँ पानी की कमी नहीं है।'

गांधी ने इस पर प्रतिक्रिया अपने व्यंजक मौन से व्यक्त की थी। दरअसल गांधी मानते थे कि जरूरत से ज्यादा किसी चीज का उपयोग कर हम किसी जरूरतमन्द को उसके प्राप्य से वंचित कर देते हैं। ऐसे काम उनके अनुसार हिंसा की श्रेणी में आते थे।

दूसरा संस्मरण साबरमती आश्रम में दांडी यात्रा के दौरान निवास कर रहे सुमंगल प्रकाश का है। उन्होंने लिखा है गांधी 'हिन्दी साहित्य सम्मेलन' की अध्यक्षता के लिए इन्दौर गए थे। वहाँ उन्होंने देखा कि प्रातःकाल ढेर सारे दातौन प्रयोग के बाद जगह-जगह पड़े हुए थे। उन्होंने उन्हें इकट्ठा कराया और उन्हें धोकर सूखने के लिए डाल दिया गया। दूसरे दिन उस सूखे दातौन से उनके नहाने भर का पानी गर्म हो गया। आश्रम पहुँचकर उन्होंने कुएँ के जगत के पास एक बाल्टी रखवा दी जिसमें सभी प्रातःकाल अपने इस्तेमाल किए दातौन धोकर डाल देते थे। इसे सूखने पर ईंधन के साथ जलाने के काम में लाया जाने लगा। ये दैनिक जीवन में प्रकृति के संसाधनों के विवेकसंगत उपयोग से जुड़े गांधी के गहरे सरोकारों की दो छोटी पर आँख खोल देनेवाली दो बानगियाँ मात्र हैं।

गांधी की पर्यावरण-चिन्ता के मूल में गाँव थे। उनकी आत्मनिर्भरता की पैरवी वह आजीवन करते रहे। वह मानते थे कि शहरों की स्फीत धमनियों में बहता हुआ रक्त दरअसल गाँव की संकुचित होती धमनियों से बेरहमी से निचोड़ा गया रक्त है। यहाँ रेड इंडियन कवि बार्नी बुश के रूपक के सहारे कहें तो रक्त की यह यात्रा एकतरफा है। गांधी उस स्थिति को सम्भव देखना चाहते थे जिसमें शहर की स्फीत धमनियों का रक्त फिर गाँवों की सूखती रगों में दौड़ने लगेगा। गांधी की सोच से पूरी तरह सहमत वर्ष 2009 के अर्थशास्त्र के नोबेल पुरस्कार से सम्मानित एलिनॉर ओस्ट्रम भी मानते हैं कि शहरों के समृद्ध समाज की दिन दूनी रात चौगुनी बढ़ती विलासिता की जरूरतों पर लगाम लगाए बिना पर्यावरण की रक्षा असम्भव है। यहाँ विश्व-भर के पर्यावरण-प्रेमियों को प्रिय गांधी की यह सूक्ति बरबस याद आती है– ''विश्व के पास प्रत्येक की जरूरत की पूर्ति के लिए इफरात है पर एक के भी लोभ-सन्तुष्टि के लिए अपर्याप्त'। विश्व के समृद्ध समाज की विलासिता की भूख पल-पल विकराल होती जा रही है। उस पर नियंत्रण के बिना पर्यावरण की रक्षा दिवा-स्वप्न ही साबित होगी। विश्व के संवेदनशील समाज में बढ़ती पर्यावरण चिन्ता ने एक बार फिर गांधी को नए सिरे से प्रासंगिक बना दिया है। इस दिशा में भी गांधी की व्यापक धारदार सोच उन्हें उत्तर आधुनिकता का पुरोधा सिद्ध करती है।

11

आधुनिकता और औद्योगीकरण अभिन्न और अविभाज्य हैं। गांधी इन दोनों के मेल से उपजी पश्चिमी सभ्यता के मूल में मशीन को पाते थे। न केवल 'हिन्द स्वराज' में

बल्कि उनके सम्पूर्ण चिन्तन में इन तीनों–मशीन, औद्योगीकरण और पश्चिमी यानी आधुनिक सभ्यता के विरुद्ध प्रतिरोध के स्वर कभी भी मद्धिम नहीं पड़े। रस्किन के 'अन् टू दिस लॉस्ट' के भावानुवाद के उपसंहार में अपना निष्कर्ष देते हुए वह कहते हैं, 'पश्चिमी सभ्यता मात्र शिशु है बमुश्किल सौ या पचास साल पुरानी। और उतने में ही उसने यूरोप की दुखद दुर्दशा कर दी है। हमें प्रार्थना करनी चाहिए कि "ईश्वर हिन्दुस्तान को यूरोप की नियति से बचाए जहाँ के देश एक दूसरे पर हमले के लिए तैयार बैठे हैं। अगर वो चुप हैं तो सिर्फ इसलिए कि सभी के पास हथियारों का विशाल भंडार है। किसी दिन वहाँ विस्फोट हुआ तो यूरोप धरती का वास्तविक नरक साबित होगा।"

गांधी की आँखों में एक दिक्काल वेधी सूर्य था। लगभग एक दशक बाद मनुष्यता के इतिहास का पहला भीषण युद्ध यूरोप की धरती पर लड़ा गया। विज्ञानपोषित पश्चिमी सभ्यता विकास और समृद्धि के जो सपने आविष्ट वेग से किए जा रहे औद्योगीकरण के जरिए बेच रही थी वे चूर हो गए थे। युगद्रष्टा गांधी ने बहुत पहले समझ लिया था कि उन्नत और वैविध्यपूर्ण सांस्कृतिक समृद्धि की पृष्ठभूमि वाले यूरोप के विभिन्न देश अधिक-से-अधिक औद्योगीकरण की होड़ में इतने उतावले क्यों थे। उसके पीछे दरअसल वह भीषण भय था कि औद्योगीकरण से आई समृद्धि, जो सुदूर उपनिवेशों के शोषण से पोषित थी, की रक्षा अपने से अधिक समृद्ध और बलवान पड़ोसी देश से कैसे की जाए। इस भय ने अधिक-से-अधिक सैन्य-शक्ति अर्जित करने की भयावह होड़ को जन्म दिया था। औद्योगीकरण और विश्व-विनाशक हथियारों की होड़ में सीधा सम्बन्ध सबसे पहले सम्भवतः गांधी ही देख सके थे। इसीलिए वह औद्योगीकरण को हिंसा से जोड़ते थे। वह मानते थे कि पश्चिम की आधुनिक सभ्यता हिंसा-प्रेरित थी। इसलिए वह मानव-विरोधी थी। इस सभ्यता के गांधी के प्रबल प्रतिरोध का यह उत्तर आधुनिक आयाम था।

औद्योगीकरण की मूल और पहली शर्त है राजनीतिक और आर्थिक शक्ति का अधिक-से-अधिक केन्द्रीकरण। इसके बिना उसका सुनियोजित कार्यान्वयन सम्भव नहीं है। गांधी ने यह अच्छी तरह समझ लिया था कि राजनीतिक और आर्थिक सत्ता के केन्द्रीकरण और औद्योगीकरण के बीच चोली-दामन का सम्बन्ध है। और इसीलिए वह सत्ता के अधिक-से-अधिक विकेन्द्रीकरण की आजीवन वकालत करते रहे। जब तक राजनीतिक और आर्थिक ताकतों को ग्रामों की इकाई तक पहुँचने का मार्ग प्रशस्त नहीं होता, तब तक असली विकास की बात को वह मात्र दिवास्वप्न ही मानते थे। सुनियोजित केन्द्रीकृत औद्योगीकरण के अन्तर्गत मशीनों से भारी मात्रा में उत्पादन (मास प्रोडक्शन) की जगह उनकी मंशा भारी संख्या में जनता द्वारा किए गए उत्पादन (प्रोडक्शन बाई मासेस) को तरजीह देने की थी। गांधी के विचार को यहाँ और आगे बढ़ाते हुए गांधीवादी अर्थशास्त्री जे.सी. कुमारप्पा का एक महत्त्वपूर्ण कथन खास

ध्यान देने योग्य है। उनके अनुसार "चाहे पूँजीवादी व्यवस्था हो या साम्यवादी दोनों के तहत भारी मात्रा में किए जा रहे उत्पादन-व्यवस्था में मनुष्य मात्र 'हाथ' और 'मुँह' बनकर रह गया है।" व्यक्ति के व्यक्तित्व का यह लोप गांधी को बर्दाश्त नहीं था।

विश्व की बुराइयों की जड़ों की तलाश और शिनाख्त के लिए सक्रिय दो प्रतिद्वन्द्वी विचारधाराओं पर एक नजर बददिमाग औद्योगीकरण को केन्द्र में रखते हुए जरूरी लगती है। पूँजीवादी व्यवस्था में उत्पादन के संसाधन तथा वितरण व्यवस्था पर निजी हाथों का नियंत्रण होता है। नागरिक स्वतंत्रता, निजी सम्पत्ति और मुक्त बाज़ार उसके दूसरे महत्त्वपूर्ण पहलू हैं। मार्क्स के अनुसार पूँजीवाद के तहत अपेक्षाकृत एक छोटा वर्ग– पूँजीपति या बुर्जुआ उत्पादन के संसाधनों पर अपना अधिकार जमाए रखता है और एक बड़ा वर्ग उत्पादन में अपने श्रम से योगदान करता है। उसे सर्वहारा या 'प्रोलितेरियत' कहा गया है। यह वर्ग अक्सर उत्पादन और वितरण की प्रक्रिया निजी नियंत्रण में होने के फलस्वरूप शोषण और दमन का शिकार होता है। इसके बरअक्स कार्ल मार्क्स द्वारा प्रेरित साम्यवादी-समाजवादी विचारधारा की निगाह में असली अपराधी उत्पादन के संसाधनों और वितरण-व्यवस्था पर निरंकुश निजी नियंत्रण और व्यक्तिगत सम्पत्ति है। यदि समाज को इनसे मुक्ति मिल जाए तो उसमें व्याप्त सर्वहारा वर्ग का दमन, शोषण और असमानता समाप्त हो जाएगी।

एक नए सामाजिक आर्थिक दर्शन के रूप में उन्नीसवीं सदी के अन्त में मार्क्सवाद एक सर्वथा नई आशा का सन्देश लेकर उदित हुआ था। मार्क्सवादी परिकल्पना को मूर्तरूप देते हुए बीसवीं सदी के दूसरे दशक में बोल्शेविक क्रान्ति के फलस्वरूप उत्पादन के संसाधनों पर निजी नियंत्रण और व्यक्तिगत सम्पत्ति की अवधारणा समाप्त कर दी गई थी। पर इसका परिणाम अनुकूल नहीं रहा। असमानता, दमन और शोषण से समाज को मुक्ति तो नहीं ही मिली, कई और भी विकराल समस्याओं ने उसे घेर लिया। पूँजीवाद और मार्क्सवाद दोनों आधुनिक अवधारणाएँ रही हैं। दोनों अपने-अपने ढंग से वैज्ञानिकता का दम भरती आई हैं। इनकी असफलताओं और विकृतियों और मानव-विरोधी हिंसक चरित्र से गांधी भली-भाँति परिचित थे। इनसे अलग विकल्प की तलाश और लगभग आधी सदी के उनके चिन्तन की सामाजिक आर्थिक निर्मिति में उत्तरआधुनिकता के स्पष्ट बीज मिलते हैं।

गांधी जानते थे कि कच्चा माल कहीं और पैदा होता है और उससे उत्पादन के कारखाने कहीं और होते हैं। उनका विचार था कि जब उत्पादन कच्चे माल के स्थानीय संसाधन से स्थानीय उपभोक्ता के लिए होता है तो उसका परिणाम एक पड़ोसी अर्थव्यवस्था होती है। इसमें श्रमिक एक अच्छे-खासे टिकाऊ समाज में घुल-मिल जाता है। दूरस्थ बड़े कारखानों में उसे अपनी जड़ों और अपने घरों से उखड़-उजड़कर काम करना होता है। उस पर अपनी जीविका कभी भी खो देने के भय की तलवार एक अज्ञात कुलशील सुदूर स्थान पर अलग लटकती रहती है। इस तरह वह

भटकने के लिए विवश हो जाता है। गांधी से प्रभावित जर्मन अर्थशास्त्री ई.एफ. शुमाखर (सन् 1911-1977) ने इन श्रमिकों को छिन्नमूल सर्वहारा (रूटलेस प्रोलिटेरिएट) कहा है। इसके कई राजनीतिक, सामाजिक और सांस्कृतिक दुष्परिणाम होते हैं। आत्मीयता से वंचित और अपनी जड़ों से कटा श्रमिक इसकी भरपाई कहीं और से करने की कोशिशें करता है। सुदूर केन्द्रीकृत उत्पादन के 'बाह्य मूल्य' (एक्स्टर्नल कास्ट्स) उससे कहीं ज्यादा है जिसका अनुमान परम्परागत अर्थशास्त्री सामान्यतया लगा सकते हैं। हिंसा के प्रश्न पर इस तथ्य को समझे बिना विचार करना शुतुर्मुर्गी मानसिकता का ही परिचायक होगा।

बददिमाग औद्योगीकरण के तहत हिंसा की शिकार मनुष्य के साथ प्रकृति भी हुई है। गांधी जानते थे कि ये क्रूरता कोई नई नहीं है। पर टेक्नोलॉजी ने आदमी के हाथों में विनाश के ऐसे संसाधन सौंप दिए हैं जिसकी चकाचौंध में हम वही देख पा रहे हैं जो हमें दिखाया जा रहा है और वही कर रहे हैं जो हमें करने को कहा जा रहा है। गांधी देश की अर्थव्यवस्था में बाहरी हस्तक्षेप के सख्त खिलाफ़ थे। एक अमेरिकी पत्रकार ने एक बार उनसे पूछा था, 'यदि हिन्दुस्तान को धन दिया जाए तो उसे किस तरह दिया जाना चाहिए कि उससे उसका (हिन्दुस्तान का) कोई नुकसान न हो?'

गांधी ने उत्तर दिया था, 'जब दिया जाएगा तो उससे नुकसान ही होना है। जरूरत पड़ने पर उसे स्वयं अर्जित करना होगा।' इसके बाद वह कहते हैं, 'अमेरिकी धन जो कांग्रेस द्वारा मिशनरियों को अनुदान स्वरूप दिया गया है उसने फायदे से कहीं अधिक नुकसान ही किया है। जब अमेरिका कहता है कि 'मैं आपकी सेवा धन से करूँगा तो मैं डर जाता हूँ।' गांधी ने 'ऋण लेकर घी पीने' की आर्थिक संस्कृति का आजीवन विरोध किया। इस संस्कृति के दुष्परिणाम का स्वाद अमेरिका ने अभी कुछ समय पहले बहुत अच्छी तरह चख लिया है। पर बददिमाग और बेलगाम उपभोक्ता संस्कृति से अमेरिका सहित पूरा पश्चिम और उसकी बन्दरों-सी नकल कर भारत सहित पूरी दुनिया इतनी आक्रान्त हो चुकी है कि कोई रास्ता उससे निकलने का दूर-दूर तक दिखाई नहीं देता। यहाँ शुमाखर का कथन याद आता है। वह कहते हैं कि ''किसी चीज को आप अनैतिक कहें या कुरूप, उसे आत्मा के विनाश या मनुष्य के पतन का साधन मानें अथवा विश्व शान्ति और भावी पीढ़ी के कल्याण के लिए खतरा, इसका कुछ भी फल नहीं निकलेगा, जब तक आप यह न दिखा सकें कि यह आर्थिक दृष्टि से भी उपयोगी नहीं है। दरअसल तभी आप उस वस्तु के अस्तित्व के सामने उसके और पनपने तथा फलने-फूलने के अधिकार पर सही ढंग से प्रश्न उठा सकते हैं।''

गांधी ने अपने आधी सदी से अधिक चिन्तन के दौरान यह सिद्ध करने का अनवरत प्रयास किया कि लगातार धरती के पर्यावरण के विनाश की कीमत चुकाकर अन्धाधुन्ध औद्योगीकरण आर्थिक दृष्टि से भी निरापद नहीं है। गांधी हमें यह देखने

की दृष्टि देते हैं कि हमारे जल-जंगल-जमीन के लगातार भयावह रूप से छीजने से हो रही भीषण हानि के सहस्त्रांश की भी भरपाई की क्षमता हमारे सुरसाबदन बढ़ते उद्योगों में नहीं है। इसका आर्थिक मूल्य अर्थशास्त्र की बारीकियों को बिना जाने भी समझा जा सकता है। गांधी-चिन्तन का यह प्रबल उत्तरआधुनिक पक्ष है।

मार्क्सवाद का आर्थिक मॉडल अब से लगभग तीन दशक पूर्व ध्वस्त हो चुका है। पूँजीवादी व्यवस्था अपने ही अन्तर्विरोधों के फलस्वरूप दिग्भ्रान्त है। उसने बाजार की जिन भस्मासुरी प्रवृत्तियों को जन्म दिया है, वह समझ नहीं पा रही है उनका क्या करे। ऐसे में गांधी विश्वस्तर पर किसी न किसी सन्दर्भ में याद किए जा रहे हैं। यह एक सच्चाई है कि गांधी के आर्थिक चिन्तन को अव्यावहारिक और 'यूटोपियन' मानकर पहले कभी व्यापक स्तर पर गम्भीरता से नहीं लिया गया। उनके अपने ही उत्तराधिकारियों ने उसे आचरण योग्य नहीं समझा। पर गांधी अपने आर्थिक चिन्तन में अभी भी इस चमचमाते अँधेरे में आशा की एक आत्मीय किरण बनकर दीप्त हैं। ग्रामों की केन्द्रीयता, उनकी आत्मनिर्भरता और कुटीर उद्योगों के विकास और प्रसार पर उनका चिन्तन एक बार नए सिरे से विचार की माँग करता है। यह एक बार फिर विश्व बैंक और अन्तर्राष्ट्रीय मुद्राकोष के रोडमैप से थोड़ा अलग हटकर सोचने के साहस से ही सम्भव है।

पश्चिम के अन्धानुकरण का ही यह परिणाम है कि बाजार की स्वार्थी ताकतों को हम लगातार भयावह खुला खेल खेलने की छूट दिए जा रहे हैं। जिसके फलस्वरूप अच्छी फसलों के बावजूद खाद्यान्न भूखे के पेट से लगातार कई प्रकाश वर्ष दूर होते जा रहे हैं। अन्तर्राष्ट्रीय बाजार में अनाज के भाव गिरने न पाएँ इसके लिए अमेरिका में करोड़ों टन अनाज समुद्र में डुबा देने की परम्परा रही है। इस सद्प्रवृत्ति का हम बखूबी अनुकरण कर अपनी इफरात फसलों को अपने गोदामों के बाहर सड़ने दे रहे हैं और जमाखोरों पर कोई कार्यवाही इसलिए नहीं कर रहे हैं क्योंकि इससे मुक्त बाजार का धर्म बाधित होगा। यहाँ गांधी के प्रशंसक रोमाँ रोलाँ की याद आती है। सन् 1931 में गोलमेज सम्मेलन से लौटते समय गांधी जब उनसे मिले थे तो वह उनके (गांधी के) आत्मनिर्भरता के सिद्धान्त से गहरे प्रभावित हुए थे। रोमाँ रोलाँ ने गांधी के विचारों को अपनी डायरी में इस तरह दर्ज किया है–

(गांधी ने कहा था) ''इंग्लैंड में तीस लाख बेरोजगार थे। अगर उनमें समृद्ध वर्ग की पूरी पूँजी बाँट दी जाए तो भी वह बहुत दिनों नहीं चलेगी। मैंने उनसे कहा कि अपनी सहायता स्वयं करो और कुटीर उद्योगों की ओर लौटो।' इस दिशा में वेल्स में कुछ विनम्र प्रयास किए गए हैं। कुछ खदान मजदूर अपने पुराने व्यवसाय की ओर लौटे और उन्होंने पाया कि उनकी मुक्ति वहाँ थी। किसी भी आदमी को दूसरों की सहायता पर निर्भर नहीं रहना चाहिए।'' महादेव भाई देसाई ने इस बातचीत का सारांश अपनी डायरी में देते हुए लिखा है कि गांधी ने कहा था कि एक भी आदमी

को दूसरों की खैरात पर नहीं जीना चाहिए।

विशाल उद्योगों की जगह कुटीर उद्योगों पर गांधी का जोर दरअसल महाकाय मशीनों पर आश्रित उन उद्योगों के हिंसक चरित्र के प्रतिरोध का द्योतक था। पूँजीवादी और मार्क्सवादी दोनों अर्थदर्शनों के मूल में औद्योगीकरण था इससे परिचित गांधी को उनके मानव-विरोधी चरित्र को समझने में जरा भी देर नहीं लगी। उत्पादन से अर्जित धन का लाभ समाज की अन्तिम पंक्ति के अन्तिम व्यक्ति तक कैसे पहुँचे यह गांधी की निरन्तर चिन्ता थी। सन् 1935 में जब नेहरू फ्रांस में रोमाँ रोलाँ से मिले थे तो उन्हें बताया था कि गांधी उन दिनों मार्क्स और एंगिल्स को पढ़ रहे थे।

सम्पत्ति पर निजी अधिकार बरकरार रखने के पक्षधर गांधी उसमें समाज के वंचित वर्ग की भागीदारी के लिए सतत चिन्तित थे। इसके लिए उन्होंने ट्रस्टीशिप की अवधारणा का आविष्कार किया था। 'ट्रस्टीशिप' शब्द का सर्वप्रथम प्रयोग गांधी ने सन् 1925 में प्रसिद्ध उद्योगपति घनश्यामदास बिड़ला को लिखे एक पत्र में किया था। बिड़ला को दरअसल गांधी ने जामिया मिल्लिया की उदार आर्थिक सहायता के लिए एक पत्र लिखा था। बिरला ने गांधी का अनुरोध स्वीकार कर एक बड़ी सहायता राशि उक्त राष्ट्रीय संस्था को भेज दी थी। गांधी ने उन्हें जो धन्यवाद का पत्र लिखा था उसमें उन्होंने बिड़ला परिवार में उस समय चल रहे सम्पत्ति-विवाद का जिक्र करते हुए कहा था–

'सम्पत्ति के झगड़े लाजमी हैं। उसमें हत्या भी मुमकिन है। तुम्हारे लिए दुविधा से बचने का महज एक रास्ता है–सम्पत्ति का पूरी तरह परित्याग। जब तक हम उसके पूरी तरह त्याग के लिए तैयार नहीं हैं तब तक हमें इसका उपयोग दूसरों की भलाई के लिए बतौर ट्रस्टी करना चाहिए।'

सन् 1930 के दशक में गांधी का ध्यान रूस के साम्यवादी अनुभवों की ओर जा रहा था। तभी उन्होंने मार्क्स और एंगिल्स को पढ़ना शुरू किया था। दरअसल ट्रस्टीशिप का उनका सिद्धान्त मार्क्सवाद का एक हद तक उनका विनम्र जवाब था। इसी दौरान उन्होंने लिखा था–

'अपनी करोड़ों की राशि (रुपयों का ढेर) तुम जैसे भी कमाओ, पर यह समझ लो कि तुम्हारी सम्पदा तुम्हारी नहीं है, यह जनता की है। अपनी उचित जरूरतों के लिए उसमें से तुम रख लो और बाकी समाज के लिए उपयोग में ले आओ।'

उन्होंने फिर कहा था–'मैं देख रहा हूँ कि गरीबों के शासन के दिन आ रहे हैं, चाहे वह बाहुबल से आए या अहिंसा से। पर यह ध्यान रहे भौतिक बल से प्राप्त शक्ति क्षणिक होती है, पर आत्मा की शक्ति स्थायी।' सन् 1941 में उन्होंने लिखा था कि ये हिंसक रक्तरंजित क्रान्ति निश्चित है अगर समृद्ध लोग अपनी सम्पदा पर अपना एकाधिकार स्वेच्छा से नहीं छोड़ते और इसका उपयोग सबके हित के लिए नहीं करते। सन् 1945 में उन्होंने कहा था कि समृद्ध समाज से यह समुचित उम्मीद की

जाती है कि वह अपनी सम्पदा समाज की सेवा के लिए पास रखेंगे। इससे अधिक की आशा का मतलब है सोने के अंडे देने वाली मुर्गी को हलाल कर देना।

ट्रस्टीशिप को एक व्यवस्थित संस्था का रूप देने के उद्देश्य से सन् 1947 में गांधी ने कहा था कि ट्रस्टी के उत्तराधिकारी के चयन का अधिकार उस व्यक्ति को होना चाहिए जो इस सम्पदा का स्वामी रहा है। पर उस पर अन्तिम निर्णय राज्य का होना चाहिए। ट्रस्टीशिप के सिद्धान्त को वह केवल पूँजीपतियों पर ही नहीं बल्कि जमींदारों पर भी लागू करना चाहते थे। पूँजीवाद और साम्यवाद जिसमें समाजवाद भी शामिल है, निपट आधुनिक व्यवस्थाएँ हैं। गांधी का ट्रस्टीशिप का विचार इन दोनों के विकल्प के रूप में उत्तरआधुनिक अवधारणा है। यह दुर्भाग्य रहा कि उस पर आगे गम्भीर विचार और उसे अमलीजामा पहनाने की कोशिशें सम्भव नहीं हो सकीं।

12

आधुनिक विश्व के पास किसी समस्या के हल का रास्ता गांधी के पहले टकराव, युद्ध और हिंसा का ही रहा है। बाहुबल या शस्त्रबल में उसका दृढ़ विश्वास स्वाभाविक था। बीसवीं सदी के पूर्वार्ध में दो भीषण विश्वयुद्ध इसी रास्ते और इसी विश्वास से लड़े गए। गांधी के सत्याग्रह का मार्ग भारत के स्वतंत्रता-संग्राम की सफलता के बाद बीसवीं सदी के उत्तरार्ध में उसके एक चमत्कारी विकल्प के रूप में उभरा। मनुष्य की स्वतंत्रता, समानता और उसकी गरिमा की स्थापना के लिए जितने भी अभियान और आन्दोलन आगे चलकर विश्व-भर में हुए उसमें गांधी और उनके मार्ग की भूमिका निर्विवाद रही है।

दरअसल टकराव की जगह समझौते के मार्ग का पहला प्रयोग तरुण गांधी ने दक्षिण अफ्रीका पहुँचते ही सन् 1893 में ही शुरू कर दिया था। एक साल के करार पर जिस समृद्ध व्यवसायी शेठ दादा अब्दुल्ला ने उन्हें दक्षिण अफ्रीका बुलाया था उनका अपने चचेरे भाई से लेन-देन को लेकर लम्बा मुकदमा चल रहा था। उन्हें वहाँ के श्वेत बैरिस्टर को गुजराती के कागजात समझाने और उनके अंग्रेजी अनुवाद के लिए बुलाया गया था। इस प्रक्रिया के दौरान गांधी ने जल्द ही समझ लिया था कि यदि दोनों पक्ष थोड़ी उदारता बरतें तो दशकों पुराना यह चालीस हजार पौंड का मुकदमा आपसी समझौते से तय हो सकता था। गांधी ने शीघ्र ही बातचीत कर न केवल यह मुकदमा तय करा दिया था बल्कि लेनदार पक्ष से देनदार पक्ष को आसान किश्तें भी दिलवा दी थीं। इसका सुखद परिणाम रहा कि देनदार पक्ष बरबाद होने से बच गया। उनकी इस उपलब्धि ने उन्हें दक्षिण अफ्रीका के हिन्दुस्तानी व्यापारी-समाज की निगाह में बहुत ऊँचा उठा दिया था। उनका यह प्रयास उनके आगामी कर्ममय जीवन का एक अद्भुत रूपक (मेटॉफर) सिद्ध हुआ।

अन्तर्राष्ट्रीय सम्बन्धों के अध्ययन में इधर एक अर्से से एक अभिव्यक्ति 'कॉन्फ्लिक्ट रिज़ॉल्युशन' (संघर्ष-समाधान) प्रयोग में है। इसके अध्ययन के लिए विश्वविद्यालयों में स्वतंत्र विभाग खुल रहे हैं। सुप्रसिद्ध अमेरिकी गांधीविद् मार्क ज्युर्जे समेयर ने अपनी एक दिलचस्प किताब 'फाइटिंग विद गांधी' (गांधी के साथ लड़ते हुए) में कहा है कि टकराव के हल की दिशा में चाहे वह अन्दर का हो या बाहर का, गांधी एक-एक कदम आगे बढ़े थे। निश्चय ही उनका पहला कदम दक्षिण अफ्रीका पहुँचते ही सन् 1893 में उठा और अन्तिम तीस जनवरी सन् 1948 को। पर वह रुकने का नाम नहीं लेते। अपनी राख से उठकर वह लगातार कदम दर कदम चलते जा रहे हैं। जहाँ भी संघर्ष और टकराव है वहाँ उनकी निःशब्द पदचाप अनुभव की जा सकती है। ई.एम. फॉस्टर ने कहा है जो वह जीवित रहकर नहीं कर पाए वह उन्होंने मरकर कर दिखाया। आधुनिक सभ्यता के पास समस्या का हल हिंसक टकराव और विनाशकारी युद्ध में है जिसमें कोई पक्ष नहीं जीतता। हारनेवाला तो हारता ही है, जीतने वाले की हार उससे कम बदतर नहीं होती। कोरिया, वियतनाम, फिलिस्तीन, ईरान, इराक और अफगानिस्तान के युद्ध इसके उदाहरण हैं। इसके बरअक्स गांधी के हथियार अहिंसा और सत्याग्रह से लड़ने वाले अन्ततः स्वयं तो जीतते ही हैं दूसरा पक्ष भी हारता नहीं है। युद्ध के आधुनिक विध्वंसक स्थूल हथियारों की जगह गांधी के अहिंसा और सत्याग्रह के सूक्ष्म हथियार निश्चय ही उत्तर आधुनिक हैं।

13

नारीवाद उत्तरआधुनिक विमर्श का एक महत्त्वपूर्ण पक्ष है। गांधी के नेतृत्व में चले दक्षिण अफ्रीका के सत्याग्रहों में पहली बार इतिहास में पुरुषों के कन्धे से कन्धा मिलाकर इतनी बड़ी संख्या में स्त्रियों ने जेल-जीवन का वरण किया था और वहाँ की कठोर यातनाएँ भुगती थीं। ध्यान देने लायक यह है कि इनमें अधिकांश अशिक्षित, अर्धशिक्षित और तथाकथित नीची जाति की थीं। हिन्दुस्तान आकर जब उन्होंने कांग्रेस का नेतृत्व सँभाला तो एक बार फिर यहाँ के लम्बे स्वतंत्रता संग्राम में बड़ी संख्या में महिलाएँ उससे जुड़ीं। ये महिलाएँ सभी धर्म, जाति, आयु, क्षेत्र और वर्ग की थीं। इनमें भी भारी संख्या में महिलाएँ अशिक्षित और अर्धशिक्षित थीं। दलित महिलाओं का इसमें योगदान विशेष उल्लेखनीय है।

यह गांधी के नेतृत्व और व्यक्तित्व का करिश्मा था कि बहुत-सी सवर्ण और मुसलमान स्त्रियाँ पर्दे और बुर्के को त्यागकर आजादी की लड़ाई में सक्रिय हुईं और प्रदर्शनों तथा धरनों में भाग लेकर जेल गईं। खिलाफ़त आन्दोलन के दौरान जहाँ मौलाना मुहम्मद अली और शौकत अली जैसे बड़े मुसलमान नेता पर्दानशीन मुसलमान

औरतों को सम्बोधित करते थे वहाँ यह श्रेय गांधी को जाता है कि उन्होंने उनकी ऐसी कई सभाएँ सम्बोधित कीं जिसमें वे पर्दा उतारकर शामिल हुई थीं।

गांधी के आश्रमों में ऐसा पहली बार हुआ जब उसके स्त्री और पुरुष दोनों सदस्य एक साथ खेतों, बगीचों और रसोई में एक-सा शारीरिक श्रम करते थे और एक साथ खुले बरामदे में सोते थे। गांधी ने अपने व्यक्तिगत आचरण और उदाहरण से स्त्री-पुरुषों के बीच काम की सीमा-रेखा मिटा दी थी। आश्रम की रसोई में यदि कस्तूरबा रोटी बेल सकती थीं, तो गांधी रोटी सेंक सकते थे। वह प्रसन्नवदन पूरी तल्लीनता से गेहूँ साफ कर सकते थे, सब्जियाँ काट सकते थे, झाड़ू लगा सकते थे, शौचालय साफ कर सकते थे, अपने ही नहीं दूसरों के भी कपड़े धो सकते थे तथा बीमारों की आत्मीयता से देर रात सेवा-सुश्रुषा कर सकते थे।

तरुण विनोबा ने जब साबरमती आश्रम में गांधी को पहली बार देखा था तो उस समय वह सब्जियाँ काट रहे थे। सन् 1916 के प्रारम्भ में काशी हिन्दू विश्वविद्यालय के स्थापना दिवस पर हिन्दुस्तान में दिए गए अपने पहले ओजस्वी भाषण में वाइसराय और राजाओं- महाराजाओं को खरी-खरी सुनाने वाले तेजस्वी गांधी और दत्तचित्त आश्रम में नंगे बदन सब्जियाँ काटते गांधी में तालमेल बैठा पाना नवागन्तुक विनोबा के लिए कठिन हो रहा था। सूत कातना और बुनाई करना सामान्यतया स्त्रियों का काम माना जाता रहा है। गांधी ने कांग्रेस के रचनात्मक कामों में चरखा कातने को शामिल कर उसे स्त्री-पुरुष सभी कांग्रेस जनों के लिए अनिवार्य बना दिया था। सार्वजनिक और निजी जीवन में स्त्री-पुरुष के बीच की सीमा रेखा समाप्त करने में गांधी ने अद्भुत भूमिका अदा की।

गांधी को स्वतंत्र भारत में राष्ट्रपिता का दर्जा प्राप्त है। दरअसल सन् 1919 में जब उन्होंने कांग्रेस का नेतृत्व सँभाला तभी से वह देश के स्वतंत्रता-संग्राम में पिता स्थानीय बन गए थे। पर गांधी पिता से कहीं अधिक एक माँ थे। अपने आश्रमों में वह हर छोटे-बड़े के खानपान, रहन-सहन की सुविधा तथा स्वास्थ्य का माँ की तरह ध्यान रखते थे। वयःसन्धि पर पहुँची लड़कियों को उस समय की शारीरिक मानसिक समस्याओं का सामना करने की शिक्षा एक कुशल माँ की तरह देते थे।

यहाँ जयप्रकाश नारायण की नवविवाहिता किशोरी पत्नी प्रभावती का जिक्र दिलचस्प होगा। गांधी नील की खेती के लिए मजबूर किसानों और उन पर गोरों के अत्याचारों की समस्या का सीधा अध्ययन और उसके निराकरण कर रास्ता खोजने जब सन् 1917 में चम्पारण पहुँचे थे तो उनका सम्पर्क बिहार के दो बड़े वकीलों राजेन्द्र प्रसाद और बृजकिशोर प्रसाद से हुआ था। दोनों राजसी जीवन-शैली के अभ्यस्त थे और आपस में समधी थे। गांधी के सम्पर्क में आने के बाद दोनों ने सादगी और देश-सेवा का व्रत ले लिया था और सरल-सात्विक जीवन बिताने लगे थे।

प्रभावती बृजकिशोर बाबू की छोटी बेटी थी। उनकी माँ (वृजकिशोर बाबू की

पत्नी) का देहान्त हो चुका था। गांधी के चम्पारण प्रवास के कुछ समय बाद ही वृजकिशोर बाबू भी नहीं रहे। गांधी प्रभावती के भविष्य और विवाह को लेकर एक स्नेहशीला माँ की तरह चिन्तित थे। शीघ्र ही राजेन्द्र प्रसाद की सहायता से उन्होंने पटना में पढ़ रहे एक होनहार तरुण जयप्रकाश नारायण से प्रभावती का विवाह करा दिया था। विवाह के कुछ ही समय बाद जयप्रकाश को एक छात्रवृत्ति पर अमेरिका पढ़ने जाना पड़ा। वहाँ से उन्हें कई वर्षों बाद लौटना था।

मातृ-पितृविहीना प्रभावती को गांधी साबरमती आश्रम ले आए। पति से वियुक्त किशोरी प्रभावती को वह राम के साथ बनवासी लक्ष्मण की पत्नी उर्मिला कहते थे। गांधी और कस्तूरबा ने जयप्रकाश के देश लौटने तक प्रभावती को स्नेहपूर्वक बेटी की तरह आश्रम में साथ रखा। उन्हें माता-पिता का अभाव खलने नहीं दिया। गांधी ने इस भोली-भाली किशोरी को माँ की तरह हिन्दी, गुजराती और अंग्रेजी भाषाओं तथा गणित के साथ स्वास्थ्य, सफाई, गृह कार्यों के अलावा स्वयं तरुणाई में कदम रखती किशोरी के शरीर धर्म की शिक्षा भी दी थी। सत्तर के दशक में वो काफी कागज जिस पर लिखकर गांधी प्रभावती को पढ़ाते थे छाप दिए गए थे। उनसे गुजरना एक आँख खोल देने वाला अनूठा अनुभव था।

गांधी की मातृछवि की झलक देने वाली एक घटना का जिक्र काका कालेलकर ने अपने एक संस्मरण में किया है। जब गांधी दक्षिण अफ्रीका से अन्तिम बार हिन्दुस्तान लौटे थे तो उनके साथ फीनिक्स आश्रम के कई निवासी भी लौट आए थे। काका कालेलकर समेत उनमें से कई आश्रमवासी रवीन्द्रनाथ ठाकुर के आमंत्रण पर शान्तिनिकेतन में रहने लगे थे। गुरुदेव के निमंत्रण पर जब कुछ समय बाद गांधी वहाँ पहुँचे तो पुराने साथी आश्रमवासियों से देर रात तक बातचीत होती रही। दूसरे दिन खेतों और बगीचों में दैनिक शरीर श्रम के बाद जब वो लोग लौटे तो उन्होंने अपना नाश्ता तैयार पाया। उसे करीने से कटे फलों के साथ सुरुचिपूर्ण ढंग से प्लेटों में लगाकर मेज पर रख दिया गया था। लोगों को समझने में देर नहीं लगी कि यह गांधी का ही स्नेह-श्रम (लेबर ऑफ लव) था। जब काका ने लोगों का संकोच जताते हुए गांधी को उलाहना दिया तो उन्होंने हँसते हुए कहा कि जो सेवा करते हैं उन्हें स्वयं भी सेवा पाने का अधिकार है। अपने आत्मीयजन का ऐसा ख्याल एक मातृहृदय ही कर सकता है।

गांधी के जीवन के अन्तिम वर्षों में उनके साथ छायावत रही उनकी चचेरी पोती तरुणी मनुबेन गांधी ने 'बापू—मेरी माँ' नाम से एक मार्मिक संस्मरणात्मक पुस्तक लिखी है। उसमें मनु ने बताया है कि बापू उनसे कहते थे कि बहुतों के लिए वह पिता थे पर उनके लिए वह मात्र माँ थे। गांधी का मानना था कि पुरुष में थोड़ा-सा भी स्त्री का समावेश उसे अपेक्षाकृत अधिक मानवीय बना सकता है जबकि इसके उल्टे का परिणाम विपरीत हो सकता है। विश्व के इतिहास में ऐसे अनेक नायक हुए हैं जिनकी

छवि अपने अनुयायियों के बीच दबंग पिता की रही है। गांधी ही एक ऐसे अनूठे सार्वजनिक व्यक्तित्व हैं जिनके पितृत्व में मातृत्व का अनूठा समाहार है।

कविवर दिलीप चित्रे ने एक बार माथेरान में सुबह साथ टहलते हुए कहा था कि गांधी अपने अनुयायियों के भौतिक और आध्यात्मिक हितों का माँ जैसा ख्याल रखते थे। अपने हित की बात जब बच्चे नहीं समझते और उसकी उपेक्षा करते हैं तो ऐसे भी अवसर आते हैं जब माँ रूठ भी जाती है और अपनी बात मनवाने के लिए वह अपने नैतिक प्रभाव का प्रयोग करते हुए खाना-पीना छोड़ देती है। गांधी के अनशनों का एक आयाम यह भी था। गांधी के नारीविषयक सोच और कर्म के ये उत्तरआधुनिक पक्ष हैं।

आधुनिकता, उत्तरआधुनिकता तथा इसी तरह की दूसरी अकादमिक विचारधाराओं के साँचे-ढाँचे में गांधी को जाँचने-परखने के प्रयास उनके जीवन काल से होते आ रहे हैं और आगे भी होते रहेंगे। पर सच्चाई यह है कि वह किसी भी अकादमिक विचारधारा के चौखटे के लिए एक विकट चुनौती हैं। दरअसल गांधी मनुष्य और उसकी पृथ्वी की नियति से जुड़े हुए हैं। इतना तय है कि उसके संकट की घड़ी में अन्धकार की ताकतों से जूझने के लिए जब भी जड़ता के गुरुत्वाकर्षण को बेधकर किसी नए विचार के अंकुर फूटेंगे, उसके मूल में बहुत कुछ के साथ गांधी के सोच की खाद भी जरूर होगी।

अनुक्रमणिका

●●●